Darstellung und Manifestation von Weiblichkeit
in der Prosa Elfriede Jelineks

Europäische Hochschulschriften
Publications Universitaires Européennes
European University Studies

Reihe I
Deutsche Sprache und Literatur

Série I   Series I
Langue et littérature allemandes
German Language and Literature

Bd./Vol. 1690

PETER LANG
Frankfurt am Main · Berlin · Bern · New York · Paris · Wien

Veronika Vis

Darstellung und Manifestation von Weiblichkeit in der Prosa Elfriede Jelineks

PETER LANG
Europäischer Verlag der Wissenschaften

Die Deutsche Bibliothek - CIP-Einheitsaufnahme

Vis, Veronika:

Darstellung und Manifestation von Weiblichkeit in der Prosa
Elfriede Jelineks / Veronika Vis. - Frankfurt am Main ; Berlin ;
Bern ; New York ; Paris ; Wien : Lang, 1998
 (Europäische Hochschulschriften : Reihe 1, Deutsche
 Sprache und Literatur ; Bd. 1690)
 Zugl.: Berlin, Freie Univ., Diss., 1997
 ISBN 3-631-33717-5

Gedruckt auf alterungsbeständigem,
säurefreiem Papier.

D 188
ISSN 0721-3301
ISBN 3-631-33717-5
© Peter Lang GmbH
Europäischer Verlag der Wissenschaften
Frankfurt am Main 1998
Alle Rechte vorbehalten.

Das Werk einschließlich aller seiner Teile ist urheberrechtlich
geschützt. Jede Verwertung außerhalb der engen Grenzen des
Urheberrechtsgesetzes ist ohne Zustimmung des Verlages
unzulässig und strafbar. Das gilt insbesondere für
Vervielfältigungen, Übersetzungen, Mikroverfilmungen und die
Einspeicherung und Verarbeitung in elektronischen Systemen.

Printed in Germany 1 2 3 4 5 7

Inhaltsverzeichnis

Einleitung 7

1. Das Weibliche als Thema in der Prosa Jelineks
   - eine Problementwicklung 19

1.1. *Die Klavierspielerin* im Kontext der 'populären Frauenliteratur' 19

1.1.1. Die "populäre Frauenliteratur" - Vorüberlegungen 21

1.1.3. Übereinstimmungen
   - *Die Klavierspielerin* und die 'populäre Frauenliteratur" 25

1.1.4. Differenzen zum 'Modell' populärer Frauenliteratur 38

1.2. Zur weiblichen Identität in *wir sind lockvögel baby!* 43

1.3. Zusammenfassende Orientierung 69

2. Weiblichkeit - Feministische Literaturwissenschaft - Frauenliteratur
   Das Vorgehen im Problemfeld 75

2.1. Soziohistorische Veränderungen der Situation von Frauen
   - Prozeß einer Entgrenzung des 'Weiblichen' 80

2.2. Ansätze feministischer Literaturtheorien
   - Vorüberlegungen 93

2.2.1. 'Feminist Critique' und Ansätze der 'Gynocritics' -
   'Feminist Literary Criticism' in Nordamerika 97

2.2.2. 'Écriture féminine' - 'Den Körper schreiben' -
   Feministische Theorie in Frankreich 111

2.2.3. Die Herausbildung feministischer literaturtheoretischer
   Ansätze in Deutschland 167

3. 'Weiblichkeit' in Elfriede Jelineks Prosa - Zum Vorgehen 219

3.1. 'Das Weibliche' bei Elfriede Jelinek - Zur Jelinek-Forschung 226

3.2. Mutter, Prostituierte, Hausfrau und Mörderin -
   Nur 'Männerphantasien'? - *wir sind lockvögel baby* 266

3.3.	*Michael. Jugendbuch für die Infantilgesellschaft*	318
3.4.	*Die Liebhaberinnen*	355
3.5.	*Die Ausgesperrten*	367
3.6.	*Die Klavierspielerin*	381
3.7.	*Oh Wildnis, oh Schutz vor ihr*	388
3.8.	*Lust*	402
3.9.	*Die Kinder der Toten*	413

Schluß 429

Literaturliste 437

Einleitung

Im Verlaufe der letzten 25 Jahre hat die 1946 in der Steiermark geborene Österreicherin Elfriede Jelinek mit ihren kompromißlosen, aggressiven Texten internationales Ansehen erlangt. Hohe Auflagenziffern selbst ihrer weniger bekannten Texte zeugen von der Popularität und der Aktualität ihrer Themen. Abgesehen von der auffallenden Popularität der Autorin zeigt sich ein zunehmend starkes Interesse auch der literaturwissenschaftlichen Fachwelt an dem eigentümlichen Beitrag dieser Autorin zur Gegenwartsliteratur.

Wenn man sich für Fragen der Weiblichkeit interessiert, liegt es nahe, die Literatur Elfriede Jelineks im Hinblick auf eine nähere Bestimmung dieses schwierigen, umstrittenen und Veränderungen unterworfenen Begriffes zu befragen. Nahe liegt dies zum einen, weil in Jelineks Prosa viele Frauenfiguren dargestellt werden; zum anderen, weil die Autorin sich selbst in Interviews immer wieder zum Weiblichen geäußert hat[1]; und schließlich, weil die Tatsache, daß sie als Frau schreibt, erwarten läßt, daß sich in ihren Texten ihre Weiblichkeit in die Schreibweise einschreibt, daß also in den Texten Weiblichkeit nicht nur Gegenstand der Darstellung ist, sondern sich in der Darbietungsweise manifestiert.

Wenn somit auch vieles auf den ersten Blick dafür zu sprechen scheint, daß sich in Elfriede Jelineks Texten Antworten auf die Frage nach der Bedeutung von Weiblichkeit ablesen lassen, ist doch keineswegs selbstverständlich, daß eine solche Fragestellung den Texten angemessen ist.

Es könnte sein, daß sich der den Texten eigene jeweilige Anspruch nicht mit dieser Frage deckt. Es könnte sein, daß sie im Rahmen anderer, übergeordneter Thematiken, die die Texte bestimmen, eine marginale Stellung einnimmt, so daß die Frage nach der Darstellung von Weiblichkeit in ihnen zwar fruchtbar sein kann, sie aber das gesamte Bedeutungsfeld der Texte nicht erfassen kann, diese also gewaltsam durch eine solche Fragestellung reduziert würden.

---

1 Eines der vielen Interviews der Autorin sei wegen seiner offenen und eindringlichen und ausschließlichen Thematisierung der Frauen- beziehungsweise Emanzipationsproblematik besonders empfohlen: Gabriele Presber: "Elfriede Jelinek", in: Gabriele Presber, Frauenleben. Frauenpolitik. Rückschläge & Utopien. Gespräche mit Elfriede Jelinek, Eva Poluda-Korte, Johanna Stumpf, Branka Wehowski, Petra Kelly. Tübingen 1992. S. 7-37

Zwar scheint sich solchen Bedenken entgegenhalten zu lassen, daß selbst wenn die Frage nach der Darstellung von Weiblichkeit nicht im Mittelpunkt des Interesses stehen sollte, immer noch gefragt werden könnte, ob in den Texten eine Rolle spielt, daß Jelinek als Frau schreibt. Aber auch diese Frage ist keineswegs selbstverständlich, denn es versteht sich nicht von selbst, daß sich in den Texten einer Autorin eo ipso eine spezifisch weibliche Ästhetik manifestiert.

Im so umrissenen Problemfeld möchte ich mit der vorliegenden Untersuchung zeigen, daß sich in der Prosa Elfriede Jelineks nicht nur auf der inhaltlichen Ebene der Darstellung von Weiblichkeit, sondern auch in der Schreibweise Konturen einer bestimmten Vorstellung von Weiblichkeit erkennen lassen. Die These ist, daß sich in der Prosa Elfriede Jelineks eine Identität manifestiert, die sich durch ausdrückliche Abweichungen gegenüber dominanten - männlichen - Mustern des Erlebens, Denkens und Handelns konstituiert. In dieser Identität treten Züge einer 'weiblichen Identität' überhaupt hervor.

Um diese These auszuarbeiten, um also nach den in den Texten sedimentierten Vorstellungen und Spuren von Weiblichkeit suchen zu können, scheint es erforderlich, über einen Begriff zu verfügen, der angibt, was unter 'Weiblichkeit' verstanden werden soll. Die Bedeutung dieses Begriffes festzulegen ist jedoch schwierig, nicht zuletzt, weil unsere Vorstellungen dessen, was weiblich ist, kulturellen und historischen Entwicklungen unterliegen.

Die Beantwortung der Frage, was 'Weiblichkeit' bezeichnet, soll in dieser Arbeit in letzter Instanz über eine Auseinandersetzung mit den Texten Elfriede Jelineks erfolgen; da aber mit dieser Auseinandersetzung nicht gleichsam in einem 'kulturellen Vakuum' begonnen werden kann, sollen die Texte vor der Folie bisheriger theoretischer Versuche, diesen Begriff zu bestimmen, gelesen werden.

Bisherige Überlegungen feministischer Literaturwissenschaft setzen sich mit unterschiedlichen, vereinzelten, Aspekten eines weiblichen schreibenden Subjekts und seiner Darstellungen von 'Weiblichkeit' auseinander. In den Texten Elfriede Jelineks begegnet dem/der LeserIn jedoch eine äußerst komplexe Verschränkung bewußter und unbewußter Textanteile, die, so ist die These dieser Arbeit - auch in den 'unbewußten' Textanteilen - auf ein feministisches weibliches schreibendes Subjekt schließen lassen. Die einzelnen Ansätze feministischer Literaturwissenschaft, vor deren Hintergrund die Beobachtung von 'Weiblichkeit' in der Prosa

Jelineks erfolgen soll, sind deshalb jeweils daraufhin zu befragen, ob sie einer solchen Komplexität gerecht werden können.

Aufgrund dieser allgemeinen Überlegungen empfiehlt sich ein Aufbau dieser Untersuchung in drei großen Schritten:

(1) Weil die Frage nach der Darstellung und Manifestation von 'Weiblichkeit' in den Texten Elfriede Jelineks nicht selbstverständlich ist und weil die konkreten Erkenntnisse zur Weiblichkeit aus den Texten selbst gewonnen werden sollen, ist es wichtig, sich zunächst mit dem Untersuchungsgegenstand selbst, mit der zu untersuchenden Literatur, zu beschäftigen. Den theroretischen Erörterungen, wie Weiblichkeit in Literatur zur Erscheinung kommen kann, wird darum die Untersuchung vorangestellt, wie in zwei exemplarischen Texten Elfriede Jelineks Weiblichkeit thematisiert wird. Dadurch soll die Fragestellung und das Problemfeld der Untersuchung ein Stück weit plastischer entwickelt werden.

Es geht darum, zu beobachten, ob sich die Frage nach dem Weiblichen aus Jelineks Texten selbst ergibt. Gezeigt werden soll, daß hier den Texten nicht eine theoretische Fragestellung übergestülpt wird, sondern daß die Frage nach der Darstellung und Manifestation von Weiblichkeit aus den untersuchten Texten selbst hervorgeht.

Ziel des ersten Teiles der vorliegenden Arbeit ist, den Besonderheiten von Jelineks Prosatexten auf den Grund zu gehen, zu fragen, ob und inwieweit diese Besonderheiten jeweils mit der Tatsache in Verbindung gebracht werden können, daß die Autorin als Frau schreibt; weiter die Problematik ihrer Einbindung in Diskussionen zu Frauenliteratur als einer Literatur von Frauen, über Frauen und an Frauen zu entwickeln; sowie schließlich Elfriede Jelineks Äußerungen über Weiblichkeit im Kontext einer Diskussion dessen, was Weiblichkeit bedeuten könnte, zu verorten.

Der erste Teil dieser Arbeit entwickelt so zunächst das Problemfeld, in dem sich die Fragestellung bewegt. Er setzt sich mit zwei höchst unterschiedlichen Werken der Autorin, *wir sind lockvögel baby*[2] und *Die Klavierspielerin*[3],

---

2   Elfriede Jelinek, *wir sind lockvögel baby! roman*, Reinbek bei Hamburg: Rowohlt, 1989, Erstausgabe 1970

auseinander. An diesen beiden erzähltechnisch und inhaltlich weit auseinanderliegenden Texten wird zunächst die Problemstellung erarbeitet, die die Texte selbst umkreisen; es wird der Versuch unternommen, unter Verzicht auf umfassende theoretische Erörterungen, gleichsam aus der Perspektive eines unvorbereiteten Lesers den zentralen Fragenkomplex der gesamten Bedeutungswelt der Texte zu entwickeln.

Versucht man nun aber herauszufinden, inwieweit die so herausgearbeiteten Problemstellungen etwas mit Weiblichkeit und Frauenliteratur zu tun haben, wird rasch bewußt, daß die Einschätzung davon abhängt, welches Muster von Weiblichkeit und Frauenliteratur an die Texte herangetragen wird. In diesen Texten ist jedoch ein breites Spektrum unterschiedlicher Aspekte von Weiblichkeit entfaltet, das durch die vorgegebenen Muster von Weiblichkeit nicht erfaßt wird; so erschüttern die Texte die an sie herangetragenen Muster.

Während der eine Text, *Die Klavierspielerin*, zu einem Zeitpunkt entstand, als eine Welle von Erfahrungsliteratur von Frauen über Frauen auf den Buchmarkt gelangte, die unter dem Begriff der 'populären Frauenliteratur' zusammengefaßt und eingeordnet wurden und durchaus Züge aufweist, die ihn zunächst dieser Literatur einzufügen scheinen, hinterläßt der andere Text, *wir sind lockvögel baby*, gut zehn Jahre früher erschienen, den Eindruck, er sei eher abweisend für Fragen nach dem besonderen Weiblichen in ihm.

Doch der Schein trügt. Bei genauerem Hinschauen und unter Zuhilfenahme einiger weniger Überlegungen aus dem theoretischen Repertoire bisheriger Forschungen zu weiblicher Literatur und weiblichem Schreiben kann *Die Klavierspielerin* den Anspruch, Frauenliteratur im Sinn der 'populären Frauenliteratur' zu sein, nicht erfüllen, während *wir sind lockvögel, baby*, in seiner Besonderheit feministisch ausgerichteter Literatur gerade zugeordnet werden kann.

Ob die beiden Texte jeweils der Frauenliteratur zugeordnet werden können, ergibt sich aus den unterschiedlichen 'Weiblichkeitsmustern', die an die Texte herangetragen werden. Im Falle von *Die Klavierspielerin* werde ich zunächst, wie üblich, nach der weiblichen Identität der Hauptgestalt Erika Kohut fragen und danach, ob der Text sie als Identifikationsfigur für feministische Zwecke anbietet;

---

3   Elfriede Jelinek, *Die Klavierspielerin. Roman*, Reinbek bei Hamburg: Rowohlt, 1986, Erstausgabe 1983

und ich werde fragen, inwieweit der Text Kriterien entspricht, die hinsichtlich einer feministischen, bewußtseinsbildenden Literatur in den 70er Jahren gefordert wurden. Im Falle des Prosatextes *wir sind lockvögel baby* werde ich zunächst ganz entsprechend fragen, ob die Schreibweise Rückschlüsse auf ein weibliches Bewußtsein der Autorin und auf mögliche feministischen Ziele zuläßt. Doch genau dies ist das Problem, dem sich die Frage nach der Darbietung von Weiblichkeit und der Zuordnung von literarischen Texten zur Frauenliteratur ausgeliefert sieht: Es gibt kein singuläres, verläßlich abgesichertes Muster, an das sich das nach dem Weiblichen in Literatur von Frauen forschende Subjekt halten kann.

Nicht selten wurde der literarische Wert der Literatur Elfriede Jelineks in Verbindung mit dem Geschlecht der Autorin oder in Verbindung mit der angenommenen feministischen Intention beurteilt. Auf der Grundlage von zum Teil problematischen Kriterien wurde bisher das spezifisch Weibliche beziehungsweise Unweibliche ihrer Texte beurteilt, wobei die Bedeutung weiblicher Autorschaft und frauenspezifischer Inhalte in ihrem Werk als Bewertungsfaktor eine Rolle spielte. Stets steht zugleich mit der Diskussion 'weiblicher' Bestandteile ihrer Texte und deren Bedeutung für das Gesamtwerk die Existenz und Bedeutung einer spezifischen Frauenliteratur mit zur Debatte. Und es steht zugleich zur Debatte, was mit 'Weiblichkeit' gemeint sein soll.

Beide in Teil 1 analysierten Texte zeigen eine auffällige Gemeinsamkeit; in beiden Fällen wird Weiblichkeit als Teil des Privaten geschildert, das nicht vor dem Einfluß des Öffentlichen gefeit ist. Beide Texte schärfen den Blick für die ganze dargestellte Welt in der Zuspitzung auf weibliche Lebenszusammenhänge. Diese erweisen sich als Fokus der dargestellten Weltzusammenhänge. Aus dieser Betrachtung der beiden Texte ergeben sich Fragen, die eine Auseinandersetzung mit weiterführenden theoretischen Konzepten fordern.

Inwieweit wird die in den beiden Texten Jelineks anzutreffende Darstellung von Weiblichkeit dem gerecht, was sich in der gegenwärtigen Gesellschaft als realer weiblicher Lebenszusammenhang darstellt?

Welcher Stellenwert wäre der Tatsache zuzumessen, daß Jelineks Gestalten - wie am Beispiel Erikas in der *Klavierspielerin* und am Beispiel Ottos in den *lockvögeln* herausgearbeitet - augenscheinlich keine Identifikationsvorgaben bieten? Wo ist das schreibende Subjekt zu verorten? Ist Jelineks Schreibweise spezifisch weiblich? Wie verhalten sich die Texte zur Realität? Wären sie von einem feministischen Anspruch bestimmt, würde dies bedeuten, daß sie von einem Subjekt mit politischem Bewußtsein stammen, das sich mit ihnen an ein Subjekt mit politischem Bewußtsein richtet. Wie kann untersucht werden, ob ein solcher Anspruch besteht, wie kann er in den Texten verortet werden?

(2) Nach der Darstellung und Manifestation von Weiblichkeit in Elfriede Jelineks Prosatexten zu fragen setzt voraus, zu bestimmen, was ich unter den Begriffen 'weiblich' und 'Weiblichkeit' verstehen will. Da bisher keine allgemein akzeptierte Theorie des Weiblichen vorliegt, liegt es nahe, über eine Auseinandersetzung mit dem bisherigen Forschungsstand eine eigene Bestimmung der Begrifflichkeit zu entwickeln. Was heute der Begriff 'Weiblichkeit' bezeichnet ist nicht selbstverständlich, die verschiedenen Bedeutungsmuster sind angreifbar, der Begriff ist beständigen Veränderungen unterworfen. Gesucht wird deshalb in Teil 2 der vorliegenden Arbeit nach einem theoretischen Rahmen, der es erlaubt, das anhand der beiden Prosatexte entwickelte Problemfeld umfassend zu bearbeiten, die Fragerichtung theoretisch abzusichern. Dabei soll allerdings keine verbindliche Definition des Begriffes 'Weiblichkeit' angestrebt werden; vielmehr soll durch die Auseinandersetzung mit der Forschungslage der Blick für unterschiedliche Fragerichtungen und -möglichkeiten und ihre Bedeutung für die Literaturbetrachtung so geweitet werden, daß die Gefahr, einen zu engen theoretischen Rahmen zu wählen, vermieden werden kann.

Die Erarbeitung dieses theoretischen Rahmens geht auf vier unterschiedliche Aspekte ein.
(a) Um verläßliche Orientierungspunkte zu gewinnen, lohnt sich zunächst ein Blick auf die Wirklichkeit von Frauen.
Im Verlauf der letzten 150 Jahre hat die Vorstellung dessen, was der Begriff 'weiblich' bezeichnet, grundlegende Veränderungen erfahren. Diese Veränderungen lassen sich nicht auf Begriffe wie 'Emanzipation' und 'Patriarchat' einschränken, sie werden ausgiebig in der Öffentlichkeit diskutiert und sind beobachtbar in der Realität ebenso wie in der Rede über sie. Die Literatur ist von diesen öffentlich geführten Diskussionen nicht ausgeschlossen.

Die Veränderungen lassen sich als Folge unserer modernen Industriegesellschaft begreifen, innerhalb derer Frauen bestimmte soziale Räume und Funktionen zugemessen werden. Gehen Jelineks Texte auf Weiblichkeitsvorstellungen ein, die im Zuge dieser Veränderungen entwickelt wurden?

(b) Um die Frage nach dem Weiblichen heutzutage beantworten zu können, muß weiterhin berücksichtigt werden, daß die Frauenbewegung teils auf diese Veränderungen reagierte, teils zugleich auch weitere Veränderungen bewirkte. Sie forderte Solidarität unter Frauen ein und wandte sich an das weibliche politische Subjekt. Sie forderte schließlich eine Literatur von Frauen, die der feministischen Bewußtseinsbildung in ihrem Sinne dienlich sein würde. Im Verlaufe des letzten Vierteljahrhunderts, zeitgleich mit dem Entstehen der Prosa Elfriede Jelineks, entstand eine öffentliche Diskussion über Weiblichkeit in der Literatur.

(c) Diese Diskussion fand in unterschiedlichen kulturellen Bereichen der westlichen Industrienationen ihre unterschiedlichen Ausformungen. Es läßt sich verfolgen, wie sich die auf die Literatur gerichteten Fragestellungen allmählich verschoben. Stand zunächst die Frage nach der Darbietung des Weiblichen im Text im Vordergrund, so wurde es zunehmend wichtiger, der möglichen weiblichen Identität im Text nachzugehen. Es ergaben sich zwei wesentliche Fragestellungen, die in zwei nach ihrem Ursprungsort unterscheidbare Diskussionsansätze mündeten - erstens: wie wird Weiblichkeit in der Literatur dargestellt; zweitens: äußert sich das Geschlecht der Autorin im Text, und wenn ja, wie?

Beide Ansätze sind begrenzt. Der erste, der empirische angelsächsische Ansatz, führte zu einer Fülle von Einzelstudien, die jedoch eine umfassende Theorie des Weiblichen in der Literatur vermissen lassen; während der zweite, der französische Ansatz, eine Theorie des Weiblichen im Text aufstellt, jedoch das für feministische Studien notwendige politisch-selbstbewußte Subjekt ignorieren muß, das den Text schreibt und an das sich der Text wendet. Es fehlen gerade hier entsprechende Einzelstudien.

(d) Einige neuere deutschsprachige Untersuchungen versuchen hier zu vermitteln. Sie streben eine Eingliederung ästhetisch komplexer Literatur von Frauen, wie sie beispielsweise von Elfriede Jelinek verfaßt wird, in 'die Frauenliteratur' an, was zugleich zu einer Veränderung dessen führt, was der Begriff 'Frauenliteratur' bezeichnet.

Anhand der bisherigen Erkenntnisse soll in der vorliegenden Untersuchung versucht werden, ein Konzept zu entwickeln, in dessen Rahmen der Frage nach dem Weiblichen in der Literatur einer zeitgenössischen weiblichen Autorin nachgegangen werden kann.

Eingang in die Überlegungen findet u.a. der feministische Anspruch, den die angelsächsische feministische Literaturwissenschaft an die Texte von Frauen heranträgt, sowie auch die Ergebnisse der französischen feministischen Theorie hinsichtlich des schreibenden weiblichen Individuums. Einen besonderen Stellenwert nimmt die Forschung Julia Kristevas zum Subjekt im Prozeß ein.[4] Erst die Verbindung beider Sichtweisen, der auf das im Text wiedererkennbare dargestellte Weibliche eines feministisch orientierten Subjekts gerichteten und der nach dem schreibenden weiblichen Individuum fragenden, das im Text zum Vorschein kommt jedoch nicht dargestellt ist, ermöglicht es, Aussagen über die Darstellung und Manifestation von Weiblichkeit in ästhetisch anspruchsvoller Literatur von Frauen zu treffen. Neuere deutschsprachige Überlegungen zum Weiblichen in der Literatur, insbesondere die Untersuchung *Die Stimme der Medusa* von Sigrid Weigel[5], bieten einen Schritt in diese Richtung. Es geht darum, nicht nur die Textaussage über das Weibliche, sondern mit ihr auch das die Textaussage produzierende weibliche Individuum zu begreifen, um den Text und damit auch die unterschiedlichen Aspekte des Weiblichen in ihm in seiner vollen Spannweite zu erfassen.

(3) Erst nachdem geklärt wurde, unter welchen Voraussetzungen und mit welchen Kriterien eine Annäherung an die Problematik von Weiblichkeit in der Literatur von Frauen erfolgen kann, geht die vorliegende Arbeit wieder auf die Texte Elfriede Jelineks ein.

Vor dem Hintergrund der in Teil 2 erarbeiteten Zusammenhänge erfolgen Einzelanalysen zu acht Romanen der Autorin in chronologischer Reihenfolge. Die Einzelstudien in diesem Teil 3 fragen nach dem Aufgreifen realer weiblicher

---

4   Julia Kristeva, "Die Revolution der poetischen Sprache", Frankfurt 1978
5   Sigrid Weigel, "Die Simme der Medusa, Schreibweisen in der Gegenwartsliteratur von Frauen", Dülmen-Hiddingsel 1987

Lebenszusammenhänge durch ein politisch bewußtes Subjekt ebenso wie nach einer weiblichen Schreibweise im Text. Unberücksichtigt bleiben die Dramen der Autorin, sowie zwei ihrer umfangreicheren Prosastücke, *Wolken.Heim*[6] sowie *Bukolit.*[7] Diese Arbeit beschäftigt sich, wie bereits erwähnt, u.a. mit der Schreibweise der Autorin und der Frage, inwieweit sich in ihr die weibliche Identität der Autorin in ihrer Prosa manifestiert. Einbezogen werden nur die umfangreichen Prosastücke, die ein Handlungsgerüst erkennen lassen, als Roman gekennzeichnet oder interpretierbar sind. Die literarische Verfahrensweise der Dramen erfordert eine eigenständige, anders geartete Fragestellung[8], die auf die spezifische Form des Dramas eingeht; dies kann hier nicht geleistet werden. Ähnliches gilt für die beiden erwähnten Prosastücke, die, konzipiert als Hörstücke, die Auseinandersetzung mit dem Massenmedium Radio voraussetzen würden.

Den Einzelanalysen dieses Teils 3 der Arbeit wird zunächst ein Überblick über den gegenwärtigen Stand der Jelinekforschung vorangestellt. Diese Diskussion des Forschungsstandes versucht, dem Herangehen der Kritik an das Werk Jelineks unter dem Gesichtspunkt der bisherigen Aussagen zum Weiblichen im und am Werk der Autorin nachzugehen, um hier bereits Unterschiede zum vorliegenden Ansatz herauszuarbeiten.

Die anschließenden Einzelanalysen verfolgen den Zweck, die spezifischen Darstellungen von Weiblichkeit in den jeweiligen Werken herauszuarbeiten und sie einzeln in den Kontext von in der Realität wiedererkennbaren Diskussionen um Weiblichkeit einzuordnen, sowie die Manifestation des Weiblichen in der Schreibweise, dem Ort der Autorin in ihren Texten, zu erfassen.

Da die Autorin bereits in ihren frühen Texten ihre besondere Verfahrensweise hinsichtlich ihrer Schreibweise etabliert hat, sind die in Teil 3 durchgeführten Interpretationen in zwei Abschnitte unterteilt. Während in den ersten beiden Textanalysen zu *wir sind lockvögel, baby* und zu *Michael. Ein*

---

6 Jelinek, Elfriede: *Wolken. Heim.* Göttingen 1990
7 Jelinek, Elfriede: *bukolit. hörroman.* Wien 1979
8 Aufschlußreich ist hier Corina Caduffs Untersuchung. Vgl.: Corina Caduff, "Ich gedeihe inmitten von Seuchen, Elfriede Jelinek - Theatertexte", (Michael Böhler, Harald Burger u. Peter von Matt (Hrsgg.), Zürcher Germanistische Studien, Bd 25), Bern etc.1991

Jugendbuch für die Infantilgesellschaft[9] ausführlich untersucht wird, wie die Autorin ihre weibliche Identität, vermittelt über ihre Schreibweise, in die Texte einbringt und wie sie Weiblichkeit als Teil der Realität der LeserInnen thematisiert, verzichtet der zweite Teil der Textanalysen auf ein erneutes detailliertes Aufrollen der Schreibweise, um Wiederholungen zu vermeiden; er konzentriert sich stattdessen darauf zu fragen, welche Bereiche weiblicher Realität in den jeweiligen Texten aufgegriffen werden und wo die Autorin als weibliches schreibendes Subjekt zu verorten ist.

Zu den Werken, die der zweiten Gruppe von Interpretationen zugrunde gelegt werden, gehören *Die Liebhaberinnen*[10], *Die Ausgesperrten*[11] , *Die Klavierspielerin, Oh Wildnis, oh Schutz vor ihr*[12], *Lust*[13] , *Die Kinder der Toten*[14].

Die Einzelanalysen werden verstanden als Interpretationsvorschläge, die das Ergebnis konkreter Überlegungen zum Weiblichen in der Literatur der Autorin spiegeln. Sie sind Beleg für die *Möglichkeit*, Elfriede Jelineks Prosa als Frauenliteratur in einem konkreten Sinn zu lesen, als Diskussion zeitgenössischer weiblicher Realität, vermittelt über eine das Unbewußte im Text zulassende *weibliche* Schreibweise. Beobachtbar in Jelineks Prosa ist, so läßt sich als These formulieren, die Textpraxis eines Subjekts im Prozeß, das sich über die Veränderungen im weiblichen Lebenszusammenhang bewußt ist.

Nur anhand von Interpretationen konkreter literarischer Werke kann vermieden werden, daß praxisferne Theorien über das Weibliche und deren Bedeutung für die Literatur die feministische Literaturwissenschaft in den Bereich bloßer Spekulation verweisen. Deshalb sind Einzelanalysen notwendig, die die literarische Verarbeitung des Weiblichen in einem adäquaten Kontext darstellen und untersuchen. Erst vor dem Hintergrund solcher Einzelanalysen schließlich sind

---

9 Elfriede Jelinek, *Michael. Ein Jugendbuch für die Infantilgesellschaft*, Reinbek bei Hamburg: Rowohlt, 1989, Erstveröffentlichung 1972
10 Elfriede Jelinek, *Die Liebhaberinnen. Roman*, Reinbek bei Hamburg: Rowohlt, 1995, Erstveröffentlichung 1975
11 Elfriede Jelinek, *Die Ausgesperrten. Roman.*, Reinbek bei Hamburg: Rowohlt, 1990, Erstveröffentlichung 1980
12 Elfriede Jelinek, *Oh Wildnis, oh Schutz vor ihr. Prosa*, Reinbek bei Hamburg: Rowohlt, 1993, Erstveröffentlicht 1985
13 Elfriede Jelinek, *Lust*, Reinbek bei Hamburg: Rowohlt, 19892
14 Elfriede Jelinek, *Die Kinder der Toten. Roman*, Reinbek bei Hamburg: Rowohlt, 1995

verläßliche Aussagen über Weiblichkeit und weibliche Identität in der Literatur von Frauen zu treffen, die den Blick öffnen auf die heutige Realität von Frauen und diese diskutierbar machen.

1. Das Weibliche als Thema in der Prosa Jelineks eine Problementwicklung

Zwei völlig verschiedene Texte der Autorin Elfriede Jelinek, beide im Untertitel als "roman" bezeichnet, mögen das Problem veranschaulichen. Die folgenden Interpretationen zu *wir sind lockvögel baby!* und *Die Klavierspielerin* erheben keinen Anspruch, Gesamtinterpretationen zu sein, sondern sie nähern sich den Texten aus der Perspektive eines naiven Lesers, noch ohne umfangreiche und erschöpfende Auseinandersetzung mit der vorliegenden Forschung. Sowohl *wir sind lockvögel baby* als auch *Die Klavierspielerin* thematisieren die Weiblichkeitsproblematik mit gleicher Eindringlichkeit, allerdings in völlig unterschiedlicher Art. Während sich *Die Klavierspielerin* besonders unter thematischen Gesichtspunkten betrachtet zunächst leicht der sogenannten "populären Frauenliteratur"[15] einzufügen scheint, erweist sich *Lockvögel* in dieser Hinsicht sperrig; die Botschaft dieses ästhetisch überaus anspruchsvoll gestalteten Textes, verpackt in Pop-Kritik, richtet sich vordergründig nicht vorwiegend an Frauen. Allerdings müssen diese voreilig getroffenen Klassifizierungen bei genauer Betrachtung schon bald einer neuen Einschätzung weichen. Die Problematik des Themas 'Weiblichkeit' bei Jelinek als einer Autorin der Gegenwart wird aus den Texten selbst ersichtlich.

1.1. *Die Klavierspielerin* im Kontext der 'populären Frauenliteratur'

Elfriede Jelineks Roman *Die Klavierspielerin*[16] wurde 1983 veröffentlicht. Er ist mit einer Auflagenhöhe von 131000[17] Exemplaren nicht nur einer der bekanntesten und erfolgreichsten Texte der Autorin[18], sondern auch einer der erfolg-

---

15 Ich verwende den Begriff "populäre Frauenliteratur" in Anlehnung an Karin Richter-Schröder für die Fülle äußerst erfolgreicher Selbsterfahrungstexte von Frauen seit der Mitte der 70er Jahre. Vgl. Karin Richter-Schröder, "Frauenliteratur und weibliche Identität. Theoretische Ansätze zu einer weiblichen Ästhetik und zur Entwicklung der neuen deutschen Frauenliteratur", (Hochschulschriften Literaturwissenschaft 80) Frankfurt/M. 1986, S.136, 140ff
16 Elfriede Jelinek, Die Klavierspielerin, a.a.O.
17 Stand: Ausgabe des Rowohlt Taschenbuch Verlags, Dezember 1989
18 Am nächsten kommt diesem Erfolg der Roman "Die Ausgesperrten" mit einer Auflagenhöhe von 28000 Exemplaren.

reicheren zeitgenössischen deutschsprachigen Texte einer Autorin. Die Erstveröffentlichung des Romans erfolgte auf dem Hintergrund eines Buchmarktes, der ein reges Interesse an sogenannter "Frauenliteratur" zeigte. Eine "Welle" populärer Literatur, geschrieben von weiblichen Autoren und für eine überwiegend weibliche Leserschaft, erreichte soeben ihren Höhepunkt[19]. Die Titelwahl, *Die Klavierspielerin*, legt durch den Hinweis auf das weibliche Geschlecht der Protagonistin den Schluß nahe, daß es sich hier keineswegs um eine rein zeitliche Koinzidenz handelt, sondern daß sich dieser Roman gezielt als "populäre Frauenliteratur" anbietet. Bei der Bestimmung von Art und Bedeutung des Weiblichen in diesem Text drängt sich deshalb zunächst die Frage auf, ob es möglich ist, den Roman als Teil dieser populären Frauenliteratur zu lesen und deren Verhältnis zum Feminismus, zu bestimmten Weiblichkeitsvorstellungen und weiblicher Identität als Folie für Jelineks Roman zu begreifen.

Diese vorläufige Themenbeschränkung ist erforderlich, obwohl neue Untersuchungen zur "Frauenliteratur" ausdrücklich auf die Notwendigkeit verweisen, diese Bezeichnung nicht auf die sogenannte "populäre Frauenliteratur" zu reduzieren. In ihren Distanzierungen und ihren kritischen Auseinandersetzungen kommen jedoch auch diese Untersuchungen nicht umhin, anzuerkennen, wie stark diese populäre Frauenliteratur die gegenwärtigen Vorstellungen über Assoziationen zur und Erwartungen an jegliche zeitgenössische Frauenliteratur geprägt hat.

Auch in den bisherigen Diskussionen über Jelineks Texte finden sich immer wieder Urteile, die - reflektiert oder unreflektiert - auf Merkmale der populären Frauenliteratur zurückgreifen und die im Umgang mit dieser Literatur gewonnenen Erkenntnisse über das Weibliche in der Literatur als Bewertungskriterien einsetzen.

---

19   Über das schnelle Entstehen und Abklingen des Erfolges dieser Literatur zwischen 1970 und 1985 auf dem bundesdeutschen Buchmarkt berichtet ausführlich Karin Richter-Schröder. Die hier geschilderte Entwicklung rechtfertigt den auch von Richter-Schröder benutzten Begriff "Welle". Vgl. Karin Richter-Schröder, Frauenliteratur..., a.a.O., S. 140. Luzia Vorspel bindet das Ereignis intensiver Auseinandersetzung mit zeitgenössischer Erfahrungsliteratur von Frauen, um die es sich hier handelt, an einen Zeitraum von 20 Jahren, von 1960 bis 1980; dieses Ereignis sei abgeschlossen, der Höhepunkt der Produktion dieser Frauenliteratur überschritten, so ihre Bewertung. Vgl.: Luzia Vorspel, "Was ist neu an der *neuen frau*?" (Europäische Hochschulschriften Reihe I, Bd. 1201) Frankfurt/M. 1990

Dabei besteht jedoch die Gefahr, dem betrachteten Text die in der populären Frauenliteratur beobachtbaren Beschränkungen voreilig zu unterstellen, beziehungsweise - je nach Standpunkt - den betrachteten Text bei Nicht-Übereinstimmung mit der populären Frauenliteratur aus der Frauenliteratur schlechthin zu verweisen. Eine mögliche Ambivalenz oder Vielfältigkeit der Texte geht auf diese Weise bald verloren.

Erst der vergleichende Blick auf die im jeweils vorliegenden Text vorhandenen Interpretationsangebote einerseits und die im Rahmen theoretischer Überlegungen möglichen Interpretationen andererseits kann schließlich durch eventuell entstehende Unstimmigkeiten Unzulänglichkeiten und Grenzen der zugrundegelegten Theorie aufdecken und so neuen Interpretationen Raum schaffen.

Der folgende knappe Exkurs zur "populären Frauenliteratur" der 70er und 80er Jahre dient lediglich der Fundierung einer Annäherung an den Text aus der Perspektive der Erwartungen eines möglichen Lesepublikums zum Zeitpunkt seiner Veröffentlichung und entbehrt deshalb gezielt der Komplexität des theoretischen Bezuges auf die gegenwärtige Debatte um "die Frauenliteratur" und "das weibliche Schreiben"[20].

1.1.1. Die 'populäre Frauenliteratur' - Vorüberlegungen

Anspruch, Möglichkeiten und Grenzen der "populären Frauenliteratur" werden erklärbar, wenn ihre Herkunft aus den außerparlamentarischen politischen Bewegungen berücksichtigt wird.

Nach dem Abklingen und dem fast vollständigen Abbruch feministisch-emanzipatorischer Forderungen kurz nach dem Anbruch dieses Jahrhunderts und in Deutschland besonders während der Herrschaft des Nationalsozialismus entwickelte sich in der Folge der Bürgerrechts- und Studentenbewegungen der 60er

---

[20] Ich beziehe mich in dieser Darstellung überwiegend auf die Untersuchung "Frauenliteratur und weibliche Identität" von Karin Richter-Schröder und auf Luzia Vorspels Auseinandersetzung mit der Reihe "Neue Frau" des Rowohlt-Verlages. Vgl.: Luzia Vorspel, "Was ist neu an der *neuen Frau?...*", a.a.O. und Karin Richter-Schröder, "Frauenliteratur...", a.a.O., hier insbesondere die Seiten 1 - 36 und 110 - 162. Eine ausführliche theoretische Erörterung folgt im Anschluß an diese Einführung in die Problematik, die sich zunächst auf die allgemeinsten Merkmale populärer Frauenliteratur konzentriert.

und 70er Jahre bald ein gesellschaftliches Klima, das die Wiederaufnahme der Diskussion über die Frauenfrage begünstigte. Dieser öffentliche Diskurs mündete zu Beginn der 70er Jahre dieses Jahrhunderts in eine verstärkte Nachfrage nach feministisch orientierten Texten. Entsprechende Protokoll- und Dokumentartexte waren zwar auf dem Markt, konnten jedoch den Lektürebedarf nicht decken; es kam zu einem steigenden Angebot "neuer" Frauenliteratur.[21] Verena Stefans Buch *Häutungen. Autobiographische Aufzeichnungen Gedichte Träume Analysen* bildete den Beginn einer Welle populärer Frauenliteratur, die ihren Höhepunkt Anfang der 80er Jahre erreichte und seitdem wieder rückläufig ist. Hier sollte zum einen die 'herrschende' Literatur um Texte aus betont weiblicher Perspektive erweitert werden, zugleich sollte diese neue Literatur männlicher Schreibtradition entgegengesetzt werden und so einem spezifisch weiblichen Ausdruck und spezifisch weiblichen Themen Raum schaffen. In dieser populären Frauenliteratur kamen zunächst einmal die ideologischen Prämissen der "zweiten" oder "neuen" Frauenbewegung[22], ihre Hoffnungen auf politische Veränderungen zum Ausdruck.

Die thematischen, stofflichen und formalen Besonderheiten dieser populären Erfahrungsliteratur der 70er Jahre stehen in enger Beziehung zu ihren Wurzeln in der Frauenbewegung und spiegeln das Vertrauen der Verfasserinnen in die Möglichkeit, vermittelt über Literatur gesellschaftliche Veränderungen hervorzurufen.

In der Rückschau fällt jedoch eine mangelnde Konfliktbereitschaft auf. Luzia Vorspel beschreibt das Problem:

Die zerstörte Weiblichkeit, wie sie in verschiedenen Texten, z.B. von Ingeborg Bachmann, Marlene Haushofer oder Caroline Muhr, zum Ausdruck kam, war weder gefragt (Haushofers Buch "Die Wand" wurde erst 1983 zum fast-Kultbuch) noch wurde des Thema immer erkannt, vielmehr wurden Texte des Aufbruchs, der Bewegung und der neuen Entwicklungen gesucht. Insbesondere das Infragestellen von herkömmlichen Denk- und Sprachstrukturen, die als männliche dann zunächst abgelehnt wurden, war die Grundlage neuer Literaturversuche.[...] Stefan setzte [...] Maßstäbe in Bezug auf Thema und Schreibweise: Die Beschreibung eigener weiblicher Erfahrungen im Mittelpunkt bei Überschreitungen zu enger Gattungsgrenzen. Der Untertitel von "Häutungen" lautet "Autobiographische Aufzeichnungen Gedichte Träume Analysen".[23]

---

21 Vgl. hierzu: Luzia Vorspel, "Was ist neu an der *neuen frau?*", a.a.O., S. 13-15
22 Die Verwendung des Begriffes "zweite" oder "neue Frauenbewegung" erfolgt in Anlehnung an die übliche Terminologie; der Begriff bezeichnet die Frauenemanzipationsbewegung seit der Mitte dieses Jahrhunderts.
23 Luzia Vorspel, "Was ist neu an der *neuen frau?*", a.a.O., S. 14

Wie hier ersichtlich wird, waren die Grenzen dieser neuen Frauenliteratur bereits in ihren Anfängen angelegt. Der Versuch, zu neuen Ufern aufzubrechen und weibliches Selbst-Bewußtsein zu stärken, bedeutete zugleich den Verzicht auf unbequeme Weiblichkeitsbilder der Vergangenheit und leistete so - wenn auch unbeabsichtigt - einer neuen Mythenbildung Vorschub, die eine spätere Kritik aus den eigenen Reihen an den nun dargebotenen Weiblichkeitsbildern erschwerte.

Die unbedingte Abwendung von "herkömmlichen Denk- und Sprachstrukturen" nahm die Existenz eines von Männlichem völlig verschiedenen homogenen Weiblichen an und mündete im Extremfall in eine Zensur weiblicher Kreativität. Vorstellungen heterogenen weiblichen Schreibens, sowie auch ästhetische Auseinandersetzungen mit literarisch Vorhandenem, die über die kategorische Ablehnung als "männlich" hätten hinausweisen können, fielen dieser Reduktion zugunsten des Neubeginns zum Opfer.

Die Konzentration auf die möglichst authentische Schilderung eigener weiblicher Erfahrungen sollte solidarisches Handeln von Frauen ermutigen, ihr politisches Bewußtsein als Gruppe schärfen und barg doch zugleich durch den Ausschluß anderer Darstellungsarten die Gefahr, zur Verfestigung sozialer Geschlechtsgrenzen beizutragen.

Karin Richter-Schröder analysiert die Verbindung von populärer Frauenliteratur und weiblicher Identität und kommt zu dem Ergebnis, daß mit der neuen populären Frauenliteratur schließlich unbeabsichtigt eine weitere Verfestigung der herrschenden Verhältnisse erreicht wird:

Das eigene Leiden an der Wirklichkeit, das die Rezipientin im Text reproduziert findet, wird stattdessen zur einzig möglichen Interpretation der Realität hypostasiert, sodaß das Gefühl individueller Ohnmacht eher verstärkt wird, als durch einen Impuls zu politischem Handeln überwunden zu werden.[24]

Die nun folgende kurze Darstellung thematischer, stofflicher und formaler Merkmale der populären Frauenliteratur spiegelt deshalb stets beides: einerseits die anfängliche Absicht, eine spezifische Literatur von und für Frauen zu schreiben

---

24 Karin Richter-Schröder, "Frauenliteratur...", a.a.O., S. 62

sowie andererseits das Scheitern der ursprünglichen Wirkungsabsicht, das in dem Versuch von vornherein angelegt war.

Den thematischen Schwerpunkt der Texte bildet die "Suche nach den Koordinaten weiblicher Identität."[25] Geprägt von den Zielen der neuen oder zweiten Frauenbewegung verfolgen die Texte primär feministische Interessen, beabsichtigt ist die Emanzipation der Frau aus patriarchalischen Denk- und Lebensmustern.[26] Innerhalb der Texte gelangen das Verhältnis der Geschlechter sowie andere in der Öffentlichkeit diskutierte frauenspezifische Themen zum Ausdruck. Nicht selten wird der Versuch, das Bewußtsein der Leserinnen zu verändern, gefolgt von der impliziten Aufforderung zu handeln, die herrschenden patriarchalischen Verhältnisse zu verändern. Oft wird im dargestellten Handlungsrahmen die Loslösung vom Mann als einzige Möglichkeit zur weiblichen Selbstverwirklichung vorgestellt.

Den Stoff dieser Frauenliteratur liefert das alltägliche und private Leben der zumeist weiblichen Hauptfigur[27], wobei die Veränderung einer Partnerschaft den Handlungsverlauf bestimmt. Aufmerksamkeit erregte vor allem auch die "schonungslos offene(n) Schilderung der auf sexueller wie auf psychischer Ebene bestehenden Unzulänglichkeit der Beziehungen zum anderen Geschlecht."[28] Durch seine Würdigung als Romanstoff wird der weibliche Alltag, die weibliche Perspektive in einer "Partnerschaft" als von öffentlichem Interesse ausgewiesen, als politisch relevant. In der Hinwendung zum Alltäglichen spiegelt sich zudem das Bedürfnis der weiblichen Leserschaft nach Identifikationsangeboten und Authentizität. Auch die oftmals autobiographische Verwurzelung der Texte gewährleistet Authentizität. Der persönlich-privaten Biographie der Autorin wird die Funktion beigemessen, authentisch Weibliches im Text zu gewährleisten.[29]

---

25 vgl. Karin Richter-Schröder, "Frauenliteratur...", a.a.O., S. 3
26 vgl. Karin Richter-Schröder, "Frauenliteratur...", a.a.O., S. 129-130
27 vgl. Luzia Vorspel, "Was ist neu an der *neuen frau*?", a.a.O., S.118-121; Karin Richter-Schröder, "Frauenliteratur...", a.a.O., S. 8 und S. 130
28 Karin Richter-Schröder, "Frauenliteratur...", a.a.O., S.130
29 Über den spezifischen Zusammenhang von Autobiographie und Frauenliteratur vgl. insbesondere: Margret Brügmann, "Amazonen der Literatur. Studien zur deutschsprachigen Frauenliteratur der 70er Jahre." (Hrsg.: Cola Minis und Arend Quak: Amsterdamer Publikationen zur Sprache und Literatur; Bd. 65) Amsterdam 1986, und vgl.: Karin

Im Bereich der formalen Gestaltung sind der populären Frauenliteratur unter anderem eine überwiegend lineare Erzählstruktur der Texte, die Konzentration der Perspektive auf die weibliche Hauptfigur und ein sich der Alltagssprache nähernder Sprachgebrauch zu eigen, ausgerichtet vor allem auf die Mitteilung der wesentlichen Textaussagen.

1.1.3. Übereinstimmungen - *Die Klavierspielerin* und die 'populäre Frauenliteratur'

Die Klavierspielerin scheint sich zunächst unauffällig in dieses stark vereinfachte Muster einzufügen:

Zur Diskussion steht die Frage nach der Möglichkeit beziehungsweise Unmöglichkeit einer friedvollen intimen Beziehung zwischen Partnern verschiedenen Geschlechts. Entsprechende Versuche scheitern, da die Beteiligten Liebe und Sexualität in den Begriffen Eroberung und Unterordnung imaginieren, also in den Kategorien von Machtverhältnissen. Die "schonungslos offene" Thematisierung der sexuellen Wünsche und Aktivitäten des Paares Kohut und Klemmer sowie der autobiographische Hintergrund des Textes erregten Aufsehen und sind ein sicherlich nicht zu unterschätzender Grund für die Popularität des Textes und seine Zuordnung zur "Frauenliteratur".

Auch formal fügt sich der Text zunächst leicht in den Kontext der populären Frauenliteratur. Der Text weist - im Vergleich zu anderen Texten der Autorin - wenige extreme sprachästhetische Auffälligkeiten auf, die Sprache entstammt überwiegend dem alltäglichen Wortschatz und konzentriert sich auf die Darstellung des zu schildernden Geschehens.[30]

Richter-Schröder, "Frauenliteratur...", a.a.O., S.129 ff. Da dieser Themenbereich in Teil II ausführlich abgehandelt wird, soll hier nicht näher darauf eingegangen werden.

30 Es mag hier genügen, auf diese zwar relative, aber dennoch auffällige Zurückhaltung Jelineks in *Die Klavierspielerin* hinzuweisen. Auf den in der Debatte um Frauenliteratur zunehmend an Gewicht gewinnenden bereits sehr differenzierten Diskurs über den Zusammenhang von Sprache/Ästhetik, Geschlecht und Feminismus in der Literatur, der für die Beurteilung einiger der übrigen Jelinekschen Prosatexte bedeutend ist, geht der zweite Teil dieser Untersuchung ausführlicher ein. Richtungsweisend waren hier die Ansätze von Cixous, Irigaray und Kristeva, die im einzelnen in Teil 2 dieser Arbeit diskutiert werden.

Der Handlungsaufbau erfüllt zudem das Kriterium linearer Erzählstruktur: Der Roman ist in zwei Teile gegliedert. In alternierender Abfolge werden im ersten Teil signifikante Erlebnisse aus der Vergangenheit der Heldin einerseits und andererseits der in der erzählten Jetztzeit stattfindende Beginn der Liebesbeziehung dargestellt. Die beiden miteinander verwobenen Erzählstränge dieses ersten Teiles sind in sich linear strukturiert. Während der erste Teil so die Hauptfiguren vorstellt und in das Geschehen einführt, zeigt der zweite Teil Erika Kohut und Walter Klemmer als aktiv an der Entwicklung ihrer einmal entfachten Begierde Arbeitende - was sie fälschlicherweise für Liebe halten. Die Erzählung folgt dem Geschehen nun in der erzählten Jetztzeit in konsequenter chronologischer Abfolge. Das Scheitern der Liebesbeziehung beschließt den Roman.

Ohne Zweifel läßt sich vor allem der Stoff - die Lebens-, Liebes- und Leidensgeschichte der weiblichen Hauptfigur - sowohl in seinem für die Hauptfigur zerstörerischen Verlauf als auch in einzelnen dargestellten Episoden und Sequenzen mit den Erfahrungen und Zielen der Frauenbewegung in Verbindung bringen: Vor dem Leser entfaltet sich die Biographie einer weiblichen Hauptfigur, der Wiener Klavierlehrerin Erika Kohut. In der erzählten Gegenwart entwickelt sich die Liebesgeschichte mit ihrem Schüler Walter Klemmer.

Die Klavierlehrerin, so erfährt der Leser gleich zu Beginn des Romans, lebt in enger Umklammerung mit ihrer sie dominierenden Mutter. Das große Ziel der Mutter, eine weltberühmte Pianistin aus der Tochter zu machen, ist bereits vor langer Zeit gescheitert. Die Musik als überhöhter Lebenszweck jedoch bestimmt weiterhin traumatisch alle Lebensbereiche der Tochter und muß den gewaltsamen Entzug von spontaner natürlicher Lebensfreude durch die eifersüchtig alle Fremdkontakte kontrollierende Mutter rechtfertigen. Männer werden und wurden stets als Eindringlinge betrachtet, die die Harmonie von Mutter, Tochter und Musik stören.

Im Verlauf der Zeit hat sich Erika in diesem zwar unfreien, aber auch von jeglicher Auseinandersetzung mit etwaigen kritischen Ansprüchen der Umgebung abschirmenden Leben eingerichtet. Der Preis für ihre Ruhe ist die unbedingte Unterordnung unter die Mutter und, verbunden damit, ein Stillstand ihrer Persönlichkeitsentwicklung. Die Entwicklung einer eigenen bewußten Identität hat nie stattfinden können. Da die bisherigen intimeren Beziehungen zum anderen Geschlecht enttäuschend verlaufen sind[31], konnte eine längere intime Partnerbeziehung nie entstehen. Erika kehrt diese Enttäuschung in ihrer typischen Art, Konflikten auszuweichen, um und möchte nun "keinen Herrn mehr über sich haben".[32]

In diesen sehr prekären status quo dringt Walter Klemmer ein. Er ist von der Autorin mit stereotypen - unter feministischem Gesichtspunkt negativ konnotierten - "männlichen Charakteristika" ausgestattet. Seine 'Interessen' sind von vornherein klar:

> Er ist der ganz persönlichen Ansicht, daß Fräulein Kohut genau jene Frau ist, die ein junger Mann sich zum Einspielen ins Leben wünscht. [...] Ihren Körper wird er sie lieben oder zumindest akzeptieren lehren, den sie bislang noch negiert. Er wird ihr alles behutsam beibringen, was sie für die Liebe benötigt, doch anschließend wird er sich lohnenderen Zielen und schwierigeren Aufgaben zuwenden, was das Rätsel Frau betrifft. Das ewige Rätsel. [...] Und wenn sie dann weiß, wie jung sie in Wahrheit ist, wird er sie um einer jüngeren Willen verlassen. [...] Die Freuden der Liebe wird sie genießen, warte nur! Walter Klemmer fährt im Sommer und schon im Frühjahr auf Wildwassern Paddelboot, sogar Tore umrundet er dabei. Er bezwingt ein Element, und Erika Kohut, seine Lehrerin, wird er auch noch unterwerfen.[33]

Walter Klemmer ist offenbar nicht an einer langfristigen 'Liebesbeziehung' mit seiner Lehrerin interessiert, sondern sie soll ihm als Einstieg dienen, als *eine* Erfahrung auf dem Weg zu lohnenderen weiblichen Trophäen. Seine Aufmerksamkeit für sie gerät unversehens zur Drohung, denn seine Phantasien sind sexuelle Eroberungsphantasien, die wenig Raum für Gleichberechtigung lassen. Erikas Sexualität bereitet ihm Angst vor dem unbekannten und ungezähmten naturwüchsigen Element und spornt ihn zugleich an. Das 'ewige Rätsel Frau' stellt sich ihm wie jedes beliebige Natur-Element dar, das beherrscht werden muß. Klemmers Ängste sind von Jelinek nicht etwa als individuelle Furcht angelegt, sondern spiegeln das auch in der modernen, patriarchalen Gesellschaft gepflegte gemeinsame kulturelle Bild von der unersättlichen und ungezähmten weiblichen Lust, die sich gegen männliche Ratio setzt, männliche Kraft, die sexuelle Potenz des Mannes, überfordert und seinen sozialen Status zu untergraben droht.[34]

---

31   Vgl. Elfriede Jelinek, Die Klavierspielerin, a.a.O., S. 76/77
32   Vgl. Elfriede Jelinek, Die Klavierspielerin, a.a.O., S. 76/77
33   Elfriede Jelinek, Die Klavierspielerin, a.a.O., S. 65-67
34   Silvia Bovenschen spürt in ihrer Untersuchung "Die imaginierte Weiblichkeit" der kulturgeschichtlichen Entwicklung und literarischen Weitergabe der männlichen "Angst vor dem der Domestikation entgangenen Naturwesen" Frau nach und zeigt, wie sich diese Vorstellung als Ideologie selbst gegen Veränderungen gesellschaftlicher Wirklichkeit

Als Erika nach längerem Zögern es schließlich wagt, Klemmers Annäherungsversuche zu erwidern, lüftet sich das vermeintlich süße Rätsel Frau für Klemmer auf unerwartete Weise. Sie benennt ihre masochistischen sexuellen Phantasien, möchte anscheinend nicht etwa lernen, sondern fordert. Im Verlangen nach von ihr bestimmten Folterungen vermischen sich ihre uneingestandene Furcht, auf sexuellem Gebiet tatsächlich die Kontrolle zu verlieren und ihr Wunsch nach unbedingter Selbstaufgabe. Ihr hilfloses Angebot selbstverleugnender Unterwerfung fordert jedoch nur Klemmers moralische Verachtung heraus. Er kann die sich selbst Erniedrigende nicht erobern, da sie sich freiwillig ausliefert. Ihre sexuellen Phantasien weisen sie nun als solcher Mühe nicht Wert aus. Bei gleichzeitigem Verlust seiner Achtung vor ihr erscheint sie ihm nun als mächtigerer Teil ihrer Beziehung, weil sie unerwartet die Fordernde ist; dies jedoch ist bedrohlich für sein Selbst- und Weltbild. Der Subjektstatus dieses Mannes ist nicht selbst-genügsam, er hängt vielmehr ab von einem beherrschten und vor allem einem eroberbaren Objekt. Wenn sich das weibliche Objekt dem männlichen Zugriff entzieht, wird der Subjektstatus des Mannes in Frage gestellt, was zu Verunsicherung und schließlich zu verstärkter Anstrengung, zu Gewalttätigkeit, führt. Klemmer ist emotional überfordert und klagt nun "Liebe" ein.

Während Erika Kohut insgeheim hofft, daß Walter Klemmer ihre Phantasien ablehnen möge, und "anstatt sie zu quälen, die Liebe in der österreichischen Norm an ihr tätigt"[35], versucht er verzweifelt, der Situation "Herr zu werden." Zu seiner Gewißheit, ihr intellektuell unterlegen zu sein, gesellt sich die Furcht, ihr auch emotional ausgeliefert zu sein. Diese Furcht kann er nur durch Gewaltphantasien kompensieren, die die Frau als bloßes Sexualobjekt vorstellen. Er versagt schließlich sexuell und sinnt auf Rache für die erlittene Demütigung.

Das Geschehen gipfelt in der brutalen Vergewaltigung der Klavierlehrerin durch ihren Schüler, und der Roman endet mit der resignativen Rückkehr Erika Kohuts in die abgeschlossene Sicherheit der mütterlichen Wohnung, den "Einpersonen-Privatzoo".

---

durchsetzen/fortsetzen konnte. Vgl.: Silvia Bovenschen, "Die imaginierte Weiblichkeit. Exemplarische Untersuchungen zu kulturgeschichtlichen und literarischen Präsentationsformen des Weiblichen." Frankfurt/M. 1979, zu diesem Themenkomplex besonders die Seiten 27-40
35   Elfriede Jelinek, Die Klavierspielerin, a.a.O., S.232

Elfriede Jelinek entlarvt die hier dargestellte Mann-Frau-Beziehung als vergeblichen Versuch zweier Menschen, ihre inneren Welten aufeinander zu beziehen. In den beiden Protagonisten begegnen sich völlig verschiedene Interessen und Prinzipien, die eine friedvolle Vereinigung verhindern. Den Beteiligten ist immer nur ein geringer Teil der Wirklichkeit des jeweils anderen einsehbar. Die Beweggründe des Gegenüber werden zumeist verkannt, sie sind Teil einer fremden Welt, deren Erkenntnis die eigenen Vor-Urteile verhindern. Die selbstverständliche und unhinterfragte Sicherheit, mit der die beiden Charaktere trotzdem urteilen und handeln, legt den Schluß nahe, daß sie sich im vollständigen Konsens mit anderen Mitgliedern ihrer Gesellschaft wähnen. Sie identifizieren sich anscheinend hier mit gesellschaftlich sanktionierten Überzeugungen. Ihre Unfähigkeit, miteinander zu kommunizieren, beweist jedoch, daß dieser Konsens keineswegs - wie offenbar angenommen - als absolute Übereinstimmung aller Gesellschaftsmitglieder besteht, sondern lediglich in Teilgruppen vorausgesetzt werden kann, wie zum Beispiel in Altersgruppen oder Geschlechtsgruppen. Da deshalb das jeweils andersgeschlechtliche Gegenüber nur Ausschnitte der eigenen Urteilsgrundlagen teilt, kann eine differenzierte Kommunikation nicht entstehen, und die Beziehung der beiden Charaktere muß schließlich scheitern, weil ihre Erwartungen an sich und den anderen gespeist werden aus einer inneren Welt verworrener Vorurteile, Halbwahrheiten, moralischer Normen, sexueller Bedürfnisse, die sie aufeinander beziehen, ohne sich darüber im klaren zu sein, daß der/die andere diese Urteile nicht nachvollziehen, verstehen oder gar teilen kann.

Das wohl überzeugendste Argument für eine feministische Lesart des Romans ist die Vergewaltigungsszene kurz vor Ende des Romans. Diese Szene läßt durch die schonungslos direkte Vergegenwärtigung brutaler physischer Gewalt die Differenz zwischen Gewaltanwendung des Mannes einerseits und den Gewaltphantasien der Frau andererseits offenbar werden. In *Die Klavierspielerin* begegnen sich Männlichkeit und Weiblichkeit, personifiziert in den beiden Protagonisten, als diametral entgegengesetzt, psychisch und physisch im Kampf befindlich. Männliche und weibliche sexuelle Bedürfnisse und Wert-Urteile sind hier nicht nur unterschiedlich, sondern sie erscheinen völlig unvereinbar, nicht verbal zu vermitteln, und sie schließen einander gegenseitig aus.

Der Mann phantasiert sich als Inbegriff von Stärke und Selbst-Bewußtsein und richtet sein Leben entsprechend ein. Er erscheint vital und unkompliziert, nicht von Zweifeln geplagt, unterwirft die Natur oder was er dafür hält. Er ist sich seiner Macht bewußt und genießt es, zu herrschen. Verunsichert, verdoppelt er seine aggressive Energie, darauf bedacht, seinen Status als Beherrscher zurückzuerlangen. Er ergreift die Initiative, ist das Subjekt des Geschehens, die Umgebung ist die zu beherrschende Objektwelt, Frauen eingeschlossen.

Der erzählte Text stellt die Frau als die Unterlegene, die Erleidende dar; ihr Begehren ist allenfalls darauf ausgerichtet, Objekt der Begierde des Mannes zu sein. Ihr Objektstatus wird in den Peepshows, der Pornographie, der Prostitution und den Männerphantasien als gesellschaftlich institutionalisiert dargestellt. Nicht nur ihre Umwelt, sondern die Frauen selbst empfinden Frauen als Objekte, nicht als Beherrscherinnen des Geschehens, sondern als passive Empfänger, darum bemüht, die an sie gestellten Erwartungen zu erfüllen. Erkennbar wird dies zum Beispiel am ausgeprägten Bewußtsein des Romanpersonals bezüglich des äußeren Erscheinungsbildes der Protagonistin. Sowohl die männlichen als auch die weiblichen Figuren um Erika Kohut registrieren ihre Kleidung und fühlen sich zur Kritik veranlaßt. Auch die Protagonistin selbst verbindet ihr äußeres Erscheinungsbild mit ihrem Selbstbild; dies geschieht zum Beispiel, wenn sie versucht, durch Kleidungskäufe an persönlicher Identität zu gewinnen, beziehungsweise durch ihre Kleidung Wünsche auszudrücken, die sie verbal nicht formulieren kann. Selbst auf das Liebesverhältnis werden ihre bisherigen hilflosen Bemühungen übertragen. Die Marotte, die Kleidung für sich sprechen zu lassen, Äußeres und innere Formulierung von Wünschen zu verwechseln, wird wie selbstverständlich in der Beziehung angewendet:

> Dem erschrocken mit seinem kleinen schwarzen Instrumentenkasten aus der Tür tretenden Schüler bietet sie unsicher stammelnd eine gemeinsame Flußpromenade an. Jetzt sofort! Er muß doch schon an ihrem Aufzug gemerkt haben, was sie plant. Der Grund meines Kommens, sagt sie: durch den Fluß und in die Wälder. Mit dieser korrekt ausgerüsteten Dame öffnen sich sogleich Geröllhalden von Leistung, donnernde, unappetitliche Gletschermoränen.[36]

---

36 Elfriede Jelinek, Die Klavierspielerin, a.a.O., S. 240

Wie an diesem Beispiel zu erkennen ist, kann das eigene Begehren nur mittels des erlernten Musters zugelassen und formuliert werden. Die Verständigungsmöglichkeit mittels dieses Musters wird nicht hinterfragt, im Gegenteil, es wird angenommen, daß es allgemein verständlich ist.

Erikas zwanghafter Kleiderkauf erweist sich also einerseits als Ausdruck der konflikthaften Auseinandersetzung mit der Mutter, damit als Anzeichen der Suche nach individueller Identität, entspricht aber zugleich auch der sozial anerkannten, regelhaften Verbindung von Weiblichkeit und äußerer Erscheinung.[37] Erika orientiert sich am Außen, um ein inneres Problem zu lösen; eine - weibliche - Identität als inneres Konzept zu entwickeln, die Jugendlichkeit und Vitalität einschließen könnte und nicht vorgegebenen Regeln folgt, ist ihr unmöglich. Selbst ihre Ausbruchsversuche folgen vorgegebenen Regeln und Mustern. Sie kann sich selbst nur als Objekt denken.

Im Verlauf des Romans verfolgt der/die LeserIn die Positionierung der Protagonistin als Opfer, als Objekt. Angeleitet durch die Mutter stilisiert sie sich zunächst zum "musisch sensiblen Menschen". Ihre eigene kreative musikalische Spontaneität wird jedoch beharrlich reglementiert, indem die Klavierspielerin auf die dienende Funktion werkgetreuer Kunstreproduktion festgelegt wird. So wie ihr in der Musik die lustvolle Erfahrung durch den sklavischen Umgang mit Regeln und Partituren verwehrt wird, sucht sie später auch auf emotionalem und sexuellem Gebiet ständig nach Regeln, die sie von der eigenen emotionalen Teilnahme als betroffenem Subjekt befreien.

Ihre verschiedenen Versuche, eine eigene weibliche Identität als Frau zu entwickeln, scheitern schließlich am Unvermögen, Betroffenheit zuzulassen und eine eigene Perspektive gegen die "Objekt-Perspektive" durchzusetzen. Selbst dort, wo sie in verzweifelten Ausbruchsversuchen Barrieren einreißt, sucht sie umgehend nach neuen Vorgaben und Regeln und versperrt sich so den Weg in ihr

---

[37] An späterer Stelle in dieser Arbeit wird die Problematik des Identitätsbegriffes ausführlich erörtert. Es mag hier genügen, darauf hinzuweisen, daß die von der Figur vorgestellte Identität einerseits als Ablösung von anderen Individuen (hier der Mutter), andererseits als vom Identifikationsangebot der sozialen Gruppe geprägt zu denken ist und nicht nur als Individuation gedacht werden sollte.

Inneres erneut. Da sind die bereits erwähnten Kleiderkäufe[38], Zeichen des vergeblichen Versuches, jung und lebensfreudig zu sein; da sind die ritualisierten Selbstverstümmelungen des weiblichen Geschlechtsorgans[39], Zeichen des verzweifelten Versuches, den Körper wenigstens im Schmerz zu empfinden; und da sind schließlich die voyeuristischen Ausflüge in die Praterauen[40] und in Peepshows[41], Zeichen der Suche nach einer nicht mehr emotional verletzenden Sexualität, einer Sexualität aus der Distanz, mit fremder Perspektive.

Ihre Auseinandersetzung mit dem weiblichen Körper ist eine Auseinandersetzung mit dem weiblichen Körper als fremdem Objekt. Das Weibliche wird von außen beobachtet, eine Reaktion ihrerseits untersagt sie sich. Um an den Kern des Weiblichen zu gelangen, bedient sie sich der männlichen Perspektive:

> Hier im Weichporno ist alles auf das Außen reduziert. Das genügt der wählerischen Erika, diesem weiblichen Feinspitz, nicht, weil sie, sich in die ineinander verkrallten Leute verbeißend, ergründen will, was nun dahintersteckt, das so sinnezermürbend sein soll, daß jeder es tun oder sich wenigstens ansehen will. Ein Gang ins Leibesinnere erklärt das nur unvollkommen, läßt auch Zweifel zu. Man kann die Menschen ja nicht aufschlitzen, um den letzten Rest auch noch aus ihnen herauszubekommen. Im Billigfilm blickt man tiefer, was die Frau betrifft. Beim Mann kann man nicht so weit vordringen. Doch ein Letztes sieht keiner; selbst wenn man die Frau aufschnitte, sähe man nur Gedärme und Innenorgane. Der aktiv im Leben stehende Mann wächst auch körperlich eher nach außen. Am Ende bringt er das erwartete Ergebnis hervor, oder auch nicht, wenn aber doch, kann man es allseits öffentlich betrachten, und der Erzeuger freut sich seines wertvollen heimischen Produkts. Der Mann muß oft das Gefühl haben, denkt Erika, daß die Frau ihm etwas Entscheidendes in dieser Unordnung ihrer Organe verbirgt. Gerade diese allerletzten Verborgenheiten stacheln Erika an, immer Neues, immer Tieferes, immer Verbotneres betrachten zu wollen. Sie ist stets auf der Suche nach einem neuen unerhörten Einblick. Ihr Körper hat noch nie, nicht einmal in Erikas aufgespreizter Standardpose vor dem Rasierspiegel, seine schweigsamen Geheimnisse preisgegeben, nicht einmal seiner eigenen Besitzerin! Und so behalten auch die Leiber auf der Leinwand alles bei sich: für den Mann, der nachschauen möchte, was es auf dem freien Markt an Frauen so gibt, die er noch nicht kennt, wie für Erika, die verschlossene Betrachterin.[42]

Sie selbst nimmt nicht als in der Identifikation mit der Frau innerlich betroffenes weibliches Subjekt teil, sondern betrachtet den weiblichen Körper als dargebotenes Objekt. Dieser Versuch visueller Inbesitznahme nach männlichem Muster scheitert jedoch. Sie kann die Betroffenheit des beobachtenden Mannes nicht tei-

---

38 Vgl. Elfriede Jelinek, Die Klavierspielerin, a.a.O., Seite 11 ff
39 Vgl. Elfriede Jelinek, Die Klavierspielerin, a.a.O., Seite 45
40 Vgl. Elfriede Jelinek, Die Klavierspielerin, a.a.O., Seite 141 ff
41 Vgl. Elfriede Jelinek, Die Klavierspielerin, a.a.O., Seite 51ff
42 Elfriede Jelinek, Die Klavierspielerin, a.a.O., S.109

len; bleibt unberührt, distanziert. Der Versuch, sich durch Anpassung an das unterdrückende Prinzip einer eigenen Identität zu nähern, scheitert. Die weibliche Natur, weibliche Lust und Sexualität verschließen sich dem pseudo-männlichen Blick der Protagonistin.[43]

Mit ihrem Versuch, sich mittels des männlichen Musters visueller Inbesitznahme der Welt der eigenen weiblichen Identität zu nähern, verweigert die Protagonistin sich ihre eigene weiblich-individuelle Wahrnehmung. Diese Wahrnehmung ist durchaus kreativ und wird von anderen Sinneswahrnehmungen als dem Gesichtssinn bestimmt, wie folgender Textausschnitt demonstriert, der die Protagonistin auf ihrem Weg durch das nächtliche Wien beschreibt:

> Angestellte verriegeln die Tore eines Supermarkts, davor die letzten sanft pulsierenden Motore von Hausfrauengesprächen. Ein Diskant setzt sich gegen einen Bariton durch, daß die Weintrauben recht verschimmelt waren.[44]

Indem sich die Protagonistin anschließend in der Peepshow zur 'Erforschung' weiblicher Sexualität der fremden, visuellen Perspektive zuwendet, beraubt sie sich, so die Schlußfolgerung, der Möglichkeit, sich diese Sexualität mit den eigenen Mitteln der Wahrnehmung anzueignen. Visuelle Inbesitznahme der Welt kann durchaus als spezifisch männliche Möglichkeit der Identifikation verstanden werden, wie dies zum Beispiel von Toril Moi in ihrer Untersuchung *Sexus-Text-Herrschaft*[45] dargestellt wird. Freud entwerfe in seinen eigenen Texten, insbesondere in *Das Unheimliche*, eine Theorie des "Blicks" als phallischer Handlung, so Mois Ausführungen, diese Handlung sei mit dem analen Verlangen nach sadistischer Beherrschung des Objekts verbunden. Der spekularisierende Philosoph erscheint so als der mächtige (potente) Beherrscher seiner Erkenntnis.

Hier werden männliche und weibliche Wahrnehmungs- und damit verbundene Identifikationsmöglichkeiten voneinander unterschieden. Während die männliche Form visueller Identifikation der Frau verwehrt ist, konzentrieren sich

---

43 Marlies Janz stellt in Bezug auf Erika Kohuts Versuche, Identität zu entwickeln, ganz richtig fest: "[...]was diese Figur letztlich ausmacht, ist ihre vollkommene Unfähigkeit, sich selbst als Frau zu definieren und über die misogyne Männerprojektion [...] hinauszugelangen." Marlies Janz, "Elfriede Jelinek", (Realien zur Literatur) Stuttgart 1995, S. 83
44 Elfriede Jelinek, Die Klavierspielerin, a.a.O., S. 47
45 Toril Moi, "Sexus-Text-Herrschaft", Bremen 1989, S. 158

weibliche Empfindungen auf andere Sinneswahrnehmungen zur Erfassung und Aneignung der Welt: Gehörsinn, Tastsinn, Geruchssinn. Wenn Jelineks Protagonistin sich also trotz ihrer offensichtlichen Fähigkeit zur - nach dieser Definition spezifisch weiblichen - Umsetzung ihrer Umwelt der männlichen Wahrnehmungsweise bedienen muß, um ihre eigene Sexualität zu "erforschen", scheitert sie nicht zuletzt an dieser angenommenen fremden Perspektive.

Da eine Änderung jedoch nicht mehr möglich scheint, hat Erika Kohut sich in einem statischen Leben verfangen, das eine Weiterentwicklung nicht erlaubt. Sie empfindet diesen Zustand der Permanenz und Unveränderlichkeit als quälend. Nach einem ihrer verzweifelten Versuche, der weiblichen Sexualität und Identität durch die Einnahme der männlichen Perspektive in Peepshows näherzukommen, wird lakonisch von der Autorin konstatiert, was auch die Protagonistin empfindet:

> Erika zieht dahin. Nichts ist zerrissen, nichts hat abgefärbt. Nichts ist ausgebleicht. Nichts hat sie erreicht. Nichts, was vorher nicht da war, ist jetzt da, und nichts, was vorher nicht da war, ist inzwischen angekommen.[46]

Auch der Versuch, gewaltsam in das eigene weibliche Körperinnere vorzudringen, um das Geschlecht wenigstens im Schmerz zu empfinden, scheitert. Die Selbstverstümmelungen, die bezeichnenderweise mit der väterlichen Rasierklinge vonstatten gehen, öffnen keinen Weg in das Innere, in die Betroffenheit, denn Schmerzen werden nicht zugelassen, also subjektiv nicht empfunden.

Erika Kohut und Walter Klemmer sind in ihrer Verstrickung in den Geschlechterkampf keine Ausnahme. Beide Figuren verhalten sich entsprechend weit verbreiteten Mustern, die von der Autorin in vielen kleinen, vom Haupthandlungsstrang losgelösten, ähnlichen Episoden im Text dargeboten werden. Die Darbietung dieser Episoden erfolgt gezielt en passant, was die Differenz zwischen dem Schrecklichen des jeweils Dargebotenen und der scheinbaren Normalität des Geschehens innerhalb der Romanwelt hervorhebt.

Da ist zum Beispiel "das frisch bewaffnete Wiener Gemüt" in der Jahrmarktsbude im Prater, mit seinem "halbwüchsigen Sohn, der den Papa demnächst

---

46 Elfriede Jelinek, Die Klavierspielerin, a.a.O., S.57

Szenen des Geschlechterkampfs im Roman

beim Schießen schlagen möchte und nur auf dessen Versagen lauert." Der Vater hingegen, wenn er denn tatsächlich versagt, lebt diese Aggressivität aus:

> Der Treffer wird mit einer kleinen Puppe aus Plastik belohnt. Es gibt auch Federblumen und Goldrosen, doch was immer es gibt, es ist auf die Dame zugeschnitten, die auf den siegreichen Schützen wartet, ihrerseits als Person die größte Belohnung für ihn. Und sie weiß auch, daß er sich nur für sie anstrengt und ärgert, wenn er verfehlt. In beiden Fällen muß sie es ausbaden. Es kann bis zu einem mörderischen Streit führen, wenn der Mann es nicht aushält, danebengeschossen zu haben. Die Frau verschlimmert es nur, wenn sie ihm in dieser Situation tröstlich beispringt. Sie büßt es, indem sie von ihm besonders gemein besprungen wird, ohne daß es heute auch nur die geringste Vorspeise dazu gibt. Er trinkt sich einen Rausch an, und wenn sie sich dann noch weigern sollte, die Gabel zu machen, gibt es Prügel bis aufs Zahnfleisch. Und die Polizei rückt heulend aus, springt aus ihrem Polizeiwagen und fragt die Frau, warum sie so schreit, sie soll wenigstens die Umgebung schlafen lassen, wenn sie selbst nicht schlafen kann. Dann bekommt sie die Adresse von dem Frauenhaus. [47]

Die bereits im männlichen Kind gezeigten Verhaltensweisen sind die des späteren Erwachsenen (Mannes). Erfolgszwang und Wettbewerbssituation machen unempfindlich für das Leid des/der Unterlegenen. Die Familie als gesellschaftliche Institution bietet nicht etwa Schutz und Geborgenheit vor gesellschaftlichen Strukturen, sondern entpuppt sich als Kampfplatz der Geschlechter.

Die Umgebung reagiert auf den innerfamiliären Kampf mit Gleichgültigkeit, allenfalls mit Ablehnung ob der Lärmbelästigung. Die Frau wird als Besitz des Mannes aufgefaßt, als weiterer Ansporn zu Leistung, denn die Gewinne sind auf die Situation der die Leistung des Mannes bewundernden Frau zugeschnitten. Als dem schwächsten Glied in der Kette der Gewalttätigkeit und Unterdrückung bleibt ihr schließlich nur die Flucht zu anderen Schwachen, ins Frauenhaus.

Die Frau wird von ihrem Mann funktionalisiert, indem sie seine fehlgeleiteten männlichen Aggressionen auffangen und einstecken muß. Mit ihrer passiven Haltung verhindert sie, ohne es zu wollen, daß dieser Mann seine Wut gegen die Ursache seiner Frustration richtet, mit seinem scheinbaren Versagen auch im privaten Lebensbereich fertig wird, ohne seine Aggressivität gegen die Schwächeren zu richten. Diese Situation erscheint im Verlauf des Romans nicht als Einzelfall, sondern als Regel. Da ist zum Beispiel "ein ganzer Schub rattenartiger Handwerker dicht vor der Pensionierung", die Erika nicht als heimliche Verursacherin des "Geknuffes" in der Straßenbahn ausmachen konnten und erbost und frustriert die Straßenbahn verlassen haben:

---

47 Elfriede Jelinek, Die Klavierspielerin, a.a.O., S.135

Jetzt gehen diese Leute zu Fleiß eine ganze Station zu Fuß! Wenn ein Widder unter all den Schafen im Wagen die Ruhe stört, benötigt man dringend frische Luft, und draußen findet man sie. Das Gebläse des Zorns, mit dem man dann zu Hause die Gattin traktieren wird, benötigt frischen Sauerstoff, sonst funktioniert es vielleich nicht.[48]

Die Autorin entblößt hier die Brutalität und Unreflektiertheit der Mißhandlungen, indem sie die Mißhandlung mit der Gleichgültigkeit der männlichen Perspektive in ironischer Übertreibung darstellt. Die Differenz zwischen der gleichgültigen Haltung der Ausübenden sowie der scheinbar gleichgültigen Aussage der Autorin einerseits und der Brutalität des Geschehens andererseits erzwingt die Aufmerksamkeit des Lesenden. Die mitleidlose Gewaltausübung bewirkt in ihrer direkten Darbietung ohne schützende Außenperspektive die Distanzierung des Lesepublikums und eine eigenständige Reflexion der Rezipienten/innen über die Diskrepanz zwischen Verursachern und Opfern der Gewalt. In *Die Klavierspielerin* verhalten sich Männer anscheinend völlig konform, wenn sie der gesellschaftlichen Hierarchie entsprechend den aufgestauten Zorn an Frauen abreagieren, ohne der eigentlichen Ursache ihres Zorns auf den Grund zu gehen. Da die eigentliche Ursache ihrer Wut nicht belangbar ist, müssen "emotionale Blitzableiter" her, denen keine verletzbare Persönlichkeit zuerkannt wird und die verfügbar sind. Frauen scheinen hierfür geeignet, sie sind "zuhause", als Objekte männlicher Willkür ausgeliefert.

Besonders ausgeprägt ist die Reduktion der Frau auf das bloße Objekt, wenn sie ihren Körper gegen Bezahlung anbietet. Die Männer, die die Dienste des Gewerbes in Anspruch nehmen und damit zur Fortexistenz des Gewerbes beitragen, betrachten diese Frauen in ihrer Ganzheit - nicht nur in ihrem Dienst - als bloße Objekte der Lust, im Gegensatz zum Mann nicht mit individueller Persönlichkeit ausgestattet. In Verkennung der zugrundegelegten Doppelmoral werden die Frauen auf äußerliche Eigenschaften reduziert; da ihnen "Tiefgreifendes" fehlt, können sie depersonalisiert werden:

> Zuerst sehen sie drinnen [in der Peepshow, V.V.] die echte Frau, dann kaufen sie draußen das Imitat. Weil der Käufer leider die schönen nackten Damen nicht mitnehmen kann, damit er sie im schützenden Kämmerlein bis zum Zerplatzen hernimmt. Diese Frauen haben ja noch gar nichts Tiefgreifendes erlebt, sonst stellten sie sich nicht so zur Schau. Sondern gingen gleich gutwillig mit, anstatt nur so zu tun als ob. Dieser Beruf ist doch nichts für eine Frau. Am liebsten

---

48 Elfriede Jelinek, Die Klavierspielerin, a.a.O., S. 19

nähme man eine gleich mit, *egal welche, im Prinzip sind sie alle gleich.* Sie unterscheiden sich nicht grundsätzlich, höchstens in der Haarfarbe, während die Männer doch mehr Einzelpersönlichkeiten sind, von denen der eine lieber das hat und der andere lieber das.[49] [Hervorhebung von mir, V.V.]

Selbst der äußere Anschein einer individuellen Person wird eliminiert, denn "sie unterscheiden sich nicht grundsätzlich." Ihre Existenz wird als reine Zweckexistenz verstanden, ausgerichtet auf die Befriedigung des als Subjekt wählenden Mannes: "Es existieren auch Clubs, wo man fotografieren darf"...und wo "sich jeder sein Modell je nach Laune und Geschmack selbst" aussucht[50], die 'Bewertung' der Ware Frau durch das Subjekt Mann erfolgt schließlich "je nach Größe, die die weiblichen Kurven haben".[51]

Mit Ausnahme des Schicksals der Protagonistin erfahren die Leser/Leserinnen nichts von den Reaktionen der Frauen auf Mißhandlungen. Es scheint nahezuliegen, daß sie - wie auch die Protagonistin - in passiver Resignation versinken, unfähig, sich gegen die "herrschenden" Vorurteile und verinnerlichten Barrieren zur Wehr zu setzen, unfähig auch, sich aus ihrem Objektstatus zu befreien. Die weibliche Reaktion gelangt in den Textsequenzen, die männliche Inbesitznahme und Machtausübung schildern, nicht zur Darstellung.

Die feministische Botschaft ist eindeutig. Die verschiedenen Darstellungen gesellschaftlich sanktionierter Nutzbarmachung von Frauen als Ge- oder vielmehr Mißbrauchsobjekte entlarven die mangelnde Fähigkeit von Frauen, eine eigene weibliche Identität zu entwickeln, als gesellschaftlich bedingt. Die männliche Angst vor Kontrollverlust führt zur brutalen Unterdrückung weiblichen Subjekt-Anspruches. Die Frau sieht sich, degradiert zum Objekt, der ungeschminkten Herrschsucht und Zerstörungswut des Mannes ausgesetzt. Unfähig, eine eigene Identität zu bilden und sich zur Wehr zu setzen, übernimmt sie die Sichtweise und Normen der patriarchalischen Gesellschaft. Der Roman impliziert in der Darstellung dieser Problematik und in seinem resignativen Ende die Aufforderung an Frauen, sich zur Wehr zu setzen, sich von männlichen Vorstellungen über das - vom Mann erfundene - 'Rätsel Frau' zu emanzipieren.

---

49   Elfriede Jelinek, Die Klavierspielerin, a.a.O., S. 51
50   Elfriede Jelinek, Die Klavierspielerin, a.a.O., S. 54
51   Elfriede Jelinek, Die Klavierspielerin, a.a.O., S. 55

1.1.4. Differenzen zum 'Modell' populärer Frauenliteratur

Diese Interpretation kann jedoch nicht den gesamten Text erklären, denn sie spart wesentliche Gesichtspunkte aus. Eine bloße Emanzipation der Protagonistin von patriarchal-männlicher Unterdrückung würde nämlich das im Roman dargestellte Dilemma noch nicht lösen, und eine solche Reduktion der Interpretationsmöglichkeiten würde der im Text angelegten Vielschichtigkeit der Geschlechtsthematik nicht gerecht.

So werden Männer nicht nur in ihrer Rolle als Täter, sondern auch als Opfer gezeigt; Frauen werden ebenso als Täter dargestellt, wie sie Opfer sind. Die Gewalt der männlichen Figuren und der weiblichen Figuren in *Die Klavierspielerin* ist als Reaktion auf Frustration, Demütigung und Unterdrückung dargeboten. Der Roman klagt an, nicht nur die Männer, sondern unsere moderne Gesellschaft, auch die Frauen.

Im Gegensatz zu einer großen Anzahl von Texten der populären Frauenliteratur sind hier die Grenzen zwischen Gut und Böse nicht klar gezogen. Eine schwarz/weiß-Darbietung von 'männlich/weiblich' wird bewußt verweigert. Es ist schließlich kaum noch erkennbar, wer wen verfolgt, verführt, betrügt, quält. Eindringlich wird nur das Monströse eines egoistisch motivierten menschlichen Zusammenseins hervorgehoben. Hinter diesem zunächst scheinbar feministisch harmlos daherkommenden Roman scheint plötzlich das Ganze mit den verschiedenen Unterdrückungsmechanismen hervor; und der feministische 'Aufhänger' ist ein Mittel, diese Unterdrückung konzentriert darzustellen.

Die zentrale Botschaft richtet sich gegen Machtstrukturen und deren Aufrechterhaltung und Vermittlung in unseren modernen Gesellschaften, Sexismus ist hier nur *eine* Unterdrückungsstruktur neben anderen. Weibliches wird zwar als Unterdrücktes gezeigt, Frauen werden zwar als unter der männlichen Vorherrschaft Leidende dargestellt, jedoch sind die Unterdrückung und das Leiden nicht ausschließlich als geschlechtsspezifisch motiviert erkennbar. Wer bei Jelinek nach stereotypen und aus der Frauenbewegung und der populären Frauenliteratur nur allzu gewohnten Schuldzuweisungsmustern und Lösungsmustern entsprechend der

Geschlechtszugehörigkeit der Autorin und der Figuren sucht, sieht sich bald enttäuscht.

Im Gegensatz zu der Mehrzahl der Frauenfiguren der kommerziell-populären Frauenliteratur ist Erika Kohut keine sympathische Heldin. Sie wird als mißgünstig, neidisch und wenig hilfsbereit gegenüber ihren Mitmenschen geschildert. Den ihr anvertrauten Musikschülern mißgönnt sie Erfolge, die ihr selbst verwehrt sind, und Vergnügen, die sie sich selbst nicht erlaubt. Obwohl ihr Verhalten im Verlaufe des Romans als Reaktion auf seelischen Schmerz, die Folge der mütterlichen Verhinderung jeglicher Selbstentfaltung, erklärbar wird,. trägt dies kaum zur Identifikation der LeserInnen mit der Heldin bei. Allein angesichts der weiblichen Hauptfigur stellen sich so schon bald gravierende Unterschiede zwischen der Handhabung des Themas "Weiblichkeit" in der populären Frauenliteratur und der Handhabung des Themas bei Jelinek heraus, die erhebliche Zweifel an der hauptsächlich feministischen Intention des Jelinek'schen Textes aufkommen lassen.[52]

Das in der populären Frauenliteratur übliche Angebot positiver Identifikation mit der Protagonistin muß ausbleiben, da sich die Protagonistin an der allgegenwärtigen Unterdrückung aktiv beteiligt, selbst Täterin ist. Wie die Männer gibt sie Gewalt, die ihr zugefügt wird, weiter an Menschen, die in keinem direkten Bezug zu ihrem Leiden stehen:

In Kamikazemanier nimmt sie sich selbst als Waffe zur Hand. Dann wieder prügelt sie mit dem schmalen Ende des Instruments, einmal ist es eben die Geige, dann wieder die schwere Bratsche, in einen Haufen arbeitsverschmierter Leute hinein. Wenn es sehr voll ist, so um sechs Uhr, kann man schon beim Schwungholen viele Menschen beschädigen. Zum Ausholen ist kein Platz. SIE ist die Ausnahme von der Regel, die sie ringsum so abstoßend vor Augen hat, und ihre Mutter erklärt ihr gerne handgreiflich, daß sie eine Ausnahme ist, denn sie ist der Mutter einziges Kind, das in der Spur bleiben muß. In der Straßenbahn sieht SIE jeden Tag, wie sie nie werden möchte. SIE durchpflügt die graue Flut derer mit und ohne Fahrschein, der Zugestiegenen und der sich zum Aussteigen Anschickenden, die dort, woher sie kommen, nichts bekommen haben und dort, wo sie hingehen, nichts zu erwarten haben.[53]

---

52 Zu den Problemen der Feministinnen mit der unsympathischen Heldin vgl. auch: Christa Gürtler, "Der böse Blick der Elfriede Jelinek. Dürfen Frauen so schreiben?", in: Christa Gürtler u.a. (Hrsg.), Frauenbilder, Frauenrollen, Frauenforschung - Dokumentation der Ringvorlesung an der Universität Salzburg im WS 1986/87. (Veröffentlichungen des Historischen Instituts der Universität Salzburg. Bd. XVII, hrsg. von Brigitte Mazohl-Wallnig) Wien-Salzburg 1987, S. 53-62, hier S.60
53 Elfriede Jelinek, Die Klavierspielerin, a.a.O., S.17

Die Trambahnpassagiere werden nicht als einzelne Subjekte wahrgenommen, sie sind Teil der 'grauen Flut'. Erst im verachtenden Absetzen von dieser Masse gewinnt Erika Kohut sich als Einzelwesen. Sie vermeint, die "graue Flut" bestrafen zu müssen, um ihr eigenes Anderssein unter Beweis zu stellen. Indem sie selbst im Schutz der Anonymität ungestraft züchtigt, gibt sie das Verhaltensmuster der Mutter, das die Tochter "in der Spur" hält, weiter an diejenigen, denen sie sich überlegen fühlt. Auf diese Weise beteiligt sie sich an der in ihrer Gesellschaft stillschweigend hingenommenen Machtausübung durch physische Gewaltanwendung und bestätigt so ihren eigenen angenommenen Wert. Ihre Opfer sind Männer und Frauen gleichermaßen, es sind jedoch immer die Schwächeren, die, die "nichts bekommen haben" und "nichts zu erwarten haben". Entscheidend ist hier nicht das Geschlecht von Täter und Opfer, sondern die Einteilung der Menschen in Starke und Schwache, in Täter und Opfer. Die Täterin Erika kann sich nur durch die Existenz der Opfer aus der "grauen Flut" gegen ihre eigene Unterdrückung wehren.

Opfer der Gewalttätigkeit Erikas sind besonders auch ihre Musikschüler. Im Bewußtsein ihres eigenen Scheiterns und voller Neid auf die Jugend ihrer Schüler und Schülerinnen und voller Haß auf deren Möglichkeit zu Selbst- und Lustentfaltung werden sie behindert, wenn sie begabt sind und verachtungsvoll "mit Hohn überhäuft"[54], wenn sie, - wie Erika zuvor - von ehrgeizigen Eltern zur Musikausübung trotz mangelnden Talents angetrieben werden. Die Lehrerin mißbraucht ihre sozial überlegene Position, um ihr eigenes Versagen, ihre Insignifikanz, zu kompensieren. Die Unterdrückung der Protagonistin durch ihre Mutter vervielfältigt sich so gewissermaßen, denn diese Unterdrückung führt zur Unterdrückung der Schüler, und diese wiederum werden vermutlich nach dem gleichen Muster zur Unterdrückung der kommenden Generationen beitragen.

Die Gewalttätigkeit der 'Ohn-Mächtigen' in *Die Klavierspielerin* ist als Reaktion auf Demütigung und Frustration erkennbar, sie richtet sie nie direkt gegen die Ursache, der sich die Figuren nicht gewachsen fühlen, und sie ist in der Gesellschaft toleriert und findet verdeckt statt. Möglich wird sie offenbar erst unter

---

54 Elfriede Jelinek, Die Klavierspielerin, a.a.O., S. 5

dem Deckmantel angemaßter Autorität. Die Position der Lehrerin, die Sensibilität der Künstlerin, das höhere Alter der Mütter rechtfertigen es, Unterordnung zu erzwingen. Jelinek entlarvt hier die doppelte Moral einer auf Unterdrückung gegründeten Gesellschaft, wobei sich Frauen hier nicht von Männern unterscheiden.

Täter wie Opfer gibt es beiderlei Geschlechts. Deshalb werden gerade auch Frauenrollen wie die der Mutter, die traditionell emotional positiv belegt sind, in ihrer Doppelmoral von der Autorin bloßgestellt. Wir erfahren zum Beispiel von Handgreiflichkeiten, in denen die Mutter rücksichtslos ihre Kontrollposition festigt. Das Mutter-Tochter-Verhältnis stellt hier keineswegs die in Feministinnenkreisen gern beschworene Rückflucht in das private Idyll dar, sondern es ist ebenso wie andere gesellschaftliche Bereiche geprägt vom Willen zum Herrschen. Jelinek stellt die das Mutter-Kind-Verhältnis bestimmende Brutalität schonungslos dar:

> Der Kopf einer etwa Vierjährigen wird von einer mütterlichen Orkanwatsche in das Genick zurückgeworfen und rotiert einen Augenblick hilflos wie ein Stehaufmännchen, das sein Gleichgewicht verloren und daher größte Mühe hat, wieder in den Stand zu kommen. Endlich steht der Kinderkopf wieder senkrecht wo er hingehört und gibt schauerliche Laute von sich, worauf er von der ungeduldigen Frau sogleich wieder aus der Lotrechten befördert wird. Der Kinderkopf ist jetzt schon mit unsichtbarer Tinte gezeichnet, für noch viel Schlimmeres vorgesehen. Sie, die Frau, hat schwere Taschen zu tragen und sähe dieses Kind am liebsten in einem Kanalgitter verschwinden. Damit sie die Kleine malträtieren kann, muß sie nämlich jedes Mal vorübergehend die schweren Taschen auf dem Boden abstellen, und das ergibt einen zusätzlichen Arbeitsgang. Aber diese kleine Mühe scheint es ihr wert zu sein. Das Kind lernt die Sprache der Gewalt, aber es lernt nicht gern und merkt sich auch in der Schule nichts. Ein paar Vokabeln, die nötigsten, beherrscht es bereits, wenn man sie auch bei dem Geplärre nur unvollkommen verstehen kann.55

Jelinek zerstört hier in der Kritik am Muttermythos den Mythos vom besseren weiblichen Geschlecht. Hier wird nicht die sexistische Struktur von Herrschaftsverhältnissen angeklagt, sondern der Mißbrauch von Macht schlechthin. Im "alltäglichen Faschismus" unterscheidet sich Frauenverhalten kaum von Männerverhalten.

Christa Gürtler erkennt diese negative Einstellung der Autorin gegenüber ihren Frauenfiguren richtig und verweist auf die Unzufriedenheit feministischer Kritiker/innen:Der Roman macht deutlich, wie stark Frauen die Normen und Gesetze patriarchalischer Herrschaftsausübung internalisiert haben, die reale Anwesenheit des Vaters wird überflüssig. Elfriede Jelinek

---

55 Elfriede Jelinek, Die Klavierspielerin, a.a.O., S. 48

destruiert in diesem Roman den Mythos der Mutterliebe und den Mythos Frau. Vielleicht gibt es deshalb bei der Lektüre so viele Widerstände von Seiten der Leserinnen.[57]

Mit ihrer Entlarvung des 'Mythos Frau' erteilt Jelinek feministischen Hoffnungen auf eine bessere Welt unter weiblicher Dominanz eine vehemente Absage. Der Ausschluß der Frauen aus dem öffentlichen Leben bedeutet in *Die Klavierspielerin* nicht zugleich einen Ausschluß aus dem Wettbewerb und Machtkampf. Die weiblichen Figuren in *Die Klavierspielerin* leben entweder als hilflose und passive Opfer in ihrer privaten Welt, oder sie beteiligen sich als Mittäterinnen am Kampf um Macht. In beiden Fällen ist eine positive Einflußnahme aus dem weiblichen Lebensbereich auf gesellschaftliche Strukturen nicht zu erwarten.

Die Weiblichkeitsproblematik in *Die Klavierspielerin* sprengt den starren thematischen Rahmen, der in der populären Frauenliteratur den Begriffen "weiblich" und "männlich" gesetzt ist. Die von Jelinek hier dargestellte Gesellschaft krankt nicht vorrangig an sexistischen Unterdrückungsstrukturen, sondern daran, daß alle Mitglieder dieser Gesellschaft zwischenmenschliche Beziehungen in Begriffen der Unter- und Überordnung denken. Die Autorin zeichnet eine hierarisch strukturierte, autoritär organisierte und unsolidarische Gesellschaft, deren Mitglieder sich ihren ursprünglichen emotionalen Bedürfnissen entfremden.

Auch wenn es sich hier um eine patriarchische Gesellschaftsstruktur handelt, leiden Männer wie Frauen doch gleichermaßen unter ihren Herrschaftsmechanismen. Der Kampf der Geschlechter untereinander erscheint lediglich als Teilaspekt des eigentlichen Problems dieser Gesellschaft. Die vordergründig auffällige Konzentration des Textes auf die Geschlechtsproblematik im Privatleben der Protagonisten öffnet bei genauerer Betrachtung erst den umfassenderen Blick auf die umfangreichere Thematik, das Entstehen des "alltäglichen Faschismus", deren Teilaspekt sie ist. Zwar spiegelt und konzentriert sich die gesellschaftliche Herrschaftsproblematik im traditionell weiblichen Lebensbereich, die Frage nach dem Weiblichen und dessen Bedeutung bei Jelinek aber entzieht sich eindimensionalen Lösungsmustern, wie sie in der frühen populären Frauenliteratur vorgegeben sind.

Auch das Romanende, die trostlose Resignation der Frau nach der gescheiterten Liebesbeziehung, verweigert traditionelle Lösungsvorschläge, wie sie etwa in der populären Frauenliteratur genannt werden. Die dort häufig implizierte Auf-

---

57 Christa Gürtler, "Der böse Blick...", a.a.O., S.60

forderung zu weiblicher Ablösung vom Mann etwa bleibt völlig aus. Im Gegenteil, eher schon ist eine Forderung erkennbar, daß die Heldin die andere Frau des Romans, die Mutter, verlassen möge, um sich zu retten. In dem hier vorliegenden Text bedeutet das Scheitern der Beziehung zum anderen Geschlecht die irreparable Katastrophe im Leben der Heldin. Auch formal liegt in diesem Romanende ein Argument gegen eine simple feministische Lesart des Romans im Sinne der populären Frauenliteratur, wie sie aus der Frauenemanzipationsbewegung hervorgegangen ist. Der abschließende Gang zur Mutter verheißt nicht Erlösung, sondern bedeutet Rückzug in eine emotionale Abhängigkeit ohne Aussicht auf Veränderung. Es wird kein gangbarer Weg aufgezeigt, keine Lösung angeboten; der Roman schließt mit dem resignativen Verharren der Protagonistin in der selbstgewählten Isolation.

1.2. Zur weiblichen Identität in *wir sind lockvögel baby!*

Indem Elfriede Jelinek sich vorrangig umfassenderen gesamtgesellschaftlich relevanten Themen zuwendet, scheint sie der Geschlechterproblematik insgesamt eine neben- oder sogar untergeordnete Rolle in ihrem Werk zuzuweisen. Offensichtlich sind aus der populären Frauenliteratur bekannte Darstellungen von Weiblichkeit nicht auf *Die Klavierspielerin* übertragbar. Wenngleich sich das Geschehen auf den Geschlechterkampf der Hauptcharaktere und auf die mangelnde Herausbildung einer Identität der Protagonistin konzentriert, so wird doch klar, daß die Geschlechterproblematik hier nicht als alles überragender Konflikt positioniert ist, sondern zu einem Konflikt unter anderen geworden ist. Die Autorin läßt keinen Zweifel daran aufkommen, daß die scheiternde Beziehung der Charaktere zueinander lediglich die umfassendere sozio-politische Problematik der Gesellschaft spiegelt, in der sie leben. Dennoch ist die Geschlechterproblematik wichtig, da sie das Privatleben der Figuren bestimmt, das den Hauptgegenstand des Textes darstellt. Hier wird der Bezug zur Realität hergestellt, denn die Gesellschaft wird nicht direkt thematisiert, sondern sie spiegelt sich im Privatleben der Figuren. Es scheint, als brächen die gesellschaftlichen Konflikte ungehindert in die Darstellung des Privatlebens der Figuren ein und verhinderten eine harmonische Koexistenz der Geschlechter.

Besonders Jelineks mit dem Untertitel "roman" bezeichneter und im Jahre 1970 erschienener Text *wir sind lockvögel baby!* scheint diese Annahme zunächst zu bestätigen, die Weiblichkeitsproblematik sei hier sekundär. Er bietet die wohl passendste Grundlage für Überlegungen, die das den vorigen Annahmen entgegengesetzte Extrem der Beurteilung von Jelineks Prosa darstellen, sie schreibe nicht etwa Frauenliteratur, die Texte seien offensichtlich nicht als feministische Fiktion konzipiert. Der Umstand, daß die Jelineksche Prosa vor allem durch ihre experimentelle Sprache und Form auffalle, verbanne sie zugleich aus der Frauenliteratur. Sollten ihre Texte deshalb, ähnlich wie Ulla Hahn dies in Bezug auf Schroeder und Pausch formuliert hat, eher der "Weltliteratur" zuzurechnen sein als der "Frauenliteratur"?[58]

Die bisherige Auseinandersetzung der vorliegenden Untersuchung mit dem Weiblichen in der Jelinek'schen Prosa fand an einem Textbeispiel statt, in dem sich die Weiblichkeitsproblematik am auffälligsten thematisch manifestiert, was Überlegungen bezüglich der populären Frauenliteratur anregte, als deren auffälligste Merkmale die Themenwahl und der Anspruch, politisch relevant zu schreiben, herausragten. *wir sind lockvögel baby* hingegen richtet das Interesse der Leser, die nach dem Weiblichen und seiner Bedeutung für die Prosa Jelineks fragen, zunächst weniger auf inhaltlich-thematische Fragestellungen als vielmehr auf die Struktur des Textes. Die Frage nach dem Weiblichen in *wir sind lockvögel baby* provoziert Fragen nach einer weiblichen Ästhetik, richtet das Interesse auf die Verbindung von Text, Geschlecht und schreibendem beziehungsweise rezipierendem Subjekt.

Jelinek greift in *wir sind lockvögel baby* auf bekannte ästhetische Darstellungsmittel zurück. Sie zitiert, montiert Vorhandenes, spricht literarische Muster und Formen an, experimentiert sprachlich. Der Text ist am ehesten wohl als Collage verständlich, eine Zusammensetzung von Bedeutungsfeldern unterschiedlichster inhaltlicher Art und stilistischer Vergegenwärtigung, die eine zusammen-

---

58 "Literatur wie die von Schroeder und Pausch läßt sich kaum unter diesen Begriff (Frauenliteratur, V.V.) subsumieren. In der Komplexität ihrer Realitätsaneignung schreiben sie nicht 'Frauen'-, sondern 'Welt'-literatur." Zitiert nach: Luzia Vorspel, "Was ist neu an der neuen frau?", a.a.O., S. 9

hängende, in sich geschlossene Romanhandlung und deren Schilderung nicht entstehen lassen.

Die nicht aufeinander bezogenen unterschiedlichen Handlungssequenzen werden entweder unvermittelt abgebrochen und ebenso unverbunden wieder aufgenommen, oder sie werden assoziativ miteinander verbunden. Die Handlungsträger entstammen überwiegend der Trivialkultur oder sind dem öffentlichen Leben der westlichen modernen Gesellschaft entlehnte Symbolfiguren.

Beide Figurentypen werden ihren vertrauten Kontexten entfremdet, indem sie ihrer bekannten Charakteristika beraubt und in ihnen fremden Denk- und Handlungsstrukturen dargestellt werden. Während Jelinek ihre Figuren so einerseits dekonstruiert, versetzt sie sie zugleich in aus anderen Klischees vertraute Handlungs- oder Bedeutungszusammenhänge und schafft so neue Sinnzusammenhänge. Auf diese Weise dekonstruiert sie beide verwendeten Klischees - die der Figurentypen sowie die der Handlungszusammenhänge - durch den wechselseitigen Bezug dieser sonst getrennten Welten. Die Comic-Helden Superman, Batman und Robin werden so zu bösen Gestalten in einem Gewalttätigkeit feiernden pornographischen Text; Axel Springer werden die emotionalen Klischees einer Seifenoper 'an-verwandelt', die Beatles, John, Paul, Ringo, George, stehen als Weltenretter den 'nackten Daseinskampf' mit Unterstützung außerirdischer Wesen durch.

Beim Lesen der Collage fällt es zusehend schwerer, dieses willkürlich gesetzte Labyrinth von Figuren, Bedeutungsebenen und Handlungsabschnitten zu durchschauen. Die LeserInnen sehen sich im Detail wiedererkennbaren Textarten der Trivialkultur und der Massenmedien ausgesetzt, die sie jeweils dechiffrieren, wiedererkennen können, die jedoch zusammen noch kein homogenes Neues schaffen. Hier werden Elemente des Comicstrips präsentiert, dort hingegen wird ein Kochbuch 'zitiert', hier ein Werbespot, dort ein Ärzteroman, Schlagertexte, Statistiken, Operationsberichte. Eine übergeordnete Struktur ist denkbar allenfalls im Verständnis der Rezipienten, die all dies als Teil ihrer Welt erkennen. Dieses Wiedererkennen vereint die von der Autorin unverbunden nebeneinandergesetzten Bereiche artifiziell - erweitert sie um die Entlarvung der jeweils dazugehörigen

Klischees als ideologische Klischees, die an die Stelle eines möglichen Individuellen treten und dem die Leser jetzt kritisch gegenübertreten können.

Dem labyrinthischen Ineinanderfließen unterschiedlichster Elemente entspricht die sprachliche Gestaltung. Formal auffällig ist zunächst die völlige Aufhebung von Groß- und Kleinschreibung sowie der Kommasetzung. Beides bewirkt das Fehlen diskriminierender Unter- und Überordnung. Erzeugt wird so ein beständiger Sprachfluß, dessen gleichgeordnete Elemente Strukturierungsversuchen zunächst widerstehen. Verstärkt wird dieser Eindruck durch willkürliche oder assoziative Wiederholungen von Wörtern, Wortgruppen, Satzteilen oder Absätzen.[59] Bei gleichzeitiger häufiger Auflösung begonnener grammatikalischer Satzstrukturen zugunsten anderer neuer Gefüge, die den unterbrochenen Satz unvermittelt und unerwartet in neue Bahnen lenken, erweist sich die Sprache selbst als weiteres Mittel, die dargebotenen Stereotypen zu entlarven.

Elfriede Jelinek setzt sich gezielt mit Mythen aus der Traumwelt von Film, Fernsehen, Trivialliteratur und Regenbogenpresse auseinander, sie läßt sie zu Worte kommen und sich selbst entlarven. Sie greift an, klagt die Ideologie von Stärke und Erfolg an, die sich hinter diesen Augenwischereien verschanzt hat und führt ihre 'Helden' schließlich in ein Chaos von Sexualität, Brutalität und Gewalt, dem sie nicht gewachsen sind und das in die atomare Katastrophe mündet. Ihre Sprache verweigert die Orientierungshilfe zuweilen völlig, sie löst auf, assoziiert neu, entstellt. Die folgende 'Jagdszene', die das gesamte vierte Kapitel des Textes ausmacht, mag das Verfahren veranschaulichen:

> ist dieser otto nicht ein wahrer einwandrer hören sie selbst. über ein perückenfeld gehen durch das gebück schleichen das sieht ihm ähnlich davon versteht er was. da er also war und gefieder besass schwanz & schenkel wie ein rechter spechtkönig so schnitt er denn mit der sichel allem was da flügelte waldeswebte etc. die haare ab und liess sie im wind flattern nach geckenart. stand da nicht einer auf riss ihr büschel wieder aus der wurfbereiten schwieligen arbeiterfaust und verschlag es so geschwind wie möglich. da war denn auch nicht nur ihre perücke sondern ihr ganzer kopf verwirkt denn otto ging nicht gerade sanft um mit dieser PRESTIDIGIATEURIN das Haupt aber klemmt sich otto zwischen sein gewulst und in der nächsten prise steigt er auf DER SONNE

---

59 Diese Technik Jelineks erinnert sehr an Texte Thomas Bernhards, zumal sich in ihrem Prosawerk solche Wiederholung ebenso wie in seiner Prosa auch in verschiedenen Texten gewissermaßen grenzüberschreitend ereignet. Der Vergleich Jelineks mit Thomas Bernhard, der auch bereits zur Bezeichnung Jelineks als "zweitem Thomas Bernhard" herangezogen wurde, scheint zumindest zulässig.

ENTGEGEN. so geschieht endlich was in diesem schönen mutteroman es soll nicht das letzte bleiben. fragen sie angelika (94 20 463).[60]

Diese Szene wird als Jagdszene erkenntlich durch die assoziativ eingesetzte, aus Jagddarstellungen entliehene Begrifflichkeit; der Leser sieht Otto "durch das Gebück schleichen", erkennt einen "Spechtkönig", es 'flügelt' und 'waldeswebt'. Vertraute Wortgruppen wiegen den Leser in Sicherheit, hier dürfen Haare "im Wind flattern nach Geckenart", es gibt eine "schwielige Arbeiterfaust", etwas "sieht ihm [otto] ähnlich, davon versteht er was", jedoch geschieht dies nur, um desto greller als trügerisch entlarvt zu werden, denn dort ist es nicht das Gebüsch, sondern das "Gebück", die Szenerie ist ein "Perückenfeld" und die Getötete erweist sich als "PRESTIDIGIATEURIN". Was immer dies sein mag, es weckt Assoziationen an Prestigefrauen, an Animateurinnen, es gehört nicht in Ottos Welt, vereint offenbar seine geballte Wut und rechtfertigt die Gewalttat. Der Einwanderer Otto wird zum Jäger Otto und schließlich zum Senser. Die Jagd im "Gebück" dieser irreal anmutenden Umgebung gerät so unversehens zum Todesfest des in seiner Arbeit gestörten anscheinend zuvor friedlichen Sensers. Nach getaner Tat ist sofort wieder der Triumph des Jägers zur Stelle, der sich dem Rausch seines Erfolges hingibt, "der Sonne entgegen" steigt. Diese kitschige Metapher überführt das Geschehen in eine unter vielen Formen des Trivialromans, aus dem die verwendeten begrifflichen Elemente ursprünglich stammen könnten, dem Mutterroman. Der Verwirrung des unvermittelt dieser Diskrepanz von Trivialem und offener Gewalttätigkeit ausgesetzten Lesers wird in Form des Hinweises auf die aus Illustrierten sattsam bekannte, stets helfende "angelika" lediglich eine weitere Provokation hinzugefügt.

Wenngleich das Opfer der Gewalttat hier weiblich ist und der Hinweis auf den 'Mutterroman' die Geschlechtsproblematik der Textpassage zusätzlich andeuten könnte, geht es dennoch vorrangig um die Entlarvung der gewalttätigen Tat an sich. Diese Entlarvung geschieht mittels des trivialsprachlichen Umgangs mit der Gewalt. Hier befindet sich die Verherrlichung der Jagd beziehungsweise der Gewalt im Trivialroman - genauer das 'Auslassen der Gewalt' in dessen Schilderungen - auf dem Prüfstand oder vielmehr auf dem sprachlichen Spielfeld, denn

---

60 Elfriede Jelinek, lockvögel, a.a.O., S.14

was hier von Jelinek brilliant vorgeführt wird, ist ein makabres Spiel mit an Normen gewöhnten Leseerwartungen, die mit den Realitäten des Mordens konfrontiert werden. Mit dem aus der frühen Neuzeit und dem Spätmittelalter vertrauten Sensenmann, den diese Szene auch assoziieren läßt, hat dieser moderne Senser allerhöchstens die Funktion gemeinsam. Sein Emotionsausbruch und seine Gewalttätigkeit kennzeichnen ihn als Mordenden in einer modernen Welt.

Jelinek bedient sich hier der ironischen Übertreibung und satirischen Entlarvung als Mittel der Zersetzung ideologisch in sich geschlossener Klischees, die in den Gesellschaften im Zeitalter der Massenmedien an die Stelle des Individuellen, Einmaligen getreten sind und sich weiter Verbreitung und Akzeptanz erfreuen. Keine der Figuren in *wir sind lockvögel baby* wäre als zentrales Subjekt des "romans" denkbar. In dieser Welt der stereotypen Klischees hat das mit sich identische Subjekt seine Existenzberechtigung verloren. Deshalb ist es nur konsequent, wenn Jelinek zwar Erzählereingriffe ("so geschieht endlich was [...] es soll nicht das letzte bleiben.") aber kein erzählendes Subjekt im Text erkennen läßt. Die Verbindung der einzelnen größeren Textsegmente erfolgt jedoch zugleich fast ausschließlich durch eine durchgängige satirisch-ironische Distanzierung dieser außerhalb des Textes angesiedelten Autorinstanz. Das Interesse richtet sich schließlich auf das schreibende Subjekt und dessen sprachliche Manifestation im Text. Demnach ist zu fragen, ob sich das schreibende Subjekt des Textes als weibliches Subjekt verorten läßt. Die folgenden theoretischen Erörterungen zum schreibenden weiblichen Subjekt bieten eine Möglichkeit, eine entsprechende Annäherung an *wir sind lockvögel, baby* zu fundieren.

In neueren feministischen Untersuchungen zum Thema 'Frauenliteratur' gewinnen Überlegungen zum spezifischen Ausdruck des Verfassergeschlechts im Text an Bedeutung, das Interesse gilt zunehmend der 'weiblichen Schreibpraxis'. Basierend auf der französischen Strukturalismustradition und psychoanalytisch fundierter Sprachtheorie wird eine spezifisch weibliche beziehungsweise eine spezifisch männliche Sprache und Sprachentwicklung diskutiert. Theoretische Grundlage dieser Diskussionen bilden besonders die Arbeiten von Hélène Cixous, Luce Irigaray und Julia Kristeva. Gemeinsamer Ausgangspunkt der Untersuchungen von Cixous und Irigaray ist der Versuch, dem Ausschließlichkeitscharakter patriarchaler Theoriebildung und ihrer Abwertung beziehungsweise Negation weiblicher Kreativität einen positiven Weiblichkeitsentwurf entgegenzusetzen. Helene Cixous konstatiert eine direkte Verbindung von weiblicher Körperlichkeit und weiblicher Sprache. Die Frau, so ihre These, schreibe gewissermaßen unmittelbar mit dem Körper. Unter phonetischen Gesichtspunkten, so ihre Hauptthese, erweise sich die weibliche Sprache im Vergleich zu männlicher Sprechweise stimmhafter. Weibliche Sprache sei zu denken als nicht durch Symbole von Körperlichem distanziert, sondern als direkte Abbildung archaisch mütterlich-weiblicher Körperlichkeit, die es der Frau im Gegensatz zum Mann erlaubt, Wirklichkeit ohne Umweg über gesellschaftlich tradierte patriarchale Symbolik abzubilden.[61] Die folgenden Zitate veranschaulichen die Kraft, die Cixous dem "weiblichen Schreiben" zutraut. Sie lassen aber auch zugleich den Schwachpunkt ihrer Argumentation erkennen: Ihre überaus enge Verbindung von Körperlichkeit und Sprache läßt eine eingehende Diskussion des komplexen Zusammenhanges von Autorschaft, Körperlichkeit, Sprache und Wirklichkeit vermissen, "suggeriert", wie Karin Richter-Schröder dies formuliert, "eine direkte Abbildbarkeit der Wirklichkeit der Frau im weiblichen Text":[62]

Im Sprechen der Frau wie in ihrem Schreiben klingt unaufhörlich wieder, was uns einst bewohnt hat, unmerklich tief bewegt uns noch immer anrührt: GESANG erste Musik, erste Stimme der Liebe, die jede Frau lebendig hält.[63]
[...] Die Frau muß ihren Körper schreiben, ihre uneinnehmbare Sprache erfinden, die die trennenden Wände, Klassen, Rhetoriken, Verordnungen und Gesetze zerbricht[...][64];
Ein weiblicher Text kann immer nur subversiv sein: in dem (sic!) er sich schreibt, hebt er vulkanartig die alte, immobile Kruste empor. In unaufhörlichem Fortschreiten. Die Frau muß sich schreiben, denn das Erfinden eines neuen aufständischen Schreibens läßt sie im Augenblick ihrer Befreiung die notwendigen Brüche und Veränderungen ihrer Geschichte vollziehen. Die Frau wird, indem sie sich schreibt, zu diesem Körper zurückkehren, den man ihr mehr als weggenommen hat [...][65]

Wo Cixous im Rückgriff auf archaisch Weibliches die Frau als dem Mann Überlegene begreift, sieht die Psychoanalytikerin Luce Irigaray in der spezifischen

---

61 Helene Cixous, "Schreiben, Feminität, Veränderung", in: alternative 108/109 (1976), S.134-147
62 Vgl. hierzu Karin Richter-Schröder, "Frauenliteratur...", a.a.O., S. 81/82
63 Helene Cixous, "Schreiben...", a.a.O., S. 144
64 dies.: ebd., S. 145
65 dies.: ebd., S. 147

Heterogenität weiblichen Schreibens die Manifestation weiblichen Aufbegehrens gegen die herrschende phallokratische Ideologie des Homogenen. Während Sprache im männlichen Kontext die Funktion der symbolischen Repräsentation gesellschaftlicher Ordnungsstrukturen innehat, stellt sie im Kontext weiblicher Sprachverwendung nach Irigaray das Medium zur Subversion. Dem Einen und immer wieder reproduzierbaren Selben phallischer Symbolik mit bipolarer Bewertung wird das vor dieser Symbolik bereits bestehende heterogene Weibliche entgegengesetzt. Wie Cixous verbindet auch sie Körperlichkeit, die Biologie der Frau direkt mit ihrer Sprache. Die Anatomie der weiblichen Geschlechtsorgane, so Irigaray, mache die Frau durch ihre beständige Selbstberührung unabhängig von der Vermittlung durch das patriarchal tradierte Sprachsymbol und ermögliche es, daß die weibliche Sexualität sich als nicht-vergesellschaftetes Phänomen in der Sprache von Frauen niederschlage.[66]

In gröbster Vereinfachung formuliert[67], zeichnet sich das weibliche Schreiben sowohl bei Cixous als auch bei Irigaray durch mehr Authentizität und Körpernähe aus, und ihm wird deshalb mehr ursprüngliche Wahrhaftigkeit zugestanden. Hier wird ein Archaisches, Eigentliches angenommen, das 'vor dem männlichen Sündenfall der Entfremdung' bestand und dem die Frauen näher kommen als die Männer.

Mit ihrer Verwendung literarischer Traditionen, wie zum Beispiel der Montagetechnik, der Ironie und der Satire, aber auch mit ihrer Sprachgewalt, die - intellektuelle - Freude am sprachlichen Experiment nur schwer verleugnen läßt, greift Jelinek auf vorhandene, als 'männlich' apostrophierte Schreibmuster zurück. *wir sind lockvögel baby* zeichnet sich ja gerade durch seine höchst anspruchsvolle künstlerische Gestaltung aus, die als Zeichen artifizieller Spiegelung psycho-

---

66 Vgl.: Luce Irigaray, "Neuer Körper, neue Imagination." Interview von Martine Storti. Aus dem Französischen von Gerburg Treusch-Dieter. In: alternative 110/111 (1976) S. 123-126; S. 126

67 Eine der Komplexität dieses Problems gerecht werdende Erörterung der entsprechenden jeweiligen Ansätze und Verfahrensweisen würde den Rahmen dieser einleitenden Überlegungen sprengen. Da im kommenden Kapitel "Weiblichkeit, Feminismus und feministische Literaturwissenschaft" die Theorien zur "écriture feminine" wie auch die eingangs nicht ausführlich ausgeführten theoretischen Grundlegungen ausführlich diskutiert werden, sollen hier wieder nur die wichtigsten, zum Verständnis für diese Einführung notwendigen, Merkmale genannt werden, um unnötige Wiederholungen zu vermeiden.

sozialer Entfremdung verständlich wird. Daß sich Jelinek zudem auf eine kalt analysierende Perspektive zurückzieht, gereicht zum Vorwurf, Frauen dürften so nicht schreiben, Jelinek verrate durch ihre "männliche" Perspektive und den Gebrauch männlich-patriarchalisch-literarischer Traditionen gewissermaßen die weibliche Sache, sie schreibe männliche Literatur und schade so dem Versuch weiblicher literarischer Emanzipation.[68]

Auch die Autorin selbst macht zunächst einen solchen Unterschied. Sie möchte, wie sie in einem Interview hervorhebt, nicht als Frauenliteraturautorin mit spezifisch weiblicher Ästhetik verstanden werden. Ihre sprachlich experimentell verfahrenden Texte, zu denen auch *wir sind lockvögel baby* zählt, sieht sie in der literarischen Tradition der Wiener Dichtergruppe[69], der Satire, also sozusagen 'männlicher' Literaturtradition verpflichtet. Ihre Abwehr richtet sich gegen eine Einschränkung ihrer persönlichen Kreativität durch die mit dem Begriff Frauenliteratur verbundene, reduzierende, enge Begrenzung weiblicher Ästhetik, wie aus folgendem Interviewzitat hervorgeht:

Es gibt Autorinnen, die meinen, daß Frauen überhaupt zur Körpersprache neigen, also ihr Leid, das sie gesellschaftlich erfahren, mit ihrem Körper, mit ihren Gefühlen ausdrücken. Ich halte das für irgendwo klischeehaft. Ich würde im Gegenteil sagen, daß meine ästhetische Methode sehr unweiblich ist. Ich bin immer noch verwundert über diese Zuordnung zur 'Frauenliteratur', weil ich viel öfter gehört habe, daß meine Sprache und meine Methode, die der Ironie und der Satire, eigentlich eine große Härte hat. Ich lehne es für mich nach wie vor ab, eine typische Repräsentantin der 'Frauenliteratur' zu sein.[70]

In ausdrücklicherem Bezug auf die französischen Ansätze zur weiblichen Ästhetik kritisiert Jelinek die 'biologistischen' Beschränkungen dieses Ansatzes und verweist auf soziopolitische Umstände und Bedingtheiten als Ausgangspunkt ihres eigenen Schreibens:

In Frankreich gibt es neuerdings Gruppen, die sich als 'die große Mutter' definieren oder 'die große Hysterikerin', die mit ihrem Körper schreibt - wie Helene Lixous [SIC!] zum Beispiel, die

---

68 Vgl.: Christa Gürtler, "Der böse Blick...", a.a.O.
69 Jelinek bezieht sich hier auf die avantgardistische Schreibweise der Wiener Gruppe ebenso wie auf deren politischen Anspruch. Zum Programm der Wiener Gruppe vgl.: Gerhardt Rühm (Hsg.), "Die Wiener Gruppe. Achleitner; Artmann; Bayer; Rühm. Texte, Gemeinschaftsarbeiten, Aktionen." Herausgegeben und mit einem Vorwort versehen von Gerhardt Rühm, Reinbek bei Hamburg 1967
70 Josef-Hermann Sauter, "Interviews mit Barbara Frischmuth, Elfriede Jelinek, Michael Scharang", in: Weimarer Beiträge 27 (1981) 6, S. 99-128, S.109-110

ein Stück geschrieben hat: Portrait de Dora. Dora ist der erste klinische Fall von Hysterie. Die Frau, die ihren eigenen Körper wie einen Vulkan sprengt und Literatur von sich speit wie Lava sozusagen. Es ist klar, daß ich von meiner gesellschaftlichen Position her eher von gesellschaftlichen Bedingtheiten und von gesellschaftlichen Umständen ausgehe.[71]

Nach der Frauenproblematik in *wir sind lockvögel baby* befragt, lenkt sie schließlich konsequent die Aufmerksamkeit auf die im Text verarbeiteten Trivialmythen und "falschen Träume", "die einem in den Medien vorgegaukelt werden" und die zu entlarven ihre vorrangigste Intention gewesen sei:

Sauter: Frauenproblematik wird bereits in Ihrem 1970 veröffentlichten Roman *Wir sind Lockvögel, Baby!* angeschlagen.
Jelinek: ...die Frauen waren damals für mich überhaupt noch nicht das Thema, sondern ausschließlich die Trivialmythologie im weitesten Sinne. Es waren im ersten Buch Wir sind Lockvögel, Baby! die Groschen- und Illustriertenromane. [...] Das erste Buch war auch sprachlich experimentaler und mehr von der Wiener Dichtergruppe beeinflußt. Es ging darin um die Entlarvung dieser falschen Träume von irgendwelchen Glückspilzen, Autorennfahrern oder berühmten Detektiven oder um die Führungsstrukturen, die einem in den Medien vorgegaukelt werden.[72]

Wie bereits in *Die Klavierspielerin* scheint die Verarbeitung der Frauenproblematik auch in *wir sind lockvögel baby* nicht im Vordergrund des Interesses zu stehen. Vorrangig ist - wenn man der Aussage der Autorin folgt - der Konflikt von Individuum und massenmedial verbreiteter 'Trivialmythologie', der Kontrast des Gesellschaftlichen als nicht geschlechtlich Fixiertem, den 'falschen Träumen' aus den Medien mit der gesellschaftlichen Realität des Einzelnen.

Da Cixous und Irigaray das Entstehen eines inhärent weiblichen Textes als spezifisch weiblich körperliche Antwort auf Entfremdung, als Dissens von gesellschaftlichen Strukturen, als Ausdruck des heterogenen - körperlich verstandenen - Weiblichen gegen das Eine des Männlichen begreifen, können ihre Theorien den betont sozio-historischen Anspruch Jelinek'scher Prosa nicht umfassen. Eine literaturwissenschaftliche Analyse von 'Frauenliteratur', die sich auf der Basis dieser Theorien auf die strukturelle Verbindung von Text und Geschlecht konzentriert, nimmt eine unmittelbare Umsetzung weiblicher Geschlechtlichkeit in der Sprache an und muß die historisch gewachsene gesellschaftliche Bedingtheit weiblicher Autorinnen und auch die historisch-kulturelle Entstehung literarischer Weiblich-

---

71 ders.: ebd., S. 110
72 ders.: ebd., S. 110

keitsbilder ignorieren. Jelineks Ansatz und Intention, die von ihr mit den Begriffen 'gesellschaftliche Bedingtheiten' bzw. 'Entlarvung' bezeichnet werden, sind jedoch nicht auf eine a-politische und a-historische weibliche Position beschränkbar. Die mit theoretischen Argumenten von Cixous beziehungsweise Irigaray arbeitende Kritik greift deshalb nicht an den Kern dieses Textes.

In *wir sind lockvögel baby* ging es Jelinek nach ihrer eigenen Aussage offenbar nicht vorrangig um eine neue weibliche Sprache, die weibliche körperliche Realität bedeuten könnte und weibliche Körpernähe gegen gesellschaftliche Institutionalisierung setzt; sondern die Auseinandersetzung findet auf einer komplexeren Ebene statt, im artifiziellen Dialog der unterschiedlichsten synthetischen - patriarchalen? - Welten aus Werbung, Comic, Film, Kochrezept und Liebesroman, die das Denken des Individuums beherrschen. Diese Welten werden erst durch die Verzerrung der Autorin als selbstverständlich hingenommener monströser Bestandteil der modernen Welt erkennbar. Die Verzerrung verweist auf die reale Welt und entlarvt so die Inhalte dieser in den modernen Massenmedien verbreiteten imaginierten Welten. Überlegungen zum Weiblichen in Jelineks *wir sind lockvögel baby* und in ähnlichen Texten der Autorin sollten deshalb hier ansetzen und über die Text- und Sprachstruktur hinausgehend vor allem auch inhaltliche Fragestellungen zulassen, die sich auf die Verbindung von Individuum, gesellschaftlich akzeptierter Ideologie und Geschlecht richten.

Während Luce Irigaray Sprache als direkten Ausdruck weiblicher körperlicher Sexualität versteht, setzt sich die Psychoanalytikerin Julia Kristeva auseinander mit der Sprache als Ausdrucksmöglichkeit des konflikthaften Verhältnisses zwischen Individuum und gesellschaftlich verfestigten Ordnungsstrukturen. Ihre Theorie zur Verbindung von Subjektkonstitution und Sprachgebrauch entstand in der Auseinandersetzung mit Freud und Lacan. Zwar beschäftigt sich Kristevas Texttheorie ebenso wie die Theorie von Cixous, aber vor allem auch von Irigaray, mit sprachlicher Subversion bestehender Ordnungen, jedoch ist ihr Ansatzpunkt zunächst nicht primär auf geschlechtspezifische Differenzen in der Sprachentwicklung gerichtet und erweist sich in seiner Ausrichtung auf die soziopolitische Funktion von Sprache geeigneter für Überlegungen zu Literatur, die politisch bewußtseinsbildend wirken will.

Kristevas[73] Interesse konzentriert sich auf die beim Prozeß der Bewußtwerdung des Subjekts aufbrechenden Konflikte zwischen vor-sprachlicher und sprachfähiger Existenz des Individuums. In Anlehnung an Lacan geht sie von einem Stadium vorsprachlicher, triebhafter Existenz aus, dem "Semiotischen", das beim Prozeß der Sinngebung des Subjekts dem "Symbolischen" weichen muß: dem gesellschaftlich Festgeschriebenen, das sich im herrschenden Diskurs äußert. Allerdings schwingt das Semiotische weiter als non-verbaler Bestandteil in Rhythmik und Melodie besonders der poetischen Sprache mit. Diese Residuen vorsprachlicher Strukturen in der Sprache 'erinnern' das Subjekt ständig an seine vorgesellschaftliche Existenz, unterminieren damit gesellschaftlich-sprachliche Ordnungsstrukturen und bieten so Möglichkeiten für gesellschaftliche und politische Subversion. Den entsprechenden Prozeß, innerhalb dessen Sprache bewußtseinsbildend wirken kann, indem das Semiotische in der Sprache wiederklingt, bezeichnet Kristeva als "Textpraxis". Diese Textpraxis sieht sie besonders in der modernen Literatur, aber auch, wie sie in späteren Texten betont, in der Sprache von Frauen verwirklicht.

Wie auch Lacan verbindet Kristeva das Semiotische mit der präödipalen - noch nicht geschlechtlich identischen, deshalb bisexuellen - Existenz des Menschen, das Symbolische hingegen mit der identifikatorischen Übernahme väterlicher gesellschaftlicher Ordnungsstrukturen.

Der die Gesellschaftsstrukturen mittels Sprache in der Textpraxis hinterfragende Mann kann mittels der "Textpraxis" in der poetischen Sprache über das Zulassen semiotischer Strukturen eine befriedigende Verbindung von frühkindlichen Triebwünschen mit gesellschaftlichen Ordnungsstrukturen herstellen. Das "natürliche" Verhältnis der Frau zur Sprache jedoch unterscheidet sich nach Kristeva grundlegend von dem des Mannes.

Während nämlich im psychoanalytischen Modell der Subjektkonstitution die Identifikation mit dem männlichen Prinzip beim Manne ihren Abschluß in der Identifikation mit dem Vater findet, ist der Frau diese Identifikation nur möglich,

---

73 Zu den folgenden Ausführungen vgl. insbesondere Kristevas Ausführungen in "Kein weibliches Schreiben?" aber auch die entsprechenden Darstellungen Toril Mois und Karin Richter-Schröders; Julia Kristeva, "Kein weibliches Schreiben? Fragen an Julia Kristeva." Freibeuter 2(Herbst 1979), S. 79-84;Toril Moi, "Sexus...",a.a.O., S. 178-202 und Karin Richter-Schröder, "Frauenliteratur...", a.a.O., S. 86-93

wenn sie sich von dem schwachen, von der Macht ausgeschlossenen, mütterlichen Elternteil distanziert, indem sie also das eigene Geschlecht ablehnt. In Anlehnung an dieses Modell versteht Kristeva die sprachliche Aneignung symbolischer Strukturen durch Frauen als Prozeß, der nur unter Aufgabe der eigentlichen, der semiotischen, mütterlichen Identität stattfinden kann, und auch dann nur zeitweise. Die völlige Identifikation mit dem herrschenden Diskurs, auch wenn sie dazu zeitweise befähigt ist, entspricht nicht der weiblichen Identität.

Die angeführten theoretischen Überlegungen Kristevas erlauben über den Blick auf die Manifestation spezifisch weiblicher Körperlichkeit in der Sprache hinausgehend, mit der sich Cixous und Irigaray hauptsächlich auseinandersetzen, Rückschlüsse auf eine etwaige spezifisch weibliche sozio-psychische Realität. Der sozio-psychische Ort der Frau wird erkennbar als ein nicht mit den herrschenden Verhältnissen identischer, sondern als zwischen den Welten wechselnd. Seinen Ausdruck findet dieser Ort im Verhältnis des sprechenden Individuums zu symbolischen beziehungsweise semiotischen Sprachanteilen. Hier ergibt sich der Ort des Überganges, des Widerstands gegen die gesellschaftliche Ordnung, der Erinnerung an das präödipale, bisexuelle Semiotische als "natürlichem" Ort weiblichen Sprechens, der dem Mann, wie gesagt, voluntaristisch zur Verfügung steht.

Karin Richter-Schröder versteht diesen Ansatz Kristevas als Möglichkeit, gerade auch sprachlich experimentelle Literatur von Frauen als spezifischen Ausdruck weiblicher Identität außerhalb der gesellschaftlichen Ordnungsstrukturen zu begreifen. Sie schreibt:

Diese Position der Identität mit dem Unbewußten und der gleichzeitigen Möglichkeit der Identifikation mit dem Vater, d.h. der Möglichkeit des Zugangs zum Symbolischen unter der Bedingung der Aufgabe des eigenen Geschlechts, setzen die Frau für Kristeva, falls sie sich ihres besonderen Verhältnisses zur Sprache bewußt ist, in eine außerordentliche Position: sie allein kann, wie es die poetische Sprache ja vorführt, die Bewegung einer Oszillation zwischen den Polen vornehmen, sie kann mit ihrem Körper durchführen, was die Avantgarde-Literatur in ihren Texten zu demonstrieren versuchte, d.h. ihre Praxis wird so als identisch mit der Textpraxis gesetzt. Die Erfahrung der Körperlichkeit als Ansatzpunkt weiblicher Ästhetik stellt so den Versuch dar, die Position der Frau im Prozeß der Signifikation direkt in die Textkonzeption umzusetzen.[74]

In dieser engen Verbindung von weiblichem Schreiben aus der gesellschaftlichen Außen-Position der Frau vermittelt über ihre Biologie und dem politischen

---

74 Karin Richter-Schröder, "Frauenliteratur...", a.a.O., S. 104

Anspruch experimenteller Texte liegen Gefahr und Chance für Texte weiblicher Autoren nahe beieinander. Hier wird Frauenliteratur, die sich über die Alltagssprache hinaus einer ästhetisch anspruchsvollen Sprache bedient, nicht aus dem weiblichen Diskurs ausgeschlossen, sondern als Herausforderung verstanden, über die Darstellung bekannter Lebenszusammenhänge hinausgehend bewußtseinsbildend zu wirken. Dennoch, während so die sozio-politische Situation der Frau hinterfragt werden kann, klingt wieder die traditionelle Vorstellung vom biologischen Determinismus der Frau an, wenn auch unter neuem Vorzeichen. Eine vom männlichen Subjekt wählbare Position erscheint als naturgemäßer Ort der Frau, der nun in Umkehrung des hierarchischen Verhältnisses als der begehrenswertere verstanden wird. Diese neue Möglichkeit zur Mythisierung des Weiblichen erinnert in ihrer Schicksalhaftigkeit jedoch ungemein an die traditionelle patriarchale Festlegung der Frau auf ihr biologisches Schicksal.

Das Verhängnisvolle dieser traditionellen biologischen Festlegung beschreibt Silvia Bovenschen in ihrer Untersuchung *Die imaginierte Weiblichkeit*, die den Untertitel trägt *Untersuchungen zu kulturgeschichtlichen und literarischen Traditionsformen des Weiblichen*:

> Die These, daß biologische Geschlechtsmerkmale und geistig-künstlerische Fähigkeiten eng miteinander gekoppelt seien, behauptet Ungleichheit generell und ausnahmslos. Auf diese Ungleichheit sind die Frauen (aus männlicher Sicht), da sie zuweilen von dem von der Natur vorgeschriebenen Weg abzuirren neigen, zu konditionieren; die qualitative Verschiedenheit soll kultiviert werden, damit das nach Kriterien der angeblich naturgewollten Differenz codifizierte Weibliche mit seinem männlichen Gegenüber 'versöhnt' werden kann. An diesem Punkt indes gerät die Argumentation stets in Gefahr, in tautologischen Rechtfertigungsschemata hängenzubleiben. Die Definition dessen, was die Frau sein und werden soll, ist identisch mit der Definition ihrer vermeintlichen Natur. Da diese Definition sozialen und kulturellen Funktionszuweisungen entspricht - den Formen der geschlechtsspezifischen Arbeitsteilung nämlich, die unter patriarchalischen Verhältnissen historisch überwiegend konstant geblieben sind -, kann mit einer gewissen Scheinplausibilität auf eine anthropologische Invarianz der weiblichen Natur geschlossen werden, die angeblich im organisch-biologischen Unterschied fest verankert ist und alle Lebenssphären umgreift.[75]

Die hier geschilderte Festlegung des Weiblichen durch die Männer und durch die Verfechterinnen neuer weiblicher Mythen wurde als Einschränkung künstlerischen Schaffens von Feministinnen früh erkannt und verurteilt; die Gefahr einer erneuten "Ausbürgerung [der Frauen, V.V.] aus der Realität" durch die neue

---

75 Silvia Bovenschen, "Die imaginierte Weiblichkeit...", a.a.O., S. 224-225

Idealisierung eines ewig Weiblichen - nur unter positivem Vorzeichen - durch die Frauen selbst wurde jedoch leicht verkannt. Um noch einmal Bovenschen zu zitieren, die die Folgen weiblicher Geschichtslosigkeit deutlich herausstellt und ausdrücklich auf das Entstehen der "neuen Mythen" als unreflektierte Fortsetzung dieser Praxis eingeht:

> Der Mangel an Belegen und Überlieferungen der Anwesenheit der Frauen im geschichtlichen Prozeß hat gelegentlich ursprungsmythische Sehnsüchte wachgerufen. So wird etwa der 'Gang zu den Müttern', jenen Wesen, die Goethe bezeichnenderweise außerhalb von Raum und Zeit im noch Unausgebildeten, Ungetrennten ansiedelte, heute wieder empfohlen. Aber so großartig diese Formel als poetischer Ausdruck des geschichtlichen Ausschlusses der Frauen auch sein mag, als Proklamation im 20. Jahrhundert im Sinne einer diesmal von den Frauen selbst programmierten Geschichtslosigkeit droht sie der Lächerlichkeit des Sektierertums anheimzufallen und ist schließlich nichts anderes als die schlechte Wiederholung dessen, was mit dem Weiblichen immer schon geschah: Ausbürgerung aus der Realität.[76]

Erst ein Abrücken von ontologischen beziehungsweise anthropologischen Definitionen des Weiblichen zugunsten einer stärkeren Berücksichtigung des soziohistorischen Ortes des Weiblichen kann deshalb eine Chance bieten, den verschiedenen literarischen Aufarbeitungen von Weiblichkeit und weiblicher Identität näher zu kommen.

Auch die auf sprachliche Strukturen konzentrierten Überlegungen Kristevas legen ein solches Abrücken von biologistischen Festlegungen nahe. Da die Angehörigen beider biologischen Geschlechter offenbar zur Textpraxis befähigt sind, kann doch der eigentliche Unterschied letztlich nicht im Ergebnis der Praxis selbst liegen, sondern lediglich im unterschiedlichen Verhältnis zu ihr. Der Grad der Identität mit dem Semiotischen beziehungsweise Symbolischen in der Sprache wäre demnach somit nicht als direktes zu allen Zeiten gleiches geschlechtsspezifisches Merkmal erkennbar, er könnte also in der Umkehrung nicht Aufschluß über das Verfassergeschlecht geben.[77]

Der Begriff des Weiblichen fällt schließlich zusammen mit einer bestimmten Perspektive, einem Ort des Sprechens, den an das biologische Geschlecht zu

---

76 dies.: ebd., S. 264
77 Auch Toril Mois Überlegungen über das offensichtliche Fehlen inhärenter geschlechtlicher Merkmale in der Sprache weisen in diese Richtung. Moi betont in diesem Zusammenhang ausdrücklich die Notwendigkeit, den Kontext, also inhaltliche Überlegungen zur Beurteilung eines weiblichen Textes hinzuzuziehen. Vgl. hierzu das Kapitel "Sexismus in der Sprache" bei Toril Moi: Toril Moi, "Sexus...", a.a.O., S.182-185

binden nicht mehr gerechtfertigt ist; es scheint vielmehr angemessen, diesen Begriff auf ein modernes Phänomen hin auszurichten, auf den Dissens mit den als gesellschaftlich fixiert empfundenen 'männlichen' Zielen und Ordnungen schlechthin, bei gleichzeitiger Suche nach anderen, als 'weiblich' bezeichneten Lebenszielen neuer Identität. Es handelt sich hier um einen Ort, an dem der Konflikt zwischen gesellschaftlichen Strukturen und der individuellen Suche nach persönlich menschlicher Erfüllung außerhalb der patriarchalisch festgelegten Werteskala bedeutsam ist, die innerhalb der bestehenden gesellschaftlichen Wirklichkeit nicht erfüllbar scheint.

Trotz der genannten Schwächen der Theorie Kristevas bietet ihr Ansatz dennoch einen entscheidenden Denkanstoß für den Umgang mit Frauenliteratur, da sie auf den Dreh- und Angelpunkt der Problematik eingeht: Sie zeigt den Dissens der schreibenden Individuen mit den vorgefundenen gesellschaftlichen und sprachlichen Mustern als auslösendes Moment der poetischen Textpraxis und legt so den Blick frei auf die literarische Verarbeitung des gegenwärtig beobachtbaren Aufbrechens gesellschaftlicher Ordnungsstrukturen. Dieses ist jedoch beobachtbar besonders im traditionell dem Weiblichen zugeordneten privaten Lebensbereich.[78] Es wäre zu fragen, ob nicht anstatt einer biologisch unveränderlichen Gegebenheit der Frau in der patriarchalen Gesellschaft vielmehr ihr Verhältnis zum herrschenden System, ihre sozio-politische und historische Situation ihre Texte bestimmt und inwieweit eine Veränderung dieses Verhältnisses auch eine Veränderung ihrer Textpraxis bewirkt. Komplexe inhaltliche Fragestellungen gewännen hier wieder Vorrang vor sprachlichen Orientierungen.

Die folgende Analyse des Weiblichen in den *Lockvögeln* versucht eine Annäherung an den Text auf der Grundlage dieser Überlegungen.

Elfriede Jelineks Text *Lockvögel* begehrt auf gegen die festgefügten und massenmedial verankerten Bilder vom Menschen und von der Frau. Der Protest richtet sich gegen starre sprachliche Strukturen ebenso wie gegen die Inhalte der verschiedenen literarischen Stereotypen, gegen Vorurteile, Ideologien und biologische Festlegungen. Die Auseinandersetzung findet auf den unterschiedlichsten

---

78 Vgl. hierzu: Ulrich Beck, "Risikogesellschaft. Auf dem Weg in eine andere Moderne", Frankfurt/M. 1986, S. 169-189

Textebenen statt: der sprachlichen, derjenigen der Bilder und der inhaltlichen. Vor dem Hintergrund der Theorie Kristevas bleibt zunächst einmal festzuhalten, daß die komplexe aesthetische Gestaltung des Textes keineswegs als Zeichen seiner 'Unweiblichkeit' gewertet werden sollte. Es ist vielmehr zu fragen, ob nicht gerade die sprachliche Subversion der im Text zitierten Ideologien, wie sie etwa in der eingangs zitierten Jagdpassage erfolgt, als Ausdruck auch oder besonders einer weiblichen Perspektive gewertet werden könnte.

Abgesehen von der sprachlichen Subversion ideologischer Sprach- und Denkmuster erweist sich auch die Bildwahl als bedeutend für die Diskussion der Geschlechtsproblematik in *wir sind lockvögel baby*. Von den Bildern der Gewalt und des Untergangs heben sich stereotype bio-sozial definierte Leitbilder als bedeutsam ab.

Stereotype Figuren männlichen und weiblichen Geschlechts werden als Monumente der Massenkultur in den Text eingeführt, oft nur einmalig genannt, verlieren bald ihre bekannten Charakteristiken und sind dennoch für kurze Zeit identifizierbare Gestalten aus dem Repertoire massenmedialer Vorurteile. Jelinek folgt in diesen Bildern der aus der Trivialkultur vertrauten Polarisierung der Geschlechter. Allerdings wird diese Polarisierung durch die unvermittelte Verbindung unterschiedlicher 'Welten' und durch die nachdrückliche Übertreibung der jeweiligen Charakteristika ironisiert. Die Welt der männlichen Helden erweist sich als Welt der Stärke, der Verwegenheit, des Konkurrenz-Kampfes, der Gewalt und des sexuellen Aktionismus, während Frauen primär durch äußere Reize definiert sind und ihre Handlungsmuster sich entweder durch stereotype Bedürfnislosigkeit, Schwäche und Passivität oder, im Gegenteil, durch Hinterhältigkeit und Schläue auszeichnen. Bereits die Beschreibung des Äußeren suggeriert - entsprechend den vertrauten Mustern der Trivialkultur - Rückschlüsse auf die Handlungsweise des jeweiligen Charakters. So erscheinen etwa drei jugendliche "ausreiserinnen aus deutschland .[..] in jeans verwaschenen pullovern das blonde haar strähnig auf die schultern fallend", es ist zu lesen von einer "langgliedrigen portugiesin", dem 'unbeweglichen gesicht der schönen eurasierin', es gibt "Dunja die exilgräfin", eine "windische fremdarbeiterin", eine "glasierte amerikanerin", und "eine dicke wirtin schenkt...enzian ein", eine Liste von auf ihre Formel gebrachten Vorurteilen, die sich beliebig fortführen läßt. Eingewoben in ernüchternd realistische Darstellungen äußerster Grausamkeit und Brutalität, die das männliche Personal des Textes an überwiegend weiblichen Gestalten exekutiert, werden die mit diesen Figuren eingeführten einschlägigen Vorurteile enttarnt.[79]

Die stereotypen Gestalten werden durch die gleichzeitige gezielte Aufhebung geschlechtlicher Unterschiede zusätzlich in ihrer Absurdität bloßgestellt. Am meisten widersetzt sich die Figur "otto" dem einfachen biologischen Grundmuster. Diese Gestalt erscheint im Verlaufe des Romanes mehrere Male als jeweils anderes Wesen. Es tritt in verschiedener Gestalt auf, hat dann eine jeweils unterschiedliche 'persönliche Geschichte', und sie wechselt, das ist das Äuffälligste, das Geschlecht. Es ist schließlich nicht mehr klar, ob es sich hier um eine weibliche oder männliche oder sogar um mehrere Gestalten handelt, zumal teilweise mehrere Gestalten namens "otto" gleichzeitig handeln, was bis zur Hochzeit Ottos mit Otto oder, je nach Verständnis dieser Figur, Ottos mit sich selbst reicht. Bezeichnend ist folgender längerer Textausschnitt:

> die junge Dame war das sei gleich verraten unser otto. so tun als hätte man bauchweh und einen hilfreichen polizisten mit der eigenen dienstpistole kaltblütig erschiessen. seine flehend geöffneten augen mit toilette papier putzen und dann wieder die hosentür schliessen. hoffen wir dass wir erst gar nicht in die situation kommen einen amerikaner in der ecke unsres badezimmers zu erschiessen. dies ist eine rohe auswahl von ottos karitativer tätigkeit im dienst seines nächsten. es folgen praktische erläuterungen.
> privatgelehrter berühmter biologe und leukämieforscher kleiner schmutzfink mit vorliebe für inzersdorfer streichwurst. ein mann mitte 40 im besten alter seit 20 jahren im fiebergebiet indiens fern von seiner frau otto die ihn betrügt. er will nach deutschland zurück. er hat immer noch das krächzen der knochensäge in den ohren. aber die wolken verhindern dass ein flugzeug im weltvergessenen chandara tal landen kann. dies ist die erste menschl. tragödie in diesem jugendbuch. das ist auch der grund warum er nicht mehr vorkommt in diesem buch vergessen sie ihn er ist selbst schuld daran.[80]

Hier wird "unser Otto" zum ersten Mal als weibliche Gestalt eingeführt. Zugleich verdoppelt sich die Gestalt, sie wird zum Ehepaar Otto und Otto. Obwohl die Altersangabe - die an späterer Stelle geändert wird - zu Beginn des Textes noch auf eine spezifische Gestalt hinweisen könnte, ist Otto doch bereits hier schon eine Gestalt, die mit vielen verschiedenen Facetten ausgestattet wird. Mit seiner Verabschiedung aus "diesem Jugendbuch" ist er nicht etwa verschwunden, sondern so-

---

79 Elfriede Jelinek, lockvögel, a.a.O., S. 10-24
80 Elfriede Jelinek, lockvögel, a.a.O., S.32

fort wieder in neuer Situation präsent. Wie folgende spätere Textstelle demonstriert, ändert sich Otto im Verlauf des Textes immer häufiger, er nimmt alle erdenklichen Identitäten an, ohne einer von ihnen wirklich zugehörig zu sein, von den unterschiedlichen Berufen über unterschiedliche Altersgruppen, Nationalitäten, Hautfarben bis zur allmählichen Verwischung jeglicher Identität einschließlich der des Geschlechtes:

ottos krafthosi & hemdi sind leicht von dem jungen hilfsmaschinisten zu bedienen er beschliesst trotzdem den führerschein bald selbst zu machen. sehnsucht heisst ein altes lied der taiga. ob er otto zu diesem zeitpunkt immer noch so wahnwitzig so leidenschaftlich so ganz und gar verrückt liebt wie zu anfang lässt sich heute nicht mehr sagen die einzige die darüber bescheid weiss nähmlich otto selbst macht dar über keine exakten angaben.
irrweg der herzen der ins verhängnis führt. dieser otto ist doch noch ein rechter schlingel, die beiden blutjungen menschen beschlossen schon wenige monate nach der ersten begegnung immer beisammenzubleiben. otto der älteste befindet sich derzeit bereits in spanien. er bekommt einen sohn der so blond und hellhäutig aussieht wie sein vater für den sie 1000 entschuldigungen findet dass er nicht schreibt. oberschwester otto sprang im durchsichtigen püjama aus dem fenster. das war so die art dieser einfachen bescheidenen menschen ihren dank abzustatten.[81]

Es wird klar, daß Otto als Gestalt dieses Romans jegliche einzigartige Identität abgesprochen wird. Er ist Vater, Mutter, Sohn, Tochter und Geliebte zugleich. Zugleich variiert der auf Otto bezogene Kontext, er zersplittert in eine Unzahl beliebiger Zitate aus dem Handlungs- und Emotionsfundus trivialer Kultur. Bei gleichzeitigem Identitätsverlust erweist sich die Figur dennoch zunehmend als Mitglied einer sozialen Masse. Die Mitglieder dieser Masse zeichen sich in ihren verschiedensten Rollen stets durch eine auffällige Gemeinsamkeit aus. "Otto" vereinigt nämlich im Verlaufe des Textes tatsächlich die verschiedensten Formen "menschliche(r) Tragödie" in sich. Gemeinsam ist diesen unterschiedlichen Tragödien, daß sie Tragödien innerhalb von Familien- oder Mann-Frau-Bindungen sind und daß Otto, gleich in welchem Beruf, Schicksal oder welchen Geschlechts sich stets rollen- beziehungsweise geschlechtskonform verhält.

In Ottos scheiternden zwischenmenschlichen Beziehungen manifestieren sich triviale Leitbilder, seine/ihre emotionale Verwirrung mit ihren unausweichlich gewalttätigen Akzenten spiegelt letztlich die Welt der Helden der Trivialkultur. Da "Ottos" Rollenverhalten sich an diesen Leitbildern orientiert und die Folgen stets Gewalt, Leid und Zerstörung sind, entlarvt Jelinek hier die in den Leitbildern trans-

---

81 Elfriede Jelinek, lockvögel, a.a.O., S. 73 und 74

portierten Ideologien. In diese Entlarvung massenmedial verbreiteter falscher Ideologien bezieht sie offenbar die Ideologien der realen Leser ausdrücklich ein, denn diese Helden und ihre Ideologie sind der realen Massenkultur entlehnt, und bereits als kurze Zitate für den Leser/die Leserin als Bestandteil seiner/ihrer Welt wiedererkennbar. Er/sie erkennt Fragmente der Trivialliteratur/-kultur als Bestandteile seines eigenen Weltbezuges und kann so, vermittelt über die Figur "Otto", diesen Weltbezug hinterfragen. Unterstützt wird dies dadurch, daß Otto zum Inbegriff aller Menschen erklärt wird, gleich welchen Geschlechts; wir lesen: "in jedem von uns ist ein stück otto [...] überall ist otto zu haus in stadt und land. armes burgenland."[82] Der Hinweis auf das 'arme burgenland' in diesem Textausschnitt weitet die Sicht auf die soziale und politische Bedeutung des scheinbar privaten Unglücks "Ottos." "Otto" erscheint als Bewohner einer Welt, die den dogmatischen Regeln der falschen Ideologien unterworfen ist, die nicht mehr einschätzbar ist, ja mehr, in die geboren zu werden nicht mehr sinnvoll erscheint, denn: "hier wächst der fötus in mancher jungen hoffnungsvollen friseurin um das licht einer kalten feindlichen umwelt zu erblicken."[83]

Die Welt des Romans *wir sind lockvögel baby* ist von 'Ottos' bevölkert, auswechselbaren Gestalten beiderlei Geschlechts, denen jegliche Einzigartigkeit abgeht. Diese Gestalten leben ihre anscheinend privaten Katastrophen, die nach stereotypem Muster vonstatten gehen und stereotyp empfunden werden, ohne Einsicht in ihre Situation. Die Gleichgültigkeit oder bestenfalls Sensationsgier, mit der diese Menschen menschlichen Tragödien und sozialen Katastrophen begegnen, vernichtet den letzten Rest von Individualität, die die Trivialmedien vorgaukeln könnten:

nicht alltäglich sind an der geschichte nur die personen und die äußeren umstände, rauschgift und lebensüberdruss sind alltäglich. und die leute lesen diese sachen gerne in der zeitung.[84]

Otto erscheint so schließlich als das personifizierte alltägliche menschliche und soziale Elend, von dem "die leute [...] gerne in der zeitung" lesen, das überall

---

82   Elfriede Jelinek, lockvögel, a.a.O., S. 31
83   Elfriede Jelinek, lockvögel, a.a.O., S.31
84   Elfriede Jelinek, lockvögel, a.a.O., S. 39

präsent ist, das sie aber nicht als Symptom ihrer Gesellschaft verstehen, sondern nur als ihre jeweils individuelle Lage begreifen.

Jelinek hat ihre Gestalt "otto" in *wir sind lockvögel baby* ohne Ausdruck eigener Identität dargestellt; es wird jedoch auch klar, daß "otto" seine eigene Identität nie bezweifelt. Das Fehlen jeglicher Individualität verhindert zugleich eventuelle Reflexionen der Gestalt über ihre/seine Identität. In seinen/ihren jeweiligen Rollen erscheint "otto" nicht als selbständiger Charakter, sondern als Versatzstück trivialer Kultur, wie sie dem Leser aus Heftchenroman, Werbung und Fernsehen bekannt ist. "otto" kann so zugleich als 'Jeder' und 'Niemand' in Erscheinung treten. Es kann schließlich nicht eindeutig entschieden werden, ob "otto" als Inbegriff des in moderner Zeit lebenden Menschen zu verstehen ist, der nach Rollenvorgaben handelt und dies für seine eigene Identität hält, und trotzdem eine eigene - ihm und dem Leser verborgene - Identität aufweist; oder ob 'ottos' Identität nicht im völligen Fehlen eines Individuellen besteht, er/sie also seine/ihre Identität gerade aus den zusammengesetzten Elementen der massenmedialen Vorgaben gewinnt.

Für den mit den trivialen Mythen vertrauten Leser jedoch sind die durch "otto" verkörperten Merkmale zunächst als scheinbar identische Bestandteile der Figur vorhanden, mit denen er/sie sich identifizieren kann. Durch ihre Montage der Gestalt "otto" in *wir sind lockvögel baby* zwingt Jelinek ihr Lesepublikum zur Auseinandersetzung mit der eigenen Identität, dem eigenen Verhältnis zu massenmedialen Rollenvorgaben.

In der Figur Ottos kontrastiert Jelinek die Geschlechtsunterschiede einerseits, indem sie sie entsprechend stereotyp-trivialen Geschlechtsrollen gestaltet; gleichzeitig nivelliert sie diese Unterschiede, indem sie sie durch Vereinigung in einer Gestalt marginalisiert. Für die jeweils in Erscheinung tretende Gestalt "otto" allerdings ist eine nicht-geschlechtsgebundene Rolle nicht konzipiert. Diese Art der Verarbeitung des Themas geschlechtlicher Identität wird den gesamten Text hindurch aufrecht erhalten, was auf eine starke Gewichtung des Themas schließen läßt. Das Interesse des Lesers/der Leserin richtet sich zunehmend auf die Frage nach der Entstehung, den Bestandteilen, den Merkmalen und der Bedeutung geschlechtlich gebundener Identität für das Verständnis unserer Weltvorstellung. Demonstriert an der Gestalt "otto", die mit ihren jeweiligen falschen Glückserwartungen unvermeidlich scheitert, erweist sich letztlich die Orientierung an trivialstereotypen Geschlechts-Rollen als fatal. Jelinek läßt keinen Zweifel daran, daß diese Orientierung individuell verantwortliches Handeln und kritische Distanz verhindert und so einer sorgsamen Lösung der Probleme im Wege steht, denen die Figur ausgesetzt ist.

Während die Gestalt "otto" zunehmend an Konturen verliert, gewinnt mehr und mehr der gestaltende Überblick der Autorin an Gewicht. Im Gegensatz zu den Stereotypen aus den Massenmedien und im Gegensatz zu den hilflos ihren falschen Träumen erlegenen 'ottos' des Romans, die ein 'Leben aus zweiter Hand' führen, ist die Autorin zur distanziert-ironischen Betrachtung des Dilemmas zwischen dem Wunsch nach privatem Glück und der gemeinsam-öffentlichen Unfähigkeit zum friedlichen Miteinander fähig, in dem sich ihre Gestalten verfangen haben. Sie fordert vom Leser die Einsicht, daß eine Aufgabe der Rollenorientierung für beide Geschlechter wünschenswert ist und daß erst eine solche Aufhebung der ideologischen Geschlechtsgrenzen zu einer Besserung der gesellschaftlichen Umstände führen kann.

Innerhalb des Textes vollzieht Jelinek bereits exemplarisch eine solche Auflösung der Geschlechtsgrenzen für eine Gruppe von Charakteren, die schließlich in eine harmonisch-utopische Welt entlassen werden. Bei den Figuren handelt es sich um die Hoffnungsträger der Jugendgeneration der 60er Jahre, die Beatles, Paul, George, Ringo und John. Sie werden zu Beginn dieser Episode als fried- und naturliebende Wanderer in einer paradiesisch anmutenden, unberührten und gewaltlosen Naturlandschaft dargestellt, bevor sie mit einer Gefährtin, Maria, durch Eingreifen außerirdischer Wesen gerettet werden. Da es nur diesen Charakteren vergönnt ist, der finalen Katastrophe zu entgehen, erscheint es für die Fragestellung dieser ersten Problemorientierung angebracht, diese 'Erlösung' und die Bedeutung, die hier der Geschlechtsidentität beigemessen wird, genauer zu betrachten.

Im Verlaufe der erwähnten Wanderung durch die paradiesische Landschaft war für kurze Zeit bereits eine Aufhebung der Geschlechtsgrenzen vollzogen:

da john am arm des bruders paul über nasse baumstämme und ausgewaschene wege hinabturnte blieb george nichts andres übrig als ebenfalls derb den arm seiner schwester ringo zu nehmen.

insgesheim aber hätten die beiden kavaliere ganz gerne ihre damen ausgetauscht. das schmale gesicht johns belebte sich beim sprechen merkwürdig. jede empfindung kam darin zum ausdruck.[85]

Die dem Leser als Gruppe von vier jungen Männern bekannten Beatles, die auch im bisherigen Verlauf des Textes als Gestalten männlichen Geschlechts behandelt wurden, werden hier unvorbereitet in veränderter Gestalt dargeboten. John und Ringo werden durch die Bezeichnung "Schwester" als Figuren weiblichen Geschlechts gekennzeichnet. Außerdem wird - dieser Vorstellung entsprechend - John mit einer traditionell eher mit dem Femininen assoziierten Eigenschaft ausgestattet: der Widerspiegelung von Empfindungen im Gesichtsausdruck. Obwohl diese Zuordnung - wie auch die im Text weiterhin folgenden Beschreibungen des "neuen" Geschlechts der beiden Beatles - nach stereotypem Muster abläuft[86], darf dennoch die Tatsache, daß hier eine Metamorphose erfolgt, keinesfalls unterschätzt werden.

Nach dieser kurzfristigen Veränderung der Geschlechter folgt eine Ent- oder vielmehr Überführung in eine außerirdische Welt. Diese Überführung erfolgt in Kokons, in die die Helden eingesponnen werden und in denen offenbar dem ausgeführten Bild gemäß die Metamorphose stattfindet. Im Kontext des Romans sind diese Charaktere die einzigen, denen eine solche Wandlung erlaubt wird; außerdem überschreiten sie mit ihren Geschlechtsgrenzen zugleich die ansonsten rigide und stereotyp durchgeführten Verhaltensmuster von Gut und Böse, denn nach der Rettung der Beatles aus den irdischen Bindungen wird ein Zustand sozialer Harmonie geschildert:

sie zogen sich in das nahe dickicht zurück wobei einer den andern stützte sie waren nicht mehr männer und eine frau sondern einfach menschen. menschen. die unterschiede waren plötzlich vergessen.[87]

Kurz nach ihrer Metamorphose kehren die Beatles für kurze Zeit auf die Erde zurück und bemühen sich um eine Änderung der Welt, bevor sie sich erfolglos und enttäuscht in die utopische Welt zurückziehen. Von der Autorin zunächst

---

85 Elfriede Jelinek, lockvögel, a.a.O., S. 136
86 Besonders aufschlußreiche Äußerungen zur stereotypen Verwendung der Figur der "Schwester" in der einschlägigen Literatur finden sich bereits bei Klaus Theweleit. Vgl.: Klaus Theweleit, "Männerphantasien", Frankfurt/M. 1977; Bd 1, S. 141-158
87 Elfriede Jelinek, lockvögel, a.a.O., S. 139

aus dem Text entlassen, erscheinen sie erst wieder, als eine "tödliche gefahr für die galaxis" droht und sie Gelegenheit erhalten, sich als weise Helfer der Superhelden Gucky, Axo und Egho aus der trivialen Science Fiction Serie "Perry Rhodan" zu bewähren:

noch in der gleichen nacht besetzten axo und egho mit ihren Ihker soldaten die wichtigsten zentren der hauptstadt. ihre vier weisen berater nhoj luap egroeg ognir oder wie sie hiessen klirrten durch die kunststoffkanäle[...][88]

In ihrer neuen Gestalt, auf die bereits die anagrammatische Verschlüsselung ihrer Namen hinweist, ist auch eine friedliche Beziehung zum anderen Geschlecht möglich, wie die zarte Verbindung Pauls und Ringos in folgendem Textausschnitt zeigt:

luap beugte sich über ognir sanft hob er ihr kinn küsste die ohnmächtige auf die lippen. sie schlug die augen auf seufzte tief. tränen rannen über ihre wangen und luap registrierte zwischen medizinischer sachlichkeit das ihm angeboren anerzogen war und jäher erregung dass ein turgo eigentlich nicht weint dass er keine gefühle kennt ausser der stumpfen ergebenheit des kriegers des ausgebildeten kämpfers für seinen herrn. aber im fall ognir war das verhalten um so erfreulicher sie war eine frau geblieben mit allen ihren gefühlen. alles ist gut sagte er zwischen seinem nussknacker gebiss und er meinte es.[89]

Die insgesamt positive Tendenz dieses um die Figuren der Beatles herum entwickelten Modells der Befreiung wird durch den utopischen Kontext, innerhalb dessen es geschildert wird, stark relativiert. Die Befreiung kommt nur durch Eingreifen von außen zustande und kann die Katastrophe nicht verhindern, auf die die übrigen Charaktere zusteuern und die so noch unabwendbarer präsentiert wird. In der Schilderung der positiven Entwicklung Ringos, Pauls, Johns und Georges wird der verhängnisvollen ideologischen Rollenbindung der übrigen Figuren allenfalls eine utopische Vision entgegengesetzt, deren reale Durchsetzbarkeit völlig ausgeschlossen erscheint.

Für die Frage nach der Bedeutung des Weiblichen in der Prosa Jelineks erweist sich diese kleine Utopie dennoch als von ungemeiner Wichtigkeit. Die Verbindung der positiven Utopie mit der wenigstens zeitweiligen Aufgabe der Geschlechtsnormierung im Kontext der im übrigen gewalttätigen, von falschen Leitbildern geprägten Romanwelt legt nahe, daß eine Veränderung der dargestellten Welt - die als Welt der Trivialkultur auch Teil der Welt des Lesepublikums ist - nur

---

88　Elfriede Jelinek, lockvögel, a.a.O., S. 162
89　Elfriede Jelinek, lockvögel, a.a.O., S. 162

möglich ist, wenn eine Abwendung von der dichotomischen Trennung nach Geschlechtsrollenvorgaben erfolgt. Es wird erneut deutlich, daß in *wir sind lockvögel baby* die Geschlechterproblematik nicht nur in der Dekonstruktion falscher männlicher Ideologie der Stärke und Gewalt ständig präsent ist, sondern auch ausdrücklich thematisiert wird.

Insgesamt gesehen wird also in *wir sind lockvögel baby* das von den Ideologien vermittelte patriarchale Wertsystem bereits mittels der Textstruktur in Frage gestellt. Der formalen Dekonstruktion der massenmedial verbreiteten Sprach- und Denkmuster begegnet Jelinek auf der inhaltlichen Textebene allerdings keineswegs mit einem positiven Weiblichkeitsentwurf, sondern mit einer weiteren Auflösung der in der gesellschaftlichen Struktur verankerten Geschlechtsnormen. Diese Auflösung erfolgt auf zweierlei Weise und wird formal hervorgehoben durch die anagrammatische Verschlüsselung der Namen der Charaktere: In der Gestalt Otto/Otto begegnet dem Leser/der Leserin der Mensch, der unter seiner jeweiligen Geschlechtsrolle leidet, was eine Abwendung von der Rolle nahelegt; und in den Gestalten "John/nhoj", "Paul/luap", "Ringo/ognir" und "Georg/egroeg" begegnet dem Leser/der Leserin die idealisierte Vorstellung des Menschen, der sich von seiner jeweiligen Geschlechtsnorm bereits emanzipiert hat. Gleichzeitig wird jedoch deutlich herausgestellt, daß eine solche Emanzipation innerhalb der im Roman dargestellten Wirklichkeit nicht möglich ist.

Wie schon in *Die Klavierspielerin* beobachtet, vermeidet Jelinek auch in *wir sind lockvögel baby* etwaige programmatische feministische Lösungsvorschläge. Dennoch wird deutlich, daß eine Besserung der gesellschaftlichen Machtverhältnisse nicht möglich ist, wenn nicht zugleich die biologisch-soziale Normierung diskutiert wird, da die stereotypen Vorgaben offenbar individuell verantwortliches Handeln behindern und so einer sorgsamen Lösung der Probleme im Wege stehen, denen die Figuren ausgesetzt sind.

Entgegen den deutlichen Hinweisen Jelineks auf den Vorrang anderer Problematiken in *wir sind lockvögel baby* und entgegen der anfänglichen Annahme, die sprachliche und formale Gestaltung des Textes verbiete seine Zuordnung zur Frauenliteratur, fordert dieser Text dennoch eine eingehende Auseinandersetzung mit den verschiedenen Aspekten weiblicher Identität im Text. *wir sind lockvögel baby* erweist sich als Text, der Fragen zur formal-ästhetischen und inhaltlichen Verarbeitung weiblicher Identität provoziert. Geschlechtliche Identität erweist sich einerseits bedeutsam als verbindendes Thema der verschiedenen Sequenzen, die den Text konstituieren, und sie ist auch der kritische Ort, von dem aus die Verfasserin spricht und dessen Perspektive den gesamten Text durchzieht. Allerdings muß bei diesen Überlegungen berücksichtigt werden, daß der Begriff des "Weiblichen" hier eine Gegen- beziehungsweise Außenposition der Autorinstanz zu gesellschaftlichen Identifikationsvorgaben benennt, die nicht ausschließlich an das biologische Geschlecht geknüpft ist, sondern mit der sozio-historischen Position der Autorin verbunden ist.

In ihren Überlegungen zum Roman in "Lesen und Schreiben" setzt sich Christa Wolf mit dem modernen Roman auseinander. Hier wird das verbindende Thema als "wirkliche" Dimension des modernen Textes verstanden, als Dimension des Autors, die erst dem Text über die erzählte Geschichte hinaus "Tiefe" verleiht und die engagierte Zeitgenossenschaft des Autors enthält:

> [...]; der erzählerische Raum [hat] vier Dimensionen [...]; die drei Koordinaten der erfundenen Figuren und die vierte, "wirkliche" des Erzählers. Das ist die Koordinate der Tiefe, der Zeitgenossenschaft, des unvermeidlichen Engagements, die nicht nur die Wahl des Stoffes, sondern auch seine Färbung bestimmt. Sich ihrer bewußt zu bedienen ist eine Grundmethode moderner Prosa.[90]

In *Lockvögel* wäre die Weiblichkeitsthematisierung durch die Autorin als von außen an den Text herangetragene wirkliche Dimension, die den Text verbindet, zu verstehen.

Unter dem Gesichtswinkel dieser Ausführungen Christa Wolf könnte die Geschlechtsproblematik - abgesehen eventuell von der mit ihr verwobenen Gewaltdarstellung - von außerordentlicher Bedeutung für die Einschätzung der Frage nach dem Genre des mit dem Untertitel "roman" bedachten Textes sein.

Während einerseits die zusammengesetzten Sequenzen es zunächst nahelegen, den Text als recht wahllose Collage entsprechend der einleitenden Aufforderung zu eigenmächtiger 'Reorganisation' zu lesen und angesichts des Fehlens von

---

90 Christa Wolf, "Lesen und Schreiben", in: Christa Wolf, Lesen und Schreiben. Aufsätze und Prosastücke, Darmstadt u. Neuwied 1972, S. 181-220, S. 204

Ort, Zeit und Handlung allenfalls von einer 'Romanparodie' zu sprechen, wie Schmidt-Bortenschläger dies angesichts der fehlenden Dimensionen von Ort, Zeit und Handlung in *wir sind lockvögel baby* tut[91], bietet sich andererseits angesichts der Relevanz der Geschlechtsproblematik für das Verständnis des Textes an, den Text als modernen Roman zu lesen, dem zwar die traditionellen Organisationsmerkmale des Stoffes weitgehend fehlen, der aber von der Problematik getragen wird und durch sie seinen aktuellen "Tiefenbezug" erhält.

Zu verstehen ist hier die Weiblichkeitsproblematik als vielleicht nicht vorrangig gewählte Thematik, aber als "unvermeidliches Engagement", dem sich die Zeitgenossin der Frauenbewegung der 60er Jahre, Jelinek, nicht entziehen konnte. Die Frage nach der individuellen Identität des heutigen Menschen schließt für sie als Betroffene offenbar unvermeidbar die Frage nach der spezifischen Geschlechtsbindung von Identität mit ein.

1.3. Zusammenfassende Orientierung

Werden die Ergebnisse der vorangegangenen Überlegungen zu *Die Klavierspielerin* und *wir sind lockvögel baby* miteinander verglichen, so stellen sich bald auffällige Gemeinsamkeiten und Unterschiede heraus, die das weitere Vorgehen in dieser Untersuchung bestimmen sollen. Es wird deutlich, daß weibliche Identität und Weiblichkeit eine bedeutende Rolle zumindest in diesen beiden Prosatexten der Autorin Elfriede Jelinek spielen. In beiden Texten weitet der Blick auf die Geschlechtsproblematik sich zur Perspektive auf die gesamte dargestellte Welt und zwar in der Art, daß erkenntlich wird, wie die Folgen gesellschaftlicher Strukturen den privaten Lebensbereich mit seiner Geschlechtsproblematik beherrschen.

Erste Versuche, sich der Weiblichkeitsthematik in den Texten oder einer im Text manifesten weiblichen Identität der Verfasserin mittels des Konzeptes der 'populären Frauenliteratur' zu nähern, erwiesen sich als unzureichend und mußten deshalb die starren Grenzen der bisher herangezogenen Theorien überschreiten, um

---

91 Vgl.: Sigrid Schmid-Bortenschlager, "Gewalt zeugt Gewalt zeugt Literatur... 'wir sind lockvögel baby!' und andere frühe Prosa. In: Christa Gürtler (Hsg.), Gegen den schönen Schein: Texte zu Elfriede Jelinek, Frankfurt am Main 1990, S. 30-43, besonders die Seiten 37-40

der im Text angelegten Komplexität des Themas gerecht werden zu können. Dennoch wird offensichtlich, daß die Frage nach Weiblichkeit und weiblicher Identität in der Prosa Elfriede Jelineks durchaus angebracht ist.

Angesichts der in beiden Texten beobachteten engen Verflechtung der Frage nach der geschlechtlichen Identität mit der Frage nach der Einbindung des Individuums in gesellschaftlich legitimierte Identifikationsvorgaben erscheint es allerdings sinnvoll, Überlegungen zu einem spezifischen Ausdruck weiblicher Identität und zu einer spezifischen Darstellung von Weiblichkeit in der Prosa Jelineks nicht auf das biologische Geschlecht zu beschränken, sondern sie zu verbinden mit der Frage nach einer bestimmten Perspektive bzw. mit bestimmten Orten, die das Weibliche in den Texten beansprucht bzw. innehat. Dann bleibt zu fragen, wie dieser Ort, als sozio-historische Position der Autorin, zu begründen ist und welche Rolle hier das Geschlecht der Verfasserin spielen mag.

Da in beiden Texten der kritische Bezug zur gesellschaftlichen Wirklichkeit beider Geschlechter hergestellt wird, muß der offensichtlich kritische Anspruch der Texte mit ihrer tatsächlichen Wirkungsmöglichkeit verglichen werden, und es muß hinterfragt werden, welche Ausschnitte der Wirklichkeit dem Leser dargeboten werden und wie sich diese Auswahl auf das erzeugte Gesamtbild auswirkt. Es scheint angebracht, die Bestimmung des Weiblichen innerhalb der Texte mit dem Versuch einer Ortsbestimmung des Weiblichen im Kontext sozio-historischer Realität zu verbinden, wie er sich der Autorin darbieten mag.

Obwohl die bisher betrachteten feministisch orientierten Literaturtheorien der komplexen Anlage der Geschlechtsproblematik in den Texten jeweils nicht gerecht werden, hat sich dennoch in den vorangegangenen Interpretationen herausgestellt, daß sie zur Beurteilung der Geschlechtsproblematik in den Texten durchaus nützlich sind. Zum einen erfassen sie Aspekte der Geschlechtsproblematik im Text, und wenngleich sie diese nicht abdecken, können sie so dennoch eine wichtige Orientierungshilfe bieten. Zum anderen wird dort, wo sie nicht oder nicht mehr greifen, das Interesse auf die fragliche feministische und/oder politische Wirkungsabsicht der jeweiligen Texte gelenkt, was den Blick auf den Bezugsrahmen von Literatur und subjektiver gesellschaftlicher Wirklichkeit richtet, der dem Lesepublikum zur Verfügung steht bzw. dem das lesende Subjekt ausgesetzt ist. Es erscheint deshalb sinnvoll, feministische Theorien zum weiblichen Schreiben und zur Frauenliteratur weiterhin in die weiteren Überlegungen zur Darstellung von Weiblichkeit und weiblicher Identität in Elfriede Jelineks Prosa einzubeziehen. Allerdings darf dieser theoretische Apparat nicht dazu führen, den Texten eine einheitliche Interpretation überzustülpen, die ihnen nicht gerecht wird.

Die Auseinandersetzung mit *Die Klavierspielerin* und *wir sind lockvögel baby* ließ erkennen, daß zwar beide Texte eine Einbeziehung von Überlegungen zur feministischen Literaturtheorie nahelegten und daß dies auch wohl von der Autorin zugelassen, teilweise wohl auch intendiert und sicherlich reflektiert ist, daß jedoch die jeweils nächstliegenden theoretischen Überlegungen sich jeweils auf völlig verschiedene Aspekte des Textes richten. Es muß deshalb davon ausgegangen werden, daß Jelineks bisheriges Prosawerk nicht unter einer einheitlichen, den Texten eine homogene Hauptintention unterstellenden feministischen Literaturtheorie subsumiert werden kann. Vielmehr bietet sich eine individuelle Betrachtung dieses äußerst heterogenen Werkes an, in der von Fall zu Fall der unterschiedlichen Verbindung des Weiblichkeitsthemas, der Textstruktur und der Identitätsproblematik innerhalb der Gesellschaft nachgegangen wird. Während sich in *Die Klavierspielerin* zunächst auffällige Parallelen zur populären Frauenliteratur der 70er und frühen 80er Jahre aufdrängen, provoziert *wir sind lockvögel baby* zunächst Fragen nach einem spezifisch weiblichen Schreiben, nach einem spezifisch weiblichen Umgang mit sprachlichen Symbolisierungen gesellschaftlicher Ordnungsstrukturen. In beiden Texten werden aus dem Diskurs der neuen Frauenbewegung bekannte Problembereiche thematisiert, wie etwa die Frage nach der gesellschaftlichen Bedeutung einer geschlechtsgebundenen bzw., spezifischer, einer weiblichen Identität. Zugleich wird in beiden Texten deutlich herausgestellt, daß die in aller Regel auf ein politisch handlungsfähiges - weibliches - Subjekt ausgerichteten feministischen Programme angesichts der dargestellten Problematik versagen. Im Mittelpunkt des Interesses steht hier ja gerade offenbar das Problem verhinderter Subjektidentität, die durch das Festhalten an jeglicher normierter Geschlechtsrolle eher verstärkt wird und die zudem beide Geschlechter betrifft. Für das weitere Vorgehen empfiehlt es sich deshalb schließlich, kritisch den feministischen Anspruch der jeweils herangezogenen theoretischen Überlegungen gegen die im spezifischen Text vorhandenen Aspekte des Weiblichen und die damit verbundene Textaussage abzuwägen.

Von besonderem Interesse dürfte angesichts des Entstehungszeitraumes der vorliegenden Texte von mehr als 20 Jahren die Frage nach einer eventuell festzustellenden Veränderung bzw. Entwicklung der Geschlechtsproblematik und ihrer Gewichtung im gesamten Prosawerk sein. Da dieser Zeitraum zusammenfällt mit dem bisherigen Höhepunkt der Emanzipationsbewegung und den entsprechenden gesellschaftlichen Veränderungen und da die Autorin diese Veränderungen in zahlreichen Interviews im Kontext ihres Werkes diskutiert, erscheint es angemessen, auch hier nach einer sich mit der aktuellen Diskussion auseinandersetzenden Entwicklung zu fragen.

Die Verschiedenartigkeit von *Die Klavierspielerin* und *wir sind lockvögel baby* deutet jedoch jetzt schon darauf hin, daß die Texte eventuell nur punktuelle und deshalb flüchtige Bilder aus einer umfassenderen Realität wiedergeben können, deren jeweils unterschiedliche Aspekte beleuchtet werden, ohne jedoch das Ganze fassen zu können.

Auch die beobachtete Verweigerung konstruktiv umsetzbarer Lösungsvorschläge für die Problematik weist in diese Richtung. Sowohl in *Die Klavierspielerin* als auch in *wir sind lockvögel baby* werden schließlich Probleme der modernen Welt gezeigt, die sich im Privaten zu Katastrophen zuspitzen, den Kampf der verunsicherten Individuen in ihren gesellschaftlichen Lagen vorantreiben und für die die bestehende Gesellschaft keine Lösung bereithält.

Die betroffenen Individuen sind dieser Situation ohne Bewußtsein ihrer Lage fassungslos ausgeliefert. Sie sind weder fähig noch willens, Verantwortung für ihr Tun zu übernehmen. Sie tragen ihre Kämpfe im Privaten aus, mit den Menschen, die ihnen nahestehen und an die dennoch alle Glückserwartungen herangetragen werden, die nirgendwo anders in ihrer Welt erfüllbar scheinen.

Jelinek zeigt hier die emotionalen Trümmer der verzweifelten Versuche, den im Alltag aufbrechenden Unsicherheiten und Entwurzelungen im Privaten zu begegnen.

In seiner sozialwissenschaftlichen Untersuchung *Risikogesellschaft. Auf dem Weg in eine andere Moderne.*[92] beschreibt Ulrich Beck diese gesellschaftliche Situation als Folge einer 'im Grundriß der Industriegesellschaft halbierten' modernen Welt, denn :

Was als 'Terror der Intimität' erscheint und beklagt wird, sind also - gesellschaftstheoretisch und gesellschaftsgeschichtlich gewendet - die Widersprüche einer im Grundriß der Industrie-gesellschaft halbierte Moderne, die die unteilbaren Prinzipien der Moderne - eventuelle Freiheit und Gleichheit jenseits der Beschränkung von Geburt - immer schon geteilt und qua Geburt dem einen Geschlecht vorenthalten, dem anderen zugewiesen hat.[93]

In den massenhaft aufbrechenden privaten Konflikten kündigt sich der Zusammenbruch unserer modernen Welt an, die den aufkommenden Konflikten und Risiken der Zukunft nicht mehr gewachsen ist. Um noch einmal Ulrich Beck zu zitieren:

Man nenne dies wie man will: "Grabenkampf der Geschlechter", "Rückzug ins Subjektive", "Zeitalter des Narzißmus". Dies ist genau die Art, in der eine *gesellschaftliche Form* - das ständische Binnengefüge der Industriegesellschaft - ins Private hinein zerspringt[94]

Im Hauptteil der vorliegenden Arbeit soll versucht werden, nach dem in den einzelnen Prosatexten Jelineks jeweils individuellen Bild des Weiblichen und der Bedeutung der weiblichen Identität zu fragen, um die hier entwickelten Fragestellungen beantworten zu können.

Bevor diese Auseinandersetzung mit den einzelnen Texten erfolgen kann, muß zunächst jedoch der Bezugsrahmen, innerhalb dessen diese Überlegungen angesetzt sind, dargestellt werden. Deshalb folgen nun zunächst einige ausführliche Erläuterungen zu den größtenteils bereits erwähnten Komplexen 'Weiblichkeit- feministische Literaturwissenschaft-Frauenliteratur.'

---

92 Ulrich Beck, "Risikogesellschaft...", a.a.O.
93 ders.: ebd., S. 179
94 ders.: ebd., S. 177

2. Weiblichkeit - Feministische Literaturwissenschaft - Frauenliteratur
Das Vorgehen im Problemfeld

Es soll zunächst versucht werden, die Variationsbreite darzustellen, innerhalb derer der Begriff 'Weiblichkeit' als Bestandteil der verschiedenen in dieser Arbeit angesprochenen Bereiche, der sozio-historischen Wirklichkeit, der Frauenliteratur und der feministischen Literaturwissenschaft, vorgestellt wird. Dabei ergibt sich jedoch nicht etwa eine starre Definition des Problemkomplexes 'Weiblichkeit' - dies würde im Gegenteil eher eine Einschränkung einer gerade erst mühsam gewonnenen Anerkennung der Vielfältigkeit des Begriffes bedeuten - sondern es soll vielmehr eine Art Absteckung des Terrains erfolgen, innerhalb dessen Weiblichkeit, weibliche soziale Realität und geschlechtsspezifische Identität in neuerer Zeit diskutiert werden. Nur innerhalb eines solchen Diskussionsspektrums kann das Besondere des Weiblichkeitsbegriffes und das Besondere an der Behandlung dieses Themas im Einzelfall - hier im Falle der Prosa Elfriede Jelineks - herausgearbeitet werden.

Nähere Bestimmungen im Problemfeld, die ich meiner Untersuchung zugrundelege, sollen in zwei Schritten gewonnen werden.
(1) Zunächst werde ich versuchen, kurz den veränderten realen Lebenszusammenhang von Frauen, das heißt die sozio-historische Entwicklung der Situation von Frauen in unserer Gesellschaft seit der Mitte des letzten Jahrhunderts, in groben Zügen zu skizzieren. Unabhängig von ihrer expliziten Thematisierung im jeweiligen literarischen Werk bilden die einschneidenden Veränderungen im Geschlechterverhältnis innerhalb der modernen westlichen Gesellschaften einen stets präsenten Real-Hintergrund jeder zeitgenössischen schriftstellerischen Arbeit. Als realer Lebenszusammenhang wird hier ein komplexes Problemfeld vorgestellt, das soziale Strukturen und faktische Lagen, institutionelle und gesetzliche Regelungen ebenso umfaßt wie normative Muster, die das Handeln und Erleben steuern. Das Ineinandergreifen einerseits von Komponenten, die der äußeren (hauptsächlich sozialen) Realität und andererseits von Komponenten, die der

psychischen Innenwelt der Individuen zugeordnet werden können, macht den Teilbereich des Problemfeldes 'Weiblichkeit' aus, der als der 'Komplex des weiblichen Lebenszusammenhangs' bezeichnet werden soll.[1] Da Elfriede Jelinek feministische Beweggründe als ein sehr bedeutendes Agens ihres Werkes bezeichnet hat und sich in Interviews explizit zu Verbindungen zwischen der sozialen Stellung von Frauen und ihrer eigenen schriftstellerischen Arbeit äußerte, ist diese Betrachtung zur Bestimmung des Weiblichen in ihrem Werk unerläßlich.

Für die Frage der soziohistorischen Betrachtung der Situation von Frauen ist ein Blick auf die soziologische Arbeit von Agnes Dietzen für die Bestimmung einiger allgemeiner Rahmenbedingungen hilfreich. In ihrer Untersuchung "Soziales Geschlecht" betrachtet sie drei Aspekte der Geschlechtsproblematik, die für eine zukünftige feministische soziologische Forschung relevant sein dürften. Sie schreibt:

"Geschlecht ist *mehr* als der Unterschied zwischen *dem Mann* und *der Frau*, aufgrund ihrer körperlichen Differenzen. Vielmehr ist die Kategorie *soziales Geschlecht* ein soziales, kulturelles und symbolisches Organisationsprinzip unserer Gesellschaft"[2]

Dietzen beschreibt erstens die individuelle Geschlechtsidentität, die sich nicht einfach deckt mit "Definitionen dessen, was als passend, angemessen, wünschenswert oder ideal für (das jeweilige) Geschlecht" des Individuums gesehen wird, sondern verständlich wird in Widerständen, Zurückweisungen und Neuinterpretationen von gesellschaftlichen Rollen und Normen.

---

1 Bei dieser Zurechnung der normativen Muster zum realen Lebenszusammenhang stütze ich mich auf Karin Hausen; sie schreibt im Hinblick auf die Diskussion der Realität der Aussagen über den 'Geschlechtscharakter': "Aussagen über den 'Geschlechtscharakter' von Mann und Frau sind zwar zunächst normative Aussagen und als solche stehen sie in einem schwer zu erkennenden Verhältnis zur Realität. Aber ebenso sicher ist, daß Aussagen über das Wesen der Geschlechter im allgemeinen Erfahrungszusammenhang der sozio-ökonomisch realen geschlechtsspezifischen Arbeitsteilung entstehen und Geltung beanspruchen."
Karin Hausen, "Die Polarisierung der "Geschlechtscharaktere" - Eine Spiegelung der Dissoziation von Erwerbs- und Familienleben", in: Werner Conze (Hg.), Sozialgeschichte der Familie in der Neuzeit Europas (Industrielle Welt; Schriftenreihe des Arbeitskreises für moderne Sozialgeschichte, Bd. 21), Stuttgart 1976, S. 363-393, S. 363
2 Agnes Dietzen, Soziales Geschlecht. Soziale, kulturelle und symbolische Dimensionen des Gender-Konzepts, Opladen 1993, hier S. 171

Zweitens betrachtet Dietzen "strukturelle Hintergründe (...), durch die Geschlechtergrenzen produziert werden; dies geschehe nicht nur in Institutionen wie Ehe und Familie, die Bedeutungen sozialen Geschlechts konstituieren, sondern auch etwa in modernen ökonomischen Systemen, die geschlechtlich segregierte Arbeitsbereiche produzieren.

Die Geschlechtergrenze durchziehe außerdem unterschiedliche Bereiche der Gesellschaft, so Dietzen, sie sei nicht beschränkt auf die Trennung von privaten und öffentlichen Lebensbereichen und sie überdauere offenbar die Veränderung dieser Bereiche und ihre mit der Zeit sich verändernde Zugänglichkeit für Männer und Frauen.

Daß die Geschlechterdifferenz sich unabhängig von solchen Veränderungen reproduziert und durchsetzt, führt Dietzen auf den dritten Aspekt der Geschlechterproblematik zurück: Die Geschlechterdifferenz wird symbolisch repräsentiert.

Als Mittel kultureller Konzeptualiserung und sozialer Organisation erzeugen die Geschlechtergrenzen Asymmetrien, die sich in Hierarchien manifestieren, so Dietzen weiter. Bisherige feministische Annäherungsweisen an die Problematik ließen sich im großen und ganzen als minimalistische oder maximalistische Positionen unterscheiden, wobei die minimalistische Position die prinzipielle Gleichheit der Geschlechter betone, die maximalistische Position jedoch eine grundsätzliche Differenz beobachte und aufrechterhalten wissen wolle.

Beschäftigt man sich mit der Prosa von Jelinek, so findet man die drei von Dietzen herausgearbeiteten Kategorien des sozialen Geschlechts angesprochen. Vermittelt über den Blick der Autorin wird es möglich, zu beobachten, wie ein weibliches Individuum heutzutage die Geschlechterproblematik wahrnimmt; indirekt - weil über den Blick der Autorin vermittelt - ermöglicht diese Beobachtung Rückkoppelungen mit der sozialen und kulturellen Realität heutiger Frauen.

Die vorliegende Arbeit fragt jedoch nicht nur nach Jelineks Blick auf die sozialhistorische Realität, sondern auch nach der Manifestation von Weiblichkeit in den Texten. Im Rahmen der angesprochenen minimalistischen oder maximalistischen Positionen nimmt sie insofern eine maximalistische Position ein, als die Frage nach der Weiblichkeit in der Schreibweise - dort wird die Manifestation des Weiblichen vor allem erwartet - von der Hypothese einer von der 'männlichen' grundsätzlich verschiedenen 'weiblichen' Schreibweise ausgeht. Doch, um hier keine Mißverständnisse aufkommen zu lassen - es handelt sich hier nicht um eine biologistische Position. Die Verschiedenheit in der 'männlichen' und 'weiblichen' Schreibweise, die hier angenommen und betrachtet wird, ist beiden Geschlechtern zugänglich. Wie die Auseinandersetzung mit Julia Kristeva zeigen wird, ist sie das Produkt der Identitätsherausbildung im Akt des Schreibens selbst, das sich immer wieder neu konstituiert.

(2) Obwohl diese Arbeit sich mit diesen soziologischen Fragen zur weiblichen Wirklichkeit auseinandersetzt und obwohl sie sich ausdrücklich dazu bekennt, auf die gesellschaftlichen Zustände gerichtete Fragestellungen zu verfolgen, muß klar bewußt gehalten werden, daß sie sich vor allem als literaturwissenschaftliche Arbeit versteht, die sich in letzter Instanz nicht mit der sozialen Wirklichkeit beschäftigt, sondern mit Texten, in denen die Realität - in Distanz zur 'normalen' üblichen Auffassung von Wirklichkeit - ästhetisch gestaltet ist. Bevor ich dieser Besonderheit meines Themas an den konkreten Texten nachgehe, erfolgt eine Auseinandersetzung mit theoretischen Möglichkeiten des Zugriffs auf den Umgang mit ästhetisch gestalteten Weiblichkeitsaussagen.

Nach der überwiegend soziologischen Auseinandersetzung mit 'dem Weiblichen' im ersten Teil setzt sich deshalb der zweite Teil dieses Kapitels über 'das Weibliche' mit den bisherigen Ansätzen feministischer Literaturtheorie auseinander. Gemeinsam ist beiden Blickrichtungen, der soziologischen und der literaturtheoretischen, daß sie sich um eine theoretische Diagnostik des real Gegebenen bemühen und letztlich beanspruchen, Veränderungen in der Realität zu bewirken. Die hier vorgenommene Darstellung geschieht daher vorrangig unter dem Gesichtspunkt, wie sich die bisherigen literaturwissenschaftlichen feministischen Theorien gegenüber dem oben umrissenen Komplex des Weiblichen verhalten. Die politische Intention feministischer literaturwissenschaftlicher Forschung wird hier in ihrer Wirkungsabsicht ernstgenommen.

Allerdings liegt dieser Auseinandersetzung methodisch die Verbindung von aus realen Verhältnissen gewonnenen Erkenntnissen (Soziologie) und von bestenfalls über das Medium Text vermitteltem Realitätsbezug (Literaturtheorie) zugrunde, wobei es sich um zwei kategorial verschiedene Diskursebenen handelt. Die soziologischen Erkenntnisse werden hier als Maßstab herangezogen zur Beurteilung einer in sich geschlossenen literaturwissenschaftlichen Diskursebene, die sich nicht mit der Wirklichkeit deckt. Es handelt sich hier bei dem zweiten Bereich, der feministischen Literaturtheorie, um einen konstruierten, theoretischen Bereich, der seine Fragestellung im Rahmen eines literaturwissenschaftlichen, nicht primär auf die soziale Wirklichkeit, sondern auf den Text gerichteten, sehr spezifischen Fragespektrums entwickelt und auch seine Antworten eigentlich nur auf diesen Bereich der Literatur beziehen kann. Die unterschiedlichen Diskursebenen aufeinander zu beziehen scheint zunächst unzulässig und bedarf einer Rechtfertigung.

Feministische Literaturwissenschaft setzt sich mit den Erscheinungsweisen von Weiblichkeit als Wirklichem in literarischen Texten auseinander. Dabei steht die kritische Auseinandersetzung mit Weiblichkeitsvorstellungen mit Blick auf ihren Bezug zur Realität im Vordergrund. Dieser Bezug auf die Wirklichkeit verbindet die Diskursebene der feministischen Literaturtheorie mit derjenigen der Soziologie. Im Rahmen dieser Arbeit ist es von Interesse, herauszufinden, mit welchen Aspekten der weiblichen Realität sich die feministische Literaturwissenschaft bisher auseinandergesetzt hat und wie es sich insgesamt mit ihrem Bezug auf den Komplex des weiblichen Lebenszusammenhangs verhält.

Die bisherigen Ansätze unterschiedlicher feministischer Literaturtheorien, die versuchten, die vielfältigen, von ihnen als 'Frauenliteratur' bezeichneten Texte weiblicher Verfasser den Interessen einzelner feministischer Ansätze zuzuordnen, bilden ein wichtiges Thema dieses Teiles meiner Arbeit. Die Zuordnung hatte bisher zur Folge, daß inhaltlich nicht in den entsprechenden Kontext passende Texte aus der sogenannten "Frauenliteratur" ausgegliedert wurden. Indem sich die unterschiedlichen Ansätze feministischer Literaturwissenschaft mit jeweils einzelnen Aspekten des Weiblichen in der Literatur auseinandersetzen, klammern sie weitere Aspekte aus, was besonders dann eine Vernachlässigung des Politischen impliziert, wenn Aspekte des weiblichen Lebenszusammenhanges ausgeblendet werden. Eine Einschränkung der sogenannten Frauenliteratur auf sehr spezifische Arten zu schreiben oder auf spezifische Themen scheint auf der Vorstellung eines einheitlichen Weiblichen zu beruhen, das alle anderen, individuell verschiedenen weiblichen Äußerungen in der Literatur als unweiblich zurückweisen muß. Indem hier die feministische Theorie Anteile weiblichen Schreibens, die nicht mit ihrem jeweiligen Ansatz übereinstimmen, ausklammert, ähnelt ihr Vorgehen letztlich dem traditionellen Ausschließen nicht-traditioneller Weiblichkeitsvorstellungen durch eine Tradition, die auf einer rigiden Festschreibung eines vorhandenen, an das biologische Geschlecht geknüpften weiblichen Wesens beharrt. Ausklammerungen solcher Art gehen auf Kosten eines freien Blickes auf den in der Realität komplexeren realen Lebenszusammenhang. Eine Berücksichtigung der Vielfältigkeit der sich stellenden Problematik würde diese Einschränkung auf einzelne Aspekte, die das gesamte Weibliche bezeichnen sollen, auflösen und damit den Begriff 'Weiblichkeit' erneuten Diskussionsmöglichkeiten aussetzen.

Insgesamt soll versucht werden, eine Begriffsbestimmung 'Frauenliteratur' vorzunehmen, die die Mannigfaltigkeit weiblicher Themen innerhalb des Komplexes des realen Lebenszusammenhangs und unterschiedlicher Vorgehensweisen weiblicher Autorinnen berücksichtigt. Auf der Grundlage dieser Diskussionen kann anschließend die strittige Frage des Verhältnisses der Texte Elfriede Jelineks zur Frauenliteratur und feministischen Literaturwissenschaft diskutiert werden.

2.1. Soziohistorische Veränderungen der Situation von Frauen - Prozeß einer Entgrenzung des 'Weiblichen'

Es gibt eine traditionelle Festlegung dessen, was als weiblich, was als männlich gilt. Diese Festlegung soll hier zunächst als 'traditionelle Geschlechtsidentität' bezeichnet werden. Karin Hausens Untersuchung *Die Polarisierung der 'Geschlechtscharaktere' - Eine Spiegelung der Dissoziation von Erwerbs- und Familienleben* diskutiert Bedeutung und Entstehung der uns 'natürlich' erscheinenden geschlechtsspezifischen Festlegungen. Sie kennzeichnet die Herausbildung von 'Geschlechtscharakteren' als Folge der Trennung von Erwerbs- und Familienleben im achtzehnten Jahrhundert. Die entstehenden unterschiedlichen Zuweisungen von Merkmalen zur Frau beziehungsweise zum Mann münden nach Karin Hausen in festgelegten angenommenen Eigentümlichkeiten, die dem jeweiligen Geschlecht als wesensmäßig zugeschrieben wurden:

Den als Kontrastprogramm konzipierten 'Geschlechtseigentümlichkeiten' zu Folge ist der Mann für den öffentlichen, die Frau für den häuslichen Bereich von der Natur prädestiniert. Bestimmung und zugleich Fähigkeiten des Mannes verweisen auf die gesellschaftliche Produktion, die der Frau auf die private Reproduktion. Als immer wiederkehrende zentrale Merkmale werden beim Manne die Aktivität und Rationalität, bei der Frau die Passivität und Emotionalität hervorgehoben, wobei sich das Begriffspaar Aktivität-Passivität vom Geschlechtsakt, Rationalität und Emotionalität vom sozialen Betätigungsfeld herleitet.[3]

Die traditionelle Geschlechtsidentität war gegründet in der zunehmenden Trennung von Haushalt und Erwerbsleben und wurde verschärft durch die fortschreitende Industrialisierung; sie ist Folge der Struktur unserer Gesellschaft. Verbunden mit der Existenz einer unterschiedlichen Geschlechtsidentität der weiblichen und der männlichen Mitglieder der Gesellschaft ist die Tatsache, daß sie eine Ungleichheit der Geschlechter spiegelt, die sich in einer Ungerechtigkeit gegenüber den weiblichen Mitgliedern unserer Gesellschaft niederschlägt. Männer und Frauen sind in der Gesellschaft nicht in gleicher Weise autonom, da Frauen traditionell auf den häuslichen Lebensbereich beschränkt sind und so nicht selbständig Geld erwerben können; nach diesem traditionellen Zuschreibungsmuster sind damit Frauen in der Verwirklichung ihres Anspruches auf Selbstbestimmung und Selbstentfaltung persönlich von Männern abhängig - so daß sie in die Situation einer auf dem Boden der Moderne produzierten Vormoderne gleichsam in ein durch die Geburt bestimmtes Ständeschicksal zurückgeworfen sind.[4]

Bereits die erste Frauenbewegung seit der 48er Bewegung des letzten Jahrhunderts[5] versuchte ansatzweise eine Auflösung der Abhängigkeitsverhältnisse, konnte sich aber, da sie selbst noch in den traditionellen Denkmustern verfangen blieb, zunächst nicht durchsetzen. Die festgemauerten traditionellen Muster konnten nicht erschüttert werden. Erst seit der Mitte dieses Jahrhunderts, mit der zweiten Frauenbewegung, hat sich eine umgreifende Veränderung eingestellt, die

---

3   Karin Hausen, "Die Polarisierung...", a.a.O., S. 367
4   Beck spricht daher von der "halbierten Moderne". Vgl. hierzu: Ulrich Beck, "Risikogesellschaft...", a.a.O., S. 178/179
5   Im Gegensatz zu der heute gern gewählten Auffassung vom Beginn der ersten Frauenbewegung mit der Gründung des "allgemeinen Frauenvereins" 1865 schließe ich mich hier der Auffassung an, die die Entstehung der ersten Frauenbewegung als aus dem politischen Protestpotential von 1848 entstanden versteht. Zum Verlauf der ersten Frauenbewegung vgl. u.a.: Ute Gerhard, "Über die Anfänge der deutschen Frauenbewegung um 1848. Frauenpresse, Frauenpolitik und Frauenvereine", in Karin Hausen (Hrsg.), Frauen suchen ihre Geschichte. Historische Sudien zum 19. und 20. Jahrhundert. München 1983, S. 196-220

dazu führte, daß, was heute als 'weiblich' bezeichnet wird, nicht mehr in den traditionellen festgefügten Grenzen gedacht wird, sondern in neuen Begrifflichkeiten, die die traditionellen Zuordnungen aufbrechen und sich gesellschaftlich in weitreichendem Maße realisieren. Die Veränderung reflektiert eine reflexiv werdende Moderne. Die Gründe für diese Veränderung werden inzwischen ausgiebig reflektiert, doch den erklärenden Diskussionen um steigende Mobilität, Bildung und Wohlstand, wie sie etwa von Ulrich Beck vorgenommen werden[6], stehen reale Verunsicherungen gegenüber, mit denen das einzelne weibliche Subjekt jetzt konfrontiert wird. Beobachten läßt sich eine fortschreitende Entgrenzung des Komplexes des realen weiblichen Lebenszusammenhanges.

Wer noch im 19. Jahrhundert sich anschickte, bestimmen zu wollen, was Aufgaben und soziale Stellung der Frau und was weiblich sei, konnte sich getrost auf traditionelle Vorstellungen berufen, die sich in festen Grenzen bewegten und deren Gültigkeit nicht angezweifelt werden brauchten. Im alltäglichen Leben galt die Frau als im innerhäuslichen Bereich wirkende, im Normalfall vom versorgenden (Ehe-)Mann Abhängige. Außerhäusliche Erwerbsarbeit, z.B. in der Fabrik, wurde als 'Unnatur' verstanden, sofern sie nicht der Hausarbeit artverwandt war, wie zum Beispiel die Arbeit in der Juteindustrie oder als Dienstmädchen oder als Bauernmagd.[7] Auf finanzielle Eigenständigkeit gerichtete außerhäusliche Erwerbsarbeit war dem Mann vorbehalten.

Die öffentlich sichtbare Arbeit des Mannes wurde als wichtigere, als versorgende, eingestuft, während die Anwesenheit der Frau im öffentlichen Bereich bagatellisiert wurde. Dem entsprach die Vorstellung von der Wichtigkeit des Mannes für die gesellschaftliche Entwicklung und im kulturellen Leben.

Auch die traditionelle Geschichtsschreibung spiegelt diese geschlechtsspezifische Trennung der Einfluß- und Lebensbereiche, wie Karin Hausen in ihrer Einleitung zu *Frauen suchen ihre Geschichte* beschreibt:

> Zwischen dem Männerbereich des Öffentlichen und dem Frauenbereich des Privaten wird eine Trennlinie angenommen, die das vermeintlich Relevante vom Nicht-Relevanten scheidet und

---

6   Ulrich Beck, "Risikogesellschaft...", a.a.O. ; sowie: Ulrich Beck/ Elisabeth Beck-Gernsheim, "Das ganz normale Chaos der Liebe", Frankfurt/Main 1990
7   Karin Hausen, Einleitung, in: dies. (Hrsg.), Frauen suchen ihre Geschichte..., a.a.O., S. 7-21; S. 15

Frauen mit ihrer typischen Lebenssituation in Haushalt und Familie aus der Geschichte ausgrenzt.[8]

Diese Vorstellung von der geringen Bedeutung der Frauen konnte sich durchsetzen, obwohl sie zuweilen in krassem Gegensatz zur Realität stand. Dem Ausschluß der Frauen aus der 'großen Geschichte' aufgrund ihrer Beschränkung auf den innerhäuslichen Lebensbereich entsprach gerade nicht ihre gesellschaftliche Bedeutungslosigkeit. Erst neuere historisch-soziologische Untersuchungen beschäftigen sich ausführlich mit dieser Diskrepanz zwischen Realität und Realitätswahrnehmung.[9]

Als Beispiel mag Sybille Meyers Untersuchung *Die mühsame Arbeit des demonstrierten Müßigganges*[10] zur sozialen Funktion der Ehefrauen von Beamten des Kaiserreiches für die öffentliche Karriere ihrer Ehegatten im ausgehenden 19. Jahrhundert angeführt werden. Hier führte die Vorstellung von der Trennung männlicher und weiblicher Funktionsbereiche zum Teil zu aberwitzigen Versuchen, der Norm von der möglichst müßigen - also erst recht nicht öffentlich erwerbstätigen - Ehefrau gerecht zu werden, um die Verleugnung des realen wirtschaftlichen Wertes der innerhäuslichen Frauenarbeit aufrecht zu erhalten. Sybille Meyer schreibt:

Der demonstrierte Müßiggang bürgerlicher Frauen war Bestandteil bürgerlicher Repräsentation und wurde durch die Vorschriften der 'guten Gesellschaft' und des 'guten Tons' festgeschrieben.[11]

Die "Gesellschaftsfähigkeit" des bürgerlichen Ehepaares entschied über das berufliche Fortkommen des Ehemannes und damit über den Status des Ehepaares. Diese Gesellschaftsfähigkeit mußte jedoch regelmäßig und allen sichtbar unter Beweis gestellt werden. Da außerhäusliche Festlichkeiten zu Repräsentationszwecken die finanziellen Mittel der meisten bürgerlichen Haushalte überstiegen, fand die Repräsentation in pseudoprivaten innerhäuslichen Festen statt. Diese äußerst kostspieligen Feste verlangten von der Hausfrau intensiven Arbeitseinsatz, Organisationsgeschick und die Fähigkeit, die Wahrheit über die zumeist recht

---

8   Dies.: ebd., S. 7
9   So thematisieren z.B. Silvia Bovenschen und Karin Hausen diese Problematik ausführlich; vgl.: Silvia Bovenschen, "Die imaginierte Weiblichkeit...", a.a.O.; und vgl.: und Karin Hausen, Einleitung, in: dies.: (Hrsg.), Frauen suchen ihre Geschichte..., a.a.O.
10 Sybille Meyer, "Die mühsame Arbeit des demonstrierten Müßiggangs...", in: Karin Hausen (Hrsg.), Frauen suchen ihre Geschichte..., a.a.O., S. 172-195
11 Dies.: ebd., S. 191

spärlichen finanziellen Mittel zu vertuschen. Die gesellschaftliche Struktur, die auf der öffentlichen Geltung des Versorgers basierte, war schließlich auf die "innerhäusliche, unbezahlte Reproduktionsarbeit der Frau" angewiesen, denn, so stellt Sybille Meyer in ihrer Untersuchung fest,

> [O]hne die tägliche Hausarbeit der bürgerlichen Hausfrauen für den Familienalltag und die Repräsentationsaufgaben wäre der Nachweis der Gesellschaftsfähigkeit und in dessen Folge ein beruflicher Aufstieg des Ehemannes und eine materielle Besserstellung der Familie nicht möglich gewesen.[12]

Die Durchsetzung der Industriegesellschaft veränderte die gesellschaftlichen Bedingungen und Normen. Sie trieb einerseits eine weitere Trennung der Funktionsbereiche für Männer und Frauen voran, andererseits jedoch stellte sie sozialen Aufstieg und Wohlstand für den Tüchtigen in Aussicht; und zunehmend gelangte das einzelne Individuum in das Blickfeld. Die erste Frauenbewegung reagierte bereits ansatzweise auf diese Veränderung, doch ihre zaghaften Versuche, Gleichheit auch für weibliche Individuen einzufordern, konnten zunächst wenig an der Beurteilung der Frauen durch die öffentliche Meinung ändern. Dies lag daran, daß es zum einen nur sehr wenigen Frauen überhaupt möglich war, sich öffentlich kritisch mit den vorherrschenden Klischees auseinanderzusetzen und ihre Kritik zu artikulieren, und es lag zum anderen daran, daß die ursprünglich recht progressive Bewegung nicht zuletzt unter dem ökonomischen und politischen Druck der Zeit bald in eine konservative Bewegung mündete, die die traditionell als weiblich betrachteten Eigenschaften des Pflegens und Hegens betonte und die Frauen erneut an den innerhäuslichen beziehungsweise pflegenden Bereich fesselte. In den zahlreichen, schon damals entstandenen wissenschaftlichen Disputationen über 'die Frau' oder 'das Weibliche' erlagen zudem viele Wissenschaftler schlechtweg den herrschenden Vorurteilen. Was als weiblich und was als männlich zu gelten hatte, blieb letztlich klar, offensichtlich und in der Bewertung eindeutig geregelt. Die traditionellen Weiblichkeitsvorstellungen wurden nicht erschüttert. Die regressive Propaganda der Nationalsozialisten tat ein übriges.[13]

---

12   Dies.: ebd., S. 191
13   Zum weiblichen Alltag, der Stellung der Frau und der Ideologie der Nationalsozialisten hinsichtlich der Frau in der Gesellschaft empfiehlt sich der Sammelband *Der alltägliche Faschismus*. Vgl.: "Der alltägliche Faschismus. Frauen im Dritten Reich" (kein Hrsg.)Berlin; Bonn: Dietz, 1981

Erst Mitte der 60er Jahre dieses Jahrhunderts, nachdem die gescheiterte erste Frauenbewegung fast in Vergessenheit geraten war, entstand eine "neue" oder "zweite" Frauenbewegung, die die traditionelle Einschätzung dessen, was 'weiblich' ist, grundsätzlich problematisierte und sie seither grundlegend verändert hat. Sie sorgte für eine Aufweichung der starren Grenzen zwischen den Geschlechtern. Diskutierbar wurden geschlechtsgebundene Funktionszuweisungen ebenso wie an die Vorstellung des Geschlechtscharakters gebundene Erwartungen.

Die neue Frauenbewegung traf zusammen mit wirtschaftlichen, politischen und sozialen Veränderungen, die die gesellschaftliche Toleranz für eine intensive öffentliche Zuwendung zu den Problemen von benachteiligten Minoritäten und zu in der Öffentlichkeit unterrepräsentierten Gruppierungen[14] förderte.

Die anfänglichen Zielvorstellungen der "neuen" Frauenbewegung waren geprägt von dem Wunsch, die quasiständische[15] Struktur der dichotomisch nach Geschlecht in Privat- und Arbeitsleben unterteilten Industriegesellschaft zu überwinden, die die Ungleichheit der Geschlechter für alle Zeiten zu verankern drohte. Es gelang zum ersten Mal einer größeren Anzahl Frauen, ihre Vorstellungen zur sozialen und wirtschaftlichen Gleichberechtigung der Geschlechter zu artikulieren, zu Gehör zu bringen und teilweise auch politisch durchzusetzen. Die feministische Bewegung etablierte Frauen als ernstzunehmende politische Gruppe, die aus der sozialen Landschaft der Bundesrepublik nicht mehr wegzudenken ist.

Die zutreffendste und umfasssendste Thematisierung der gesellschaftlichen Veränderungen in unserer (nach-)industriellen Gesellschaft besonders unter dem Gesichtspunkt der Veränderungen, die sich im privaten Lebensbereich einstellten und die für die vorliegende Arbeit relevant sind, stammt m.E. von Ulrich Beck. Die Ergebnisse seiner Untersuchung erklären, wie es zur Auflösung der festgemauerten Vorstellung über Weiblichkeit in der heutigen Zeit kommen konnte. Seine

---

14 Ich gehe nicht davon aus, daß es sich bei den Frauen um eine reale Minorität handelt, hierbei stimme ich Silvia Bovenschen zu; aber im Sinne der Fehlrepräsentation oder Unterrepräsentation ist die Assoziation mit gesellschaftlichen Minoritäten durchaus legitim. Vgl.: Silvia Bovenschen; "Die imaginierte Weiblichkeit...", a.a.O., S. 21 und S. 14

15 Unter ständischer Aufteilung der Geschlechter verstehe ich die Zuordnung der Geschlechter qua Geburt zu bestimmten, geschlechtsspezifisch verteilten gesellschaftlichen Funktionen und Normvorstellungen hinsichtlich ihres 'Wesens.'

Ausführungen in *Risikogesellschaft. Auf dem Weg in eine andere Moderne*[16] bilden den Hintergrund für die im folgenden angestellten Überlegungen zu Vorstellungen dessen, was 'weiblich' in unserer heutigen Welt bedeutet.

Bereits ein kurzer Blick in die Entwicklung des Eherechts während dieses Jahrhunderts verdeutlicht das Ausmaß der Entgrenzung, die eine Verunsicherung bewirkte in der Bestimmung, was im gesellschaftlichen Zusammenhang als 'weiblich' verstanden werden könnte. Hatte noch um 1900 die Urfassung des BGB mit dem Paragraphen 1356 darauf bestanden, daß, die (Ehe-)"Frau ... berechtigt und verpflichtet [ist], das gemeinschaftliche Hauswesen zu leiten", so überantwortet die entsprechende Stelle des Eherechtsreformgesetzes, das am 1.Juli 1977 in Kraft trat, mit der Formulierung "Die Ehegatten regeln die Haushaltsführung in gegenseitigem Einvernehmen", die Entscheidung darüber, wer welche Pflichten und Rechte in der ehelichen Gemeinschaft übernimmt, der individuellen Entscheidung des jeweiligen Paares.[17] Offensichtlich ist hier eine Verschiebung der innerhäuslichen Verantwortungsbereiche fort von festgefügten Geschlechtsrollen hin zur Toleranz gegenüber individuellen Lebensformen und -regelungen erkennbar. Die Rechtsgemeinschaft entläßt die Individuen in die Selbstverantwortung. Nicht das Geschlecht als institutionalisierte Norm, sondern die Individuen selbst, ihre Fähigkeit zur gegenseitigen Übereinkunft, regeln das Privatleben. Hier findet die Entgrenzung der Geschlechtsrollen ihren Niederschlag bereits in den Institutionen der Gesellschaft.

Aufgrund der veränderten Lebensbedingungen in der Industriegesellschaft, aufgrund der Zugänglichkeit von Bildung und Arbeitsmarkt für Frauen fußt das partnerschaftliche Zusammenleben in unseren modernen Industriegesellschaften nicht mehr auf traditionellen Versorgungsmustern; früher anscheinend verläßliche Verhaltensregeln greifen nicht mehr in einer Welt, deren Bewohner sich nicht mehr an traditionelle soziale Wertvorstellungen gebunden fühlen. Geschlechtsgebundene Rollenvorstellungen verlieren ihre gesellschaftsregelnde Funktion, stattdessen wird an den einzelnen in der Partnerschaft der Anspruch gestellt, zur Herstellung eines gegenseitigen Einvernehmens fähig zu sein.

---

16 Ulrich Beck, "Risikogesellschaft...", a.a.O. ; sowie auch: Ulrich Beck/Elisabeth Beck-Gernsheim, "Das ganz normale Chaos der Liebe", a.a.O.

17 Zitiert nach: Ulrich Beck/Elisabeth Beck-Gernsheim, "Das ganz normale Chaos der Liebe", a.a.O.

Obwohl die Entwicklung hin zu individuellen Lebensentscheidungen beide Geschlechter und damit die öffentliche und die private Sphäre betrifft, in der sie sich jeweils bewegen, fällt sie im sozialen Verhalten zunächst vor allem im privaten - traditionell weiblichen - Lebenszusammenhang auf, dort, wo eine Veränderung aktiv und oft gegen den Widerstand des sozialen Umfeldes - Familie, Freunde, Arbeitsplatz - angestrebt wird.

Die zutage tretenden Spannungen innerhalb privater Zusammenhänge, der sogenannte 'Kampf der Geschlechter', manifestiert sich hier, im nur scheinbar außergesellschaftlichen emotionalen Freiraum der Familie. Obwohl die Familie nur einen Bruchteil der Gesellschaft umfaßt, ist gerade hier der Umbruch der Industriegesellschaft in eine hochmoderne Gesellschaft an seinen Folgen in vollem Umfang beobachtbar; hier ist die Veränderung in vollem Gange, und hier sind die traditionellen Werte dem realen Lebenshintergrund und den Erwartungen der Partner unangemessen. Obwohl die alten Versorgungsmuster und Leitbilder nicht mehr greifen, wird an das familiäre Leben weiterhin der Anspruch gestellt, die emotionalen Bereiche abzudecken, für die es traditionell zuständig ist.

Das zugrundeliegende Problem ist eine Folge der Modernisierung der Gesellschaft. Die Veränderungen, die die Industrialisierung und Individualisierung brachten, erlaubten den Männern die Entwicklung zum individuellen und selbstbestimmten Staatsbürger, schloß (und schließt) Frauen zugleich jedoch - als unzeitgemäß Dienende - aus dieser Entwicklung aus. Der moderne Mensch, der sich aus den Zwängen der Standesbestimmtheit befreien konnte, war (und ist) der moderne Mann. Die Frauen finden sich inmitten des immer noch stattfindenden rapiden sozialen Wandels der männlichen Welt weiterhin auf den privaten familiären Bereich durch veraltete Traditionen festgeschrieben, die jedoch zunehmend an Wert verlieren.

Die in der Gesellschaft, im öffentlichen Leben wichtigen Kriterien "individuelle Konkurrenz und Mobilität", unerläßlich für den Produktionsbereich und für das Erreichen des Selbstwertgefühls des Individuums dieser Gesellschaft, "treffen in der Familie auf [eine] Gegenforderung: Aufopferung für den anderen, Aufgehen in dem kollektiven Gemeinschaftsprojekt der Familie."[18] 'Die Familienlage', in die die Frauen durch ihr Geschlecht und nicht zuletzt der Kinder

---

18 Ulrich Beck, "Risikogesellschaft...", a.a.O., S. 178

wegen eingebunden sind, sorgt dafür, daß Frauen durch ihre familiäre Bindung weiterhin von der Möglichkeit zur Selbstbestimmung ausgeschlossen bleiben. Frauen konnten bisher trotz ihres insgesamt gestiegenen Bildungsniveaus und trotz der Anstrengungen der zweiten Frauenbewegung keinen dauerhaften gleichberechtigten Platz in der Öffentlichkeit einnehmen. Sie wurden und werden aus den Beschäftigungsverhältnissen in die Privatheit ihrer Familien gedrängt.[19]

Angesichts der gesellschaftlichen Veränderungen greifen die angestammten sozialen Muster nicht mehr. Der Beitrag der Frauen zum Sozialleben ist unerläßlich, erfuhr jedoch bis in die jüngste Vergangenheit keine entsprechende Aufwertung. Aufgewertet wurde hingegen die öffentlich nachprüfbare Leistung, die zur Selbstbestimmung befähigte - die des Mannes. Während den Männern mehr und mehr Flexibilität abverlangt wird, sich ihr Bewegungsrahmen zunehmend auf die gesamte Welt richtet, versuchen Frauen seit dem Beginn der zweiten Frauenbewegung, an der Entwicklung des modernen Menschen nicht mehr reproduktiv, im gesellschaftlichen Nebenbereich des Privaten, sondern als Teil des öffentlichen - für die Konstitution des modernen Subjekts, das sich über seinen ökonomischen Erfolg definiert und Unabhängigkeit erlangt, prestigeträchtigeren - Produktionsbereichs teilzuhaben. Zunehmend erstreben sie nicht mehr, ernährt zu werden, indem sie ihr Leben reproduktiv in den Privatbereich des Haushaltes zurückgezogen verbringen. Auch bietet ein solches Ziel in wachsendem Ausmaß keine realistische, vernünftige Möglichkeit der Lebensplanung mehr. Angesichts steigender Scheidungsziffern, die besonders Frauen in die 'neue Armut' treiben und angesichts zunehmender 'Unversorgtheit' der potentiellen Ehemänner durch strukturelle Arbeitslosigkeit bietet die Ehe letztlich keine finanzielle Sicherheit als Zukunftsperspektive junger Frauen. Geprägt vom Wunsch nach gesellschaftlicher Anerkennung, nach einer Ausdehnung ihres Aktionsradius' und ihrer Einflußmöglichkeiten über die Privatsphäre hinaus, wagen Frauen zunehmend den Schritt in die wirtschaftliche Unabhängigkeit.[20] Dies bedeutet eine reale Entgrenzung ihres traditionellen Lebensbereiches. Sie bewegen sich - im Idealfall

---

19　Vgl.: Ulrich Beck, "Risikogesellschaft...", a.a.O., S. 168
20　Zu den hier geschilderten Überlegungen vergleiche: Ulrich Beck/Elisabeth Beck-Gernsheim, "Das ganz normale Chaos der Liebe" a.a.O.

der Emanzipation - wie die Männer auch, in öffentlichen *und* privaten Lebensbereichen.

Dennoch, die Familie dominiert weiter ihre Lebenslage. Geschlossen werden Ehen, will man Ulrich Beck folgen, vor allem als Folge der "Idealisierung des modernen Liebesideals", das sich in der Umkehrung als Angst vor der Einsamkeit entpuppt. Was Gott nicht mehr, die Klasse nicht, die Anderen nicht und auch die neugewonnenen Freiheiten nicht bieten können, den Bezug auf ein Du, das immer da ist - die gesellschaftliche Institution Ehe, vor allem auch in Bezug auf die Kinder, verspricht es: ein Du, das immer da ist, auf das sich alle Glückserwartungen ausrichten lassen. Diese immer noch gültige Vorstellung der Ehe verschleiert für die Betroffenen jedoch den Blick auf die reale soziale Benachteiligung der Frauen. "Die[...] ständischen 'Geschlechtsschicksale' werden gemildert, aufgehoben, verschärft und verschleiert durch die (den Partnern) aufgegebene Liebe."[21]

Die Institution Ehe soll, obwohl sich ihre traditionellen Festschreibungen verändert haben, die emotionalen Bedürfnisse befriedigen. Sie ist davon überfordert, hier brechen dann die Konflikte der in sich halbierten modernen Gesellschaft auf. Der Grabenkampf der Geschlechter entpuppt sich als verlängerter Kampf um Individualität und Anerkennung in einer modernen Gesellschaft, die einer Hälfte der Gesellschaft diese Individualität verweigert. Die Frau in der Familie unterliegt einer "ständischen" Rollenzuweisung, die unzeitgemäß ist, oder sie löst sie auf, wenn sie Anspruch auf ihre Individualität erhebt.[22] Letztlich bietet den Frauen selbst der Rückzug in innerfamiliäre Lebensbereiche keine Gewißheit mehr, sich hier auf 'festem weiblichem Boden' zu bewegen.

Die neue Frauenbewegung spiegelt diese gesellschaftliche Entwicklung, nimmt punktuell Entwicklungsschritte auf und versucht, Einfluß zu nehmen. Im Anfangsstadium der Frauenbewegung begann eine massive 'Enttraditionalisierung' des Begriffs 'weiblich', der schon bald Ansätze einer realen Befreiung aus den

---

21 Ulrich Beck, "Risikogesellschaft...", S, 178
22 Vgl. Ulrich Beck, "Risikogesellschaft...", a.a.O., S. 169

traditionellen Rollen folgten, deren Ende und Folgen jetzt, dreißig Jahre nach ihrem Beginn, immer noch nicht in ihrem vollen Ausmaß absehbar sind.

An die Stelle der aufgegebenen Sicherheit traditioneller Vorstellungen traten im Verlauf der Zeit verschiedene Vorschläge zur Neudefinition 'des Weiblichen', die jedoch niemals das gleiche Maß an Verbindlichkeit erreichten wie die aufgegebene tradierte Definition. Offensichtlich war lediglich, daß traditionelle Begriffsbestimmungen für 'die Frau' oder 'das Weibliche' nicht mehr mit den gesellschaftlichen Veränderungen übereinstimmten.

Die anfänglichen, eher unbeholfen erscheinenden Beschreibungen weiblicher Alltagserfahrungen und die erregten Proteste gegen gesellschaftliche und kulturelle Diskrimierungen von Frauen, die die Auseinandersetzung mit den traditionellen Weiblichkeitsvorstellungen einleiteten, führten anfangs dazu, daß Frauen versuchten, sich gegen die patriarchale Unterdrückung ihrer produktiven und potentiell öffentlich wirksamen Kräfte, gegen die künstliche Aufrechterhaltung der traditionellen Bindung an den innerhäuslichen beziehungsweise traditionell weiblichen Wirkungsbereich aktiv zur Wehr zu setzen, indem sie ihre gleiche Befähigung mit dem Mann betonten, die gesellschaftlich etablierten Unterschiede als Folge historisch-kultureller Unterdrückung erkennbar machten und nach Machtteilhabe in Wirtschaft und Politik strebten.[23]

Gleichzeitig zeigten sich jedoch die Schwächen der ehemals männlichen Leistungswelt immer eindringlicher. Bei genauerem Hinsehen erscheint zum Beispiel der persönliche Preis (etwa Entfremdung, Aufgabe ehemaliger emotionaler Sicherheiten) für den Erfolg in der Leistungsgesellschaft zu hoch. Im Verlauf der feministischen Diskussionen wich deshalb die Forderung nach Machtteilhabe zunehmend der Forderung nach einer Veränderung der patriarchalen Leistungsgesellschaft durch eine stärkere Einflußnahme der Frauen beziehungsweise durch Einbringen weiblicher Lebens- und Denkmuster in die Gesellschaft.

Die Suche nach weiblichen Traditionen und Lebensmustern, die entweder eine Identifikation ermöglichen sollten oder zumindest eine klare Abgrenzungsmöglichkeit von männlicher Tradition bieten sollten, setzte ein. Diese Suche nach weiblichen Vorbildern und Traditionen wurde von den verschiedensten gesell-

---

23   Vgl. hierzu: Herrad Schenk, "Die feministische Herausforderung. 150 Jahre Frauenbewegung in Deutschland." München 1980, S. 204

schaftlichen Bereichen und akademischen Forschungsrichtungen aufgegriffen.[24] Sie führte zu einer Vielfalt der Vorstellungen dessen, was Weiblichkeit im Unterschied zu Männlichkeit ist. Sie führte gleichzeitig jedoch auch zu einer Aufwertung des als spezifisch weiblich Vorgestellten.

Im Zentrum heutiger Diskussionen steht deshalb oft nicht mehr das Streben nach gleichberechtigter wirtschaftlicher Autonomie der Frauen oder das Streben nach sozialer Gleichheit, nicht mehr die Insistenz auf Gleichartigkeit der Geschlechter, sondern die Frage nach der Gleichwertigkeit der verschiedenen ehemals streng geschlechtsgebundenen und hierarchisch getrennten Lebensbereiche. Beabsichtigt wird, daß die einzelne Frau ein neues Selbst-Bewußtsein aus sich selbst, aus weiblichen Mustern und Vorgaben entwickeln und aufrechterhalten kann.

Diese neue, positiv besetzte weibliche Identität jedoch soll in der sozialen Umsetzung den bisher männlich besetzten, als unbefriedigend empfundenen öffentlichen Lebensbereich positiv beeinflussen. Darin liegt jedoch eine Gefahr. Sie besteht darin, daß die Frau als 'schlichtendes Vakuum' mißbraucht wird.

Das in unterschiedlichen feministischen Ansätzen beobachtbare erneute 'Festschreiben des Weiblichen' ist problematisch. Indem versucht wird, vereinzelte Erkenntnisse in Systematisierungen umzusetzen, entsteht die Gefahr, teilzuhaben an einer erneuten einschränkenden Traditionalisierung eines Begriffes, der soeben erst den Zwängen kultureller und sozialer Traditionalisierung entkommen zu sein schien.

Als Folge solcher Festschreibungen wird die Frau nicht nur als 'anderes' Geschlecht bezeichnet, sondern als das moralischere Geschlecht, mitunter als archaische Urmutter, glorifiziert. Ihre Biologie ist wieder ihr soziales Schicksal und verweist sie, nun aufgrund ihrer positiven biologisch determinierten Qualitäten, erneut in das gesellschaftliche - arbeitsmarktliche - Abseits. Die Frau soll sich in dieser Einschränkung als positiv definiert empfinden, dabei werden jedoch die sozialen Konsequenzen dieser zu einfachen Lösung übersehen.

Selbst wenn bestimmte, während der letzten Jahrhunderte herausgebildete weibliche Charakteristiken sich vorteilhaft herausgebildet haben sollten, müßte ein Mittel gefunden werden, das diese Vorteile positiv für die Gesellschaft durchsetzen

---

24 Vgl. hierzu: Herrad Schenk, "Die feministische Herausforderung,...", a.a.O., S. 200ff

kann. Kann Literatur, Kommunikation, hierbei eine Rolle spielen? Wenn ja, wie muß diese beschaffen sein?

Übersehen wird auch, daß dieses scheinbare biologische Schicksal Folge historischer Entwicklungen ist, daß sich in unserer Gesellschaft ein soziales Geschlecht 'weiblich' entwickelt hat, ebenso wie die Tatsache, daß selbst die oft gepriesene "andere" Körpererfahrung etwas sein könnte, das ebenso sozial determiniert sein könnte, Folge einer Identitätsentwicklung, die zu unterschiedlichen Zeiten unterschiedliche Ausformungen annimmt, entsprechend der gesellschaftlichen Ordnung der jeweiligen Gesellschaft, in die die Frau hineingeboren wird.

Dabei stützen sich die Frauen, die Weiblichkeit neu definieren und aufwerten ebenso wie die Frauen, die eine Gleichberechtigung auf dem Arbeitsmarkt anstreben, auf soziologische, biologische und psychologische Studien. Damit haben die Frauen die Frauenfrage in die Wissenschaften getragen, zu einer Zeit, in der sich jedoch die Kritiken an den Lösungsmöglichkeiten der drängenden Probleme unserer Zeit durch die Wissenschaften verschärfen.[25] Die unterschiedlichen Positionen in der Diskussion zur 'Frauenfrage', einerseits das Streben vor allem nach beruflicher Gleichberechtigung und andererseits das Hervorheben eines besseren Weiblichen, das aus dem traditionell weiblichen Lebensbereich in die Öffentlichkeit getragen werden soll, kennzeichnen bisher allenfalls zwei verschiedene Pole derselben Ratlosigkeit. Doch darf deshalb die Bedeutung der Lösung dieser Fragen für die zukünftige Entwicklung unserer modernen (nach-) industriellen Gesellschaft nicht unterschätzt werden. Um sich über das Ausmaß der gesellschaftlichen Veränderungen in der zweiten Hälfte dieses Jahrhunderts Klarheit zu verschaffen, ist es unumgänglich, zu versuchen, die Entwicklung der Frauenfrage in ihrem gesellschaftlichen Zusammenhang zu sehen. An ihr manifestiert sich nämlich die gesellschaftliche Veränderung am augenscheinlichsten.

Beim Versuch der zum Beweis der Geschlechter-Gleichheit herangezogenen unterschiedlichen wissenschaftlichen Disziplinen, Weiblichkeit zu definieren, geriet die ursprünglich politische Intention zugunsten sich ständig stärker verzweigender fachwissenschaftlicher Detailfragen aus dem Blickfeld. Die Frage nach der sozialen und historischen Entwicklung der Stellung der Frau muß jedoch bei allen

---

25 Vgl. hierzu: Ulrich Beck, "Risikogesellschaft...", a.a.O., insbesondere das Kapitel 7, S.254-299

Diskussionen zum Wesen 'des Weiblichen' präsent sein, wenn die traditionelle Verbindung von Anatomie und sozialem Schicksal der Frau aufgebrochen werden soll, die ja gerade eine Diskussion verschiedener Möglichkeiten verhindert.

Deshalb wurde die Frage nach 'dem Weiblichen', der sich diese Arbeit aussetzt, zunächst vor allem vor dem Hintergrund der gesellschaftlich-ökonomisch-historischen Trennung der Geschlechter betrachtet.

Die Frauen wollen Gleichberechtigung in einer Welt, die von Männern geprägt ist, bei gleichzeitigem Wunsch, die Welt zu verändern. Dann müßten Männer, auf lange Sicht, bei gleichzeitiger öffentlicher Arbeit von Frauen, bereit sein, mehr Zeit im Privatbereich zuzubringen und bereit sein, 'Weibliches' als soziales, nicht biologisch gebundenes, Gut zu verstehen. 'Das Weibliche' darf nicht als biologisch geschlechtsspezifisch verstanden werden, sondern die hier angesiedelten Vorstellungen sollten als das verstanden werden, was sie -- vielleicht -- sind: als notwendiges soziales Korrektiv - das nicht geschlechtsgebunden sein muß. Die Chance zur Veränderung der Gesellschaft liegt dann in der Auflösung der Geschlechtsbindung von Eigenschaften, die Allgemeingut sein sollten. Damit sie das werden können, müßte aber die Trennung der Funktionsbereiche aufgehoben werden.

2.2. Ansätze feministischer Literaturtheorien - Vorüberlegungen

In den modernen Industriegesellschaften Zentraleuropas und Nordamerikas entwickelte sich, angeregt durch die gesellschaftlichen Veränderungen der Zeit, mit den diversen Protestbewegungen seit Beginn der 60er Jahre ein zunehmendes Bedürfnis von Frauen, in Geschichts- und Traditionsbildung eingebunden zu sein. Der bisherige Ausschluß von Frauen aus dem öffentlichen Leben, die in den Medien vorherrschenden Weiblichkeitsmythen, die, anstatt Klarheit zu schaffen, den Blick für eine Betrachtung der realen Situation von Frauen eher verschleierten, regten Feministinnen zu einer Suche nach Spuren weiblicher Realität in Kultur und Geschichte an. Historikerinnen, Sozialwissenschaftlerinnen, Psychologinnen, aber zunehmend auch Literaturwissenschaftlerinnen wandten sich interessiert der Problematik zu.

Auch die Literatur zeitgenössischer Autorinnen, die sich zum weiblichen Alltag äußerte, spiegelt die gesellschaftliche Bedeutung dieser Entwicklung. Der Erfolg von Veröffentlichungsreihen namhafter Verlage zu diesem Themenkomplex spricht für sich[26]. In dieser neu entstehenden Frauenliteratur war ein verändertes neues weibliches Selbst-Bewußtsein erkennbar[27]. Bei gleichzeitiger kritischer Auseinandersetzung der neuen feministischen Literaturwissenschaft mit den tradierten historischen und literarischen Quellen und Texten schien die neu entstehende Frauenliteratur der siebziger und achtziger Jahre zunächst eine zusätzliche Möglichkeit zu bieten, der Lösung der Frage dessen, was weiblich sei, näher zu kommen.

Allerdings werden die Schwierigkeiten, die Existenz eines positiv zu benennenden eigentümlich Weiblichen aus der Literatur unter Hinzuziehung der unterschiedlichen Herangehensweisen der mit der soziologischen, psychischen oder historischen Realität beschäftigten Wissenschaften in dieser Zeit allgemeinen Aufbruchs nachzuweisen, sehr bald offenbar. Der oder die Untersuchende trifft innerhalb seiner/ihrer jeweiligen wissenschaftlichen Disziplin letztlich notwendigerweise auf die komplexe Pluralität unserer individualisierten modernen Lebenszusammenhänge. Während sich die verschiedenen wissenschaftlichen Disziplinen mit den neuen literarischen Texten von oder über Frauen und mit den bisherigen Erkenntnissen über 'das Weibliche' auseinandersetzten und versuchten, aus ihren jeweils verschiedenen Ansätzen heraus den Begriff 'weiblich' auf einen einheitlichen Nenner zu bringen, entzog sich dieser Begriff zunehmend einer eindeutigen Bestimmung. Er relativierte sich zunehmend bei dem Blick auf die Vielzahl der verschiedenen Gesellschafts- und Denkmodelle. Und was als 'weiblich' gilt, erscheint schließlich abhängig von dem, wie wir unsere Welt verstehen.

Der Bezug auf die Wirklichkeit ist jedoch gerade für feministische Ansätze in den Wissenschaften von grundlegender Bedeutung. Da aus feministischer Sicht ein als unbefriedigend empfundener realer Zustand weiblicher Unterdrückung, der

---

26 Luzia Vorspels Analyse der rororo-Reihe *die neue frau* bietet einen umfassenden und detaillierten Einblick in die Entwicklung und Thematik dieser "neuen Frauenliteratur". Vgl. hierzu: Luzia Vorspel, "Was ist neu an der *neuen frau?*...", a.a.O.

27 Auf diesen Fragenkomplex werde ich an späterer Stelle erneut zu sprechen kommen. Eine gute Einsicht in den Themenkomplex, der das neue weibliche Selbst-Beweußtsein spiegelt, leistet jedoch Luzia Vorspels Untersuchung: Luzia Vorspel, "Was ist neu an der *neuen frau?*...", a.a.O., S. 14ff

berufliche Benachteiligung, kulturelle Marginalisierung und stereotype literarische Repräsentation bedeutet, verändert werden soll, sind sowohl Anlaß als auch Ziel feministischer Bemühungen letztlich im Bereich sozialer Wirklichkeit anzusiedeln. Voraussetzung für diese Veränderung ist jedoch nicht zuletzt die Auseinandersetzung mit der Frage, welche Vorstellung von Weiblichkeit die Unterdrückung des Weiblichen begünstigt beziehungsweise mitbestimmt haben und wie sich diese Vorstellungen und Repräsentationsformen zur Wirklichkeit verhalten. Hier setzt feministische Literaturwissenschaft an. Sie kann sich nicht auf einen rein ästhetischen Standpunkt zurückziehen. Wird bedacht, mit welcher Intensität Vorstellungen von Weiblichkeit in der literarischen Repräsentation vorkommen und wie diese literarischen Weiblichkeitsvorstellungen das reale Erleben und Handeln prägen und somit die Realität beeinflussen[28], so kann die Bedeutung des Realitätsbezuges der feministischen Literaturwissenschaft, die sich mit diesen Vorstellungen auseinandersetzt, nicht unterschätzt werden.

Zugleich darf diese Auseinandersetzung mit der weiblichen Wirklichkeit jedoch nicht der Versuchung erliegen, selbstgefällig auf 'die Anderen', die Männer, zu zeigen, wenn es um Schuldzuweisungen geht. Es muß auch die Frage nach der weiblichen 'Selbst-Beteiligung' an der literarisch-kulturellen Verbreitung patriarchal-stereotyper Weiblichkeitsvorstellungen zugelassen werden, wie sie etwa von Gilbert und Gubar gestellt wird.[29]

Die feministische Literaturwissenschaft muß schließlich, will sie konsequent sein, ihre Ziele und ihr Vorgehen kritisch hinterfragen. Die Suche nach 'dem Weiblichen' in der Literatur sollte, wie Margret Brügmann dies ausdrückt, die Möglichkeit einschließen, zu erkennen, daß eventuell durch die Texte selbst die Chance geboten wird, "die durch den Feminismus geschärften, kritischen Wahrnehmungen gesellschaftlicher und ästhetischer Traditionen selbst einer kritischen Reflexion" unterziehen zu können.[30]

---

28 Die m.E. immer noch beste Untersuchung zu diesem Thema bildet Silvia Bovenschens "Die imaginierte Weiblichkeit." Vgl. Silvia Bovenschen, "Die imaginierte Weiblichkeit...", a.a.O.
29 Vgl.: Sandra Gilbert und Susan Gubar, "The Madwoman in the Attic", New Haven & London 1979
30 Margret Brügmann, "Amazonen ...", a.a.O., S. 26

1969 erschien **Kate Milletts** engagierte feministische Untersuchung *Sexual Politics*, eine couragierte Analyse der Darstellung weiblicher Sexualität im Werk D.H. Laurences, Henry Millers, Norman Mailers und Jean Genets[31]. Die feministische Perspektive dieser Arbeit wurde wegweisend für die frühe feministische Literaturwissenschaft. Diese frühe Phase feministischer Auseinandersetzung mit Literatur erfolgte zunächst überwiegend auf inhaltlicher Ebene, wobei das vorrangige Interesse dem dargebotenen Frauenbild in seinem Widerspruch zum 'wirklichen' weiblichen Lebenszusammenhang galt. Das kritische Interesse richtete sich auf die Präsentation weiblicher Charaktere und weiblicher Erfahrungen im - patriarchisch ausgerichteten - traditionellen Literaturkanon. Die Diskussionen kreisen um die Feststellung der gesellschaftspolitischen Relevanz der ideologischen Weiblichkeits- beziehungsweise Frauendarstellung und implizierte die Forderung nach einer sozio-historisch angemesseneren Darstellung des Weiblichen, wobei das Interesse der Forschenden sich zunehmend auf eine eigene weibliche - oder vielmehr: feministische - Traditionsforschung und -bildung richtete.

Im Verlauf feministischer Diskussionen um Bedeutung und Erscheinungsweise von Weiblichkeit in der Literatur bildeten sich unterschiedliche Fragenkomplexe heraus, die eine Spaltung der feministischen Literaturwissenschaft in divergente Bereiche bewirkten. Gefragt wird inzwischen weniger nach dem von einem Autor oder - später - von der Autorin vermittelten Weiblichkeitskonzept und dessen Verhältnis zu realen sozio-historischen weiblichen Lebenszusammenhängen, sondern mehr und mehr nach der Art der Präsentation beziehungsweise Repräsentation von Weiblichkeit und weiblicher Realität innerhalb des Textes und schließlich nach Kriterien zur Bestimmung einer eigenen, spezifisch weiblichen, Ästhetik. Die unterschiedlichen Fragestellungen mündeten in zwei grundsätzlich verschiedene Ansätze feministischer Literaturtheorie. In Übereinstimmung mit **Elaine Showalter**, einer der führenden feministischen Literaturwissenschaftlerinnen der Vereinigten Staaten von Amerika, sollen sie im folgenden als "Feminist Critique" beziehungsweise "Gynocritics" bezeichnet werden.[32]

---

31 Kate Millett: "Sexual Politics". Boston 1969
32 Vgl. hierzu: Elaine Showalter, "Feminist Criticism in the Wilderness", in: dies.(Hrsg.), The New Feminist Criticism, Essays on Women, Literature and Theory. London 1889

Obwohl besonders in neuerer Zeit zu beobachten ist, daß die Grenzen zwischen den beiden Richtungen stufenweise überschritten werden und - angesichts der Schwierigkeiten, denen die AnhängerInnen der isolierten Forschungsbereiche begegnen - wohl auch überschritten werden müssen, ist im Rahmen dieser Arbeit zunächst trotzdem ein vorläufiges Festhalten an dieser groben Einteilung geboten, um eine klare Darstellung der bisherigen Entwicklung feministischer Literaturwissenschaft bieten zu können. Da jeder der beiden Bereiche stark mit dem Ursprungsland seiner führenden VertreterInnen assoziiert wird, kann von einer amerikanischen und einer französischen Richtung feministischer literaturwissenschaftlicher Kritik gesprochen werden.[33]

Im folgenden sollen nun erst die früher enstandenen amerikanischen und anschließend die neueren französischen feministischen Ansätze in der Literaturwissenschaft kritisch betrachtet werden. Im Anschluß daran gilt das Interesse der Herausbildung feministischer Ansätze der Germanistik in Deutschland. Zwar kam es hier bisher nicht zu einer ebenso signifikanten Herausbildung einer eigenständigen Theorie, es wird jedoch ein zunehmendes Interesse feministischer LiteraturwissenschaftlerInnen auch in Frankreich und den Vereinigten Staaten an der spezifischen Ausrichtung einiger der deutschen Abhandlungen erkennbar. Obwohl es verfrüht erscheint, parallel zur Amerikanischen und Französischen von einer eigenständigen 'Deutschen Feministischen Literaturwissenschaft' beziehungsweise 'Feministischen Germanistik' zu sprechen, wie Weigel und Stefan dies zum Beispiel in ihrem Werk *Die verborgene Frau*[34] tun, wird dennoch klar, daß hier einige von beiden Hauptrichtungen abweichende, eventuell weiterführende Denkanstöße entstanden sind beziehungsweise zu erwarten sind.

2.2.1. 'Feminist Critique' und Ansätze der 'Gynocritics' - 'Feminist Literary Criticism' in Nordamerika

"Women's Studies" und "Feminist Literary Criticism" haben sich seit ihrem Entstehen in den 70er Jahren im Curriculum der amerikanischen Universitäten

---

Im Verlaufe meiner Arbeit benutze ich des öfteren die gängige deutsche Übersetzung des Begriffes "Gynocritics": "Gynozentrische Literaturkritik".
33 Dies entspricht der inzwischen üblichen Einteilung.
34 Stephan, Inge / Sigrid Weigel, "Die verborgene Frau. Sechs Beiträge zu einer feministischen Literaturwissenschaft." Hamburg/Berlin 1988[3]

etabliert. Beide Forschungsgebiete entstammen der frühen Frauenbewegung und sind eng miteinander verknüpft. Während Erkenntnisse aus den historischen und soziologischen Forschungen der "Women's Studies" vor allem eine Spezifizierung der Fragestellungen der "Feminist Literary Criticism" ermöglichten, sind soziohistorische und kulturelle Data aus den vielen Einzeluntersuchungen zum bisher erarbeiteten Textkorpus der feministischen Literaturwissenschaft von nicht geringem Interesse für die "Women's Studies." Seit dem Entstehen beider Forschungsbereiche haben sich jedoch Differenzierungen in der feministischen Literaturwissenschaft ergeben, die auf eine stärkere Konzentration innerliterarischer Themen hinweisen und die enge Verbindung beider Bereiche allmählich aufbrechen.

An der Arbeit Kate Milletts orientiert entstand "Feminist Literary Criticism" zunächst als "Feminist Critique." Die zu diesem Forschungsbereich zählenden Studien politisierten männliche Weiblichkeitsvorstellungen in der Literatur, indem sie sie als Ausdruck frauenfeindlicher Ideologie der Verfasser entlarvten. Es galt, die Manifestationen der aus dem sozio-kulturellen Diskurs der "Women's Studies" bekannten Formen und Inhalte der Diskriminierung und Unterdrückung von Frauen in der patriarchisch geprägten literarischen Repräsentation von Weiblichkeit im traditionellen Literaturkanon nachzuweisen. In ihrem Essay *The Feminist Critical Revolution*[35], der eine Retrospektive bisheriger Entwicklungsphasen der amerikanischen feministischen Literaturwissenschaft bietet, beschreibt Elaine Showalter die Anfänge der feministischen Literaturkritik in den U.S.A. zusammenfassend:

In its earliest Years, feminist criticism concentrated on exposing the misogyny of literary practice: the stereotyped images of women in literature as angels or monsters, the literary abuse or textual harassment of women in classic and popular male literature, and the exclusion of women from literary history.((3) The term 'textual harassment' is from Mary Jacobus, 'Is There a Woman in This Text?' *New Literary History* 14 (Fall 1982): 117-41.) Feminist critics reinforced the importance of their enterprise by emphasizing the connections between the literary and the social mistreatment of women, in pornography, say, or rape.[36]

Grundlegend war die Annahme, dem die Gesellschaft dominierenden patriarchalischen Wert- und Denksystem entspreche in der Literatur eine von

---

35 Elaine Showalter, Introduction: "The Feminist Critical Revolution", in: dies. (Ed.): The New Feminist Criticism. a.a.O, S. 3-62.
36 Elaine Showalter, Introduction ..., a.a.O., S. 5

patriarchalischer Ideologie geprägte Weiblichkeitsdarstellung, die - gewollt oder ungewollt - zur Perpetuierung des patriarchischen Systems beitrage. Aufgabe der feministischen Kritik sei es, die Manifestationen der Unterdrückung des Weiblichen im Text aufzudecken, indem der Standpunkt der Unterdrückten - verkörpert in der Leserin - dem Standpunkt der Unterdrücker - verkörpert im Verfasser - entgegengesetzt werde. Den methodologischen Dreh- und Angelpunkt in dieser frühen feministischen Literaturwissenschaft bildete die feministische Perspektive der Leserin. Die Wirkungsabsicht reicht über die bloße literaturgeschichtliche Auseinandersetzung mit dem Textkorpus hinaus und zielt auf eine Veränderung des Selbst-Bewußtseins der Leserin. Indem danach gefragt wird, wie Frauen sich im Text beziehungsweise im literaturwissenschaftlichen Kanon repräsentiert finden, soll eine von der im Text dargebotenen patriarchalischen Sprach- und Bildwelt kritisch distanzierte neue, weibliche Perspektive und Selbsteinschätzung erarbeitet werden, die die erhoffte Veränderung weiblicher sozialer Realität vorantreiben könnte.[37]

Mit dem neuen Selbstbewußtsein stellte sich das Bedürfnis ein, sich nicht nur mit dem Fehlen weiblicher Autorinnen im literarischen Kanon auseinanderzusetzen, sondern nach einer eigenen literarischen Tradition zu fragen, nach dem ideologischen Gehalt von Texten der wenigen im Kanon vertretenen Autorinnen. Angesichts des per Geschlecht geregelten Lebensalltags von Frauen, angesichts ihres Ausschlusses aus großen Bereichen des öffentlich-kulturellen Lebens und angesichts des Ausschlusses aus öffentlichen Entscheidungen bot sich diese Frage nach einer im Verlaufe der Zeit herausgebildeten spezifisch weiblichen Kultur mit entsprechend spezifisch weiblichen Inhalten und Ausdrucksformen an.[38] Zu den Untersuchungen männlicher Frauenbilder gesellten sich sukzessive Arbeiten, die versuchten, weiblichen literarischen Ursprüngen nachzugehen, um positive, möglicherweise identifikations- und traditionsbildende Weiblichkeitsvorstellungen beziehungsweise Frauenbilder zu eruieren. Das erklärte Ziel dieses Ansatzes war es zunächst, den Absolutheitsanspruch des traditionellen Literaturkanons zu durchbrechen, der Autorinnen im besten Falle unter Verweis auf ihre qualitativ

---

37   Elaine Showalter, "Feminist Criticism in the Wilderness," a.a.O., S. 245
38   Zur Logik der Existenz einer eigenen weiblichen Ästhetik/Kultur vgl.: Hiltrud Gnüg, "Gibt es eine weibliche Ästhetik?" In: Kürbiskern 1 (1978), S. 131-140

minderwertige Thematik marginalisierte[39] und den tradierten Literaturkanon um eine eigene, weibliche, Literaturtradition zu erweitern, beziehungsweise einen eigenständigen Literaturkanon - Frauenliteraturgeschichte und -wissenschaft - zu entwickeln. Elaine Showalter bezeichnet diese zweite Phase feministischer Literaturkritik, die Auseinandersetzung von feministischen Literaturkritikerinnen mit der weiblichen Literaturtradition, als Beginn der "Gynocritics". Ihr Buch *A Literature of Their Own* und Ellen Moers' *Literary Women*[40] bildeten grundlegende Versuche, einen solchen eigenständigen feministischen Literaturkanon zu etablieren. Ihre Beiträge setzen sich mit der Präsentation weiblicher Charaktere beziehungsweise spezifisch weiblicher Erfahrungsbereiche auseinander. Die Erweiterung des traditionellen Literaturkanons um die bisher ausgeschlossenen weiblichen Bestandteile der Kultur in den Texten weiblicher Verfasser, so die Annahme der WissenschaftlerInnen, biete eine vollständigere Vorstellung unserer Kultur, wie sie wirklich sei. Indem die Perspektive der Betrachtenden nicht durch die ausschließlich männlichen Vorgaben des traditionellen Kanons limitiert wird,

---

39 Vgl. hierzu die ausführliche Darstellung Nina Bayms. Nina Baym, "Melodramas of Beset Manhood. How Theories of American Fiction Exclude Women Authors", in: Elaine Showalter (Hg.) The New Feminist Criticism, a.a.O., S. 63-80, insb. die Seiten 64-69. Nina Bayms Ausführungen lassen erkennen, daß das Weibliche innerhalb der Literatur als durch Schöpfung Entstandenes gedacht wird, nicht jedoch als selbst aktiv Kreatives vorgestellt wird. Analog zu diesen inhaltlichen Feststellungen wird der Akt kreatürlichen Schöpfens in der traditionellen Literaturtheorie - nicht nur Nordamerikas - übertragen auf den schöpferischen Akt des die Kultur Schreibens, zu dem der Mann befähigt ist, nicht jedoch die Frau. Der schreibende Mann schafft den Mythos, die Frau verkörpert ihn. Der männliche Mythos wird als Ausdruck der persönlichen Differenz, als Frustration mit dem gesellschaftlichen Konsens verstanden; weibliche Frustrationen mit diesem Konsens können nicht als kulturelle Differenz gelesen werden. Die schreibende Frau disqualifiziert sich unvermeidbar, da sie aus der Perspektive des Mannes ihrer natürlichen sozialen Funktion zuwiderhandelt. Die weibliche Version des(-selben) Mythos, selbst wenn die Frau ihn als Autorin beschreibt, ist in diesem Kontext allenfalls als 'Frustation der weiblichen Natur' interpretierbar. Selbst wenn sie gegen den Konsens aufbegehrt, verweist sie noch auf ihren "eigentlichen" Ort. Sie kann deshalb innerhalb des literarischen Kanons marginalisiert werden als den bloßen Konsens Schreibende
Vgl. zu diesem Thema auch Susan Gubars Aufsatz "The Blank Page and The Issues of Female Creativity", in dem sie weiblichen literarischen Möglichkeiten und Methoden nachgeht, die dieses literarische Schweigegebot überwinden. Susan Gubar: "The Blank Page and The Issues of female Creativity", in: Elaine Showalter (Hg.) The New Feminist Criticism, a.a.O., S. 292-313,

40 Ellen Moers: "Literary Women. The Great Writers", London, 1978

erhalte der/die LeserIn einen komplexeren Einblick in die gesamte Kultur, und damit werde ihm/ihr ein wahrhaftigerer Blick auf die Welt ermöglicht.[41]

Die Konzentration feministischer KritikerInnen auf inhaltliche Fragestellungen sowohl in der "Feminist Critique" als auch in der frühen gynozentrischen Literaturgeschichtsschreibung in den Vereinigten Staaten von Amerika erwies sich jedoch bald als problematisch.

Das 'neue' qualitative Kriterium inhaltlicher Wirklichkeitsnähe besonders auch in der Darstellung des Weiblichen, das zur 'Disqualifikation' einiger der traditionell kanonisierten Texte führte, kollidierte mit traditionellen Kriterien literarischer Qualität, wenn die Entscheidung anstand, welche Texte weiblicher Verfasser in den Kanon aufgenommen werden sollten. Zum einen wurde versucht, bisher unbeachtete, in der Tradition ungerechtfertigt abqualifizierte Frauenliteratur nach traditionellen Maßgaben aufgrund ihrer Kongruenz von bedeutendem Inhalt und hervorragender Form als qualitativ hochwertige Literatur im Kanon zu etablieren, zum anderen wurde der sozio-kulturelle Gehalt auch weniger literarisch exzellenter Texte in seiner politischen Verwertbarkeit als unbedingt notwendiger Beitrag zur feministisch-literturwissenschaftlichen Traditionsbildung und damit zum Kanon verstanden und oft der Qualitätsfrage übergeordnet. Die durch den traditionellen Literaturkanon vorgegebenen konventionellen qualitativ-formalen Kriterien sogenannter 'hoher Literatur' wurden nicht grundsätzlich und konsequent hinterfragt.

Das feministische Interesse bildet den verbindenden methodologischen Ansatz der ansonsten recht divergent vorgehenden literaturwissenschaftlichen Untersuchungen. Seine Vorrangigkeit wirft die Frage auf, ob der literarische Kanon, entweder in seiner traditionellen Form, erweitert um weibliche Texte, oder in der Zusammenschau zweier getrennter Kanons, eines 'männlichen' und eines separaten 'weiblichen' Kanons, als Kompendium literarischer Exzellenz oder als Bericht unserer kulturellen Wirklichkeit zu verstehen sein soll.[42] Während frühere Untersuchungen mittels traditioneller Bewertungsgrundlagen auf eine qualitative Gleichstellung *bestimmter* Texte weiblicher Autoren mit der sogenannten 'hohen

---

41 Vgl. hierzu: Lillian Robinson, "Treason Our Text. Feminist Challenges to the Literary Canon", in: Elaine Showalter (Hg.), The New Feminist Criticism, a.a.O., S. 105 ff, S. 111
42 Lillian S. Robinson, ebd., S. 112

Literatur' bestanden und sie in den literarischen Kanon - um den Preis der Aufgabe *bestimmter* Texte männlicher Autoren - aufgenommen wissen wollten, tendieren neuere Untersuchungen eher dazu, einen alternativen Kanon 'Frauenliteratur' zu vertreten, der eine unabhängige, völlig verschiedene weibliche Kultur umfaßt.

Das Dilemma, sich einerseits von der literaturwissenschaftlichen Tradition distanzieren zu müssen, andererseits aber ausgehend von der Basis dieser Tradition nach der eigenen Tradition zu suchen und die eigene Position im Verhältnis zu dieser Tradition 'verorten' zu müssen, reflektiert letztlich die gegenwärtige Position des Feminismus. Auch hier geht es um den Bruch mit patriarchalen Traditionen bei gleichzeitiger Suche nach der eigenen Identität, wobei diese, indem sie aus dem Konflikt mit dem Vorhandenen entsteht, keineswegs gegen einen Rückfall in die überwunden geglaubten tradierten falschen Denkmuster gefeit ist.

Der Aufbau eines separaten weiblichen Kanons mit getrennten Standards erlaubt einerseits, alle Texte weiblicher Verfasser als Dokumente weiblicher Kultur und weiblicher sozialer Realität zu integrieren, andererseits begibt sich diese alternative 'Frauenliteraturschreibung' jedoch in die Gefahr, ein weibliches Ghetto zu bilden, einen wissenschaftlichen Raum, in dem die Rede nur von Frauen über Frauen geführt wird und der leicht als insignifikant abgetan werden kann, wenn sie die Notwendigkeit der Auseinandersetzung mit den traditionellen Qualitätskriterien ignoriert.[43] Die Isolation des weiblichen Schreibens von den bekannten 'männlichen' Qualitätskriterien könnte schließlich gerade die Vorurteile der Kritiker gegen die 'Vollwertigkeit' von Frauenliteratur stützen, die diese überwinden will. Dieses Problem verstärkt sich notwendigerweise, wenn letztlich der 'neue' Kanon die Fehler des alten wiederholt und die neue Vorstellung des Weiblichen und weiblicher Literaturproduktion sich nicht wesentlich von den traditionellen Vorgaben unterscheidet. Wird bedacht, daß Frauenliteratur vornehmlich unter dem Aspekt

---

43 Außerdem bewirkte in den Vereinigten Staaten das Gebot, alle Frauenliteratur einzubeziehen, eine weitere, besonders für die amerikanische Literaturwissenschaft bedeutende Problematik. Die frühe feministische Literaturwissenschaft beschäftigte sich hauptsächlich mit Frauen beziehungsweise Autorinnen der "white middle class"; dagegen forderten afroamerikanische und lesbische Autorinnen/ Wissenschaftlerinnen die Einbeziehung ihrer spezifischen Literatur, was die Frage, inwieweit Frauenliteratur sich als Spezifikum allein der Geschlechtszugehörigkeit grundsätzlich von der traditionellen Literatur unterscheide, verstärkte. Schließlich stellen sich Frauen nicht etwa als von der Gesellschaft isolierte Gruppierung, sondern als Teil dieser Gesellschaft dar.

angeblich minderer Qualität aus dem traditionellen Kanon ausgeschlossen wurde, erweist sich die Frage der literarischen Qualitätsstandards von Frauenliteratur als äußerst sensibel. Sie könnte unbequeme Fragen provozieren, die an die etablierten Grundwerte der Literaturwissenschaft rühren und scheint nur lösbar, wenn eine grundsätzliche Klärung des Verhältnisses von Autorschaft, Geschlecht, Tradition und Realität erfolgt.

So ist zum Beispiel der traditionelle literarische Kanon hauptsächlich synchronisch strukturiert, er verbindet die Frage der literarischen Exzellenz mit der Zuordnung zu literarischen Strömungen und mit der Vorstellung von individueller Kreativität. "Feminist Critique" und "Gynocritics" hingegen basieren auf einer primär diachronischen Betrachtung der Literatur, die - eine permanente strukturelle Diskriminierung der weiblichen Mitglieder der Gesellschaft voraussetzend - nach der Kontinuität der Weiblichkeitsdarstellung in 'weiblichen Texten' beziehungsweise nach in allen männlichen Texten vorhandener "textualer Belästigung" fragt.[44] Diese Position führt verständlicherweise bereits bei der Frage der Zuordnung von Texten weiblicher Verfasser zum vorhandenen literarischen Kanon zu Problemen; sie erweist sich jedoch beim Aufstellen eines eigenen Kanons 'Frauenliteratur' als noch problematischer.

Die Ablehnung 'falscher' Weiblichkeitsdarstellungen in der Literatur führte allmählich zur Aufwertung der anscheinend authentischeren und realistischeren Widerspiegelung des weiblichen Alltags in von Frauen verfaßter Literatur. Es kam zur Forderung nach "wahrheitsgetreuer Darstellung weiblicher Erfahrungen" als hauptsächlichem Kriterium für einen alternativen Kanon "Frauenliteratur". Diese Forderung ließ sich besonders vor dem Hintergrund der neuen feministischen Erfahrungsliteratur der 70er und 80er Jahre herausbilden, die weniger an literarischen Experimenten interessiert war als daran, Frauen Identifikationsmöglichkeiten zu vermitteln.[45] Im Gegensatz zum traditionellen literaturwissenschaftlichen Begriff "Realismus" lehnt diese feministische Vorstellung von realistischer Literatur literarische Experimente als Rückgriff auf patriarchale Schreibmuster ab. Die künstlerische Kreativität - in der traditionellen Literaturgeschichtsschreibung

---

44 Der Begriff "textuale Belästigung" übersetzt den Begriff "Textual Harassment".
45 Adrienne Rich, Erica Jong, Germaine Greer, Sylvia Plath, um nur einige feministische Autorinnen dieser Zeit zu nennen.

Indiz für Qualität - wird dem Bezug zur sozialen 'Wirklichkeit' als Maßstab für 'gute' Texte untergeordnet. Eine unter ideologischen Gesichtspunkten scheinbare Unvereinbarkeit zwischen formalästhetischer Gestaltung und feministischem Gehalt der Texte kann nicht verarbeitet werden. Im Extremfall führt diese Sichtweise zur Disqualifikation von Autorinnen aus dem Kanon der 'Frauenliteratur', die zwar ästhetisch und formal hervorragend schreiben, aber das in ihren Werken diskutierte Weiblichkeitsthema nicht 'angemessen' darstellen. Erwartet wird ein 'authentischer', im besten Falle autobiographischer Text, der der weiblichen Leserschaft ein Identifikationsangebot liefert. Im Kontext dieses Ansatzes feministischer anglo-amerikanischer Literaturwissenschaft ist es möglich, literarisch äußerst anspruchsvolle Texte von ausgesprochen feministisch bewußten Autorinnen wie zum Beispiel Virginia Woolf und Doris Lessing zu marginalisieren, wenn in ihren Texten eine mangelnde Bereitschaft zur Darstellung weiblicher Alltagserfahrungen erkennbar wird oder kein positives und einheitliches weibliches Rollenangebot geboten wird.[46] Auch Elfriede Jelineks Prosa wird wegen ihrer sperrigen Ästhetik und ihrer 'un-feministischen' Charakterwahl bei ihren Heldinnen zuweilen aus der 'Frauenliteratur' verwiesen, obwohl sie sich offensichtlich mit dem Themenkomplex 'Weibliches, Weiblichkeit und weibliche Identität' intensiv beschäftigt.

Die feministische Literaturwissenschaft exerziert hier dieselbe Intoleranz, die zuvor zu ihrer eigenen Kritik an der patriarchalen Literatur und Literaturwissenschaft anregte. In ihrer kritischen Darstellung bisheriger feministischer Literaturtheorie beschreibt Toril Moi die Konsequenzen für die Interpretationsmöglichkeiten feministischer LiteraturwissenschaftlerInnen:

Eine solche Sicht der Dinge verbietet es, Textproduktion als einen äußerst komplexen Prozeß, der von vielen unterschiedlichen und widersprüchlichen literarischen und nichtliterarischen Faktoren (seien sie historischer, politischer, sozialer, ideologischer, institutioneller, allgemeiner, psychologischer o.ä. Art) zu betrachten. Stattdessen wird Schreiben als eine mehr oder weniger getreue Reproduktion einer äußeren Realität angesehen, zu der wir alle gleichen und unvoreingenommenen Zugang haben, und die es uns ermöglicht, die AutorInnen mit der Begründung zu kritisieren, daß er oder sie von der Realität, die wir alle irgendwie kennen, ein unzutreffendes Bild gezeichnet habe. [47]

Es wird offensichtlich, daß diese Art feministischer Literaturwissenschaft ihre Möglichkeiten, Literatur zu verstehen, selbst limitiert. Sie übersieht, daß Literatur

---

46   Zu diesen Ausführungen vgl. auch: Toril Moi, "Sexus...", a.a.O.
47   Dies.: ebd., S. 60

Realität allenfalls ver-*mittelt*, daß sie weder identisch mit der Realität ist noch identisch mit der Summe der Erfahrungen und Meinungen der VerfasserInnen sein muß. Der Absolutheitsanspruch der überkommenen traditionell patriarchalischen Werturteile wird letztlich nur scheinbar durch eine neue Sichtweise ersetzt. Ohne genauer nach einer eventuellen spezifischen Natur weiblichen Schreibens zu fragen und die Basis qualitativer Werturteile in der bisherigen Tradition in die Überlegungen mit einzubeziehen, läßt sich die fatale ideologische Verbindung von 'politischer Korrektheit' mit 'literarischer Qualität' nicht lösen. Diese Verbindung als solche ist schließlich von der abgelehnten traditionellen Literaturgeschichtsschreibung selbst übernommen worden; sie bewirkte zuvor den Ausschluß von 'Frauenliteratur' und droht nun wieder zu einer Ausgrenzung bestimmter Literatur von (und für?) Frauen zu führen, nur daß diese Isolation dieses Mal aus den eigenen Reihen kommt.

Die rigide Ablehnung weiblicher Autoren aufgrund der 'unweiblichen' Ästhetik ihrer Texte seitens feministisch orientierter LiteraturkritikerInnen und die Aberkennung einer eigenen Kreativität weiblicher Verfasser unter Hinweis auf die im Werk sichtbar werdenden Einflüsse ihres weiblichen Lebenszusammenhanges seitens der traditionellen Literaturkritik basieren gleichermaßen auf ideologisch-theoretischen Prämissen, die an die Werke herangetragen werden, ohne der Komplexität des Einzelwerkes gerecht werden zu können oder zu wollen. Anscheinend ist nicht zuletzt der unflexible Umgang beider Richtungen mit den individuellen Texten für das Dilemma verantwortlich. Zur Veränderung dieser Situation ist es deshalb notwendig, unsere Vorstellungen von Kreativität und Ästhetik zunächst vor dem Hintergrund von Einzeluntersuchungen besonders auch 'unbequemer' Texte zu hinterfragen.

Schließlich zielt die feministische Literaturwissenschaft auf die Veränderung der Realität ebenso wie auf die Veränderung der Literaturgeschichtsschreibung. Sie kann weder den Einschluß 'politisch unangenehmer' noch den Einschluß 'literarisch anspruchsvoller' Texte aus ihren Überlegungen zu einem alternativen Kanon ausschließen und ausschließlich den einen oder ausschließlich den anderen Bereich der Texte abhandeln, sondern sie muß die Komplexität der Textproduktion berücksichtigen, will sie verhindern, daß 'Frauenliteratur' weiterhin im großen und ganzen folgenlos bleibt. Erst auf der Grundlage entsprechend vieldimensionaler

Überlegungen zu bestehenden Texten kann schließlich die Frage der Beschaffenheit eines etwaigen Spezifikums weiblicher Literatur und weiblicher Kreativität und ihrer Bedeutung für unsere Weltsicht angemessen geklärt werden.

In der bisherigen gynozentrischen Literaturwissenschaft findet die Suche nach dem Spezifikum weiblicher Kreativität in der Literatur inzwischen auf der Basis von vier unterschiedlichen Erklärungsansätzen statt: biologisch, linguistisch, psychoanalytisch und kulturell.[48]

Sandra Gilberts und **Susan Gubars** Studie *The Madwoman in the Attic* stellt einen für die amerikanische feministische Literaturwissenschaft bezeichnenden Versuch dar, eine Theorie weiblicher Ästhetik aus der positiven Verbindung zwischen der Weiblichkeitsdarstellung im Text und der psycho-sozialen Situation der schreibenden Frau im repressiven 19. Jahrhundert zu entwickeln.[49] Die Autorinnen betrachten zunächst die besonderen Produktionsbedingungen weiblicher Autoren, die unter dem Druck öffentlicher Diskriminierung schrieben und deshalb nicht selten unter männlichem Pseudonym veröffentlichten. Eine umfassende weibliche Ästhetik, die Texte weiblicher Schriftsteller umfassen würde, so die Hypothese, wäre auch in Texten formal, inhaltlich oder strukturell nachweisbar, die nicht von der Autorin als 'Frauenliteratur' deklariert wurden. Ihr Interesse gilt der Erforschung eines spezifischen Zusammenhanges zwischen den Autorinnen und den von ihnen geschaffenen weiblichen Gestalten. Gilberts und Gubars Ansatz ist deshalb von besonderem Interesse, weil er nach *verborgenen* Zeichen weiblicher Ästhetik im Text forscht. Im Gegensatz etwa zu Patricia Mayer-Spacks Untersuchung *The Female Imagination*, die ebenfalls nach einer spezifischen Beziehung zwischen Autorin und weiblichen Figuren fragt, richtet sich das Interesse Gilberts und Gubars nicht auf die Darstellung der Heldin. Von besonderem Interesse sind vielmehr die weniger prominent erscheinenden weiblichen Gestalten, deren Darstellung, im Gegensatz zu der der möglichst vorbildhaften Protagonistin weniger dem sozialen Meinungsdruck der Kritiker ausgesetzt sind, weil sie nicht

---

48 Vgl. Elaine Showalter, "Feminist Criticism in the Wilderness...", a.a.O., S. 249
49 Ausführliche Darstellungen und Diskussionen dieser Texte finden sich bei Moi, Showalter und Brügmann. Da sie im Kontext meiner Arbeit nicht von prominenter Bedeutung sind, sollen sie hier nicht weiter erörtert werden. Es mag genügen, ihren gemeinsamen Ansatz herauszustellen, der darauf basiert, auf inhaltlicher Ebene mittels der Untersuchung von Bildern über formale und strukturelle Fragestellungen im Text angelegte 'weibliche Wahrheiten', die die Wahrheiten der Autorin spiegeln, zu eruieren.

als 'Idealtypen' präsentiert werden mußten. In diesen Gestalten kann der Zwiespalt zwischen dem Weiblichkeitsideal der Kritiker und dem 'wirklichen' Weiblichen zutage treten. Für Gilbert und Gubar gilt der Text als eindeutig identifizierbarer Ausdruck des Weiblichen der Autorin. Es wird angenommen, daß Texte von Autorinnen prinzipiell weiblich emanzipatorische Inhalte aufweisen und daß das Weibliche sich selbst im unter dem Druck der Veröffentlichungsabsicht 'männlich' gestalteten Text mit einer entsprechenden Heldin durchsetzt - wie Toril Moi dies in kritischer Bezugnahme auf Gilbert und Gubars Untersuchung *The Madwoman in the Attic* formuliert, daß sich auch in solchen Texten

eine *echte Frau* versteckt, deren Wahrheit aufzudecken Aufgabe der feministischen Kritikerin sei.[50]

Das unterdrückte Weibliche der Autorin, die *echte Frau*, tritt in dieser Vorstellung im Konflikt der an der Realität verzweifelnden Figuren zutage, es zeigt sich in den Emotionen dieser zwiespältigen Figuren, in der unbezähmten Wut der 'Ver-rückten', der 'Hysterikerin.' Besonders im Versuch, den Texten von Autorinnen im traditionellen Literaturkanon auf diese Weise näher zu kommen, erweist sich dieses mittlerweile in vielen feministisch orientierten (nicht nur) amerikanischen Einzel-Untersuchungen zugrundegelegte Textverständnis als fatal. Es wird übersehen, daß Schriftstellerinnen nicht unweigerlich 'frauenbewegt' sind, daß ihre Texte durchaus den ideologischen Vorstellungen ihrer Zeit in Bezug auf Weiblichkeitsvorstellungen und Frauenbilder verpflichtet sein können. Karin Richter Schröder beschreibt diese Situation:

So waren auch die Schriftstellerinnen selbst, jenseits des direkten Anpassungszwanges, in den ideologischen Vorstellungen über Rolle und Charakter des [sic!] Frau und des Mannes befangen, die ihre Zeit bereitstellte, denn zum einen setzt die bewußte Problematisierung der Frau erst gegen Ende des 19. Jahrhunderts mit den Aktivitäten der Suffragetten ein, und zum anderen sind auch im 20. Jahrhundert sicherlich nicht alle Schriftstellerinnen zugleich auch Vertreterinnen des weiblichen Emanzipationsanspruchs.[51]

In den Versuchen, dem Weiblichen *in der Literatur* von Frauen mittels der Suche nach einer angenommenen, stets präsenten 'wirklichen Frau' näherzukommen und den Text als direkte Widerspiegelung ihrer wahrhaftigeren, nämlich weiblichen, Wirklichkeit zu verstehen, verbirgt sich deshalb die gefährliche

---
50 Toril Moi, "Sexus...", a.a.O., S. 78
51 Karin Richter-Schröder, "Frauenliteratur...", a.a.O., S. 28

Gleichsetzung der Autorin mit Ursprung, Quelle und Bedeutung des Textes.[52] Wie der Autor in der traditionellen Literaturgeschichtsschreibung wird die Autorin hier als den Text überragende ganzheitliche Schöpferinstanz verstanden, die den Text in seiner Gesamtheit eindeutig definiert oder vielmehr limitiert.[53] Der Text bedeutet die homogene Spiegelung ihrer Emotionenen, nämlich ihrer Wut, ihrer Auflehnung gegen das Patriarchat, der spezifisch weiblichen Bezugnahme auf die 'wirkliche Welt'. Die Autorin wird als ungebrochenes ganzheitliches Individuum betrachtet, als Autorität, die unbedingte Kontrolle über den Text ausübt. Etwaige Brechungen zwischen Autorin und Text haben in diesem Denksystem keinen Platz und eine heterogene, dissonante Schöpferfigur mit gebrochener Bewußtseinslage und Ich-Konzeption kann nicht zugelassen werden. Den hier offenbar werdenden Rückgriff dieses Ansatzes feministischer Literaturkritik auf patriarchale Denkmuster beschreibt Toril Moi zutreffend:

> Diese Schwerpunktsetzung auf Einheit und Totalität als Ideal für weibliches Schreiben kann [...] als ein patriarchales oder, noch genauer, als ein phallisches Konstrukt kritisiert werden.[54]

Diese Ausrichtung auf ein ganzheitliches Modell bewirkt, daß dem bipolaren Denken des bekämpften Systems hier mit einem auf Absolutheit ausgerichteten Systementwurf geantwortet wird, der erneut Bipolarität erzeugt. Fußend in der frühen Frauenbewegung konnte sich die feministische Literaturwissenschaft in den Vereinigten Staaten von Amerika anscheinend nicht von deren allerdings noch dem patriarchalen Denken entstammender Prämisse lösen, der patriarchischen Literatur und Literaturkritik vor allem durch einen Gegenentwurf zu antworten, eine feministisch-matriarchale Alternative. Obwohl die überwiegende Mehrzahl der frühen feministischen literaturwissenschaftlichen Untersuchungen ausdrücklich darauf hinweist, daß sie keine Vor-Herrschaftsansprüche stellen will, drängt sich schließlich dennoch der Eindruck eines matriarchalen Suprematsanspruchs auf. Dem patriarchalen Anspruch auf 'die Wahrheit' und die 'Beurteilungskriterien' in der Literatur wird schlichtweg ein ebenso schlüssig erscheinendes weibliches

---

52 Vgl. hierzu auch: Toril Moi, "Sexus...", a.a.O., S. 19 und S. 79
53 Bereits ein kurzer Blick auf die Feststellung Gilberts und Gubars auf die 'verborgene Frau' im Text kann diese Vorstellung als absurd entkräften: Die Autorin müßte, wolle sie etwas verbergen, dies bewußt tun, wenn sie totale Kontrolle über den Text ausübt. Das Eingehen des Unbewußten in den Text wäre nicht vorstellbar.
54 Toril Moi, "Sexus...", a.a.O., S. 84

System entgegengesetzt, das wiederum keinen Raum für divergierende Texte läßt. Der einzelne Text verliert so auch in der feministischen Literaturwissenschaft zunehmend an Bedeutung, verglichen mit der dem Text übergeordneten Konzeption von Frauenliteratur und den politischen Prämissen. Das Verfassergeschlecht wird zum Garanten für den Grad der Wahrhaftigkeit des Textes erhoben, und eventuell im Text auftretende 'Ungereimtheiten' bieten nicht etwa Anlaß, die eigene Theorie zu hinterfragen. Im Gegenteil: schließlich gelten für Texte aus dem alternativen Kanon 'Frauenliteratur' besondere Standards.

Innerhalb des identitätssuchenden, auf Einheit gerichteten Ansatzes der amerikanischen feministischen Literaturwissenschaft ist es trotz des allen gemeinsamen Merkmals feministischer Intention bisher nicht gelungen, eine Einigung über eine mögliche übergreifende einheitliche Literaturtheorie zu erzielen. Zwar wird der Darstellung des Weiblichen viel Aufmerksamkeit gewidmet, das Verhältnis des individuellen 'weiblichen' Textes zur feministischen Politik jedoch und die Frage nach der Natur und Existenz eines genuin Weiblichen, das eindeutig im Text als Teil der Realität nachweisbar wäre, ist bei weitem noch nicht geklärt.

Während die Frage nach einer alle Texte weiblicher Verfasserschaft verbindenden Theorie des Weiblichen in der Literatur von Frauen immer drängender gestellt wird und sich die amerikanische Literaturtheorie theoretischen Erörterungen öffnet, beherrschen dennoch zunächst die verschiedenen praktischen und politischen Ziele der unterschiedlichen feministischen Richtungen das Bild. Zwar vereint die ablehnende Haltung gegenüber patriarchalen Strukturen, doch spiegelt die bisherige Vorgehensweise der 'Feminist Literary Studies' die in der Frauenbewegung inzwischen aufgetretenen und im Diskurs der verschiedenen Richtungen der 'Women's Studies' reflektierten Spaltungen. Humanistisch orientierte, sozialistisch orientierte, marxistisch orientierte Kritikerinnen und Black Feminists entfernen sich unter Bezugnahme auf ihre unterschiedlichen Realitätserfahrungen und politischen Ziele zunehmend voneinander und begründen die unterschiedlichsten Erklärungs- und Lösungsvorschläge für die 'textuale Unterdrückung' oder die 'weibliche Auflehnung gegen das Patriarchat.'

Um dem drohenden Dilemma einer in sich zerstrittenen, geschwächten, feministischen Literaturwissenschaft entgegenzutreten, erscheint zunächst die Besinnung auf das allen gemeinsame Ziel weiblicher Emanzipation von Nutzen.

Versuche, wie der von **Annette Kolodny**, die allgemeine feministische Orientierung der widerstreitenden Überlegungen als hinlängliche Gemeinsamkeit einer pluralistisch zu belassenden Kritik zu deklarieren und einen "pluralistischen" Ansatz zu fordern[55], scheinen zunächst äußerst sinnvoll. Doch erweist sich bei genauerer Betrachtung, daß auf diese Weise das eigentliche Problem nur verschoben wird: Die Frage, ob es eine weibliche Ästhetik als Ausdruck 'des Weiblichen' gibt, wird sozusagen beantwortet mit der - rhetorischen - Frage, ob diese eindeutig definiert werden müsse. Ja, es scheint mehr und mehr, als werde "weiblich" zunehmend schlicht durch "anders" ersetzt, ohne zu bedenken, daß sozio-historische Bezüge einfach außer acht gelassen werden und der Spekulation wieder Tür und Tor geöffnet werden und daß sich die männlichen Vorurteile über das undefinierte Weibliche, das ihren Wunschträumen offensteht, hier durch die Hintertür wieder einschleichen, sanktioniert durch feministische, anthropologisch gefärbte Weiblichkeitsphantasien. Das ursprüngliche, auf politische Veränderung gerichtete Ziel der frühen 'Feminist Literary Studies', der Diskriminierung und Marginalisierung des Weiblichen in der Literaturkritik entgegenzuwirken, wird so in Frage gestellt. Trotz der Schwierigkeiten, die sich bei der Suche nach dem Weiblichen in der Literatur ergeben, und trotz der Verschiedenartigkeit der Lösungsversuche darf dennoch nicht einem Pluralismus das Wort geredet werden, der den weiblichen Protest gegen patriarchale Denk- und Schreibmuster allenfalls politisch unwirksam macht; denn, so stellt Toril Moi fest - :

Ohne gemeinsame politische Basis kann eine erkennbare *feministische* Kritik einfach nicht existieren. In diesem Kontext riskiert Kolodny mit ihrem 'pluralistischen' Ansatz, das Kind mit dem Bade auszuschütten: [...] Wenn wir uns pluralistisch genug geben, und den feministischen Ansatz als nur einen unter vielen 'nützlichen' ansehen, gestehen wir auch der 'männlichsten' Kritik ihre Existenzberechtigung zu: Sie *könnte* ja in einem ganz anderen Kontext als dem unseren 'nützlich' sein.[56]

---

55 Diese These vertritt z.B. Annette Kolodny. Vgl.: Annette Kolodny, "A Map for Rereading: Gender and the Interpretation of Literary Texts", in: Elaine Showalter, The New Feminist Criticism..., a.a.O., S. 46-62 und vgl.: Annette Kolodny, "Dancing through the Minefield: Some Observations on the Theory, Practice, and Politics of a Feminist Literary Criticism", in: Elaine Showalter, The New Feminist Criticism..., a.a.O., S. 144-167
56 Toril Moi, "Sexus...", a.a.O., S. 91

2.2.2. 'Écriture féminine' - 'Den Körper schreiben' Feministische Theorie in Frankreich

Auf der Suche nach einer grundlegenden Theorie des Weiblichen, die zugegebenermaßen eventuelle praktische politische Absichten zunächst vernachlässigen würde und die bisher aus empirischen Untersuchungen gefolgerten Ergebnisse überschreiten würde, richtet sich das Interesse amerikanischer Feministinnen - zunehmend aber auch das Interesse deutscher Feministinnen - auf jüngste französische Forschungen, die aus dem Strukturalismus heraus entstanden sind und in der Theoriedebatte tonangebend geworden sind. Hier scheint eine umfassendere Antwort möglich, wenn es um die Frage nach *einer* Theorie des Weiblichen in der Literatur geht, als sie in den bisherigen amerikanischen Ansätzen erkennbar ist.

In Frankreich findet die Auseinandersetzung um das Weibliche in der Literatur nicht auf der Grundlage einzelner Textanalysen, sondern auf der Basis theoretischer Erörterungen über das Weibliche in der Sprache statt. Das Interesse gilt dem *wirklichen* Weiblichen als eines Bereiches der Realität und der Frage, wie es sich als Bestandteil weiblichen Sprechens darstellt. Nicht etwa einzelne Texte von Männern beziehungsweise Frauen, die nach frauenfeindlichem beziehungsweise -freundlichem Gehalt durchforstet werden, nicht die Auseinandersetzung mit literarischen Traditionen und Frauendarstellungen bieten die Grundlage der Diskussionen, sondern die theoretische Auseinandersetzung mit dem Erscheinungsbild weiblicher Identität und ihrer Entwicklung innerhalb sprachlicher Ausdrucksweisen. Es geht weniger um den Nachweis und die Kritik männlich-patriarchalischer Unterdrückung als vielmehr darum, sich mit Repräsentation und Ausdrucksformen des realen Weiblichen in der Sprache auseinanderzusetzen.

Basis für die Diskussionen ist die französische Strukturalismusdiskussion um Foucault, Freud, Lacan. [57] Umschreibend könnte man von einer Suche nach dem inneren Entstehungsort und -zeitraum von Texten sprechen, von der Suche nach der Wirkung eines verborgenen Weiblichen auf den Entstehungsprozeß von Sprache selbst. Das spezifisch Weibliche wird als Konsequenz weiblicher Biologie

---

57 Elaine Showalter faßt kurz zusammen: "French feminist theory had its base in the institutes and seminars of the Neo-Freudian psychoanalyst Jacques Lacan, the deconstructionist philosopher Jacques Derrida, and the structuralist critic Roland Barthes." Elaine Showalter, "Introduction...", a.a.O., S. 9

und/oder weiblicher psychischer Entwicklung in der Sprache freigelegt. Stichworte, die immer wieder fallen, sind "den Körper schreiben", "mit dem Körper schreiben", "das Weibliche schreiben", "genußvolles Vergnügen" als weibliche Form des Widerstands; **Hélène Cixous'** Begriff der "écriture féminine" und Luce Irigarays Begriff der "jouissance" sind tonangebend für diese Richtung feministischer Forschungen. Die aus diesem Kontext gewonnenen Erkenntnisse bilden inzwischen einen unerläßlichen Hintergrund für die gegenwärtig aktuelle Diskussion um ein mögliches weibliches Schreiben und darum, was Frauenliteratur eigentlich ist und welche Bedeutung das Weibliche als Kategorie für die Literaturwissenschaft einnehmen sollte.

Die führenden Vertreterinnen des französischen Feminismus sind **Luce Irigaray, Hélène Cixous** und **Julia Kristeva**. Sie verstehen die weibliche Schreibpraxis als Möglichkeit, gegen den männlichen Alleinanspruch auf die einzig 'richtige' sprachliche Symbolisierung der Welt anzugehen. Obwohl ihre Ansätze verschieden sind, verbindet sie doch ihr Vertrauen in die soziale und politische Sprengkraft 'des Weiblichen', besonders der weiblichen Biologie/Sexualität. Sie entwerfen weibliches Körperempfinden als Gegenpol zu männlichem Bewußtsein und teilen die Überzeugung, daß das Weibliche sich über das zunächst physische Empfinden des 'Andersseins' direkt in die von Frauen geschaffenen Texte einschreibt. Jedoch versuchen ihre unterschiedlichen Theorien jeweils verschiedene Aspekte des Sinngebungsprozesses "Textpraxis" zu erfassen, sie gewichten den Anteil der biologischen, psychoanalytischen, aber auch - besonders im Falle Julia Kristevas - sozio-historischen Einflüsse auf die Schreibpraxis verschieden und erweisen sich so trotz ihrer augenscheinlichen Ähnlichkeit von unterschiedlichem Interesse für die feministische Literaturkritik.

Am engsten knüpft die Theorie der Psychoanalytikerin und Freudkritikerin **Luce Irigaray** weibliche Sprache an die weibliche Biologie. Aus der physiologischen Beschaffenheit der weiblichen Geschlechtsorgane leitet sie für Frauen die Möglichkeit ab, der männlichen "*Logik des Selben*"[58] eine weibliche 'verschwenderische Vielheit' entgegenzusetzen, die sich unmittelbar der Zuordnung zum und der Unterordnung unter den männlichen Diskurs widersetzt.

---

58 Diese Übersetzung Luce Irigarays Vorstellung der männlichen auf sich selbst gerichteten Ökonomie findet sich bei Toril Moi: Toril Moi, "Sexus...", a.a.O., S. 156

Sie wendet sich gegen die grundsätzliche Beschreibung, Erklärung und Definition weiblicher Sexualität im Rahmen einer 'Teleologie des Mangels'[59]. Die Kritik der in Frankreich lebenden Psychoanalytikerin an der traditionellen Psychoanalyse setzt in der präödipalen Phase des Mädchens an, in der sie als 'kleiner Junge' verstanden wird. Während der Mann über den Ödipuskomplex "lediglich sein Mann-Sein zu vollziehen"[60] braucht, ist die Frau gezwungen, "in die Maskerade der 'Weiblichkeit' einzutreten"[61], "eine normale Frau zu *werden*"[62] [Hervorhebung von mir, V.V.]. Der Eintritt des Mädchens in die symbolische Ordnung, in das gesellschaftliche Repräsentationssystem männlicher Ökonomie, in den männlichen Diskurs, der Ödipuskomplex so wie er in der traditionellen Psychoanalyse interpretiert wird, bedeutet "im Endeffekt das Eintreten der Frau in ein Wertesystem, das nicht das ihre ist"[63]. Irigaray setzt mit ihrer Theorie eine Dekonstruktion traditioneller Weiblichkeitsvorstellungen und Subjektvorstellungen in Gang, an deren Ende die Frage nach der Möglichkeit eines gesonderten 'weiblichen' Symbolischen steht, das das Unbewußte in den Bereich bewußten Denkens heben könnte und nach der Möglichkeit eines "die Frau-Sprechens" fragen läßt[64].

Während der männliche Diskurs geprägt ist von der Ökonomie des Einen, auf das sich alles zurückbezieht, von der Philosophie des letztlich Gleichen, symbolisiert in der Einheit des männlichen Geschlechtsorgans, so die These Irigarays, schafft die Autoerotik der Frau ein Spezifikum, das einen weiblichen Durchbruch zu einer eigenen, völlig anderen Kultur ermöglicht. Das weibliche anatomische Geschlecht, so die Überlegung, bestehe grundsätzlich aus einer Mehrzahl von Körperteilen, die einander ständig berühren und so der männlichen

---

59 Diese These diskutiert Luce Irigaray ausführlich. Vgl.: Luce Irigaray, "Die Frau, ihr Geschlecht, und die Sprache", in: dies., Unbewußtes, Frauen, Psychoanalyse, Berlin 1977, S. 104-111, insbesondere S. 104; zu diesem Fragenkomplex vgl. auch: Karin Richter-Schröder, "Frauenliteratur...", a.a.O., S. 66-75, insbes. die Seiten 66 und 74
60 Luce Irigaray, "Unbewußtes, Frauen, Psychoanalyse. Fragen an Luce Irigaray, gestellt vom Fachbereich Philosophie und Politik der Universität Toulouse", in: dies., Unbewußtes, Frauen Psychoanalyse, a.a.O., S. 5-35, S. 22
61 Luce Irigaray, "Unbewußtes, Frauen, Psychoanalyse", a.a.O., S. 22
62 Dies.: ebd., S. 22
63 Dies.: ebd., S. 22
64 Vgl. hierzu: Luce Irigaray, "Unbewußtes, Frauen, Psychoanalyse", a.a.O., S. S. 19-24

Wahrnehmung des "Einen-Gleichen" diametral entgegenstehen. Übertragen auf die Position der Frau innerhalb der Gesellschaft führe dies zu einer Sonderposition:

Die Frau hat nicht nur ein eingestaltiges Geschlecht, sie hat mindestens ein doppelgestaltiges. Es geht dabei überhaupt nicht um den Dualismus Klitoris-Vagina (der sich auf männliche Parameter zurückführen läßt), sondern vielmehr um die zwei Schamlippen, die in ständiger gegenseitiger Berührung stehen und die konstitutiv sind für die spezifische Erotik der Frau, derentwegen sie von allem, was unsere Kultur privilegiert (Reflex männlicher Sexualvorstellungen) - vom Einen, von der Einheit, vom Individuellen - ausgeschlossen ist: denn auch der Penis ist 'eins', der Familienname (der Name des Vaters) ist 'einzig', das 'Eine' im eigentlichen Sinne, nämlich die Einheit und Kohärenz des Diskurses; Individualismus, Privateigentum.[65]

Der männliche sozio-kulturelle Diskurs in seiner Insistenz auf Einheit und Homogenität lasse 'die Frau' allenfalls als 'die Andere' zu, als Ergänzung seines dual gedachten Selbst, die reale Ausrichtung des weiblichen Körpers und weiblichen sexuellen Lusterlebens, der "jouissance" auf Heterogenität jedoch weise dem Weiblichen keineswegs die untergeordnete Funktion eines 'Anderen des Selben' zu, sondern sie zeige auf eine eigenständige, zumindest gleichberechtigte Position außerhalb des männlichen Diskurses. Den Ausgangspunkt des eigenständigen weiblichen Bewußtseins bilde der weibliche Körper als Quelle nicht vergesellschafteter weiblicher Sexualität, als Ursprung der "jouissance". Um dem Durchbruch zu einer anderen Kultur näherzukommen, müßten Frauen lernen, ihren Körper zu akzeptieren und die "jouissance" zuzulassen.

Dieser Durchbruch zu einer anderen Kultur mittels des Weiblichen verlangt jedoch zunächst einmal, sich über das Weibliche klar zu werden, es außerhalb männlicher Festlegungen kennenzulernen. Hierzu ist zunächst eine stärkere Betonung der Besonderheiten des Weiblichen als bisher nötig. Nicht zuletzt deswegen richtet sich Irigaray gegen gesellschaftliche Versuche zum Beispiel auch der Frauenbewegung, Geschlechtsunterschiede zu nivellieren; dieses Problem sieht sie in der feministischen Forderung nach Bisexualität als Mittel zur Auflösung männlich-sexueller Unterdrückungsstrukturen gegeben. Sie schreibt zur Forderung nach der Aufhebung des Geschlechtsunterschiedes:

Wer immer von Bisexualität spricht, meint auch die Aufhebung des Geschlechtsunterschiedes. Diese Auffassung zeigt aber nur, daß man nicht über die jetzige Kultur 'hinausdenken' kann. Ich bin im Gegenteil dafür, den Geschlechtsunterschied zu bestärken, denn er ist der Springpunkt,

---

65 Luce Irigaray, "Neuer Körper, neue Imagination ...", a.a.O., , Interview von Martine Storti, in alternative 108/109 (1976), S. 123-126, S. 126

weshalb wir ausgebeutet, getötet, negiert werden. Der Geschlechtsunterschied beherrscht die Ökonomie, das Soziale, das Kulturelle, er ist nicht einfach eine sexuelle Tatsache. [...] wir müssen einen Geschlechtsunterschied verstärken, den wir überhaupt erst in seinem ganzen Ausmaß entdecken müssen; [...][66].

Problematisch werden diese Überlegungen Irigarays besonders, wenn es um die Frage der Definitionsmöglichkeiten des Weiblichen und die daraus folgenden Positionen zu einer spezifisch weiblichen sprachlichen Äußerung geht. Obwohl sie sich gegen eine Festlegung 'des Weiblichen' richtet und erklärt: "Der Frage 'Was ist ...' sollte das Weibliche nicht unterworfen werden. [...] Zu sagen, daß die Weiblichkeit ein Begriff ist, heißt bereits, sich in ein männliches Repräsentationssystem vereinnahmen zu lassen"[67], versteht Irigaray dennoch weibliches Sprechen als direkte Wiedergabe eines spezifisch Weiblichen. Die Sprache der Frau wird begriffen als "Metapher weiblicher Sexualität als nicht vergesellschaftetes Phänomen"[68]. Folgt man Irigarays Aussagen in *Unbewußtes, Frauen, Psychoanalyse* ... läßt sich feststellen, daß sie ihren Begriff "Frau sprechen" mit einer unterdrückten weiblichen Mimik und Gestik zusammenbringt, die dem männlichen, auf Eindeutigkeit in Sinn, Wort und Gestik gerichteten Sinn-Sprechen nicht zuordbar sind. Weibliches Sprechen manifestiert sich für Irigaray in der Hysterie: Die Verweigerung und vergeblichen Versuche eines an gesellschaftliche Erwartungen angepaßten Sprechens gehen einher mit einer anscheinend zusammenhanglosen Gestik und Mimik. Der der Frau eigene Körperausdruck gerät in Konflikt mit einer Sprache, die nicht ihre eigene ist. Der Ort weiblichen Sprechens liegt hier im Verborgenen, in von der Gesellschaft als pathologisch bezeichneten Bereichen:

[...] es [das Weibliche, V.V.] spricht in der Weise einer gelähmten, unterdrückten, leidenden usw. Gestik. Und wenn ich so sagen darf, besteht das Drama der hysterischen Frau in der Aufspaltung zwischen dieser gelähmten in ihrem Körper eingeschlossenen Gestik und einer Sprache, die sie in der Familie, in der Schule und in der Gesellschaft gelernt hat, einer Sprache, die mit dieser Gestik in absolut keinem kontinuierlichen oder metaphorischen Zusammenhang steht.[69]

---

66 Luce Irigaray, "Neuer Körper, neue Imagination...", a.a.O., S.125,126
67 Luce Irigaray, "Unbewußtes, Frauen, Psychoanalyse", a.a.O., S. 12-13
68 Karin Richter-Schröder, "Frauenliteratur...", a.a.O., S. 72
69 Luce Irigaray, "Unbewußtes, Frauen, Psychoanalyse", a.a.O., S. 24

Auch auf der Ebene inhaltlicher Aussagen ist das Weibliche der Frauen besonders im Verborgenen erkennbar, im unformulierten Unbewußten, im Schweigen. Sie schreibt:

> Zahlreich sind die Merkmale des Unbewußten, die uns zu der Frage veranlassen könnten, ob sie nicht vielleicht Merkmale einer weiblichen Ökonomie sind. Ich denke an das Prinzip des Nicht-Widersprechens, der Nicht-Identität mit sich, des Funktionierens der Kontiguität, der Verdichtung... Es gibt eine gewisse Anzahl von Merkmalen des Unbewußten (auch hinsichtlich des Verhältnisses zur Zeit), die zu einem 'weiblichen' Symbolischen gehören würden.[70]

Wenn angenommen werden kann, daß das Unbewußte das unterdrückte Weibliche birgt, so ergibt sich für Irigaray die folgerichtige Frage nach der Natur eines möglichen weiblichen Symbolischen, in dem das nun als Unbewußtes bezeichnete und ein weibliches "Sinn-Sprechen" eins wären. Diese Vorstellung formuliert Irigaray in *Unbewußtes, Frauen, Psychoanalyse* allerdings lediglich in der rhetorischen Frage: "Würde ein 'weibliches' Symbolisches so funktionieren, daß es die Konstitution eines Ortes des Verdrängten implizieren würde?" Weibliches Sprechen dieses Symbolischen wäre im Rahmen dieser Vorstellungen als direkter Ausdruck der unterdrückten weiblichen Sexualität zu verstehen, die Form, Gehalt und Gestik miteinander versöhnt.

Luce Irigarays letztlich biologistische Überlegungen zur weiblichen Sprache heben den Ort weiblichen Sprechens als außerhalb des männlichen Diskurses zu denkenden Ort hervor und bieten so einen Ansatz zur Bestimmung eines eigenständigen positiv definierbaren Weiblichen. Sie bieten aber, indem sie weibliche Sprache monokausal herleiten, auch Anlaß zu berechtigter Kritik. Das folgende Zitat von Karin Richter-Schröder bringt den wichtigsten kritischen Aspekt auf den Punkt:

> Verkannt wird, wie auch schon bei der 'männlichen Variante' der Argumentation, daß Körperlichkeit und Körpererfahrung nicht mit 'Natur' identisch sind, sondern immer nur als gesellschaftlich d.h. historisch und kulturell - vermittelte Erfahrungen zugänglich sind, sodaß von 'der' Frau und 'der' weiblichen Sexualität zu reden die Argumentation in idealistische Bahnen abgleiten läßt.[71]

Wenn somit, der Theorie Irigarays folgend, sich die weibliche Körperlichkeit direkt und homogen im weiblichen Sprechen widerspiegelt und wenn dennoch

---

70 Dies.: ebd., S. 13/14
71 Karin Richter-Schröder, "Frauenliteratur...", a.a.O., S. 74

zugleich das weibliche Körperempfinden Veränderungen unterworfen ist, müßte neben der Frage nach den Konstanten weiblichen Sprechens auch die Frage nach einem eher heterogenen Erscheinungsbild des Weiblichen berücksichtigt werden, das die entsprechenden Veränderungen des Weiblichen in von Frauen verfaßten Texten spiegelt. Von einem "die-Frau-Sprechen" kann dann jedoch nicht mehr ausgegangen werden. Abgesehen von den kulturellen und historischen Einflüssen auf von Frauen formulierte Texte muß angesichts der biologischen Ausgangsposition Irigarays zudem die Frage zulässig sein, wie sich biologische Veränderungen des Geschlechts auf das "Frau-Sprechen" auswirken würden[74].

In ihrer engen Eingrenzung der Problematik weiblichen Sprechens wird Irigarays Kritik schließlich nicht der Freud'schen Theorie des Unbewußten gerecht, die die Sichtbarkeit des männlichen Geschlechtsorgans zwar als Ursprung hat, jedoch über die Sexualtheorie hinausgeht und sich nicht um die reale männliche Biologie dreht[75]. Selbst wenn dies als Gegenentwurf zu Bereichen der Freud'schen psychoanalytischen Theorie lediglich - genau wie dort - symbolisch zu verstehen wäre, kommen Irigarays Ausführungen zum Sprechen der Frau offenbar nicht, wie jenes auch nicht, ohne grundlegendes duales biologisches, d.h. von anatomischen Gegebenheiten und der biologischen Zweiteilung der Geschlechter bestimmtes, Konstrukt aus. Wenngleich Irigaray hier, wie Ricarda Schmidt feststellt, die Grundlagen des Freud'schen Diktums "Anatomie ist Schicksal" überschreitet, so kann dies dennoch nicht genügen, das Unbehagen zu beseitigen. Auch der von Margret Brügmann geäußerte Hinweis auf den symbolischen Charakter dieses Aspektes und die Betonung, dies sei nur als Persiflage auf Freud zu verstehen, kann diese Grundlegung der Kritik Irigarays in der "biologischen Konstitution der Frau" nicht allzusehr abschwächen.[76] Irigarays Bezug auf die Biologie der Frau erscheint hier eher als Rückfall in eine Denkstruktur, die in der von ihr kritisierten Psychoanalyse bereits überwunden ist. Nicht zuletzt deshalb kann ihre Theorie nicht das letzte Wort zu weiblichem Sprechen sein.

---

74 Zu denken wäre etwa an operative Geschlechtsumwandlung, Klitoridektomie etc. Vgl. hierzu auch: Karin Richter-Schröder: "Frauenliteratur...", a.a.O., S. 76
75 Vgl. hierzu: Karin Richter-Schröder, "Frauenliteratur...", a.a.O., S. 69/70
76 Vgl.: Ricarda Schmidt, "Westdeutsche Frauenliteratur in den 70er Jahren", Frankfurt/M. 1982, S. 212-215; und vgl.: Margret Brügmann, "Feministische Aufbrüche", in: Hiltrud Gnüg und Renate Möhrmann (Hrsgg.), Frauen Literatur Geschichte, Schreibende Frauen vom Mittelalter bis zur Gegenwart, Stuttgart 1985, S. 395-415, S.407.

Trotz der berechtigten Kritik an Irigaray kommt ihr dennoch das Verdienst zu, mit ihrer Kritik an der männlichen Ökonomie des Selben einen bedeutenden Beitrag zur gegenwärtigen Theorie weiblichen Schreibens geleistet zu haben. Ihr Hinweis auf die Viel- und Mehrdeutigkeit weiblichen Sprechens, ihre Suche nach dem Ort weiblichen Sprechens im gesellschaftlichen Diskurs, nach einer weiblichen Identität und ihre Versuche, den 'weiblichen Ödipuskomplex' von seiner Mann-Zentriertheit zu befreien, sind grundlegend auch für die im folgenden diskutierten weiterführenden Überlegungen Hélène Cixous'und Julia Kristevas.

Während es Luce Irigaray zunächst um eine Kritik an der Erklärung weiblicher Identität aus dem Mangel an 'Männlichem' innerhalb der phallo- und logozentrischen Ausrichtung des philosophischen Diskurses geht, konzentriert **Hélène Cixous** ihr Interesse direkt und primär auf weibliche sprachliche Äußerungen als Bestandteil einer 'anderen' Wirklichkeit. Ihre Theorie beschäftigt sich vorrangig mit dem "weiblichen Schreiben", der "écriture féminine".

Cixous legt wie Irigaray besonderen Wert auf die Feststellung der grundsätzlichen Verschiedenheit der Geschlechter. Während Irigaray ihre positiven Thesen zum Sprechen der Frau jedoch auf der Grundlage der unterschiedlichen Biologie der Geschlechter errichtet, baut Cixous ihre Theorie der "écriture féminine" in relativer Losgelöstheit vom anatomischen Geschlecht auf. Von entscheidender Bedeutung für Cixous sind der Grad der Entfremdung vom Körper, von der Kindheit sowie der positive Bezug zum verdrängten Archaischen der Mutter und das Zulassen präödipal-ausschweifender Empfindungen.

Wie noch gezeigt wird, räumt Cixous zwar dem Weiblichen und 'der Frau' eine Sonderstellung ein, doch verwahrt sie sich ausdrücklich gegen eine generelle Identifikation von biologischem und sozialem beziehungsweise psychologischem Geschlecht. In einem ihrer grundlegenden Aufsätze zu ihrer Theorie über weibliche sprachliche Äußerungen, in *Schreiben, Feminität, Veränderung* [77], diskutiert sie den Einfluß der unterschiedlichen männlichen beziehungsweise weiblichen Ökonomie auf sprachliche Strukturen; eine anatomische Determination der weib-

---

[77] Hélène Cixous, "Schreiben...", a.a.O.

lichen Ökonomie birgt für sie die Gefahr des Rückfalls in repressive, aus dem patriarchalen Gedankengut stammende, Erklärungsmuster. Sie schreibt:

> Ich benutze hier mit Absicht Adjektive zur Bezeichnung der sexuellen Verschiedenheit, um keine Verwirrung zu stiften, zwischen Mann/männlich, Frau/weiblich; denn es gibt Männer, die ihre Feminität nicht verdrängen, und Frauen, die ihre Maskulinität mehr oder weniger stark unterstreichen.78 [Hervorhebung im Original]

Weiter spricht sie von der "[...] ungeheuerlichen These einer 'natürlichen' anatomischen Determination der sexuellen Verschiedenheit/Opposition," die dazu beigetragen habe, "die dominierende Stellung des Phallozentrismus" zu stützen.79

Daß die Überlegungen der Psychoanalytikerin Cixous zur weiblichen Sprachentwicklung trotz der Ablehnung biologischer Determinierung sich dennoch an der 'Körpernähe' der sprachlichen Äußerungen entzünden, liegt schließlich an dem hohen Stellenwert, der dem Körperempfinden und der Sprache als Bereichen des verdrängten Unbewußten einerseits und den gesellschaftlichen Ordnungsstrukturen, dem Symbolischen andererseits in der psychoanalytisch orientierten Sprachtheorie zugemessen werden. Die Verbindung, die Cixous zwischen Ökonomie, Sprache und Geschlecht gegeben sieht, wird einsehbar vor dem Hintergrund Lacan'scher Überlegungen zur Identitäts- und Sprachentwicklung. Sprache wird hier verstanden als Symbol gesellschaftlicher Ordnungsstrukturen, das sich Männer und Frauen aufgrund unterschiedlicher Identitätsentwicklung unterschiedlich aneignen.

Die psychoanalytische Theorie geht von einer unterschiedlichen Entwicklung von Jungen und Mädchen aus, die markiert wird durch den Ödipuskomplex und in der Herausbildung verschiedener Grundhaltungen zum Bewahren und Aufrechterhalten des Vorgegebenen führt, zu unterschiedlichen Ökonomien. In *Schreiben, Feminität, Veränderung* beschreibt Cixous die "tradierte männliche Ökonomie"80 als bestimmt durch das "männliche[...] Begehren [...], "das (scheinbar) sein Objekt töten muß."81 Verschiedenheiten, die die männliche Philosophie des Selben durchbrechen würden, werden in dieser Ökonomie absorbiert, indem sie allenfalls

---

78 Dies.: ebd., S. 140
79 Dies.: ebd., S. 140
80 Dies.: ebd., S. 137
81 Dies.: ebd., S. 139

als Opposition zugelassen werden und somit innerhalb des polarisierenden Denkschemas als Gegenteil zum Eigentlichen wieder auf das Eine rückbezogen werden:

> Die ganze Geschichte ist untrennbar verbunden mit Ökonomie im engen Sinne des Wortes, mit einer bestimmten Form von Bewahren. Beziehung des Mannes zum Mensch-Sein, zu seiner Erhaltung. Diese Ökonomie als Form der Aneignung ist eine phallozentrische Produktion. Die Opposition eigen/nicht eigen (die Bewertung des Eigenen) organisiert die Opposition Identität/Differenz. Alles spielt sich dort ab, als ob urplötzlich Mann und Sein einander durch Besitz verbunden wären; als ob die Beziehung zur Frau immer als - drohende - Möglichkeit des Nicht-Eigenen funktioniere. Das Begehren begehrt die Wiederaneignung dessen, was ihm zu entgleiten scheint. List und Gewalt (unbewußt?) der männlichen Ökonomie bestehen darin, daß sie die sexuelle Verschiedenheit hierarchisch ordnen, indem sie das eine der Beziehungsglieder bewerten und so neu bestätigen, was Freud den *Primat des Phallus* nennt. Und die 'Verschiedenheit' wird im Grunde immer als Opposition wahrgenommen und ausgetragen.[82] [Hervorhebung im Original]

Wie das männliche Begehren die männliche Ökonomie beherrscht, so bestimmt für Cixous das weibliche Begehren die von der weiblichen Triebökonomie gesteuerte weibliche Lust die "Ökonomie der Feminität."[83] Diese erweist sich als Konsequenz der weiblichen Libido, der "Libido des Anderen", die nicht auf ihren Gegensatz reduziert werden muß, sondern vielfältige Verschiedenheit zulassen kann. Das weibliche Verhältnis zur Ökonomie erlaubt im Gegensatz zur männlich affirmativen Haltung zum Ökonomischen "offene [...] verschwenderische Subjektivität" und den zulassenden Bezug - statt des reduzierenden Ausschlusses - zum Anderen.

Im Rahmen der Ökonomievorstellung Cixous' ist der "Weg des Jungen" bestimmt von der Suche nach dem "Vater-Land", vom Heimweh nach dem Ursprung, während der "Weg des Mädchens" weiterführt, in das "Unbekannte, zu Erfindende", in Bereiche, die sich männlichem Dualitätsdenken entziehen und männlicher Ökonomie nicht zuzuordnen sind.

Diese Unterschiede zwischen weiblicher und männlicher Ökonomie materialisieren sich, will man Cixous Ausführungen folgen, in der entsprechend unterschiedlichen Sprache der Geschlechter. Während der männliche Diskurs sich vom Körper distanziert, sich von dem vom Symbolischen abgetrennten "wilden" Kör-

---

82 Dies.: ebd., S. 139
83 Dies.: ebd., S. 142. Hier ist der entscheidende Unterschied zu Irigaray deutlich, die letztlich, nachdem sie auf die Notwendigkeit des Durschreiten männlicher Diskurse für Frauen hingewiesen hat, den weiblichen Unterschied doch wieder an "anatomischer Symbolik" festmacht.

perlichen entfremdet, prägt der zugelassene Bezug der Frauen zum Körperlichen, zur "Mutter" und zur Kindheit das weibliche Sprechen.[84] Die männliche Rede unterwirft sich dem Symbolischen, identifiziert sich mit ihm, entfremdet sich vom Ursprung, so Cixous in ihrem Aufsatz *Die unendliche Zirkulation des Begehrens*[85]; und entsprechend führt sie aus:

> Weibliches Schreiben heißt, gerade das hervortreten zu lassen, was vom Symbolischen abgetrennt wurde, nämlich die Stimme der Mutter, heißt Archaisches hervortreten zu lassen.[86]

Weibliche Sprache ist für sie körpernäher, denn die Frau wird als Körperlichem nicht entfremdet vorgestellt.[87] Während "männliche" Rede sich die "Logik der Kommunikation" aneigne, sei die "'Logik' ihrer Rede" in der Formel enthalten: "ihr Fleisch redet wahr."[88] Frauen genössen es, "Verwirrung zu stiften, [...] Werte zu verrücken, [...] Strukturen zu entleeren, das Eigene [als Inbegriff männlicher Ökonomie, V.V.] zu Fall zu bringen." [89] Diese Verschiedenheit in der Sprache berge die Chance, den phallozentrischen männlichen Diskurs zu durchbrechen, da hier dem bisher Verdrängten in Kultur und Gesellschaft Gehör verschafft werden könne. Schreiben von Frauen wird von Cixous verstanden als Herausforderung der "phallischen Mystifikation"[90], wobei die Folgen weittragend vorgestellt werden: Schreiben gilt hier als Möglichkeit, die Struktur des gesamten "phallozentrischen Systems" aufzubrechen, als Möglichkeit, das "Ende der phallischen Epoche zu beschleunigen."[91]

Cixous wechselt fast unmerklich von der Bestimmung männlichen und weiblichen Sprechens, das vom biologischen Geschlecht getrennt gedacht werden soll, auf die Bestimmung der Sprache von Frauen als Zugehöriger eines konkreten biologischen Geschlechts. Das folgende Zitat veranschaulicht die Ambivalenz, die

---

84   Vgl.: Hélène Cixous, "Schreiben...", a.a.O., S. 142 - 144
85   Vgl.: Hélène Cixous, "Die unendliche Zirkulation des Begehrens...", a.a.O., S.42
86   Dies.: ebd., S.42
87   Cixous findet weibliches Sprechen zunächst in einer "bevorzugte(n) Beziehung zur Stimme", einem rein Körperlichen also, "(w)eil keine Frau so viel Triebabwehr aufspeichert wie ein Mann." Hier spricht sie jedoch von körperlicher Entfremdung in Bezug auf eine anatomischen Geschlecht nicht abstrahierte anatomische Geschlechtsbindung. Vgl. Hélène Cixous, "Schreiben ...", a.a.O., S. 144
88   Vgl.: dies., ebd., S. 143
89   Dies.: ebd., S. 146
90   Dies.: ebd., S. 144
91   Vgl.: dies., ebd., S. 134 - 145

trotz der Ablehnung biologischer Zuweisungen von "männlich" und "weiblich" im Cixous'schen Ansatz liegt:

> Es gibt weder 'Schicksal' noch 'Natur' noch Wesen als solches, vielmehr lebende Strukturen [...] Aber man darf sich nicht täuschen: Männer und Frauen stehen in einem Netz tausendjähriger kultureller Determination von faktisch unanalysierbarer Komplexität. Man kann weder von 'der Frau' noch von 'dem Mann' sprechen, ohne in ein ideologisches Schauspiel zu geraten, in dem die Vervielfältigung der Vorstellungen, Bilder, Widerspiegelungen, Mythen, Identifikationen in jedem Augenblick das Imaginäre eines Jeden verändert, deformiert, ablöst und im Voraus jegliche Begriffsbildung hinfällig macht.92

Unter dem Deckmantel "tausendjähriger kultureller Determination" scheint hier hinter der Abwehr eines wesenhaft Weiblichen die Vorstellung durch, daß sich zumindest ein 'quasibiologisch determiniertes' konstantes Weibliches im Verlaufe der Zeit herausgebildet hat, dem nur eine, wie Cixous es formuliert, so gut wie unmögliche "radikale[...] Veränderung der Verhaltensweisen, der Mentalitäten, der Rollen (und) der politischen Ökonomie", die die libidinöse Ökonomie beeinflussen würde, beikommen könnte. Aus diesem Dilemma geht letztlich schließlich doch wieder die - unfreiwillige? - Identifikation von 'weiblich' mit 'Frau' und 'männlich' mit 'Mann' hervor. Es drängt sich der Eindruck auf, daß Cixous - trotz ihrer mehrmals betonten Ablehnung der Identität von Frau/weiblich und Mann/männlich - beim Benennen der besonderen Eigenart weiblichen Sprechens um die konkrete Verdinglichung 'des Weiblichen' im konkret biologischen Bereich nicht herumkommt.

Im Rahmen der auf die feministische Wirkung von Sprache gerichteten Theorie Cixous' scheint diese konkrete Verdinglichung notwendig, um den realen Ort weiblichen Schreibens festlegen zu können. Offenbar soll der Ort weiblichen Schreibens der greifbaren Wirklichkeit zugerechnet werden. Der Körper der Frau soll sowohl all das bisher verdrängte Vergangene als auch die zukünftige Möglichkeit, den männlichen Diskurs zu durchbrechen, in sich bergen. Die in ihm entstehende Sprache wird dem Bereich des Wirklichen zugeordnet und soll die Wirklichkeit verändern. Da dieses spezifische weibliche Sprechen noch nicht existiert, wird hier von Cixous der Zeitpunkt konkreter Veränderung der Gesellschaft jedoch in utopische Ferne gerückt. Cixous imaginiert, daß das identische Sprechen des weiblichen Subjekts, wenn es denn erfolgen würde, über den Aus-

---

92 Dies.: ebd., S. 142

druck der "Feminität" dem Logozentrismus des männlichen Subjekts entgegenwirken könnte, da es Ausdruck der Andersartigkeit ist, die bisher verschwiegen beziehungsweise abgewehrt wurde. Problematisch ist jedoch die Tatsache, daß das viel beschworene Heterogene, das nicht Faßbare des weiblichen Diskurses von Cixous immer wieder als archaisches, versöhnendes "gutes" Weibliches vorgestellt wird. Diese Bestimmung des Weiblichen in der Sprache bedeutet letztlich nichts anderes als eine Reduzierung jeglicher möglichen Vielfältigkeit auf ein vereinheitlichtes Weiblichkeitsideal.

Als das Verdrängte, dem Frauen durch ihr Schreiben Gehör verschaffen sollen, versteht Cixous "Feminität" schlechthin. In der Beschreibung dessen, was weibliches Schreiben ausmachen soll, ist sie sehr konkret; sie schreibt:

> Über *die* Feminität bleibt *den Frauen* fast alles zu schreiben: über ihre Sexualität, die unendliche, die bewegte Komplexität ihrer Erotik.[93][Hervorhebung von mir, V.V.]

Und weiter:

> *Die* Frau muß ihren Körper schreiben, ihre uneinnehmbare Sprache erfinden, die die trennenden Wände, Klassen, Rhetoriken, Verordnungen und Gesetze zerbricht; *sie* muß, indem *sie* das Unmögliche anstrebt, den Diskurs mit sich fortreißen, durchbrechen, überwinden.[94][Hervorhebung von mir, V.V.]

Hier wird offenbar, daß Cixous ihre Vorstellung dessen, was spezifisch weiblich sein soll, letztlich sehr eng am Biologischen orientiert, denn sie überläßt es der "Frau" und den "Frauen", die "Feminität" zu schreiben. Die Trennung von Frau/weiblich, die sie anfänglich für notwendig erklärte, kann nicht konsequent aufrechterhalten werden. Gerade das unbedingte Aufrechterhalten dieser Trennung jedoch ist für die Verhinderung neuer Vorurteilsbildung sehr wichtig. Indem Cixous von *dem* "Körper" *der* "Frau" spricht, wird das Weibliche, das den "Phallogozentrismus" als gesellschaftliches Phänomen durchbrechen soll, weniger als heterogenes gesellschaftliches Phänomen sozio-psychischen Ursprungs, sondern vielmehr als Mythologisches erkennbar, dem Frauen nachspüren sollen. Diese Position birgt die Gefahr, dem Verschweigen der realen gesellschaftlichen Benachteiligungen von Frauen ungewollt weiterhin Vorschub zu leisten und die traditionellen Vorurteile über 'das Weibliche' und "die Frau" letztlich zu bestätigen.

---

93 Dies.: ebd., S. 145
94 Dies.: ebd., S. 145

Dieses Problem wird in der Cixous-Kritik[95] des öfteren angedeutet. Die gebotene Vorsicht gegenüber Cixous' Ausführungen ergibt sich, wenn der Frage nachgegangen wird, welche politische Wirkungsmöglichkeit einer feministischen Theorie zukommen kann, die die Betrachtung und Formulierung der realen soziopolitischen Gegebenheiten und Entwicklungen weiblicher Autorschaft/Sprache nicht explizit fordert und statt dessen ein metaphysisches, qua Geschlecht gegebenes, archaisch-utopisches weibliches Ideal als Chance zur Veränderung begreift. In ihrer Untersuchung *Sexus-Text-Herrschaft* setzt sich Toril Moi aus soziopolitischer Sicht mit der Verwertbarkeit der Theorie Cixous' für den Feminismus auseinander. Sie legt nahe, Cixous als "utopische Feministin" zu lesen, deren Entwurf sich durch den Konflikt auszeichnet "zwischen einer an sich schon widersprüchlichen patriarchalen Ideologie und dem utopischen Denken, das sich darum [bemühe] sich aus den patriarchalen Zwängen zu befreien." Unter Bezug auf Marcuse[96] kritisiert sie, daß Cixous aus diesem Dilemma in ein harmonisierendes Imaginäre ausweiche und so "eine Flucht aus der vorherrschenden gesellschaftlichen Realität" begehe. Da Moi sich am intensivsten mit diesem politischen Aspekt der "écriture féminine" beschäftigt und die politischen Implikationen und Risiken der Argumentation Hélène Cixous' am zutreffendsten und eindringlichsten formuliert, sollen ihre Bedenken hier stellvertretend zitiert werden:

Innerhalb ihrer [Cixous', V.V.] poetischen Mythologie postuliert sie Schreiben als absolute Aktivität, an der alle Frauen als Frauen automatisch teilhaben. Auch wenn eine solche Vision sicher verlockend und anregend ist, kann sie nichts über die tatsächlichen Ungerechtigkeiten,

---

95 Toril Moi zum Beispiel bezeichnet Cixous'Theorie deswegen als Imaginäre Utopie. Vgl. den Abschnitt "6 Hélène Cixous: eine imaginäre Utopie" in Toril Moi: "Sexus...", a.a.O., S. 121ff; Ähnliche Vorwürfe werden auch von Karin Richter-Schröder und Chris Weedon, die sich unter der Überschrift "Feminism and Theory" gegen die Idee einer essentiellen Weiblichkeit (essential womanhood) ausspricht, formuliert; vgl.: Karin Richter-Schröder, "Frauenliteratur...", a.a.O., S. 78-85 und Chris Weedon, "Feminist Practice & Poststructuralist Theory",Oxford/New York 1987, S. 9-10.
96 Vgl.: Toril Moi, "Sexus...", a.a.O., S. 144/145. Moi zitiert in diesem Zusammenhang Marcuses Kritik an Norman O. Brown und formuliert eine analoge Kritik an Cixous: "Die Wurzeln der Unterdrückung sind und bleiben reale Wurzeln, deshalb ist ihre Beseitigung eine reale und rationale Aufgabe. Abgeschafft werden muß nicht das Realitätsprinzip, nicht einfach alles, sondern ganz konkrete Dinge wie Unternehmen, Politik, Ausbeutung und Armut. Browns Ideen sind zum Scheitern verurteilt, weil sie Realität und Vernunft nicht miteinbeziehen."
Zitiert nach: Toril Moi, "Sexus...", a.a.O., S.145.

Entbehrungen und Mißhandlungen aussagen, denen Frauen als soziale Wesen und nicht als mythologische Archetypen ständig ausgesetzt sind.[...]
In ihrem Eifer, die Imagination und das Lustprinzip den Frauen zu eigen zu machen, scheint Cixous Gefahr zu laufen, genau in die Hände der patriarchalen Ideologie zu spielen, die sie ablehnt. Schließlich besteht das Patriarchat und nicht der Feminismus darauf, Frauen als emotional, einfühlsam und phantasievoll abzustempeln, wogegen Vernunft und Rationalität sorgsam in ein ausschließlich männliches Ressort umgewandelt werden.[97]

Problematisch erscheint es bei genauerer Betrachtung der Überlegungen Cixous' außerdem, daß die Frau ihren Körper ausdrücken soll, um im Schreiben ihren Körper zu entdecken. In *Schreiben, Feminität, Veränderung* schreibt Cixous einerseits:

Text, mein Körper: von singenden Strömen durchzogen, höre mich, es ist keine erdrückende, dich fesselnde 'Mutter'; die Tag- und Nacht-Stimme rührt dich an, dich bewegend, läßt vom Schoß zur Sprache dich kommen, schleudert *deine* Kraft; geheimer Grund, der alle Metaphern möglich und mächtig macht, Körper (der? die?) so wenig beschreibbar wie Gott, die Seele, der Andere.[98] [Hervorhebung im Original]

andererseits:

Schreiben: Akt, Verwirklichung nicht nur des ent-zensierten Bezugs der Frau zu ihrer Sexualität, zu ihrem Frau-Sein. Schreiben verschafft ihr Zugang zu den eigenen Kräften, gibt ihr ihren Besitz zurück, ihre Lust, ihre Organe, ihren Körper. [...] Schreibe dich: dein Körper muß sich Gehör verschaffen. Dann werden die unversiegbaren Quellen des Unbewußten aufschießen. Dann wird sich das unerschöpfliche weibliche Imaginäre entfalten.[99]

Indem Cixous weibliche Körperlichkeit als Ausgangspunkt und - vorläufigen - Zielpunkt weiblichen Schreibens begreift, entsteht eine Zirkularität um das Körperliche, die die Beantwortung der Frage eher zu verschleiern als zu lösen droht, wie denn nun die Verbindung von realer sozialer Wirklichkeit und weiblichem Sprechen wirklich beschaffen sei. Die zuvor genannten gesellschaftlichen Veränderungen, die eventuell das Schreiben von Frauen verändern können sollen, werden nicht in die Überlegung einbezogen. Es wird zwar ein Bezug Sprache-Frau-Realität vorgestellt, aber die tiefere Struktur dieses Verhältnisses wird letztlich nicht geklärt. Die Verbindungslinie zwischen Subjektaussage über den konkreten eigenen Körper und politischer Wirkungsmöglichkeit bleibt unklar. Diese Kritik vertritt auch Karin Richter-Schröder, deren Position ich mich hier im wesentlichen anschließe. Sie moniert

---

97 Toril Moi, "Sexus...", a.a.O., S. 145
98 Hélène Cixous, "Schreiben ...", a.a.O., S. 147
99 Dies.: ebd., S. 147

das von Cixous nicht ausreichend reflektierte Verhältnis zwischen literarischem Text und gesellschaftlicher Wirklichkeit[...], [da] Cixous' Ausführungen zur weiblichen Prosa [...] eine direkte Abbildbarkeit der Wirklichkeit der Frau im weiblichen Text [suggerieren]. [100] "Weibliche Prosa", so Richter-Schröders Argument weiter, sei

damit für sie [Cixous,V.V.] zugleich realistische Prosa aus der Perspektive der Frau und Angriff auf gesellschaftlich akzeptierte Bilder des Weiblichen [...], ohne daß der unterschiedliche Status beider Wirklichkeitsbegriffe sie zu einer grundsätzlichen Reflexion des Zusammenhanges zwischen Sprache und Wirklichkeit führte.[101]

Dem einzelnen weiblichen Körper der Schreibenden selbst wird die Kraft zugetraut, die Barrieren, die durch "Jahrtausende stummer Jahre" entstanden sind, zu durchbrechen. Da die Annäherung an den Körper gleichzeitig jedoch erst durch das Ihn-Sprechen erfolgen soll, muß die Frage erlaubt sein, wie sich Frauen zuvor geäußert haben und warum, wenn, wie Cixous sagt, "der weibliche Text [...] immer subversiv" ist, die patriachale, in sich geschlossene Ideologie, die Cixous mit einer alles umfassenden "Membran" vergleicht, gerade jetzt durchlässig sein soll.[102] Es liegt nahe anzunehmen, daß es weder für ein individuelles Weibliches noch für eine sozio-historische Entwicklung verschiedener 'Weiblichkeiten' im Text Platz in Cixous' "écriture féminine" gibt. Ein weiteres Problem ist zudem, daß das Schreiben weiblicher Körperlichkeit - im Gegensatz zu männlich-entfremdetem, deshalb als unwahr betrachtetem, Schreiben - an sich mit Wahrheit gleichgesetzt wird, was lediglich die alte Hierarchie der 'männlich-rationalen' Wahrheit durch eine neue Hierarchie weiblich irr-rationaler Wahrheit ersetzt. Damit wird das Dogma der *einen* Wahrheit, selbst wenn sich diese diversifiziert, und der Über- und Unterordnung aus der patriarchalen Ideologie übernommen.

Vor dem Hintergrund der Cixous'schen Überlegungen können Texte nicht mehr als geschlechtsneutral verstanden werden, was ja nicht zuletzt in der patriarchalen Lesart immer 'männlich' implizierte. Entscheidend für die Wirkung des weiblichen Textes ist hier zunehmend der Einfluß bisher verdrängter Anteile des Weiblichen. Obwohl Cixous fordert, Frauen sollten "ihren Körper schreiben", was die Möglichkeit einer willentlichen Entscheidung voraussetzen würde, würde als Konsequenz dieser Utopie naheliegen, daß hier der Ausdruck des Geschlechts in der Sprache der absoluten, bewußten Kontrolle der Verfasserin entzogen wird,

---

100 Karin Richter-Schröder, "Frauenliteratur ...", a.a.O., S.81
101 Dies.: ebd., S.81
102 Vgl. die ähnliche Argumentation von Toril Moi in: Toril Moi, "Sexus...", a.a.O., S. 146

da deren Weiblichkeit sich ja nun besonders in ihren aus dem Unterbewußten stammenden Textanteilen äußern würde.

Die aus Bulgarien stammende[103] Psychoanalytikerin **Julia Kristeva** beschäftigt sich weniger mit den geschlechtsspezifischen Aspekten der Sprache als vielmehr mit dem Entstehungsprozeß der Sprache des Subjekts an sich. Ihr besonderes Interesse gilt dem Subjekt im modernen poetischen Text, wobei es im Kontext der hier behandelten Fragestellung erwähnenswert ist, daß sie ihre Theorie

---

103 Die Herkunft Kristevas ist übrigens nicht ganz unbedeutend für das Hintergrundverständnis ihrer Überlegungen. Toril Moi stellt in ihrer Einleitung die Bedeutung dieses kulturellen Hintergrundes für Kristeva klar heraus, wenn sie sagt: "Having equipped her not only with a solid grounding in Marxist theory but also with fluent Russian her Eastern European training enabled her to gain first hand knowledge of the Russian Formalists [...] whose [Michael Bakhtins, V.V.] work [...] she was instrumental in introducing to Western intellectuals[...] . (Übersetzung: Indem es sie nicht nur mit einer soliden Basis in Marxistischer Theorie, sondern auch mit fließendem Russisch ausgestattet hatte, ermöglichte ihr ihre osteuropäische Ausbildung, Wissen aus erster Hand von den russischen Formalisten zu erlangen [...], bei der Einführung deren [Michael Bakhtins] Arbeit bei westlichen Intellektuellen sie instrumental gewesen ist.) Ihre Auseinandersetzungen mit Todorov, Bahktin, Marx, Barthes sind sicherlich außerdem ebenso von ihrer Auswanderung aus Bulgarien wie ihrer Ankunft in Paris im Jahr 1968 beeinflußt. Als Hintergrund ihres Umganges mit der Frauenfrage dann sind ihre osteuropäische Herkunft ebenso wie ihre persönliche Situation in Paris in der Nachfolge der 68er Jahre wie auch ihre Reisen in die U.S.A. und China von Interesse. Aufschlußreich sind hier nicht zuletzt ihre Aufsätze "About Chinese Women" und "Why the United States? ." Kristeva identifiziert sich mit keiner der von ihr aus erster Hand betrachteten Frauenbewegungen längerfristig und schätzt ihre eigene Position als eine Situation im Exil: "I am an exile from socialism and Marxist rationality, but far from seeing socialism as an impossible hypothesis for the West [...] I believe on the contrary that it is inevitable and consequently something that one can speak to." (Übersetzung: Ich bin im Exil von sozialistischer und marxistischer Rationalität, aber weit entfernt davon, Sozialismus als unmögliche Hypothese für den Westen zu betrachten [...] Ich glaube im Gegenteil, daß er unvermeidlich ist und konsequenterweise etwas darstellt, das man ansprechen kann.) Julia Kristeva: "A New Type of Intellectual. The Dissident", in: The Kristeva Reader. Julia Kristeva. Herausgegeben und mit einer Einleitung versehen von Toril Moi, New York, Columbia University Press 1986, S. 292-300, S. 299, Vgl. des weiteren: Toril Mois Einleitung zum Kristeva Reader: Toril Moi, Einleitung, The Kristeva Reader..., a.a.O., S. 1-20, hier insbesondere die Seiten 1-9 (o.a. Zitat Seite 2) sowie Julia Kristeva, "Women's Time", in: The Kristeva Reader..., a.a.O., S. 187-213, Erstveröffentlicht unter dem Titel: `Le temps du femmes'in 33/34: Cahiers de recherche de sciences des textes et documents, 5 (winter 1979), S. 5-19 und in: Signs, 7 no. 1, (Herbst 1981), S. 13-35 und erneut abgedruckt in N.O. Keohane, M.Z. Rosaldo und B.C. Gelpi (Hrsgg.): Feminist Theory: A Critique of Ideology, Chicago: University of Chicago Press 1982; vgl. des weiteren: Julia Kristeva, "About Chinese Women", in: The Kristeva Reader..., a.a.O., S. 138-159 und schließlich: Julia Kristeva, "Why the United States?" In: The Kristeva Reader..., a.a.O., S. 272-291.

zum Subjekt im Text in Auseinandersetzung mit Texten männlicher Autoren entwickelt hat.[104] Wenngleich ihre Überlegungen zum Geschlecht in der Sprache Berührungspunkte sowohl mit Irigaray als auch mit Cixous aufweisen, sind sie dennoch für die hier relevante Thematik von größerer Bedeutung. Ihre Diskussion des Zusammenhanges zwischen dem prozessualen sprechenden Subjekt und dem Prozeß seiner sozialen Positionierung ermöglichen es, dem 'schreibenden Subjekt Frau' und dem 'sozio-politischen Subjekt Frau' jenseits biologischer Festschreibungen nachzugehen. Kristevas Konzentration auf den prozessualen Charakter von Sprache und Subjekt löst schließlich die Zirkularität, in der sich Cixous' Beschränkung auf körperliche weibliche Lust als Start- und Zielpunkt ihrer Überlegungen zum "Frau sprechen" verfängt.

Dennoch, besonders in Kristevas frühen Texten erscheint die geschlechtsspezifische Dimension bestenfalls marginal, und eine gesonderte, vom biologischen Geschlecht bestimmte "weibliche Textpraxis" wird im extremen Fall schlechthin angezweifelt. Es scheint zunächst allerdings abwegig, eine Autorin, die sagt, "es scheint mir, daß nichts, weder in den früheren noch in den heutigen Veröffentlichungen von Frauen, gestattet zu behaupten, daß eine spezifische weibliche Schreibweise existiert",[105] mit feministischer Literaturtheorie in Verbindung zu bringen.

Da sie jedoch ein gedankliches Instrumentarium bietet, mit dem dem 'Wie' und dem konkreten Ort der Umsetzung von subjektiver Identität in der Sprache auf die Spur zu kommen ist, sind Kristevas theoretische Überlegungen dennoch von

---

104 "Revolution in der poetischen Sprache" begründet Kristevas Theorie der Textpraxis und beschäftigt sich ausführlich mit Arbeiten der Autoren Lautréamont und Mallarmé. Deren Texte, sowie die von Bataille, Joyce, Artaud hat sie vor Augen, wenn sie von "Textpraxis" spricht. Leider beeinträchtigt Kristevas durch den Blick auf diese männlichen Autoren geleitete Vorstellung des modernen poetischen Textes teilweise ihre Einschätzung bisheriger "Frauenliteratur", wie im Verlaufe dieses Abschnittes diskutiert werden wird. Der Text wurde unter dem Titel: La révolution du langage poétique bei den Éditions du Seuil 1974 veröffentlicht. Ich benutze in dieser Arbeit die englische Übersetzung: Vgl. Julia Kristeva, Revolution in Poetic Language. New York: Columbia University Press 1984 Übersetzt von Margaret Waller mit einer Einleitung versehen von Leon S. Rousiez, zu den "männlichen" Autoren vgl. hier u.a. die Seiten 82 und 103. (In deutscher Sprache erschien die Arbeit unter dem Titel: Julia Kristeva, Die Revolution der poetischen Sprache. Frankfurt 1978 ; Leider stand mir diese Ausgabe nicht zur Verfügung.) Auch Sigrid Weigel identifiziert das Kristeva'sche Subjekt in der Textpraxis als männliches Subjekt. Vgl. hierzu: Sigrid Weigel, Die Stimme der Medusa..., a.a.O., S. 207
105 Julia Kristeva: "Kein weibliches Schreiben?...", a.a.O., S. 79

großem Interesse für feministisch orientierte literaturwissenschaftliche Ansätze. Ihre auf psychoanalytischen Erkenntnissen fußenden Ergebnisse ermöglichen es, der jeweiligen Textpraxis beider biologischer Geschlechter nachzugehen.[106] Eine Untersuchung ihrer Aussagen zum Ort des Geschlechts in der Sprache in Zusammenschau mit ihren Ausführungen zur Erklärung der (männlichen) Textpraxis in *Revolution der poetischen Sprache* sowie mit ihren bezeichnenden neueren Texten zu Frauen, Frauenliteratur und Frauensprache ergibt, daß es sich bei der Frage nach dem Ort des Weiblichen im Text zwar nicht um den zentralen Bereich ihres Interesses handelt, dafür jedoch um einen desto prägnanteren Bereich, der aufschlußreiche Bezüge zu ihrer Theorie des "Subjekts in Bewegung"[107] aufweist. Nicht zuletzt weil diese Bezüge es ermöglichen könnten, sich auch den Texten von Frauen auf eine neue Art zu nähern, wird Kristevas theoretischer Ansatz trotz der eingangs genannten Widrigkeiten eher durchaus als keineswegs in feministische Diskussionen über die "écriture féminine" oder eine "weibliche Ästhetik" einbezogen.[108]

---

[106] Eine erfreuliche Übereinstimmung fand ich hier zum Beispiel mit Karin Richter-Schröder und mit Corina Caduff. Besonders auch letztere äußert sich im Rahmen ihrer Auseinandersetzung mit Jelineks Dramen ähnlich. Vgl.: Karin Richter-Schröder, "Frauenliteratur...", a.a.O., S.86 und S. 97; vgl. weiterhin: Corina Caduff, "Ich gedeihe inmitten von Seuchen...", a.a.O., S. 164

[107] Kristeva spricht von einem "sujet en procès", die übliche Übersetzung hierfür ist der hier benutzte Begriff "Subjekt in Bewegung", der auf den nicht stattfindenden Stillstand dieses Subjekts weist. Er wird zum Beispiel bereits 1987 von Sigrid Weigel als Fachterminus benutzt. Vgl. Sigrid Weigel: "Die Stimme der Medusa...", a.a.O., S. 117ff. und 207ff. Ich benutze im Verlaufe dieser Arbeit, abgesehen von diesem Begriff, des öfteren den Ausdruck "prozessuales Subjekt" beziehungsweise "Subjekt im Prozeß", um nicht nur die stattfindende Bewegung, sondern einen komplexeren Orientierungsvorgang anzudeuten, der im Subjekt innerhalb des Prozesses der Signifikation stattfindet.

[108] So zum Beispiel von Toril Moi in "Sexus-Text-Herrschaft..."(Vgl.:Toril Moi, "Sexus...", a.a.O., S. 180ff.), von Sigrid Weigel in "Die Stimme der Medusa..." (Vgl.: Sigrid Weigel, "Die Stimme der Medusa...", a.a.O., S. 117 und S. 199ff.), von Corina Caduff in "Ich gedeihe inmitten von Seuchen..." (Vgl.: Corina Caduff, "Ich gedeihe inmitten von Seuchen...", a.a.O., S. 161ff.), von Chris Weedon in "Feminist Practice and Poststructuralist Theory" (Vgl.: Chris Weedon, "Feminist Practice...", a.a.O.,S. 56 und S. 85ff.). Ausdrücklich ausgeschlossen aus ihrer Diskussion um ein weibliches Schreiben aufgrund des Überwiegens der Vorbehalte wird Kristeva hingegen zum Beispiel von Ricarda Schmidt in "Westdeutsche Frauenliteratur in den 70er Jahren" (Vgl.: Ricarda Schmidt, "Westdeutsche Frauenliteratur...", a.a.O., S. 201) und von Barbara Holland-Cunz in "Feministische Utopien..." (Vgl.: Barbara Holland-Cunz, "Feministische Utopien - Aufbruch in die postpatriarchale Gesellschaft", Meitingen 1988).

Es ist angebracht, hier zunächst auf die Erörterung einschlägiger kritischer Stimmen zu verzichten und eine ausführliche Betrachtung allein der theoretischen Aussagen Kristevas vorzunehmen, um eine möglichst an ihren Aussagen ausgerichtete Einschätzung der Möglichkeit einer Anwendung ihrer Theorie für einen textkritischen Interpretationsansatz herauszuarbeiten. Angesichts der bisherigen widersprüchlichen Kritiken ist es gegenwärtig nur auf der Grundlage einer genauen Kenntnis ihrer Texte möglich, die Tragweite ihres Ansatzes zu ermessen und den jeweiligen kritischen Standpunkt zu beurteilen. Da ein Großteil der Kritik sich aus ideologischer Perspektive zu Wort meldet und Kristeva gerade auch die voreilige und patriarchal hierarchisierende Ideologisierung des Weiblichen als Gefahr hervorhebt, scheint es besonders sinnvoll, sich ihren Aussagen zur weiblichen Identität zunächst ausschließlich im Rahmen der von ihr angestellten Überlegungen zu nähern. Erst im Anschluß hieran kann eine Diskussion ideologischer Kritik an ihrer Theorie im Kontext beurteilt werden.

Kristevas theoretische Aussagen zum weiblichen Subjekt im Text basieren auf ihren Erkenntnissen über die Art und Weise der Umsetzung von Subjektidentität in Sprache, die sie ausführlich in ihrer Untersuchung *Revolution der poetischen Sprache* darbietet.[109] Erst wenn die spezifische Position des Subjekts und seines Geschlechts innerhalb der Kristeva'schen Theorie zur Textpraxis verstanden wird, kann eine Erörterung ihrer Aussagen zu der Art und Weise, wie das *weibliche* Subjekt im Text umgesetzt wird, sinnvoll für die hier vorgenommene Fragestellung sein. Kristevas Erkenntnisse über die Art und Weise,

---

Grundlegend für eine Einbeziehung Kristevas war außerdem ursprünglich wohl auch, daß Kristeva gemeinsam mit Cixous und Irigaray in *alternative* 108/109 (1976) unter dem Sammeltitel "Das Lächeln der Medusa" als eine der führenden Teilnehmer der neuen Diskussionen zu weiblichem Schreiben vorgestellt wurde und daß dieses Heft bahnbrechend für die Rezeption der französischen Feministinnen in Deutschland werden sollte.

109 Vgl. hierzu auch meine Ausführungen zu Julia Kristeva in Kapitel I dieser Arbeit. Es ist unvermeidbar, hier einige grundlegende Fakten der Kristeva'schen Theorie wiederaufzunehmen, um sie vertiefen und erweitern zu können. Im Rahmen des Aufbaus dieser Arbeit ist es erforderlich, sich mit der Position Kristevas in diesen zwei getrennten Sequenzen auseinanderzusetzen: Während einleitend das Verständnis der in die Thematik einführenden Problementwicklung entscheidend von der Kenntnis der Existenz der von Kristeva entwickelten Position abhing, um die komplexe Problematik, der sich der Leser Jelinek'scher Texte ausgesetzt sieht, erarbeiten zu können, steht nun das Besondere der Theorie Kristevas im Kontext vorhergehender Bemühungen um Theorien zum Weiblichen und ihre verschiedenen Zielsetzungen zur Diskussion.

wie sich das *weibliche* Subjekt als sozio-politisches und sozio-psychisches Subjekt in Texten unserer Gegenwart manifestieren mag, werden deshalb zunächst vorrangig in Verbindung und vor dem Hintergrund dieser Untersuchung betrachtet.

Kristeva formuliert ihre Vorstellungen zum weiblichen Sprechen ebenso wie ihre besondere Haltung zu Frauentexten besonders intensiv und ausdrücklich in einem Interview zwischen Francoise van Rossum-Guyon und Julia Kristeva, betitelt *Kein weibliches Schreiben? Fragen an Julia Kristeva*.[110] Dieser Text eignet sich besonders dazu, ihre Vorstellungen zum Ort des Geschlechtes in der Sprache und Literatur von Frauen herauszuarbeiten.

In *Kein weibliches Schreiben...* stellt Kristeva zunächst klar heraus, daß der Versuch, Merkmale des (weiblichen) Geschlechts als konkrete, quasi statistisch nachweisbare, Bestandteile eines vorliegenden Textmaterials festzustellen, scheitern muß. Sie sagt:

Wenn es wahr ist, daß das Unbewußte die Negation und die Zeit ignoriert, um sich als Kette von Verschiebungen und Verdichtungen zusammenzufügen, [...] dann würde ich sagen, daß die Schreibweise das Geschlecht ignoriert und dessen Differenz in die Diskretion der Sprache und der (notwendigerweise ideologischen und historischen) Bedeutungen verschiebt, um daraus Knotenpunkte des Begehrens zu machen.[111]

Sie begegnet hier der Frage nach dem Geschlecht als Bestandteil des Textes weder mit der Suche nach aufzeigbaren - bedeutenden - Bestandteilen der materiellen Oberflächenstruktur eines Textes noch mit der Forderung nach dem Nachweis einer vorhandenen oder fehlenden "programmatisch-feministischen" Aussage oder Absicht. Vielmehr stellt sie eine analoge Verbindung her zwischen der Funktionsweise der "Schreibweise" und der Funktionsweise des 'Unbewußten'.

Kristeva unterscheidet zwischen der "Schreibweise" einerseits, als einem Stadium der Sprachentstehung, in dem die bedeutende Sprache selbst noch abwesend ist, und einem textlichen Stadium konkret bedeutender Sprache andererseits, die jedoch beide auf jeweils verschiedene Weise das Geschlecht des Sprechenden beinhalten. Sie führt hier einen psychologischen "unsprachlichen" Ort[112] innerhalb der Sprachentstehung des Individuums ein, in dem das (weibliche)

---

110 Julia Kristeva: "Kein weibliches Schreiben...", a.a.O., S. 79-84.
111 Dies.: ebd., S. 79/80
112 Der Begriff der "Schreibweise" wird wiederholt auch von Weigel aufgegriffen, wie Kristeva (und in Auseinandersetzung mit Barthes) siedelt sie diesen Begriff im Außersprachlichen an.

Geschlecht nicht als Differenz existiert. Während dieser Ort das Geschlecht umfaßt, aber ignoriert, es also nicht als Differenziertes kennt, kommt die vollzogene geschlechtliche Differenz im sprachlichen Produkt zwar zum Ausdruck, aber diese "Differenz des Geschlechts" wird nicht formuliert, sie erscheint lediglich in der "*Diskretion* der Sprache", nicht als substantieller Bestandteil der bewußt bezeichnenden Sprache, der "historischen" oder "ideologischen" "Bedeutungen," sondern als "Knotenpunkte des Begehrens", als bloße Verdichtungen unbewußten Verlangens, das von der "unsprachlichen" Phase ausgeht.

Die analoge Beziehung, die Kristeva in der zitierten Formulierung zwischen ihrer Feststellung über das "Sprechen des Geschlechts" und dem Fehlen der Negation und der Dimension Zeit im Unbewußten herstellt, beruht auf ihrer psychoanalytisch geschulten Subjektvorstellung und ihrer Art der Verbindung von Subjekt- und Sprachentwicklung. Um die Aussage in ihrem vollen Ausmaß begreifen zu können, ist es notwendig, sich die Struktur des von Kristeva vorgestellten Subjekts und den Ort dieses Subjekts im geschriebenen Text (wieder[113]) zu vergegenwärtigen.

Der "Prozeß der Signifikation"[114] bezeichnet den Übergang des Subjekts von der semiotischen Existenz zur Fähigkeit identifikatorischer Übernahme väterlich-

---

Er verbinde gesellschaftliche Funktion und Individualität des Schriftstellers. Die Schreibweise konstituiere "Entwürfe von weiblichem Subjekt und historischem Sinn." Sie schreibt:"..., so drückt sich in den Schreibweisen der Frauenliteratur sowohl deren Individualisierung als auch deren Engagement aus. Bei Schreibweise handelt es sich um ein spezifisch literarisches Argument, nicht um ein Engagement mit Literatur." Dementsprechend benutze ich in diesem Zusammenhang den Begriff "unsprachlich", da der von Weigel benutzte Begriff "vorsprachlich" das Problem m.E. nicht richtig trifft, denn es handelt sich ja letztlich hier um einen Bereich, der keine sprachliche Phase erreicht, also nicht als Vorstufe zu einer sprachlichen Formulierung gelten kann. Zum Begriff der Schreibweise bei Weigel Vgl.: Sigrid Weigel: "Die Stimme der Medusa...", a.a.O., S. 9, S. 17-19, S. 32, S. 117 (o.a. Zitat S. 18/19)

113 Siehe hierzu meine Ausführungen in Kap. I dieser Arbeit.
114 Julia Kristevas übernimmt den Begriff "Prozeß der Signifikation" in Anlehnung an und als Weiterentwicklung von Lacan. Er bezeichnet die Subjektkonstitution, die erst mit der Sinnbildung entsteht und an die Sprachentwicklung gebunden ist. Aufschlußreich sind hierzu Kristevas Ausführungen zur Entwicklung und den Implikationen des Begriffes bei Husserl, Frege und Freud in "Revolution...", aber auch die Diskussionen etwa von Karin Richter-Schröder oder Toril Moi. Vgl.: Karin Richter-Schröder, "Frauenliteratur...", a.a.O., S. 89-93, Toril Moi, "Sexus...", a.a.O., S. 188-190 und Julia Kristeva, "Revolution...", a.a.O., S. 25-56, sowie S. 68-71 und S. 90ff.

symbolischer Werte und symbolischer Strukturen, wie zum Beispiel der Sprache. Das resultierende Subjekt dieses Prozesses ist für Kristeva kein finites Subjekt, keine statische Einheit, vielmehr überschneiden sich die semiotischen und symbolischen Bewußtseins- beziehungsweise Unterbewußtseinsbereiche des Subjekts, und sie befinden sich in aktivem und gegenseitig aktivierendem Bezug zueinander. Dieses "Subjekt in Bewegung" wird bestimmt durch das spezifische Zusammenwirken bewußter und unbewußter Persönlichkeitsanteile.[115] Die unbewußte präödipale semiotische Existenzweise des Individuums - das noch in unbewußter Einheit mit der archaischen Mutter existiert - ist in der Chora enthalten[116]. Diese ist als fluktuierende, heterogene Ganzheit vorzustellen, durch die die unterschiedlichen, teilweise antithetischen Impulse der Triebinstinkte rhythmisch pulsieren.[117] Durch die Wahrnehmung eines "Anderen" außerhalb dieser Ganzheit

---

115 Kristeva orientiert sich vor allem am Freud'schen Subjektbegriff. Insbesondere bezieht sie sich auf Freuds These von der Dominanz des Unbewußten über das Bewußte, und sie übernimmt Lacans Anwendung des Freud'schen Subjektbegriffs auf den Prozeß der Signifikation. Im Verlauf ihrer Untersuchung demonstriert Kristeva die Notwendigkeit der Abwendung vom Kartesischen Subjekt und der Zuwendung zu einer Vorstellung eines "Subjekts im Prozeß." Nur das Subjekt in Bewegung, so Kristeva , könne das volle Potential menschlicher Handlungen und diskursiver Tätigkeit erklären beziehungsweise ausschöpfen. Kristeva entwickelt ihren Subjektbegriff ausführlich in den ersten beiden Kapiteln von "Revolution... ." Vgl.: Julia Kristeva, "Revolution...", a.a.O., S. 19-164, insbesondere die Seiten 90ff., 119ff. und 164.

116 Die Zuordnung des symbolischen Bereiches zum Väterlichen und des semiotischen Bereiches zum Mütterlichen erfolgt bei Kristeva in Einklang mit traditioneller psychoanalytischer Theorie, insbesondere in Auseinandersetzung mit dem Ödipuskomplex und in Anlehnung an Lacan. Es ist für ein Verständnis ihrer Ausführungen jedoch wichtig sich zu vergegenwärtigen, daß diese Festlegungen sich an der gegenwärtig noch weitgehend üblichen Rollenverteilung in der Familie orientieren. Kristeva äußert die Überzeugung, daß sich mit einer Änderung der Familienstruktur letztlich auch die Geschlechtszuschreibungen dieser Bereiche wie auch ihre Inhalte ändern würden. Wenn hier von Mütterlichem die Rede ist, muß klar herausgestellt werden, daß dies vor dem Hintergrund einer Gesellschaft geschieht, in der Frauen die Funktion der Kindesaufzucht ausüben, es sollte nicht als psycho-biologische Festlegung mißverstanden werden. Julia Kristevas diesbezügliche Ausführungen in "Produktivität der Frau" bieten eine gute einführende Übersicht über ihre Position. Vgl.: Julia Kristeva: "Produktivität der Frau." Interview von Eliane Boucquey. Aus dem Französischen von Lily Leder. In: *alternative* 108/109, a.a.O., S. 166-173; zur Herkunft der Zuordnung bei Kristeva vgl.: Corina Caduff, "Ich gedeihe inmitten von Seuchen...", a.a.O., S. 174

117 Vgl.: Julia Kristeva: "Revolution ...", Kapitel I.2. "The Semiotic Chora Ordering the Drives", a.a.O., S. 25-30 und die Seiten 90ff.; vgl. weiterhin: Julia Kristeva, "Produktivität der Frau...", a.a.O., S. 167, 171, 172, 173; Vgl. auch die diesbezüglichen Ausführungen von Toril Moi in ihrer Einleitung zu "The Kristeva Reader", Toril Moi, Einleitung..., a.a.O., S. 12-13

setzt die Erkenntnis der (physischen) Trennung von diesem "Anderen" ein, die zum Bewußtsein eines Mangels führt und schließlich zum Verlangen nach Integration dieses "Anderen."

Triebfeder dieses Vorganges ist die aus der heterogenen Anlage der Chora entspringende "Negativität"[118], die den thetischen Bruch und damit die Setzung und symbolische Vereinnahmung initiiert. Der Einfluß der Negativität auf das Subjekt endet nach Kristeva für das "Subjekt in Bewegung" jedoch nicht ein für allemal mit der identifikatorischen Aneignung symbolischer Strukturen, sondern die Negativität aus der Chora bricht über den "semiotischen Prozeß" erneut und wiederholt in Form einer Zurückweisung des soeben angenommenen Symbolischen in die entstandene Stasis ein und schafft so schließlich ein immer differenzierteres flexibles Netz symbolischer Repräsentation und semiotischer Verwerfung.[119]

Bezogen auf Literatur, die sich heute mit gesellschaftlich-symbolischen Strukturen kritisch auseinandersetzt und die nicht vor den patriarchal-familialen Strukturen der heutigen Gesellschaft haltmacht, bezeichnet Kristeva Schreiben als "radikale Erfahrung", als Prozeß, der zu verstehen ist als "...radikales Infragestellen und (...) sprachliche Rekonstruktion des Sinns und des sprechenden Subjekts."[120] Die beiden dieses sprechende Subjekt konstituierenden Bereiche des Semiotischen und Symbolischen finden - so stellt Kristeva fest - während des Prozesses der Signifikation über den semiotischen Prozeß Eingang in den geschriebenen Text und lassen sich dort im "Phenotext" beziehungsweise im "Genotext" verorten.[121]

Unter "Genotext" versteht Kristeva "die der Sprache unterlegte Fundierung".[122] Diese Fundierung bildet sich aus dem Transfer der Triebenergien (Drives) von der Chora in die sprachliche Realisierung des Subjekts. Als "Transfer", zumal einer stets mobilen Chora, kann dieser "Genotext" nicht statisch

---

118   Der Begriff wird von Kristeva aus der Hegel'schen und Freud'schen Terminologie abgeleitet, aber von Kristeva stark modifiziert, wie insbesondere das Kapitel "II Negativity: Rejection" in "Revolution..." demonstriert. Vgl. hierzu: Julia Kristeva: "Revolution...", a.a.O., S. 107-164, insbesondere die Seiten 162-164.
119   vgl. zu diesen Ausführungen: Julia Kristeva, "Revolution...", a.a.O., S. S. 107-164
120   Julia Kristeva, "Kein weibliches Schreiben?...", a.a.O., S. 79
121   Zu den folgenden Ausführungen vgl. Julia Kristeva, "Revolution ...", a.a.O., S. 86-89
122   Julia Kristeva schreibt:"The genotext can ... be seen as language's underlying foundation." Julia Kristeva, "Revolution...", a.a.O., S. 87

sein, er ist Ausdruck des semiotischen Prozesses, der zur Textgestaltung beiträgt und mit der Sprache zum Ausdruck kommt. Jedoch ist er nicht etwa sprachlich-symbolische Repräsentation der Chora, da "die Chora" nicht bedeuten kann.[123] Die Triebenergien aus der Chora können Sprache zwar modifizieren, aber der "Genotext" als Transfer dieser Energien gehört selbst nicht zum symbolischen Bereich des Subjekts, dieser beginnt erst mit dem thetischen Bruch und setzt Bewußtsein, stets ein Zeichen bereits vollzogener Spaltung, voraus.[124] Der Kristeva'sche "Genotext" wird verständlich als Ausdruck des im Text verwobenen Andranges semiotischer Negativität des schreibenden Subjekts auf symbolische Strukturen. Innerhalb der vom Bewußtsein des Subjekts formulierten Sprache kommt er deshalb nur in den von den triebhaften Energien hervorgerufenen Zeichen der Bewegung zum Ausdruck, außerhalb der gesetzten Bedeutungen.

Das Nachspüren dieser subtilen Zeichen führt auf den Genotext und damit auf die Spur des Semiotischen. Kristeva schreibt:

Designating the genotext in a text requires pointing out the transfers of drive energy that can be detected in phonematic devices (such as the accumulation and repetition of phonemes or rhyme) and melodic devices (such as intonation or rhythm), in the way semantic and categorial fields are set out in syntactic and logical features, or in the economy of mimesis (fantasy, the deferment of denotation, narrative, etc.). The genotext is thus the only transfer of drive energies that organizes a space in which the subject is not _yet_ a split unity that will become blurred, giving rise to the symbolic.[125] [Hervorhebung im Original]

---

123 Ein Vergleich mit Kristevas 1981 veröffentlichter Einführung in die Linguistik verdeutlicht Kristevas Herkunft bezüglich der Interpretation des Begriffes Sprache ("la langue" nach Saussure = System von Differenzierungen als Grundlage der Semiotik) als Praxis, die besonders auch Musik, Malerei und Gestik sein kann. Obwohl sie hier den offenbarsten Ausdruck der Chora feststellt, stellt sie dennoch klar heraus, daß erst die Interaktion von Symbolischem mit dem Semiotischem den Ausdruck ermöglicht, den der Betrachter wahrnehmen kann. Vgl.: Julia Kristeva, "Language: The Unknown. An Initiation into Linguistics", (European Perspectives. A Series of the Columbia University Press. II. Series) Translated by Anne M. Menke, New York 1989 (französischsprachige Erstveröffentlichung: Julia Kristeva, La langue, cet Inconnu, Editions du Seuil 1981), insbesondere: "Part Three: Language and Languages", S. 265-314
124 Der vollzogene Bruch ist immer schon Bestandteil des Bewußtseins eines Subjekts, allein im Genotext, als dem Transfer der Chora, ist diese Trennung noch nicht vollzogen. Vgl. hierzu: Julia Kristeva, "Revolution...", a.a.O., S. 86, zum Verständnis des Ausmaßes dieser vollzogenen Spaltung vgl. aber auch die Seiten 204-205
125 Julia Kristeva: "Revolution...", a.a.O., S. 86

Der "Prozeß der Signifikation" markiert den Weg des Individuums zur Herausbildung von Identität mit gesellschaftlich-symbolischen Strukturen und ermöglicht die Entwicklung und den Gebrauch der Sprache als Teilbereich des Symbolisch-Instituierten. Indem Kristevas Begriff "Genotext" es ermöglicht, dem Semiotischen im Text nachzugehen, öffnet er den Zugang zu *einem* Teilbereich des Prozesses der Signifikation. Allerdings umfaßt das resultierende Subjekt und dessen Sprache abgesehen von diesem "unterschwelligen" Bereich auch noch den bewußten, am Symbolischen teilhabenden Bereich, der den Vollzug des Prozesses anzeigt. Beide Bereiche sind ständig präsent und miteinander verbunden.

So wie das Bewußtsein des Subjekts stets vom Unbewußten überlagert beziehungsweise untergraben wird, so ist der "Genotext" nur *ein* Teil, nämlich der dem "bewußteren" Textbereich unterlegte Teil des Textes. So wie die dem Semiotischen entstammende Negativität nur in den Verdichtungen des Subjektbewußtseins zum Tragen kommen kann, so tritt analog auch der sie transportierende "Genotext" nur in Verbindung mit einem materiell existenten, konkreten 'Trägertext' zutage.

Kristevas Begriff des "Phenotextes" bezeichnet diesen anderen, den manifesten, materiellen Teil des Textes. Er bildet den Ausdruck des symbolischsprachlichen, vom Bewußtsein bestimmten Bereiches des Subjekts, das Sprache zur Kommunikation mit anderen verwendet. Im Gegensatz zum "Genotext" ist der "Phenotext" statisch, meßbarer Gegenstand einer etwaigen auf das Produkt Sprache gerichteten linguistischen Befragung; Kristeva schreibt:

We shall use the term *phenotext* to denote language that serves to communicate, which linguistics describes in terms of "competence" and "performance." The phenotext ist constantly split up and devided, and is irreducible to the semiotic process that works through the genotext. The phenotext is a structure (which can be generated, in generative grammar's sense); it obeys rules of

---

Übersetzung: Den Genotext in einem Text zu bestimmen erfordert, die Transfers von Triebenergien aufzuzeigen, die in ausgemacht werden können in phonematischen Kunstgriffen (wie etwa der Akkumulation und Wiederholung von Phonemen und Reim) und melodischen Kunstgriffen (wie etwa der Intonation und des Rhythmus), in der Art, wie semantische und kategoriale Felder in syntaktischen und logischen Grundzügen angelegt sind, oder in der Ökonomie der Mimesis (des Phantastischen, des Aufschubs der Bezeichnung, der Erzählung, etc.). Der Genotext ist so der einzige Transfer von Triebenergien, der einen Raum organisiert, in dem das Subjekt noch keine gespaltene Einheit ist, die unklar wird und aus der dann das Symbolische entsteht.

communication and presupposes a subject of enunciation and an addressee.[126] [Hervorhebung im Original]

Innerhalb der sprachlichen Äußerung "Text" lassen sich so beide Pole der Sprachentstehung und ihre Interaktion verorten. Diese beiden Pole entsprechen den beiden Bewußtseinszuständen des sprechenden Subjekts. Während der Genotext das Semiotische transportiert, kommt im Phenotext die vom Symbolischen bestimmte, sprachlich-strukturelle Seite des Individuums zum Tragen.

Kristeva führt weiter aus, daß die Betrachtung des Prozesses der Signifikation, der beide Bereiche des Individuums umfasse, nur Sinn ergäbe, wenn beide Einflußbereiche des sprechenden Subjekts auf den Text berücksichtigt würden; zugleich sei die Operation des "Subjekts in Bewegung" überhaupt erst untersuchbar vor dem Hintergrund des resultierenden Produkts "Sprache"[127]. Insbesondere eine Befragung des "semiotischen Prozesses" sei auf einen vorhandenen Phenotext angewiesen und zwar, obwohl die hier stattfindende Kollision von Triebinstinkten und symbolischen Strukturen im Genotext

---

126 Julia Kristeva: "Revolution...", a.a.O., S. 87
Die Einführung der Begriffe Kompetenz und Performanz von Noam Chomsky verstärkt die Zuordnung des Phenotextes zum sprechenden Subjekt. Indem Kristeva in diesem Zusammenhang Chomskys Begriffe Kompetenz und Performanz verwendet, betont sie einerseits, daß der Phenotext generierbar ist, andererseits, daß er mit der Vorstellung des bewußten unitären Subjekts verbunden werden muß und nicht etwa von diesem isoliert gedacht werden kann, zugleich jedoch wird klar, daß dieses unitäre Subjekt alleingenommen dem gesamten Subjekt, wie es die Psychoanalyse sieht, nicht gerecht werden kann. Vgl. hierzu: Julia Kristeva, "Language...", a.a.O., S. 250-261 und S. 274.
Übersetzung: Wir werden den Begriff *Phenotext* benutzen, um Sprache zu bezeichnen, die der Kommunikation dient, welche die Linguistic in den Begriffen Kompetenz und Performanz beschreibt. Der Phenotext wird permanent aufgespalten und unterteilt und ist nicht reduzierbar auf den semiotischen Prozeß, der durch den Genotext arbeitet. Der Phenotext ist eine Struktur (die generiert werden kann im Sinne der generativen Grammatik); er folgt Regeln der Kommunikation und setzt ein Subjekt der Äußerung und einen Adressaten voraus.

127 Vgl.: Julia Kristeva, "Revolution..., S. 86-89. Auf den strukturalistischen und poststrukturalistischen Kontext dieser Überlegung Kristevas zum Ausmaß der Bedeutung der Sprache für unser Wissen über das Subjekt, d.h., seine Konstituierung, seine Handlungen und sein So-in-der-Welt-Sein näher einzugehen, würde den durch die Fragestellung aufgestellten Rahmen dieser Arbeit überschreiten. Zur weiteren Lektüre sei aber empfohlen: Julia Kristeva, "Language...", a.a.O., S. 3-5; Critical Factions/Critical Fictions", in: Harari, Josue V. (Ed.): Textual Strategies. Perspectives in Post-Structuralist Criticism. London 1980, S. 17- 72, hier S. 20/21, des weiteren: Andreas Huyssen, "Postmoderne - eine amerikanische Internationale?", in: Huyssen, Andreas u. Klaus R. Scherpe (Hrsgg.), "Postmoderne. Zeichen eines kulturellen Wandels", Reinbek bei Hamburg, April 1986, S. 13-44, S. 32; und: Chris Weedon, "Feminist Practice...", a.a.O., S. 21,22 und S. 32

transportiert werde und obwohl die enge Verbindung des Phenotextes zu einem seiner selbst bewußten Subjekt dem Semiotischen fremd sei.[128] Der Ausdruck eines Individuums und die Kommunikation zwischen Individuen, die Schreiben als "radikale Erfahrung" betreiben, wie Kristeva dies darstellt, sind im Rahmen dieser Vorstellungen nur nachvollziehbar, wenn sämtliche Beziehungen von Subjekt- und Textbereichen untereinander berücksichtigt werden. Kristevas zentrale Fragestellung richtet sich auf diese Verflechtung:

> The signifying process therefore includes both, the genotext and the phenotext; indeed it could not do otherwise. For it is in language that all signifying operations are realized (even when linguistic material is not used), and it is on the basis of language that a theoretical approach may attempt to perceive that operation.[129]

Die besondere Bewegung des Individuums von der Chora zur Bewußtwerdung und Symbolisierung ist im Zusammentreffen von "Geno"- und "Phenotext" vor allem innerhalb der "Textpraxis" nachvollziehbar. Kristeva unterscheidet vier Formen des Diskurses: Narration, Metasprache, Kontemplation und Text. Die verschiedenen Arten sprachlicher Äußerung umfassen unterschiedliche Bereiche des Subjekts und erlauben unterschiedliche Umgangsweisen mit dem Semiotischen und dem Symbolischen.

Für die Frage nach der "Textpraxis" relevant ist der "Text". Nach Kristeva überschreitet "der Text" die Beschränkungen der drei übrigen Diskursarten und ermöglicht es dem Individuum durch das Zulassen der Triebinstinkte aus der Chora, jede symbolische Setzung sofort zu hinterfragen, aufzuheben und in neue Kontexte zu stellen. Im Gegensatz zu den drei übrigen Arten der Äußerung ermöglicht "die Textpraxis" des "Textes" eine dynamische Verbindung von semiotischem und symbolischem Bereich des Subjekts <u>und</u> bietet dem Lesenden die Möglichkeit, den "Pfad der Produktion" lexikalischer, syntaktischer und semantischer Operationen

---

[128] Kristeva betont, daß der Genotext zwar nicht ohne den Phenotext zum Ausdruck gelangen kann, daß jedoch bestimmte sprachliche Formen der Auseinandersetzung mit dem Symbolischen zu einem Ausschluß oder einer Blockierung des Semiotischen führen kann und damit das Hinterfragen symbolischer Strukturen beschränkt. Vgl. hierzu : Julia Kristeva, "Revolution...", a.a.O., S. 90-104, insbesondere auch die Seiten 88 und 103

[129] Julia Kristeva: "Revolution...", a.a.O., S. 87/88
Übersetzung: Der bezeichnende Prozeß schließt deshalb beides ein, den Genotext und den Phenotext; in der Tat, er könnte nicht anders tun. Denn es ist in der Sprache, daß alle bezeichnenden Operationen realisiert werden (selbst wenn kein linguistisches Material benutzt wird), und es ist auf der Grundlage von Sprache, daß eine theoretische Annäherung versuchen mag, diese Operation wahrzunehmen.

eines "Subjekts in Bewegung" zurückzuverfolgen.[130] Im "Text", der den Einbruch semiotischer Dissidenz vom Symbolischen transportiert, wird so eine bestimmte Form der Auseinandersetzung des formulierenden Individuums mit sprachlicher Symbolisierung erkennbar, ein Vorgehen, das nicht dazu führt, das "Andere" zu fixieren[131], sondern ein "Raster [entstehen läßt], in dem Triebe, Signifikanten und Sinn sich in einer [...] Dynamik verknüpfen und wieder lösen".[132]

Die eingangs zitierte Textstelle aus Kristevas Interview *Kein weibliches Schreiben?...* ergibt sich nun, bezogen auf die in ihr hergestellte konditionale Beziehung von Unbewußtem und weiblicher Schreibweise im Text als folgerichtig. Wenn die Grundannahme der psychoanalytischen Theorie über die Wirkungsweise des Unbewußten wahr ist und das Unbewußte die "Negation und die Zeit ignoriert"[133], muß im Rahmen der Überlegungen Kristevas entsprechend die Folgehypothese stimmen, daß die Schreibweise, als noch zum nicht sprachlich-symbolischen Bereich gehörend, sondern zum archaisch-mütterlich dominierten Semiotischen, das Geschlecht ignoriert und daß dessen Affekte aus der Chora erst in der Sprache zum Ausdruck kommen, die dem Bereich patriarchal-symbolischer Instanzen zugehört. Jedoch drücken sich diese Affekte hier nur "latent" aus, sie subversieren als genotextliche Elemente den Phenotext und unterminieren die anscheinende Neutralität seiner Bestandteile. Der Ort des Geschlechts des formulierenden Subjekts innerhalb des "Textes" ist so dem Ort der noch nicht differenzierten Negation und Zeit im Semiotischen vergleichbar, und wie diese erst im Bewußtsein Geltung erlangen, kommt jenes erst als genotextliches Element

---

130 Vgl. hierzu: Julia Kristeva, "Revolution...", a.a.O., Kapitel 13, S. 90-106, hier besonders die Seiten 99-106

131 Das würde nach Kristeva den Abbruch wirklicher Entwicklung bedeuten, der in der Konsequenz zu den Textarten Narration, Metasprache und Kontemplation führt, nicht jedoch zum "Text."

132 vgl.: Julia Kristeva: "Kein weibliches Schreiben?...", a.a.O., S. 80

133 Kristeva diskutiert die Begriffe "Negation" und "Zeit" und ihren Bezug zum Unbewußten und zum Bewußtsein des Subjekts in "Language...", "Revolution..." und in "Women's Time." Die Verbindungslinien zwischen Zeit, Negation, Bewußtsein und Unbewußtes, die von Kristeva vorausgesetzt werden, erarbeitet sie im Kontext der Artikel "Trauminterpretation" und "Über Sexualität" von Sigmund Freud; vgl. hierzu: Julia Kristeva, "Language...", a.a.O., S. 269-271; vgl.: Julia Kristeva, "Revolution...", a.a.O., S. 147-164; vgl.:Julia Kristeva, "Women's Time", a.a.O., S. 191-193; vgl. weiterhin auch: Sigmund Freud, "Über die weibliche Sexualität" (1931), in: Sigmund Freud, Gesammelte Werke, Frankfurt 1946, Bd. 14, S. 523 ff.

innerhalb des Phenotextes, des Ausdrucks vorhandenen Bewußtseins, zum Ausdruck.

Um dem Geschlecht im Rahmen der Auseinandersetzung des Individuums mit der Sprache auf die Spur zu kommen, müssen deshalb bei der Betrachtung des Textes alle Bereiche der Subjektentstehung und -äußerung berücksichtigt werden. Im konkreten Bezug auf von Frauen verfaßte Texte hebt Kristeva dies hervor, wenn sie feststellt, daß die Kenntnis des Einflusses der unterschwelligen triebhaften Energien und Affekte entscheidend zum Verständnis dieser Literatur ist. Es genüge nicht, so Kristeva, über die "Kenntnis vom Signifikanten als einem Netz von distinktiven Merkmalen" zu verfügen[134] - dies täte dem Phenotext Gerechtigkeit, nicht jedoch dem Genotext -, sondern die Befragung des Textes müsse auch hier die verschiedenen Dimensionen des Subjektes und ihre Dynamik im Text berücksichtigen, "weil", so Kristeva weiter,

jedes dieser Merkmale neben seinem Diskriminierungswert als Bedeutungsträger, von einer triebhaften oder affektiven Kraft aufgeladen ist, die sich genaugenommen nicht mitteilt, sondern latent bleibt in der phonemischen oder in der schreibenden Geste. Als hätte der Affekt die Mauer des Signifikanten soweit durchbrochen, daß er ihn durchdringt und als neutrales Merkmal aufhebt; aber als würde dieser Affekt, der sich selbst ignoriert, die Schwelle der Bedeutung nicht überschreiten und keine Zeichen finden, um sich kenntlich zu machen.[135]

Die Bedeutung, die Kristeva der affektiven Aufladung des Textes und dem Einfluß der Triebhaftigkeit für das Entstehen und das Verständnis des "weiblichen Textes" zumißt, verweist auf ausgesprochene Ähnlichkeiten zwischen ihrer Darstellung der "poetischen Sprache" des modernen "Texts" und der Sprache im "weiblichen Text." Die beiden wichtigsten verbindenden Merkmale, der Ausdruck unterbewußter triebhafter Energien im Genotext und der starke Einfluß

---

134 Julia Kristeva: "Kein weibliches Schreiben...", a.a.O., S. 81. Hier zeigt sich deutlich die Kritik Kristevas am Strukturalismus Saussures; da die poststrukturalistische Haltung Kristevas mittlerweile umfangreich diskutiert ist und allgemein bekannt sein dürfte, erübrigt sich eine weitere Erörterung hier. Zur einführenden Einschätzung vgl. etwa die Ausführungen zu Kristevas Verhältnis zu strukturalistischer Linguistik von Karin Richter-Schröder: Karin Richter-Schröder, "Frauenliteratur...", a.a.O., S. 84-90, vgl. weiter: Josué V. Harari, "Critical Factions...", a.a.O., S. 17 und S. 30, zum Verhältnis von Poststrukturalismus und dem Modell des sprachlichen Zeichens bei Saussure vgl. auch die Darstellung von Chris Weedon in "Feminist Practice...": Chris Weedon, "Feminist Practice...", a.a.O., S. 21-25

135 Julia Kristeva: "Kein weibliches Schreiben...", a.a.O., S. 81

semiotischer Negativität, rufen als Merkmale der weiblichen Sprache Cixous' Überlegungen zum "écriture féminine" in Erinnerung.[136]

Cixous' "écriture féminine" stellte das Schreiben der Feminität als Schreiben triebhafter archaisch-körperlicher Libido und verbunden damit die Zurückweisung der männlichen Ökonomie des Sinns vor. Ihre Vorstellung des "mit dem Körper-Schreiben" scheint zunächst Kristevas "Textpraxis" vergleichbar, die die Subversion gesellschaftlich-patriarchaler Setzungen des Sinns über das Zulassen präödipaler Triebinstinkte betreibt.

Im Rahmen der Theorie Kristevas käme Cixous' Ideal einem Rückgriff auf die semiotischen Affekte und Triebinstinkte aus der Chora gleich. Dieser Rückgriff wäre zu verstehen als erinnerndes Zulassen der präödipalen, vom Bewußtsein verdrängten Triebinstinkte, die aus einer Zeit vor der Trennung von der archaisch-allmächtigen Mutter stammen.

Während Cixous den Ausdruck weiblicher lustvoller Körperlichkeit zum Ziel weiblichen Schreibens erhebt, bindet Kristeva den Ausdruck weiblicher Triebinstinkte innerhalb des Textes in den Kontext gesellschaftlicher Ziele und intersubjektiver Beziehungen ein. Sie erkennt zwar an, daß weibliche Verfasser betont verdrängte Affekte über die Darstellung von Körperlichkeit im Text thematisieren und schreibt:

In dem, was die Texte von Frauen thematisieren, fällt mir auf, daß sie einen aus seinen Organen bestehenden Körper sichtbar, fühlbar, berührbar machen und das mit Genuß oder mit Schrecken zur Schau stellen. Als ob die Affekte, welche die durch den so verschrieenen Phallus geregelten intersubjektiven Beziehungen und gesellschaftlichen Ziele provozieren, sich hier in Stimmungen und innere Organe verwandeln würden, was die frühere Kultur sachkundig zu vertuschen wußte, und die sich nunmehr ohne Komplexe zeige[137];

aber sie macht deutlich, daß es sich für ihr Verständnis dieses weiblichen Sprechens hier um eine Form der Auseinandersetzung mit dem Symbolisch-Gesellschaftlichen handelt, die eine Rückverwandlung gesellschaftlicher Ziele und intersubjektiver Beziehungen in Affekte der präödipalen Phase bedeutet. Kristeva stellt wiederholt heraus, daß dies nur *eine* der möglichen Reaktionen von Frauen

---

136 Kristeva verweist auf die Analogie zwischen Poetischem Text und weiblicher Sprache: "Die poetische Sprache hatte von jeher analoge Merkmale, aber es ist wahrscheinlich, daß die Texte der Frauen diese Aufhebung der Neutralität des Signifikanten, was einhergeht mit einem enttäuschten und enttäuschenden Signifikat, in den Alltagsstil einer Epoche einführen." Julia Kristeva: "kein weibliches Schreiben...", a.a.O., S. 81
137 Julia Kristeva, "Kein weibliches Schreiben...", a.a.O., S. 80.

auf das symbolisch-gesellschaftlich Instituierte sein könne und daß diese spezifische Reaktion eine Stagnation für das Subjekt im Prozeß bedeuten würde.[138] Da Männern wie Frauen der Zugang zum Semiotischen gleichermaßen möglich sei, wäre es zudem "gegenwärtig schwierig zu sagen", so Kristeva weiter, ob diese anscheinende Besonderheit weiblichen Sprechens letztlich

> [...]streng genommen auf einer weiblichen Besonderheit beruhen, auf einer sozio-kulturellen Marginalität oder ganz einfach darauf, daß der gegenwärtige Markt aus dem ganzen Ensemble der weiblichen Möglichkeiten eine ganz bestimmte (zum Beispiel die hysterische) Struktur bevorzugt.[139]

Die von Kristeva erwähnte Vorliebe des Buchmarktes für Texte weiblicher Verfasser, in denen eine Ablehnung jeglichen Patriarchal-Gesellschaftlichen zugunsten der Konzentration auf den Ausdruck anscheinend genuin weiblichen (Körper-)Bewußtseins befürwortet wird, hängt sicherlich nicht zuletzt damit zusammen, daß ein Großteil der Feministinnen gerade diese Struktur und diese Inhalte als Ausdruck des Weiblichen an sich für ihre Bewegung beanspruchen.[140]

Der von der écriture féminine letztlich erwartete Verzicht auf eine fortwährende kritische Auseinandersetzung mit dem Symbolischen, der in den ausschließlichen Ausdruck eines archaisch-weiblichen Mütterlichen münden würde, kennzeichne die écriture féminine als hysterisches Sprechen, so Kristevas Einschätzung, das sich durch eine kategorische Rückwendung auf archaische Triebinstinkte auszeichnet, als sehnsuchtsvolle Erinnerung an die präödipale konfliktlose Existenz mit der archaischen Mutter und bestimmt von der Ausblendung der Auseinandersetzung mit dem väterlichen 'Sinn'.[141] Dieses hysterische Sprechen erfährt in der Forderung Cixous' an Frauen, die als patriarchal eingestufte Sinnstiftung zu verweigern, eine Aufwertung als Ausdruck weiblicher

---

138 Kristeva diskutiert wiederholt die Gefahren, die ein Rückzug auf das Präödipale und ein Verharren dort insbesondere für Frauen mit sich bringen kann. Vgl.: Julia Kristeva, "Produktivität der Frau...", a.a.O., S. 166-168; Julia Kristeva, "Kein weibliches Schreiben...", a.a.O., S. 80 und: Julia Kristeva, "Revolution...", a.a.O., S.100-104 und 171-174
139 Julia Kristeva, "Kein weibliches Schreiben...", a.a.O., S. 80
140 Eine knappe Übersicht über Ausmaß und eventuelle politische Konsequenzen der Ablehnung jeglicher Auseinandersetzung mit bestimmten, als patriarchalisch abgestempelten, theoretischen und ästhetischen Modellen in feministischen Kontexten gibt Chris Weedon. Vgl.: Chris Weedon, "Feminist Practice...", a.a.O., S. 6-11
141 Vgl. hierzu: Julia Kristeva, "Revolution...", a.a.O., S. 102ff; Julia Kristeva, "Produktivität der Frau...", a.a.O., S. 168ff und Julia Kristeva, "Kein weibliches Schreiben...", a.a.O., S. 83/84

Opposition, weiblichen Widerstandes gegen patriarchale Gesetze, die sie in der Formulierung "Hysterikerinnen sind meine Schwestern..." [142] bekräftigt. In der écriture féminine soll die Frau ihre genuin weibliche Ökonomie, das weibliche Lustprinzip an sich schreiben.

Für Kristeva hingegen harmonisiert diese Weigerung, sich nach dem Bezug auf die Chora erneut auf eine Auseinandersetzung mit dem Symbolischen einzulassen, gerade den Konflikt, der eine befruchtende Darstellung der Differenzierungen gestattet, die mit dem Einbruch des Präödipalen in die symbolische Repräsentation einhergehen. Das Ergebnis der écriture féminine wäre im Kontext Kristeva'scher Überlegungen nur vorstellbar als endgültiger Rückzug der 'Botschaft' des Individuums auf den Genotext, wäre letztlich nicht mehr mitteilbar, da das Spannungsverhältnis mit dem auf Kommunikation ausgerichteten Phenotext fehlen würde. Ein Text ohne die zumindest phasenweise wiederholte Anbindung an den Bereich des Symbolischen würde sich, so Kristeva, beschränken auf paranoiden Diskurs und bloße Glossolalien. Für die Veränderung eines instituierten gesellschaftlichen Diskurses erwiese sich diese Form der Regression auf das Unbewußte als denkbar ungeeignet, da sie den völligen sozialen und psychischen Rückzug aus jeglichem gesellschaftlichen Diskurs in das Privat-Subjektive bedeuten würde.[143] Während die ecriture féminine letztlich ein solches Schreiben des Unterschieds der Geschlechter wäre, legt Kristeva Wert darauf, daß Frauen sich stärker an dem Schreiben der Unterscheidungen beteiligen sollten, das der "moderne Text" gestattet. Die aus einer so ausgerichteten Schreibweise resultierenden Texte würden nicht auf die dichotomische Darstellung des geschlechtlichen Unterschiedes zielen, sondern sie würden im "kombinatorischen Moment" von Thesis und semiotischem Einbruch den Konflikt von Semiotischem mit den symbolischen Gesetzen vorantreiben und, da Kristeva "symbolisch" und "sozial" als synonyme Begriffe begreift,[144] einen hinterfragenden Zugriff auf

---

142 Hélène Cixous, "Schreiben...", S. 147
143 Vgl. hierzu: Julia Kristeva, "Revolution...", a.a.O., die Seiten 58, 81/82, 102, 182 und vgl.: Julia Kristeva, "Kein weibliches Schreiben...", a.a.O., S. 80/81
144 Kristeva greift hier insbesondere auf die Sozial-Anthropologie Claude Lévi-Strauss's zurück. Vgl.: Julia Kristeva, "Revolution...", a.a.O., S. 72 und 76. Zur geistigen Herkunft dieser Prämisse Kristevas vgl. auch: Margret Brügmann, "Weiblichkeit im Spiel der Sprache.

gesellschaftliche Diskurse gestatten. Deshalb bildet für Kristeva erst der "moderne poetische Text" mittels seiner wiederholten Auseinandersetzung der Triebinstinkte aus der Chora mit dem Symbolischen ein Subversionspotential gegenüber bestehenden patriarchalen Gesetzen.[145]

Das Beharren Kristevas auf der Notwendigkeit dieser Bindung des Semiotischen an das Symbolische mit der damit verbundenen Sinnstiftung liefert die Antwort auf die Problematik fehlender adäquater Sprache für die "écriture féminine", die Cixous letztlich ungelöst lassen muß, da die Möglichkeit für diese Sprache nur außerhalb des existenten patriarchalen Sprachraums und allenfalls als zukünftiges weibliches Sprechen gegeben scheint. Kristeva vermutet eine Möglichkeit zu gesellschaftlicher Weiterentwicklung nicht in diesem utopischen Raum, sondern in der realen Auseinandersetzung mit dem Symbolisch-Gesellschaftlichen. Entsprechend ist das Zustandekommen der radikalen Erfahrung Schreiben, die die "Textpraxis" konstituiert, für Kristeva auf ein Individuum angewiesen, das zunächst bestimmten Regeln der Sinnkonstitution folgend die Gesetze dieses Prozesses wahrnimmt, was ebenso die biologisch-physiologischen Gesetzmäßigkeiten wie auch die sozialen Gesetze umfaßt, sie anerkennen muß und sie dann unter Bezug auf die Chora wiederholt hinterfragen und verwerfen kann, um schließlich auf der Basis derselben Regeln neue Sinnzusammenhänge herzustellen.[146]

In ihrem Aufsatz *Produktivität der Frau* schildert Kristeva die Notwendigkeit, sich auf diesen Konflikt einzulassen, als Vorbedingung für das Hervorbringen neuer Entwicklungen, einschließlich jeglichen sozialen Fortschritts, der nicht lediglich in der Umkehrung der Machtverhältnisse oder in totalitären Tendenzen enden will:[147]

Über das Verhältnis von Psychoanalyse und 'écriture féminine', in: "Frauen Literaur Geschichte. Schreibende Frauen vom Mittelalter bis zur Gegenwart", hrsg. von Hiltrud Gnüg und Renate Möhrmann, Stuttgart 1985, S. 395-415, hier S. 396/397 und des weiteren: Josué Harari, "Critical Factions...", a.a.O., S. 18ff. und vgl. auch Kristevas Ausführungen zu Levi-Strauss: Julia Kristeva, "Language...", S. 46

145 Vgl. hierzu: Julia Kristeva, "Revolution...", a.a.O., S. 170-172, 182/183, 187/188, 190/191, 196
146 Vgl.: Julia Kristeva, "Revolution...", a.a.O., S. 172
147 Denn dies könnte nach Kristeva eines der Ergebnisse des alleinigen Bezuges von Frauen auf die archaische Mutter mit seinem Ausschluß des Symbolischen sein.

Tatsächlich setzt jede *kreative* Aktivität [...] voraus, die *Immanenz* zwischen Libido und symbolischer Instanz herzustellen [...] Neues hervorbringen bedeutet weder die Wiederholung des patriarchalen Diskurses noch Regression zur archaischen Mutter. Neues hervorbringen setzt voraus, daß das Subjekt, *das könnte die Frau sein*, ihre ganze (unbewußte) libidinös-archaische Struktur auf sich nimmt und diese Struktur *in den Akt der Symbolisierung) einbringt* Es gibt keine neue Theorie, auf welchem Gebiet auch immer, ob Linguistik, Literatur, Chemie, Physik, die, sofern sie wirklich neu ist, nicht mehr und mehr *die Libido in den Bereich des Symbolischen einbezieht.*[148] (Hervorhebung von mir, V.V.)

Deshalb findet bei Kristeva keine Forderung nach *dem* weiblichen Sprechen als Ausdruck des weiblichen Geschlechts statt, sondern es erscheint im Hinblick auf ihre Position vielmehr sinnvoll, dem *Ort* des weiblichen Subjekts *im Text* nachzuspüren und dies zu verbinden mit der Frage nach dem Prozeß sprachlicher Auseinandersetzung des weiblichen Individuums mit gesellschaftlichen Normen, Instanzen und deren Veränderungen.

Gleichzeitig mit ihrer Feststellung von Analogien zwischen der "poetischen Sprache" und der Sprache in der Literatur von Frauen verweist Kristeva in *Kein weibliches Schreiben?...* auf einen Sachverhalt, der auf einen besonderen sozio-politischen Kontext schreibender Frauen schließen läßt:

Die poetische Sprache hatte von jeher analoge Merkmale [zur weiblichen Sprache, V.V.], aber es ist wahrscheinlich, daß die Texte der Frauen diese Aufhebung der Neutralität des Signifikanten, was einhergeht mit einem enttäuschten und enttäuschenden Signifikat, *in den Alltagsstil einer Epoche einführen.*[149] [Hervorhebung von mir, V.V.]

Die Verbindung von "Alltagsstil" und weiblicher Sprache führt zum einen Kristevas Ansicht der mangelnden dichterischen Schreibweise von Frauen in ihrer konkreten Konsequenz vor Augen, die sie auch in *Revolution...* geäußert hatte. Wenn Kristeva hier von der 'poetischen Sprache' spricht, bezieht sie sich ganz offensichtlich auf Dichtung von männlichen Verfassern, während weibliche Texte trotz der Betonung, daß Männern und Frauen die poetische Sprache gleichermaßen möglich ist, von ihr in einen anderen sozio-literarischen Kontext gesetzt werden als die männliche Literatur. Offenbar hat Kristeva einen engen und spezifischen Bezugsrahmen vor Augen, auf den sie sich in *Produktivität der Frau* beruft, wenn sie von weiblicher Literatur spricht.

In offensichtlichem Bezug auf Cixous kritisiert Kristeva dieses auch als "Risiko in Westeuropa." Vgl.: Julia Kristeva "Produktivität der Frau...", a.a.O., S. 169
148 Julia Kristeva, "Produktivität der Frau...", a.a.O., S. 170/171
149 Julia Kristeva, "Kein weibliches Schreiben...", a.a.O., S. 81

Diese Begrenzung der "Frauenliteratur", die Kristeva hier durch den Hinweis auf den "Alltagsstil" impliziert, wird allerdings in neueren wissenschaftlichen Abhandlungen zur Frauenliteratur zu Recht zurückgewiesen. Die Aussage Kristevas bezieht sich augenscheinlich auf die frühen feministisch dogmatischen Texte der 70er Jahre und ist in der von Kristeva formulierten Verallgemeinerung nicht mehr unhinterfragt anwendbar; sie erregte deshalb entsprechende Kritik.[150] Gerade diese Einschränkung des Blickwinkels ebnete ja den Weg für einen dogmatischen Ausschluß sprachlich-experimenteller Literatur weiblicher Verfasser aus der Frage, wie es um die Möglichkeiten gesellschaftlicher Einflußnahme von Frauenliteratur steht. Eine zunehmende Anzahl an Untersuchungen, die sich mit der Tradition weiblichen Schreibens auseinandersetzen, weisen auf das verzerrte Urteil über weibliches Schreiben hin, das sich aus dieser Begrenzung der Diskussion ergibt[151], die dazu angetan ist, gerade das Vorurteil über Frauentexte zu stützen, das Kristevas Argumentation zu der Notwendigkeit der Untersuchung der Verbindung von Geno- und Phenotext beseitigen helfen könnte - vorausgesetzt, der kritisch fragende Blick der Untersuchenden richtete sich auf alle möglichen, einschließlich der 'anderen', Frauentexte.

Andererseits kommt in Kristevas Hinweis auf die Veränderung des 'Alltagsstils' in unserer Epoche seitens schreibender Frauen, abgesehen von der Aussage über den literarischen Sprachraum von Frauen, eine Aussage über die sehr weit verbreitete Sichtbarkeit des Aufbrechens von Konflikten mit symbolisch-gesellschaftlichen Strukturen besonders auch im weiblichen Alltagszusammenhang als zeitgenössisches sozio-historisches Phänomen zum Ausdruck, das seinen Widerhall in den zeitgenössischen Texten weiblicher Verfasser findet.

In dieser Aussage enthalten ist Kristevas Verständnis der Verbindung der vom Individuum ausgehenden Kritik am Symbolischen mit zeitgenössischer revolutionärer Kritik am Gesellschaftlichen. Dem von Kristeva hier implizierten jeweilig zeitgenössischen konkreten sozio-historischen Einfluß auf Texte von Frauen

---

150 Vgl.: Margret Brügmann, "Weiblichkeit im Spiel der Sprache...," a.a.O., S. 409
151 Als federführende Autorinnen seien hier lediglich Inge Stephan, Sigrid Weigel und Margret Brügmann erwähnt.
    Vgl. zum Beispiel: Inge Stephan/Regula Venske/Sigrid Weigel: "Frauenliteratur ohne Tradition? Neun Autorinnenportraits", Frankfurt 1987; Brügmann, Margret: "Amazonen...", a.a.O.

nachzugehen, würde bedeuten, über die Betrachtung individueller subjektiver Auseinandersetzung mit dem Symbolischen hinauszugehen - und umgekehrt dürfte dies auf die Spur der eventuellen tatsächlichen gesellschaftlichen Wirkungsabsicht und Möglichkeit dieser spezifischen nur scheinbar individualistischen Schreibweise von Frauen führen. Allerdings darf die Fragestellung nicht von Anbeginn an auf einen Teilbereich der existierenden 'weiblichen' textlichen Äußerungen beschränkt werden, wie Kristeva dies in *Produktivität* noch tut, sondern im Mittelpunkt des Interesses muß die Frage nach den *konkreten* sozialen Besonderheiten stehen, die diese intensive Auseinandersetzung mit dem symbolischen Kontrakt in den verschiedenen Texten von Frauen auslösen.

Kristeva läßt keinen Zweifel aufkommen am Zusammenhang der sozialen Sprengkraft eines Textes mit der Zurückweisung des Rückzugs ins Subjektive. Erst die Verbindung von revolutionärer sozialer Praxis und Textpraxis als erneute Auseinandersetzung mit dem Symbolischen gefährdet den Status quo:

> In capitalist society, where class struggle unsettles all institutions and where every subject and discourse are ultimately determined by their position in production and politics, to keep heterogeneous contradiction within a simply subjective representation is to make it inaudible or complicitous with dominant bourgeois ideology. Although the latter can accept experimental subjectivism, it can barely tolerate [...] the critique of its own foundation. Combining heterogeneous contradiction, whose mechanism the text possesses with revolutionary critique of the established social order (relations of production and reproduction): this is precisely what the dominant ideology and its various mechanisms of liberalism, oppression, and defense find intolerable.[152]

Kristeva bindet den auf die Veränderung oder zumindest Verunsicherung der sozio-symbolischen Festschreibungen gerichteten Erfolg der Textpraxis an die Vorbedingung einer Phase revolutionären Aufbrechens gesellschaftlicher Strukturen. Die sozialen Bewegungen unseres Jahrhunderts bezieht Kristeva aus-

---

152 Julia Kristeva, "Revolution...", a.a.O., S. 191
Übersetzung: In kapitalistischer Gesellschaft, wo der Klassenkampf alle Institutionen ins Wanken bringt und wo jedes Subjekt und jeder Diskurs endgültig bestimmt werden durch ihre Position in der Produktion und Politik, einen heterogenen Widerspruch in einer simplen subjektiven Repräsentation zu halten, bedeutet, ihn unhörbar zu machen oder zum Mittäter an der dominanten bourgeoisen Ideologie. Obwohl letztere experimentellen Subjektivismus akzeptieren kann, kann sie die Kritik ihres eigenen Fundaments kaum tolerieren. Das Kombinieren des heterogenen Widerspruchs, dessen Mechanismen der Text besitzt, mit der revolutionären Kritik der etablierten sozialen Ordnung (Beziehungen der Produktion und Reproduktion): das ist genau, was die dominante Ideologie und ihre unterschiedlichen Mechanismen des Liberalismus, der Unterdrückung und Verteidigung unerträglich finden.

drücklich in diese Phasen ein. Wie in der Zeit der Französischen Revolution zum Beispiel, in der nach Kristeva eine solche Verbindung zustande kam, böten heutige gesellschaftliche Veränderungen, getragen von zeitgenössischen Untergrund- und Avantgardebewegungen, eine Möglichkeit der fruchtbaren Verbindung von prozessualem Subjekt im gesellschaftlichen Umbruch und prozessualem Subjekt in der Sprache. [153]

Offensichtlich beschränkt sich Kristevas Ansatz nicht auf eine Seite der Problematik sozio-symbolischer Veränderungen - das würde bedeuten, kritisch entweder auf Sprache beziehungsweise Literatur oder auf das Individuum in der Gesellschaft Bezug zu nehmen -, sondern ihr Ansatz hat zu tun mit unserem In-der-Welt-Sein als *sprechende und handelnde* Wesen, also mit zwei verschiedenen, aber miteinander verwobenen Möglichkeiten, als Subjekt in Bewegung den sozio-symbolischen Status quo unserer Gesellschaftssysteme zu hinterfragen und zu verändern.[154] Die Verbindung beider Bereiche miteinander findet nach Kristeva über den kombinatorischen Moment erneuter thetischer Bindung nach der ersten Zurückweisung statt. Dieser Moment stoppt den zerstörerischen Charakter der Zurückwendung auf die Triebinstinkte und bewirkt so erst das Zustandekommen eines fortwährenden Prozesses. Revolutionäre Praxis und nicht auf bloßen Erhalt der Produktion gerichtete Arbeit können für Kristeva ebenso einen solchen transformierenden Prozeß bedeuten wie der poetische Text. Während diese Praxen jedoch im sozialen Bereich stattfänden, so Kristeva weiter, würden die "Erdrutsche", die hier ausgelöst würden, alle bezeichnenden Praktiken beeinflussen. Erst das Zustandekommen einer fruchtbaren Verbindung des revolutionären Diskurses einer Epoche mit dem Prozeß der Signifikation im kombinatorischen Moment der Textpraxis ermöglicht nach Kristeva die Möglichkeit, die Gesellschaft und - zugleich und damit verbunden - das zu ihr gehörende sprachlich fixierte und

---

[153] Kristeva äußert sich hierzu ganz ausdrücklich in "Revolution...": "It has only been in very recent years or in revolutionary periods that signifying practice has inscribed within the phenotext the plural, heterogeneous, and contradictory process of signification encompassing the flow of drives, material discontinuity, political struggle, and the pulverisation of language." Julia Kristeva, "Revolution...", a.a.O., S. S. 88; vgl. des weiteren: Julia Kristeva, "Revolution...", a.a.O., S. 102-104, 190-196

[154] Vgl. hierzu auch Leon S. Roudiez' m.E. allerdings zu kurz gefaßten Hinweis auf Kristevas Überschreiten der Grenzen traditioneller Linguistik in seiner Einleitung zur englischsprachigen Ausgabe von "Revolution... ." Vgl. Leon S. Roudiez: Introduction, in: Julia Kristeva, "Revolution...", S. 7

fixierende Selbstverständnis ihrer Mitglieder weiterzuentwickeln. Zugleich werde so auch das fortwährende Hinterfragen des betreffenden revolutionären Diskurses selbst gewährleistet, der ansonsten dazu tendiere, sich zu einem ideologisch geschlossenen Block zu verfestigen.[155]

Kristevas Ausführungen legen nahe, diese Möglichkeit als Phänomen moderner Zeiten zu betrachten, das zusammenhängt mit der Existenz eines modernen "nicht unterworfenen Menschen" (des "non-subjected man"). Im Kontext dieses zu wirklicher Freiheit befähigten Menschen sieht Kristeva die Chance und die Notwendigkeit für ein Eingreifen poetischer Texte gegen verfestigte und sich verfestigende Strukturen. In einer Gesellschaft, die ihre Strukturen auf materieller und sozialer Ebene fast unangreifbar zementiert habe, fände dieser Mensch in der Sprache, oder vielmehr in der Dichtung, noch eine Möglichkeit zu wirklicher Auflehnung, hier könne er dem Prozeß der Signifikation zum Ausdruck verhelfen.[156] Während in früheren Texten eine zunehmend affirmative Funktion ausgeübt worden sei, sei es Anfang des 19. Jahrhunderts modernen Texten, zum Beispiel denen von Joyce, gelungen, sich mittels der Textpraxis gegen den absoluten Herrschaftsanspruch ihrer zeitgenössischen sozio-symbolischen Ordnung und Ideologien durchzusetzen und die Kontrolle anzugreifen von "Maschine, kolonialer Expansion, der Banken, Wissenschaft und des Parlaments, jener Positionen der Herrschaft, die ihre Gewalt unter dem Anschein bloßer neutraler Legalität verbergen."[157] Das Subjekt im Prozeß, das sich in der Kunst, aber auch innerhalb des revolutionären gesellschaftlichen Umschwungs manifestiere, habe sich angesichts der unüberwindlich scheinenden Schwierigkeit, sich gegen die Konsequenzen des Kapitalismus auf materiellem oder sozialem Gebiet direkt aufzulehnen, zunehmend auf den Ausdruck im sprachlichen Bereich verlagert. Nicht zuletzt die gleichzeitig zunehmende grenzüberschreitende Ausrichtung der modernen Staaten mit ihren freieren Individuen ermögliche, so Kristeva, eine Aufweichung der alten Strukturen.

---

155 Vgl.: Julia Kristeva, "Revolution...", a.a.O., S. 189-191
156 Vgl.: dies., ebd., S. 105
157 Vgl.: dies., ebd., S. 83
    Diese Vorstellung klingt so weitreichend, wie sie dargestellt wird, etwas naiv; zwar konnte Kritik geäußert werden, daß diese jedoch tatsächlich an der "Kontrolle von "Maschine, kolonialer Expansion, der Banken, Wissenschaft" ,etc. geändert habe, ist nicht festzustellen.

In ihrem Essay *Women's Time*[158] setzt sich Kristeva auseinander mit der Verbindung zwischen der Frauenbewegung in Europa - als einer der revolutionären dissidenten[159] Bewegungen unseres Jahrhunderts - und dem resultierenden weiblichen Schreiben, und sie verbindet diese Überlegungen mit ihrer in *Revolution* entwickelten Theorie des Subjekts in Bewegung. Während Kristeva ihre Auffassung von der besonderen sozio-psychischen Situation der Frauen in der gegenwärtigen Gesellschaft in *Kein weibliches Schreiben?* nur am Rande andeutete, kommt sie in *Women's Time* massiv zum Ausdruck.

Grundthese des Essays ist, daß der Zusammenhalt der sozio-kulturellen Gruppe Europa zunehmend weniger von der Teilhabe an und den Problemen mit der Produktion materieller Güter bestimmt sei, als vielmehr von den Problematiken der "Reproduktion, des Überlebens der Spezies, Leben und Tod, Körperlichkeit, Sex und Symbol"[160] bestimmt werde. Unter dieser Voraussetzung wäre Europa zu verstehen als "sozio-kulturelles Ensemble", das auf einem gemeinsamen "symbolischen Bekenntnis" mit einer gemeinsamen "symbolischen Repräsentation" beruhe, die wiederzufinden seien in einer gemeinsam erinnerten Kunst, Philosophie und Religion, während zugleich Europas frühere Nationalstaaten ihre jeweilige ökonomische Homogenität, historische Tradition und linguistische Einheit spätestens seit der "Nationalsozialistischen Apokalypse" einbüßten. Soziokulturelle Gruppen, wie zum Beispiel die Gruppe der Frauen, definierten sich innerhalb dieses "Organismus" zwar noch über ihr Verhältnis zur Produktion, aber ihre Rolle in der Reproduktion und deren symbolischer Repräsentation nehme eine zunehmend wichtigere Stellung in der Definition und im Selbstverständnis der

---

158 Julia Kristeva, "Women's Time", a.a.O.
159 Kristeva beschreibt eine mögliche dissidente Haltung von Intellektuellen in modernen kapitalistischen Gesellschaften. Anstatt die sozio-symbolische Ordnung dieser Gesellschaften wider besseres Wissen weiterhin zu verfestigen, würde sich diese Haltung dadurch auszeichnen, so Kristevas These in "A new type of Intellectual, The Dissident", daß sie Möglichkeiten zum Einbringen der Triebeffekte gegen den unbefriedigenden sozio-symbolischen Status quo eröffne. Wie in "Women's Time" auch, so stellt Kristeva in diesem Zusammenhang heraus, daß die Sonderstellung der Frau in der europäischen Gesellschaft sie besonders zu einem solchen Dissidententum anstifte, aber zugleich auch die Gefahr der verstärkten Identifikation mit dem väterlichen Gesetz hervorrufen kann. Vgl.: Julia Kristeva, "A New Type of Intellectual,...", a.a.O., S. 296-298
160 Vgl.: Julia Kristeva, "Women's Time", a.a.O., S. 188-189

Gruppe ein und sei mittlerweile bedeutsamer geworden als ihr Verhältnis zur Produktion.[161]

Das Verhältnis der sozio-kulturellen Gruppe der Frauen zum symbolischen Kontrakt habe sich in den letzten hundert Jahren seit dem Einsetzen der Frauenbewegung entscheidend verändert, so Kristeva weiter; die Herausbildung dieser Veränderung sei im wesentlichen in drei Phasen einzuteilen, der drei "Generationen" von Feministinnen entsprächen. Den Begriff "Generation" versteht Kristeva weniger durch die zeitliche Aufeinanderfolge als vielmehr durch die inhaltliche Nach- und Aufeinanderfolge des mentalen und affektiven Raums, den sie jeweils einnimmt, definiert.[162]

Die erste dieser Generationen sei die Generation der "Sufragetten" und "Existentialistische(n) Feministinnen"[163], die auf die soziale und politische Gleichberechtigung der Frau ausgerichtet gewesen sei; eine zweite Phase habe nach 1968 eingesetzt und sei aus den Enttäuschungen der Frauen mit der - sozialistischen - Bürgerrechtsbewegung hervorgegangen, dies sei die "neue Generation von Frauen"[164] beziehungsweise die "zweite Generation"[165], die weniger auf der Gleichheit der Geschlechter bestanden hätte, sondern stattdessen die Andersartigkeit und zugleich Gleich<u>wertigkeit</u> des weiblichen Geschlechts betont hätten und die Betonung der Andersartigkeit mittlerweile beinahe zur neuen religiösen Wahrheit erhebe;[166] schließlich gäbe es, teilweise zeitlich parallel zu den beiden anderen Strömungen, neuerlich verstärkt die Generation der "Avantgarde-Feministinnen."[167] Letztere falle dadurch auf, daß sie sich bisher äußerst zögerlich

---

161 Vgl. dies., ebd., S. 189
162 Kristeva datiert hier den Beginn der Frauenbewegung überhaupt auf die späte zweite Hälfte des 19. Jahrhunderts, die verschiedenen Generationen treten zwar innerhalb eines bestimmten Zeitrahmens und teilweise auch im Gefolge zeitlich festzumachender Ereignisse auf, sie existieren jedoch nebeneinander und miteinander verwoben. Zum Verständnis des Kristeva'schen Begriffes der "Generation" vgl.: Julia Kristeva, "Women's Time", a.a.O., S. 195/196 und 209; vgl. außerdem die Ausführungen von Toril Moi in ihrer Einleitung zu "Women's time." Vgl.: "The Kristeva Reader...", a.a.O., S. 187
163 "suffragists and [...] existential feminists" - Julia Kristeva, "Women's Time", a.a.O., S. 193, 196
164 Zur Bestimmung und Bezeichnung der zweiten Generation von Feministinnen vgl.: Julia Kristeva, "Women's Time", a.a.O., S. 194, 196 u. S. 200
165 Julia Kristeva, "Women's Time", a.a.O., S. 203
166 Hier bezieht sich Kristeva offensichtlich besonders auch auf Hélène Cixous. Vgl.: Julia Kristeva, "Women's Time", a.a.O.,S. 200 und 209
167 Julia Kristeva, "Women's Time", a.a.O.,S. 209

als Gruppe formiere, dies sei allenfalls ansatzweise beobachtbar; stattdessen verbände diese Feministinnen eine gemeinsame Haltung, die letztlich auf eine Überwindung des Feminismus als Ideologie abziele:

> In its present form, is not feminism [der zweiten Generation, V.V.] in the process of becoming one [eine Religion, V.V.]? Or is it, on the contrary and as avant-garde feminists hope, that having started with the idea of difference, feminism will be able to break free of its belief in Woman, Her power, Her writing, so as to channel this demand for difference into each and every element of the female whole, and, finally, to bring out the singularity of each woman, and beyond this, her multiplicities, her plural languages, beyond the horizon, beyond sight, beyond faith itself?[168]

Das unterschiedliche Verhältnis dieser drei verschiedenen Frauengenerationen zum symbolischen Kontrakt Europas macht Kristeva an ihrem unterschiedlichen Umgang mit dem spezifischen Zeitverständnis von Frauen fest. Die stärkere Affinität zur (intuitiven) Chora bei Frauen bewirke, so die Autorin, daß der besondere 'weibliche' Zeitbegriff im Vergleich zu dem der Männer eher eine "monumentale" oder "zyklische" Zeit meine. Als "monumentale" Zeit versteht sie hier mythische, auf Ewigkeit und Unendlichkeit zielende Zeiträume, mit dem Begriff "zyklische Zeit" bezeichnet sie natürliche Prozesse, die sich beständig wiederholen und erneuern.[169]

Durch diesen anderen Zeitbegriff stünden Frauen in Europa "diagonal" zu ihrer sozialen Gruppe. Besonders die "neue Generation von Frauen" nach 1968 beschäftige sich nicht mehr, wie noch die erste Welle der Frauenbewegung, vorrangig damit, einen gleichberechtigten Platz innerhalb der (patriarchalisch auf Einheitlichkeit und Zielrichtung der sozialen Gruppe Europa ausgerichteten) historischen teleologischen Zeit ihrer patriarchalen Staaten beziehungsweise Staatengefüge zu erkämpfen, sondern sie akzeptiere und betone die "Zeit der Frauen" als sexuelle Unterscheidung, was sich innerhalb ihres größeren sozialen

---

168 Dies.: ebd., S. 208; Übersetzung: In seiner heutigen Form, ist der Feminismus [der zweiten Generation, V.V.] nicht in der Entwicklung, eine [Religion, V.V.] zu werden? Oder ist es der Fall, im Gegenteil, und wie Avantgarde-Feministinnen hoffen, daß, einmal mit der Idee der Differenz begonnen, Feminismus sich lösen können wird von seinem Glauben an *Die Frau, Ihrer* Macht, *Ihrem* Schreiben, und diese Forderung nach Differenz in jedes Element des weiblichen Ganzen zu kanalisieren und schließlich, um die Einzigartigkeit jeder Frau hervorzubringen, ihre Vielfältigkeiten, ihre vielen Sprachen, über den Horizont hinaus, über die Sichtweite hinaus, über den Glauben selbst hinaus?
169 Vgl. hierzu besonders: Julia Kristeva, "Women's Time", a.a.O., S. 191-193

Rahmens als Unterscheidung im Verhältnis zum Symbolischen äußere.[170] Diese andere Beziehung zur Zeit wäre zugleich eine Verbindung zu Frauen in anderen sozialen Gefügen außerhalb Europas;[171] der Vergleich mit diesen anderen sozialen Gruppen stelle zusätzliche Herausforderungen an Europa dar, die Allgemeingültigkeit seiner sozio-symbolischen Strukturen zu hinterfragen.

Die Avantgardefeministinnen würden zwar grundsätzlich die Geschlechterdifferenz als unausweichlich anerkennen, bei ihnen hätte jedoch mit dem Rückzug aus dem "Sexismus" - besonders auch aus dem Sexismus der zweiten Generation der Frauenbewegung - die Frage der Identität jedes Individuums Priorität, nicht etwa *die* Identität *der* Frau(en).

Die Frauenbewegung sei letztlich nur ein Bereich einer umfassenderen Glaubenskrise unserer Gesellschaft, so Kristeva weiter, ein Teil einer umfangreicheren Strömung, die sich gegen die kategorische Opferung ihrer individuellen Triebaffekte für einen übermächtigen sozio-symbolischen Kontrakt zur Wehr setze. Bei der Betrachtung des Aufbegehrens der Frauen gegen symbolische Strukturen sei es letztlich schwierig einzuschätzen, was "in der Beziehung von Frauen zum Symbolischen, wie sie sich nun darstell[e], aus der sozio-historischen Bindung (patriarchale Ideologie, ob christlich, humanistisch, sozialistisch usw.), und was aus einer Struktur" entspringe.[172] Letztlich sei es allenfalls möglich, von "einer Struktur [zu] sprechen, die im Kontext christlicher,

---

170 Julia Kristeva beschreibt die Verbindung von biologischen mit sozio-symbolischen Differenzierungen. Sie schreibt: "Sexual difference - which is at once biological, physiological and relative to reproduction -is translated by and translates a difference in the relationship of subjects to the symbolic contract which is the social contract: a difference, then, in the relationship to power, language and meaning." Julia Kristeva, "Women's Time", a.a.O., S. 196

171 So gehören z.B. "europäische Frauen" einerseits zur Gruppe der "Europäer" und zeichnen sich durch deren sozio-kulturelle Merkmale aus, andererseits gehören sie aber auch zu der die staatlichen und kulturellen Grenzen Europas überschreitenden Gruppe der "Frauen", der zum Beispiel auch die Frauen in Nordamerika oder China zugehören. Als weiteres ähnliches Beispiel benennt Kristeva das komplexere Beispiel einer alters- und geschlechtsspezifischen Gruppe (junge europäische Frauen: Europäer - Frauen - junge Leute). Vgl. hierzu: Julia Kristeva, "Women's Time", a.a.O., S. 189,190.

172 "It is difficult to evaluate what in the relationship of women to the symbolic as it reveals itself now arises from a socio-historical conjuncture (patriarchal ideology, whether Christian, humanist, socialist or so forth), and what arises from a structure. We can speak only about a structure observed in a socio-historical context, which is that of Christian, western civilisation and its lay ramifications." Julia Kristeva, "Women's Time", a.a.O., S. 199.

westlicher Zivilisation beobachtet" sei.[173] Kristeva stellt die Frage der Identität des Individuums innerhalb seiner sozialen Gruppe zur Diskussion. Sie gesteht zwar den Frauen eine besondere sozio-historische und sozio-symbolische Lage zu, was besonders auch in ihrem Essay *A new Type of Intellectual. The Dissident* zum Ausdruck kommt, wo sie schreibt:

> [...] woman never participates as such in the in the consensual law of politics and society [...]. A woman is trapped within the frontiers of her body and even of her species, and consequently always feels EXILED both by the general clichés that make up a common consensus and by the very powers of generalization intrinsic to language. This female exile in relation to the general and to meaning is such that a woman is always singular, to the point where she comes to represent the singularity of the singular - the fragmentation, the drive, the unnameable [...][174];

aber "sexuelle Identität" umfaßt auch hier wie in *Women's Time, Revolution* und *Kein weibliches Schreiben?* nur einen Bruchteil gegenwärtiger Auflehnung gegen das Symbolische, obwohl hier die Position der Frauen aufgrund ihrer prinzipiellen sexuellen Differenz als Trägerinnen subkultureller und avantgardistischer Auflehnung gegen eine intellektuelle Harmonisierung eines nicht mehr funktionierenden sozio-symbolischen Systems dargestellt wird. Wenn eine einzelne Frau letztlich als "Repräsentant(in) der Singularität des Singulären" verstanden werden kann, verliert die sexuelle Differenz an Bedeutung, selbst wenn sie den Prozeß der Differenzierung in Gang gesetzt hat.

Vor allem geht es Kristeva darum, das Potential zur Gesellschaftsveränderung aufzuzeigen, das entstehen kann, wenn sich eine Verbindung einstellt von sozialem Umsturz, Identität und Literatur beziehungsweise Imaginationsvermögen und -ausdruck. In *Women's Time* verleiht sie der Hoffnung Ausdruck, über die von den "Avantgardefeministinnen" ausgehende mögliche literarische Subversion des sozio-symbolischen Kontraktes sei letztlich nicht mehr nur 'die Frau' als 'das Andere' zu entdecken - dies sei allenfalls als

---

173 Julia Kristeva, "Women's Time", a.a.O., S. 199
174 Julia Kristeva, "A new Type of Intellectual...", a.a.O., S. 296
Übersetzung: eine Frau nimmt als solches niemals am übereingestimmten Gesetz von Politik und Gesellschaft Teil [...] . Eine Frau ist gefangen in den Grenzen ihres Körpers und sogar ihrer Gattung und fühlt sich konsequenterweise ins Exil verwiesen sowohl durch die allgemeinen Klischees, die einen gemeinsamen Konsens ausmachen als auch durch die Kräfte der Verallgemeinerung, die der Sprache zu eigen sind. Dieses weibliche Exil in Bezug auf das Allgemeine und die Bedeutung ist solcherart, daß eine Frau immer einzeln ist, bis zu dem Punkt, wo sie die Singularität des Singulären repräsentiert - die Fragmentierung, den Trieb, das Unbenennbare.

Übergangsstadium der "zweiten Generation" zu bewerten - sondern die *einzelne* Frau (und der *einzelne* Mann) sollten ihre jeweilige Besonderheit gegenüber den Beschränkungen des sozio-symbolischen Kontraktes erkennen und zum Ausdruck bringen.[175] Weibliches subversives Schreiben im Idealfall sollte deshalb für Kristeva nicht isoliert von anderem Schreiben als Sondersprache einer Gruppe und damit außerhalb des übrigen gesellschaftlichen Diskurses stattfinden. Zwar werde die "Ablehnung des sozio-symbolischen Kontraktes durch Frauen als Ablehnung der patriarchalen Funktionen gelebt"[176]; dies sei aber dennoch zu verstehen als Teil des gesellschaftlichen Diskurses, motiviert durch innergesellschaftliche Problemstellungen - und diskursschaffend.[177] In der literarischen Umsetzung des Aufbegehrens gegen die Einschränkungen der "Differentiation"[178] durch sozio-symbolische Normen gehe es darum, mittels des Imaginären[179] einen "flexibleren und freieren Diskurs" zu nähren:

---

175 Vgl.: Julia Kristeva, "Women's Time", a.a.O., S. 196
Zur Einschätzung der Position von Männern im Verhältnis zum sozio-symbolischen Kontrakt durch Kristeva vgl.: Julia Kristeva, "Women's Time", a.a.O., S. 196, 199 und 210; zur Ablehnung der von der Theorie der "écriture féminine" Cixou'scher Prägung propagierten Überbetonung des geschlechtlichen Aspektes vgl.: Julia Kristeva, "Women's Time", a.a.O., S. 200.
176 Julia Kristeva: "Women's Time", a.a.O., S. 199
177 Vgl. hierzu die Abschnitte "Living the sacrifice" und "In the Name of the Father, the Son...and the Woman?" in Julia Kristeva: "Women's Time", a.a.O., S. 199-200 und S. 207-208.
178 Unter dem Oberbegriff "Feministische Aufbrüche" leistet Margret Brügmann folgende Definition des mittlerweile in der feministischen Literaturwissenschaft fest verankerten Kristeva'schen Begriffes der Differentiation: "Nach Kristeva haben das männliche und das weibliche Unbewußte keine unterschiedliche Struktur. Sie ist der Meinung, die künstlerische Produktion beruhe auf dem Spiel der libidinösen Pole des Semiotischen und des Symbolischen; sie nennt sie die sexuelle Differentiation, im Gegensatz zum Unterschied zwischen den biologischen Geschlechtern, der sexuellen Differenz (Vgl.: Julia Kristeva, Produktivität der Frau..., a.a.O., S. 171)." Margret Brügmann: "Weiblichkeit im Spiel der Sprache...", a.a.O., S. 409
179 Das hier anschließende Zitat zum Imaginären bezieht sich direkt auf eine ihm vorangehende Reihe rhetorischer Fragen zur Literatur. Wie Lacan das Imaginäre, so setzt Kristeva beides, Literatur und Imaginäres an den Schnittpunkt des Unbewußten und des bewußten. Literatur und Imaginäres sind deshalb für sie kompatibel: "... Why literature? / Is it because, faced with social norms, literature reveals a certain knowledge and sometimes the truth itself about an otherwise repressed, nocturnal, secret and unconscious universe? Because it thus redoubles the social contract by exposing the unsaid, the uncanny? And because it makes a game, a space of fantasy and pleasure, out of the abstract and frustrating order of social signs, the words of everyday communication? ... This

This identification with the potency of the imaginary is not only an identification, an imaginary potency (a fetish, a belief in the maternal penis maintained at all costs), as a far too normative view of the social and symbolic relationship would have it. This identification also bears witness to *women's desire to lift the weight of what is sacrificial in the social contract from their shoulders, to nourish our societies with a more flexible and free discourse*, one able to name what has thus far never been an object of circulation in the community: the enigmas of the body, the dreams, secret joys, shames, hatreds of the second sex.[180]

Kristevas Ausführungen bieten eine Anregung zu einer spezifischen feministischen Position in der Betrachtung weiblicher Literatur. Diese Position würde jegliche neuerliche Mythologisierung des Weiblichen ablehnen, insbesondere auch die Proklamation *weiblicher* Körperlichkeit *in* der Sprache als alleiniger weiblicher Ästhetik, die innerhalb der Diskussionen der "zweiten" Frauenbewegung zu einem Anspruch auf größere Nähe zu *der Wahrheit* als weiblichem Privileg geraten ist.[181] Vielmehr wäre dem Konflikt mehr Aufmerksamkeit zu widmen, der aus der Konfrontation des Semiotischen mit sozio-symbolischen Gesetzen der soziokulturellen Gruppe des sprechenden/schreibenden Individuums erwächst, das sich gegen die ihm auferlegte Opferung der "Differentiation" auflehnt. Daß sich dieser Konflikt bei Frauen in verstärktem Maße in neuerer Zeit und damit auch in ihrer neueren Literatur manifestieren mag, hängt sicherlich mit der besonderen gesellschaftlichen Position 'der Frau' in der Gegenwart zusammen, mit 'ihrer' Enttäuschung an dem als patriarchalisch eingestuften sozio-symbolischen Kontrakt, wie auch mit 'ihrem' psychischen Ort, das heißt, 'ihrer' grundsätzlich größeren Affinität gegenüber der Chora und 'ihrer' Ablehnung der Opferung 'ihrer' Verschiedenheit zugunsten eines übergeordneten, aber zugleich zunehmend disfunktionel-

---

identification with the potency... ." Julia Kristeva, "Women's Time", a.a.O., S. 207. Zu Lacans Begriff des Imaginären vgl. auch: Chris Weedon, "Feminist Practice...", a.a.O., S. 51; zu dieser Verbindung von Literatur und Imagination vgl. auch: Julia Kristeva, "Language...," a.a.O., S. 290-292

180 Julia Kristeva, "Women's Time", a.a.O., S. 207
Übersetzung: Diese Identifikation mit der Kraft des Imaginären ist nicht nur eine Identifikation, eine imaginäre Potenz (ein Fetisch, ein Glaube an den weiblichen Penis, der um jeden Preis aufrechterhalten wird), wie es eine viel zu normative Sicht der sozialen und symbolischen Beziehung haben will. Diese Identifikation bezeugt auch das Verlangen von Frauen danach, ihre Schultern von dem Gewicht dessen zu befreien, was im sozio-symbolischen Kontrakt heilig ist, um unsere Gesellschaft mit einem flexibleren und freieren Diskurs zu nähren, einem, der in der Lage ist, das zu benennen, was bisher nie Gegenstand der Verbreitung in der Gemeinschaft war: die Enigmas des Körpers, die Träume, heimliche Freuden, Scham, Haß des zweiten Geschlechts.

181 Vgl.: Hélène Cixous, "Schreiben...", a.a.O., S. 143

leren,[182] sozio-symbolischen Kontrakts, wie auch mit 'ihrem' durch die Möglichkeit der Mutterschaft bestimmten Ort am Schnittpunkt von Sozio-symbolischem und Subjektivität."[183]

Die Konfrontation, wenn sie ihren Ausdruck im Text einer Autorin findet, muß von Literaturwissenschaftler(inne)n daraufhin befragt werden, wo welche sozio-symbolischen Strukturen und welche Triebaffekte aufeinandertreffen und inwieweit letztere als geschlechtsbezogen und erstere als tatsächlich patriarchalisch zu verstehen sind, damit der/die Fragende sich gegen die Versuchung blinder Ideologisierung verwahren kann.

Julia Kristevas Überlegungen zum Subjekt in der Literatur und zum weiblichen Subjekt in der Gesellschaft und in der Sprache bieten eine Möglichkeit, sowohl dem persönlichen individuellen und semiotischen "Weiblichen" der Verfasserin eines Textes als auch ihrer besonderen Auseinandersetzung mit sozio-politischen Realitäten näher zu kommen. Feministische Literaturwissenschaft, die dem potentiellen Spektrum des Weiblichen in der Literatur von Frauen gerecht werden will, darf sich weder auf ein biologistisches Weiblichkeitsverständnis zurückziehen, das den Blick auf die realen Beziehungen zum Sozio-Symbolischen ausgrenzt, noch darf sie sich auf einer ideologischen Position ausruhen, in der eine vorgefertigte Schuldzuweisung mittels des überstrapazierten Begriffes

---

182 Zur zunehmenden Disfunktionalität des verfestigten sozio-symbolischen Kontraktes westlicher Industrienationen aus Kristevas Sicht vgl.: Julia Kristeva, "A New Type of Intellectual...," a.a.O., S. 292-293 und: Julia Kristeva, "Revolution...", a.a.O., S. 105

183 Sowohl in "Women's Time" wie auch in "Produktivität der Frau" und in "A new Kind of Intellectual, The Dissident" widmet Kristeva der Mutterschaft besondere Aufmerksamkeit. Mutterschaft als soziale Funktion wird von Kristeva als Chance zum Protest gegen die Vereinnahmung durch die Restriktionen des Sozio-symbolischen verstanden, zugleich wird deutlich, daß die für die Entstehung und Weiterexistenz jeglicher sozio-symbolischer Strukturen grundlegende Spaltung während der Schwangerschaft in einem Individuum auf die Spitze getrieben wird. Die besondere Aufmerksamkeit, die Toril Moi diesem Aspekt Kristevas in ihrer Einführung zum Kristeva Reader zukommen läßt, führt m.E. jedoch zu einer zu weit gehenden Interpretation der Bedeutung, die Kristeva dem weiblichen biologischen Geschlecht zumißt. Die Bedeutung der mütterlichen Funktionen bleibt für Kristeva letztlich an den beiden Geschlechtern zugänglichen Konflikt von Triebinstinkten mit dem Sozio-Symbolischen gebunden. Vgl.: Julia Kristeva, "Women's Time", a.a.O., S. 204ff; Julia Kristeva, "A New Type of Intellectual...", a.a.O., S. 296-298 und: Julia Kristeva, "Produktivität...", a.a.O., S. 172

"patriarchalisch" die Textinterpretation leitet und den Blickwinkel verengt.[184] Vielmehr muß sie sich auseinandersetzen mit den durch den semiotischen Prozeß individuell veränderten Resonanzen auf bestimmte gesellschaftliche Problematiken und symbolische Strukturen in den Schreibweisen der Autorinnen. Die Fragestellung muß sich dabei auf den Prozeß der Verarbeitung dieser Problematiken und Strukturen durch die jeweilige Verfasserin richten. Weiblichkeit und weibliche Identität in der Literatur von Frauen würden so von Literaturwissenschaftler(inne)n nicht als bereits definierte Gegenwelt zu einem Block "patriarchaler" Übermacht konzipiert und erwartet, sondern könnten in der viel differenzierteren Sensibilität gesucht werden, mit der das schreibende Individuum auf sozio-symbolische Normen und gesellschaftlichen Anpassungsdruck reagiert. Sie könnten in der Vielfältigkeit des individuellen Umgangs mit sprachlichen und ideologischen Mustern gesucht werden, im (Zusammen-)Spiel von Pheno- und Genotext und in den hier noch nicht notwendigerweise eindeutig festgelegten Formulierungen und Aussagen.

Wie bereits eingangs erwähnt, ist die Anwendbarkeit der Kristeva'schen Theorie für feministische literaturwissenschaftliche Interessen umstritten. Gegen Kristevas Position werden wiederholt vor allem zwei schwerwiegende Argumente angeführt, deren Richtigkeit über die mögliche Geltung ihrer Thesen innerhalb feministisch orientierter Textbefragungen entscheiden dürften.

Einer der am häufigsten gegen eine feministische Lesart Kristevas erhobenen Einwände, lautet, ihre Erkenntnisse seien feministischen Zielen in der Literaturwissenschaft eher hinderlich, da sie, so das eine Argument, "nicht so sehr eine weibliche als vielmehr eine poetische Revolution der Sprache anstreb[e]" und da sie, so das andere Argument, die gesellschaftsverändernde Wirkung aus der Frauenbewegung hervorgegangener offensiv feministischer Frauenliteratur verneine, indem sie die Frage der gesellschaftlichen Wirksamkeit eines Textes auf eine

---

184 Vgl. für die Germanistik hierzu auch die Erörterungen einer der bisher einflußreichsten feministischen Theoretikerinnen Sigrid Weigel über bisher erfolgte Versuche, sich theoretisch und normativ mit Frauentexten auseinanderzusetzen, deren kritischer Haltung gegenüber dieser Selbstbegrenzung feministischer literaturwissenschaftlicher Untersuchungen zuzustimmen ist.
Vgl.: Sigrid Weigel: "Die Stimme der Medusa...", a.a.O., S. 32ff und: dies., "Der schielende Blick. Thesen zur Geschichte weiblicher Schreibpraxis." In: Stephan, Inge / Sigrid Weigel: Die verborgene Frau..., a.a.O., S. 83-137, hier S. 84 und S. 109-112

das Spezifische des Geschlechts nicht formulierende Schreibweise verlagere und sie "subversive Textäußerungen von Frauen" nur in Texten verwirklicht sehe, die in den "<Avantgarde>-Stil" paßten. Dieser Einwand läßt sich angesichts der bisherigen Beobachtungen leicht entkräften.[185] Beide Argumente hängen mit der Forderung Kristevas zusammen, im "Text" - und auf diesen, nicht auf die außertextliche Person und Lebenssituation des Autors habe sich die Frage zu richten - müsse der Konflikt zwischen Symbolischem und Semiotischem lebendig sein. Diese Forderung führt, wie gezeigt wurde, sowohl zur Ablehnung der Vorstellung des Schreibens des Semiotischen als des Weiblichen an sich, das das Symbolische negieren würde, wie auch zur Ablehnung jeglicher Ideologisierung, die den Stillstand des semiotischen Prozesses nach sich führen würde. Da sich Kristeva gegen jegliche Ideologisierung wendet, umfaßt diese Zurückweisung notwendigerweise auch die Aufwertung ideologischer feministischer Positionen im Text. Dies ist für sie mit der Gefahr der Theologisierung des Weiblichen und damit einer möglichen bloßen Umkehrung der Machtverhältnisse verbunden, die ja gerade dem wesentlichsten feministischen Interesse entgegenstehen, nämlich der bedingungslosen Unterwanderung und Abschaffung mittlerweile sinnentleerter hierarchischer Strukturen. Deshalb und nicht zuletzt weil sie gerade auch Frauen aufgrund ihres besonderen Verhältnisses zum sozio-symbolischen Kontrakt eine große Chance zur Veränderung dieses Kontraktes mittels der Textpraxis einräumt, kann Kristevas Theorie trotz der mit ihr verbundenen Ablehnung bestimmter ideologischer Positionen sinnvoll in feministische literaturwissenschaftliche Diskussionen einbezogen werden.

Schwerer als der soeben angesprochene Vorwurf dürfte die Kritik ins Gewicht fallen, Kristevas psychoanalytischer Ansatz sei "fatal für konstruktive politische Aktionen."[186] Hinter diesem Vorwurf verbirgt sich die zumeist in Bezugnahme auf die "écriture féminine" insgesamt geäußerte oder im Kontext der Frage nach der Vereinbarkeit von psychoanalytischer mit feministischer Theorie

---

185 Ricarda Schmidt, "Westdeutsche Frauenliteratur...", a.a.O., S. 201; Margret Brügmann, "Weiblichkeit im Spiel der Sprache...", a.a.O., S. 409
186 Vgl. Ann Rosalind Jones' zusammenfassende Darstellung dieser kritischen Perspektiven. Ann Rosalind Jones: "Writing the body: toward an understanding of l'écriture féminine." In: Feminist Criticism and Social Change. Sex, Class and Race in literature and culture. Ed. by Judith Newton and Deborah Rosenfelt. New York and London 1985, S. 93 - 96.

erörterte Sorge, die Fundierung theoretischer Überlegungen zum weiblichen Subjekt in der Psychoanalyse rede letztlich der Annahme unveränderlicher psychosexueller Charakteristika des einzelnen Individuums das Wort. Dies berge die Gefahr, 'die Frau' der Möglichkeit *politischer* Organisation zu berauben und vereitle letztlich ein *gemeinsames politisches* Handeln der Frauen, denn die Frage der Weiblichkeit werde von der "historisch produzierten Subjektivität gelöst."

Nachdem sich zunächst besonders Untersuchungen aus dem angelsächsischen Raum der Verbindung zwischen feministischer Theorie, feministischer Politik, Literatur von Frauen und feministischer Literaturwissenschaft vor dem Hintergrund einer Auseinandersetzung mit der Psychoanalyse zuwandten,[187] zeigt sich mittlerweile auch hierzulande ein starkes Interesse besonders an dem praktischen Aspekt dieser Fragestellung.[188] In den Mittelpunkt des Interesses an der Verbindung von "Frauen, Literatur und Theorie"[189] rückt die Problematik einer praktischen politischen Anwendbarkeit der Theorie. Die Bedenken, die aus dieser Fragerichtung in Bezug auf Kristevas Überlegugen geäußert werden, spiegeln erhebliche Zweifel an der Vereinbarkeit von feministischem Dogma mit der psychoanalytischen Theorie und an einer von dieser Verbindung geleiteten Literaturbetrachtung. Die immer öfter und eindringlicher gestellte entscheidende

---

[187] Gedacht ist hier insbesondere an die Arbeiten von Nancy Chodorov, Juliet Mitchell, Toril Moi und Ann Rosalind Jones. Eine der Bedeutung der hier implizierten Kritiken im einzelnen gerecht werdende weiterführende Erörterung kann hier aus Platzgründen nicht erfolgen. Der hohe Bekanntheitsgrad dieser Arbeiten sowie die bereits bestehende sehr umfangreiche Rezeption gestatten zudem diesen Verzicht auf eine zusätzliche detaillierte Darstellung. Hier einbezogen sind aber auch frühere Texte wie die von Millett und Firestone; eine zusammenfassende Darstellung besonders auch der frühen grundsätzlichen Diskussionen bietet Weedon.
Vgl. etwa: Juliet Mitchell, Psychoanalyse und Feminismus. Frankfurt 1976; Chris Weedon, "Feminist Practice...", a.a.O., besonders die Seiten 50ff; Toril Moi, "Sexus...", a.a.O.; vgl. weiter: Kate Millett, "Sexual Politics", a.a.O.; Shulamith Firestone, "The Dialectic of Sex", London 1972; Weedon, "Feminist Practice...", a.a.O., S. 50-51 und S. 55-63.

[188] Erwähnenswert sind hier insbesondere die grundsätzlichen Arbeiten von Sigrid Weigel, Margret Brügmann und Karin Richter-Schröder.
Vgl.: Sigrid Weigel, "Die Simme der Medusa...", a.a.O.; Margret Brügmann, "Amazonen...", a.a.O.; dies.: "Weiblichkeit...", a.a.O.; Karin Richter-Schröder, "Frauenliteratur...", a.a.O.

[189] So der Untertitel des Sammelbandes "The New Feminist Criticism", der das zunehmende Interesse der amerikanischen feministischen Literaturwissenschaft an dieser Art der Fragestellung widerspiegelt. Vgl.: Elaine Showalter (Ed.): The New Feminist Criticism..., a.a.O.

Fragestellung lautet, "Wie kann "*eine* libidinöse Stimme" ... für "*alle* Frauen sprechen?"[190] Nach anfänglicher genereller Ablehnung der Kristeva'schen Überlegungen zum Weiblichen im Text von feministischer Seite erfolgt inzwischen auch in der feministischen Germanistik eine positivere Aufnahme der in ihr entwickelten Verbindung von psychoanalytischer Theorie und Textpraxis. Die hier aufgeworfenen Fragen rühren an die Problematik der möglichen Bezugsebenen von Literatur zu dem schreibenden Individuum einerseits und zu den politischen Zielen der Gruppe andererseits, denen dieses Individuum angehört: wie vermittelt der Text zwischen individueller und kollektiver Erfahrung, wie zwischen sozialer Realität und Imagination? Dieser Ansatz wirft die Frage auf, inwiefern Literatur, die politisch wirken will, politische Thesen ausdrücklich formulieren muß. Kann eine im persönlichen Imaginären erfahrene, entstandene und im "Text" stattfindende Auflehnung gegen symbolische Normen und soziale Widersprüche der Gesellschaft im präsentierten Text mehr sein als das, persönlich? Und dieser Ansatz provoziert die Frage nach der Verbindungslinie zwischen 'dem Weiblichen' im "Text" und 'dem Weiblichen' in der sozialen Realität und ihrer gegenseitigen Vergleichbarkeit und Vermittelbarkeit.

Kann eine feministische Bewußtseinbildung erfolgen ohne ideologische Einbindung des Textes beziehungsweise seiner Interpretation einerseits, und sichert nicht andererseits ein "Feminismus" ohne Ideologie, der zudem beide Geschlechter umfaßt, letztlich den Fortbestand patriarchaler Ideologie, zumal wenn er auf den Erkenntnissen der - in seiner Herkunft patriarchalen - Psychoanalyse aufbaut? Bedeutet nicht jede Zurückweisung feministischer Positionen einen Rückschritt in patriarchale Denkmuster? Für "traditionelle" Feministinnen der "zweiten Generation" liegt die Antwort auf der Hand.

Für sie steht die Forderung nach Wiederfindbarkeit soziologischer Daten über Frauen und feministischer Positionen zur sozio-politischen Lage der realpolitischen Einheit "Frau" in der Literatur an erster Stelle. Der psychoanalytische Ansatz Kristevas ist ihnen suspekt, weil er insgesamt gesehen und gemessen an diesem Anspruch die Geschlechts- und Gruppenzugehörigkeit des Individuums vernächlässigt. Hier entscheidet das jeweilige Unbewußte, nicht die politische Willensäußerung eines bewußten Subjekts über Relevanz und Wirkung des Textes.

---

190 Ann Rosalind Jones, "Writing the Body...", a.a.O., S 93

Das politisch organisierbare Subjekt ist bei Kristeva nur insofern an der Veränderung des sozio-symbolischen Kontraktes beteiligt, als es seine nicht organisierbaren unbewußten Persönlichkeitsanteile in den Diskurs einbringen kann. Hier liegt das Problem für Feministinnen.

So sieht es auch Chris Weedon, eine der führenden angelsächsischen Kritikerinnen der französischen Theoretikerinnen, wenn sie die Theorie Kristevas auf ihren möglichen praktischen politischen Einfluß hin befragt. Die Durchsetzbarkeit feministischer Ziele hänge für liberale Feministinnen entscheidend vom Glauben an die Existenz eines souveränen weiblichen Subjekts ab, so Weedon, eines Subjektes, das durch Aufklärung und Bewußtseinsbildung lernen könne, sich als Teil einer Gruppe zu begreifen und seine

Schwierigkeiten, Probleme und Unzulänglichkeiten nicht als die Folgen individuellen, persönlichen Versagens, sondern als das Ergebnis sozial erzeugter Strukturen zu verstehen, die die Arbeitsteilung per Geschlecht, zusammen mit bestimmten Normen von Weiblichkeit und Männlichkeit aufrechterhalten und Frauen den Männern unterordnen.[191]

Kristevas Vorstellung des Subjektes hingegen, so Weedon weiter, betone das vereinzelte Subjekt im semiotischen Prozeß sowie die Instabilität und vorübergehende Natur alles Thetischen. Indem zudem hier Maskulinität und Feminität eher zu "universalen Aspekten von Sprache" gemacht würden als zu "besonderen Konstrukten von spezifisch historisch erzeugten Diskursen, [verlöre] Kristevas Theorie ihre politische Schärfe".[192]

Kristevas "Gratwanderung" bezüglich der Begriffe "Weiblichkeit" und "Feminismus" siedelt sie zwischen allen feministischen Stühlen an. Diese Position wird von Toril Moi erkannt und folgendermaßen beschrieben:

[...] there is a sense in which Kristeva's texts, concerned as they are with the subversion and disruption of all monolithic power structures can be taken to support such a goal [to put an end to all forms of patriarchal or sexist power]. Yet the fact, that she has apparently remained aloof from the call for explicitly feminist approaches to Western cultural tradition and her clearly stated disapproval of the feminist insistence on the need to politicise *all* human relationships would seem to indicate a curiously distant relationship to current feminist debates and to feminism in general.[193] [Hinzufügung aus Zitat vorausgehendem Satz]

Indem Kristeva die Frage nach dem Geschlecht des Subjekts auf die unbewußten und bewußten Anteile der Textentstehung verlagert und dies auf den

---

191 Chris Weedon: "Feminist Practice...", a.a.O., S. 85, Übersetzung von mir
192 Chris Weedon: "Feminist Practice...", a.a.O., S. 89
193 Toril Moi: Einleitung, The Kristeva Reader, a.a.O., S. 9

sozio-symbolischen Kontrakt bezieht, ermöglicht sie, positiv gesehen, eine Polyvalenz, die jeglichen Versuchen widersteht, sie auf eine, von Feministinnen als patriarchal abgelehnte, Eindeutigkeit oder vielmehr "Ein-Sinnigkeit" zurückzuführen. Andererseits jedoch verhindert sie zugleich die von denselben liberalen Feministinnen erhoffte Einstimmigkeit aller Frauen unter der Flagge des Feminismus.

"Die Schwierigkeit, die sich offensichtlich stellt", so formuliert Margret Brügmann für die deutsche feministische Germanistik in dem grundlegenden Sammelband "Frauen Literatur Geschichte" diese bedenkenswerteste Seite der Problematik, "ist die Verknüpfung von Unterdrückungs- und Patriarchatsdiskurs mit der 'écriture féminine'."[194] In Bezug auf Kristeva konkretisiert Brügmann den Vorwurf:

Kristeva beruft sich [...] deutlich auf psychoanalytische Erklärungsmodelle und erkennt den gesellschaftlichen Druck nicht, unter dem schreibende Frauen zu leiden haben, wenn sie sich nicht an ihre Rolle der Reproduktionsinstanz (Muse, Mutter) halten.[195]

Die beiden angeführten Argumentationsstränge überschneiden sich und scheinen sich zunächst nur graduell zu unterscheiden. Im ersten Fall wird Kristeva vorgeworfen, sie partizipiere aktiv am patriarchalen Unterdrückungsdiskurs gegen feministische Befreiungsversuche; im zweiten Fall wird festgestellt, sie berücksichtige feministische Positionen, die auf das soziohistorische Weibliche zielten, ungenügend in ihrer Argumentation, und dies stärke letztlich das Patriarchat, die Unterdrücker. Obwohl in beiden Fällen ein Anspruch erhoben wird auf Einbeziehung feministischer Erkenntnisse in Kristevas Sprechen über die Frau und deren Literatur, greift der zweite Ansatz wesentlich weiter als der erste. Während der erste Ansatz von einem strengen Kontrast zweier verfeindeter in sich homogener Blöcke, 'dem Feminismus' und 'dem Patriarchat', ausgeht und diese Bereiche mit eng umgrenzten Eigenschaften ausstattet (hier etwa: Rationalismus ist männlich, ist ein Machtinstrument des Patriarchats), geht es im zweiten Ansatz eher um die Verbindung polyvalenter Aussagen des einzelnen weiblichen Individuums mit den

---

194 Margret Brügmann: "Feministische Aufbrüche...", a.a.O., S. 395 - 415. S. 395.
(Unter der Bezeichnung "écriture féminine" vereinigt Brügmann alle drei Autorinnen und Monique Wittig)
195 Magret Brügmann: "Feministische Aufbrüche...", a.a.O., S. 410.

Erkenntnissen über die Gruppe der Frauen als sozio-politischer Gruppe. Es geht nicht mehr primär um die Sicherung oder das Ergreifen einer Machtposition, sondern um die Verortung 'der Frau' in der Gesellschaft und in der Beziehung Frau-Text-Gesellschaft. Margret Brügmann wendet sich gegen die Beschränkungen, die durch dieses Verständnis von Frauenliteratur der Textbefragung auferlegt werden. Sie zeigt, daß hier im Zentrum des Interesses die Frage nach der "Operationalisierbarkeit [von Frauen verfaßter Texte] für soziale Lösungsversuche" steht und einer weiblichen Ästhetik Vorschub leistet, die sich keine Offenheit gegenüber ästhetisch experimentellen Texten leisten kann.[196] Da dieses Interesse ausschließlich ideologisch gelenkt wird, läuft die Textbefragung Gefahr, Möglichkeiten der Wirkung von intendierten und nicht intendierten Aussagen und Kritikpunkten auf den sozio-symbolischen Kontrakt und umgekehrt, den Einfluß dieses stets präsenten Kontraktes auf intendierte und nicht intendierte Textanteile, zu übersehen, die sich außerhalb der Grenzen des eng gesteckten ideologischen Rahmens festmachen ließen. Abhilfe schüfe vielleicht die von Brügmann stattdessen für feministische Textbefragungen geforderte grundsätzliche Annahme "daß im Text selbst [...] eine Auseinandersetzung mit der widersprüchlichen Position von Frauen in der Gesellschaft und mit literarischen Traditionen"[197] erfolgen könne und daß dies feministischen Interessen nicht entgegenstehe.

Gerade wenn es um die Verbindung des Individuums zu seinem "Text" und um die Verbindung dieses Textes zur sozialen Gruppe des Individuums geht, läßt sich das Problem nicht auf die Geschlechtsgruppenzugehörigkeit der Schreibenden beschränken. Eine voreilige polarisierende Zurückweisung aller Textstrukturen und Interpretationsansätze, die das selbst-bewußte weibliche Autoren-Ich im Text zur Diskussion stellen möchten, könnten im Eifer des Geschlechter-Kampfes leicht dazu verleiten, zu übersehen, daß die Diskussion um Subjekt und Identität im Text nicht nur das feministische Lager betrifft, sondern Teil ist eines wesentlich weiter verbreiteten "gegenwärtigen Protestes gegen die Beschränkungen durch den sozio-

---

196 Die Formulierung stammt von Margret Brügmann, die sich mit dieser Formulierung zwar im Kontext auf polemische Weise, deshalb jedoch dennoch das Problem auf den Punkt treffend, gegen eine normative feministische Vereinnahmung weiblichen Schreibens wendet. Vgl.: Margret Brügmann, "Amazonen...", S. 4
197 Margret Brügmann, "Amazonen...", S. 5

symbolischen Kontrakt", der den gesamtgesellschaftlichen Status durchaus verändern könnte.[198]

Wenn feministische Textbefragung in einer Zeit, in der der traditionelle Autor und der mit ihm verbundene Subjektbegriff in Texten hinterfragbar wird, diese Frage nicht zulassen könnte, da dies ihre Existenzberechtigung erschüttern würde, bedeutete dies ein Eingeständnis ihrer mangelnden Funktionsfähigkeit innerhalb aktueller gesellschaftsverändernder Debatten und zöge einen Rückfall in gesamtgesellschaftliche Insignifikanz nach sich. Dies käme dem Rückzug in das politische Abseits gleich, das Frauen von patriarchaler Seite sowieso zugestanden wird. Wenn jedoch im Gegensatz hierzu feministische Textbefragungen die zugegebenermaßen bedrohliche Frage nach dem Ort und der Existenz des Geschlechts eines weiblichen Autors - im Unterschied zur "sozio-politischen Gruppe Frau" - im Text in ihre Überlegungen einbeziehen würden, könnten sie die Entwicklung dieser Diskussion in ihrem Interesse beeinflussen. Kristevas Überlegungen sind sowohl für die Debatte über das Autorensubjekt im Text als auch für die feministische Diskussion um das weibliche Subjekt im Text interessant. Ihre Textdiskussion ist dazu angetan, die Ausdehnung der von Foucault und Barthes initiierten und von Derrida und Lacan fortgeführten Fragestellungen bezüglich des autonomen und selbst-bewußten Autoren-Subjektes im Text[199] auf feministisch orientierte Literaturbefragungen anzuregen, denn ihre Überlegungen verdeutlichen, was Craig Owens in seinem Essay "Feministinnen und Postmoderne" ausdrückt, nämlich daß

---

198   Julia Kristeva: "Women's Time", a.a.O., S. 208 (Übersetzung von mir, V.V.)
Kristeva beschreibt das Ausmaß und den möglichen politischen Effekt dieses vom Individuum ausgehenden Protestes: "[...] der modernen Gemeinschaft wird durch diese Praxis der unabhängigen Avantgarde ein neuer Status gegeben, und vor allem durch die Verbreitung von Untergrundkultur an die Massen. Es gibt eine neue Synthese zwischen Sinn, Geräuschen, Gesten und Farben, die Herrscher-Diskurse (master discourses) geraten ins Trudeln und die einfache rationale Übereinstimmung von kulturellen und institutionalen Codes bricht zusammen."
Julia Kristeva, "A New Type of Intellectual...", a.a.O., S. 295

199   Im Rahmen der Ausrichtung dieser Arbeit auf eine überwiegend literaturwissenschaftliche Fragestellung ist ein detaillierteres Eingehen auf den in die Strukturalismus-Poststrukturalismusdiskussion eingebundenen Hintergrund für Kristevas Arbeit nicht möglich. Kristeva steckt ihre Position jedoch deutlich in ihren Arbeiten, insbesondere auch in "Language..." ab. Zur Einführung in diese Thematik empfehlen sich: Andreas Huyssen u. Klaus R. Scherpe: "Postmoderne...", a.a.O. und: Harari, Josue V. (Ed.): "Textual Strategies...", a.a.O.

"feministische Kritik des Patriarchats und postmoderne Kritik an der Repräsentation zusammenfallen."[200]

Eine ausführliche Debatte der einzelnen Positionen würde den dieser Arbeit gesetzten Rahmen sprengen. Aus den vorangegangenen Überlegungen dürfte jedoch hervorgegangen sein, daß die feministische Literaturwissenschaft nicht an den im Rahmen dieser Debatte vorgetragenen Argumenten vorbeigehen kann und daß Überlegungen zu diesen Zusammenhängen bereits sehr wohl existieren und verschiedene Symbiosen dieser beiden Denksysteme versucht werden. Als bisher einflußreichste Arbeiten dieser theoretischen Richtung dürften Nancy Chodorovs *The Reproduction of Mothering*, Jane Flax' *Thinking Fragments: Psychoanalysis, Feminism, and Postmodernism in the Contemporary West*, Toril Mois *Sexus-Text-Herrschaft* und Chris Weedons *Feminist Practice and Poststructuralist Theory* zu nennen sein.[201]

Obwohl Kristeva die ideologische Seite dieser Diskussion verwirft, zeigen folgende zwei Textstellen aus *Women's Time* und *A New Type of Intellectual,...* deutlich, daß sie mit der von ihr vorgestellten "ästhetischen Praxis" durchaus auf politische Wirksamkeit zielt:

Aesthetic practices must increase not only to counterbalance the storage and uniformity of information by present-day mass media, data-bank systems and, in particular, modern communications technology, but also to demystify the identity of the symbolic bond itself, to demystify, therefore, the *community* of language as a universal and unifying tool, one which totalizes and equalizes.[202]

Entsprechend heißt es an anderer Stelle:

We must therefore attack the very premises of this rationality and this society, [...] and dismantle them patiently and meticulously, starting with language and working right up to culture and *institutions*.[203] (Hervorhebung von mir, V.V.)

---

200 Craig Owens, "Der Diskurs der Anderen - Feministinnen und Postmoderne", in: Klaus Scherpe und Andreas Huyssen (Hrsgg.): Postmoderne. Zeichen eines kulturellen Wandels. Reinbek b. Hamburg 1986, S. 172-195; S. 175
201 Nancy J. Chodorov: "The Reproduction of Mothering: Psychoanalysis and the Sociology of Gender", London 1978 (Dt.: Nancy Chodorov, Das Erbe der Mütter: Psychoanalyse und Soziologie der Geschlechter. München 1985); Flax, Jane: "Thinking Fragments: Psychoanalysis, Feminism, and Postmodernism in the Contemporary West", Berkeley, Los Angeles, Oxford 1990; Toril Moi, "Sexus...", a.a.O.; Chris Weedon, "Feminist Practice...", a.a.O.
202 Julia Kristeva: "Women's Time", a.a.O., S. 210
203 Dies.: ebd., S. 210

Wenn sie auch nicht ganz nahe liegt, so läßt sich doch durchaus eine Verbindung herstellen von Kristevas hier geäußerter politischer Intention mit den Zielen nicht nur der von ihr erwähnten Protestbewegungen des gegenwärtigen sozialen Umbruchs, sondern auch mit denen der Frauenbewegung. Kristeva zeigt eine mögliche Verbindung von ästhetischer Praxis und "Feminismus" auf, die nicht auf ein ideologisch orientiertes, autonomes Autorensubjekt im Text fixiert wäre. Die von ihr erhofften "Texte" von Frauen aus der "dritten Frauengeneration von Feministinnen" und entsprechende Lesarten dieser Texte[204] wären ein Schritt in Richtung auf die praktische Verwertbarkeit des Weiblichen im Text als subversive gesellschaftliche Strukturen und Symbolik angreifende feministische Literaturbefragung. Innerhalb des "Textes" einer Verfasserin, die zu der von Kristeva aufgezeigten "dritten Generation" von Frauen, den "Avantgardefeministinnen" zu zählen wäre, müßte es möglich sein, aufzuzeigen, wie sich die Verfasserin mit gesellschaftlichen Normen auseinandersetzt und wie sie dies als Teil der Gesellschaft einerseits und als Individuum mit bewußten und unbewußten Textanteilen andererseits tut.

2.2.3. Herausbildung feministischer literaturtheoretischer Ansätze in Deutschland

Im Umgang mit den theoretischen Überlegungen aus dem Umkreis der "écriture feminine" teilt sich die auf feministische Fragestellungen und Ziele gerichtete Germanistik in vehemente Verfechter und ebenso vehemente Kritiker. Nach anfänglichem Überwiegen der ablehnenden Haltung[205] mehren sich mittlerweile die Stimmen, die zugunsten einer zumindest partiellen Einbeziehung besonders auch der Kristeva'schen Überlegungen in feministisch orientierte Literaturbetrachtungen plädieren. Einige dieser neuen Ansätze weisen einen Weg in Richtung auf eine mögliche Überwindung sowohl des amerikanischen Empirismus, der mit einem Methodenpluralismus einhergeht, als auch der Theorielastigkeit der französischen Ansätze. Im Mittelpunkt der Aufmerksamkeit steht die Frage nach

---

204 Diese Bezeichnung stammt von Weedon; Chris Weedon, "Feminist Practice...", a.a.O., S. 85
205 Das wohl beste Beispiel hierfür bieten die Leserzuschriften an die Zeitschrift alternative als Reaktion auf das Heft "Das Lächeln der Medusa".

einem vom Kristeva'schen Ansatz ermöglichten Bezug zwischen gesellschaftlicher Wirklichkeit der 'realen Frauen' und individuellem experimentell-revolutionärem weiblichen Text. Exemplarisch aufgezeigt werden sollen hier kurz die Schwerpunkte der hier vorgenommenen Betrachtungen der Reaktionen der Germanistik im deutschsprachigen Raum auf Kristeva insbesondere an den Arbeiten *Die Stimme der Medusa. Schreibweisen in der Gegenwartsliteratur von Frauen* von Sigrid Weigel[211], *Frauenliteratur und weibliche Identität. Theoretische Ansätze zu einer weiblichen Ästhetik und zur Entwicklung der neuen deutschen Frauenliteratur* von Karin Richter-Schröder[212] und *Ich gedeihe inmitten von Seuchen. Elfriede Jelinek - Theatertexte* von Corina Caduff[213].

Diese drei Literaturwissenschaftlerinnen beziehen die Ergebnisse Kristevas mit deutlichem feministischen Impetus in ihre Fragestellungen ein. Während Karin Richter-Schröder und Sigrid Weigel den Ansatz Kristevas in ihre literaturtheoretischen Entwürfe zur Interpretationen von Frauenliteratur einarbeiten und den Umgang mit und den Begriff der Frauenliteratur neu gestalten, demonstriert Corina Caduffs Interpretation der Jelinek'schen Theaterstücke auf der Grundlage der Kristeva'schen Texttheorie einerseits und Weigels Theorie des schielenden Blicks andererseits, daß und wie diese Ansätze für feministische literaturwissenschaftliche Untersuchungen konkreter Texte operationalisierbar sind.Geleitet wird das Interesse der drei Literaturwissenschaftlerinnen und, wie Corina Caduff diskutiert, inzwischen einer zunehmenden Anzahl von Germanistinnen, die sich mit diesem Themenbereich auseinandersetzen, von dem Wunsch, die Frage nach der feministischen Operationalisierbarkeit von "weiblichen Texten" nicht auf programmatische Frauenliteratur der 70er und 80er Jahre beschränken zu müssen, sondern sich von den starren Grenzen früherer ideologisch ausgerichteter Herangehensweisen an Frauenliteratur zu befreien, um dem gesamten Spektrum der Texte weiblicher Verfasser - vor allem auch ästhetisch experimentell verfahrender Autorinnen - gerecht werden zu können. Neben die Frage nach dem intendierten Ausdruck emanzipativer, als feministisch im ideologischen Sinne

---

211 Sigrid Weigel, "Die Stimme der Medusa...", a.a.O.
212 Karin Richter-Schröder: "Frauenliteratur...", a.a.O.
213 Corina Caduff, "Ich gedeihe inmitten von Seuchen...", a.a.O.

wiedererkennbarer Ziele und neben die Suche nach dem einheitlichen und autonomen Autorinnenselbstverständnis tritt zunehmend die Frage nach der Art und bewußtseinbildenden Wirkung der Schreibweise in einem als Prozeß verstandenen Text der einzelnen Autorin. Die Zustimmung der genannten drei Autorinnen zu Kristeva zeigt sich zum einen in der folgenden Feststellung Karin Richter-Schröders:

> Die Bedeutung von Kristevas Arbeit für die Entwicklung einer weiblichen Ästhetik liegt in erster Linie in ihren sprachtheoretischen Überlegungen: indem sie zeigt, daß sich die Literatur der Moderne durch eine Problematisierung des Verhältnisses von Sprache und Subjekt auszeichnet, stellt sie auch einer Theorie der Frauenliteratur, der es um die Frage nach der Repräsentierbarkeit weiblicher Wirklichkeitserfahrung geht, ein neues begriffliches Raster zur Verfügung.[214]

Corina Caduffs zusammenfassende Darstellung der vermehrten Rezeption und Einbeziehung der Kristeva'schen Theorie in die Suche nach einem neuen Umgang mit Texten weiblicher Verfasser geht darüber hinaus; sie mündet in das Urteil:

> Dieser erst seit kurzem erfolgte, vermehrte Zugriff auf Kristevas Theorie über die Textentstehung ist eine wichtige Erweiterung feministisch-literaturwissenschaftlicher Arbeit. Diese Theorie umfaßt die potentielle Revolution der poetischen Sprache beider Geschlechter und bietet zudem einen Ansatz für die Diskussion spezifisch weiblicher revolutionärer Textpraxis.[215]

Sigrid Weigel schließlich verarbeitet den Kristeva'schen Ort des Weiblichen in der Textpraxis für die Entwicklung ihrer Theorie des "schielenden Blickes" in der Frauenliteratur.

Die Einbeziehung Kristevas in die Diskussionen um Weiblichkeit und weibliche Identität in der Frauenliteratur dient hier jeweils dem Zweck, einen Blick auf eine mögliche Verbindung feministisch-politischer Sicht der Wirklichkeit mit revolutionärer Schreibpraxis zu werfen, wobei der Schwerpunkt auf dem Begriff gesellschaftlicher 'Wirklichkeit' liegt. Indem sie die Diskussion weiblicher Bewußtseinsbildung mittels Literatur auf nicht-feministisch-ideologische Kontexte der Frauenliteratur ausdehnen und ästhetisch experimentell verfahrenden Texten in ihrem Begriff der bewußtseinsbildenden "Frauenliteratur" den Vorrang geben, sind die Arbeiten von Richter-Schröder, Weigel, aber auch die Herangehensweise von Caduff an die Jelinek'schen Dramen von besonderem Nutzen für eine Annäherung an die hier behandelte Problematik des Weiblichen und weiblicher Identität in

---

214 Karin Richter-Schröder: "Frauenliteratur...", a.a.O., S. 97
215 Corina Caduff: "Ich gedeihe inmitten von Seuchen...", a.a.O., S. 164

Elfriede Jelineks Prosa. Deshalb soll diesen Arbeiten besondere Aufmerksamkeit zukommen.

Der von diesen Arbeiten gesetzte Diskussionsrahmen, der die Grundlage für die folgenden Überlegungen bieten soll, wird bestimmt einerseits von einem Begriff weiblicher "Bewußtseinsbildung", der ausgedehnt wird über ideologische Grenzen hinaus auf jedes einzelne politische Subjekt, das sich einer Welt vorgegebener und vorgefaßter Meinungen, Sprache und Verhaltensmuster ausgesetzt sieht, und andererseits von einem Begriff "Frauenliteratur", der, wie Sigrid Weigel und Inge Stefan dies in ihrem Vorwort zu "Die verborgene Frau" ausdrücken, sich gegen "eine normative Selektion feministischer von nicht-feministischen Texten und Autorinnen" verwahrt und als "Frauenliteratur" "alle von Frauen geschriebenen Texte [bezeichnet], auch wenn sie von ihren Verfasserinnen nicht ausdrücklich als solche intendiert waren."[216]

Allerdings wird in den genannten Arbeiten trotz des besonderen Gewichtes, das sie auf die Verbindung von weiblicher Subjektivität und gesellschaftlich-politischem Engagement legen, dem von Kristeva geforderten kombinatorischen Moment von "weiblicher" Negativität und revolutionärem Diskurs nicht die konkrete Bedeutung zuteil, die ihm angesichts der zeitgenössischen Verflechtung von sozialem Geschlecht und revolutionärem Diskurs zukommen sollte. Um dem Weiblichen und der weiblichen Identität einer heutzutage "schreibenden Frau"[217] näherzukommen, wäre gerade auch eine Problematisierung ganz konkreter gesellschaftlicher Wirklichkeit und der entsprechenden Diskurse erforderlich, an die sich der Protest gegen die Gesellschaft heute anbindet; dieses in der Literatur von Frauen durchscheinende Aufbegehren scheint einer der wichtigsten Bestandteile weiblicher Texte zu sein, selbst wenn dieser sich nicht als feministischer Protest zu erkennen gibt beziehungsweise begreift.

---

216 Inge Stephan und Sigrid Weigel, "Vorwort", in: Inge Stephan/Sigrid Weigel: Die verborgene Frau..., a.a.O., S. 5-14; S. 7
217 Wie Weigel zeigt, wurde der Begriff der "schreibenden Frau" in den 70er Jahren als Gegenbegriff zu der am bürgerlichen Literaturbetrieb teilhabenden "Autorin" üblich, ich benutze diesen Begriff absichtlich quer zu dieser Bedeutung, um herauszustellen, daß trotz der anderen Bedeutung des Begriffes Schreiben heute die Ziele dieser schreibenden Frau der 70er Jahre auch in diesem neuen Schreiben verfolgt werden. Zum Begriff der "schreibenden Frau" vgl.: Sigrid Weigel: "Die Stimme der Medusa. ...", a.a.O., S. 108-111.

Um die spezifischen Sichtweisen der angeführten Arbeiten von Weigel, Richter-Schröder und Caduff zu verstehen, ist es erforderlich, vor ihrer Erörterung kurz auf die Entwicklung feministischer literaturwissenschaftlicher Ansätze in der Germanistik im deutschsprachigen Raum zu schauen, innerhalb derer erst ihre Stärken, Schwächen und Bedeutung beurteilbar werden.

Die Entwicklung der auf Weiblichkeit und weibliche Identität in der Literatur zielenden Fragestellungen in der Germanistik im deutschsprachigen Raum wurde stark von zwei Veröffentlichungen in den 70er Jahren beeinflußt. Die beiden entstehenden Bereiche germanistisch-feministischer Fragestellungen werden der Klarheit der Darstellung halber hier zunächst weitgehend als getrennte Entwicklungsstränge abgehandelt, um die beiden grundsätzlichen Tendenzen zu verdeutlichen. Innerhalb des kurzen Zeitraumes der Entstehung beider Diskussionsansätze und angesichts des sich überschneidenden Textkorpus, auf den sich beide Fragerichtungen beziehen, muß jedoch hervorgehoben werden, daß beide Bereiche sich nicht nur überschneiden, sondern sich auch gegenseitig angeregt und beeinflußt haben.

(1) 1975 erschien **Verena Stefans** Roman *Häutungen*, der programmatisch eine völlig neue Ausdrucksweise von Frauen anstrebte und den Anfang einer Reihe von Texten weiblicher Verfasser begründete, die ausdrücklich - und ausschließlich - im Interesse emanzipativ-feministischer Ziele geschrieben wurden.[218] Dieser Roman bildete ein wichtiges Glied in der Kette der Suche nach emanzipativ feministischen Ausdrucksformen. Rückschauend ist jedoch zu bemerken, daß er einen unbeabsichtigten Kreisschluß bewirkte. Während sein Erscheinen einerseits den Frauenliteraturdiskurs beflügelte, führte andererseits das intensivierte Interesse der an "weiblichen Fragestellungen" interessierten Germanistik an diesem und

---

218 Karin Strucks 1973 erschienener Roman "Klassenliebe" gehört zwar auch der neu entstehenden Frauenliteratur an und wird aufgrund seines früheren Entstehungsdatums nicht selten als erster Text der neuen Frauenliteratur verstanden, aber während "Häutungen" ausdrücklich ein feministisches Schreibprogramm zugrundegelegt wird, kann "Klassenliebe" eher als Vorläufer verstanden werden, der stärker als dem neu entstehenden Frauenliteraturdiskurs noch der "geschlechtsneutralen" "neuen Subjektivität" der frühen 70er Jahre verpflichtet ist. Als Beispiel für die entsprechenden zwei unterschiedlichen Arten der Einschätzung des Beginns der neuen Frauenliteratur vgl.: Sigrid Weigel, "Die Stimme der Medusa. ....", a.a.O., S. 97-111, und vgl. weiter: Ulla Grandell, "Mein Vater, Mein Vater, warum hast Du mich verlassen? Männergestalten in deutschsprachiger Frauenliteratur" 1973 - 1982. Stockholm 1987, S. 17-20

folgenden, nach ähnlichem Muster gestrickten Texten zur Ablehnung anderer, als "bürgerlich" und zugleich "patriarchalisch" eingestufter Texte und damit zu einem über weite Bereiche vollständigen Ausblenden möglicher Diskussionen anderer - vorhandener - Schreibweisen weiblicher Provenienz.

In Form und Inhalt kam "Häutungen" den Vorstellungen entgegen, die die neue Frauenbewegung über eine mögliche, bis dahin als fehlend empfundene, bewußtseinsbildende weibliche Schreibweise entwickelt hatte. In der Vorbemerkung zu Häutungen schildert Stefan die Schwierigkeit und Notwendigkeit, eine eigene, ihrem weiblichen Geschlecht entsprechende, Sprache der Übermacht männlicher Sprache und Sprachregelungen entgegenzusetzen, um ihre subjektiven Gefühle angemessen ausdrücken zu können, die sie als weibliche Gefühle versteht.[219] Das von ihr vorgestellte Programm soll über die Vergegenwärtigung subjektiver Erfahrungen zur Entwicklung einer eigenen, ihrem Frausein entsprechenden Identität führen und spiegelt den Wunsch nach einem Entkommen aus der Ich-Losigkeit und das Ziel einer neuen Ich-Findung. Die Auseinandersetzung mit der Gesellschaft findet in *Häutungen* als explizite Auseinandersetzung mit einem als übermächtig und erdrückend dargestellten Patriarchat statt.

Der Roman war in kürzester Zeit vergriffen. Er und die vielen anderen, die mit gleichem Programm in rascher Abfolge veröffentlicht werden konnten und immense Popularität erlangten, lösten ein Dilemma der Frauenbewegung, den Mangel an Texten, die ihrem Anspruch auf literarische Öffentlichkeit gerecht werden könnten - und ein Problem des Buchmarktes, der sich einer gestiegenen Nachfrage nach Identifikationsmöglichkeiten bietenden Texten für die sich emanzipierende neue Frauengeneration gegenüber sah, die zuvor allenfalls mit Übersetzungen ausländischer Texte, vor allem aus dem angelsächsischen Raum, befriedigt werden konnte und die nun durch "authentische" Frauentexte aus dem deutschsprachigen Raum befriedigt werden konnte.[220]

Dem Trend vermehrter weiblicher Textproduktion folgten sehr bald feuilletonistische und literarhistorische Versuche der Bestandsaufnahme und Ein-

---

219 Vgl.: Verena Stefan, "Häutungen. Autobiographische Aufzeichnungen - Gedichte - Träume - Analysen", München 1975; S. 3/4
220 Vgl. hierzu: Sigrid Weigel: "Die Stimme der Medusa. ...", a.a.O., S. 47/48, vgl.weiter: Luzia Vorspel, "Was ist neu an der *neuen frau*...", a.a.O., S. 14-16

ordnung. In den Mittelpunkt des Interesses rückten die Gemeinsamkeiten dieser letztlich trotz ihrer Ähnlichkeiten in Perspektive, feministischer Aussage und Grundthematik doch recht unterschiedlichen Texte. Die Popularität von Texten wie Karin Strucks *Klassenliebe*[221], Verena Stefans *Häutungen*, Brigitte Schwaigers *Wie kommt das Salz ins Meer?*[222], Svende Merians *Der Tod des Märchenprinzen*[223] und *Ich stehe meine Frau*[224], ja auch Christa Reinigs *Entmannung*[225] sowie die Texte aus der Reihe *neue frau*[226] bewirkte, daß diese Art von Frauentexten Leitbildfunktion für die Beurteilung weiblichen Schreibens schlechthin, aber offensichtlich in der Folge auch für die Literaturschaffenden, erlangten.[227]

Das in der Medien-Öffentlichkeit, aber auch in weiten Bereichen der feministischen Germanistik den Frauenliteraturdiskurs beherrschende Bild von der angeblichen Spezifik weiblichen Schreibens wurde zeitweilig fast ausschließlich aus diesen neu entstehenden und äußerst populären Texten abgeleitet. In *Die Stimme der Medusa* stellt Sigrid Weigel überzeugend dar, daß ein deutlicher Zusammenhang zwischen Marktwirkung und Beurteilung weiblichen Schreibens bestand in der Art, daß eine Gleichsetzung dieser Art von Texten mit der "Frauenliteratur" schlechthin erfolgen konnte.[228]

---

221 Karin Struck, "Klassenliebe", Frankfurt 1973
222 Brigitte Schwaiger, "Wie kommt das Salz ins Meer?" Wien 1976
223 Svende Merian, "Der Tod des Märchenprinzen", Hamburg 1980
224 Margot Schröder, "Ich stehe meine Frau, Roman", Frankfurt a/M. 1975
225 Christa Reinig, "Entmannung. Die Geschichte Ottos und seiner vier Frauen erzählt von Christa Reinig", Roman. Darmstadt 1977
226 "neue frau", rororo-Taschenbuchreihe,(Beginn 1977)
227 Es können hier nur exemplarisch einige wenige besonders beachtete Texte erwähnt werden, die für Bestandsaufnahmen der neuen Frauenliteratur beinahe kanonbildend, sicher jedoch unerläßlich, wurden. Zum Umfang dieser "neuen Frauenliteratur" vgl. auch meine Fußnote 28 in diesem Kapitel. Die Verflechtung von Frauenliteraturdebatte, Literaturproduktion und Nachfrage beschreibt am zutreffendsten wohl Sigrid Weigel, wenn sie von der "Tendenz" spricht, daß in der Rede über "Frauenliteratur" sich eine Produktorientierung durchsetzt, ---, aus der die entsprechenden Texte ebenso wie die Nachfrage nach ihnen entstanden sind."
Sigrid Weigel, "Die Stimme der Medusa. ...", a.a.O., S. 51, vgl des weiteren: dies., ebd., S.139
228 Vgl. Sigrid Weigel, "Die Stimme der Medusa. ...", a.a.O., S.110;

Ein großer Teil der Bestandsaufnahmen, die bald nach dem Erscheinen der ersten Frauenliteraturtexte erschienen, machen die überwiegend kompilatorischen Arbeiten zumeist männlicher Verfasser aus, die zunächst traditionelle literarhistorische Ziele verfolgend offenbar darauf bedacht waren, die "neue Frauenliteratur" zu be-greifen. Exemplarisch seien hier Serke, Puknus und Jürgensen erwähnt[229], die den Sinn der neuen Frauenliteratur vor allem auch in der Überwindung des Sinnverlustes der Literatur aus männlicher Hand suchten.[230] Ihre Bestandsaufnahmen - obwohl sie in ihre Kompilationen auch Texte von nicht direkt aus der Frauenbewegung heraus schreibenden Autorinnen mit anderen ästhetischen Interessen einbeziehen - leiten aus *dieser* neuen Frauenliteratur und den aus diesen Texten gewonnenen Ergebnissen ihre Bewertungs-Maßstäbe ab für ihre letztlich immer wieder eher belächelnde und herablassende als dem Medium angemessene Beurteilung. Wie stark diese Autoren sich auf die Einordnung konzentrieren, wie stark sie sich dabei auf den Aspekt begrenzbarer Begrifflichkeit besonders für die Neuerscheinungen konzentrieren, macht bereits ein Blick auf die Titel ihrer

---

229 Vgl. hierzu auch Sigrid Weigels Kritik der sich zu Anfang der Frauenliteraturforschung als grundlegend verstehenden Arbeiten von Serke, Puknus und Jürgensen. Weigel stellt heraus, daß diese Arbeiten für eine Annäherung an die Problematiken weiblicher Schreibweisen eher ungeeignet sind, allerdings kann dies m.E. nicht, wie Weigel dies tut, mit dem Hinweis auf den in diesen Texten vorhandenen "Ausdruck einer geschlechtsspezifisch befangenen, d.h. bornierten Betrachtungsweise" erklärt werden, da - wie noch gezeigt werden soll - den weiblichen feministischen Literaturwissenschaftlern durchaus ähnliche Fehler unterlaufen sind wie diesen männlichen.
Vgl. Sigrid Weigel: "Die Stimme der Medusa. ...", a.a.O., S. 19-23

230 Besonders explizit formuliert dies Serke: "Die [männlichen] Schriftsteller [...] verloren am Schreibtisch die Beziehung zum alltäglichen Leben. [...] Das Wissen der Frauen von der Bindungskraft der Liebe ging über die Perspektivlosigkeit der Männer hinweg... Aus ihrem neuen Selbstverständnis heraus beschreiben sie sich in ihrer Lust, zu leben, zu lieben und zu arbeiten und in ihrer Last mit dieser Lust." Jürgen Serke, "Frauen schreiben. Ein neues Kapitel deutschsprachiger Literatur", Hamburg 1979, S. 9-10.
Diese Vorstellung von der angeblichen "Überwindung des Sinnverlustes männlicher Literatur durch "die Frauenliteratur" findet sich übrigens sehr ähnlich auch in von Frauen verfaßten Versuchen, iteraturhistorische Überblicke über "Frauenliteratur" zu vermitteln. So schreibt etwa Renate Wiggershaus: "In einer Zeit, da das Kursbuch den Tod der Literatur ausrief, [...] entstand eine wachsende Zahl von Büchern weiblicher Autoren, die nicht Leere und lähmenden Überdruß bekundeten, sondern den Wunsch, mit Lust zu leben, zu arbeiten, zu lieben, ohne daß dabei die Verzweiflung über die Schwierigkeit unterdrückt wurde, die sich dem in den Weg stellten." Renate Wiggershaus, "Neue Tendenzen in der Bundesrepublik Deutschland, in Österreich und in der Schweiz", in: Hiltrud Gnüg u. Renate Möhrmann (Hrsgg.): Frauen Literatur Geschichte, a.a.O., S. 416-433, S. 417

Arbeiten deutlich: *Frauen schreiben. Ein neues Kapitel deutschsprachiger Literatur*[231], *Was ist Frauenliteratur?*[232] und *Neue Literatur für Frauen. Deutschsprachige Autorinnen der Gegenwart.*[233] Die Defintionsversuche dieser Art von Bestandsaufnahmen ließen allmählich Raster[234] entstehen, die, insgesamt gesehen, ein recht willkürliches Bild - abhängig von den gewählten Kriterien - mehr oder weniger "weiblicher", mehr oder weniger "feministischer", mehr oder weniger "literarischer", ja sogar mehr oder weniger "patriarchalischer" Frauenliteratur schufen. Da wird unterschieden zwischen "soziologischen Kampfschriften des Feminismus" und "künstlerischen Werken weiblicher Autoren", zwischen "der Frau, die bewußt über sich selbst schreibt" und so "Frauenliteratur" schreibe und "der patriarchalisch schreibende[n] Frau", die "wenigstens unter Beweis stellen konnte, daß sie auch im Rahmen einer vorgeschriebenen Kunst- und Weltanschauung Außerordentliches zu leisten imstande war."[235] Da führt die - unausgesprochene - Verbindung zwischen Vorstellungen über die "Natur" der Frau und ihrem Schreiben zu der Annahme, "Schriftstellerinnen" "schöpf(t)en ungeahnte Kräfte aus den tabuisierten, lange verleugneten und verborgenen Teilen ihrer Natur".[236] Vor diesem Hintergrund kann die hier exemplarisch angeführte Überzeugung von Serke kaum noch überraschen, daß, was für Schriftsteller der Gegenwart ein Hindernis bei der angestrebten Selbstfindung bedeute, für die neuen Schriftstellerinnen einen sinnstiftenden Vorteil darböte:

---

231 Jürgen Serke, "Frauen schreiben...", a.a.O.
232 Manfred Jürgensen, "Was ist Frauenliteratur?", in: ders. (Hrsg.): "Frauenliteratur...", a.a.O., S. 13-45
233 Heinz Puknus (Hrsg.), "Neue Literatur für Frauen. Deutschsprachige Autorinnen der Gegenwart", München 1980
234 Um einen Überblick über den Umfang und die einzelnen Texte der "neuen Frauenliteratur" und ihre "schleichende" Kanonbildung zu erhalten empfehlen sich besonders die inhaltlich um die neue Frauenliteratur konzentrierte Kompilation von Serke, die Erörterungen von Vorspel zur Reihe "neue frau", Ricarda Schmidts "Westdeutsche Frauenliteratur in den 70er Jahren", Weigels ausführliche Darstellungen der Entstehungs- und Rezeptionsgeschichte der Frauenliteratur in den 70er und frühen 80er Jahren und Manfred Jürgensens Aufsatz "Was ist Frauenliteratur?" Diese völlig unterschiedlich verfahrenden Texte, die zum Teil zu entgegengesetzten Ergebnissen gelangen, setzen sich, wenn es um die "neue Frauenliteratur" geht, mit den stets gleichen, offenbar einem stillschweigend vorausgesetzten Kanon zugehörigen Texten auseinander.
235 Manfred Jürgensen, "Was ist Frauenliteratur?", a.a.O., S. 19
236 Jürgen Serke, "Frauen schreiben...", a.a.O., S. 10 (Hervorhebung von mir)

Gewiß, auch das Innenleben der Schriftstellerinnen bricht sich ständig an den Irritationen der Außenwelt. Doch die neue Subjektivität [...] bei den Schriftstellern [...] hat eine andere Qualität als die der Frauen. Die Frauen gewinnen sich in ihr, die Männer gehen schreibend in dieser Subjektivität verloren.[237]

Rückblickend ist innerhalb des deutschsprachigen Frauenliteraturdiskurses die allmähliche Herausbildung eines Kanons[238] 'Frauenliteratur' beobachtbar, die den Ausschluß konstruktiver experimentell-moderner Literatur aus dem Bereich der Literatur förderte, der mit dem Begriff "Frauenliteratur" bezeichnet wurde, wobei weitgehend davon ausgegangen wurde, daß eine Entwicklung der Literatur von Frauen festzustellen sei, die - positiv oder negativ betrachtet - logisch in die "neue" Frauenliteratur der 70er und 80er Jahre mündete.[239]

Der 'heimliche' Kanon setzte sich allerdings nicht nur für traditionelle literarhistorische Untersuchungen durch, obwohl er aus einer ihren Zielsetzungen verbundenen Denkweise erwuchs, sondern er prägte auch bei der Suche von Frauen nach einer anderen 'weiblichen Ästhetik' das Bild von 'der Frauenliteratur', wobei darauf hingewiesen sein muß, daß sich diese Untersuchungen in der Mehrzahl bewußt *gegen* herkömmliche literaturwissenschaftliche Bewertungs- und Normvorstellungen wandten. Die auch hier beobachtbare Selbstbeschränkung auf Texte aus dem "Kanon"[240] hängt damit zusammen, daß hier wie dort die Existenz einer in ihrem spezifischen *Wesen* weiblichen Schreibweise vorausgesetzt wird.

---

237 Jürgen Serke, "Frauen schreiben...", a.a.O., S. 10
238 Weigels Rede davon, daß die "Tendenz zur Kanonbildung überwiegend von Männern" stamme, ist jedoch nur bedingt zuzustimmen, schließlich orientieren sich auch die Literaturwissenschaftlerinnen, wenn sie über "Frauenliteratur" reden, an diesem kanon, wie die folgenden Erörterungen zeigen. Vgl. Sigrid Weigel, "Die Stimme der Medusa...", a.a.O., S. 20
239 Besonders deutlich stellt Puknus die Vorstellung einer Entwicklung "der Frauenliteratur" in den Vordergrund seiner Überlegungen.
Vgl. Heinz Puknus (Hrsg.), Einleitung, Neue Literatur für Frauen..., a.a.O.
240 Besonders aufschlußreich hierzu sind die kritischen Erörterungen der einschränkenden Folgen des Bezuges feministischer Fragestellungen vor allem auf diesen Kanon und der einschränkenden Wirkung der Beteiligung von feministisch-germanistischer Seite an dieser Kanonbildung für die Frage nach dem Weiblichen in der Literatur von Frauen finden bei Weigel und Karin Richter-Schröder, die aus der Ablehnung des entsprechenden Begriffes "Frauenliteratur" neue Wege der Annäherung an "andere" Frauentexte ableiten. Vgl.: Sigrid Weigel: "Die Stimme der Medusa. ...", a.a.O., S. 32-41, Vgl.weiter: Sigrid Weigel, "Der schielende Blick...", a.a.O., S. 84;, vgl. weiter: Karin Richter-Schröder, "Frauenliteratur...", a.a.O., S. 57-65; vgl. außerdem: Margret Brügmann, "Amazonen...", a.a.O., S. 3-5

Ähnlich den amerikanischen Studien fragten diese Untersuchungen vorrangig nach dem Frauenbild und der feministischen Aussage in exemplarischen Einzeluntersuchungen, die dann zu Verallgemeinerungen über "die Frauenliteratur" und "das Weibliche" führten.

Der Anspruch, mittels des Rückgriffs auf diese "im Kontext der westdeutschen Frauenbewegung hervorgebrachte[...] Literatur"[241] Erkenntnisse über Frauenliteratur schlechthin zu erlangen, konnte jedoch nur zu unbefriedigenden Ergebnissen führen. Die Erkenntnisse konnten nicht auf alle von Frauen geschriebene Literatur zutreffen; erst die Ausgrenzung, Ignorierung oder Marginalisierung von Texten, die sich nicht in das so entwickelte Definitionsraster einfügten oder es gar gefährdet hätten, ermöglichte Definitionen, verallgemeinernde Feststellungen, die in Formulierungen wie die folgende, lediglich exemplarisch angeführte, von Ulla Grandell, münden konnten:

Eine Frauenliteratur in dem oben definierten Sinne [[242]] gibt es im deutschsprachigen Raum eigentlich erst seit Anfang der 1970er Jahre, und sie ist nur vor dem Hintergrund der stark heranwachsenden Frauenbewegung zu verstehen [...][243];

oder auch in Thesen wie Luzia Vorspels, "durchgesetzt" (!) habe sich ein "engeres Verständnis des Begriffes" Frauenliteratur, danach würden

zur Zeit [1990,V.V.] unter *Frauenliteratur* vor allem die Texte von Frauen verstanden, die ab Anfang der 70er Jahre im Gefolge der Neuen Frauenbewegung von Frauen produziert und ab Mitte der 70er Jahre auch rezipiert wurde."[244]

Insbesondere kommen innerhalb dieser Betrachtungen "modernistische" Texte von Frauen zu kurz, deren experimentelle Schreibweisen nicht mit dem am eigenen - 'außerliterarischen' - Erleben der Autorin meßbaren "Authentizitätsanspruch" der neuen Frauenliteratur beziehungsweise der neuen Frauenbewegung in Einklang zu bringen sind, beziehungsweise Texte, die sich nicht auf die anhand

---

241 Ricarda Schmidt: "Westdeutsche Frauenliteratur...", a.a.O., S. 4
242 Grandell bezieht den "Begriff Frauenliteratur" auf "'Werke von Autorinnen, die - dies ist das Hauptkriterium - die Frau [...] zum Gegenstand der Betrachtung' wählen, und die 'zuallererst im nichtliterarischen [...] Bereich Autorinnen ihrer selbst zu sein' [...] suchen." Ulla Grandell: "Mein Vater, Mein Vater...", a.a.O., S. 18
243 Ulla Grandell, "Mein Vater, Mein Vater...", a.a.O., S. 19
244 Luzia Vorspel: Was ist neu an der neuen frau..., a.a.O., S. 13

der neuen "Frauenliteratur" erarbeiteten "weiblichen" Themenbereiche eingrenzen lassen.[245]

Die Konzentration auf autobiographische Schreibweisen und auf von Seiten der Feministinnen erwartete inhaltliche Kriterien - *ausgesprochene* Absage an das Patriarchat, Thematisierung oder vielmehr Dokumentierung des weiblichen Alltags und weiblicher Sexualität und des weiblichen Selbst - drängten die Frage nach Kriterien der künstlerisch-formalen Gestaltung und zugleich auch die (Nach-)Frage nach anderen, nämlich experimentellen, weiblichen Schreibweisen in den Hintergrund des Frauenliteraturdiskurses. Kurz gesagt wurde im Rahmen der selbstauferlegten Beschränkungen dieser Diskussion die Frage nach der Repräsentierbarkeit des Weiblichen in der Literatur von vornherein auf Texte des "gesellschaftskritischen Realismus" eingegrenzt, während es für "rationalitätskritische[n] und psychoanalytische[n] Aspekte" anderer Schreibweisen von Frauen keinen "diskursiven Zusammenhang" gab.[246]

Der Widerstand einiger LiteraturwissenschaftlerInnen gegen diese Position entzündete sich besonders an dem Begriff der "Frauenliteratur" und an der Frage nach einer allem weiblichen Schreiben 'wesenseigenen weiblichen Ästhetik', als klar wurde, daß die entstehenden verallgemeinernden Definitionen und formalen Abgrenzungen letztlich immer nur Erkenntnisse über einen Teilbereich der gesamten von Frauen verfaßten Literatur zuließen, während der durchaus umfangreiche Bereich anderer Schreibweisen von Frauen paradoxerweise dem Verdikt der im Wesen 'männlichen' Literatur anheimfallen würde. Zugleich tauchten Forderungen nach einer stärkeren Gewichtung des künstlerischen Aspektes in der Frauenliteratur auf, die sowohl die Textproduktion als auch die Bewertung von literaturwissenschaftlicher Seite beeinflussen sollten.[247] Trotz der immer lauter werdenden Proteste gegen die Beschränkungen ist jedoch bis in die Gegenwart der

---

245 Vgl.: Karin Richter-Schröder, "Frauenliteratur...''", a.a.O., S. 62
246 Sigrid Weigel, "Die Stimme der Medusa. ...", a.a.O. S. 39
247 Einen Überblick über einschlägige Untersuchungen dieses Gehalts bietet: Ricarda Schmidt, "Westdeutsche Frauenliteratur...", a.a.O., S. 169/170; vgl. zudem: Margret Brügmann, "Amazonen...", a.a.O., S. 5; vgl weiter: Karin Richter-Schröder, "Frauenliteratur...", a.a.O., S. 156ff; Vgl. außerdem: Sigrid Weigel: "Die Stimme der Medusa. ...", a.a.O., S. S. 32-44

Einfluß des in der Folge von *Häutungen* entstandenen Kanons 'Frauenliteratur' für den Frauenliteraturdiskurs zu beobachten. Besonders deutlich aufzeigen läßt sich die Intensität, mit der sich dieser 'heimliche Kanon' der Frauenliteratur durchsetzte, anhand neuerer literaturwissenschaftlicher Untersuchungen, die der Verbindung von formal-ästhetischem und politischem Aspekt in der Frauenliteratur ihre besondere Aufmerksamkeit widmen. Margret Brügmanns 1986 erschienene "Studien zur deutschsprachigen Frauenliteratur der 70er Jahre"[248], betitelt *Amazonen der Literatur*[249], räumt dem Aspekt der formal-ästhetischen Verarbeitung feministischer Aussagen in der Frauenliteratur den Vorrang ein vor der Frage nach dem Grad der feministischen "Linientreue" der Autorinnen. Sie fordert, die Auseinandersetzung mit der "widersprüchlichen Situation von Frauen in der Gesellschaft und mit literarischen Traditionen" "*im Text*" den Vorzug vor positivistischen Fragestellungen zu geben und das Interesse mehr auf die im Text angelegten Momente weiblichen Aufbegehrens zu lenken:

Meine Kritik richtet sich gegen die Annahme, daß im Text selbst keine Auseinandersetzung mit der widersprüchlichen Position von Frauen in der Gesellschaft und mit literarischen Traditionen erfolgen könnte. Hierdurch wird der Anspruch weiblicher Autoren ausgeklammert, sich in die Diskussion über ästhetische Erneuerung der literarischen Tradition mengen zu können. Gerade dieser Anspruch jedoch wird stets lauter. Die Lust, sich in die Diskussion über ästhetische Konzepte, formale Experimente, den Stellenwert des Subjekts im Text einzumischen, beherrscht das Feld der gegenwärtigen künstlerischen Produktion von Frauen.[250]

Ihre Untersuchung beschäftigt sich mit Texten, die bereits früher aufgrund ihrer Bezüge zur Autobiographie der Autorinnen und aufgrund ihrer Thematisierung programmatisch-feministischer Ziele "*der* Frauenliteratur" zugeordnet wurden.[251] Obwohl sich Brügmann offenbar dem 'Kanon' nicht verweigern kann,[252]

---

248 So der Untertitel
249 Margret Brügmann, "Amazonen...", a.a.O.
250 Dies.: ebd., S. 5
251 Die Texte sind Verena Stefans "Häutungen", Jutta Heinrichs "Das Geschlecht der Gedanken", Birgit Pauschs "Die Verweigerung der Johanna Graufügel", Margot Schröders "Ich stehe meine Frau" und auch, obwohl hier kaum ein direkter autobiographischer Aspekt anwendbar ist, Elfriede Jelineks "Die Liebhaberinnen."
252 ...obwohl eingeräumt werden muß, daß sie, abgesehen von Verena Stefan, Jutta Heinrich und Margot Schröder, mit Birgit Pausch und Elfriede Jelinek zwei inzwischen als "Frauenliteraturautorinnen" sehr umstrittene Schriftstellerinnen zum Gegenstand ihrer Untersuchung gewählt hat.

kommt sie trotz dieser Auswahl populärer Texte *der* Frauenliteratur' zu einem Ergebnis, das die an der frühen Rezeption dieser "Frauenliteratur" geschulten Vorstellungen über das, was Frauenliteratur ausmache, grundlegend erschüttern muß:

> Die [...] Texte zeigen [...], daß nicht das autobiographische Moment für die Literarität ausschlaggebend ist, sondern die literarische Verarbeitung dieser Fakten.
> Bei allen Beispielen fällt auf, daß keine Blaudrucke verfertigt werden im Hinblick auf die ˋWeiblichkeit': Es werden weder matriarchale Bilder als Ideale genannt noch wird eine weibliche Ursprünglichkeit postuliert. [...] Auffallend ist, daß alle Autorinnen den Stil eines linearen Dokumentarismus vermeiden.[253]

Brügmanns Ergebnisse brechen die künstlichen, aus den rigiden formal-inhaltlichen Anforderungen der frühen Frauenbewegung an 'die' Frauenliteratur erwachsenen, Schranken zwischen Frauenliteratur und experimenteller Literatur auf. Gefordert wird von Brügmann ein "Suchkonzept ˋweibliche[r] Ästhetik'", das es gestattet, sich den "unübersehbare[n] Variationsmöglichkeiten im ästhetischen Bereich" nicht zu verschließen und deren "Ästhetik", ganz im Kristeva'schen Sinne, "sich ebensoviele Variationen vorstellen kann, wie es 'Weiblichkeiten' gibt und geben wird."[254]

Der während der 70er und 80er Jahre betriebene vorschnelle Ausschluß experimenteller Literatur aus dem Kanon der Frauenliteratur verliert zudem an Gewicht für die Frage nach dem Weiblichen und weiblicher Identität in von Frauen verfaßten Texten, wenn er im Kontext der Zeit und des sozio-politischen Klimas, innerhalb derer der Kanon entstand, betrachtet wird. Sigrid Schmid-Bortenschlager setzt sich mit der Frage nach Existenz, Erscheinungsform und Rezeption "experimenteller Prosa-Großformen im deutschen Sprachraum nach 1945" auseinander und kommt zu dem Ergebnis, daß die breite Öffentlichkeit in den 70er und frühen 80er Jahren diese konstruktive Literatur weitestgehend vernachlässigte. Insbesondere im deutschen Sprachraum habe dieses Verhalten mit dem durch die 68er Bewegung hervorgerufenen Trend zusammengehangen, direkt manipulativ-

---

253 Margret Brügmann, "Amazonen...", a.a.O., S. 213-214
254 Dies.: ebd., 214

politischer und "authentischer" beziehungsweise dokumentarischer Literatur den Vorzug vor etwaigen experimentellen Dichtungsformen zu geben.[255]

Schmid-Bortenschlagers Ergebnisse lassen die Schlußfolgerung zu, daß es sich hier eben gerade nicht um eine auf die Frauenliteraturdiskussion beschränkte Erscheinung handelt; daß jedoch die Frauenbewegung als eine der Speerspitzen der politischen Bewegung jener Zeit diesen Trend auf ihre geschlechtsspezifischen Fragestellungen übertrug, scheint durchaus verständlich.

Im Rahmen der innerhalb der Bewegung stattfindenden Frauenliteraturdiskussion konnte die ursprüngliche Problematik jedoch nicht gelöst werden. Sie wurde lediglich auf die Geschlechterpolarisierung umgemünzt. Die in der Folge entstandene Tolerierung nur ganz bestimmter Textformen als spezifisch weiblich mußte letztlich zum Abrücken des Frauenliteraturdiskurses von der allgemeineren Debatte um Lösungsversuche für eine nicht mehr den politischen Anforderungen der Zeit angemessene Literatur führen.

Konzepte wie das von Kristeva erarbeitete, die den Blick der feministischen Literaturwissenschaft auf die gesamte, lange aus der Diskussion ausgeklammerte experimentelle Prosa von Frauen lenken könnten und die eine der Zeit angemessenere erneute Infragestellung der verkrusteten bisherigen Prämissen bezüglich der Betrachtung von Frauenliteratur provozieren, könnten den Frauenliteraturdiskurs, wenn er denn zur Veränderung der gegenwärtigen Gesellschaft beitragen können sollte, neu beleben.

Allerdings muß einschränkend hervorgehoben werden, daß eine so orientierte Vorgehensweise sich dagegen verwehren müßte, den Diskurs über konkrete soziopolitische Lebenszusammenhänge realer Frauen, der infolge von *Häutungen* in der Bundesrepublik belebt wurde, in den Texten zu ignorieren. Denn dieses würde - wenn auch dieses Mal unter positivem Vorzeichen - eine Fortsetzung der Trennung von Weiblichkeit und realer Frau bedeuten, die in der Vergangenheit zum Ausschluß realer weiblicher Lebenszusammenhänge aus der Kultur zugunsten

---

255 Vgl.: Sigrid Schmid-Bortenschlager, Konstruktive Literatur. Gesellschaftliche Relevanz und literarische Tradition experimenteller Prosa-Großformen im deutschen, englischen und französischen Sprachraum nach 1945. (Abhandlungen zur Kunst-, Musik- und Literaturwissenschaft, Bd. 351) Bonn 1985, S. 123

der Funktionalisierung 'weiblicher' Mythen für gesellschaftliche Machtverhältnisse geführt hatte.[256]

(2) 1976, ein Jahr nach dem Erscheinen von Häutungen,[257] erschienen in der Zeitschrift *Ästhetik und Kommunikation* zwei Aufsätze, die die Diskussion um die weibliche Ästhetik im deutschsprachigen Raum außerordentlich beleben sollten: Sigrid Bovenschens Essay *Über die Frage: Gibt es eine weibliche Ästhetik?*[258] und Elisabeth Lenks Überlegungen über *Die sich selbst verdoppelnde Frau*[259] setzten sich auf verschiedene Weise mit der Annahme einer autonomen "weiblichen Ästhetik" auseinander.

Sigrid Bovenschen verweist in ihrem Aufsatz auf das Dilemma einer Annahme originär weiblicher kreativer Tätigkeit im literarischen Bereich; sie stellt dazu im Hinblick auf eine von Männern dominierte Kultur und Philosophie fest:

[...] die Ausdrucksmöglichkeiten der Empfindungen, Denkvorgänge etc., die so aufdringlich zur Verfügung stehen - Sprachen, Formen, Bilder -, sind meistens nicht originär unsere, sind oft nicht selbstgewählt."[260]

In Auseinandersetzung mit den von der Amerikanerin Shulamith Firestone 1974 konstatierten "historisch-kulturellen Deformationen auch auf die Subjektivität der Frauen"[261] setzt sich Bovenschen mit Versuchen von weiblicher Seite auseinander, auf von der männlichen Vorherrschaft grundsätzlich geprägte kulturelle Tradition völlig zu verzichten.[262] Der Annahme, dies sei zum Beispiel mittels des Rückgriffs auf matriarchale Mythen möglich, begegnet Bovenschen

---

256 So eine der Hauptthesen Silvia Bovenschens, deren Arbeit den Umgang feministischer Germanistik mit der Frage der weiblichen Ästhetik grundlegend beeinflußt hat. Vgl.: Silvia Bovenschen, "Die imaginierte Weiblichkeit...", a.a.O.
257 Bovenschen nimmt übrigens auf Häutungen kurzen Bezug als "ein Schritt in diese (neue Bilder) Richtung"
258 Silvia Bovenschen, "Über die Frage: Gibt es eine weibliche Ästhetik? - welche seit kurzem im Umlauf die feministischen Gemüter bewegt - gelegentlich auch umgewandelt in die Frage nach den Ursprüngen und Möglichkeiten weiblicher Kreativität", in: Frauen/ Kunst/Kulturgeschichte. (Ästhetik und Kommunikation 7) (1976) H.25, S. 60-75
259 Elisabeth Lenk, "Die sich selbst verdoppelnde Frau", in: Frauen/ Kunst/Kulturgeschichte. (Ästhetik und Kommunikation 7) (1976) H.25, S. 84-87
260 Silvia Bovenschen, "Über die Frage...", a.a.O., S. 65
261 Dies.: ebd., S. 64
262 Bovenschen zitiert Firestone: "... um überhaupt erst eine wahrhaft 'weibliche' Kunst hervorbringen zu können, müßten [Frauen] die gesamte Kulturtradition ablehnen." Shulamith Firestone, Frauenbefreiung und Sexualle Revolution, Frankfurt 1975, S. 151; zit. nach. Bovenschen, "Über die Frage...", a.a.O., S. 64

eher skeptisch: es sei nicht möglich, "unsere Erfahrungen im 20.Jh." bruchlos und unmittelbar "an weibliche Mythen der Vergangenheit, an "Muttergöttinnen" und "Amazonen lange versunkener Frauenreiche"[263] anzuknüpfen. Die "Sehnsucht, der von Männern gestalteten und interpretierten Welt ein positives (weibliches) Gegenstück anzumessen [erfahre] so keine Befriedigung." Stattdessen fordert Bovenschen eine stärkere Auseinandersetzung mit der geschichtlichen "Absenz" und der kulturellen "Verhinderung" von Frauen *als "Teil* weiblicher Geschichte."[264]

Während hier das Verhältnis der um Kreativität bemühten Frau zu Geschichte und Kultur einer Gesellschaft, in der "die Identifikation der Wahrheit mit der männlichen Optik" Norm ist, den Gegenstand der Überlegungen bildet, geht es Elisabeth Lenk bei ihren Überlegungen zu weiblicher Kreativität und Ästhetik primär um das "neue[...] Verhältnis der Frau zu sich" selbst.[265] Auch sie setzt sich mit der Vereinnahmung der weiblichen Optik durch den männlichen Blick auseinander. Sie schreibt jedoch weniger im Hinblick auf die geschichtlichen Ursachen für die Ausschließungen und Verhinderungen des Weiblichen aus Kultur und Philosophie, wie Bovenschen dies tat, sondern eher - und mit zuversichtlicheren Ergebnissen - mit Blick auf einen eventuellen Neuanfang des Verhältnisses der Frau zu sich selbst. Die folgenden, oft in späteren Arbeiten feministischer Literaturwissenschaftlerinnen zitierten Passagen ihres Aufsatzes zeigen nicht nur inhaltlich, sondern vor allem auch in ihrer metaphorischen Darbietung und ihrem Gebrauch der Tempi die andere Herangehensweise an die der Bovenschen Fragestellung gleichende Problematik:

> Die Frau beginnt, zu sich selber in ein Verhältnis zu kommen. Die Frau, die Aller Blicke auf sich zog, war nur scheinbar narzisstisch. In Wirklichkeit existierte sie gar nicht für sich, sondern nur für andere [...]Das Verhältnis der Frau läßt sich zeigen am Spiegel.
> Der Spiegel, das sind die Blicke der Anderen, die vorweggenommenen Blicke der Anderen [...] Es kommen die Schreckensmomente, wo die Frau sich im Spiegel sucht und nicht mehr findet. Das Spiegelbild ist irgendwohin verschwunden, der Blick des Mannes gibt es ihr nicht zurück.[266]

Während Bovenschens Ansatz eine Konzentration des Interesses eher auf formale Verarbeitungen jener im männlichen Blickwinkel in der Vergangenheit

---

263 Silvia Bovenschen, "Über die Frage...", a.a.O., S. 64
264 Dies.: ebd., S. 60
265 Elisabeth Lenk, "Die sich selbst verdoppelnde Frau", a.a.O., S. 85
265 Dies.: ebd., S. 87
266 Dies.: ebd., S. 87

ausgesparten Bereiche des Weiblichen durch die Frauen in gegenwärtigen wie auch in früheren Texten ermöglicht, richtet Lenk ihre Thesen auf die Zukunft aus, auf die neue, "sich selbst verdoppelnde Frau." Sie spricht von einem abgeschlossenen früheren Verhalten, als die Frau "Blicke auf sich zog," als sie "existierte", sie stellt fest, daß der Spiegel lediglich lang "vorweggenommenen Bildern entspricht", denen gegenwärtig dann neue Verhältnisse folgen können, denn die Frau "beginnt" mit etwas, und es "kommen" die "Schreckensmomente", es ändert sich also etwas.

Im weiteren Verlauf ihres Essays bindet Lenk ihre Vorstellung des Neuanfangs für Frauen an eine konkret erscheinende, aber doch eher vage Vorstellung der Vielfältigkeit. Um in ein neues Verhältnis zu sich treten zu können, müsse die Frau, so Lenk, sich nicht mehr in den vorgefertigten - einseitigen - Bildern und Formen dieses Spiegels - des männlichen Blicks - suchen, sondern sich in den Blicken der anderen Frauen spiegeln, sie müsse sich "verdoppeln." Die aus einem solchen "Rollenwirbel" resultierende Vielfalt kann, so sieht es Lenk - ganz im Irigaray'schen Sinne, auf die sie sich in ihrem Aufsatz bezieht[267] - nur aus einer suchenden Bewegung heraus erfolgen. Sie schreibt:

Es gibt keine gemeißelten, alternativen Formen mehr, weder im Erotischen noch im Ästhetischen. Unmerklich gleitet man von einer Form in die andere...,[268]

Die Frau träte hier in ein "durchgleitendes Verhältnis" zum Vorgegebenen, sie hielte sich nicht dauerhaft in den vorgegebenen Formen und Rollen auf, wenn, so Lenks Vorstellung, an die Stelle des "mechanischen Spiegels [...] romantisch-imperialistischer Liebe" für die Frau der "lebendige Spiegel" der anderen Frauen träte, die stattdessen ins Blickfeld rückten.[269]

Elisabeth Lenk und Silvia Bovenschen verbinden ihre jeweilige Absage an die männlichen Bestimmungen des Weiblichen mit der beiden gemeinsamen Erkenntnis, daß die Frau in einer Welt voller vorgegebener Spiegel-Bilder auf der Suche nach dem "Weiblichen" nur auf männliche "Deformationen" trifft. Beide verstehen den wirklichen Ort des Weiblichen in dieser Welt als einen Ort des "nicht mehr" der alten Vorgaben und zugleich des "noch nicht" neuer Positionen. Stärker als Lenk, die sich auf die Ablehnung hergebrachter Weiblichkeitsmuster und -

---

267 Dies.: ebd., S. 85
268 Dies.: ebd., S. 87
269 Dies.: ebd., S. 87

wegen ihrer Beschränkung der Darstellung der Alternative auf die metaphorische Ebene - auf eine eher utopische Möglichkeit neuer weiblicher Ästhetik stützt, fordert Bovenschen zu konkreter verweilender Auseinandersetzung mit bestehenden Bildern und Formen auf. Sie erhofft von neuen Texten von Frauen und von neuen Interpretationen weiblicher Texte einen selbstbewußteren, sich vom männlichen Weiblichkeitsmuster emanzipierenden Umgang mit dem Vorgegebenen, wobei dies sich jedoch nicht auf die Schaffung neuer Inhalte beschränken dürfe, sondern insbesondere auch eine Auseinandersetzung mit der formalen Umsetzung des "Weiblichen" bedeuten müsse. Damit jedoch stellt sich Bovenschens Arbeit quer sowohl zu den gleichzeitig entstandenen populären Frauentexten wie auch zu dem an sie anknüpfenden neuen Frauenliteraturdiskurs der 70er Jahre. Sie schreibt in offenem Angriff auf die in den 70er Jahren einsetzende Trennung von "feministischem Anspruch" und "künstlerischer Produktion" beziehungsweise von Autorinnen als "Kunstkünstlerinnen" und "Bewegungsdokumentiererinnen":

> Das, was bis dato eine weibliche Sensibilität des Schreibens [...] genannt werden könnte, ist für mich nur faßbar an einzelnen Beispielen weiblicher Subversion, weiblicher Imagination, formaler Konstruktion in den jeweiligen Werken. Dort mithin, wo die Spezifika der weiblichen Erfahrung und Wahrnehmung selbst formbestimmend sind, und nicht dort, wo ein 'feminines Anliegen' einer traditionellen Form aufgesetzt ist. [...] Feminine Qualität läßt sich schwerlich allein an die Sujets ketten.[270]

Der in ihrem Essay aufgestellten Forderung nach vermehrter Auseinandersetzung mit der Geschichte des Verschweigens des realen Weiblichen in Kultur und Literatur folgte Bovenschen in ihrer umfangreicheren Studie *Die imaginierte Weiblichkeit*, die eine der bislang einflußreichsten Auseinandersetzungen mit der Frage nach Existenz und Bedeutung einer möglichen weiblichen Ästhetik darstellt.[271] Bereits der Untertitel, *exemplarische Untersuchungen zu kulturgeschichtlichen und literarischen Präsentationsformen des Weiblichen*, verweist auf eine Differenzierung zwischen "dem Weiblichen" und seiner kulturellen Repräsentation.

---

270 Silvia Bovenschen, "Über die Frage...", a.a.O., S. 71
271 Silvia Bovenschen, "Die imaginierte Weiblichkeit...", a.a.O. . Zum Einfluß und der Bedeutung Bovenschens vgl. auch die Ausführungen von Corina Caduff etwa oder auch Karin Richter-Schröder und Margret Brügmann:
Corina Caduff, "Ich gedeihe inmitten von Seuchen...", a.a.O., S. 18ff; Karin Richter-Schröder, "Frauenliteratur...", a.a.O., S. 19-22; Margret Brügmann, "Amazonen...", a.a.O., S. 22-27

Das Erscheinen der Arbeit im Jahr 1979 fiel zusammen mit der Veröffentlichung des *alternative*-Bandes 108/109[272] und begründete - gleichzeitig mit der Diskussion um die "écriture feminine" - für die feministische Germanistik eine Fragerichtung, die der Mitte bis Ende der 70er Jahre noch recht frischen Euphorie über die an den Texten der populären Frauenliteratur orientierte Vorstellung über die Möglichkeiten eines 'eigentlichen' weiblichen Schreibens einen gehörigen Dämpfer aufsetzen sollte.[273]

Im Zentrum der Arbeit Bovenschens steht die Feststellung einer grundsätzlichen Diskrepanz zwischen der Überlieferung realer historischer weiblicher Wirklichkeit und den imaginierten Weiblichkeitsvor- und darstellungen in der abendländischen Kultur:

> Auf der Suche nach dem geschichtlichen Einfluß der Frauen läßt sich an den historischen Dokumenten vor allem die Geschichte eines Verschweigens, einer Aussparung, einer Absenz studieren.
> [...] So scheint zum Beispiel der literarische Diskurs einer der wenigen zu sein, in denen das Weibliche stets eine auffällige und offensichtliche Rolle gespielt hat. [...] nur in der Fiktion, als Ergebnis des Phantasierens, des Imaginierens. Als Thema ist es üppig und vielfältig präsentiert worden [...] Die Geschichte der Bilder, der Entwürfe, der metaphorischen Ausstattungen des Weiblichen ist ebenso materialreich, wie die Geschichte der realen Frauen arm an überlieferten Fakten ist.[274]

Bovenschens Arbeit mit ihrer Zusammenschau von realer gesellschaftlicher Situation der Frau in der Geschichte und den über sie existierenden kulturellen Imaginationen gab der feministischen Literaturwissenschaft Impulse sowohl für eine kritischere Betrachtung der ideologischen Zusammenhänge von Weiblichkeitsdarstellungen bei weiblichen und männlichen Autoren als auch für ein gestiegenes Interesse an von den Erwartungen der Frauenbewegung abweichenden Formen der Verarbeitung des Weiblichen in von Frauen geschriebenen Texten. Sie

---

272 - Mit seiner erstmaligen Diskussion der französischen Ansätze der "écriture" im deutschen Sprachraum

273 Nur folgerichtig ist hier übrigens der zu beobachtende Wandel Bovenschens bezüglich der "neuen Frauenliteratur". Hatte sie noch in "Über die Frage..." Verena Stefans "Häutungen" vorsichtig als einen "Schritt in die[...] Richtung" einer "Sensibilität für die patriarchalischen Strukturen im allgemeinen Sprachgebrauch" (Bovenschen 1976, S. 64) befürwortet, so wird in "Die imaginierte Weiblichkeit..." deutlich, daß sie die an diese Veröffentlichung anknüpfenden Aburteilungen formal komplexer Texte ablehnt. Vgl. Silvia Bovenschen, Silvia Bovenschen, "Die imaginierte Weiblichkeit...", a.a.O. .

274 Silvia Bovenschen, "Die imaginierte Weiblichkeit...", a.a.O., S. 11

setzte so den populären Diskurs der Frauenbewegung über die Situation der Frau und den wissenschaftlichen Diskurs über die Frau in eine kritische Beziehung zueinander, die neue Fragestellungen - nicht zuletzt methodischer Art - in der feministischen Literaturwissenschaft provozierte.

Im gleichen Jahr wie "Die imaginierte Weiblichkeit" erschien Ulrike Prokops Schrift zum "Weiblichen Lebenszusammenhang", die die "Beschränktheit der (weiblichen) Strategien" und die "Unangemessenheit (weiblicher) Wünsche" reflektiert.[275] Prokop demonstriert den Zusammenprall weiblicher Wünsche und Phantasien, die sich aus dem weiblichen Lebenszusammenhang ergeben und auch auf ihn richten, mit den Strategien der Frauenbewegung, die auf die Gleichstellung der Frau in der Gesellschaft zielen. Während sich die Wünsche und Phantasien der Frauen aus individualistisch-psychologischen Komponenten einerseits und durch die Übernahme frühromantischer Weiblichkeitsnormen andererseits erklären lassen, sind die Strategien der Frauenbewegung als Reaktion insbesondere auf die ökonomischen Zwänge zu verstehen, die der Gleichstellung der Frau entgegenstehen. Die Strategien der Frauenbewegung versteht Prokop als "verselbständigte Strategien", da sie ausschließlich auf eine arbeitsmarktliche und ökonomische Gleichstellung der Frauen zielen und die offensichtlich bestehende "Bedürfnisorientierung und Imagination der Frauen" "zugunsten einer ganz formalen ökonomistischen Bestimmung ignorier(en)."[276] So "verselbständigt", könnten die Strategien der ambivalenten weiblichen Haltung, die zwischen emanzipativem Anspruch einerseits und auf "Haushalt, Familie und Geselligkeit" gerichteten Phantasien andererseits schwankt, nicht gerecht werden. Gerade in dieser ambivalenten Haltung jedoch, so Prokops Überzeugung, läge eben nicht nur ein Hindernis, sondern auch eine große Chance für Frauen, ihrem Protest Ausdruck zu verleihen und einen eigenen Weg konsequent emanzipativen und pragmatischen politischen Handelns zu beschreiben. Eine sinnvolle "soziologisch orientierte Theorie der Frauen" müsse deshalb "die Reaktionen, die im weiblichen Lebens-

---

275 Prokop, Ulrike: "Weiblicher Lebenszusammenhang. Von der Beschränktheit der Strategien und der Unangemessenheit der Wünsche", Frankfurt/M 1980³ (Erstausgabe: Frankfurt 1976)
276 Ulrike Prokop, "Weiblicher Lebenszusammenhang...", a.a.O., S. 161

zusammenhang entstehen, auf ihre Ambivalenzen und Widersprüche hin [...] untersuchen:"[277]

> Sie [die Theorie] kann die Frauen nicht einfach als unterdrückt und manipuliert auffassen; sie muß erkennen, daß in der Tatsache, daß die Frauen sich größtenteils auf den Lebenszusammenhang von Haushalt, Familie und Geselligkeit konzentrieren (daß sie also z.B. Berufstätigkeit nur als notwendiges Übel und als sekundären Bereich betrachten), Momente legitimen Protests, wie immer verzerrt und realitätsuntüchtig, zu sehen sind.[278]

Obwohl Bovenschens und Prokops Theorien nicht aufeinander bezogen sind, lassen sich doch auffällige Gemeinsamkeiten feststellen, die Rückschlüsse auf die Bedürfnislage der Diskussion des Weiblichen zur Zeit der Entstehung der beiden Arbeiten nahelegen. Beide Autorinnen hinterfragen kritisch die Autonomie weiblicher Imaginationen über "das Weibliche." Dies geschieht in beiden Fällen weniger mit einem vorwurfsvollen Blick auf "Manipulation" und unter Heranziehung entsprechender Schuldzuweisungen, sondern eher mit einem kritischen Blick auf die Selbstbeteiligung der Frauen an der Aufrechterhaltung der Vor-urteile über das Weibliche und mit kritischem Blick auf den einseitigen Blickpunkt der Frauenbewegung der 70er Jahre. Das Interesse beider Autorinnen gilt dem Konflikt von verinnerlichten Normen des Weiblichen von seiten der Frauen mit der weiblichen Wirklichkeit beziehungsweise mit den auf sie gerichteten Zielen. Prokop und Bovenschen setzen sich jeweils sowohl mit historischen und soziologischen Fakten als auch mit kulturellen Normen und literarischen Äußerungen über das Weibliche auseinander. Ohne den Zielen der Frauenbewegung ihre Legitimation abzusprechen, spiegeln beide Texte eine offenbare Unzufriedenheit weiblicher Wissenschaftler mit "verselbständigten" Zielen und Interpretationsmustern der Frauenbewegung. Die Zusammenschau beider Texte legt nahe, daß hier differenziertere Auseinandersetzungen mit "dem Weiblichen" notwendig erschienen, um der Komplexität der Problematik gerecht werden zu können.

Während Bovenschens Arbeit ihren Schwerpunkt auf philosophische, kulturelle und literarische Fragestellungen legt, verbindet Prokop ihre soziologische Analyse weiblicher Lebenszusammenhänge mit einer Betrachtung der psychologischen Ursachen weiblicher Verhaltensweisen und mit einer Betrachtung

---

277 Dies.: ebd., S. 159
278 Dies.: ebd., S. 159

der literarischen Verarbeitung des "Weiblichen" bei Flaubert. Offensichtlich reichte in keiner der beiden Arbeiten das Hinzuziehen einer Einzelwissenschaft aus, um dem Phänomen der Verflechtung von weiblicher Realität und Phantasien über das Weibliche gerecht zu werden, auf das die Versuche, das Weibliche zu bestimmen, stießen. Sowohl im Falle der überwiegend kulturhistorisch-literarischen Untersuchung Bovenschens sowie im Falle der überwiegend sozio-psychologischen Untersuchung Prokops wird deutlich, daß weder die Beantwortung der Frage nach dem Weiblichen in der Literatur noch die Beantwortung der Frage nach dem Weiblichen in der Gesellschaft unabhängig voneinander erfolgen können. Eine Annäherung an die Problematik ausschließlich vom Standpunkt der Prämissen der Frauenbewegung ist offenbar ebenso unbefriedigend, sie bedarf der Berücksichtigung des gegenseitigen Einflusses von Wirklichkeit, Imaginärem und öffentlichem Diskurs über die Frau. Es wird offensichtlich, daß für beide Autorinnen nicht nur ein kritischer Umgang mit 'männlichen' Aussagen über das Weibliche, sondern auch ein kritischer Umgang mit weiblichen Aussagen über die Frau notwendig ist, der mit den damaligen Forderungen und Strategien der Frauenbewegung nicht zufriedenstellend durchgeführt werden konnte. Obwohl Ulrike Prokops Arbeit in den kommenden Jahren einen hohen Grad an Beachtung in literaturwissenschaftlichen Arbeiten zum Weiblichen genießen sollte, erlangten Bovenschens Überlegungen zur weiblichen Ästhetik und zu den kulturellen und philosophischen Imaginationen über das Weibliche doch ungleich höheren Einfluß auf literaturwissenschaftliche Arbeiten zum Weiblichen in der Literatur, da sie sich spezifisch mit Möglichkeiten der Verbindung von literarischen Weiblichkeitsdarstellungen und feministischem Anspruch an Literatur auseinandersetzten.

Eine nicht geringe Anzahl von Texten der feministischen Literaturwissenschaft in Deutschland hat sich seither mit den von Bovenschen angesprochenen Aspekten des Weiblichen in Kultur und Literatur auseinandergesetzt. Arbeiten zur Frauenliteratur oder zum weiblichen Schreiben konzentrierten sich zunehmend entweder auf Einzelfragen oder auf zusammenhängende Komplexe der von Bovenschen angesprochenen Problematik. Wenn dies auch nicht unbedingt immer in direktem Bezug auf Bovenschen geschah, so ist doch der Einfluß ihres Ansatzes auf die Komplexität und Vielfältigkeit neuerer Fragestellungen zum Weiblichen in der Literatur nicht zu unterschätzen, allerdings spielen - besonders wenn es um die

Bestimmung dessen geht, was als "weiblich" verstanden werden könnte - auch die von Lenk und Prokop zusätzlich aufgeworfenen Fragen eine bedeutende Rolle. Die Arbeiten, die sich in der Folgezeit in diesem Sinne mit der Verbindung von Weiblichkeit und ihrer Darbietung in der Literatur beschäftigten, lassen sich in drei Gruppen aufteilen. Die Grenzen zwischen diesen unterschiedlichen Typen der Betrachtungsweise sind jedoch nicht starr zu denken, sondern sie sind fließend, da das Thema des Weiblichen in der geschriebenen Vermittlung, wie Bovenschens und Prokops Vorgehensweisen deutlich demonstriert haben, disziplinübergreifende Betrachtungsweisen fördert. Die folgende Darstellung beansprucht nicht, die gesamte in diesem Kontext veröffentlichte Literatur zu erfassen, das wäre auch angesichts der hohen Anzahl an Veröffentlichungen im Rahmen dieser Arbeit nicht einmal annähernd möglich, vielmehr soll hier exemplarisch versucht werden, der Frage nachzugehen, ob sich in Deutschland seit 1976 eine Herangehensweise an weibliches Schreiben und Geschichte der Frau herauskristallisiert, die sich durch das gemeinsame Merkmal verbinden läßt, daß sie sowohl auf die sozio-historische Realität von Frauen als auch auf die Darstellung und Vermittlung des Weiblichen und ihre gesellschaftsrelevante Funktion zielt. Es kann zwar (noch) nicht von einer gesonderten klaren deutschen Richtung feministischer Germanistik die Rede sein; es scheint aber legitim auf die entscheidenden Gemeinsamkeiten bei allen Unterschieden hinzuweisen. Legitim erscheint dies besonders angesichts der wenigen hier genannten, aus der Flut der einschlägigen Literatur aufgrund ihrer Sorgfalt in Bezug auf die Thematik und aufgrund der Beachtung, die diesen Texten in der Germanistik zugekommen ist, herausragenden Texte.

Zunächst wäre hier die Gruppe der Texte zu nennen, deren besonderes Interesse an der Auseinandersetzung mit der Entwicklung und Funktion männlicher und weiblicher Vorstellungen über das Weibliche der sozio-historischen Entwicklung und der gesellschaftlichen Funktion der Weiblichkeitsvorstellungen gilt. Das Interesse an der literarischen Form der Verarbeitung tritt in diesen Untersuchungen hinter das Interesse an der Verbindung von 'Wirklichkeit' und der in den von ihnen betrachteten Texten vermittelten 'Wirklichkeit'. Zu dieser Art von Untersuchung zählen zum Beispiel der von Karin Hausen herausgegebene Band *Frauen suchen ihre Geschichte*[279], Barbara Becker-Cantarinos *Der lange Weg zur Mündigkeit*[280] sowie der von ihr herausgegebene Band über *Die Frau von der Reformation zur Romantik*[281] ebenso wie die einen Überblick über die "Geschichte der Weiblichkeit vom frühen Mittelalter bis zur Gegenwart" bietende, zur Zeit ihres Erscheinens aufsehenerregende, "geschichtsdidaktische" Studie *Frauen in der Geschichte* (Hsgg.: Kuhn/Rüsen) [282], die 1983 erschien. Die in diesen Untersuchungen immer wieder auftretende Kernfrage gilt der Herausbildung traditioneller Weiblichkeitskonstruktionen im historischen Prozeß und der gesellschaftlichen Funktion dieser Konstruktionen. Die Auseinandersetzung mit der Geschichte der Frauen ist hier immer eine Auseinandersetzung sowohl mit historischen Quellentexten und Daten als auch mit literarischen Quellen. Die in diesen Untersuchungen vorgenommenen Analysen untersuchen so die Geschichte der Frauen ebenso wie die Geschichte des Begriffes von 'Weiblichkeit', ihre besondere Aufmerksamkeit gilt den Schnittpunkten von sozio-historischen Daten und imaginiertem Frauenbild, den hier bestehenden Widersprüchen, Ideologisierungen und Gemeinsamkeiten. Die Aussparungen und Verzerrungen des realen Weiblichen in der Überlieferung werden auf ihre sozio-historischen Hintergründe und ihre gesellschaftlichen Funktionen hin befragt, durchweg mit dem Ziel, die im 20. Jahrhundert von der Frauenbewegung aufgestellten Forderungen auf ihre Realitätstüchtigkeit und zugleich die Verflechtung von 'Frau' und 'Weiblichkeit' auf ihren historischen Werdegang, ihre verborgenen Mechanismen und ihre gesellschaftsstabilisierenden Funktionen - im Sinne einer patriarchalen Gesellschaft - hin abzuklopfen.

Eine weitere, im Sinne einer Verbindung von literarisch überlieferten Weiblichkeitsvorstellungen mit sozio-historischen Fakten und Konsequenzen

---

279 Karin Hausen (Hrsg): "Frauen suchen ihre Geschichte...", a.a.O.
280 Barbara Becker-Cantarino, "Der lange Weg zur Mündigkeit. Frau und Literatur (1500-1800)", Stuttgart 1987
281 Dies. (Hrsg.), "Die Frau von der Reformation zur Romantik. Die Situation der Frau vor dem Hintergrund der Literatur- und Sozialgeschichte" (Modern German Studies. edited by Peter Heller, George Iggers, Volker Neuhaus, and Hans H. Schulte, Volume 7, Bonn 1980
282 Annette Kuhn/Jörn Rüsen et al. (Hrsgg.): "Frauen in der Geschichte.III. Fachwissenschaftliche und fachdidaktische Beiträge zur Sozialgeschichte der Frauen vom frühen Mittelalter bis zur Gegenwart" (Studien Materielien Band 13. Geschichtsdidaktik, Herausgegeben von Klaus Bergmann, Werner Boldt, Annette Kuhn, Jörn Rüsen, Gerhard Schneider) Düsseldorf 1983

äußerst interessante Untersuchung, die dieser Gruppe von Arbeiten zuzuordnen wäre, stellt Klaus Theweleits Arbeit *Männerphantasien*[283] dar, die sich weniger auf die historische Entwicklung und die mögliche Eigenbeteiligung der Frauen an dieser Entwicklung von Imaginationen über das Weibliche konzentriert, deren Bedeutung jedoch in ihrer konsequenten Analyse der Funktionalisierung von Frauenbildern, eben "Männerphantasien", und Weiblichkeitsvorstellungen liegt. Die von ihm vorgenommene Untersuchung entlarvt den Mangel an realem Weiblichen und die ideologische Überfrachtung unterschiedlicher Frauenbilder in Texten aus der ersten Hälfte dieses Jahrhunderts in ihren - verdeckten - faschistischen Ursprüngen, Tendenzen und Wirkungsmöglichkeiten. Auch hier rückt, wenngleich weniger in Hinsicht auf literarische Verarbeitungen als vielmehr mit Blick auf die Wirkungen in der Realität, der Widerspruch zwischen literarischer Imagination über das Weibliche und Wirklichkeit - allerdings ist hier nicht der weibliche Alltag entscheidend für Realitätseinschätzungen, sondern sozio-historische Fakten bezüglich der Geschlechterbeziehung schlechthin - in den Mittelpunkt des Interesses.

Während im Vordergrund des Interesses in den bisher erwähnten Arbeiten dieser Gruppe von Texten die Kritik an der männlichen Perspektive steht, sowie das bisher verschwiegene reale Weibliche und die gesellschaftliche Funktion männlicher Phantasie, konzentrieren sich andere Texte dieser Gruppe besonders auf die weibliche Antwort auf die gesellschaftlich sanktionierten Frauenbilder und Weiblichkeitsvorstellungen. Lieselotte Steinbrügges Arbeit über *Das moralische Geschlecht*[284] beschäftigt sich mit den Konsequenzen der aus gesellschaftlichen Bedürfnissen und philosophischen Erwägungen des 18. Jahrhunderts in Frankreich hervorgegangenen Vorstellungen über einen weiblichen "Geschlechtscharakter" für das Selbstverständnis der heutigen Frauenbewegung. Steinbrügge entlarvt den a-historischen Umgang mit als anthropologisch vorgestellten 'natürlichen' Qualitäten der Frauen, wie Emotionalität, Liebesfähigkeit, Duldsamkeit als kontraproduktiv für ein Verstehen gegenwärtiger Vorstellungen über das Weibliche. Ihre

---

283 Theweleit, Klaus: "Männerphantasien...", a.a.O.
284 Steinbrügge, Lieselotte: "Das moralische Geschlecht.Theorien und literarische Entwürfe über die Natur der Frau in der französischen Aufklärung". (Ergebnisse der Frauenforschung 11) Weinheim, Basel 1987

Fragestellung ist soziologisch und historisch ausgerichtet und widerlegt, indem sie die ursprünglichen historischen Ursachen und gesellschaftlichen Motive heute auch in der Frauenbewegung wieder virulenter Vorstellungen von Mutterliebe, Mütterlichkeit, Liebe zum Kind als 'natürlicher' weiblicher Qualitäten aufdeckt, zugleich verallgemeinernde positive wie verallgemeinernde negative Bewertungen solcher Weiblichkeitsvorstellungen. Unkritischen Forderungen, diese natürlichen weiblichen Qualitäten stärker auszuleben und zu fördern, begegnet sie mit dem Argument, daß die Annahme eines entsprechenden weiblichen Geschlechtscharakters nicht der realen Frau entspricht, sondern eine historisch gewachsene Vorstellung über sie spiegelt; und unkritischen Verurteilungen dieser den Frauen zugeschriebenen Eigenschaften als bloßer männlicher Manipulation und Ideologisierung setzt Steinbrügges Arbeit entgegen, daß bei der Herausbildung dieser 'Ideale' handfeste Bedürfnisse die Feder führten, ebenso wie ein wissenschaftliches Interesse an der "Natur des Menschen" schlechthin, das auf die im 18. Jahrhundert voranschreitende Trennung von Privatheit und Öffentlichkeit als Folge der veränderten Produktionsverhältnisse reagierte. Wie die zuvor hier besprochenen Texte führt auch Steinbrügge neben historischen und soziologischen Daten "literarische Entwürfe über die Natur der Frau" an, um der Frage nach dem Entstehen der Theorien über die Frau und nach ihrer Bedeutung für die Verbindung von Weiblichkeitsvorstellung und realem weiblichen Lebenszusammenhang nachzugehen. Ihre Arbeit zeigt, wie wichtig für heutige Auseinandersetzungen mit dem Begriffspaar 'Weiblichkeit' und 'weibliche Identität' die Einbeziehung der Entwicklung der entsprechenden Diskurse und eine disziplinübergreifende und ideologiekritische Herangehensweise sind.

Hilge Landweers Untersuchung *Das Märtyrerinnenmodell*[285] sei als letzte Arbeit dieser Gruppe genannt. Sie beschäftigt sich ebenso wie die bisher angeführten Texte mit der Frage nach der Entstehung und Funktion bestimmter Weiblichkeitsmuster. Wie bereits bei Steinbrügge gilt das Hauptinteresse den an den Begriff der "Mütterlichkeit" geknüpften Vorstellungen über die Frau. Der Ausgangs- und Knotenpunkt von Landweers Text liegt in den anscheinend aus dem alltäglichen Lebenszusammenhang, an der praktischen Realität der Frauen ent-

---

285 Hilge Landweer, "Das Märtyrerinnenmodell. Zur diskursiven Erzeugung weiblicher Identität." (Feministische Studientexte; 1) Pfaffenweiler 1990

wickelten jeweiligen identitätspolitischen Strategien verschiedener feministischer Tendenzen. Es geht Landweer dabei

um die Bedingungen des Sprechens über "weibliche Identität", und das heißt vor allem: um neue Konturierungen an den Diskursen der Neuen Frauenbewegung und am historischen Material.[286]

Nicht auf die den weiblichen Lebenszusammenhang bestimmenden Widersprüche, auch nicht etwa auf die Differenz von (literarischem) Frauenbild und weiblicher Lebensrealität richtet sich ihr vorrangiges Interesse, sondern auf die Bedeutung unterschiedlicher, von den verschiedenen Richtungen der Frauenbewegung am jeweils gewählten Lebensmodell entwickelten Identitätsangebote[287] für das Selbstverständnis der Frauen. Wenngleich hier keine literarischen Idealbilder der Frau detailliert werden, setzt dennoch auch Landweer auf diese Weise das verallgemeinerte "Modell" einem Vergleich mit seinem jeweiligen realen Wirkungspotential aus. An die Stelle literarischer Bilder treten bei diesem Vergleich von Vorstellung und Realität Bildwelten, die auf ihre soziale Tragfähigkeit und ihren historischen Hintergrund hin befragt werden. Indem sie die Art und Weise untersucht, in der sich die unterschiedlichsten Identitätspolitiken der Frauenbewegung mit dem sozio-historisch gewachsenen Ideal von "Opfer", "Bereitschaft", "Verzicht" und "Kindeswohl"[288] als Identitätsangebot für die Frau verstricken, entwickelt Landweer das "Märtyrerinnenmodell":

Je mehr Verantwortung für Andere eine reale oder mythische Mutter auf sich nimmt, je mehr sie dabei darunter leidet, ihre eigenen Interessen hintanzustellen, umso mehr wert, eine umso bessere Mutter ist sie (Leiden = Leistung). Dies ist Ergebnis und Effekt der sozialhistorischen Rahmenbedingungen, der Ausdifferenzierung des Diskurses über "Mutterliebe" sowie der Zwänge des ganz praktischen Umgangs mit dem Kind: das moralisierende Märtyrerinnenmodell.[289]

Vor dem Hintergrund der Verstrickung gerade auch feministischer Strategien in die Vorstellung der Frau als Märtyrerin betont Landweer dann in Auseinandersetzung mit Foucault die Bedeutung der im alltäglich-privaten

---

286 Hilge Landweer, "Das Märtyrerinnenmodell...", a.a.O., S. 2
287 Landweer versteht Identität grundsätzlich als "sozial (und das heißt immer auch historisch) konstruiert." Hilge Landweer, "Das Märtyrerinnenmodell...", a.a.O., Seiten 1, 76
288 Hilge Landweer, "Das Märtyrerinnenmodell...", a.a.O., S. 83
289 Hilge Landweer, "Das Märtyrerinnenmodell...", a.a.O., S. 136; (Wie Steinbrügge und Bovenschen schildert Landweer den Diskurs über die Mutterliebe im 18. Jahrhundert als Folge der Dissoziation von Erwerbs- und Familienleben einsetzend.)

Lebenszusammenhang wichtigen Selbstreflexivität[290] von Frauen. Die im lokalen Nahverhältnis Mutter-Kind gedeihende emotionale Ausrichtung der einzelnen Mutter auf das Wohl ihres Kindes wird in seiner Unkalkulierbarkeit als grundlegend für die Formierung von Frauen als Mütter verstanden, und die auf dieses Verhältnis gerichtete Selbstreflexion bewirke eine Moralisierung, so Landweers These, die das "rationale[...] Kalkül der Disziplinen" erübrige.[291] Für die Frage nach einer "eigentlichen" Weiblichkeit ergibt sich bei Landweer, daß die Identitätspolitiken sämtlich als im Märtyrerinnenmodell verfangen zu verstehen sind, es könne also auch mittels dieser auf die weibliche Realität zielenden Strategien keine Trennung von Vorstellungen über das Weibliche und "eigentlich Weibliche" erreicht werden. Im Gegensatz etwa zur Möglichkeit der kombinatorischen Individualität des Mannes sei das weibliche Pendant nur in dyadischen Beziehungen denkbar. Der dem Märtyrerinnenmodell zugrundeliegende, historisch erzeugte Begriff der "Mutterbindung" bedeute für die Herausbildung weiblicher Individualität, daß für die Frau nicht wie beim Mann die "Individualisierung der ... Subjekte" durch die Disziplinen erfolge, sondern eine "Formierung der weiblichen Individuen." Die "Formierung als Mütter" bilde deshalb letztlich die (geschlechts-)spezifische Disziplinierung der Frauen. Weibliche Individualität sei immer "relational, lokalisiert, selbstreflexiv, selbstabsent und moralisierend, nicht Individualität, sondern "Dividualität."[292]

Alle bisher angeführten Texte setzen sich mit den gesellschaftlich relevanten Funktionen verschiedener Weiblichkeitsvorstellungen auseinander. Der Erfolg dieser Auseinandersetzungen hängt durchgängig davon ab, daß die Vorstellungen auf ihren Realitätsgehalt hin befragt werden können, daß sich ein Teil der Arbeiten

---

290 Diese Selbstreflexivität wird als sozial-historisch bedingt dargestellt, sie diszipliniert die Frauen allerdings nicht institutionell, sondern in lokalen Bezugsverhältnissen zu Anderen. Auf Landweers sehr aufschlußreiche und detaillierte Auseinandersetzung mit Foucault kann im Rahmen dieser Untersuchung jedoch nicht näher eingegangen werden, sie empfiehlt sich jedoch unbedingt zur weiteren Lektüre. Vgl.: Hilge Landweer, "Das Märtyrerinnenmodell...", a.a.O., Seiten 137-159
291 "Das Kind macht Fortschritte - nicht die Mutter. Die Entwicklungsnormen für das Kind disziplinieren die Mutter [...] Ganz allgemein läßt sich sagen, daß "Mutterliebe" sich dem rationalen Kalkül der Disziplinen entziehen muß, um funktional für das (je unterschiedlich spezifizierte) "Kindeswohl" zu sein".
Hilge Landweer, "Das Märtyrerinnenmodell...", a.a.O., S. 153
292 Vgl.: Hilge Landweer, "Das Märtyrerinnenmodell...", a.a.O., S. 149-159

jeweils auf die Vorstellungen, ein anderer auf sozio-historische Fakten bezieht und die grundsätzliche Verflechtung der beiden Bereiche akzeptiert wird. Obwohl in allen Texten von der bloßen Grundannahme der beabsichtigten patriarchalischen Manipulation abgesehen wird, verlieren dennoch die hier untersuchten "Weiblichkeitsvorstellungen" und Frauenbilder ihre ideologische Unberührtheit. Die Texte diskutieren sämtlich die Auswirkungen des Verschweigens des realen Weiblichen in der Geschichte auf unsere heutigen Vorstellungen über das Weibliche und auf unsere sozialen Zusammenhänge.

Eine zweite Textgruppe, die im Diskussionszusammenhang des Ansatzes Bovenschens erwähnenswert ist, beschäftigt sich weniger mit den inhaltlichen Konkretisierungen 'des Weiblichen' in Phantasie und sozio-historischer Wirklichkeit als vielmehr mit der Manifestierung "des Weiblichen" in Sprache und Struktur "weiblicher" Texte.[293] Dabei orientiert sich auch diese Fragestellung an der Annahme eines in Geschichte und Kultur verdrängten "Weiblichen." Die Auseinandersetzung konzentriert sich auf die Frage, ob es eine weibliche Ästhetik gäbe und wenn ja, wie sie beschaffen sei. Im Unterschied zu den in der ersten Textgruppe angeführten umfangreichen Erörterungen findet die Auseinandersetzung um eine "weibliche Ästhetik" häufig in kürzeren Artikeln statt. Im Rahmen der notwendigen Kürze dieser Bearbeitungsform ist offenbar trotz der an den Tag gelegten Umsichtigkeit der Verfasserinnen oft die provokative Formulierung der Frage und ebenso oft auch eine kompromißlose Beantwortung unumgänglich. Die Existenz eines spezifisch Weiblichen in Form oder Inhalt weiblicher Texte findet sich hier kategorisch befürwortet oder abgelehnt, Beweisbarkeit einer gesonderten

---

[293] Wie zuvor, so wird und kann auch bei der Beschreibung dieser Gruppe von Untersuchungen keine Vollständigkeit angestrebt werden. Dennoch seien exemplarisch einige der bekannteren Texte angeführt, die Ende der 70er bis Anfang der 80er Jahre als direkte Antwort auf die drängende Problematik in dieser Weise reagierten:
Carmen Burgfeld, Versuch über die Wut als Begründung einer feministischen Ästhetik. In: Notizbuch 2 (1980), S. 82-90; Draginja Dorpat, Annäherungsversuche zu einer Antwort auf die Frage: 'Gibt es eine weibliche Ästhetik?'In: Notizbuch 2 (1980), S. 73-81 Friederike Hassauer, "Gibt es eine weibliche Ästhetik?" In: Theater heute. Sonderheft 1978, S. 116-123; Ulla Hahn, "Gibt es eine Frauenliteratur?" In. Doormann, Lottemi (Hrsg.): Keiner schiebt uns weg. Zwischenbilanz der Frauenbewegung in der Bundesrepublik. Weinheim 1979, S. 252-257; Ingrid Puchner, "Frauenspezifische Ästhetik", in: Schreiben. Frauenliteraturzeitung 14 (1981), S. 4-7

"weiblichen Ästhetik" oder Widerlegbarkeit derselben werden vorausgesetzt, und Sinn oder absolute Sinnlosigkeit beziehungsweise Irrelevanz der Existenz oder der Aufstellung einer weiblichen Ästhetik konstatiert. Andererseits liegt der Wert dieser Arbeiten gerade darin, daß sie so den Einzelaspekt "formal-ästhetische Problematik" aus der umfassenderen Problematik weiblicher Identität in Texten weiblicher Verfasser klarer fassen können. Indem sie andere als die spezifisch von ihnen erörterten Aspekte weiblichen Schreibens ignorieren und trotzdem immer wieder auf Ambivalenzen stoßen, treiben gerade diese Essays zur "Weiblichen Ästhetik" mit ihren unterschiedlichen Ergebnissen die unleugbare Komplexität dieses Themenbereichs als Problem für literaturwissenschaftliche Theoriebildung hervor.

Bovenschens bereits besprochener Aufsatz "Über die Frage: Gibt es eine weibliche Ästhetik?", fordert - radikaler als "Die imaginierte Weiblichkeit" dies tut - eine Abwendung von Versuchen des Nachweises einer kontinuierlich entwickelten weiblichen Ästhetik in der Vergangenheit. Sie fordert stattdessen die Zuwendung zu einer neuen, an spezifisch für den alltäglichen weiblichen Lebenszusammenhang sinnvollen sensorischen Erfahrungen entwickelten, eigenen weiblichen Ästhetik.

Aus der Vielzahl von Texten, die sich solcherart mit dem Thema der Anwesenheit eines spezifisch Weiblichen in der Literatur von Frauen beschäftigen, seien die Essays *Konzepte 'weiblicher Ästhetik' als Gegenstand der Literaturwissenschaft* von Friederike Hassauer[294] und *Gibt es eine weibliche Ästhetik?* von Hiltrud Gnüg[295] zur näheren Betrachtung herausgegriffen. Sie bieten sich besonders an, um im Vergleich dem Dilemma dieser Fragestellung und der hieraus entstehenden Vielfältigkeit der Antworten auf die Spur zu kommen, da sie sich zwar gleichermaßen differenziert von der Position eines "neuen Biologismus" ebenso wie von populären Positionen der Frauenbewegung abwenden, aber dennoch, was Existenz und Sinn einer weiblichen Ästhetik betrifft, zu entgegengesetzten - wenn auch durch die vorgenommenen Einschränkungen ambivalenten - Resultaten gelangen.

---

294 Friederike J. Hassauer, "Konzepte weiblicher Aesthetik als Gegenstand der Literaturwissenschaft", in: Universitas 38 (1983) 448/9, S.925-932
295 Hiltrud Gnüg, "Gibt es eine weibliche Ästhetik?" In: Kürbiskern 1 (1978), S. 131-140

Hiltrud Gnügs Essay geht zunächst von der These aus, daß Frauen aufgrund ihrer unterschiedlichen "gesellschaftliche(n) Bedingtheit" eine eigene, "kastenbedingte[...]" Ästhetik herausbilden müssen.[296] Diese These relativiert sie durch die Feststellung, der von der biologischen Verschiedenheit der Geschlechter in der bürgerlichen Aufklärung abgeleitete und durch "heutige Feministinnen" wieder verstärkt befürwortete "Rollendualismus" berge die Gefahr, daß "das Postulat einer weiblichen Ästhetik [...] seinerseits auf einen weiblichen Sexismus hinauslaufen" könnte.[297] Deshalb seien Forderungen abzulehnen, die eine weibliche Ästhetik auf einer Umkehrung der Verhältnisse gründeten, also auf einer nun positiven Reduktion der Frau zum "Naturwesen" beziehungsweise auf eine Vorstellung der Frau als vom geschichtlichen Ballast befreiten "reine[n] weibliche[n] Urwesen."[298] Nicht eine Stärkung des Biologismus beabsichtige der Feminismus, sondern die Emanzipation der Frau wirke den Folgen der geschichtlichen Auseinanderentwicklung der Geschlechter, der dualistischen Rollenverteilung, entgegen. Indem die Frau aus ihrem weiblichen Ghetto ausbreche, entdecke

> sie die als männlich ausgegebenen Qualitäten als eigentlich menschliche. Intellektualität, Produktivität, Kampfgeist [seien] keine männlichen Urphänomene, und auch der sich emanzipierende Mann heute [verwahre] sich dagegen, Emotionalität, Sensibilität, Sanftmut als weibliche Wesenszüge von sich zu weisen.[299]

Literatur und Kunst hätten sich trotz des Einflusses der "Entfremdung in einer hochtechnisierten Warengesellschaft" "Momente der Freiheit und Emanzipation bewahrt." Deshalb seien in ihnen einige neuerdings der weiblichen Ästhetik zugeschriebene Merkmale wie zum Beispiel "ein sensibilisiertes Wahrnehmen (und) eine rückhaltlosere Subjektivität" lebendig - und zwar in "männlicher" ebenso wie in "weiblicher" Literatur.[300] Frauen setzten allenfalls andere thematische Akzente in der Literatur, keinesfalls jedoch sei eine eigene "ästhetische Grundhaltung" erkennbar. Nur konsequent ist vor dem Hintergrund dieser Ausführungen Gnügs die Schlußfolgerung ihres Essays, es seien zwar neue ästhetische Formen in der

---

296 Dies.: ebd., S. 131
297 Dies.: ebd., S. 132-133
298 Dies.: ebd., S. 134
299 Dies.: ebd., S. 136
300 Dies.: ebd., S. 136

Literatur festzustellen, was jedoch "einige Feministinnen als typisch weibliche Kategorien [verkündeten], das kennzeichne[...] die heutige Literatur allgemein."
Anders argumentiert Friederike Hassauer. Wissenschaftlich fundierte "Kampf- und Strategieprogramme", so ihre einleitende These, brächten zum Ausdruck, "daß die gesetzliche Gleichstellung von Mann und Frau in den modernen Industrieländern [...] die ursprüngliche Hoffnung auf faktische, reale Gleichberechtigung der Geschlechter nicht erfüllen konnte."[301] "Feministisch orientierte Bücher" - hierzu zählt Hassauer sowohl solche, die von der Frauenbewegung zunächst abgelehnt wurden, als auch die "authentischen" autobiographischen Texte der populären Frauenliteratur - hätten Skepsis angemeldet "gegen Emanzipation, die nichts [sei] als symmetrische Konkurrenz der Frau mit dem Mann." Eine neue Chance hingegen läge in der Auseinandersetzung mit dem Weiblichen an sich. Das Hervortreten der Frauen aus dem "blinden Fleck" der Geschichte und das Mißtrauen gegen die vorgegebenen männlichen "Denk- und Sehraster" erzeugten die Frage nach der Möglichkeit der Umsetzung "genuin weibliche[r] Erfahrung [...] in Sprache." Weder die empirische Literatursoziologie noch die empirische Rezeptionsforschung könnten die Antwort auf diese Frage liefern, da beide Vorgehensweisen die entgegengesetzten inhaltlichen Positionen der unterschiedlichen Autorinnen außer acht lassen müßten. Gerade der Blick auf die inhaltlichen Positionen von Autorinnen jedoch ließe Unbehagen zurück, denn bezüglich des Ausdruckes der Geschlechtszugehörigkeit im Text sei festzustellen:

Gemeinsamkeiten gibt es da nicht. Von Frauenliteratur kann man ebensowenig sprechen wie von Männerliteratur; entscheidend wäre allein, ob ein Text literarisch gut, ästhetisch gelungen sei.[302]

Deshalb sei es sinnvoller, sich der Frauenliteratur mit Blick auf ihr normatives Interesse zu nähern und den Begriff "Frauenliteratur" einzuschränken auf Texte, die diesem Interesse unterworfen seien. Cixous' "Konzept von Maskulinität und Feminität" gäbe Aufschluß über dieses Interesse. Weiblichkeit bedeute immer "asymmetrische Negation des herrschenden Kulturzusammenhangs." Sie sei jedoch "noch nicht im Heute sichtbar - Weiblichkeit [könne] nur als imaginäre gedacht werden."[303] Vor dem Hintergrund der historischen Ent-

---

301 Friederike J. Hassauer, "Konzepte weiblicher Aesthetik ...", a.a.O., S. 926
302 Dies.: ebd., S. 928
303 Dies.: ebd., S. 929-932

wicklung sei in der Vergangenheit "Menschliches als Männliches definiert" worden, während das "Weibliche als Verdrängtes festgeschrieben" worden sei. Die hieraus abgeleitete Begrifflichkeit von Maskulinität und Feminität sei grundsätzlich kritisch zu hinterfragen. Der neue "weibliche Diskurs", wie Cixous ihn beschreibe, biete eine Gegenposition zu diesen Festlegungen. Während Gnüg sich in Bezug auf Cixous kritisch mit der von deren Ansatz geforderten Körperbezogenheit im weiblichen Sprechen auseinandersetzte, um die Gefahr des hier implizierten Biologismus aufzudecken, benutzt Hassauer hier gerade Cixous' Vorstellungen der écriture féminine zur Formulierung ihrer Vorstellungen vom gesellschaftlichen Potential einer vom biologischen Geschlecht abstrahierten männlichen und weiblichen Charakteristik in der Literatur. Da bei Cixous weiblich nicht gleich Frau und männlich nicht gleich Mann gedacht werde, stehe der neue weibliche Diskurs Männern ebenso wie Frauen zur Verfügung, deshalb lasse sich "das weibliche Imaginäre in literarischen Werken von männlichen Autoren verfolgen, und in Analogie [lasse] sich nach dem Männlichen in Texten von Autorinnen fragen. [...] Feminität und Maskulinität" seien so zu verstehen als "funktionale[...] Größen, die weibliche Ästhetik nicht nur auf Autorinnen" festlegten.[304] In dieser Lösung der Konzepte von Maskulinität und Feminität scheine, so ihre Schlußfolgerung, "eine utopische Einheit von weiblichem und männlichem Potential im Bild des entfalteten Menschen auf."[305]

Für Gnüg gibt es letztlich kein wesensmäßig weibliches oder wesensmäßig männliches Schreiben, vielmehr bewahrt für sie gerade das Schreiben Möglichkeiten der Freiheit von geschlechtlichen Festlegungen. Friederike Hassauer hingegen geht zunächst nicht von einer existierenden spezifischen Schreibweise aus, sondern von einer in Geschichte und Kultur verdrängten anderen "Denk- und Sehweise," die sich neuerlich in der Literatur Ausdruck verschaffe. Auf diese Weise löst sie die Vorstellung einer weiblichen Ästhetik von den formal-ästhetischen Forderungen der Frauenbewegung, die an das sozio-biologische Geschlecht der/des Schreibenden gebunden sind. Der Ausdruck der neuen "Denk- und Sehweise" wird bei ihr nicht an die Vorstellung der emanzipierten Frau gebunden, wie es aus der Perspektive der Frauenbewegung naheliegen würde. Wenn sie den-

---

304 Dies.: ebd., S. 932
305 Dies.: ebd., S. 932

noch - im Gegensatz zu Gnüg - der neuen dissident-subversiven Ästhetik die Bezeichnung 'weiblich' zugesteht, so ist dies nur möglich unter Aufgabe des traditionellen Gebrauches des Begriffes 'weiblich' als Bezeichnung für etwas, das an das biologisch-soziale Geschlecht der Frau gebunden ist.

Die Ergebnisse beider Essays sind so schließlich nur möglich vor dem Hintergrund einer Trennung der realen, biologischen Frau und ihres konkreten sozialen Kontextes sowie der kulturellen und literarischen 'Bilder' des Weiblichen von dem Begriff des 'Weiblichen'. Allerdings liegt hierin zugleich die Ursache für die jeweils unterschiedlichen Gehalte des Begriffes "weibliche Ästhetik." Die Erkenntnisse, die von Steinbrügge, Landweer und Prokop zum Beispiel bezüglich der Entstehung und des Gehaltes von weiblicher Identität und Weiblichkeitsmustern, -vorstellungen oder -bildern erarbeitet worden sind, könnten die Verbindung zwischen "Frau" und "weiblich" zwar konkretisieren und damit einer Klärung des Begriffes "weiblich" nahekommen, sie sind für diese vom konkreten "Weiblichen" abstrahierenden Aufsätze der zweiten Gruppe jedoch gegenstandlos, wenn es um die Klärung der Frage nach einer weiblichen Ästhetik geht. Andererseits zielen die Texte aus der ersten Gruppe nicht auf die formal-ästhetische Seite der von ihnen untersuchten Texte, sondern auf ihre Inhalte. Sie ermöglichen Aussagen über die sozio-historische Funktion und Funktionalisierung bestimmter Bilder und Vorstellungen, nicht jedoch über die Art der Einbindung dieser Bilder in die literarische Verarbeitung.

Weder eine Theorie des Weiblichen, auf die sich die Texte der ersten Gruppe konzentrieren, noch eine Theorie weiblichen Schreibens, die das Weibliche lediglich als Abstraktion von in der Wirklichkeit stattfindenden und erfolgten sozialen, historischen und psycho-biologischen Entwicklungen realer Frauen zulassen kann, wie sie in der zweiten Textgruppe angestrebt wird, können die Fragen nach Weiblichkeit und weiblicher Identität in der Literatur von Frauen zufriedenstellend beantworten. Den Fragen zugleich nach Inhalt *und* nach Art und Weise der Vermittlung von Weiblichkeit und weiblicher Identität in weiblicher Literatur angemessen kann deshalb nur eine Herangehensweise sein, die weder die Frage nach dem außerliterarischen Weiblichen noch die Frage nach eventuellen ästhetischen Verarbeitungen des Weiblichen im Text vernachlässigt.

Einige feministisch orientierte literaturwissenschaftliche Arbeiten in der deutschsprachigen Germanistik stellen eine solche Verbindung der unterschiedlichen Wirklichkeitsbereiche dar, die ihren Ausdruck im weiblichen Text suchen. In dieser dritten Gruppe von Texten geht es um den Bezug weiblicher Literatur zur sozialen Realität von Frauen ebenso wie um die Bedeutung dieses Bezuges für die Entwicklung einer weiblichen Identität und ihr entsprechender Schreibweisen. Diese literaturwissenschaftlich ausgerichteten Arbeiten fragen nach den Auswirkungen von imaginierten und feministischen Bildern und Vorstellungen des Weiblichen in der Frauenliteratur und in der Gesellschaft ebenso wie nach einer spezifisch weiblichen Schreibweise und deren möglicher politischer Wirkung.

Insbesondere für den Aspekt der Arbeiten, der sich aus der Perspektive auf den Konflikt weiblicher Wirklichkeit und imaginierter Weiblichkeit den möglichen politischen Funktionen weiblichen Schreibens zuwendet, haben Bovenschens Überlegungen bis heute ihre Aktualität behalten. Für diese Arbeiten mit ihrer Zusammenschau einer spezifisch weiblichen Schreibweise einerseits und feministischer Gehalte der Texte andererseits ist Bovenschens Einwand gegen eine neue weibliche Mythenbildung ebenso wie ihre Forderung nach mehr Berücksichtigung formal-ästhetischer Aspekte von weiblichen Texten immer noch aktuell. Schließlich ermöglicht dieses den Arbeiten aus dieser Gruppe, kritisch mit den französischen Ansätzen, aber auch mit den in früheren feministisch orientierten amerikanischen Textanalysen entwickelten Ansprüchen an feministische Inhalte weiblicher Texte umzugehen, die in Deutschland verstärkt seit Verena Stefans Veröffentlichung von *Häutungen* Fuß fassen konnten.

Im Vergleich zu beiden Traditionen zeigen sich diese Ansätze jeweils umfassender. Sie versuchen, vor dem Hintergrund einer grundsätzlich feministischen Haltung die Frage nach der weiblichen Ästhetik und ihrer Funktion zu stellen, ohne dabei die gesellschaftlichen oder kulturellen Konkretisierungen des Weiblichen zu vernachlässigen. Den Forderungen, die die Frauenbewegung an die Frauenliteratur stellt, stehen sie dabei kritisch gegenüber. Dem ausgesprochen weiten Fragespektrum, das diese Arbeiten entfalten, nähern sie sich einerseits, amerikanischen feministischen literaturwissenschaftlichen Traditionen folgend, indem sie sich in konkreten Textanalysen der Thematik des Weiblichen und weiblicher Tradition in der Literatur zuwenden, während sie zugleich versuchen, und hierin gleicht ihr Vorgehen eher dem der französischen Arbeiten zum Weiblichen, eine Theorie aufzustellen zu der Frage, wo und wie sich Weibliches in der Literatur von Frauen manifestiere, was das Weibliche ausmache und welche normativen Ziele von solcher Literatur überhaupt verfolgt beziehungsweise erreicht werden könnten. Aus dem bisher Gesagten dürfte hervorgehen, daß hier keine neuen Fragen erörtert werden. Die Ansätze aus den angelsächsischen Anfängen feministischer Literaturwissenschaft, die Auseinandersetzung der französischen Feministinnen mit weiblichem Sprechen und die Erkenntnisse bisheriger feministisch orientierter Germanistik werden aufgegriffen und in den Texten dieser Gruppe hinterfragt. Es erfolgt im wesentlichen eine andere Gewichtung und Zusammenstellung der unterschiedlichen, zuvor getrennt betrachteten Aspekte.

Zu den Autorinnen dieser dritten Textgruppe, die von literaturwissenschaftlichen Interessen und der Frage nach deren Vereinbarkeit mit feministischen Intentionen geleitet wird, zählen zum Beispiel die Untersuchungen von Inge Stephan, Sigrid Weigel und Regula Venske, Karin Richter-Schröder, Margret Brügmann, Renate Möhrmann, Friederike Hassauer.[306] Mit ihrer Art, nach dem Weiblichen in von Frauen verfaßter Literatur zu fragen, schlägt die Germanistik im deutschsprachigen Raum einen Weg ein, der gesteigerten Wert legt auf den Einschluß aller existierenden weiblichen Texte in die Frauenliteratur und auf die Annäherung an die "reale" Frau und ihre sozio-historische Entwicklung und Realität. Die Begriffe, auf die sich diese Arbeiten konzentrieren, sind "weibliche Identität", "Feminismus" und "Frauenliteratur", wobei es ihnen um die Vereinbarkeit dieser Bereiche in der literaturwissenschaftlichen Betrachtung des weiblichen Textes beziehungsweise im weiblichen Text geht. Die Fragen, die diese Untersuchungen aufwerfen, beziehen sich auf die Verbindung von individuellem schreibendem weiblichem Subjekt einerseits mit kollektiven Weiblichkeitsvorstellungen der Gesellschaft und kollektiven feministischen Idealen andererseits sowie mit der literarischen Form, in der die individuellen oder kollektiven Weiblichkeitsanteile beziehungsweise -muster sich artikulieren. Die entscheidende Frage

---

306 Zum Anspruch auf Vollständigkeit gilt für die Besprechung auch dieser Gruppe von Texten dasselbe wie bereits in Fußnote No 86 ausgeführt; die einschlägigen Arbeiten dieser Autorinnen, die in diesen Themenbereich fallen, sind in der Literaturliste aufgelistet.

gilt der bewußtseinsbildenden Wirkung und den emanzipativen Inhalten individueller weiblicher Texte mit dem Ziel, die konkrete Umsetzbarkeit der Literatur von Frauen für eine Veränderung der soziologischen Lage der Frau in der Gesellschaft und damit schließlich für eine Veränderung der Gesamtgesellschaft auszuloten.

Ein Teil dieser Arbeiten setzt sich vor allem unter literaturhistorischen Aspekten mit dem Thema des Weiblichen in der Literatur auseinander. Die hier vorgenommenen Versuche einer praktischen Annäherung an die Thematik des Weiblichen in der Literatur gilt einer vorurteilsfreien Erfassung des Phänomens Frauenliteratur, seiner Entwicklung und Bedeutung. In Auseinandersetzung mit deutschsprachigen Texten weiblicher Autorinnen und vor dem Hintergrund von Bovenschens Erkenntnissen über die "imaginierte Weiblichkeit" sowie auch vor dem Hintergrund von Irigarays und Cixous' Überlegungen zum Weiblichen werden die "Frauenliteratur vor der Frauenliteratur" der 70er Jahre, die "verborgene Frau" hinter den Bildern des Weiblichen in der Frauenliteratur und die Tradition der Frauenliteratur betrachtet. Das Hauptinteresse dieser Arbeiten ist literaturhistorischer Art, es gilt, weibliche Schreibtraditionen festzustellen, weibliche Schreibweisen sowie explizite und implizierte emanzipatorische Inhalte festzuhalten und den Begriff "Frauenliteratur" aus den Vorurteilen früherer Zeiten (minderwertige Literatur), aber auch aus den neuen Begrenzungen (programmatische feministische Inhalte/Form) zu befreien.[307]

---

307 Insbesondere sind unter literaturhistorischen Aspekten die Arbeiten von Weigel/Venske/Stephan und von Gnüg/Möhrmann zu nennen, die zwar wichtige Beiträge zu der Diskussion weiblichen Schreibens liefern und lieferten, auf die aber wegen ihrer primär literaturgeschichtlichen Ausrichtung im Rahmen der hier relevanten Fragen zur Literaturtheorie nicht näher eingegangen wird.
Vgl.: Stephan, Inge / Sigrid Weigel: "Die verborgene Frau...", a.a.O.; dies. (Hrsgg.): "Feministische Literaturwissenschaft." Dokumentation der Tagung in Hamburg vom Mai 1983. (Argument-Sonderband AS 120) (Literatur im historischen Prozeß; N.F. 11) Berlin: Argument-Verlag 1984; dieselben, Regula Venske: Frauenliteratur ohne Tradition?..., a.a.O.; Hiltrud Gnüg und Renate Möhrmann (Hrsgg.): "Frauen. Literatur, Geschichte...", a.a.O.; Vgl. auch: Renate Möhrmann, "Die andere Frau. Emanzipationsansätze deutscher Schriftstellerinnen im Vorfeld der Achtundvierziger Revolution", Stuttgart 1977 und Brinker-Gabler, Gisela (Hsg.): Deutsche Literatur von Frauen. 1. Band. München 1988 sowie dies.: "Deutsche Dichterinnen vom 16. Jahrhundert bis zur Gegenwart. Gedichte und Lebensläufe", Frankfurt 1978.

Bei den hier erarbeiteten Ergebnissen über die Geschichte weiblichen Schreibens tritt wiederholt die Frage nach der "Schreibweise" in den Vordergrund, mittels derer Frauen das Besondere ihrer gesellschaftlichen Situation literarisch vermitteln. Besondere Bedeutung erlangt diese Frage nach Art und Weise der literarischen Vermittlung des Weiblichen in Bezug auf Texte, die nicht der populären Frauenliteratur zugehören. Mehr noch als in den literaturhistorischen Arbeiten spielt dies jedoch noch in den stärker literaturtheoretisch ausgerichteten Arbeiten neuerer Zeit eine Rolle. Geleitet werden diese Untersuchungen von dem Ziel, eine methodische Herangehensweise an Frauenliteratur zu entwickeln, die es gestattet, gültige literaturtheoretische Aussagen über mögliche bewußtseinsbildende beziehungsweise -verändernde Wirkungsweisen bestimmter weiblicher Schreibweisen treffen zu können.

Die Ergebnisse zweier Autorinnen aus diesem eher literaturtheoretischen als literaturhistorischen Bereich literaturwissenschaftlich feministischer Untersuchungen sollen kurz näher betrachtet werden. Sigrid Weigels Aufsatz *Der schielende Blick*[308] und ihre umfangreichere Studie *Die Stimme der Medusa*[309] verbinden mit Karin Richter-Schröders Arbeit *Frauenliteratur und weibliche Identität*[310] das gemeinsame Interesse an den Bedingungen subversiven weiblichen Schreibens. Das Hauptgewicht liegt in beiden Arbeiten auf dem Prozeß des Schreibens, wobei sie die Auffassung teilen, der entscheidende Einfluß auf die weibliche Schreibweise werde durch den Ort ausgeübt, von dem aus Frauen schreiben. In Bezug auf Kristeva verstehen beide Autorinnen diesen Ort weiblichen Schreibens als "doppelten Ort innerhalb *und* außerhalb des Symbolischen."[311] Erst das Schreiben von diesem doppelten Ort aus biete Frauen die Möglichkeit, schreibend subversiv gesellschaftliche Strukturen aufzubrechen, so die gemeinsame These der Autorinnen. Von besonderem Interesse für die vorliegende Untersuchung sind diese beiden Arbeiten, da sie über diese These hinausgehend die Widerstände, die an diesem Ort aufeinandertreffen, in ihren Bezügen zur weiblichen gesellschaftlichen Realität konkretisieren und die politische

---

308 Sigrid Weigel, "Der schielende Blick,...", a.a.O.
309 Dies.: "Die Stimme der Medusa. ...", a.a.O.
310 Karin Richter-Schröder, "Frauenliteratur...", a.a.O..
311 Sigrid Weigel, "Die Stimme der Medusa. ...", a.a.O., S. 9

Bedeutsamkeit unterschiedlicher weiblicher Schreibweisen einschätzen. Mit dieser weiterführenden Konkretisierung, in der sie eine Festlegung des Weiblichen als "das Andere" vermeiden, unterscheiden sie sich von anderen zunächst ähnlich verfahrenden literaturtheoretischen Arbeiten dieser Art.[312]

Karin Richter-Schröder zeigt in ihrer Arbeit *Frauenliteratur und weibliche Identität* die Grenzen autobiographisch-authentischer Frauenliteratur und einer auf sie sich beschränkenden weiblichen Ästhetik auf. An den Textbeispielen von *Häutungen*[313] und *Der Tod des Märchenprinzen*[314] demonstriert sie, daß diese Texte nicht wirklich bewußtseinsbildend wirken, sondern allenfalls Erfahrungen bestätigen können.[315] Ihre Kritik richtet sie vor allem gegen die diesen Texten unterlegte Sinnstruktur der Persönlichkeitsentwicklung; bezweifelt wird das dem Text unterstellte weibliche Subjekt, das die Entwicklung seiner weiblichen Identität darstellt. Sie schreibt:

[...] die in den Texten vorgeführte Sinnstiftung verdankt sich in erster Linie dem Ausklammern von Widerständen, die beim Schreiben über das eigene Ich überwunden werden müßten. Indem die Texte die direkte Abbildbarkeit weiblicher Wirklichkeitserfahrung, deren angenommene Homogenität allein schon eine Fiktion darstellt, suggerieren, reduzieren sie die Komplexität des Verhältnisses von Sprache und Subjekt auf die Frage nach einer adäquaten Metaphorik, z.B. zur Darstellung weiblicher sexueller Erfahrungen.[316]

Erst die Berücksichtigung experimenteller und modernistischer Texte, die das Einbrechen von Widerständen in die Identitätentsbildung im Text erkennen ließen, so Richter-Schröders Feststellung, gestatte es, eine weibliche Ästhetik zu entwickeln, die die Spannung zwischen Bewußtsein und Verdrängung erfassen könne, die der besonderen sozialen Position der Frau entspreche. Diese soziale Position begreift Richter-Schröder nicht als statisch, sondern als einem ständigen historischen Wandel unterworfen.[317] Das diesen Texten entsprechende Verfahren der Textbetrachtung müsse deshalb sozialpsychologische Aspekte stärker berücksichtigen. Erst ein solches Vorgehen könne das auch in experimentellen und

---

312 So zum Beispiel von Margret Brügmanns "Amazonen...", wo es vor allem um den Nachweis der Auseinandersetzung der Frau mit ihrer widersprüchlichen Situation innerhalb des Textes geht. Vgl.: Margret Brügmann, "Amazonen...", a.a.O., S. 5;
313 Verena Stefan, "Häutungen...", a.a.O. .
314 Svende Merian, "Der Tod des Märchenprinzen", a.a.O., .
315 Karin Richter-Schröder, "Frauenliteratur...", a.a.O., S.161
316 Dies.: ebd., S. 158
317 Dies.: ebd., S. 108; wichtig auch S. 205ff

modernistischen Texten von Frauen vorhandene weibliche Aufbegehren gegen das Symbolische erfassen und den hier vorhandenen weiblichen ästhetischen Widerstand gegen gesellschaftlich sanktionierte Verdrängungsleistungen aufzeigen. Eine auf Inhalte fixierte Textanalyse, die lediglich auf den Nachweis der Schuldfrage poche, beziehungsweise lediglich einer Schuldzuweisung der gesellschaftlichen Zustände an das Patriarchat genüge, sei hierzu nicht imstande. An die Form weiblicher Texte müsse die Frage gerichtet werden, ob sie die besondere soziopolitische Position der Frau umsetzen könne in einen Ausdruck der besonderen Affinität weiblicher Identitätsbildung mit dem Semiotischen, um so einen bewußtseinsbildenden subversiven weiblichen Text zu ermöglichen.[318]

Wie Richter-Schröder, so legt auch Sigrid Weigel in ihren Arbeiten zur Frauenliteratur höchsten Wert auf die politische Wirksamkeit weiblicher Texte. Auch für sie ist das Entscheidende an der Frauenliteratur das Moment des ästhetischen Widerstandes gegen gesellschaftliche Verdrängungsleistungen, von dessen Realisierung im Text auch bei ihr abhängt, ob es gelingen kann, weiblichen Dissens mit den bestehenden Verhältnissen wirksam zum Ausdruck zu bringen. Sowohl ihre theoretischen Erörterungen zum "schielenden Blick"[319] als auch ihre Interpretation weiblicher Schreibweisen in Verbindung mit dem antiken Mythos der Medusa[320] stellen Ansätze dar zu einer Überwindung des Rückzuges weiblichen Schreibens auf programmatisch-feministische Inhalte und autobiographisch-authentische Formen. Die Überwindung der "Ghettoisierung" von weiblichem Schreiben und der auf dieses ausgerichteten Literaturbetrachtung zielt auf die sozio-historische Anwesenheit des Weiblichen in der Welt und die von den Texten selbst ausgehende Möglichkeit weiblicher Einflußnahme auf die gesellschaftliche Wirklichkeit. Während bei Richter-Schröder der Schwerpunkt der Überlegungen jedoch noch auf der Einmischung der Frauen in die Debatte um politisch wirksamere ästhetische Formen im Vordergrund lag und die politischen Ziele als Bekämpfung patriarchaler Strukturen eher im allgemeinen als im besonderen formuliert wurden, weist Weigels Ansatz auf die Beteiligung von Frauen an der literarischen Diskussion konkreter punktueller politischer Interessen.

---

318 Vgl. dies., ebd., S. 108ff und 205ff
319 Sigrid Weigel, "Der schielende Blick,...", a.a.O. .
320 Sigrid Weigel: "Die Stimme der Medusa. ...", a.a.O. .

Wohl am intensivsten unterscheidet zwischen feministischen und allgemeinpolitischen Interessen Sigrid Weigel in ihrem Essay *Der schielende Blick*. Diese Trennung von weiblichen und politischen Interessen erfährt nach Weigel in der Autorin, die sich beiden Bereichen zuwendet, wie auch in der Literaturwissenschaftlerin, die sich mit beiden Problemen beschäftigt, eine vorübergehende Aufhebung. Weigel definiert deren schielenden Blick über die beiden Bereiche, die von ein und derselben Person gleichzeitig berücksichtigt werden:

> Es dreht sich alles nur um - *das Andere*, die Entwicklung weiblicher Kultur und Utopie, vor allem um die Beziehung zwischen Frauenbildern und weiblichem Selbstverständnis! Frauen sollten sich ruhig mit einem Auge diesen engen, konzentrierten Blick gönnen, um mit dem anderen Auge in die Fülle und Weite gesellschaftlicher Thematik zu schweifen.[321]

Die beiden Bereiche, denen die Aufmerksamkeit der Frau hier gelten soll, sind also zum einen die selbständige, von männlichen Vorgaben unabhängige, "Entwicklung weiblicher Kultur und Utopie," die eine kritische Betrachtung der "Beziehung zwischen Frauenbildern und weiblichem Selbstverständnis" einschließt, und andererseits die vom weiblichen Nachdenken über die Frau noch weitgehend ignorierte "Fülle und Weite gesellschaftlicher Thematik." Der entstehende "schielende Blick", so Weigels These, beuge einer Reduktion weiblichen Schreibens auf die Frauenfrage ebenso vor wie einer Reduktion der Frau auf das "Andere" bei gleichzeitiger "Verwässerung politischer Wahrnehmungen."[322] Damit Vorstellungen über das weibliche Geschlecht als "eigentliches" Geschlecht entstehen können - im Gegensatz zu dem als Teil eines Gegensatzpaares definierten "anderen Geschlecht" - müsse, so Weigels Forderung, im Gegensatz zu Cixous Auffassung die Verbindung von "Frau" und "weiblich" berücksichtigt werden[323], da nur so der Blick auf die "Doppelexistenz" der Frau in der Gesellschaft möglich erscheine. Die hier auftretenden Widerstände und Brüche müßten als Bereicherung der Möglichkeiten verstanden werden, gesellschaftliche Veränderungen zu bewirken. Ohne diese sei letztlich die "Frauenfrage" nicht zu klären:

---

321 Dies.: ebd., S. 104
322 Sigrid Weigel, "Der schielende Blick,...", a.a.O., S. 112
323 Dies.: ebd., S. 111

Und da Befreiung die Aufhebung der wirtschaftlichen Ungleichheit und der sozialen Ungerechtigkeit voraussetzt bzw. einschließt, hat der neue Feminismus sozusagen den doppelten, einen gespaltenen Blick.[324]

Mit diesem "gespaltenen" Blick ließe sich dann auch die Debatte um den Haupt- und Nebenwiderspruch klären. Der schielende Blick vereine nämlich beide Bereiche, auf die sich der weibliche Widerspruch beziehe. Weigel rückt mit ihrer Theorie die "Analyse der politischen Fragen" zusätzlich zu der Aufarbeitung der "Geschlechterbeziehung im Verhältnis zueinander" ins Blickfeld feministischer Literaturbetrachtungen.[325]

Dem "schielenden Blick" gelingt der Brückenschlag zur Überwindung der Ghettoisierung weiblichen Schreibens und feministischer Literaturwissenschaft allerdings nur bedingt. Die im Verlaufe des Essays erörterten Schreibweisen belegen zunächst die Möglichkeit des Niederschreibens von Zwiespältigkeiten des Strebens nach einer eigenen weiblichen Identität bei gleichzeitigem "In-der-Welt-sein" überzeugend. Und die von Weigel vorgenommenen Analysen von in literarischen Texten geäußertem Widerspruch zwischen weiblichem Lebenszusammenhang und Bildern des Weiblichen sowie die Schilderung ambivalenter Haltungen gegenüber psychischem und physischem Leiden in weiblichen Texten wie auch der Nachweis spröder Identitätsbildung des schreibenden Subjekts im Text entlarven die in den Texten geäußerten Widersprüchlichkeiten als Symptome gesellschaftlichen Versagens.

Diese Schreibweisen der aufbrechenden Widerstände können nur als Zeichen des gespaltenen Blicks, wie Weigel ihn definiert, verstanden werden. Angesichts der Heterogenität der verschiedenen Arten von Gespaltenheit drängt sich jedoch bald der Eindruck des Weiblichen als Widerspruch an sich auf, wobei die Leerstellen, die sich durch die ablehnende Äußerung der Widersprüche als Freiräume für eine eigene Identitätsbildung öffnen, als Leerstellen bestehen bleiben.[326] "Der schielende Blick" vereint zwar die gesellschaftliche Thematik mit der Frauenthematik, aber er tut dies, indem beide Bereiche als getrennte Bereiche nur hier, im Blick der Autorin, zusammengenommen werden. Eine solche Annäherung an Texte weiblicher Autoren kann die Überschneidungen und Ver-

---

324 Dies.: ebd., S. 104
325 Dies.: ebd., S. 104
326 Vgl.: dies., ebd., S. 105

mischungen beider die weibliche Identität beeinflussenden Bereiche, ihr Ineinandergreifen, wie sie der weibliche Lebenszusammenhang beinhaltet und wie diese die weiblichen Phantasien über das Weibliche erzeugt, jedoch nicht völlig erfassen. Zwar können auf diese Weise "Erkenntnisse darüber" erlangt werden,

> [...] *wie* eine Frau ihre soziale Situation, die Erwartungen hinsichtlich ihrer Frauenrolle, ihre Ängste, Wünsche und Phantasien literarisch bearbeitet und welche Strategien sie entwickelt hat, sich trotz des Privatheitsverdikts öffentlich zu äußern[...],[327]

wie dies von Weigel angestrebt wird; doch der Bruch zwischen dem individuellen Privaten und dem öffentlich Gelebten, der zum Ausdruck kommt, stellt sich als asymmetrischer Bruch dar, er bedeutet das Aufbrechen von Frauenbildern und des Privatheitsverdiktes mehr als den Prozeß des Einbrechens des konkreten Politischen in das private Leben. Zwar lenkt Weigel das Interesse auf das Zusammentreffen von 'weiblichen' und 'politischen' Problemfeldern, doch beschreibt sie selbst die Schwäche, die in diesem Ansatz lauert, solange das Interesse vorrangig beiden Bereichen als getrennten Bereichen gilt und auf den Bruch als solchen zwischen ihnen gerichtet wird, anstatt seiner verändernden Wirkung auf die weibliche Realität und deren Ausdruck im Text zu gelten. So schreibt sie über die Darstellung "weiblicher Leiden":

> **Literatur** kann nun als experimentelle Abarbeitung von Weiblichkeit die Zerstörung des Frauenbildes in der Fiktion beschreiben, doch ist auch die Literatur dann mit der zum Vorschein kommenden Leerstelle konfrontiert, denn die neue, befreite Frau ist noch nicht vorstellbar.[328]

"Der schielende Blick", obwohl er diese Problematik aufzeigt, führt so letztlich zu einem Verharren in der Feststellung des Bruches, der als solcher so stark an Bedeutung gewinnt, daß seine Überwindung in den Hintergrund tritt, zumal "der Konflikt hier und heute nicht auflösbar ist."[329] Damit jedoch kann der Ansatz des "schielenden Blicks" die bereits vorhandenen Spaltungen nur aufzeigen; es ist ihm nicht möglich, die gegenseitige Beeinflussung von Realität, Text und den sich widersprechenden Identitätsangeboten aufzuzeigen beziehungsweise zu leisten. Er könnte so zwar bereits vollzogene Änderungen der Gesellschaft in

---

327 Dies.: ebd., S. 84
328 Dies.: ebd., S. 118
329 Dies.: ebd., S. 121

Bezug auf Frauenbilder- und mythen wiedergeben, aber er kann keine entsprechende Dynamik in Gang setzen. Die Vorstellung eines Bruches zwischen dem Bereich des Privaten und dem Bereich des Öffentlich-Politischen ruft Julia Kristevas Überlegungen ins Gedächtnis, die, wie gezeigt wurde, eine Möglichkeit der Verknüpfung von Individuellem mit gesellschaftlich Fixiertem in ihrer Beschreibung des thetischen Bruches sieht. Allerdings führt das Aufeinandertreffen des Semiotischen und des Symbolischen in Kristevas Vorstellung der poetischen Sprache nicht zu einem Stillstand, sondern zu einer fortwährenden Bewegung, die immer neuen Sinn schafft.

Mit der Möglichkeit produktiver Umsetzung von Brüchen in weiblichen Schreibweisen beschäftigt sich auch **Sigrid Weigels** Untersuchung *Die Stimme der Medusa*.[330] Im Mittelpunkt ihres Interesses steht hier nicht der Bruch und die ihn hervorrufenden getrennten Bereiche, sondern die positive Wirkungsmöglichkeit des Bruches im Rahmen einer Ästhetik weiblichen Widerstandes gegen kollektives Verdrängen.[331]

Die Stimme der Medusa stellt eine Literaturgeschichte der Frauenliteratur dar, die sich zunächst dadurch auszeichnet, eine Definition des Begriffes "Frauenliteratur" sowie einen Kanon "Frauenliteratur" zu verweigern. Die Veränderungen, die der Diskurs der Frauenliteratur hervorbringe, so Weigel, beeinflußten zugleich deren Entwicklung, sodaß ein abschließendes Urteil über die Frauenliteratur nicht möglich und auch nicht angemessen erscheine. Vielmehr sei Frauenliteratur als "diskursives Ereignis" zu fassen, das einerseits durch konkrete Defizite des Buchmarktes ebenso wie durch gesellschaftliche Situationen hervorgerufen worden sei und andererseits wieder "Spuren in der Gegenwartsliteratur von Frauen hinterlassen" habe. Besondere Beachtung findet statt der Definition des Begriffes mit seinen notwendigen Einschränkungen die Frage nach verschiedenen Schreibweisen und ihren unterschiedlichen Erfolgschancen, die Sprachlosigkeit der Frauen nicht nur zu überwinden, sondern sie zu verwandeln in einen produktiven

---

330 Dies.: "Die Stimme der Medusa. ...", a.a.O. .
331 Weigel leitet ihre "Ästhetik weiblichen Widerstands" und die hier zugrundegelegte Interpretation des Mythos der Medusa von Walter Benjamins Geschichtsbegriff und Peter Weiss'"Ästhetik des Widerstands" ab. Vgl. Sigrid Weigel: "Die Stimme der Medusa. ...", a.a.O., S. 270ff;

Ausdruck des doppelten Ortes der schreibenden Frau, den Weigel in Bezug auf Kristeva als "doppelten Ort innerhalb *und* außerhalb des Symbolischen" beschreibt. An diesem Ort siedelt Weigel den Bruch an zwischen Teilnahme an der herrschenden Sprache und damit der bestehenden Ordnung einerseits und Ausschluß aus Erinnerung, Überlieferung, Geschichte, Normen und Werten als "das andere Geschlecht" andererseits.[332]

Entsprechend kritisch beurteilt Weigel "den größten Teil der jüngeren autobiographischen Texte"[333] der Frauenliteratur der 70er Jahre. Ihre Subjektvorstellung überspringe die Problematik eines ungewissen Ich, das an der Stelle des Bruches zwischen fremder und eigener Geschichte beziehungsweise Erinnerung auftrete.[334] Weigel weist zu Recht darauf hin, daß der diesen Texten zugrundegelegte Wirklichkeitsbegriff, der die favorisierte "Schreibweise gesellschaftskritischen Realismus"[335] mit der Vorstellung "einer direkten Abbildbarkeit des Realen"[336] begründet, gerade eine Berücksichtigung der realen Kraft des Imaginären verhindert und damit eine Auseinandersetzung mit "kulturell und sprachlich vermittelten Muster, [...] in denen Erfahrungen Gestalt"[337] annehmen und die den Bruch hervorrufen.

Doch auch Texte, in denen die Identität des Ichs in der mehrfachen Brechung als Vielstimmigkeit auftritt, setzen nach Weigel den doppelten Ort des Weiblichen nicht notwendigerweise produktiv um. Hier bestände die Gefahr, daß das schreibende Subjekt, "so heterogen [es] sich im Text präsentier[e], [...] zum unausweichlichen, alleinigen Gegenstand des Textes" werden könne und sich dann "nicht mehr auf soziale, auf Kommunikation abzielende Diskurse" beziehe.[338]

Eine Möglichkeit zur Aufarbeitung von Geschichte und Erinnerung durch schreibende Frauen sieht Weigel in den Funktionsweisen von Mythen. Bei diesen handele es sich um "eine Form der Geschichtserinnerung"; sie überlieferten "gesellschaftliches Imaginäres", das nicht in die offizielle Geschichtsschreibung

---

332 Vgl. Sigrid Weigel: "Die Stimme der Medusa. ...", a.a.O., S. 9-25; 199ff
333 Sigrid Weigel: "Die Stimme der Medusa. ...", a.a.O., S. 143
334 Vgl. Sigrid Weigel: "Die Stimme der Medusa. ...", a.a.O., S. 139-147
335 Dies.: ebd., S. 39
336 Dies.: ebd., S. 144
337 Sigrid Weigel: "Die Stimme der Medusa. ...", a.a.O., S. 144
338 Als Beispiel hierfür führt Weigel insbesondere Pola Vesekens "Altweibersommer?" (1982) an. Vgl. Sigrid Weigel: "Die Stimme der Medusa. ...", a.a.O., S. 133-137

Eingang fände und das ansonsten dem kollektiven Vergessen/Verdrängen anheimfallen würde. Als Sinnbild der Verarbeitung des Bruches, der aus dem weiblichen Ort innerhalb und außerhalb des Symbolischen hervorgeht, führt sie den antiken Mythos der Medusa an, da er als "mythische Urszene des Gedächtnisses" als "Bild für den nicht zur Sprache gekommenen Schrecken" fungiere. Hierin sieht sie wichtige Parallelen zu den Besonderheiten weiblicher Geschichtserinnerung:[339]

> Ist die historische Position von Frauen eher die der Schweigenden, so steht das 'Weibliche' mit dem Verschwiegenen, dem Verdrängten in einer engen Verbindung.[340]

Weigel beschreibt die Funktion der Mythen als Weitergabe von 'Momenten des Wissens', die innerhalb der symbolischen Ordnung, in der Rationalität der Geschichtsschreibung nicht fixiert sind. Diese Vermittlung erfolgt über Bilder, mittels "einer Sprache jenseits von Begriffen, Benennungen und Festlegungen." Um an der Erinnerungsarbeit, wie sie von Mythen geleistet wird, mitwirken zu können, müssen Frauen die erstarrten Bilder in Bewegung setzen, so Weigel, indem sie im Durchschreiten der Verdrängungen die Funktion des Mythos reaktivieren, dann jedoch nicht Halt machen vor dem Schreck der Sprachlosigkeit, wie dies im Bilde der Medusa dargestellt ist, sondern weiterschreiten zu neuen Bildern. "Wenn Frauen", um in der Sprach- und Bildwahl Weigels zu bleiben, "diesen Ort" der im Schreck verstummten Medusa verlassen wollen und

> schreibend an der hier skizzierten Erinnerungsarbeit teilhaben wollen, so müssen sie den Platz der Medusa, des stummen Engels der Geschichte, verlassen, müssen sie den Schrei der Mutter in der "Ästhetik des Widerstands" verdrängen oder ersticken, um sich in ihrer Schreibweise dann wieder darum zu bemühen, diese Bewegung der Verdrängung auch wieder durchzustreichen. So wären sie Autor und ebenso auch Medusa bzw. Mutter, das eine und das andere. Das den Frauen in der Geschichte auferlegte Schweigen [mache] sie zu hervorragenden Subjekten des darin eingeschlossenen Wissens [...] [341]

Weigel führt den Widerspruch, der den produktiven Prozeß der Überwindung des Schweigens hervorruft, auf den Ort des Weiblichen innerhalb und außerhalb des Symbolischen zurück, wie ihn Kristeva dargestellt hat. Das "den Frauen in der Geschichte auferlegte Schweigen" verbindet sie in dieser Vorstellung mit den Verdrängungen, die außerhalb der symbolischen Ordnung existieren; ihr

---

339   Sigrid Weigel: "Die Stimme der Medusa. ...", a.a.O., S. 273, 277
340   Dies.: ebd., S. 282
341   Dies.: ebd., S. 282

Sprechen jedoch, wenn also die Frau nicht mehr vor Schreck über die Vergangenheit verstummt, ist Bestandteil symbolischer Ordnung. Von diesem doppelten Ort aus könnten Frauen den Kampf gegen erstarrte und vereinheitlichende Denkweisen aufnehmen und gegen das Vergessen der Geschichte anschreiben.

Auch im Hinblick auf die unterschiedlichen Zeitmuster von Mythos und Geschichte ergeben sich Parallelen zwischen Kristevas Ort des Weiblichen und dem von Weigel aufgezeigten Ort der Frau am Schnittpunkt von Verdrängung und Erinnerung. Während die Geschichte auf der Grundlage fixierter Daten und historischer Zeit operiert, zeichnet sich der Mythos dadurch aus, daß er sich konkreter Zeit gegenüber indifferent verhält[342]. Hier findet sich der von Kristeva für die Frauen reklamierte mythische Zeitraum wieder, mit seiner "monumentalen" und "zyklischen Zeit", der das besondere Verhältnis der Frauen zum symbolischen Kontrakt (Europas) begründet. Die Wiederbelebung der Funktionsweisen der Mythen, wie Weigel sie als Aufarbeitung des doppelten Ortes der Frau fordert, würde auch die Arbeit an der Überwindung der strikten Trennung von Geschichte und mythischen Bildern einschließen. Medusa als "Urszene des Gedächtnisses" enthielte so eine Möglichkeit des Zusammentreffens von Subjektivität mit Soziosymbolischem im Aufeinandertreffen von mythischen Zeiträumen und historischen Zeiträumen am doppelten Ort der Frau, denn Verdrängungen aus dem Mythos könnten in das neue Sprechen der Geschichte als Erinnerungen Eingang finden.

Ein Beispiel für eine positive Umsetzung des doppelten Ortes der Frau mittels der Erinnerungsspuren eines Mythos sieht Weigel in Birgit Pauschs Erzählung *Bildnis der Jakobina Völker* (1980) oder auch in Anne Dudens *Das Judasschaf* (1985) gegeben. Hier funktioniere das Wiedererkennen des Gegenwärtigen und Eigenen über mythische Zeichen und Figuren; Geschichte und Mythos würden verlebendigt, indem der in der Jetztzeit lebenden Hauptfigur Gestalten aus Schrift und Bild an die Seite gestellt würden, sodaß eine Gleichzeitigkeit von Bildern und Wirklichkeit entstehe. Diese Verlebendigung von Geschichte und Mythos, die sich gegen das Erstarren der Bilder wehrt, findet nach

---

342 Vgl.: Sigrid Weigel: "Die Stimme der Medusa. ...", a.a.O., S. 2770/271

Weigel ihre Entsprechung in einer grenzüberschreitenden Schreibweise, die eher mittels Artikulationen und Brechungen, Assoziationen als mit Aussagen den Erstarrungen und Vereinheitlichungen an der Schwelle der Sprachlosigkeit entgegentritt.[343]

Wie in Kristevas poetischem Text, so sind es auch hier die nichtsymbolischen Ausdrucksmittel, die die Grenzüberschreitung von Subjektivem zu Allgemeinem, von Semiotischem zu Symbolischem, von Mythos zu Geschichte ermöglichen.

Weigel zeigt auf, daß diese Art des Umganges mit den Funktionsweisen von Mythen nicht nur für antike Mythen, sondern auch für Weiblichkeitsmythen und Frauenbilder neueren Datums eine Schreibweise begründen kann, der es gelingt, der Erstarrung der Bilder und den Vereinheitlichungstendenzen entgegenzuwirken und Mythos und Geschichte schreibend neu zu gestalten.[344] Sie schreibt hierzu:

Ausgehend vom Bildcharakter von 'Weiblichkeit', von der Beobachtung also, in wie starkem Maße unsere Vorstellungen vom 'Weiblichen' literarisch codifiziert und durch bildliche Darstellungen geprägt sind, muß die Frau, die aufbricht, die sich auf den Weg macht, auch diese Bilder in Bewegung bringen. Bei der Durchquerung der Bilder werden die Vorstellungen (im Kopf) in der Form von Vorstellungen (in der Inszenierung) lebendig.[345]

Weigels Überlegungen weisen damit einen grundsätzlich gangbaren Weg, auf die problematische Doppelexistenz der Frau in der Gesellschaft innerhalb des Rahmens von Untersuchungen über Weiblichkeit und weibliche Identität in weiblicher Literatur eingehen zu können. Ihre Theorie reicht über das Durchqueren der Bilder, wie es Irigaray forderte ebenso wie über Kristevas Überlegungen zum weiblichen Schreiben hinaus, indem sie eine Möglichkeit aufzeigt, den Begriff des Weiblichen wieder an die reale Frau mit ihrem besonderen Lebenszusammenhang zu binden. Die Produktivität dieser Bindung hängt jedoch von einer Überwindung der engen inhaltlichen und formalen Bestimmungen der Frauenliteratur aus den 70er Jahren ebenso ab wie von einer Überwindung der Verdrängungen in alten und neuen Weiblichkeitsmustern. Weigel gelangt auf diese Weise zwar nicht zu Definitionen des Weiblichen oder gar einer weiblichen Ästhetik, die aus weiblichen

---

343 Vgl.: Sigrid Weigel: "Die Stimme der Medusa. ...", a.a.O., S.281-290
344 Vgl.: Sigrid Weigel: "Die Stimme der Medusa. ...", a.a.O., S. 331ff
345 Sigrid Weigel: "Die Stimme der Medusa. ...", a.a.O., S. 334; Hier bezieht sich Weigel exemplarisch auf Christa Wolfs "Büchner-Preis-Rede" (1980).

Texten ohne Kenntnis über den Autor eruierbar wäre, aber sie überwindet die Beschränkungen auf feministische Gehalte, wie sie in den frühen amerikanischen feministischen literaturwissenschaftlichen Ansätzen die Hauptrolle spielten, und sie überwindet auch die vorläufige Ausklammerung von Inhalt und Sinn zugunsten einer utopischen weiblichen Sprache aus den Überlegungen zu möglichen Wirkungsweisen weiblicher Texte, die in radikalen Ansätzen der écriture féminine gefordert wird.

Daß sowohl allgemeinpolitische Themen als auch weibliche Widerstände gegen die herrschende symbolische Ordnung einen Platz in Weigels Vorstellungen von weiblichen Texten haben, verleiht ihrer umfangreichen Aufarbeitung der Entwicklung der Frauenliteratur sowie der Entwicklung literaturwissenschaftlicher Ansätze ihre Berechtigung. Sie bilden mit ihren notwendigen Beschränkungen jeweils einen wichtigen Teilbereich der komplexeren Problematik der Doppelexistenz der Frau in der Gesellschaft und der literarisch-feministischen Umsetzbarkeit ihrer Existenz zwischen Privatheit und Öffentlichkeit, zwischen individuellem weiblichem Lebenszusammenhang und Partizipation an kollektiver Geschichtsschreibung, zwischen Affinität zum Semiotischen und Fähigkeit zur Identifikation mit dem Symbolischen.

Das Einbeziehen ästhetischer wie inhaltlicher Möglichkeiten des Umsetzens der Zwiespältigkeit des heutigen weiblichen Lebenszusammenhangs zwischen "männlichen" und "feministischen" kollektiven Weiblichkeitsbildern und subjektiver Sprachlosigkeit in eine produktive Aufarbeitung weiblicher Identität, die nicht als selbstgewisse Identität aus dem Text hervorgehen muß und dennoch auf die Veränderung gegenwärtiger Geschichte und auf eine veränderte Darbietung von in der Vergangenheit erstarrten Mythen zielt, wie Weigel sie darstellt, bietet einen Ansatzpunkt für die Betrachtung des Zusammenpralls von gegenwärtigem gesellschaftlichen Geschehen, Weiblichkeitsmythen und deren Enttäuschungen in weiblichen Texten, die sich, wie dies zum Beispiel in Jelineks Prosa der Fall zu sein scheint, nicht auf die 'Frauenfrage' eingrenzen lassen.

Zu fragen wäre hier nach der Umsetzung des doppelten Ortes der Frau innerhalb und außerhalb des Symbolischen in den jeweils betrachteten Texten, nach der Aufarbeitung des Zusammentreffens von kollektiven Verdrängungen und subjektiven Erinnerungen im Text und nach der Produktivität des Umganges mit überlieferten Bildern und Mythen als Beitrag zu ihrer sinnvollen Wiederbelebung und damit zugleich zur Kritik an der Erstarrung der Bilder und Mythen des Weiblichen und dem Einfluß auf die "gegenwärtige Geschichtsschreibung der Gesellschaft."

Besonders wichtig erscheint hierbei die Fragerichtung. Wenn, wie Beck sagt, sich die Lebenszusammenhänge im Privaten individualisieren und die Widersprüche der heutigen industriellen Gesellschaft Spuren im Privaten hinterlassen, müßten Folgen der Widersprüche in der Individualisierung und im Zusammentreffen von weiblichen Mythen mit dem weiblichen Lebenszusammenhang zwischen Privatheit und Öffentlichkeit festzustellen sein, die sich in einer Schreibweise niederschlagen dürften, die Ausdruck der Auseinandersetzung von Verdrängtem, Individuellem und symbolischer Ordnung aus weiblicher Sicht ist. Die Frage nach Weiblichkeit und weiblicher Identität in Texten zeitgenössischer Autorinnen muß diese Situation des Konflikts im privaten Lebenszusammenhang als Folge gesellschaftlicher Entwicklungen berücksichtigen, die besonders auch für den Umgang mit neuen Weiblichkeitsmythen und deren Grundlage in kollektiven Verdrängungen interessant sein dürfte.

Diese Erkenntnisse über die Möglichkeiten des Ausdrucks von Weiblichkeit und weiblicher Identität in der Literatur von Frauen können bisher allenfalls als Arbeitshypothese bestehen. Keinesfalls stellen sie eine Theorie dar, die grundsätzlich für alle Texte zutreffen kann, beziehungsweise die für die Beantwortung der Frage nach "Weiblichkeit und weiblicher Identität" die Texte auf ein die Theorie bestätigendes Muster reduzieren würde. Aber sie bietet eine Möglichkeit, konkrete Bestandteile von Weiblichkeit und weiblicher Identität im Text im Kontext der Doppelexistenz der Frau in der Gesellschaft zu verstehen, aus dem sie entstanden sind und auf den sie sich eventuell beziehen. Diese Konkretisierung ist nicht generell zu formulieren, sondern nur von Fall zu Fall möglich, da aufgrund der Vielzahl der vereinzelten Bilder des Weiblichen und aufgrund der vielfältigen Möglichkeit des Zusammentreffens von Weiblichkeitsmythen und historisch erzeugten gesellschaftlichen Sinnzusammenhängen nicht "das Weibliche" an sich zum Ausdruck gelangt, sondern allenfalls neue Bilder des Weiblichen entstehen, die ihre jeweils individuelle Prägung an der Schnittstelle von Semiotischem und Symbolischem erfahren.

Die im folgenden Teil dieser Arbeit vorgenommene Auseinandersetzung mit der Prosa Elfriede Jelineks versucht eine solche Konkretisierung von "Weiblichkeit und weiblicher Identität" im Text aufzuzeigen, wobei der Schwerpunkt auf dem Umgang mit Weiblichkeitsbildern und -mythen vor dem Hintergrund historischer Gegenwart liegt. Besonderes Gewicht liegt hierbei auf der Herausarbeitung der besonderen Dynamik, die durch den gegenseitigen Bezug von veränderter Welt einerseits und Weiblichkeitsvorstellungen aus dem Ort der Frau innerhalb und außerhalb des Symbolischen andererseits ausgelöst wird und darauf, wie diese Dynamik sich in der ästhetischen Gestaltung der jeweiligen Texte niederschlägt.

Dieser Ansatz wirft auch Licht auf die Auseinandersetzung um die Frage nach der generellen Zuordnung der Jelinek'schen Prosa zur Frauenliteratur. Während das Werk offensichtlich von der Frauenbewegung beeinflußt ist und feministische Intentionen nahelegt, distanzierte sich schließlich auch die Autorin selbst vehement von einer möglichen Zuordnung ihrer Prosa zur zeitgenössischen Frauenliteratur. Nicht zuletzt deswegen - und zugleich wegen ihres dennoch offensichtlichen feministischen Engagements - gehört Elfriede Jelinek seit dem Erscheinen ihres Romanes "Die Liebhaberinnen" vor etwa zwanzig Jahren zu den am kontroversesten diskutierten zeitgenössischen Schriftstellerinnen deutscher Sprache.

Unter dem Aspekt, daß die hier getroffenen Urteile von den jeweils gewählten Kriterien des Weiblichen, die zur Betrachtung herangezogen wurden, abhängig sind, soll deshalb zuvor ein Blick auf die bisherigen Ansätze der Auseinandersetzung mit der Thematik des Weiblichen in Jelineks Prosa geworfen werden. Zur Debatte steht hier die Frage nach der Angemessenheit der gewählten Betrachtungsweisen für die Komplexität der Thematik und die dennoch bestehende grundsätzliche Berechtigung dieser oftmals verkürzenden Ansätze.

3. 'Weiblichkeit' In Elfriede Jelineks Prosa - Zum Vorgehen

Der erste Abschnitt dieses Teiles beschäftigt sich mit der bisherigen Diskussion über unterschiedliche Aspekte von Weiblichkeit und weiblicher Identität in der Kritik zu Jelineks Prosa. Besondere Aufmerksamkeit erfährt die Frage nach einer möglichen Verschiebung der Perspektive der Kritik seit dem Beginn der Auseinandersetzung in den frühen 70er Jahren. Diese Fragestellung folgt der Hypothese, die Sekundärliteratur weise Parallelen auf zur Entwicklung des Interesses an dem 'Weiblichen in der Literatur' seitens feministisch orientierter literaturwissenschaftlicher Fragestellungen einerseits, sowie auch Parallelen zur Entwicklung der öffentlichen Diskussion über 'die Frau' und das 'Weibliche' während des vergangenen Vierteljahrhunderts.

Es wird zunächst angenommen, daß frühe Kritiken sich entsprechend diesen, im letzten Kapitel diskutierten, Entwicklungen eher auf Fragen der inhaltlichen Übereinstimmung der Texte mit Vorstellungen der Frauenbewegung konzentrierten, während spätere Kritiken eine klare Zuwendung des Interesses zu Fragestellungen erkennen lassen dürften, die auf weibliche Schreibweisen und Problematiken 'weiblicher Identität' zielen. Letztere dürften besonders im Rahmen der verstärkten Thematisierung des 'doppelten Ortes der Frau' stärker ins Blickfeld der Kritik rücken. Inwieweit die jeweils von der Kritik gewählte Fragestellung den Texten angemessen ist, kann im Rahmen der zunächst hier vorgenommenen Bestandsaufnahme allerdings nur angerissen werden. Dieser Problematik kommt jedoch innerhalb der anschließenden separaten Diskussion der einzelnen Texte eine intensivere Beachtung zu.

Aufschlußreich dürfte es auch sein, Unterschieden in der Bewertung 'des Weiblichen' in der Prosa Jelineks in feuilletonistischen Kritiken einerseits und in literaturwissenschaftlichen Analysen andererseits nachzugehen. Angesichts der im feministischen literaturwissenschaftlichen Bereich augenscheinlichen Veränderungen der Fragestellungen wird angenommen, daß zwischen neueren und früheren literaturwissenschaftlichen Bewertungen ein grundsätzlicher Wandel eingetreten sein dürfte; und es wird, bedingt durch die jeweils unterschiedlichen Zielgruppen von literaturwissenschaftlichen Texten und journalistischen Publikationen, danach zu fragen sein, ob sich unterschiedliche Entwicklungen in der Einschätzung Jelineks durch diese beiden Textgruppen feststellen lassen.

Einschränkend muß erwähnt werden, daß, wenn hier von 'Textgruppen' gesprochen wird, die Gruppe der literaturwissenschaftlichen Untersuchungen, die sich ausschließlich auf Jelinek und ihr Werk konzentriert, keineswegs ebenso umfangreich ist wie die der journalistischen Artikel über die Autorin und ihr Werk oder auch wie die der Auseinandersetzung mit der Autorin im Rahmen anderer thematischer Zusammenhänge. Folgende acht Publikationen aus den Jahren 1990 bis 1995 konstituieren die Textgruppe, die das bisherige Gerüst der Jelinek-Forschung bildet: (1.) Christa Gürtler (Hg.): *Gegen den schönen Schein. Texte zu Elfriede Jelinek.*[1] (2.) Kurt Bartsch und Günther Höfler (Hsgg.): *Dossier 2/Elfriede Jelinek.*[2] (3.) Corina Caduff: *Ich gedeihe inmitten von Seuchen. Elfriede Jelinek - Theatertexte.*[3] (4.) Michael Fischer: *Trivialmythen in Elfriede Jelineks Romanen 'Die Liebhaberinnen' und 'Die Klavierspielerin.'*[4] (5.) Elisabeth Spanlang: *Elfriede Jelinek: Studien zum Frühwerk.*[5] (6.) Allyson Fiddler: *Rewriting Reality. An Introduction to Elfriede Jelinek.*[6] (4.) Marlies Janz: *Elfriede Jelinek.*[7] (7.) Jorun B Johns und Katherine Arens: *Elfriede Jelinek: Framed by Language.*[8] (8.) Anja Meyer: *Elfriede Jelinek in der Geschlechterpresse. `Die Klavierspielerin` und `Lust` im printmedialen Diskurs.*[9]

---

1   Christa Gürtler (Hrsg.), Gegen den schönen Schein. Texte zu Elfriede Jelinek. Frankfurt (Main) 1990
2   Kurt Bartsch und Günther A. Höfler (Hrsgg.): "Elfriede Jelinek." (Dossier. Die Buchreihe über österreichische Autoren. Band 2. Hsg. vom Franz Nabl Institut für Literaturforschung der Universität Graz unter Redaktion von Kurt Bartsch, Gerhard Fuchs, Gerhard Melzer, Franz Weinzettl) Graz 1991
3   Corina Caduff, "Ich gedeihe inmitten von Seuchen...", a.a.O.
4   Michael Fischer, "Trivialmythen in Elfriede Jelineks Romanen Die Liebhaberinnen und "Die Klavierspielerin". (Saarbrücker Beiträge zur Literaturwissenschaft, Bd. 27) St. Ingbert 1991
5   Vgl.: Elisabeth Spanlang: "Elfriede Jelinek: Studien zum Frühwerk." Wien 1992
6   Allyson Fiddler, "Rewriting Reality: An Introduction to Elfriede Jelinek." Oxford, Providence: Berg, 1994
7   Marlies Janz:"Elfriede Jelinek." (Realien zur Literatur, Bd. 286) Stuttgart 1995
8   Jorun B. Johns and Katherine Arens (Ed.)," Elfriede Jelinek: Framed by Language." (Studies in Austrian Literature, Culture, and Thought.) Riverside 1994
9   Anja Meyer: "Elfriede Jelinek in der Geschlechterpresse. Die Klavierspielerin und Lust im printmedialen Diskurs." (Germanistische Texte und Studien. Bd. 44) Hildesheim, Zürich New-York 1994

Da das vorrangige Interesse der vorliegenden Arbeit auch in der Frage nach den Unterschieden zwischen den journalistischen und literaturwissenschaftlichen Publikationen zur Autorin den wissenschaftlichen Veröffentlichungen gilt, erfolgt, obwohl auf die Problematik der unterschiedlichen Annäherung beider Publikationsformen an Autorin und Werk eingegangen wird, keine detaillierte Auseinandersetzung mit den einzelnen feuilletonistischen Publikationen. Um dem Ziel einer Darstellung, die die Entwicklung der Diskussion im Ganzen klar herausstellt, gerecht werden zu können, erscheint vielmehr eine Vorgehensweise sinnvoll, die sich zur Beurteilung der vielen journalistischen Artikel weitgehend auf bisherige wissenschaftliche Untersuchungen über die journalistische Aufarbeitung Jelineks stützt und sich so auf die hierin angewendeten spezifischen wissenschaftlichen Beurteilungskriterien für journalistische Printmedien stützen kann. Wenn Texte aus der Jelinek-Forschung ähnliche Argumentationsmuster oder Bewertungskriterien wie die journalistischen Publikationen aufweisen, so dürfte es ergiebig sein, auf ihre Ähnlichkeit beziehungsweise die Unterschiede einzugehen.

Außerdem nahe bei der Frage nach der bisherigen Diskussion des Weiblichen in Jelineks Werk läge zunächst auch ein vergleichender Blick auf die Rezeption der Dramen der Autorin einerseits und ihrer Prosa andererseits. Zu erwarten ist, daß die Kritiken bezüglich der Frage nach 'dem Weiblichen' bei Jelinek die Tatsache spiegeln, daß im Vergleich zu ihrer inhaltlich eher ambivalenten Prosa sich die meisten der Jelinekschen Dramen dadurch hervorheben, daß sie 'das Weibliche', 'Weiblichkeit,' weibliche Sexualität' und 'weibliche Kreativität' audrücklich, zentral und zuweilen in schriller Betonung thematisieren. Bereits ein kurzer Blick auf die Sekundärliteratur scheint diese Annahme zu bestätigen. Während die Dramen recht einhellig in Hinsicht auf ihre feministischen Aussagen, Wirkungsabsichten und Aspekte möglicher 'weiblicher' Darstellungsweisen befragt werden, fällt auf, daß die Bewertung der längeren Prosatexte als 'weibliche Texte' immer wieder - und immer noch, wenn auch in Bezug auf die jeweils angesprochenen Werke mit unterschiedlicher Intensität - zunächst einer Rechtfertigung bedarf. Allerdings trifft diese einfache Zweiteilung bei genauem Hinsehen und spätestens seit dem Erscheinen von *Lust* und *Die Klavierspielerin* kaum noch zu; und es ist außerdem zu bemerken, daß sich seit der Aufführung der Dramen *Krankheit oder moderne*

Frauen[10], *Was geschah, nachdem Nora ihren Mann verlassen hatte oder Stützen der Gesellschaften*[11] sowie *Clara S.*[12] die Stimmen mehren, die gerade aufgrund der in den Dramen offensichtlichen feministischen Haltung auch die frühere Prosa Jelineks erfolgreich auf die Verwirklichung weiblichen Schreibens und feministischer Intentionen hin befragen. Hierbei kommen 'rückwirkend' Ansätze neuerer feministischer Literatur- und Sprachtheorie zum Tragen.[13]

Eine mit Sicherheit sehr ertragreiche vergleichende Analyse der Reaktionen auf Aspekte 'des Weiblichen' in den Dramen einerseits und in den Prosatexten andererseits kann hier jedoch nicht vorgenommen werden, da sie den durch die Gattung 'Prosa' festgelegten Rahmen der Diskussion formaler Umsetzungen weiblicher Identität im Text überschreiten müßte, die an die hier behandelten Primärtexte herangetragen wird und so den Rahmen der vorliegenden Untersuchung sprengen würde.[14] Für die hier erfolgende Auseinandersetzung mit der bisherigen Diskussion des Weiblichen in Jelineks Prosa werden deshalb von den Kritikern, die sich vornehmlich mit den Dramen beschäftigen, lediglich diejenigen berücksichtigt, die einen eindeutigen und klaren Bezug zu einem in Verbindung mit der Prosa festgestellten Aspekt der Auseinandersetzung aufweisen.[15] Eine solche Ausnahme bil-

---

10 Elfriede Jelinek, "Krankheit oder moderne Frauen." Hrsg. und mit einem Nachwort von Regine Friedrich. Köln 1987
11 Elfriede Jelinek, "Was geschah, nachdem Nora ihren Mann verlassen hatte oder Stützen der Gesellschaften." In: dies.: Clara S. Was geschah, nachdem Nora ihren Mann verlassen hatte. Burgtheater. Hrsg. und mit einem Nachwort von Ute Nyssen. Köln 1984 (erstveröffentlicht: Wien, München: Sessler 1980)
12 Elfriede Jelinek, "Clara S.", In: Clara S., "Was geschah...", a.a.O.
13 Die in die Mitte der 80er Jahre fallenden Veröffentlichungen beziehungsweise die aufsehenerregenden Uraufführungen ihrer Dramen dürften durchaus eine Rolle gespielt haben, denn die in diesen Werken angesprochene Weiblichkeitsthematik traf zeitlich zusammen mit einem mittlerweile etablierten starken Interesse der allgemeinen Öffentlichkeit sowohl an der Frauenbewegung und feministischen Fragen als auch mit einem mittlerweile zunehmend starken Interesse feministischer Germanistik an weiblichen Schreibweisen und lenkte sicherlich so das feministische Leseinteresse auch auf die anderen Texte Jelineks
14 Auch Jelineks Lyrik, etwa der Gedichtband "Lisas Schatten" und die unter dem Titel "ende. gedichte 1966-1968" herausgegebene Lyriksammlung müssen unberücksichtigt bleiben, da sie eine völlig anders geartete formale Fragestellung bezüglich des Geschlechts des lyrischen Ichs erfordern würden, die den Rahmen dieser arbeit überschreiten würde. Hier bietet sich eine weiterführende detaillierte Einzelstudie an.
    Elfriede Jelinek, "Lisas Schatten." (Der Viergroschenbogen; Folge 79) München u.a. 1967; dies.: "ende. gedichte 1966-1968 III", Hrsg. von Martha Jungwirth, Schwifting 1980
15 Hier dürfte deshalb eine gesonderte ausführliche weiterführende Untersuchung interessante Ergebnisse erbringen.

det Corina Caduffs Untersuchung der Theatertexte Elfriede Jelineks. Da diese Untersuchung einige wichtige Überlegungen zu Aspekten der Weiblichkeitsproblematik bei Elfriede Jelinek gesondert darbietet und Caduffs Diskussion des Weiblichen bei Jelinek auch einige der hier abgehandelten Punkte berührt, kommt ihr im Vergleich zu anderen Auseinandersetzungen mit den Dramen Jelineks besondere Aufmerksamkeit zu.[16]

Ein weiterer Aspekt der bisherigen kritischen Auseinandersetzung mit 'dem Weiblichen' in Jelineks Werk bilden Jelineks eigene Aussagen über geschlechtsspezifische Inhalte und Schreibweisen in ihrer Prosa sowie über die Zuordnung ihres Prosawerkes zur Frauenliteratur und ebenso über ihre feministischen Beweggründe beziehungsweise Intentionen. Den entsprechenden Aussagen der Autorin zu Interpretationen ihrer Texte unhinterfragt vertrauen kann jedoch nur ein naiver Leser bzw. eine naive Leserin, der/die bereit ist, die mediengerechte und gewandte Selbstinszenierung der Autorin und ihre in einigen ihrer Interviews sehr offenkundige Bereitschaft zum teilweise recht frivol-exhibitionistischen Spiel mit angebotenen Interpretationsvorschlägen sowie ihre oft vereinfachende Bezugnahme auf gerade aktuelle feministische Diskurse unkritisch in Kauf zu nehmen, die jeweils die Richtung der von ihr getroffenen Wertungen und Selbsteinschätzungen beeinflussen.[17]

Eine entsprechende kritische Analyse der Jelinekschen öffentlichen Selbsteinschätzung zum Weiblichen in ihrem Prosawerk, die diese Bedingtheiten berücksichtigt, böte genügend Material für eine gesonderte Untersuchung und überschritte den Umfang dieser Arbeit. In der vorliegenden Arbeit kann deshalb lediglich punktuell und im Rahmen von Einzelinterpretationen zu ihren Texten danach

---

Für einen weiterführenden Überblick über die bisherige Literatur zu Jelineks Dramen sei auf die umfangreiche Bibliographie Elisabeth Spanlangs verwiesen: Elisabeth Spanlang, Bibliographie Elfriede Jelinek. In: Bartsch, Kurt und Günther A. Hofler (Hrsgg.): Elfriede Jelinek..., a.a.O., S. 261-313

16 Corina Caduff, "Ich gedeihe inmitten von Seuchen....", a.a.O.
17 Vgl. hierzu die kritischen Ansätze in Juliane Vogels Essay "Oh Bildnis, oh Schutz vor ihm": Juliane Vogel: "Oh Bildnis, oh Schutz vor ihm," in: Christa Gürtler (Hg.), Gegen den schönen Schein, a.a.O., S.142-156. In ihren "Studien zum Frühwerk" Elfriede Jelineks, die sich intensiv mit Jelineks Selbsteinschätzungen beschäftigt, geht auch Elisabeth Spanlang auf die "lustvollen Stilisierungen der eigenen Person" Jelineks in Interviews ein. Auch sie betont, es sei daher wichtig, bei Verwendung von Interviews mit der Autorin eine entsprechend kritische Haltung einzunehmen. Vgl. Elisabeth Spanlang, "Elfriede Jelinek: Studien zum Frühwerk....", Einleitung, a.a.O., S.I-IV.

gefragt werden, ob eine Zuordnung der Aussagen der Autorin zu ihnen eventuell Positionen der öffentlich um Frauenliteratur, Weiblichkeit und weibliches Schreiben geführten Debatte in Bezug auf ihre jeweiligen Texte korrespondieren und ob ihre jeweilige Darstellung wirklich verläßlich zu einer Bestimmung und Beurteilung von Weiblichkeit und weiblicher Identität in dem betreffenden Prosatext beiträgt. Jelineks Einschätzung des 'Weiblichen' in ihrer Prosa wird so vor dem Hintergrund der Entwicklung der Frauenbewegung und im Hinblick auf ihre Auseinandersetzung mit deren theoretischen Positionen vorgenommen. Die so herausgearbeiteten Positionen bieten allenfalls Koordinationspunkte eines Bezugsrahmens, der es ermöglicht, die jeweilig angesprochenen Aspekte der Problematik in den Kontext ihres Entstehungszeitraumes zu setzen und eventuelle Diskrepanzen zwischen der Selbsteinschätzung der Autorin und der Beurteilung durch die Kritik im Kontext der Weiblichkeitsdebatte in der feministisch orientierten Literaturwissenschaft aufzuarbeiten.

Gegen eine Verwendung von Jelineks Selbsteinschätzungen des 'Weiblichen' in ihren Texten als Interpretationsfolien sozusagen 'aus erster Hand' für ihre einzelnen Prosatexte spricht außerdem, daß auch Jelineks eigene Einschätzungen trotz ihrer Autorschaft durchaus unzutreffend oder unzureichend sein können. Beispiele hierfür lassen sich in der neueren Jelinek-Kritik bereits finden. Anja Meyer etwa untersucht die Reaktion journalistischer Printmedien auf die *Klavierspielerin* und *Lust* und arbeitet in diesem Zusammenhang auch Fehleinschätzungen Jelineks bezüglich der Reaktionen ihres Lesepublikums auf ihre Prosa heraus.[18] Und Marlies Janz stellt in ihrer Analyse zu Jelineks *Klavierspielerin* beim Vergleich zwischen ihrer Interpretation des Textes und der Interpretation der Autorin selbst überzeugend fest, die Interpretation Jelineks greife zu kurz für die in ihrem Text angelegten Möglichkeiten der Interpretation.[19] Insgesamt gesehen scheint es ratsam, dem Urteil der Autorin über ihre eigenen Texte eher skeptisch zu begegnen und ihren Texten ein wie auch immer geartetes 'Eigenleben' zuzugestehen, das sich der absoluten schöpferischen Kontrolle durch die Autorin entzieht.

Anschließend an die Auseinandersetzung der vorliegenden Arbeit mit der bisherigen Diskussion über das Weibliche bei Jelinek in der Kritik werden im

---

18 Anja Meyer: "Elfriede Jelinek in der Geschlechterpresse...", a.a.O., S. 151-156
19 Marlies Janz, "Elfriede Jelinek", a.a.O., S. 82-83

zweiten großen Abschnitt dieses Teiles Weiblichkeit und weibliche Identität in der Prosa Elfriede Jelineks doppelgleisig betrachtet werden. In Einzelanalysen der Prosatexte *Liebhaberinnen, Michael, oder ein Jugendbuch für die Infantilgesellschaft, Die Klavierspielerin, Die Ausgesperrten, Wir sind lockvögel baby!, Oh Wildnis, oh Schutz vor ihr, Lust* und *Die Kinder der Toten* werden einerseits der Aspekt des literarischen Ausdrucks weiblicher Identität der Autorin im Text, andererseits das im Text erzeugte Verständnis von Weiblichkeit und weiblicher Identität im Kontext gesellschaftlicher Zusammenhänge erörtert. Besondere Aufmerksamkeit kommt hier den im Text auftretenden Widersprüchen und Widerständigkeiten zu.

Obwohl die so zustandekommende Untersuchung eine Vielzahl unterschiedlicher Einzelaspekte der Debatte um 'das Weibliche' in der Literatur aufgreift, steht nicht der Versuch im Mittelpunkt, von diesen Einzelaspekten auf ein - etwa allen gemeinsames - Wesen des Weiblichen zu schließen oder gar einen dieser Aspekte besonders hervorzuheben, sondern es geht darum, das konkrete konflikthafte Zusammentreffen der ebenso konkreten einzelnen Elemente im Text aufzuzeigen und die Art und Weise herauszuarbeiten, wie Jelinek dieses Zusammentreffen jeweils organisiert.

Dabei gilt die besondere Aufmerksamkeit den aus der Zuspitzung der Brüche und Widersprüchlichkeiten an den Schnittpunkten verschiedener Aspekte von Weiblichkeit heraus entstehenden 'Sinnzentren.' Erst hier, im jeweils von der Autorin hergestellten konkreten gegenseitigen Bezug der einzelnen Aspekte 'des Weiblichen' erscheint es sinnvoll, über Weiblichkeit und weibliche Identität in Jelineks Prosa zu reflektieren.

Eine Betrachtung drängt sich auf von einzelnen Bildern, Themen und Motiven, die wiederholt an den Schnittpunkten aufeinandertreffen und - durch das Zusammentreffen aufgelöst und zugleich neu zusammengesetzt - durch ihre jeweiligen konkreten Gehalte eine Reduktion des Weiblichen auf ein inhaltlich unendlich variierbares Prinzip des Widerspruchs verhindern. Das Aufeinandertreffen der unterschiedlichen, dem Begriff des 'Weiblichen im Text' zuzuordnenden, Gehalte sorgt dafür, daß im Moment des Bruches mit dem vorgegebenen Sinn und der neuen Zusammensetzung mit Fragmenten anderer Aspekte der Text nicht in der Verweigerung von Sinn verharrt. Bei aller Diversität der verschiedenen so entstehenden Eindrücke über das Weibliche verweisen diese kurzen Sequenzen eindringlich auf die reale Situation der Frau in unserer Gesellschaft. Indem der Text flüchtige Einblicke in symbolische und soziale Normen gestattet und zugleich neue ungewohnte Bezüge herstellt, wird die Auseinandersetzung der Leser/innen mit gesellschaftlichen Realitäten von Frauen gefordert. Der Leser/die Leserin wird mit einer Fülle von Problematiken weiblicher Existenz konfrontiert. Dabei entblößen sich auf eindringliche Weise und doch fast unmerklich die unterschiedlichsten Weiblichkeitsvorstellungen und -normen in ihrer Unzulänglichkeit für den heutigen weiblichen Lebenszusammenhang.

3.1. 'Das Weibliche' bei Elfriede Jelinek - Zur Jelinek-Forschung

Eine gute einführende Übersicht über die Entwicklung der Jelinekkritk und über das Interesse der unterschiedlichen Medien an Jelinek verschafft Elisabeth Spanlangs "Bibliographie Elfriede Jelinek", die 1991 im Rahmen ihrer Dissertation veröffentlicht wurde.[20] Diese Bibliographie erschien nach dem großen Publikumserfolg von *Lust* und fiel in einen Zeitraum hohen Interesses der literaturinteressierten Öffentlichkeit und der literaturwissenschaftlichen Fachwelt an der Autorin. Dieses gleichermaßen hohe Interesse beider LeserInnengruppen an Jelinek ist allerdings erst ein neueres Phänomen.

Bereits eine kurze Durchsicht der Bibliographie lenkt die Aufmerksamkeit auf eine wichtige Veränderung, die Jelineks Werk in der Wertschätzung der unterschiedlichen literaturinteressierten Ansprechgruppen erfahren hat. Seit dem Erscheinen von *Lockvögel* im Jahr 1970 zeigten zwar journalistische Printmedien Interesse an Jelinek, doch ein offensichtliches und gleichermaßen intensives Interesse der literaturwissenschaftlichen Fachwelt zeichnet sich deutlich erst seit dem Erscheinen ihres Romans *Die Klavierspielerin* im Jahre 1983 ab. Erst seit dem

---

20 Elisabeth Spanlang, "Bibliographie Elfriede Jelinek". a.a.O. . Vgl. auch die ein Jahr später in ihrer Dissertation veröffentlichte bereits wesentlich umfangreichere Bibliographie (die Teile "Primärliteratur" und "Sekundärliteratur"): Elisabeth Spanlang, "Elfriede Jelinek: Studien zum Frühwerk", a.a.O., S. 304-357 (Im Vergleich zu der ein Jahr früher von Spanlang in Zusammenarbeit mit Gürtler aufgestellten "Bio-Bibliographie" ist ein auffälliger Anstieg der Anzahl der aufgelisteten Sekundärtitel zu beobachten. Vgl.: Elisabeth Spanlang und Christa Gürtler: "Bio-Bibliographie." In: Christa Gürtler (Hg.), Gegen den schönen Schein..., a.a.O., S.162-173)

spektakulären Erfolg ihres Prosabandes *Lust* im Jahre 1991 erstreckt sich dann die Diskussion um Jelinek über die volle Bandbreite literaturwissenschaftlicher Schriften, Essays, Sammelbände, Monographien und Dissertationen.

Daß besonders feministisch orientierte Literaturwissenschaftler/innen starkes Interesse an diesen beiden Werken zeigen, kann angesichts der autobiographischen Züge von *Die Klavierspielerin* und angesichts der Tatsache, daß beide Texte sich ausdrücklich und auf vielfältige Weise mit aktuellen weiblichen Lebenszusammenhängen und weiblicher Sexualität auseinandersetzen, nicht überraschen. Zwar umfaßt auch die frühere Prosa Jelineks Texte, die durchaus - und zwar, wie die vorliegende Arbeit zeigen wird, für ihr Zustandekommen in Struktur und Aussage unerläßliche - Aspekte der Weiblichkeitsthematik aufweisen, doch *wir sind lockvögel baby*[21], *Michael. Ein Jugendbuch für die Infantilgesellschaft*[22] und *Die Ausgesperrten*[23] wirkten auf die zeitgenössischen Leser/innen offenbar zunächst nicht vordergründig als 'weibliche Texte'.

Eine Ausnahme bildet der neben *Die Klavierspielerin* und *Lust* dritte sehr populäre Prosatext Jelineks, der noch dem 'Frühwerk' zuzurechnende Roman *Die Liebhaberinnen.*[24] Dieser Text wurde zur Zeit seiner Veröffentlichung von zeitgenössischen Leserinnen und Lesern vor allem als inhaltlicher Beitrag zur Feminismusdebatte diskutiert, was zu diesem Zeitpunkt der gerade einsetzenden Produktion deutschsprachiger 'Frauenliteratur'[25] eine entsprechend intensive Rezeption bewirkte. Deshalb spielt dieser Roman eine bedeutende Rolle für die Entwicklung des hohen Bekanntheitsgrades der Autorin.

Die 1994 veröffentlichte Untersuchung *Elfriede Jelinek in der Geschlechterpresse* von Anja Meyer setzt sich mit der Rezeption Jelineks in

---

21 Elfriede Jelinek, lockvögel..., a.a.O. .
22 Elfriede Jelinek, Michael..., a.a.O.
   Die Taschenbuchausgabe erschien bezeichnenderweise erst 1987, nach dem großen Erfolg von "Die Klavierspielerin", ebenfalls Reinbek: Rowohlt, 1987
23 Elfriede Jelinek, "Die Ausgesperrten...", a.a.O.; auch hier erschien die Taschenbuchausgabe erst 1985, ebenfalls Reinbek: Rowohlt 1985
24 Elfriede Jelinek, "Die Liebhaberinnen...", a.a.O.; für die Zuordnung der bisherigen Schriften Jelineks in Frühwerk und neueres Werk schließe ich mich der Einteilung von Elisabeth Spanlang an, die als letztes Werk Jelineks, das noch zum "Frühwerk" gehört, "die Liebhaberinnen" nennt, während "Die Klavierspielerin" und "Lust" bereits den neueren Schriften der Autorin zugeordnet werden. Vgl.: Elisabeth Spanlang: "Elfriede Jelinek: Studien zum Frühwerk...", a.a.O., insb. S. 296
25 Vgl. hierzu die Ausführungen im Teil 2 dieser Arbeit.

journalistischen Printmedien auseinander. Obwohl diese überwiegend statistische Analyse sich auf die beiden zu diesem Zeitpunkt bekanntesten Prosawerke Jelineks, *Die Klavierspielerin* und *Lust* stützt, wird deutlich herausgestellt, daß Jelineks früher Roman *Die Liebhaberinnen* die Bekanntheit der Autorin und ihres Werkes besonders förderte. Meyer schreibt:

> Von der österreichischen Schriftstellerin geht spätestens seit dem Erscheinen ihres Romans Die Liebhaberinnen (1975) jede neue Textproduktion ins Rennen der Medien. Vorher bereits in Kreisen der Literaturkritik bekannt, wurde seit diesem Zeitpunkt der Name Elfriede Jelinek einem größeren (Lese-)Publikum zum Begriff."26

Wie Anja Meyer beurteilt auch Margarete Lamb-Faffelberger in ihrer Untersuchung zu Jelineks Aufnahme durch die Printmedien[27] die Bedeutung von *Die Liebhaberinnen*. Im Unterschied zu *Lockvögel* und *Michael* sei Jelinek mit den *Liebhaberinnen* der Durchbruch zu breiterer Beachtung gelungen. Diese Einschätzung wird jedoch relativiert: Besonders große Beachtung durch die journalistischen Printmedien hätten vor allem die Romane *Die Klavierspielerin* und *Lust* erfahren.

Stärker als Meyer bezieht Lamb-Faffelberger Jelineks Bekanntheit auf die unterschiedliche Entwicklung der akademischen Kritik und der journalistischen Rezeption. Seit der von der Presse stark beachteten Veröffentlichung der *Liebhaberinnen* habe sich Jelinek erst allmählich die Beachtung und Anerkennung akademischer Kreise erringen können. Das in journalistischen Kreisen geäußerte "Mißfallen am politischen Inhalt der Texte Jelineks" sowie ihre "anscheinend arrogante Perspektive" hätten zwar verkaufsfördernd gewirkt und auch das skandalträchtige Image der Autorin als 'arroganter' Feministin und ihrer Literatur als "pornographischer Haßliteratur" habe wohl ähnlich gewirkt, beides hätte jedoch eine negative Grundhaltung gegenüber der Autorin und ihrem Werk geschaffen. Die von Lamb-Faffelberger selbst als positiv bewertete "kompromißlose Sozialkritik" der Werke und Jelineks avantgardistische Schreibweise sei zunächst eher ignoriert oder abgewiesen worden. Erst neuerdings würden sich positivere Wertungen einstellen, die gefördert würden vor allem durch die seit Ende der

---

26 Anja Meyer: "Elfriede Jelinek in der Geschlechterpresse...", a.a.O., S. 1
27 Margarete Lamb-Faffelberger: "In The Eyes of The Press: Provocation-Production-Prominence. A Critical Documentation of Elfriede Jelinek's Reception." In: Jorun B. Johns and Katherine Arens: Elfriede Jelinek: Framed by Language, a.a.O., S. 287-301

Achtzigerjahre einsetzende größere Toleranz gegenüber avantgardistischen Schreibweisen bei Frauen seitens einer neuen Generation der akademischen Literaturkritik:

[I]nteressanterweise hat sich die aktuelle Situation für Elfriede Jelinek seit Beginn der 90er Jahre verbessert. Zur positiveren Behandlung der Werke Jelineks durch die Medien wird von einer jüngeren Generation von RezipientInnen beigetragen, die nun die Institutionen der Literaturkritik repräsentieren. Vielleicht beeinflußt von post-moderner ästhetischer Empfindlichkeit (die dem literarischen Schock einen Wert zuerkennt), vebindet diese neue Generation eine besondere Bedeutung mit der künstlerischen und sozialen Relevanz and mit avantgardistischer Ästhetik als ihre älteren KollegInnen in der Lage waren, dies zu tun[28].

Beide von Lamb-Faffelberger hier angeführten Gründe für die zunehmende Anerkennung der Autorin, sowohl die positivere Bewertung der Schreibweise Jelineks durch die Kritik als auch die zunehmende Beachtung ihrer Werke durch das akademische Publikum, werden in der bisherigen Jelinek-Kritik wiederholt mit dem Beginn des hohen Bekanntheitsgrades der Autorin in Verbindung gebracht. In aller Regel wird dieser dann trotz des Medienerfolges der *Liebhaberinnen* erst Anfang bis Mitte der achtziger Jahre angesetzt; in das Zentrum des Interesses rücken hier die Reaktionen auf die neueren und umfangreicheren Prosatexte *Die Klavierspielerin* und *Lust*.

Im selektiven Blick auf die Prominenz der Kritiker, die sich mit Jelinek auseinandersetzen, relativiert beispielsweise Elisabeth Spanlang die Wirkung des Romans *Die Liebhaberinnen*. Anfang der achtziger Jahre sei Elfriede Jelinek noch ein "Geheimtip" gewesen, so Spanlangs Feststellung im Jahre 1992.[29] Eine wirklich hohe Prominenz habe Jelinek erst nach der Veröffentlichung von *Lust* erfahren.[30]

---

28 Interestingly enough, however, the actual situation has improved for Elfriede Jelinek since the beginning of the 1990s. A positive media treatment of Jeline's works is purveyed by a younger generation of reviewers, now represented in the institutions of literary criticism. Perhaps influenced by post-modern aesthetic sensibilities (which allows for literary shock value), this new generation attaches a special importance to artistic and social relevance and to avant-garde aesthetics than their older colleagues were capable of doing. (Übersetzung von mir,VV) Margarete Lamb-Faffelberger, "In The Eyes of the Press...", a.a.O., S. 299
29 Elisabeth Spanlang: Einleitung zu " Elfriede Jelinek: Studien zum Frühwerk" a.a.O., S. I
30 Trotz des polemischen Untertons in der folgenden Passage, spiegelt die hier geschilderte Einschätzung dennoch Elisabeth Spanlangs Beurteilung der Bekanntheit der Autorin. Es handelt sich bei dieser Passage um den Abschlußsatz ihrer 300seitigen Analyse zum Frühwerk Jelineks: "Daß Elfriede Jelinek tatsächlich zu den wahrhaft prominenten

Zwar sei das Feuilleton spätestens seit der Veröffentlichung von Die Liebhaberinnen auf die Autorin aufmerksam geworden, "enorm" angestiegen sei das "Interesse der Medien an der Person der Autorin" jedoch seit der Veröffentlichung des Romans Die Klavierspielerin und besonders auch des als "weiblichen Porno [...] kolportierten" Romans Lust.[31]

Die deutlichste Erklärung für die Wende in der Jelinekkritik findet sich in Allyson Fiddlers Untersuchung zum Realitätsbegriff in der Prosa Jelineks. Noch 1994 bezeichnet sie Jelinek in dieser Untersuchung als eine Mitte der achtziger Jahre "noch wenig beachtete" Autorin, es gäbe wenig "ernsthafte" Kritiken zu ihrem Werk, und es überwögen klar die Artikel aus dem Bereich der Literaturkritik über diejenigen aus der Literaturwissenschaft. Erst mit dem Einsetzen 'ernsthafterer' Auseinandersetzungen mit Jelineks Werk aus dem akademischen Bereich werde Jelineks Literatur "endlich ernstgenommen"[32]; und die Autorin und ihr Werk erführen nun erst allmählich die Anerkennung, die ihnen zustände.[33]

Die sich widersprechenden Urteile darüber, ab wann von einem hohen öffentlichen Bekanntheitsgrad der Autorin die Rede sein kann, hängen vor allem davon ab, welcher Wert der entstandenen Kritik beigemessen wird. Insgesamt gesehen läßt sich feststellen, daß die Veröffentlichung der Liebhaberinnen die Aufmerksamkeit der journalistischen Kritik erregte, daß eine der Komplexität von Inhalt und Form der Texte angemessene Beachtung des Prosawerkes der Autorin durch die literaturwissenschaftliche Fachwelt jedoch erst seit Beginn der Achtzigerjahre, nach der Veröffentlichung der Klavierspielerin, einsetzte. Trotz der Flut journalistischer Publikationen zur Autorin seit der Veröffentlichung der Liebhaberinnen kann deshalb von einer Jelinek-Forschung erst in neuester Zeit ausgegangen werden, und einschränkend muß hinzugefügt werden, daß sich diese bisher auf äußerst wenige Veröffentlichungen ausschließlich zur Autorin und

---

Künstlern dieses Landes (Österreichs, VV) zählt, steht seit Juni dieses Jahres 1990 nun endgültig fest. Nach Thomas Bernhard und Claus Peyman befindet sie der berühmt-berüchtigte Journalist André Müller eines Interviews für würdig.(...)" Elisabeth Spanlang, "Elfriede Jelinek: Studien zum Frühwerk", a.a.O., S. 301

31 Vgl.: Elisabeth Spanlang: "Elfriede Jelinek: Studien zum Frühwerk", a.a.O., S. 300-301
32 Allyson Fiddler, "Rewriting Reality...", a.a.O., S. 165
33 Allyson Fiddler, "Rewriting Reality...", a.a.O., S. 26 und S. 126ff.

wenige vereinzelte Beiträge innerhalb von Monographien zu übergeordneten literarischen oder feministischen Themen stützt.[34]

Mit dieser Entwicklung geht einher, daß sich die Kritik erst mit dem allmählich einsetzenden Entstehen wissenschaftlicher Kritiken von der in den journalistischen Medien vorherrschenden Auseinandersetzung mit der Person der Autorin als einer Skandalautorin abwendet und sich stattdessen den Texten selbst zuwendet.

Während sich seit dem Erscheinen der *Klavierspielerin* nun die feministische Germanistik zunehmend mit der Schreibweise und dem Gehalt Jelinekscher Prosa auseinandersetzt, verweilen die journalistischen Printmedien, wenn auch nicht so ausschließlich wie in früheren Jahren, weiterhin auf dem skandalträchtigen Image der Autorin. Noch 1991, als sich die akademische Diskussion über Jelinek bereits ernsthaft mit den literarischen, politischen und feministischen Aspekten ihres Werkes zu beschäftigen begann, wurde die Autorin anläßlich ihres Drehbuchs zu dem Film *Malina* in klarer Sensationsmache des journalistischen Publikationsjargons noch als "schräge Sex-Autorin" bezeichnet.[35] Anja Meyer kommt in ihrer Untersuchung über die Rezeption des Romans *Die Klavierspielerin* zu einem vernichtenden Urteil. Der journalistischen Kritik diene der Text lediglich als Schlüssel zur Person Jelineks, so Meyers Feststellung, und diese Art der Rezeption sei so eng mit der Autorin verknüpft, daß anfänglich "literarisch motiviertes Sprechen [...] hinter die personale Komponente zurücktrete", was zu einer Fehleinschätzung des Werkes führe. Es ließe sich

feststellen, daß die Literaturkritik zur <u>Klavierspielerin</u> ihrem Namen zumeist nicht gerecht [werde]. Es [könne] sogar von einem printmedialen Beitrag zur Unterbewertung des Romans gesprochen werden.[36]

Meyer bezeichnet diese Art, vom Text auf die Autorin zu schließen, als "AutorInpersonalisierung." Diese habe im Zirkelschluß auf den Text wiederum

---

34 Marlies Janz' Feststellung, "[V]on einer Jelinek-Forschung [könne] noch keine Rede sein. Zwar (sei) der Stand der Publikationen über die Autorin inzwischen bereits in drei Sammelbänden dokumentiert, doch (überwägen) hier die eher journalistischen Arbeiten", ist im großen und ganzen zutrffend, auch wenn sich eine langsame Änderung andeutet. Vgl. Marlies Janz:"Elfriede Jelinek", a.a.O., Einleitung, S. VII
35 Harald Stoffels, "Trio Infernale. Eine Sex-Autorin, ein Erotik-Star und ein Skandal-Regisseur." Aus: Quick, No.4, 17. Januar 1991, S. 48
36 Anja Meyer, "Elfriede Jelinek in der Geschlechterpresse...", a.a.O., S. 145

auch Konsequenzen für die Interpretation des Textes; unbequeme Anteile des Textes, wie zum Beispiel seine allgemeingültigen Wirkungsabsichten, würden so auf die persönliche Ausdrucksebene der Autorin reduziert, sie würden intimisiert.[37] Als Folge dieses Interpretationsmusters könnten gesamtgesellschaftlich relevante Problematiken, zu denen der Text Stellung nimmt, von der Presse als persönliche Probleme der schreibenden Frau dingfest gemacht werden, und provokative sprachliche und stilistische Formen wären als persönlicher Mangel der Autorin bewertbar - und könnten verdrängt werden. Besonders die avantgardistischen und gesellschaftskritischen Texte erfahren auf diese Weise eine qualitative Abwertung zum bloßen Dokument intimer Befindlichkeiten, was eine weitere Auseinandersetzung mit den dargestellten Problematiken für den/die Kritiker/in erübrigt.

Auch Margarete Lamb-Faffelbergers Feststellung,

[t]rotz des großen Erfolges von LUST änder[e] sich das Urteil der Kritik nicht, es richte [...] sich auch weiterhin überwiegend gegen die Person direkt der Autorin[38],

bestätigt, daß sich das seit der Veröffentlichung von *Die Liebhaberinnen* die Medienkritik beherrschende Image Jelineks kaum geändert hat.

Dieses in den journalistischen Printmedien allgegenwärtige Image Jelineks als einer Skandalautorin wird von zwei Leitbildern bestimmt.

1985 zog die Bonner Uraufführung ihres Dramas *Burgtheater*[39] in Österreich die Verurteilung der Autorin als einer skandalösen Nestbeschmutzerin nach sich, was für einiges Aufsehen sorgte.[40] Deshalb wird das skandalträchtige Image der

---

37 Vgl.: Anja Meyer: "Elfriede Jelinek in der Geschlechterpresse...", a.a.O., S. 32-34
38 Margarete Lamb-Faffelberger, "In The Eyes of The Press....", a.a.O., S. 298
39 Das am 9.11.1985 auf den Bühnen der Stadt Bonn uraufgeführte Theaterstück "Burgtheater. Posse mit Gesang" wurde bereits 1982 veröffentlicht: "Elfriede Jelinek, Burgtheater. Posse mit Gesang", in: manuskripte 22 (1982) H. 76, S. 49-69.
40 Zur umfangreichen Reaktion auf das Theaterstück "Burgtheater", die mit einer Ausnahme (Sigrid Löffler in Profil 14 (1983) H. 9, S. 72-73.) erst 1985 nach der Uraufführung einsetzte, vgl. Elisabeth Spanlang, Bibliographie Elfriede Jelinek, a.a.O., S. 347-349. Zur Einführung in diese Problematik empfiehlt sich eine Lektüre der zeitgenössischen Reaktionen auf die Uraufführung von Sigrid Löffler und Ulrich Weinzierl sowie der Auseinandersetzung Karl Wagners mit "Elfriede Jelineks Österreich-Kritik." Vgl.: Sigrid Löffler, ", in: Profil vom 18.11.1985, wiederabgedruckt in: Kurt Bartsch und Günther Höfler (Hrsgg.), Elfriede Jelinek (Dossier...), a.a.O., S. 218-222; Ulrich Weinzierl, "Sauberes Theater. Die Wesseleys und andere", in: FAZ vom 27.11.1985, wiederabgedruckt in Kurt

Autorin des öfteren in diesem Kontext erläutert.[41] Allerdings wird der Einfluß dieses sogenannten "Burgtheaterskandals" weit überschätzt. Neuere Untersuchungen zeigen, daß Bewertungen der Autorin in Österreich und Deutschland sich nicht grundsätzlich voneinander unterscheiden. Auch die Einschätzung vieler Kritiker und der Autorin selbst, Jelineks Kunst werde in Österreich entschieden weniger geschätzt als in Deutschland, ist eine Fehleinschätzung.[42]

Eine wesentlich stärkere Wirkung auf das Image der Autorin als einer Skandalautorin hat ihr weibliches Geschlecht. Die Darstellung von 'Weiblichkeit' durch die Autorin beziehungsweise ihre Schreibweise als Frau spielt eine entscheidendere Rolle in der Jelinekkritik und steht in direktem Zusammenhang mit ihrem hohen Bekanntheitsgrad. Der Aspekt 'Frau/weiblich' erregt höchste Aufmerksamkeit für jede neue Veröffentlichung Jelineks und bildet den Brennpunkt des weitaus überwiegenden Teils in der bisherigen Auseinandersetzung mit der Autorin. Als "weibliches Mediensujet"[43] bieten ihre Person und ihre unter autorinpersonalisierter Perspektive gelesenen Texte seit der Veröffentlichung von *Die Liebhaberinnen* immer wieder Anlaß vor allem zu Ausbrüchen der Entrüstung. Diese negativen, aber auch die positiven Urteile, zu denen die Kritik gelangt, sind dabei immer abhängig davon, welche Vorstellung von 'Weiblichkeit' der/die RezensentIn hegt und der Beurteilung von Text und/oder Person der Autorin zugrundelegt.

Jelineks Prominenz stellt sich in direkter Verbindung mit dem starken Interesse einer sensationsorientierten Presse an der aufsehenerregenden und kontroversen Thematisierung der Thematik 'Frau' während der letzten zwei Jahrzehnte dar. Dies erklärt die im Vergleich zu den übrigen Prosawerken der Autorin über-

---

Bartsch und Günther Höfler (Hrsgg.), Elfriede Jelinek (Dossier...), a.a.O., S. 222-225; Karl Wagner, "Österreich - eine S(t)imulation, in: Kurt Bartsch und Günther Höfler (Hrsgg.), Elfriede Jelinek (Dossier...), a.a.O., S. 79-93

41 Vgl. z.B.: Allyson Fiddler, "Rewriting Reality...", a.a.O., S. 27ff, vg. auch: Elisabeth Spanlang, "Elfriede Jelinek: Studien zum Frühwerk", a.a.O., S. 301

42 Vgl. hierzu Meyers statistische Erhebungen: Anja Meyer, "Elfriede Jelinek in der Geschlechterpresse...", a.a.O., S. 152, 153

43 Dieser sehr überzeugende Begriff für Jelineks Wirkung besonders auf journalistische Kritik wurde von Anja Meyer übernommen. Ich möchte ihn jedoch nicht nur auf die Autorin anwenden, sondern dehne seie Bedeutung auf die Wirkung auch des Werkes aus. Meyer verwendet den Begriff wie folgt: "Die publizistische Präsenz Elfriede jelineks manifestiert sich ... unter dem Stichwort "weibliches Mediensujet." Anja Meyer, "Elfriede Jelinek in der Geschlechterpresse...", a.a.O., S. 143

durchschnittlich große Resonanz besonders des Feuilletons auf die Prosatexte *Die Liebhaberinnen, Die Klavierspielerin* und *Lust*. Beginnend mit dem Roman *Die Liebhaberinnen*, der deshalb aufgrund dieser Thematik zugleich die Bekanntheit der Autorin beflügelte, handelt es sich hierbei um die drei Prosatexte der Autorin, die tabuisierte 'weibliche' Thematiken, insbesondere weibliche Sexualität, zur Sprache bringen und damit den autorInpersonalisierten Interpretationsansätzen der journalistischen Printmedien einen Gegenstand für eine sensationsorientierte Darstellung bieten.

Den Zusammenhang von Bekanntheit und Thematisierung von Frauenthemen verdeutlicht ein vergleichender Blick auf die Kritiken zu *Lockvögel* (1970) und *Michael* (1972) mit den ersten Reaktionen auf *Die Liebhaberinnen* (1975). Zu *Lockvögel* und *Michael* entstanden zunächst nur wenige Kritiken, die sich vor allem mit Jelineks provokativer Schreibweise (*Lockvögel*) und ihrer medienkritischen Position (*Michael*) auseinandersetzten. Diskutiert wurden anläßlich des Erscheinens von *Lockvögel* "Modelle und Mechanismen der Trivialliteratur",[44] der Text wurde als das "Buch mit Gebrauchsanweisung" vorgestellt.[45] Das *Times Literary Supplement* titelte *The Pop Parade* und diskutierte die völlige Abwesenheit der Autorin aus dem Text zugunsten der Erschaffung einer reinen Pop-Welt,[46] und Marlis Gerhardt stellte in einem Artikel mit dem Titel *Bond auf dem Dorfe* fest, bei *Lockvögel* handele es sich um ein "parodistisches Zitat der historischen Gattung 'Roman'", die Montagetechnik des Textes führe den völligen Verzicht "auf den schönen Schein des Weltzusammenhangs" mit sich.[47]

Die Auseinandersetzung der Literaturkritik mit *Michael* konzentrierte sich auf der in diesem Text enthaltenen Kritik an der Wirkung massenmedial verbreiteter Ideologie auf Jugendliche. Jelineks Thematisierung massenmedialer Trivialität bezieht ihre Grundlagen für *Michael* aus der zeitgenössischen Debatte um massenmediale Kommunikation.[48] In der Aufnahme und Wiedergabe dieser zu

---

44 Rüdiger Engerth, "Modelle und Mechanismen der Trivialliteratur." In: Die Furche, 25.7. 1970 (No. 30), S. 11
45 N.N.: "Buch mit Gebrauchsanweisung." In: Neue Osnabrücker Zeitung, 26.11.1970
46 N.N.: "The Pop Parade." In: Times Literary Suplement,, 2.7.1970
47 Marlies Gerhardt, "Bond auf dem Dorfe." In: Elfriede Jelinek, Hg. von Kurt Bartsch und Günther Höfler, Dossier 2. Graz: Droschl-Verlag, 1991; S. 181-182; zuerst erschienen In: Deutsche Zeitung, 4. September 1970
48 Vergleiche hierzu Elisabeth Spanlangs ausführliche Darstellung des Zeitbezuges und der

jener Zeit aktuellen Thematik begegnen sich Autorin und zeitgenössisches Publikum. Daß der Roman seine Hauptaussage, die Entlarvung der fatalen Konsequenzen der trivialen Botschaften der Medien, am eindringlichsten an seinen weiblichen Gestalten, besonders an den kaufmännischen Lehrlingen Gerda und Ingrid, demonstriert, schien zunächst Nebensache. Joachim Kaiser betitelte seine Buchbesprechung in der Süddeutschen Zeitung *Meine lieben jungen Freunde*,[49] Ursula Valentin setzte sich unter dem Titel *Von den Frohen-Herzens-Kindern* mit der Ideologiezertrümmerung des Textes auseinander,[50] und auch Ilse Leitenbergers Artikel *Abrechnung mit einer Scheinwelt*[51] richtet das Hauptaugenmerk auf die dargebotenen Zusammenhänge von Schein und Sein. Das Geschlecht der Autorin oder eventuelle feministische Anteile des Textes spielen zu diesem Zeitpunkt der Auseinandersetzung offenbar eine untergeordnete Rolle.

Diese Haltung ist für die zeitgenössischen Kritiken durchaus plausibel. Die Zweite Frauenbewegung war zu diesem Zeitpunkt noch nicht als Massenbewegung wirksam, es fehlte die erst aus dieser hervorgehende breite Sensibilisierung des Lesepublikums für die Thematisierung von Frauenbildern, Weiblichkeitsvorstellungen und Emanzipationsentwürfen in der Literatur. Auch konnte im deutschen Sprachraum im Unterschied zum angelsächsischen Sprachraum noch nicht von der Existenz einer an den Zielen der Zweiten Frauenbewegung orientierten 'Frauenliteratur' die Rede sein, die als solche identifizierbar gewesen wäre und damit die Sensibilität für Texte von Frauen geschärft hätte. Zudem ließ die Aufmerksamkeit für Frauenthemen in einem Werk, das diese nicht direkt, dokumentarisch oder autobiographisch und im Sinne der Bewegung thematisierte selbst dann noch einige Zeit auf sich warten, wie wir gesehen haben.[52]

1976, im Jahr der Veröffentlichung von *Die Liebhaberinnen*, änderte sich die Jelinek-Kritik grundlegend. Von den im Vergleich zu Jelineks früheren Texten vielen Reaktionen auf diesen "Roman" beschäftigte sich nun die Mehrzahl mit den

---

    aktiven Beteiligung Jelineks an dieser Debatte: Elisabeth Spanlang, "Elfriede Jelinek: Studien zum Frühwerk...", a.a.O., S. 154-157, 171-175 und 188-194
49 Joachim Kaiser, "Meine lieben jungen Freunde." In: Süddeutsche Zeitung, 16.11.72
50 Ursula Valentin, "Von den Frohen-Herzens-Kindern." In: FAZ, 2.9.1972; auch erschienen in Dossier 2 als; Ursula Genazino, "Von den FRohen-Herzens-Kindern", in Kurt Bartsch/Günther Höfler, Elfriede Jelinek, Dossier 2, a.a.O., S. 183-184
51 Ilse Leitenberger, "Abrechnung mit einer Scheinwelt", In: Die Presse, 19.7.1972
52 Vergleiche hierzu meine Ausführungen in Teil II.

feministischen Absichten des Textes beziehungsweise mit dem Geschlecht der Verfasserin.

Von fünfzehn Kritiken, die zwischen Juni 1975 und Juni 1976 in (journalistischen) Tages-, Wochen-, oder Monatspublikationen zu dem "Roman" *Die Liebhaberinnen* gedruckt wurden,[53] signalisieren zehn bereits im Titel ein 'weibliches' Thema. Zwei dieser Artikel verwenden den 1975 bereits schlagkräftigen Begriff "Emanzipation;"[54] fünf andere setzen eher auf den Lebenszusammenhang 'Frau und Familie', indem sie die Begriffe "Heirat" und "Liebe" als Schlagworte in die Titel einbeziehen,[55] wobei die durch diese beiden Begriffe bezeichneten Lebenszusammenhänge 1975 den Diskurs der zeitgenössischen Frauenbewegung dominierten. Und zwei weitere Kritiker nehmen Jelineks Sprachduktus auf und gehen auf die im Text angesprochene Verbindung von Warengesellschaft und weiblichem 'Liebeszusammenhang' ein, indem sie Jelinek zitieren; sie betiteln ihre Artikel mit *Der Gegenstand Paula* beziehungsweise *Zwei Gegenstände namens Paula und Brigitte*.[56]

Thomas Zenkes Artikel *Ein Langstreckenlauf in die Heirat*[57] bietet ein anschauliches Beispiel dafür, auf welche Weise Überlegungen zu 'Frauenthemen' und 'Emanzipation' in die zeitgenössische journalistische Jelinek-Kritk einging.

---

53 Etwa die Hälfte dieser "Reaktionen" erschienen innerhalb der Monate Oktober/November 1975
54 Dies sind: "Ria Theens, Im Stakkata-Rhythmus der Akkordarbeit. Elfriede Jelineks Emanzipations-Parabel", in: Rheinische Post, 30.8.1975; Hans Jürgen Richter, "Emanzipiertes für Voyeure", in: Das DA (1975) H. 11, S. 48
55 Hierbei handelt es sich um: Elke Kummer, "Du, unglückliches Österreich, heirate", in: Die Zeit, 14.11.75 (Nr. 47), S. 2 (= Literaturbeilage); Hedwig Rohde, "Sozialreport vom Liebeshaß", in: Der Tagesspiegel, 11.1.76; Heinrich Vormweg, "Liebe inbegriffen", in: Süddeutsche Zeitung, 25./26. 5. 1976; Jürgen P. Wallmann, "Aufstieg per Heirat", in: Deutsche Zeitung Christ und Welt, 17.10.1975;Thomas Zenke, "Ein Langstreckenlauf in die Heirat", n: FAZ, 11.10.1975, wiederveröffentlicht in: Kurt Bartsch und Günter Höfler (Hrsgg.), Elfriede Jelinek, Dossier 2, a.a.O., S. 185-188.
56 Gemeint sind die Artikel von Heinz Beckmann und Hans-Peter Klausenitzer:Heinz Beckmann, "Der Gegenstand Paula", in: Rheinischer merkur, 19.9.1975; Hans-Peter Klausenitzer, "Zwei Gegenstände namens Paula und Brigitte", in: Die Welt, 24.1.1976; wiederveröffentlicht unter dem Titel: "Noch (k)ein Heimatroman. Die Liebhaberinnen . Zwei Gegenstände namens Paula und Brigitte." in: Kurt Bartsch und Günter Höfler (Hsgg.), Dossier 2, a.a.O., S. 188- 190.
Ähnlich provokativ dürfte 1975 der ironische Titel "Landmädel" ("Mädchen vom Lande"), den das Times literary Supplement für seine Rezeption von "Die Liebhaberinnen" wählte, gewirkt haben: John Neves, "Country Girls", in: Times Literary Supplement, 11.6.1976
57 Thomas Zenke, "Ein Langstreckenlauf in die Heirat", a.a.O. .

Zenkes Darstellung der Intentionen Jelineks in den *Liebhaberinnen* kreist um die Ziele der Frauenbewegung, ohne diese direkt zu benennen. Obwohl auf die Frauenbewegung nicht direkt und deutlich Bezug genommen wird, sprechen Zenkes Wortwahl, sein Bezug auf "die Frau" anstatt auf 'Frau*en*' wie auch die Verbindung von Intention und "Erfahrung" der AutorIN eine eindeutige Sprache:

> [Jelinek] möchte [...] die *Bewußtseinslage der Frau* und ihre *gesellschaftlichen Bedingungen* etwas mehr erhellen...
> [...] Elfriede Jelinek will schockieren, weil sie die *Erfahrung* gemacht hat, daß *die Gesellschaft* gegenüber den Problemen *der Frau* noch zu gleichgültig, *die Frau* dagegen zu abgestumpft ist.[58]
> [Hervorhebungen von mir, V.V.]

Wie hier unschwer zu erkennen ist, läßt Zenke keinen Zweifel darüber aufkommen, daß für ihn als Auslöser für Jelineks Schreiben letztlich nur ein ganz persönliches Moment zu gelten hat, nämlich die Erfahrungen und Empfindungen der Autorin als einer individuellen weiblichen Person. Nicht die in der Gesellschaft etwa vorhandene Gleichgültigkeit gegenüber den 'Problemen der Frau', sondern Jelineks persönliche Unzufriedenheit mit dieser Situation werden von ihm als Ursache für das Entstehen des "Romans" genannt. Indem Zenke, wie das folgende Zitat aus derselben Kritik zeigt, diese Auffassung der privaten Motivation auf die Spitze treibt, kann er es erfolgreich vermeiden, sich mit der im Text angesprochenen Problematik direkt auseinanderzusetzen. Sein Urteil gilt vordergründig lediglich den Emotionen der Autorin:

> Manchmal verzerrt der Haß [Jelineks, V.V.] auf das, was die Frauen unterdrückt, die Proportionen des Dargestellten.
> [...] Die Erzählerin rechnet mit ihren Figuren ab, denen sie keine Chance läßt, gar kein anderes Leben gestattet; [...] Sie kennt keine Sympythie, nur Wut.[59]

Absichtlich oder unabsichtlich berührt Zenke in diesen Vorwürfen gegenüber der Autorin zwei Problematiken, die die Erzählerin in ihrem Werk als Handlungsmotivation ihrer weiblichen Romanfiguren geißelt: Den ohnmächtigen, alle moderaten Gefühle verzerrenden Haß als Folge ökonomischer Abhängigkeit von Frauen in Liebesbeziehungen und das, was die Autorin mit "keine Zukunft haben" benennt, das in der dargestellten Gesellschaft geschlechtsabhängige Fehlen

---

58 Thomas Zenke, "Ein Langstreckenlauf in die Heirat...", zitiert nach Bartsch/Höfler (Hrsgg.), Dossier 2, a.a.O., S. 187
59 Ders.: ebd., S. 187 und 188

von Chancen beziehungsweise Wahlmöglichkeiten für ein anderes Leben von Frauen.

Thomas Zenkes Artikel enthält einige sehr typische Elemente der zeitgenössischen Jelinek-Kritik. Seine Argumentation greift den feministischen Kontext der Zeit auf, aus dem heraus der Roman entstanden zu sein scheint, und der Autor verbindet hiermit eine Autorinpersonalisierung, die der Autorin unangemessene Gefühle unterstellt, Haß, Wut und Kälte, die als unangemessene Aggressivität gegenüber dem Romanpersonal dargestellt werden. Offenbar steht dieses Urteil der Unangemessenheit aggressiver Emotionen der Autorin besonders in Verbindung mit der Vorstellung, dieses führe zu einem Verlassen vernünftigerer Schreibweisen, in engem Zusammenhang mit entsprechend freundlicher konnotierten Weiblichkeitsbildern und -idealen des Autors der Kritik.

Interessanterweise trifft Zenke diese Feststellungen nur für *Die Liebhaberinnen*. Seine Bewertung der früheren Prosatexte Jelineks, *wir sind lockvögel baby* und *Michael. Ein Jugendbuch für die Infantilgesellschaft*, die am Anfang des Artikels vergleichend vorgestellt werden, verhält sich im Vergleich eher zurückhaltend und ist frei von Angriffen auf die Person der Autorin. Zwar wird die Autorin vorsichtig als "naiv" bezeichnet, falls sie tatsächlich glaube, mit den experimentellen Ansätzen in *wir sind lockvögel baby* die Leser in Gegengewalt einzuüben,[60] aber eine ähnlich harsche Kritik, wie sie bezüglich der *Liebhaberinnen* geäußert wird und die ebenso am wütenden Umgang der Autorin mit Trivialmythen und massenmedialen Botschaften in den beiden früheren Texten angebracht werden könnte, unterbleibt. Der persönliche Angriff auf die Autorin bleibt dem Zusammenhang mit ihrer Thematisierung der Frauenunterdrückung vorbehalten, wobei der Blickwinkel bezüglich dieser Problematik auf die Autorin verengt wird. In Bezug auf die formale Gestaltung der *Liebhaberinnen* und den Sprachwitz Jelineks in diesem Text hingegen äußert sich der Kritiker sachbezogen und in der Wertung positiv.

Auch positiv äußert er sich zu einem weiteren Aspekt der *Liebhaberinnen*, der die Diskussion um die Prosa Jelineks wiederholt beschäftigte, die vordergründige Ausrichtung dieses Textes an der "gesellschaftlichen Realität."[61] Die

---

60 Ders.: ebd., S. 185
61 Ders.: ebd., S. 185

Autorin sei eine "Meisterin des Verschnitts", so Zenkes Argumentation, während das Experimentieren mit "Erzähl- und Vorstellungsmustern der Science-fiction, der Heftchenromane, der Comics..." in *wir sind lockvögel baby* keine spürbare gesellschaftliche Funktion habe und die Autorin hier lediglich ihre "eigene Welt [...] zauber[e]", ihr Buch also "nichts als sich selbst [suggeriere]", verschneide Jelinek in *Michael* Klischees aus dem Fundus der Massenmedien schon eher mit der "gesellschaftlichen Wirklichkeit", sie schildere den Bewußtseinsinhalt ihrer Figuren und "orientier[e] sich [...] an der gesellschaftlichen Realität." In den *Liebhaberinnen* schließlich verzichte sie völlig auf die "Reduktion des Ausdrucks auf ein Experimentieren mit vorgefundenen Materialien", und sie "ordne[...] alle Erfindungen einer genauen Beobachtung unter."[62]

Diese Unterscheidung in "experimentelle" und "realistische" Prosatexte der Autorin, wobei "experimentell" in der Regel von der Schreibweise auf den beabsichtigten beziehungsweise vielmehr unterlassenen Realitätsbezug schließt und "realistisch" in den meisten Fällen wie bei Zenke an eine überzeugende Darbietung des Bewußtseins von Romanfiguren gekoppelt ist, findet sich nicht nur in zeitgenössischen Literatur-Kritiken, sondern sie bestimmt bis heute die Bemühungen, Jelineks Werk in unterschiedliche Entwicklungsstufen einzuteilen.

So schreibt etwa Corina Caduff 1991, der 1980 erschienene Roman *Die Ausgesperrten* und der 1983 erschienene Roman *Die Klavierspielerin* wiesen im Vergleich zu früheren Veröffentlichungen "realistischere Züge" sowie eine bessere psychologische Greifbarkeit des jeweiligen Romanenpersonals auf, was im Unterschied zu den früheren Romanen eine bessere Zugänglichkeit gestatte.[63] Offensichtlich stützt sich Caduffs Begriff des 'Realistischen' nicht auf die von den frühen Rezensenten der *Liebhaberinnen* vielbeschworene Einbeziehung soziopolitischer Realitäten, sondern auf die Logik und Glaubwürdigkeit der Psyche der Romangestalten. Wurde dort der Begriff 'realistisch' auf die *Liebhaberinnen* angewendet, um eine Zäsur in der Entwicklung des Werkes der Autorin aufzuzeigen, so wird er hier ebenso glaubwürdig verwendet, um eine Zäsur an anderer Stelle im Werk zu begründen.

---

62 Ders.: ebd., S. 185/186.
63 Vgl.: Corina Caduff, "Ich gedeihe inmitten von Seuchen...", a.a.O., S. 39/40

Beginnend mit Jelineks Roman *Michael* bescheinigt auch Wend Kässens im *Neuen Handbuch der deutschen Gegenwartsliteratur* des Jahres 1990 der Prosa Jelineks eine zunehmende Psychologisierung der Romangestalten wie auch, damit einhergehend, eine zunehmend intensivere "Wirklichkeitsdurchdringung".[64] Grundsätzlich nähert sich diese Art der Beurteilung des 'Realismus' in der Jelinek'schen Prosa seitens der Kritik den Texten mit einer mimetischen Lesehaltung[65] und fragt nach der Abbildung der 'realen Welt' in den Texten und der psychologischen Plausibilität der Gestalten. Daß beides - und insbesondere diese Art der Verbindung beider Aspekte - den Texten weder angemessen noch im Sinne der Autorin ist, wird erst in neuester Zeit auf einer breiteren Basis diskutiert.[66]

Ein anderes, sehr typisches, Argumentationsmuster für die Art der frühen Auseinandersetzung mit der Prosa Jelineks bietet ein Artikel von Hans-Peter Klausenitzer, der in der Zeitschrift *Die Welt* im Januar 1976 veröffentlicht wurde.[67] Wie Zenke unterscheidet Klausenitzer zwischen den früheren sprachexperimentellen Texten Jelineks und dem Prosatext *Die Liebhaberinnen*, in dem die Autorin eher "etwas beweisen" wolle. Das Hauptgewicht seiner Kritik liegt auf Genre-spezifischen Aspekten dieses "neuen" Prosatextes. Unter anscheinend völligem Verzicht auf eine inhaltliche Auseinandersetzung mit dem Werk zieht sich

---

64 Vgl.: Wend Kässens, "Elfriede Jelinek", in: Dietz-Rüdiger Moser (Hrsg.), Neues Handbuch der deutschen Gegenwartsliteratur seit 1945, München 1990, S. 326-327

65 Wenn Kritiken im Zusammenhang mit Jelineks früher Prosa die Frage des "Realismus" stellen, muß, wie Allyson Fiddler richtig herausstellt, brücksichtigt werden, daß - zumindest in den feuilletonistischen Artikeln, eine mimetische Lesart zugrunde gelegt wird und "Realismus" mit "Abbildung der Wirklichkeit" gleichgesetzt wird. Daß dies auch für journalistische Artikel zur neueren Prosa noch zutrifft, belegt Anja Meyer deutlich in ihrer Untersuchung zur Rezeption von "Die Klavierspielerin" und "Lust". Vgl. zur Realismusdiskussion:1. Allyson Fidddler, "Rewriting Reality. ....", S. S. 29ff. ; und 2. Anja Meyer, Elfriede Jelinek in der Geschlechterpresse, a.a.O., S. 147 2. Zur mimetischen Lesehaltung auch noch der späten Jelinekkritik nach der "Klavierspielerin" nicht nur in der journalistischen Kritik vgl.: Anja Meyer, "Elfriede Jelinek in der Geschlechterpresse...", a.a.O., S.148

66 Eine überzeugende und umfassende Auseinandersetzung mit Jelineks besonderem Realismusbegriff bietet die bereits erwähnte Untersuchung von Allyson Fiddler, die sich zur einleitenden Lektüre deshalb ausgezeichnet eignet. Auf diese Problematik wird innerhalb der anschließenden Einzelinterpretationen der Prosatexte Jelineks gesondert eingegangen werden. Vgl.: Allyson Fiddler, "Rewriting Reality...", a.a.O.

67 Hans-Peter Klausenitzer, "Zwei Gegenstände namens Paula und Brigitte", in: "Die Welt" vom 24.01.1976, wiederveröffentlicht und in der Folge zitiert nach Bartsch/Höfler (Hsgg.), Dossier 2, a.a.O., S.188/189

Klausenitzer, wenn auch eher unfundiert, auf eine gattungstheoretische Position zurück, aus der heraus er die Autorin angreift. Vorgeworfen wird der Autorin vor allem, sie schreibe, was immer gerade "modern und bekannt" sei. Da es gerade modern sei, "alpine 'Heimat'-Literatur"[68] zu schreiben, habe sich Jelinek, in der Absicht, "auch thematisch up to date sein" zu wollen, nun auch mit diesem Genre auseinandergesetzt. Der bekannte Erzählerkommentar in *Die Liebhaberinnen*, es handele sich bei diesem Text weder um einen "heimatroman" noch um einen "liebesroman", ruft bei Klausenitzer die herablassende Bemerkung hervor, "[e]in Roman [sei] Elfriede Jelinek nicht gelungen", überhaupt sei dieser Text weder als Roman noch als Collage zu bezeichnen. Es handele sich schlichtweg um ein "trostloses Elaborat von Behauptungen, Klischees und vulgären Sprachübungen."[69]

Trotz seiner Abwehrhaltung, die allzusehr das Bemühen entlarvt, den Texten jegliche Wirkungsmöglichkeiten abzusprechen, kommt jedoch auch Klausenitzer nicht darum herum, die feministisch-politischen Absichten Jelineks beziehungsweise die feministisch-politische Ausrichtung ihres Textes zur Sprache zu bringen. Dies geschieht jedoch nicht in direkter Diskussion, sondern er bedient sich zeitweise der Wortwahl aus dem Umfeld der Frauenbewegung zur Darstellung seines Gegenstandes, wie beispielsweise, wenn er abwertend von "Emanzipationsvokabular und andere[n] Wortkreationen" spricht oder von dem, "was die Autorin beweisen will, soziale Ungerechtigkeit."[70]

Daß es durchaus ergiebig sein kann, sich mit der Frage des Gattungsbegriffes in der Jelinek'schen Prosa ernsthaft auseinanderzusetzen, zeigen Kritiken jüngeren Datums. Spanlangs Untersuchung "Elfriede Jelinek: Studien zum Frühwerk..."[71]

---

68 Gemeint und eher abschätzig genannt werden: "Stücke() von Sperr und Kroetz, ... Thomas Bernhards Prosa und Franz Innerhofers Biographie..." sowie " wie auch Scharang, Handke und Jonke. Vgl.: Hans-Peter Klausenitzer, "Zwei Gegenstände namens Paula und Brigitte", in: Bartsch/Höfler (Hsgg.), Dossier 2, a.a.O., S.188 und 189; Peter Klausenitzer, "Zwei Gegenstände namens Paula und Brigitte", zitiert nach Bartsch/Höfler (Hsgg.), Dossier 2, a.a.O., S.188 und 189
69 Hans-Peter Klausenitzer, "Zwei Gegenstände namens Paula und Brigitte", zitiert nach: Bartsch/Höfler (Hsgg.), Dossier 2, a.a.O., S.188 und 189
70 Ders: ebd., S.188 und 189
71 Vgl.: Elisabeth Spanlang, "Elfriede Jelinek: Studien zum Frühwerk...", a.a.O. . Auch andere Kritiken erörtern Jelineks Umgang mit traditionellen Gattungsbegriffen; so z.B. Margret Brügmann in Bezug auf die "Liebhaberinnen", Vgl.: Margret Brügmann, "Amazonen...", a.a.O., S. 163-172.

beispielsweise deckt die kritische Grundhaltung der Autorin hinter dem anscheinend spielerisch sinn-losen Umgang mit den Gattungen in ihrer Prosa auf.

Die hier getroffene Feststellung, Jelinek habe mit *Michael* einen Anti-Bildungsroman[72], mit den *Liebhaberinnen* keinen trivialen Liebesroman, mit "Wildnis" einen Anti-Heimatroman, mit der Klavierspielerin keine Autobiographie und mit Lust keinen erotischen Roman geschrieben, ruft zudem die kritischen Ansätze der frühen feministischen Literaturwissenschaft mit ihrem Aufbegehren gegen patriarchale Gattungsvorgaben und die mit diesen verbundenen Bewertungen weiblichen Schreibens in Erinnerung.[73] Die Nicht-Erfüllung traditioneller - männlicher - formaler Erwartungen an ihre Texte beweist nicht etwa Jelineks Unfähigkeit, sondern sie ist in diesem Zusammenhang zu verstehen als Zeichen ihrer aus der weiblichen Außenseiter-Perspektive genährten Kritikfähigkeit gegenüber überkommenen Gattungsnormen. Die kritische Zersetzung formaler Gattungsvorgaben führt bei Jelinek gerade nicht zu dem von Klausenitzer beschworenen "trostlose(n) Elaborat von Behauptungen, Klischees und vulgären Sprachübungen", sondern sie bewirkt die systematische Entlarvung der durch die formalen Gattungsvorgaben transportierten Ideologien und Mythen.

In der Mehrzahl der zeitgenössischen Kritiken wurde Jelineks Roman *Die Liebhaberinnen* auf die eine oder andere Weise mit der 'Frauenfrage' in Verbindung gebracht. Wie in den feuilletonistischen Kritiken bezog sich auch die eher zögerlich einsetzende literaturwissenschaftliche Auseinandersetzung mit dem Weiblichen in Jelineks Prosa zunächst vor allem auf die Inhaltsebene der Texte, wobei der Diskussionsrahmen durch die von der Zweiten Frauenbewegung aufgeworfenen Fragestellungen gebildet wurde, der kaum überschritten wurde. Wie auch bei den journalistischen Publikationen fällt ein besonderes Interesse an den *Liebhaberinnen* auf, und wieder werden die früheren Werke im Hinblick auf vielleicht in ihnen vorhandene feministische Anteile zunächst ignoriert.

Foren für die Auseinandersetzung um Jelineks feministische Absichten und um das 'Weibliche' in ihrer Prosa bieten bis heute vor allem Sammelveröffentlichungen zu 'schreibenden Frauen' oder 'Frauenliteratur', Kapitel innerhalb von Monographien zu denselben Themen, Artikel in literaturwissenschaftlichen

---

72 Vgl.: Elisabeth Spanlang, "Elfriede Jelinek: Studien zum Frühwerk...", a.a.O., S. 176-179
73 Vgl. hierzu die Ausführungen in Teil II.

beziehungsweise -historischen Handbüchern sowie eine beständig zunehmende Anzahl an Interviews mit der Autorin für journalistische wie auch literaturwissenschaftliche Publikationen.

Ein Beispiel für eine sehr frühe konkrete Einbeziehung Jelinek'scher Prosa in die Diskussion über die "neue Frauenliteratur" bietet Serkes -- eher noch den journalistischen als literaturwissenschaftlichen Publikationen zuzurechnender -- Artikel *Elfriede Jelinek: Wenn der Mensch im Typischen verschwindet*, der in seiner Monographie *Frauen schreiben. Ein neues Kapitel deutschsprachiger Literatur* veröffentlicht wurde.[74] Der Titel dieser Monographie ordnet die in ihm enthaltene Auseinandersetzung mit Jelinek einem geschlechtsspezifischen Aspekt unter. Dieser Aspekt wird im einführenden Kapitel - benannt "Der Aufbruch der Schriftstellerinnen in die Domäne der Männer" - näher bestimmt.

Hier beschreibt Serke die Entwicklung der Frauenliteratur im Zusammenhang mit geschlechtsspezifischen Bedingtheiten des Schreibens. Die Entwicklung der Neuen Frauenliteratur begreift er in ihrem historischen Kontext als Folge der "'Frauenfrage', [der] Befreiung der Frau aus den männlichen Normen". Den zeitgeschichtlichen Kontext dieser Entwicklung stellt er folgendermaßen dar:

> Mit der Perfektionierung einer arbeitsteiligen Welt [...] ist die Frage der Gleichwertigkeit und Gleichberechtigung in den letzten zehn Jahren in einem Maße aufgebrochen, die [sic!] unausweichlich nach Antwort verlangt, einer Antwort, die zugleich die männlich bestimmten Gesellschaftssysteme Kapitalismus und Sozialismus gleichermaßen in Frage stellt.[75]

Im Gegensatz zu den männlichen Schriftstellern, die vor dem Hintergrund einer immer sinnloser erscheinenden patriarchalisch-kriegerischen Welt "am Schreibtisch die Beziehung zum alltäglichen Leben" verloren hätten, hätten die Frauen sich der "Doppelbelastung von Schreiben und Alltag" ausgesetzt, so Serke weiter.

> Das Wissen der Frauen von der Bindungskraft der Liebe ging über die Perspektivlosigkeit der Männer hinweg. [...] Aus ihrem neuen Selbstverständnis heraus beschreiben sie sich in ihrer Lust, zu leben, zu lieben und zu arbeiten und in ihrer Last mit dieser Lust.[76]

In diesem Kontext, der Kritik an Herrschafts- und Machtstrukturen sowie der gesellschaftlichen Systeme durch Schriftstellerinnen stellt Serkes Essay Jelineks

---

74 Jürgen Serke, "Frauen Schreiben...", a.a.O. .
75 Ders.: ebd., S. 8
76 Ders.: ebd., S. 9/10

Prosatexte *wir sind lockvögel baby*, *Michael, ein Jugendbuch für die Infantilgesellschaft* und *Die Liebhaberinnen* aus der Perspektive der neuen Ideologie und mittels der Terminologie der Zweiten Frauenbewegung vor. Es gehe Jelinek um die Präsentation von "Individuen im Zustand der Entindividualisierung", um das Aufzeigen von "Menschen, eingebaut in die Umlaufzeit des Kapitals, ersetzbar und austauschbar im Produktionsprozeß", von 'Träumen', "ausgerichtet auf die Glücksverheißungen" der Massenmedien und "Geltung, die sich bemißt nach dem Konsum und damit nach dem Geld, das allein Genuß erst möglich mach[e]."[77] Von den Texten Jelineks, mit denen Serke sich in seinem Essay auseinandersetzt, wird allerdings einzig der Roman *Die Liebhaberinnen* ausdrücklich mit konkreten Zielvorstellungen der "Frauenbewegung" identifiziert. Wenngleich sich Jelinek keiner programmatischen feministischen Position anschließe, so Serkes Einschätzung, gehe es der Autorin doch in ihrem Roman *Die Liebhaberinnen* darum, was die dargestellten gesellschaftlichen Problematiken für Frauen bedeuteten.[78]

Obgleich wesentlich wissenschaftlicher gestaltet als Serkes Sammelband, finden sich ähnliche Argumentationsmuster auch in anderen bis Beginn der 80er Jahre veröffentlichten Sammelbänden zu schreibenden Frauen. In ihrer Einleitung *Über das Schicksal der schreibenden Frauen* für den von Heinz Puknus herausgegebenen Sammelband *Neue Literatur der Frauen* stellt Elisabeth Endres vor dem Hintergrund einer literarhistorischen Traditionsentwicklung weiblichen Schreibens und seiner Bedingungen deutlich einen Bezug zwischen der zeitgenössischen politischen Realität und der Literatur von Frauen fest:

> Erst in den Siebzigerjahren, als der Feminismus aufkam, der keine literarische, sondern eine primär politische Bewegung ist, wurde konsequent gegen dies Vorverständnis [die traditionell vorgegebene Rolle für Frauen, V.V.] protestiert und dagegen angeschrieben. Die Frauen sind auf dem Weg zu sich selbst - und sie schreiben darüber.[79]

Wie Serke setzt sich auch Endres mit der "Spannung zwischen Lieben und Denken" auseinander, die gesehen wird als "ein Problem, das sich der Frau in einer

---

77 Jürgen Serke, "Wenn der Mensch im Typischen verschwindet", in: ders., "Frauen Schreiben...", a.a.O., S. 295
78 Jürgen Serke, "Wenn der Mensch im Typischen verschwindet", in: ders., "Frauen Schreiben...", a.a.O.
79 Elisabeth Endres, "Über das Schicksal der schreibenden Frauen", in:Heinz Puknus(Hg.),"Neue Literatur der Frauen", a.a.O., S. 7-19; S. 18

Gesellschaft der überlieferten Rollenverteilung stellt" und dem sich die Frauen in ihren Auseinandersetzungen mit "dem Weiblichen" in ihren Texten stellen.[80] Innerhalb dieses von Elisabeth Endres einleitend gesetzten Orientierungsrahmens von Frauenfrage und Frauenliteratur ist der im Sammelband veröffentlichte Beitrag von Hanno Beth angesiedelt, der sich mit Jelineks Prosabänden *wir sind lockvögel baby*, *Michael*, *bukolit* und *Die Liebhaberinnen* beschäftigt.[81] Es ist daher legitim, Beths folgende Beschreibung der Kritik der Autorin Jelinek am Primat der "ökonomischen und sozialen Verhältnisse" über die "Räume der Privation" auf diesen Kontext zu beziehen:

> Wie die ökonomischen und sozialen Verhältnisse die Räume größtmöglicher Privation, also jene der Liebe, besetzen und sie zu einem Umschlagplatz von Waren umfunktionieren, und wie das dort vergleichbar gnadenlos waltende Konkurrenzprinzip die ihm unterworfenen Menschen ihrer wie stark auch immer ausgeprägten Individualität beraubt, illustriert und belegt Elfriede Jelinek mit und an den Lebensläufen von Brigitte und Paula, den Protagonisten der *Liebhaberinnen*.[82]

Obwohl Beth die 'Frauenfrage' nicht explizit anspricht, finden sich doch in dem Hinweis auf die Auseinandersetzung der Autorin mit dem Verhältnis der männlich konnotierten Umwelt - Konkurrenz auf wirtschaftlicher und sozialer Ebene - mit dem traditionell weiblich besetzten privaten Raum - Liebe, zwischenmenschliche Beziehungen - und dem Hinweis auf die hier stattfindende "De-Individualisierung" zureichend Anklänge an den von der zeitgenössischen Frauenbewegung geführten Diskurs, an dem sich auch die Einleitung von Endres orientierte. Bezeichnenderweise trifft Beth seine Feststellung erst, nachdem er zuvor darauf verwiesen hatte, daß Jelinek sich in den *Liebhaberinnen* im Unterschied zu ihren früher entstandenen Prosatexten von der sozialen Wirklichkeit habe leiten lassen. Während die in ihren früheren Texten widergegebene Wirklichkeit der Medien gerade nichts mit der Realität zu tun habe und Jelineks frühe Texte entsprechend die "unterhaltsame Verblödung" dieser "blödsinnigen Unterhaltung" aufnehmen konnten, bewirkte, so Beth, die Einbeziehung der Wirklichkeit mit ihrer faktischen Unausweichlichkeit für das Individuum eine äußerst ernsthafte

---

80   Elisabeth Endres, "Über das Schicksal der schreibenden Frauen", a.a.O., S. 18
81   Hanno Beth, "Elfriede Jelinek", in:Heinz Puknus(Hg.),"Neue Literatur der Frauen", a.a.O., S. 133-138
82   Hanno Beth, "Elfriede Jelinek", a.a.O., S. 135/136

Darbietung des "Räderwerks der gesellschaftlichen Mechanismen" in den *Liebhaberinnen*. Befragt nach dem Inhalt und der feministischen Intention ihrer Prosa bezieht sich auch Jelinek selbst in ihren frühen Interviews noch auf den gleichen Bezugsrahmen von Frauenbewegung und Frauenfrage, wie eine Darstellung in Hilde Schmölzers Veröffentlichung *Frau sein & schreiben* zeigt. Schmölzers Einleitung zu dieser Darstellung von zwölf führenden österreichischen Autorinnen dieses Jahrhunderts stellt fest:

> Das 20. Jahrhundert vor allem hat eine ganze Reihe [...] profilierter österreichischer Schriftstellerinnen und Dichterinnen hervorgebracht, die mehr und mehr einen neuen Erfahrungsbereich in die bislang hauptsächlich männlich orientierte Literatur einbringen.[83]

In diesem Sinne, unter dem Gesichtspunkt der von der Frauenbewegung der frühen 70er bis Anfang der 80er Jahre beschworenen 'anderen' Realitätserfahrung der Frauen, sieht Schmölzer die Bedeutung der Frauenliteratur vor allem in der Erforschung ihres "eigenen Geschlechts" und der Beschreibung von Frauen durch Frauen, "wie Frauen noch nie zuvor beschrieben worden sind."[84]

Auch Schmölzer stellt einen Diskussionsrahmen für Literatur von Frauen her, der aus den Begriffen "Erfahrung", "Wirklichkeit", "Individualität", "andere weibliche Literatur", "Rollenverhalten" gebildet wird und damit dem der zuvor genannten Veröffentlichungen in seiner Verbindung von politisch-feministischem Realitätsbezug und schriftstellerischer Tätigkeit von Frauen sehr ähnlich ist. Der auf Jelinek bezogene Beitrag ihres Sammelbandes, der sich, wie auch die anderen Beiträge in dieser Veröffentlichung, als Vermengung von Interview und Darstellung darbietet, befragt Jelineks Prosatexte *Die Ausgesperrten, Michael, wir sind lockvögel baby* und *Die Liebhaberinnen* auf Themenwahl und Schreibweisen. Während erstere drei Texte im Kontext ihrer Medien- und, damit verbunden, Ideologiekritik und der Schreibweise der Montage kurz vorgestellt werden, gilt das Hauptinteresse dem von der Autorin selbst - ganz in Übereinstimmung mit der zeitgenössischen Kritik - als eher an der 'Wirklichkeit' orientiert dargestellten Roman *Die Liebhaberinnen*. Die Themen dieses Romans, Individualität, Unter-

---

83 Hilde Schmölzer, "Frau sein & schreiben. Österreichische Schriftstellerinnen definieren sich selbst. Wien 1982, S. 29
84 Dies.: ebd., S. 30 und 31

247

drückungsmechanismen, sozialer Aufstieg und Ausbeutung, werden im Verlauf der Untersuchung auf die besondere gesellschaftliche Situation der Frau bezogen. Obwohl Jelinek hier darauf besteht, ihre Kritik sei - im Gegensatz zum programmatischen Anspruch des zeitgenössischen Feminismus - weniger "gegen [...] den Mann gerichtet als gegen die Gesellschaft", ordnen ihre anläßlich der *Liebhaberinnen* getroffenen Aussagen zur Situation der Frau in der Gesellschaft diesen Text zeitgenössischem feministischem Gedankengut zu, so zum Beispiel, wenn festgestellt wird, Frustration sei

schon etwas Weibliches, weil die Frustrationen, die eine Frau in dieser Gesellschaft durchmach[e], viel stärker [seien] als jene der Männer[85];

oder wenn in Bezug auf die ökonomische Situation der Frauen in der heutigen Gesellschaft festgestellt wird,

daß sich durch eine Änderung der ökonomischen Verhältnisse nicht gleich notwendig die Ausbeutung der Frauen änder[e][86];

und wenn in direktem Bezug auf die Frauenbewegung eingegangen wird, indem Jelinek einräumt:

Aber soviel ich weiß, arbeiten da auch Frauen und Frauengruppen daran, das zu ändern[87],

um dann erneut die Notwendigkeit feministischer Ziele zu betonen, da

es keinen Mann gibt, ausgebeutet, arm und kaputt, der nicht etwas hätte, das noch ärmer, ausgebeuteter und kaputter wäre, nämlich seine Frau.[88]

Trotz aller Einschränkungen und Vorbehalte gegen die Priorität der Frauenbefreiung vor marxistischen Gesellschaftszielen stellt Jelinek letztlich den Vorrang der Befreiung der Frauen aus patriarchalen Abhängigkeiten vor ihrer Befreiung aus ausbeuterischen Verhältnissen im Allgemeinen heraus, wenn sie sagt:

[ich] glaube, daß für eine Frau ökonomische Unabhängigkeit, wenn auch gewonnen in einer unmenschlichen und entfremdeten Arbeit, also meinetwegen in einer Fabrik, für ihre eigene

---

85   Elfriede Jelinek, "Ich bestehe nur im Beschreiben von Wut", in: Hilde Schmölzer, "Frau sein & schreiben...", a.a.O., S.84-90; S. 89
86   Dies.: ebd., S.84-90; S. 89
87   Dies.: ebd., S.84-90; S. 89
88   Dies.: ebd., S.84-90; S. 89

Emanzipation wichtiger ist, als vollkommen ökonomisch von einem Mann abhängig zu sein [...][89]

In allen drei hier dargestellten Interpretationen der *Liebhaberinnen* wird die Diskussion über Jelineks Intentionen mittels des zeitgenössischen Vokabulars der Zweiten Frauenbewegung und innerhalb der durch sie gesetzten Themenschwerpunkte geführt; diese Diskussionen kreisen um weibliche Individualität, zwischenmenschliche Bindungen, ökonomische und emotionale Abhängigkeiten von Frauen. Im Vergleich dazu werden wie im zeitgenössischen Feuilleton eventuelle feministische Gehalte der früheren Prosa, *wir sind lockvögel baby* und *Michael* vernachlässigt; diese Texte werden kaum beachtet. Das Gleiche gilt für die *Ausgesperrten*, hier wird das Romanpersonal von der Kritik zunächst nicht geschlechtsspezifisch differenziert. Im Hinblick auf die Schreibweise der Autorin wird der Realitätsbezug der *Liebhaberinnen* - wie übrigens später auch der der *Ausgesperrten* - betont, wobei als 'Wirklichkeit' die sozialen und alltäglichen (Lebens-)Verhältnisse (von Frauen), wie sie von der Frauenbewegung angeprangert werden, verstanden wird. Im Gegensatz hierzu werden bezüglich der zunächst insgesamt weniger beachteten früheren Prosa lediglich die artistisch-artifiziellen Aspekte der Texte diskutiert.

Es stellt sich heraus, daß Jelineks Art, experimentelle Schreibweise und feministisch-politische Intentionen miteinander zu verbinden, bei der zeitgenössischen Kritik zunächst eine Abwehrhaltung hervorrief, die sich in einer dualistischen Lesart der Prosatexte niederschlug. Offensichtlich hat der anscheinend abrupte Wechsel in der Schreibweise der Autorin dazu geführt, daß der Aspekt der feministischen Intentionen in den Interpretationen der *Liebhaberinnen* favorisiert wurde, während diesem Roman zugleich die Leichtigkeit des Sprachspiels aberkannt wurde, die in den Interpretationen der früheren Romane *wir sind lockvögel baby* und *Michael* hervorgehoben wurde. Andererseits wurde den früheren Texten aufgrund ihrer als 'männlich' oder 'patriarchalisch' bewerteten experimentellen Schreibweise zuweilen nicht nur die Existenz feministischer Anteile, sondern die Existenz einer kohärenten sozialkritischen Aussage schlechthin verweigert.

---

89   Dies.: ebd., S.84-90; S. 89

Da sich die Bezugnahme auf die feministischen Intentionen der *Liebhaberinnen* als Bezug auf den spezifischen Diskurs der Zweiten Frauenbewegung gestaltete, entzündete sich sogleich eine Debatte darum, ob Jelineks Texte wirklich die 'Frauenfrage' im 'feministischen' Sinne der 'Frauenbewegung' diskutierten. Diese Diskussion um Jelineks feministische Positionierung wurde anläßlich der Veröffentlichung der *Klavierspielerin* noch verstärkt. Zu der Polarisierung von politischer Absicht und avantgardistischer Schreibweise trat die zusätzliche Debatte darum, ob Inhalte und Schreibweise ihrer Prosa mit den Forderungen der Zweiten Frauenbewegung an eine bewußtseinsbildende Frauenliteratur vereinbar waren. Zwar wurden Jelineks *Liebhaberinnen* und auch die *Klavierspielerin* von den meisten Kritiker/Inne/n als Beiträge zu den Themen gelesen, die die Frauenbewegung an die Öffentlichkeit trug, doch überwogen zunächst die Kritiken, die sich speziell mit den Diskrepanzen zwischen den Zielen der liberalen Feministinnen und der Zielrichtung der Jelinekschen Texte beschäftigten. Nicht die Thematisierung der 'Frauenfrage' mit dem Ziel der Befreiung der Frauen aus patriarchalen Unterdrückungsverhältnissen habe die Autorin mit diesem Text erreicht, sondern vorrangig sei ihr die Kritik an den gesellschaftlichen Herrschafts- und Besitzstrukturen schlechthin, was ihre 'männliche' Schreibweise bestätige wie auch die Tatsache, daß ihre weiblichen Charaktere nicht dazu angetan seien, postive weibliche Selbstentwürfe zu fordern, so der allgemeine Tenor dieser Kritiken. Zentral für die Diskussion um die 'eigentliche' Absicht Jelineks in den *Liebhaberinnen* wurde deshalb zunächst die Frage, ob Jelineks Texte vorrangig als Aussagen der Feministin Elfriede Jelinek oder als Aussagen der Marxistin Elfriede Jelinek zu lesen seien. Die Entscheidung für die eine oder die andere Lesart der Texte der Autorin hing hier von den zeitgenössischen Vorstellungen von Feminismus und weiblichem Schreiben ab, die die KritikerInnen annahmen, und davon, welchen Stellenwert sie der allmählich bekanntwerdenden Biographie der Autorin - in Bezug auf die *Liebhaberinnen* besonders ihre Mitgliedschaft in der KPÖ - zumaßen.

Seit dem Erscheinen von *Liebhaberinnen* hat sich vor allem aufgrund dieser Kontroverse eine Rezeption Jelinekscher Prosa eingebürgert, die das Werk der Autorin entsprechend den Vorstellungen von Weiblichkeit, Feminismus und weiblichem Schreiben polarisierte. Dieser Polarisierung ist erst die neuere, alternativen Vorstellungen gegenüber tolerantere, Diskussion um weibliche Identität, den Ort der Frau in der Gesellschaft und um weibliches experimentelles Schreiben seit den achtziger Jahren entgegengetreten. Aus heutiger Sicht, vor dem Hintergrund des Wissens um die Entwicklung der Frauenbewegung und der Debatte um 'das Weibliche' sowie der inzwischen erarbeiteten Ansätze feministischer Literaturwissenschaft ist es durchaus nicht mehr abwegig, die unterschiedlichen sprachlichen und inhaltlichen Elemente der Prosa Jelineks nebeneinander bestehen zu lassen und anzuerkennen.

Ein Beispiel für eine neue Art von 'umfassenderer' Analyse der Jelinek'schen Prosa vor dem Hintergrund der neuen Erkenntnisse auf dem Gebiet feministischer Literaturwissenschaft bietet eine kurze Untersuchung Allyson Fiddlers, die sich mit dem scheinbaren Widerspruch der Koexistenz von postmodernem ästhetischem Programm und aufklärerischem feministisch-politischem Anspruch in der Prosa Jelineks beschäftigt. Weder wird hier der feministische Anspruch der Texte Jelineks mit dem Programm der Frauenbewegung der siebziger Jahre verwechselt, noch bedeutet hier eine kritische und bewußte Auflösung rationaler Erzählmuster zugleich auch die Aufgabe einer intendierten Botschaft beziehungsweise Bedeutung. Zugleich werden von Fiddler unter Bezugnahme auf Weedon feministische und marxistische Ansätze des Textes nicht als zwingend einander ausschließend angenommen.[90] Diese Art der Stellungnahme unter Einbeziehung neuer theoretischer Ansätze zu einem marxistischen Feminismus und neuer Überlegungen zu möglichen Verbindungen zwischen postmodernem und feministischem Denken und Schreiben war zeitgenössischen Kritikern noch nicht möglich.

Doch die Anfang der Achtzigerjahre einsetzende Diskussion über weibliche Schreibweisen berührte bald auch die Bewertung der Prosatexte Jelineks. Parallel zu der Entwicklung der Fragestellungen feministischer Literaturwissenschaft setzte die Kritik sich zunehmend weniger mit der inhaltlichen Ebene der Texte auseinander, um der Frage nach feministischen beziehungsweise weiblichen Textanteilen nachzugehen. Sinnvoller erschien es jetzt offenbar, gerade auch die

---

90 Allyson Fiddler, "There Goes That Word Again, or, Elfriede Jelinek and Postmodernism". In: Jorun B. Johns and Katherine Arens (Hrsgg.), Elfriede Jelinek: Framed by Language., a.a.O., S. 129-149

experimentelle Schreibweise der Texte der Frage nach spezifisch weiblichen Anteilen zu unterziehen. Diese Auseinandersetzung mit Jelinek, wie sie zum Beispiel von Margret Brügmann oder Christa Gürtler vorgeführt und gefordert wird, befaßt sich im wesentlichen mit der von Christa Gürtler so treffend formulierten Frage: *Der Böse Blick der Elfriede Jelinek. Dürfen Frauen so schreiben?*, die auf die Diskussion um eine weibliche Ästhetik und deren Bedeutung zielt. Im Falle der Untersuchungen von Gürtler, Brügmann und Richter-Schröder fiel die Antwort eindeutig aus, Frauen dürfen nicht nur, sie müssen so schreiben, um sich eine eigene Schreibtradition und Perspektive zu erarbeiten, um ihrer besonderen sozio-kulturellen Situation und Perspektive sowie ihrer weiblichen Identität Ausdruck verleihen zu können.[91]

Dennoch haben sich Entweder-Oder-Einteilungen, wie sie die frühe Diskussion um Jelineks Prosa vor dem Hintergrund ganz bestimmter öffentlicher Diskurse um 'das Weibliche' dominierten, bis heute in der Jelinekkritik gehalten. Eine Rolle spielen sie besonders dann, wenn es darum geht, das Werk der Autorin in seiner bisherigen Entwicklung zu zeigen.

Obwohl die neuesten Arbeiten zu Elfriede Jelinek alternativen Interpretationsansätzen ihre Berechtigung kaum noch generell absprechen, ordnen viele dieser Arbeiten doch auf der Suche nach der vorrangigen Intention Jelineks ihre verschiedenen Prosatexte immer wieder *einem* gesonderten Aspekt ihres bisherigen Werkes zu. Trotz aller Offenheit für eine multiple Lesart der Texte überwiegt bei dem Versuch, das bisherige Werk der Autorin kohärent zu gliedern, eine Zuteilung der einzelnen Texte zu Phasen politischer Intention, sprachkritischer Intention oder auch feministischer Intention, die den frühen Ansätzen nicht unähnlich ist.

Elisabeth Spanlang zum Beispiel gliedert ihre Untersuchung zum Frühwerk Elfriede Jelineks[92] nach der chronologischen Reihenfolge der Veröffentlichung der Werke Jelineks und entsprechend dem Verlauf der Biographie der Autorin. *Lockvögel* und *bukolit* wertet sie vor allem als sprachexperimentelle Texte,[93] in

---

91   Vgl.: Christa Gürtler, "Der böse Blick der Elfriede Jelinek. Dürfen Frauen so schreiben?", in: Dies. et.al.(Hg.): Frauenbilder, Frauenrollen, Frauenforschung..., a.a.O. .und Margret Brügmann, "Amazonen...", a.a.O.
92   Vgl.: Elisabeth Spanlang, "Elfriede Jelinek: Studien zum Frühwerk...", a.a.O.
93   Vgl.: dies., ebd., S. 82ff. und S. 150

Michael bereits habe sich das Interesse der Autorin vom Sprachspiel[94] zu den in ihrer Medien- und Mythenkritik transportierten politischen Inhalten verlagert.[95] Obwohl Spanlang zunehmend Problematiken zur Sprache bringt, die auch für eine Diskussion des 'Weiblichen' bei Jelinek interessant sind, wird dieser Themenkomplex ausdrücklich formuliert erst im Zusammenhang mit der Besprechung des Romans *Die Liebhaberinnen*. Dieser Text zeige "drastisch" den "weiblichen Lebenszusammenhang aus der Sicht der Satirikerin Jelinek"[96] und folge "Einsichten, die im Zuge der neuen Frauenbewegung gewonnen" worden seien.[97] Inzwischen (Spanlangs Untersuchung wurde 1992 veröffentlicht) habe sich das Interesse der Autorin jedoch von dieser politisch-feministischen Intention zunehmend hin zur Schärfung sprachlicher Sensibilität verschoben.[98] Dieses Interesse habe allerdings mehr oder weniger beabsichtigt immer schon Jelineks Prosa beeinflußt.[99]

Auch Jaqueline Vansant, die sich in ihrer Untersuchung *Against The Horizon. Feminism and Postwar Austrian Women Writers* mit der Entwicklung von Frauenbewegung und Frauenliteratur in Österreich beschäftigt, grenzt unterschiedliche Entwicklungsstufen im Werk Jelineks voneinander ab. Sie äußert die Überzeugung, Jelinek - wie übrigens auch andere österreichische Schriftstellerinnen, zum Beispiel Barbara Frischmuth - habe in ihrem Debüt als Schriftstellerin nicht etwa die in Österreich zu jener Zeit unpopulären feministischen Problematiken thematisiert, sondern sie habe sich, wie jene auch, zuerst einen Namen als "literarisch anspruchsvolle Autorin" gemacht, bevor sie sich des Themas Feminismus angenommen habe. Erst in den *Liebhaberinnen* hätte die Autorin dann zu einem Zeitpunkt gesteigerter gesellschaftlicher Aufmerksamkeit gegenüber feministischer Kritik die Hinwendung zum Feminismus gewagt.[100]

Auch Fiddler stellt ähnlich in ihrer Auseinandersetzung mit Jelineks Prosa zunächst einmal fest, nach anfänglicher Auseinandersetzung mit der Massen- und

---

94 Vgl.: dies., ebd., S. 154;
95 Vgl.: dies., ebd., S. 181 und S. 202ff.
96 Vgl.: dies., ebd., S. 229
97 Vgl.: dies., ebd., S. 251
98 Vgl.: dies., ebd., S. 295
99 Vgl.: dies., ebd.
100 Jaqueline Vansant, "Against The Horizon. Feminism and Postwar Austrian Women Writers. (Contributions in Women's Studies, No. 92) New York etc. 1988, S. 134

Popkultur und der Konzentration auf Medienkritik in den *Lockvögeln* und *Michael* sei Jelineks späteres Werk seit den *Liebhaberinnen* feministisch geprägt, außerdem habe sich die Autorin seither zunehmend von der Auseinandersetzung mit trivialen Mustern entfernt und sich stattdessen mit der "hohen Literatur" auseinandergesetzt.[101] Stärker jedoch als Vansant und Spanlang stellt Fiddler heraus, daß sich Jelineks Werk nicht - auch nicht phasenweise - auf diese beiden Aspekte beschränkt. Positiv wird vermerkt, inzwischen sei eine Abwendung der Kritik von dem klischeehaften Image der Autorin als bloßer Feministin zu verzeichnen, und die Autorin und ihr Werk würden nun ohne den präfabrizierten Stempel "Feministin" geschätzt.[102]

In allen drei Kritiken erfolgt die Ausstattung der verschiedenen Schreibphasen der Autorin mit dem Stempel "feministisch" im Kontext von 'Frauenfrage' und liberaler Frauenbewegung, wie sie in den Siebzigerjahren formuliert worden war. Doch wird im Unterschied zu früheren Auseinandersetzungen der Kritik mit dem Text klar herausgestellt, daß es sich bei der festgestellten Übereinstimmung um ein von der Entstehungszeit und dem entsprechenden kultur-historischen Hintergrund der Entstehungszeit abhängiges Phänomen handelt. Keine dieser Kritikerinnen sieht in Jelinek eine typische Autorin von 'populärer Frauenliteratur', wie sie etwa von Verena Stephan geschaffen wurde, und keine dieser drei Kritikerinnen kritisiert Jelinek ernsthaft als Sprachrohr der Frauenbewegung, wie dies in frühen Kritiken oft geschah.[103]

Elisabeth Spanlang, die sich vor allem mit Jelineks frühen Romanen auseinandersetzt, zeigt in einer Zusammenschau auf biographische Daten Jelineks und zeitgenössische Essays der Autorin, wie Zeitgeist und Lebensgeschichte Jelineks ihre einzelnen Prosatexte beeinflußt haben. Die Frauenbewegung wird als wichtiger Einfluß auf die *Liebhaberinnen* gewertet, so zum Beispiel, wenn Spanlang schreibt, in den *Liebhaberinnen* schienen die Figuren nach feministischer Deskription zusammengesetzt, nicht nach der unmittelbaren Erfahrung; aber Spanlang zeigt auch besonders Jelineks Abweichungen von den erklärten Vorstellungen der Bewegung und kommt zu dem Ergebnis, obwohl sich "die Be-

---

101 Allyson Fiddler, "Rewriting Reality...", a.a.O., S. 36
102 Allyson Fiddler, "Rewriting Reality...", a.a.O., S. 26ff. und S. 36
103 Zur Kritik an Jelinek als Sprachrohr zur Verkündigung von Ungerechtigkeiten gegen Frauen vgl.: Margarete Lamb-Faffelberger: "In the Eyes of The Press...", a.a.O., S. 297

schäftigung mit dem Thema Sexualität [...] beinahe durch das gesamte literarische Werk Elfriede Jelineks ziehe", sei Jelinek "in erster Linie Marxistin", nicht Feministin.[104] Zwar enthielten die Texte Jelineks zeitgeschichtliche Bezüge, aber Jelineks literarisches Schaffen insgesamt gehe in seinen übergreifeden Themen darüber hinaus. Während so *wir sind lockvögel baby* zum einen auf den Vietnamkrieg beziehbar wird, *Michael* als Auseinandersetzung mit der Medienkritik der 68er Generation in Verbindung gebracht wird und die *Liebhaberinnen* Jelineks Auseinandersetzung mit der feministischen Gesellschaftskritik[105] sowie mit der "Sozialpsychologie des Kapitalismus"[106] spiegelt, sieht Spanlang übergreifend deshalb Jelineks Prosatexte insgesamt als unterschiedliche Versuche, Trivial- und Alltagsmythen zu entlarven und eine individuelle und politisch wirksame Sprach- beziehungsweise Ideologiekritik zu leisten.

Vansant konzentriert ihre Analyse auf die Entwicklung der zweiten Frauenbewegung in Österreich, und sie untersucht deren Verarbeitung in der zeitgenössischen österreichischen Literatur von Frauen. Entsprechend werden die von ihr betrachteten feministischen Aspekte in der frühen Prosa Jelineks in Verbindung mit diesem eng umrissenen historischen Kontext untersucht. Vansant stellt heraus, daß Jelineks Feminismus trotz einiger punktueller Übereinstimmungen nicht völlig mit der Hauptströmung des liberalen Feminismus der Siebzigerjahre übereinstimmt.[107] Jelineks feministische Position sei bereits in den *Liebhaberinnen* geprägt von einer Kritik an den Emanzipations-Zielen der liberalen Frauenbewegung. So gelte hier zum Beispiel Erwerbsarbeit für Frauen nur bedingt als Mittel zur Befreiung der Frauen aus der Unterdrückung. Insgesamt gesehen stehe die politische Absicht der Darstellung und Entlarvung gesellschaftlicher Dynamik im Mittelpunkt der Prosa Jelineks. Zwar zeige sich bei Jelinek wie bei den anderen

---

104 Vgl.: Elisabeth Spanlang, Elfriede Jelinek: Studien zum Frühwerk...", a.a.O., S. 251-271
105 Vgl.: dies., ebd., S. 255
106 Vgl.: dies., ebd., S. 265
107 Als Übereinstimmungen formuliert Vansant z.B. Jelineks indirekte Hinweise auf mangelnde Solidarität unter Frauen (S. 113/114);, Jelineks Aufarbeitung der ohnmächtigen Sprachlosigkeit von Frauen (S. 104-107), ihre Kritik an der Institution Ehe als Unterdrückungsorgan der Frauen (S. 95-96), ihre Auseinandersetzung mit physischer und psychischer Gewalt von Männern gegenüber Frauen(S. 90-95), um nur einige zu nennen. Vgl.: Jaqueline Vansant; "Against The Horizon...", a.a.O. .

von Vansant diskutierten österreichischen Autorinnen[108] die Entfremdung der Frauen von ihrer Kultur besonders in ihrer Darstellung des privaten Lebensbereiches, aber ihre kritische Position sei nicht primär von ihrer feministischen, sondern von ihrer politischen Überzeugung geprägt.[109]

Im Unterschied zu Spanlang und Vansant konzentriert sich Fiddlers Untersuchung nicht auf die frühe Prosa Jelineks, sondern sie besteht vor allem aus ausführlichen Analysen der späteren Prosa einschließlich des Prosatextes *Lust*. Fiddler untersucht den Realitätsbegriff Jelineks in diesen Werken und stellt Aspekte des Weiblichen in Verbindung zu diesem. Zwar zeigt auch sie auf, daß Jelinek durchaus Themen der Frauenbewegung aufgreift, so zum Beispiel die Kritik am traditionellen Rollenmodell für Frauen,[110] aber Fiddler stellt auch fest, daß Jelineks entlarvender Bezug auf die Realität weit über die Beschreibung der und die Auseinandersetzung mit der statistisch nachvollziehbaren realen sozialen Wirklichkeit der Frauen hinausgeht, die ja letztlich den Gegenstand der Diskussionen um die 'Frauenfrage' in den Siebzigerjahren bildete. Obwohl Fiddler betont, daß Sexualität und Subjektivität die eindringlichsten Themen des Werkes Elfriede Jelineks darstellen und das Aufeinanderprallen der Geschlechter als einander fremde und "befeindete Kontinente" den Grundgedanken von Jelineks Umsetzung der Realität in das geschriebene Wort ausmacht,[111] wird doch deutlich herausgestellt, daß Jelineks Prosa sich nicht auf eine Kritik an patriarchalen Lebenszusammenhängen von Frauen beschränken läßt. Fiddler stellt Jelineks gesamtes Werk im weiteren feministischen Kontext der kritischen Auseinandersetzung mit der männlichen Kontrolle über die sprachliche Erfassung und Wiedergabe der Realität dar und kommt zu dem Ergebnis, Jelinek setze dieser eine eigene sprachliche Art der Realitätswiedergabe aus weiblicher Perspektive entgegen.[112]

Bezogen auf Jelineks gesamtes Werk rücken in neueren Kritiken zunehmend Fragen nach der Subjektivität des Individuums, nach der Auseinandersetzung mit

---

108 Abgesehen von Elfriede Jelinek setzt sich Vansant auseinander mit Marlen Haushofer, Ingeborg Bachmann, Barbara Frischmuth und Brigitte Schwaiger. Vgl.: Jaqueline Vansant; "Against The Horizon...", a.a.O. .
109 Vgl.: Jaqueline Vansant; "Against The Horizon...", a.a.O., S. 134ff.
110 Vgl. Allyson Fiddler, "Rewriting Reality...", a.a.O., S. 36
111 Vgl. dies., ebd., S. 126
112 Vgl. dies., ebd.,

Trivial- und Alltagsmythen und nach der Sprach- und Ideologiekritik in das Zentrum des Interesses. Diese Problematiken gelangten besonders anläßlich des Erscheinens von *Die Klavierspielerin* und *Lust* zur Diskussion, deren feministisch-politische Zielrichtungen sich nicht mehr mit den Vorstellungen der liberalen Feministinnen der Siebzigerjahre allein erschöpfend erfassen ließen. Spanlangs, Vansants und Fiddlers Analysen führen im Vergleich zu den früheren Auseinandersetzungen der Kritik mit Jelineks frühen Texten zu der Feststellung, daß entsprechende Überlegungen zu den ersten Romanen der Autorin offenbar erst im Rückblick unter Berücksichtigung von später entwickelten Erkenntnissen zum Schreiben von Frauen erfolgten.

Zum Zeitpunkt des Erscheinens der Texte wurden sie offensichtlich noch im Kontext der gerade aktuellen Diskussion interpretiert. Bei genauerem Hinsehen verhält es sich jedoch ähnlich auch mit den neueren Texten der Autorin. Die Auseinandersetzung um Jelineks Prosatexte *Die Ausgesperrten* und *bukolit* gestaltete sich weniger umfangreich und sensationslüstern als die Diskussion der *Liebhaberinnen* zuvor, ein Hinweis darauf, daß diese Texte offenbar nicht an den Nerv gerade akuter sensationsfähiger Problematiken rührten. Doch Jelineks anschließend veröffentlichter autobiographisch gefärbter Roman *Die Klavierspielerin* war wieder zuhöchst aufsehenerregend. Wie die *Liebhaberinnen* wurde dieser Text vor allem als kontroverser Beitrag zur Debatte um Emanzipation und Weiblichkeit gelesen und löste ähnlich erhitzte Diskussionen über Jelineks Darbietung des Weiblichen aus. Im Unterschied zu der Auseinandersetzung um die *Liebhaberinnen* stellte sich nun jedoch eine Kritik ein, die davon bestimmt wurde, daß Anfang der Achtzigerjahre diese Debatte bei weitem nicht mehr auf die 'Frauenfrage' beschränkt war.

Zwar argumentierte die Skandalpresse autorinpersonalisiert wie zuvor, und sie orientierte sich weiterhin an den traditionellen Weiblichkeitsbildern,[113] auch wurden der Autorin erneut Abweichungen von den Forderungen der liberalen Feministinnen an eine angemessene Darstellung des Weiblichen vorgeworfen, aber trotz dieser besonders in den journalistischen Printmedien hartnäckig beibehaltenen

---

113 Vgl. hierzu das Kapitel "Die Rezeption der Klavierspielerin in den deutschen und österreichischen Printmedien" bei Anja Meyer. Vgl.: Anja Meyer, "Elfriede Jelinek in der Geschlechterpresse...", a.a.O., S. 81-118

Sichtweise zeigte die inzwischen in der feministischen Literaturwissenschaft intensiv geführte Diskussion um weibliche Schreibweisen und weibliche Identität Wirkungen. Betrachtungen über das 'Weibliche' und 'weibliche Identität' in der *Klavierspielerin* erfolgten in den nun massiv einsetzenden literaturwissenschaftlichen Untersuchungen vor dem Hintergrund der zeitgenössischen Auseinandersetzung um weibliches Schreiben und weibliche Identität, die sich in einigen Aspekten grundlegend von dem ideologischen Programm der liberalen Frauenbewegung der Siebzigerjahre unterschied. Zu beobachten ist, daß insgesamt gesehen sowohl die Feindbilder der KritikerInnen als auch die generelle Ablehnung von Jelineks Schreibstil verblaßten; denn zum einen wurde eine Vereinbarkeit von Weiblichkeit und moderner Form im Text denkbar und zum anderen wurde als 'Feindbild im Text' seitens der nun zeitgenössischen Feministinnen nicht mehr unbedingt 'das Patriarchat' beziehungsweise 'der Mann' erwartet, und es diskutierten - wenn auch manches Mal unter dem Druck der öffentlichen Meinung - nun auch männliche Kritiker feministische Gesellschaftskritik im Text ernsthaft anstatt wie Mitte der Siebzigerjahre generell abfällig über feministische Gehalte zu urteilen. Beeinflußt wurde die Diskussion über die *Klavierspielerin* von den Veränderungen der Frauenbewegung ebenso wie von den Veränderungen in der Literaturwissenschaft. In den literaturwissenschaftlichen Auseinandersetzungen mit dem Text fanden sich Bezüge zu der zeitgenössischen Debatte um die "écriture féminine", zu der in Deutschland einsetzenden Debatte um eine weibliche Ästhetik, Kritik der feministischen Psychoanalytikerinnen an Weiblichkeits- und Identitätsvorstellungen aus der Psychoanalyse, zu postmodernen Text- und Subjektvorstellungen und, was den Inhalt des Textes betraf, so zeigte die allmählich einsetzende (selbst-)kritische Aufarbeitung feministischer Forderungen der frühen liberalen Frauenbewegung Wirkung.

Rückblickend wurden nun vor dem Hintergrund der Diskussion über das Weibliche in Jelineks *Klavierspielerin* ähnliche Maßstäbe auch an Jelineks frühere Prosa angelegt und die allmählich entstandene Vielseitigkeit der Diskussion wird auch in den Diskussionen der folgenden Prosaveröffentlichungen der Autorin, *Oh Wildnis, oh Schutz vor ihr* und *Lust* beibehalten.

Die bisherigen Diskussionen über die Weiblichkeitsvorstellungen der Autorin und um 'das Weibliche' in und an ihrer Prosa konzentrieren sich besonders auf *Die*

Liebhaberinnen, Die Klavierspielerin und *Lust*. Das Hauptinteresse der bisherigen Jelinek-Forschung gilt damit zunächst den gleichen Texten, denen sich auch das journalistische Interesse zuwandte. Die größte Aufmerksamkeit erfuhren aus dieser Gruppe wiederum *Die Klavierspielerin* und *Lust*, die besonders häufig in der Zusammenschau auf beide Texte rezipiert wurden. Dabei setzt sich seit Mitte der Achtzigerjahre die einmal entstandene Reichhaltigkeit der Diskussion fort.

An den Beiträgen des Sammelbandes *Gegen den schönen Schein* aus dem Jahr 1990 beispielsweise, der der eingangs als "Gerüst der Jelinekforschung" bezeichneten Textgruppe angehört, zeigen sich deutlich die vielfältigen Perspektiven, mit denen sich die Forschung inzwischen der Jelinekschen Prosa näherte. Die Artikel des Sammelbandes setzen sich mit den literarischen Verfahrensweisen Jelineks ebenso auseinander wie mit den Inhalten ihrer Texte. Gefragt wird nach der Subjektivität ihrer Romanfiguren und der Auflösung des Subjekts in ihren Texten[114]; nach ihren ideologiekritischen und literarischen Verfahren und Zielen[115]; nach ihrer Darstellung des Mutter-Tochter-Verhältnisses und deren politischer Zielrichtung insbesondere auch deren Verbindung zur autobiographischen Schreibweise der populären Frauenliteratur[116]; nach ihrer sprachlichen Demontage der Normen und Weltvorstellungen der Fünfzigerjahre[117]; nach ihrer fälschlich als 'unweiblich' verstandenen "Kälte" in Schreibweise und Metaphorik, die hier positiv, als Hinweis auf Jelineks Darstellung des Subjektivitätsverlusts, gedeutet werden[118]; gefragt wird nach ihrer Auseinandersetzung mit Weiblichkeitsbildern, männlichen

---

114 Vgl.: Rudolf Burger, Der böse Blick der Elfriede Jelinek, in: Christa Gürtler (Hrsg.), Gegen den schönen Schein..., a.a.O., S. 17-29
115 Vgl.: Sigrid Schmid-Bortenschlager, "Gewalt zeugt Gewalt zeugt Literatur... ", a.a.O.
116 Vgl.: Frank W. Young, "Am Haken des Fleischhauers. Die **Fehler! Verweisquelle konnte nicht gefunden werden.**Klavierspielerin" in: Christa Gürtler (Hrsg.), Gegen den schönen Schein..., a.a.O., S. 75-80»
117 Vgl.: Georg Schmid, "Das Schwerverbrechen der Fünfzigerjahre, in: Christa Gürtler (Hrsg.), Gegen den schönen Schein..., a.a.O., S. 44--55
118 Vgl.: Alexander von Bormann, "Dialektik ohne Trost. Zur Stilform im Roman Die Liebhaberinnen." In, Christa Gürtler (Hrsg.), Gegen den schönen Schein..., a.a.O., S. 56-74.

Diskursen über das Weibliche und Weiblichkeitsmythen[119]; nach der Intertextualität ihrer Texte[120] und nach ihrem Umgang mit Mythos, Natur und Geschichte[121]. Obwohl die einzelnen Artikel jeweils unterschiedliche Schwerpunkte setzen, lassen sich dennoch einige Beobachtungen machen, die sich zu einem Gesamteindruck verdichten. So werden in allen Arbeiten Aspekte des Weiblichen der diskutierten Texte thematisiert, und es wird überwiegend deutlich zum Ausdruck gebracht, daß Jelineks literarische Verfahrensweise die feministisch-politischen Intentionen ihrer Texte trägt und stützt. Zu bemerken ist außerdem die besondere Gewichtung, die in den Forschungsbeiträgen dem Begriff des 'Mythos' zukommt. Zwar stellt nur Christa Gürtler in ihrer Analyse klare Beziehungen zu Jelineks Diskussion des Barthes'schen Mythenbegriffs her[122], während der Begriff in den anderen Arbeiten zumeist nicht genau bestimmt beziehungsweise auch nicht notwendigerweise genannt wird, doch nahezu alle Aufsätze diskutieren Jelineks beharrliche Attacken auf Erstarrungen ideologischer und sprachlicher Art. Ob hervorgehoben wird, wie Sigrid Schmid-Bortenschlager dies tut, daß Jelinek eine "Archäologie der Alltagsmythen" betreibe,[123] oder, wie Georg Schmid dies tut, daß Jelinek sich gegen die erstarrte Sprach- und damit Machtlosigkeit von Frauen richtet,[124] oder daß ihre Texte mit ihrer Kritik am Subjektbegriff dem Mythos von der direkten Abbildbarkeit der Realität durch einen souveränen Autor entgegentreten, wie Alexander von Bormanns Untersuchung nahelegt,[125] oder, daß Jelinek mit ihrer Art der Aneignung männlicher Diskurse über das Weibliche patriar-

---

119 Vgl.: Marlies Janz, "Falsche Spiegel. Über die Umkehrung als verfahren bei Elfriede Jelinek", in: Christa Gürtler u.a. (Hrsgg.): Gegen den schönen Schein..., a.a.O., S. 81-97; vgl. auch: Eva Meyer, "Den Vampir schreiben. Zu Krankheit oder moderne Frauen." In: Christa Gürtler u.a. (Hrsgg.), Gegen den schönen Schein..., a.a.O., S. 98-111.
120 Vgl.: Dagmar von Hoff, "Stücke für das Theater. Überlegungen zu Elfriede Jelineks Methode der Destruktion." In: Christa Gürtler u.a. (Hrsgg.), Gegen den schönen Schein..., a.a.O., S. 112-119
121 Vgl.: Christa Gürtler, "Die Entschleierung der Mythen von Natur und Sexualität." Iin: dies. u.a. (Hrsgg.), Gegen den schönen Schein..., a.a.O., S. 120-134
122 Vgl.: Elfriede Jelinek, "Die endlose Unschuldigkeit", in: Renate Matthei (Hrsg.), Trivialmythen, Frankfurt/M. 1970, S. 40-66.
123 Vgl.: Sigrid Schmid-Bortenschlager, "Gewalt zeugt Gewalt zeugt Literatur...", a.a.O.
124 Vgl.: Georg Schmid, "Das Schwerverbrechen der Fünfzigerjahre, in: Christa Gürtler (Hrsg.), Gegen den schönen Schein..., a.a.O., S. 44--55, S.47/50
125 Vgl.: Alexander von Bormann, "Dialektik ohne Trost. Zur Stilform im Roman Die Liebhaberinnen", in, Christa Gürtler u.a. (Hrsgg.), Gegen den schönen Schein..., a.a.O., S. 56-74.»

chalisch geprägte Weiblichkeitsbilder (des falschen Sinns) sinn-entleert, wie Marlies Janz zeigt[126], oder, daß sie, wie Christa Gürtler dies am deutlichsten formuliert, die Verwechslung von Geschichte und Natur im Umgang mit den Mythen von Natur und Sexualität aufdeckt - immer wird Jelineks besondere Verlebendigung und Historisierung scheinbar unangreiflich natürlicher, in Wahrheit jedoch erstarrter, Sprach-, Denk und Gesellschaftsstrukturen angesprochen. In den Blickpunkt der Kritik gelangt zudem die furiose Aktivierung des im Mythos Verschwommenen, Erstarrten und Verborgenen durch die Autorin.

Die in Jelineks Werken übergreifend beobachtbare Mythendestruktion wird besonders in der neueren Jelinek-Forschung intensiv diskutiert. Im Mittelpunkt steht Jelineks Auseinandersetzung mit trivialen Mythen, Weiblichkeitsmythen, Mythen der Sexualität und Natur.[127] Michael Fischers Feststellung aus dem Jahre 1992, "Elfriede Jelineks Essay, *Die endlose unschuldigkeit,*"[128] der ihre Mythenkritik darlege, sei "bis heute von der Literaturforschung weitgehend unbeachtet" geblieben[129], kann mittlerweile als überholt betrachtet werden. Dieser Essay bildet inzwischen häufig die Grundlage der Diskussion über Jelineks entlarvenden Umgang mit Mythen.

Lediglich die von Marlies Janz und Michael Fischer veröffentlichten Forschungen zu Jelinek richten ihr Forschungsinteresse ausdrücklich auf die Entschleierung von Mythen in Jelineks Werk, ihre Untersuchungen setzen sich ausführlich und grundlegend mit diesem frühen Essay Jelineks auseinander.[130] Doch auch Allyson Fiddlers und Elisabeth Spanlangs hauptsächlich anderweitig

---

126 Vgl.: Marlies Janz, "Falsche Spiegel. Über die Umkehrung als Verfahren bei Elfriede Jelinek", in: Christa Gürtler u.a. (Hrsgg.): Gegen den schönen Schein..., a.a.O., S. 81-97, die Seiten 82 und 88
127 Marlies Janz' umfassende und detaillierte Untersuchung über Elfriede Jelineks Mythenbegriff enthält in ihrer Gliederung eine vollständige Auflistung der hauptsächlichen Mythen, mit denen sich Jelineks Prosa auseinandersetzt. Genannt werden: "Trivialmythen", "Mythen des Künstlertums und der 'Emanzipation'", "Mythen der Frau, Natur und Sexualität" und "Die 'Unschuld'"
128 Elfriede Jelinek, "Die endlose unschuldigkeit", a.a.O.
129 Vgl.:Michael Fischer, "Trivialmythen ..., a.a.O., S. 30-43, S. 32
130 Vgl.: Michael Fischer, "Trivialmythen ..., a.a.O., S.13-20 und Vgl.: Marlies Janz, Elfriede Jelinek, a.a.O., S. 13-15

orientierte Untersuchungen diskutieren Inhalt und Bedeutung dieses Essays für Jelineks Prosa.[131]

In diesem bereits 1971 veröffentlichten Essay verarbeitet Jelinek theoretische Äußerungen vor allem von Roland Barthes, aber auch von Hans Barth und Otto Gmelin[132] zu Entstehung und Funktion von Mythen paraphrasierend und zitierend in ein eigenes gedankliches Geflecht über "den mütos."[133] Im Hinblick auf die bereits oben erwähnte Literatur über diesen Essay und im Hinblick darauf, daß das Interesse der vorliegenden Arbeit der Thematik von 'Weiblichkeit' und 'weiblicher Identität' gilt, die mit der Mythenkritik Jelineks nur in einem Teilaspekt faßbar ist,[134] erübrigt sich eine ausführliche Darstellung. Dennoch soll hier eine kurze Zusammenfassung der wesentlichen Ergebnisse dieses Essays erfolgen, um die Grundpositionen der Autorin abzustecken.

Von Barthes übernimmt Jelinek die Bestimmung des Mythos als eines auf dem linguistischen Zeichen aufbauenden sekundären Zeichens. Ebenso wie jener versteht sie den Mythos als eine "Aussage", die sich dadurch auszeichnet, daß sie das zugrundeliegende linguistische Zeichen der ursprünglichen Lebendigkeit und Transparenz seines Sinns beraubt und anstelle dessen eine starre Form setzt, die die im linguistischen Zeichen noch vorhandenen Informationen über seine Entstehung, also seinen historischen und gesellschaftlichen Sinn, verschweigt. Statt dessen erscheint, so die Darstellung in ihrem Essay, das schließlich vom Mythos Bezeichnete als ewig, natürlich, eben "unschuldig." Diese "endlose", weil Ahistorizität suggerierende, "Unschuldigkeit" des Mythos, so Jelinek, eignet ihn

---

131 Vgl.: Allyson Fiddler, "Rewriting Reality...", a.a.O., S. 40-42 und Elisabeth Spanlang, "Elfriede Jelinek: Studien zum Frühwerk...", a.a.O., S. 158-171.
132 Bezüge zu den folgenden Arbeiten werden klar herausgestellt (Roland Barthes, Hans Barth) beziehungsweise deutlich (Otto Gmelin): Roland Barthes, Mythen des Alltags. Frankfurt a.M. 1964; Hans Barth, Masse und Mythos. Die ideologische Krise an der Wende zum 20. Jahrhundert und die Theorie der Gewalt: Georges Sorel, Hamburg 1959; Otto F. Gmelin, Rädelsführer I oder Emanzipation und Orgasmus. Flugschrift, Berlin 1968
133 Michael Fischer, u.a., weist in seiner Untersuchung darauf hin, daß Jelinek weite Teile ihrer Textvorlagen "zusammen- bzw. abgeschrieben hat". Auf diese Tatsache soll hier nicht weiter eingegangen werden, da es für den hier vorliegenden Kontext unerheblich ist, inwieweit Jelinek ihre Vorlagen paraphrasiert, abschreibt oder neu formuliert, wichtig ist hier lediglich ihre spezifische und typische Zusammenschau auf alle drei Ansätze. Vgl. Michael Fischer, "Trivialmythen...", a.a.O., S. 14; zur Verfahrensweise Jelineks in ihrem Essay vgl. auch: Marlies Janz, "Elfriede Jelinek", a.a.O., S. 8-9;
134 --- und zugleich nur einen Teilaspekt Entmythologisierung darstellt ---

zum Herrschaftsinstrument und Alibi der Bourgeoisie, denn das Großbürgertum könne im Mythos seine "Wahrheiten" als allgemeinmenschliche, natürliche Wahrheiten - und nicht als Wahrheiten einer Klasse mit entsprechenden Klasseninteressen - an das Kleinbürgertum weiterreichen. Dieses wird deshalb keine Rechenschaft über das Woher und Wozu des Mythos einfordern, von dem es in seinem Tun durch die Herrschenden geleitet wird. Die Verbreitung des trivialen oder alltäglichen Mythos, dem Barthes Interesse gilt und mit dem sich auch Jelinek in ihrem Essay vornehmlich auseinandersetzt, geschieht, so wird festgestellt, in heutiger Zeit über Film-, Foto- und Printmedien, als Medien der trivialen Kulturindustrie, in Werbung und trivialer Literatur, jedem zugänglich und allgegenwärtig. Jelineks Beschäftigung mit dem Mythos schließt deshalb die Konsequenzen der Massenkommunikation für die Masse der Empfänger der durch die Mythen vermittelten Botschaft ein. Hierzu orientiert sie sich an Hans Barth[135] und an Otto Gmelin.[136] Aus dieser Auseinandersetzung mit Barth und Gmelin gehen zwei Aspekte der Mythenkritik Jelineks hervor, die in ihrem Essay noch eine weniger prägnante Rolle einnehmen als in ihrer späteren Prosa.[137] Von Barth übernimmt Jelinek die Vorstellung, Mythen seien fähig, einzelne Individuen zur einheitlichen Masse "gleichzuschließen."[138] Die "trivialmüten" ermöglichen die Manipulation der Einheit "masse" und damit verbindliche "soziale müten." Die klare oder vielmehr verklärende Verbindung von "mütos" und "masse" versteht Jelinek als grundsätzlichen Nährboden für faschistische Strukturen.

Von Gmelin übernimmt Jelinek die - für die in unserem Kontext angestellten Überlegungen zum Weiblichen wichtige - Vorstellung, daß Mythen in einer Gesellschaft der Massenkommunikation die Funktion des väterlichen Gesetzes einnehmen. Die frauenfeindlichen Botschaften der Massenkommunikationsmittel schaffen ein patriarchal geprägtes gesellschaftliches "über-ich", so Jelinek, dessen

---

135   Hans Barth, "Masse und Mythos...", a.a.O.
136   Otto F. Gmelin, "Rädelsführer I...", a.a.O.
137   Am deutlichsten kommen diese Überlegungen in "Michael" und "Wolken.Heim" zum Tragen.
138   Jelinek schreibt: "die trivialmüten sind der untergrund auf dem die nachfrage nach dem sozialen mütos wachsen muß der wieder ein ganz wesentlicher faktor jeder massenbewegung ist. mütos und masse gehören zusammen oder besser: durch die gemeinschaftsbildende Kraft des mütos wird masse gemacht." Elfriede Jelinek, "Die endlose unschuldigkeit...", a.a.O., S. 50

symbolische Strukturen als Folge natürlicher Gesetze erscheinen, die anzuzweifeln für die einzelnen Mitglieder der Gesellschaft deshalb widernatürlich erscheinen muß.

Die Auseinandersetzung der Literaturwissenschaft mit Jelineks Mythenbegriff und der praktischen Umsetzung dieses Begriffes in eine Kritik der Mythen in ihren Texten hat entscheidend dazu beigetragen, daß das Werk der Autorin inzwischen ernstgenommen und positiv bewertet wird. Außerdem bietet diese Herangehensweise an das Werk eine Handhabe für übergreifende Betrachtungen *aller* Texte der Autorin, wie sie etwa von Marlies Janz an einigen der Prosatexte und Dramen Jelineks konsequent durchgeführt wurde.

Der Auseinandersetzung mit der Mythenkritik in Jelineks Texten kommt zudem entgegen, daß in jedem einzelnen Werk eine starke Konzentration auf ein Thema beziehungsweise einen klaren Themenkomplex erkennbar ist. In ihrem ersten Prosatext *wir sind lockvögel baby* überwiegt die Demontage trivialer Mythen aus der Film- und Fernsehindustrie und trivialer Literatur, in den *Liebhaberinnen* setzt sich Jelinek mit den Mythos "Liebe" auseinander, indem sie ihn mit dem Mythos "Sexualität" und den Themen der "Warengesellschaft" und der "Arbeitswelt" verbindet. Das besondere Interesse von *Michael*, aber auch das der *Ausgesperrten* gilt den Mythen von "Erfolg" und "Familie", im Falle von *Michael* eindringlich exemplifiziert an Versatzstücken aus Fernsehserien und Yellow Press. In der *Klavierspielerin* bietet sich an, nach "Mythen des Künstlertums und der 'Emanzipation'" zu fragen. *Wolken.Heim* rechnet ab mit dem Mythos der "Heimat" und anderem, 'hehrem', nationalen Gedankengut in der sogenannten erhabenen Literatur; und *Wildnis* dechiffriert Machtinteressen hinter Naturmystik und Naturdichtung früherer und heutiger Zeit. *Lust* entlarvt Mythen der 'Sexualität' und der 'Frau', und Jelineks neuester Prosatext, *Die Kinder der Toten* beschäftigt sich mit dem Tod, dem Sterben, der Natur und - als Störfaktor - den modernen, kommerziell verwertbaren Mythen von Fitness- und Tourismusindustrie.

Obwohl diese deutliche thematische Gewichtung die Klarheit in der Auseinandersetzung mit den einzelnen Themen beziehungsweise Mythen der jeweiligen Texte fördert, wird dem/der um Unvoreingenommenheit und Objektivität bemühten Leser/In bald klar, daß sich die Texte nicht auf isolierte Themen/komplexe beschränken. Die von Jelinek dargebotenen Mythen stehen im alltäglichen Gebrauch nicht isoliert voneinander, sondern in einem scheinbar harmonischen Verhältnis. Jelinek übernimmt diese Struktur des Mit- und Nebeneinander aus der Wirklichkeit in ihre Texte. Doch die Harmonie der Koexistenz von verschiedenen Mythen wird von ihr erheblich gestört. Allerdings werden die Mythen nur selten durch offene Eingriffe der Erzählerin in den Text aufgedeckt. Vielmehr läßt die Autorin eine beständige gegenseitige Störung der Mythen untereinander entstehen, die den Anspruch der einzelnen Mythen an absolute Gültigkeit relativiert und untergräbt.

Die Diskussion über Jelineks Destruktionen der Mythen hat die anfänglich überwiegend an den Ideen der Frauenbewegung sich orientierende Kritik ihrer Texte inzwischen weitgehend abgelöst und die Jelinek-Forschung unbestreitbar bereichert. Auch bezüglich des Weiblichen in Jelineks Texten konnte sich die Interpretation auf diese Weise, unter Bezug auf Jelineks Umgang mit Mythen des 'Weiblichen', der 'Sexualität', u.a., vom Zwang des Zeitgeistes lösen und die Abhängigkeit von gerade aktueller feministischer Programmatik abschütteln. Dennoch, die im zweiten Teil der vorliegenden Arbeit aufgezeigte Vielfältigkeit der Möglichkeiten, nach dem 'Weiblichen' im Text einer weiblichen Autorin zu forschen, läßt sich auch mit der Diskussion der Mythendestruktion in Jelineks Texten allein nicht fassen. So fruchtbar diese Auseinandersetzung für die Jelinekforschung als solcher ist, sie kann letztlich ebenso wie die früher favorisierten Vergleiche mit feministischen Programmatiken auch nur Teilaspekte der Texte erklären. Sie kann zwar die bewußte Auseinandersetzung mit in der Sprache erstarrten Mythen aufzeigen, das bewußte Eingehen oder die (un-)bewußte Reaktion auf gesellschaftliche Realitäten von Frauen im Text kommt bei dieser Betrachtung jedoch zu kurz. Der Versuch, 'Weiblichkeit und weibliche Identität' mittels der Interpretation der bewußten Mythendestruktion der Autorin allein zu erfassen, würde weder die im Genotext noch die im Phenotext der Texte auftretenden Aspekte konflikthafter weiblicher Identität der Verfasserin zu einem Zeitpunkt der allmählichen Veränderung dessen, was als 'weiblich' konnotiert wird, erklären, die die Wirkung der Texte in ihrer Gesamtheit auf den Leser/die Leserin mitbestimmen. Zum einen fielen Teilbereiche der auf der inhaltlichen Ebene der Texte angesiedelten Thematisierung von im konkreten weiblichen Lebenszusammenhang auftretenden Phänomenen in ihrem Kontext der Position der Frau in der Gesellschaft durch das Raster der Mythenkritik; zum anderen würde die Autorin aus dieser Interpretation als absolut bewußte und souveräne Instanz ihres Textes hervorgehen, denn Fragen nach eventuell vorhandenen genotextlichen Einflüssen aus dem doppelten Ort der Frau, die einen Text vor dem Hintergrund einer sich verändernden Welt schreibt, müßten weitgehend vernachlässigt werden.

Fatal für das Verständnis der besonderen literarischen Verfahrensweise Jelineks und der hier wirksamen Anteile des 'Weiblichen' wäre ein Verzicht auf die Auseinandersetzung gerade mit dem konfliktbehafteten Aufeinandertreffen von weiblicher Identität, Weiblichkeitsmythen, feministischen Programmatiken, den dargebotenen Weiblichkeitsvorstellungen und anderen im Text angebotenen Themenkomplexen.

Es ist gerade die spezifische Art der Verflechtung von unterschiedlichen Mythen und Themen mit 'Weiblichkeitsmythen' und '-thematiken' in Jelineks Texten, die sie für eine feministische Lesart interessant machen. Gerade einige der 'weiblichen' Schwerpunktthemen in Jelineks Prosa wären zudem ohne Auseinandersetzung mit anderen, in sie hineinreichenden, Themenbereichen nicht greifbar. Die Vorstellung zum Beispiel, Begriffe wie 'Liebe', 'Sexualität', 'Ehe/Familie', die die intime Lebenssituation von Menschen erfassen, ließen sich isoliert von Diskussionen über familiale oder gesellschaftliche Strukturen und deren gegenwärtiger Veränderung diskutieren, erscheint obsolet angesichts der Differenziertheit des privaten Lebensbereiches unserer heutigen westlichen Gesellschaften, in denen sich sowohl traditionelle Rollenvorgaben als auch traditionelle Verantwortungsbereiche verschieben und der Entscheidung des einzelnen Individuums anheimfallen. Dieses gilt für die Textinterpretation ebenso wie für die Textproduktion. Innerhalb der Texte Jelineks 'stören' sich Bereiche der verschiedenen Themen gegenseitig, nicht nur, weil die Autorin sie bewußt nicht voneinander isoliert darstellt, sondern auch, weil sie sich nicht isoliert darstellen lassen.

Die vorliegende Untersuchung sucht auch aus diesem Grund nicht nach endgültigen Definitionen des Weiblichen in Jelineks Prosa. Die hier angebotenen vielfältig miteinander verwobenen unterschiedlichen und sich zum Teil gegenseitig störenden Aspekte des Weiblichen lassen kein einheitliches Bild eines ahistorisch gedachten 'Weiblichen' zu. Für die Frage nach der Weiblichkeit und der weiblichen Identität in Jelineks Prosa profitiert die vorliegende Untersuchung im Gegenteil gerade von der Vielseitigkeit der Texte, die eine Möglichkeit bietet, sich in punktuellen Betrachtungen damit auseinanderzusetzen, daß in den Texten in einer Fülle von unterschiedlichen Darbietungen von Weiblichkeit ein Spektrum entsteht, mittels dessen der bisherigen Entwicklung der Diskussion um Weiblichkeit und weibliches Schreiben in einzelnen Bildern nachgegangen werden kann, die in ihrer Gesamtheit allerdings nicht die Marginalität des Weiblichen in Jelineks Text, sondern gerade die Unausweichlichkeit dieser Problematik für Jelineks Prosa demonstrieren dürften.

3.2. Mutter, Prostituierte, Hausfrau und Mörderin - Nur Männerphantasien? - *wir sind lockvögel baby!*

**Gewalt ist übergreifendes Thema in den *lockvögeln*
Hinweise liefert der Erzähler**

Wie bereits anfänglich gezeigt,[139] besteht Jelineks erster veröffentlichter Prosatext *wir sind lockvögel baby* aus einer Aneinanderreihung unterschiedlicher, teilweise fragmentarischer, ineinander verschachtelter Textsequenzen. Die einzelnen Textteile fügen sich nicht zu einer stringenten Handlung, im Gegenteil, die Art ihrer Verschachtelung trägt zusätzlich dazu bei, selbst die in den einzelnen Fragmenten ansatzweise vorhandenen Handlungsstränge, Romangestalten und Zeit-/Ortgefüge zu unterlaufen. Erzeugt wird auf diese Weise eine zunehmende Desorientierung bezüglich des Geschehensablaufes, der handelnden Gestalten und ihrer zeitlichen beziehungsweise räumlichen Einbindung. Der/die LeserIn sieht sich gezwungen, eventuelle Sinnzusammenhänge dieses immerhin als "roman" bezeichneten Textes außerhalb eines über Charaktere und Handlung vermittelten Sinn-Rahmens zu suchen.

Kapitelübergreifende Lesehilfe leisten Erzählerkommentare zu Form und Inhalt dieses "romans." Der außerhalb des Geschehens stehende auktoriale Erzähler[140] bezeichnet den Text abwechselnd als "mutterroman"[141], als "künstler-

---

139 Vgl. hierzu die Ausführungen in Kapitel 1.2.
140 Ich wähle hier die Bezeichnung Erzähler und nicht etwa Erzählerin, um die formale Einführung der erzählenden Instanz in den Text von der Autorin abzugrenzen. Um diese Abgrenzung aufrechtzuerhalten - auch wenn 'der Erzähler' nicht personalisiert im Text hervortritt - benutze ich im Folgenden die Bezeichnung 'Erzählinstanz.'

und schicksalsroman"[142], als "bildungsroman"[143], als "reisebeschreibung"[144] und "keine reisebeschreibung"[145] sowie als "roman um eine unheimliche liebe."[146]

Die Hinweise auf den Mutterroman und den Schicksalsroman als triviale Gattungen sind ebenso wie die Hinweise auf den Bildungsroman und den Künstlerroman ironisch gemeint und führen dem Leser vor, was dieser Text absichtlich nicht ist. Die formelhafte Aufnahme von isolierten Elementen trivialer Literatur erzeugt zusammen mit der Enttäuschung der an diese Literatur gebundenen Erwartungen an Unterhaltsamkeit, Anspruchslosigkeit und triviale Inhalte einen Anti-Trivialroman, dessen Mangel an Anspruchslosigkeit, bloßer Unterhaltung und Trivialität durch den Erzählerkommentar betont wird.

Ähnlich verhält es sich mit dem Hinweis, es handele sich bei dem Text um einen Bildungsroman. Da sich der Text gerade dadurch auszeichnet, daß ihm entwicklungsfähige und -willige Hauptcharaktere und eine sie umgebende, mit Sinn ausgestattete, Welt fehlen, kann auch diese Einschätzung nur als ironische Hervorhebung des Gegenteils gemeint sein, die dem Leser nahelegt, die Sinn-Suche nicht auf die Verbindung von dargestellter Welt und dargebotenen Charakteren zu konzentrieren. Deshalb jedoch einen Anti-Bildungsroman zu konstatieren, der immerhin auf die Möglichkeit einer Identitäts- oder Charakterbildung Bezug nehmen würde, würde diesen sehr spröde komponierten frühen Text Jelineks überinterpretieren.

Anders verhält es sich jedoch mit den Kommentaren, die eine "reisebeschreibung" ankündigen. Im Gegensatz zu den übrigen genannten Leseangeboten wird dieses Leseangebot wiederholt und variiert. Als Ort der Beschreibung wird zwar die "steiermark" genannt,[147] doch eine entsprechende extensive und konkrete Landschaftsbeschreibung fehlt im Text. Obwohl auch hier zunächst auffällt, daß der Text keine Reisebeschreibung im üblichen Sinne anbietet, da ihm die räumlichen Koordinaten einer Reise, Ausgangspunkt, Abfolge und

---

141 Elfriede Jelinek, lockvögel ..., a.a.O., S. 14
142 Elfriede Jelinek, lockvögel ... , a.a.O., S. 83
143 Elfriede Jelinek, lockvögel ..., a.a.O., S. 22
144 Elfriede Jelinek, lockvögel ..., a.a.O., S. 20; 22; 23
145 Elfriede Jelinek, lockvögel ..., a.a.O., S. 12; 14
146 Elfriede Jelinek, lockvögel ..., a.a.O., S. 14
147 Elfriede Jelinek, lockvögel ..., a.a.O., S. 20

geographische Daten von Orten und Ziel fehlen, läßt doch nichts darauf schließen, daß es sich hier etwa um eine Anti-Reisebeschreibung, wenn es so etwas gäbe, handelte. Auch die ausdrücklichen Hinweise, der Text solle "keine reisebeschreibung sein", verhindern mit diesem ausdrücklichen Angebot, die erste Annahme erneut zu überdenken, ein solches ironisches Verständnis. Offensichtlich handelt es sich tatsächlich weder um "eine Reisebeschreibung" noch um "keine Reisebeschreibung." Aufschlußreich ist folgende Textstelle:

ich heiße helmut sagte otto und bin endlich die reisebeschreibung auf die sie schon so lange warten anstatt das ganze buch einfach anzuzünden sie idiot[148]

Trotz der provokativen Verweigerung der Nützlichkeit im Sinne einer Sinnproduktion, die besonders im letzten Teil dieses Satzes hervorgehoben wird, drückt dieses Zitat das Dilemma aus, anzugeben, was hier angeboten werden soll. Die Personenbezeichnungen "helmut" und "otto" werden als austauschbar dargestellt und sie, die unterschiedlichen Bezeichnungen für dasselbe, machen die Reise aus, die beschrieben wird. Das Interesse des Lesers/der Leserin wird auf Austauschbarkeit von Geschehen und Charakteren und ihren Benennungen im Text gelenkt, und angeboten wird auf diese Weise eine Reise, die sich als uneigentliche Reise darstellt, als "Reise" durch die Benennungen dessen, das sie austauschbar beschreiben.

Diese These wird gestützt durch die Gebrauchsanleitung zu Anfang des Textes. Die Austauschbarkeit der Benennungen entspräche der anfänglichen Aufforderung: "sie sollen dieses Buch sofort eigenmächtig verändern. sie sollen die untertitel auswechseln." Dies ist durchaus nicht nur Attitütde und Phrase, sondern ernstzunehmende Leseanleitung, die den Blick für die Austauschbarkeit nicht nur der Titel, sondern auch von Textteilen schärft.[149]

Auch das letzte der genannten Leseangebote, es handele sich um einen "roman um eine unheimliche liebe", ist zweideutig. Es kann wie bei den Autorenkommentaren zum "mutterroman" und "künstler-schicksalsroman" als ironische

---

148 Elfriede Jelinek, lockvögel ..., a.a.O., s. 23
149 Zur "gebrauchsanweisung" vgl. auch Marlies Janz' und Elisabeth Spanlangs Ausführungen, die zu einer anderen Schlußfolgerung gelangen: Marlies Janz, "Elfriede Jelinek", a.a.O., S. 3; Elisabeth Spanlang, "Elfriede Jelinek: Studien zum Frühwerk", a.a.O., S. 128-131 und S. 150,151

Verweigerung, einen (trivialen) Liebesroman zu schreiben, verstanden werden. Dann würde es auf die fragmentarische Verwendung formelhafter Elemente aus solchen Texten und die mangelnde Verklärung der Liebe als ihres Hauptgegenstandes hinweisen. Aber das Adjektiv "unheimlich" verhindert dies. Es verweist auf ein Hauptthema des Textes, das sich in unterschiedlichen Varianten wiederholt. Mit Ausnahme der außer-weltlichen und damit in u-topische Bereiche verschobenen Liebesbezeugungen der "Beatles" wird "Liebe" ausschließlich in Verbindung mit "Gewalt" in einer unheimlichen, auf Schockwirkung bedachten Allianz dargeboten. Wenngleich dies nicht das ausschließliche Thema des Textes ist und es sich bei dem Text nicht um einen "Liebesroman" handelt, so ist doch der Hinweis auf den "roman um eine unheimliche liebe" ernstzunehmen, nicht als Hinweis auf die Gattung, sondern als Lesehilfe zum Gehalt des Textes, wobei die Betonung auf dem Begriff des "Unheimlichen" an Liebesbeziehungen liegt, das das unüberschaubar Bedrohliche bestimmter privater Verbindungen meint.

Diese Art der ironisch gebrochenen Lesehilfe findet sich in gesteigerter Intensität im zehnten Kapitel des Textes, dessen einzelne Elemente jetzt zum Teil bereits bekannt sind:

10. kapitel das soll kein
das soll kein ernsthaftes werk sein wie so viele sondern mehr beschwingten karakters. eine leichte fröhliche reiselektüre für unbeschwerte ferien fürs sommerliche urlaubsgepäck. ein büchlein das sie auch während der sogenannten hundstage wenn sie gemütlich in einem liegestuhl am badestrand oder auf einer wiese in einem wald sitzen gerne zur hand nehmen werden das sie gewiss nicht belasten wird mit hoher politik grausamkeiten in der welt oder im inland oder mit schweren problemen. ein buch das endlich nicht anstrengt sondern entspannt und unterhält. ausserdem enthält es viele nützliche informationen und tips wie sie ihr leben einfallsreicher gestalten können. schön. (schön)![150]

Der ironische Tonfall dieses Kapitels für sich genommen erschafft bereits eine auf das Gegenteil der gepriesenen leichten Lektüre zielende 'Warnung' an das Lesepublikum: geboten werden soll nicht die "beschwingte" Lektüre zur Entspannung, sondern gefordert wird hier offensichtlich Belastbarkeit des Lesers.

Abgesehen von dieser 'Warnung' enthält dieser Textabschnitt allerdings noch einige wichtige 'Lesehilfen', die anzuschauen sich lohnt. In Form des in seiner konkreten realen Existenz mit seinen Tätigkeiten imaginierten Lesepublikums hält

---

150 Elfriede Jelinek, lockvögel, a.a.O., S. 30

hier die reale Welt Einzug in den Text. Das Publikum wird als Publikum vorgestellt, welches in der Lektüre Erholung sucht von ebenso realer "hoher politik grausamkeiten in der welt oder im inland oder (...) schweren problemen." Die Autorin enttäuscht die Erwartungen ihrer Leserschaft an eine ablenkende Lektüre und stellt stattdessen in ihrem "roman" Grausamkeit dar und verbindet sie mit gesellschaftlichen und psychosozialen Problematiken.

Indem die dargestellten Grausamkeiten und verschiedenen Problembereiche innerhalb des oben zitierten Kommentars als aus dem Realitätsbereich der realen LeserIn des Textes stammend dargeboten werden, verkündet der Erzähler des zehnten Kapitels den Anspruch an den Realitätsgehalt des Textes. Es wird deutlich, daß die in den Text bisher bereits des öfteren unerwartet eingefügten Darstellungen von Grausamkeiten aus und Gewalt in Kriegen und zwischenmenschlichen Beziehungen als der realen Welt 'entnommen' verstanden sein wollen, daß sich also die Realitätsbereiche der Leser und der Gewaltschilderungen der *Lockvögel* überschneiden.

So wie die Austauschbarkeit der Charaktere oder vielmehr Figuren in den *Lockvögeln* und ihre Herkunft aus Comic-strips und trivialer Unterhaltungsliteratur auf die Rollenverteilung in der Gesellschaft verweist und deren Bedeutung im Text hervorhebt,[151] verweist die ständige Präsenz von aus der Realität entnommener, in ihrer Brutalität trotz der Vielfältigkeit der dargebotenen Beispiele ebenfalls austauschbarer Gewalttätigkeit im Text auf die Absicht der Verfasserin, die Wichtigkeit des Themas für die Realität des Lesers unmißverständlich herauszustellen.

Daß Gewalt eine besondere Bedeutung in diesem Text hat, unterstreicht auch das achtundfünfzigste Kapitel " gewalt zeugt gewalt", das in vier Zeilen dieses Thema des Textes monoton formuliert:

"58. kapitel gewalt zeugt gewalt
gewalt zeugt gewalt! GEWALT ZEUGT GEWALT! gewalt zeugt gewalt. gewalt zeugt: gewalt.
gewalt zeugt gewalt. gewalt zeugt gewalt. GEWALT ZEUGT GEWALT![152]

Im Gegensatz zu den früheren Kommentaren ist diese Einfügung nicht ironisch formuliert. Sie bietet eine ernstgemeinte Interpretationshilfe.

---

151 Vgl.: Die diesbezüglichen Ausführungen in Kapitel 1.2.
152 Elfriede Jelinek, lockvögel, a.a.O., S. 204

Tatsächlich stellt Jelineks Text Gewalt in einer Fülle unterschiedlicher Variationen dar. Im Vordergrund steht hierbei allerdings nicht das Interesse, Gewalt beschreibend zur Schau zu stellen, sondern die Erzählerin beabsichtigt, Mechanismen realer Gewalt aufzuzeigen. Dies geschieht mit Ausnahme des deshalb so wichtigen zitierten achtundfünfzigsten Kapitels nicht in Form von Diskussionen, sondern die Mechanismen gehen aus den Gewaltdarstellungen im Text durch die besondere Schreibweise der Autorin hervor.

Gleichzeitig mit der Verstärkung der Aussage, daß Gewalt Gewalt zeuge, betont die Autorin im achtundfünfzigsten Kapitel die Sinnlosigkeit von Gewalt. Wie im Text durch monotone Wiederholungen gewalttätiger Szenen mit allenfalls geringfügigen Veränderungen wird auch hier das Thema immer wieder aufgegriffen, ohne daß sich Änderungen einstellen. Die Wiederholungen von Gewaltbeschreibungen im Text, die statt eines Textgeschehens mehrere sich überlagernde Geschehen mit gleichzeitiger Verzerrung und Stagnation erzeugen, verweisen auf die Sinn-Losigkeit von Gewalt. Die völlige Vernichtung der dargestellten Welt im vorletzten Kapitel der *Lockvögel* unterstreicht die Sinnlosigkeit der sie auslösenden Vernichtungswut lediglich zusätzlich.

Abgesehen von dem Anfang der 70er Jahre im Umfeld der außerparlamentarischen Bewegungen geprägten Slogan "Gewalt zeugt Gewalt", findet sich noch ein weiterer Erzählerkommentar von Bedeutung im Text, der die Häufigkeit der Gewaltszenen und ihre Streuung über die Darstellung der unterschiedlichsten Bereiche des öffentlichen und privaten Lebens beleuchtet:

ein jeder schwache findet noch einen schwächeren das ist nur allzumenschlich.[153]

Erst der zweite 'Satz' dieses Textausschnittes bildet den Bezug des vorliegenden Erzählerkommentars zur Gewaltthematik. Zwar klingt eine alternative Interpretation zu der, es gehe hier um Gewalt an Schwächeren, in der Formulierung des ersten Satzes, "ein jeder schwache findet noch einen schwächeren", mit, denn der Begriff 'Gewalt' wird nicht genannt, sodaß dieser Textausschnitt ebenso auf Solidarität mit und Hilfsbereitschaft gegenüber Schwächeren verweisen könnte, doch der als Beschwichtigungsformel bekannte Folgesatz, "das ist nur allzumenschlich", zwingt dazu, die gesamte Textstelle im

---

153 Elfriede Jelinek, lockvögel, a.a.O., s. 56

Hinblick auf etwas Negatives, hier die Anwendung von Gewalt, zu interpretieren. Als "allzumenschlich" kann hier nur eine negative Handlung beziehungsweise Haltung eines "schwachen" gegen den "schwächeren" bezeichnet sein.

Aber der Kommentar bietet neben der inhaltlichen Aussage noch eine komplexere Lesehilfe zum Verständnis einer stilistischen Besonderheit der *Lockvögel*. Die ständige Präsenz von Gewalt in diesem Text teilt die Romangestalten in Täter und Opfer. Wenn jeder Schwache noch einen Schwächeren findet, kann jedes Opfer von Gewalt als der unterlegene Schwache zum Täter werden und einem neuen Opfer/Täter Gewalt antun. Der Erzähler kommentiert, was im Text in abschreckend brutaler Weise auf inhaltlicher *und* stilistischer Ebene geschieht: So, wie Gewaltdarstellungen in allen erdenklichen Formen in jede beliebige Textsequenz unvermittelt einbrechen, entspricht dies genau der Vorstellung vom menschlichen Charakter, die der Begriff "allzumenschlich" umfaßt. Im Text wird deutlich, daß jede Figur (jeder Mensch), sobald sich die Gelegenheit (Schwäche des Schwächeren) dazu bietet, ohne weitere Überlegung - und getrieben durch ihre (seine) eigene Schwäche - Gewalt anwenden kann und wird.

Die bereits zitierte Ansicht Jelineks, es gäbe keinen Mann,

[...] ausgebeutet, arm und kaputt, der nicht etwas hätte, das noch ärmer, ausgebeuteter und kaputter wäre, nämlich seine Frau [...][154],

enthält einen ähnlichen Grundgedanken wie der Erzählerkommentar der *Lockvögel*.

Während dieser sich jedoch bei der Frage nach einer Erklärung auf die Feststellung des 'allzumenschlichen' beschränkt, weist jener eine deutlich politische Intention auf. In der späteren Feststellung werden sozio-politische Ursachen für die Unterdrückung der Schwächeren durch die Schwachen mit den Begriffen "Ausbeutung" und "Armut" benannt, und die Geschlechterproblematik erhält eine erhebliche Gewichtung für die Frage nach den Tätern und den Opfern von Gewalt. Von einer solchen klaren Benennung ist die Autorin der *Lockvögel* noch weit entfernt, denn aus dem direkten Kontext des Erzählerkommentars ist keine klare geschlechtsspezifische Zuweisung von Tätern oder Opfern ableitbar.

---

154 Elfriede Jelinek, "Ich bestehe nur im Beschreiben von Wut", a.a.O., S. 89

Vor dem Hintergrund der späteren Aussage und in Anbetracht der Tatsache, daß viele der brutalst dargestellten Gewaltszenen in den *Lockvögeln* Gewalt gegen weibliche 'Charaktere' beschreiben, liegt es dennoch nahe, diesen wie auch andere Erzählerkommentare, die offenbar trotz des provokativ auf traditionelle Formen des Romans abzielenden Fehlens einer stringenten Handlungsführung als Hilfestellung zur Lesehaltung in den Text eingearbeitet wurden, auf geschlechtsspezifische Aspekte hin zu befragen.

Haushaltstips in *wir sind lockvögel baby!*

Der lange Erzählerkommentar, der das zehnte Kapitel bildet, endet mit der Ankündigung von Nützlichem. Geboten werden sollen

viele nützliche informationen und tips wie sie (direkte Anrede,vv) ihr leben einfallsreicher gestalten können[155]

Die im Text tatsächlich vorkommenden "informationen und tips" bestehen aus Kochrezepten[156], Werbetexten der Waschmittelindustrie[157], Preisausschreiben[158], Ernährungs- und Einkaufstips[159], Kinderpflegeanleitungen und Erziehungshilfen[160] sowie Kosmetiktips[161], wie sie in Illustrierten, Rundfunk- und Fernsehwerbespots angeboten werden. Diese im weiteren Verlauf der vorliegenden Untersuchung 'tips' genannten Textversatzstücke sind zumeist ohne direkt erkennbaren Bezug zum Kontext des sie umgebenden Textes plaziert, sie beziehen sich fast ausnahmslos auf den innerhäuslichen, 'weiblichen' Lebensbereich und bieten Informationen zur Erleichterung oder sachgerechten Durchführung des Haushalts.[162]

Wie in den Illustrierten und Werbespots erfolgt die Mehrzahl der 'tips' in Form der persönlich wirkenden direkten Anrede. Entweder direkt oder mittels der

---

155 Elfriede Jelinek, lockvögel, a.a.O., S. 30
156 Elfriede Jelinek, lockvögel, a.a.O., S. 177
157 Elfriede Jelinek, lockvögel, a.a.O., S. 69, 152, 163, 88
158 Elfriede Jelinek, lockvögel, a.a.O., S. 163, 165
159 Elfriede Jelinek, lockvögel, a.a.O., S. 152, 66, 100
160 Elfriede Jelinek, lockvögel, a.a.O., S. 80, 69
161 Elfriede Jelinek, lockvögel, a.a.O., S. 67
162 Es gibt zwei Ausnahmen im Text, die zwar auf innerhäusliche Tätigkeiten zielen, jedoch deutlich an Männer gerichtet sind.

einseitigen Auswahl der Themen angesprochen werden die im innerhäuslichen und familiären Bereich tätigen Frauen.[163] Die Angebote aus der Werbung wie auch die Kochrezepte, die Erziehungs- und Ernährungstips stellen den Frauen als Folge der besseren Abwicklung ihrer alltäglichen Pflichten Glück und Zufriedenheit in Aussicht.

Die im Erzählerkommentar angekündigte Nützlichkeit der "informationen und tips" zielt auf ein weibliches Publikum, das mit dem Begriff 'Nutzen' das sachkundige Erfüllen der innerhäuslichen Pflichten und verbesserte soziale Interaktionen verbindet. Bei Nichterfüllung der Rollenerwartung an die Hausfrau drohe Bestrafung, so die Implikation vieler dieser 'tips', für die die beiden folgenden Textausschnitte beispielhaft angeführt sein mögen:

silanweiche wäsche ist angenehm auf der haut. würden sie besonders baumwollwäsche silanisieren weil sich in so anschmiegsamer ihre familie wohler fühlt. sicher finden sie weiche flauschige pullover angenehmer als rauhe kratzige. sorgen sie durch silanisieren dafür dass ihre familie immer silan weiche wollsachen hat.[164]
in 12 tagen werden ihre zähne wieder so weiss wie sie von natur aus sind. ja ihre zähne sind natürlich weiss. nur dieses weiss wird durch zahnbelag verdeckt. stumpfer zahnbelag der sich durch essen trinken und rauchen immer mehr und mehr verfärbt. pepsodent mit der medizinisch kosmetischen wirkstoffkombination Id3 entfernt diesen unansehnlichen belag innerhalb von 12 tagen. und bei fortgesetzter pflege täglich mit pepsodent Id3 bleiben ihre zähne so natürlich weiss.
natürlich weisse zähne wirken viel sümpatischer.[165]

In beiden Textbeispielen handelt es sich um Werbetexte, die so oder so ähnlich zeitgenössischen Werbetexten jedes beliebigen Massenmediums entstammen könnten - (entstammen ?). Sie werden zwar unverknüpft mit dem Kontext des sie umgebenden Haupttextes angeboten und allein schon durch ihr Anderssein und ihren unpassenden Inhalt entlarvend eingesetzt, sie bieten als in sich geschlossene Textsequenzen zunächst jedoch keine andere Zugriffsmöglichkeit, als es die Werbetexte selbst auch tun. Verfälscht werden sie hier lediglich durch ihr Auftauchen in unangemessen erscheinenden Kontexten und im Medium selbst, handelt es sich doch nach dem im Untertitel kundgetanen Willen der Verfasserin ausdrücklich um einen "roman."

---

163 Die im Zusammenhang mit der Werbebotschaft zynisch wirkende, hofierende Anrede "gnädige Frau" wird zweimal gebraucht. Elfriede Jelinek, lockvögel, a.a.O., S. 69, 152
164 Elfriede Jelinek, lockvögel, a.a.O., S. 90
165 Elfriede Jelinek, lockvögel, a.a.O., S. 67

Im ersten Textbeispiel wird das 'Wohl' der Familie der Verantwortung der Haus-Frau anheimgestellt. Der Werbetext operiert mit dem Weiblichkeitsmythos, die Frau sei von Natur aus sorgend, sie setze sich deshalb ein für das Wohlergehen anderer, insbesondere ihrer Familie. Deren Wohl sei vom Konsum des richtigen Hilfsmittels zur Wäschepflege abhängig, so die ausdrücklich formulierte Botschaft des 'tips.' Nur wenn die an den Mythos gebundenen Rollenerwartungen von der Frau internalisiert sind und auch die andere unterschwellige Botschaft begriffen wird, kann die implizierte Androhung einer sich unwohl fühlenden Familie greifen, die für das Nichtbefolgen des 'tips' in Aussicht stellt, dies könne die Frau nicht vor ihrem Gewissen verantworten. Ein Spielraum für das Hinterfragen der Verantwortung der Frau für das Wohlergehen ihrer 'Familie' wird von dem Werbetext nicht eingeräumt. Ohne dies direkt anzusprechen, verspricht der Text, was er ohnehin voraussetzt, daß es 'der Frau' wohlgehe, wenn sie richtig für das Wohl ihrer Familie sorge.

Auch das zweite Textbeispiel operiert mit einem Mythos. Hier wird, vertreten durch das Angebot der kosmetisch erzeugbaren 'natürlich weissen zähne', die Vorstellung vom Zusammenhang von Schönheit und sozialem Erfolg gepflegt, wobei dieser Zusammenhang, und dies macht ihn zum Mythos, als naturgegeben erscheint. Das Hilfsmittel, zu dessen Konsum die Adressaten animiert werden sollen, soll dazu dienen, ohne besondere Anstrengungen, nämlich 'natürlich', Sympathie in anderen zu erwecken.

Auf diese Weise wird suggeriert, emotionale und soziale Defizite hingen vom äußeren Erscheinungsbild ab, mittels der Korrektur des äußeren Erscheinungsbildes ließen sich auch soziale beziehungsweise psychische Defizite 'korrigieren.' Der Werbetext thematisiert die Vorstellung der Verbindung von Schönheit und Erfolg nicht, sie wird als allgemeingültige, mythisch verfestigte Wahrheit dem Text-Verständnis zugrundegelegt. Die implizierte und angedrohte 'Bestrafung' für Unfolgsamkeit liegt auf der Hand: soziale Isolation, emotionale Verarmung des einzelnen. Angeboten wird wieder, ohne dies direkt zu formulieren, eine einfache, unpolitische Ersatzlösung für komplexe soziale, psychologische und politische Verhältnisse, unter denen die Frauen leiden. Konkret bedeutet dies für die weiblichen Empfänger der im Werbetext vermittelten Botschaft, daß sie in Vorstellungen bestätigt werden, die die Erfüllung aller Glücksansprüche im

Privaten erwarten lassen. Statt sich mit den Ursachen von sozialen, psychologischen und politischen Defiziten weiblicher Lebensumstände zu beschäftigen, werden Frauen in den tips dazu angehalten, die hier implizit angedrohte, offenbar jedoch bereits bestehende unbefriedigende Situation, in der sie leben, auf ihre eigene scheinbar persönliche Unzulänglichkeit zurückzuführen und verstärktes Interesse auf ihre häuslichen Funktionen zu richten.

Während Jelinek in den bisher zitierten Beispielen die Mythen der Werbetexte allenfalls dadurch, daß die 'tips' mit dem sie umgebenden Haupttext inhaltlich kollidieren, sich selbst entlarven läßt, geht sie bei einigen der Tips dazu über, entlarvend in den 'tip' selbst einzugreifen. Im folgenden Textbeispiel formuliert sie die in den anderen Beispielen implizierte Drohung des 'tips' ausdrücklich und verzerrt so den Tip ironisch zur Absurdität:

> der osterhase & der white giant haben eine botschaft für SIE gnädige frau: sorgen sie dafür dass ihre kinder so oft wie möglich frische wäsche anziehen weil sie sich darin wohler fühlen die beste erholung bietet ein urlaub im grünen weil die luft viel sauerstoffhaltiger ist würden sie mit ihren kindern urlaub in der großstadt machen? nein. wenn sie davon hören dass immer mehr frauen zum osterhasen mit dem white giant zusatz überwechseln glauben sie dass das am sauerstoff liegt? sollten sie nicht einmal elisabeth den osterhasen den white giant in ihrer trommelwaschmaschine ausprobieren? der osterhase & der white giant warnen nur EINMAL![166]

Wieder wird die Verschränkung von schlechtem Gewissen und Verantwortung für das Wohl der Familie erzeugt, die auch die ersten Textbeispiele bestimmte. Dieses Mal wird die Frau direkt angesprochen, und die Pseudowissenschaftlichkeit des Werbetextes spiegelt ihr vor, die Wahl des richtigen Waschmittels hinge von ihrem spezialisierten Fachwissen ab. Um eine glückliche Privatsphäre zu schaffen, die die Grundlage jedes weiblichen Glückes sei, bedürfe es lediglich einer Intensivierung der auf sie ausgerichteten Kenntnisse, so die hier implizierte 'Wahrheit.'

Allerdings untergräbt die Autorin des Textes diese Botschaft, indem sie Anteile des Gesamttextes *Lockvögel* in den Werbetext einschleust. Die Gestalten "osterhase", "white giant" und "elisabeth", die hier das Waschmittel und zugleich die handelnden Personen ausmachen, sind bereits als Gestalten des Textes eingeführt. Ihre Vermischung mit dem Werbetext vervielfacht ihre Funktionen innerhalb des Textes zur Unkenntlichkeit.

---

[166] Elfriede Jelinek, lockvögel, a.a.O., S. 69

Durch die Verzerrung des Textes ins Absurde entblößt die Autorin den Ernst, mit dem diese Texte an die Frauen herangetragen werden. Indem sie den Werbetext ins Lächerliche abgleiten läßt, entlarvt sie aber auch die scheinbare Harmlosigkeit des 'tips' und verweist damit auf seine gesellschaftsstabilisierende Botschaft, denn der Text ist nicht harmlos und unschuldig, sondern er dient der Verfestigung eines Status quo, bei dem die Frauen auf ihre Haushaltsfunktionen beschränkt sind. Die im Roman dargebotenen Episoden um den "osterhasen", den "white giant" und "elisabeth" schildern unvermittelte Gewalttätigkeit. Indem in Jelineks Beispiel der Einbruch der fiktiven Welt in den Text zugelassen wird, wird die Wichtigkeit des angepriesenen Produkts angesichts der im Gesamttext angeprangerten Problematiken relativiert und die Unsinnigkeit der auf das Funktionieren des Haushalts allein ausgerichteten Botschaft offensichtlich, denn das Produkt ist austauschbar, nicht jedoch das, was es herbeiführen soll. Damit wird zugleich enttarnt, was durch die beschriebenen Textsequenzen indirekt als Voraussetzung ihrer Wirksamkeit bestätigt wird, denn die Vorstellung von Wohlleben und Zufriedenheit in der Selbstverständlichkeit von gut funktionierenden Haushalten, in denen sorgende Hausfrauen mit Fachwissen wirken, ist bloßes Mittel der Verkaufsstrategie. Offenbar erleidet diese Vorstellung eine erhebliche Störung, sobald die nicht privaten gesellschaftlichen Räume mitgedacht werden.

In den genannten Textbeispielen sabotiert die Autorin die Botschaften der in den Text montierten tips bereits innerhalb der einzelnen Textsequenzen selbst und stellt so die ihnen unterlegten Vorstellungen über den weiblichen Lebenszusammenhang 'Haushalt' bloß.

Die tips unterbrechen die Gewaltdarstellungen der *lockvögel* und verweisen auf eine innerhäusliche weibliche Welt, die sich völlig von dieser fiktiven außerhäuslichen Welt unterscheidet. Sie unterstreichen die Gewalttätigkeit der Darstellungen von Kriegen und Kämpfen in der außerhäuslichen Welt. Andererseits verweist der versprochene Nutzen der tips auf die Tatsache, daß die von dieser Gewalt scheinbar abgeschirmte innerhäusliche Welt offensichtlich latent von sozialer Isolation bedroht ist und daß in dieser innerhäuslichen Welt das Glück der Frau nur von den Familienmitgliedern abhängig vorgestellt wird, während die Außenwelt nicht existent ist. Die in den tips verbreiteten Weiblichkeitsvorstellungen implizieren die Abhängigkeit des Hausfrauenselbstbewußtseins von der bloßen Funktionserfüllung. Jelinek entlarvt die in den tips angebotenen diffusen normierten Weiblichkeitsvorstellungen in ihrer Unfähigkeit, auf andere Lebens- beziehungsweise Realitätsbereiche reagieren zu können, indem sie sie mit den sie umgebenden Kontexten kollidieren läßt und indem sie die Botschaften der tips, die auf gleichbleibende Verhältnisse angewiesen sind, der Lächerlichkeit preisgibt.

Für das Verständnis des Textes bedeutender als die Bloßstellung der Werbebotschaften und der Glückserwartungen, die sich auf den traditionellen weiblichen Lebenszusammenhang stützen und sich an Weiblichkeitsmythen und weiblichen Rollenvorgaben orientieren, ist jedoch die subversive Funktion der 'tips' im Gesamttext und die Art ihrer Einbindung in direkte Gewaltdarbietungen.

Kampfesschilderung für den 'mann'
- Kochrezept für die 'hausfrau'

Bei dem folgendem Textausschnitt handelt es sich um eine der wenigen Textstellen, bei denen eine sehr intensive Verbindung zwischen tip und Kontext hergestellt wird. Für die vorliegende Untersuchung ist der Textausschnitt besonders bedeutsam, da er 'männliche' und 'weibliche' Realitätsbezüge thematisiert. Die hier zutage tretende assoziative Vorgehensweise der Autorin kann als beispielhaft angesehen werden für die Art der Verflechtung der verschiedensten Textsequenzen miteinander; sie erhellt zugleich auch die Einbettung der Funktion der auf den weiblichen Lebenszusammenhang zielenden 'tips' im Gesamttext:

auf diesen befehl hatten die männer nur gewartet. plobb. in steilem bogen flog die erste bombe zu den aufrührern hinüber schlug auf platzte. eine zweite und dritte folgten. wallende giftgasschleier schlugen den schlitzäugigen entgegen. gleichzeitig begannen fünf mg zu schiessen. die geschosse prasselten in die gelbe masse hinein wie in pudding fauchend geriet etwas in brand und explodierte. und dann traten die uniformierten mit gasmasken zum angriff an. sie beherrschten das feld. das rezept für den pudding: $1/2$ l milch zum kochen bringen 60 g tapioka mehl hinzufügen und unter häufigem rühren $1/2$ stunde kochen. 50 g zucker und eine prise salz hinzufügen & vom feuer nehmen. 1 eigelb schaumig schlagen und unter die masse rühren. kalt stellen.
[...] sie stürzten sich mit gezogenen messern auf den gelbhäutigen parasiten und schnitten seinen stengel einfach ab. hilflos lag der mund dann auf dem boden öffnete sich sinnlos einigemale und wurde dann still.[167]

Dargestellt wird ein soldatischer Überfall (offenbar durch Männer

---

167 Elfriede Jelinek, lockvögel, a.a.O., S. 177

okzidentaler Herkunft) auf ein Dorf in Vietnam. Die 'Schlachtszene' wird überlagert und gestört von einem Kochtip, der scheinbar unvermittelt in die Beschreibung des Kampfes einbricht. Das als paralleler Text kontrastierend in den Haupttext montierte Kochrezept zwingt zur nachträglichen Suche nach sinngebenden vorbereitenden Hinweisen in Haupttext.

Die nun erkennbare assoziative Verknüpfung sorgt dafür, daß die Metapher des Puddingbreikochens die gesamte Szene bestimmt, obwohl sie erst bei genauerem - zweitem - Lesen auffällig wird. Erst dann werden nämlich die gezielte Doppeldeutigkeit des zunächst unverdächtig erscheinenden lautmalerischen "plobb" etwa, wie auch des assoziativ mit dem Begriff des 'Küchenrührgerätes' verknüpften Begriffes "aufrührer" oder auch der Formulierung "gelbe[...] masse wie [...] pudding" als konkrete kritische Auseinandersetzung mit dem überlagerten Text deutlich. Selbst das Ziel des Pudding-Kochens, der Verzehr des Gerichtes, wird noch in die Bildlichkeit des Dargestellten einbezogen, denn die Angreifer "stürzen sich mit gezogenen messern" auf etwas "gelb"-Häutiges - gelben Pudding ? - und, was bleibt, wenn auch in Umkehrung dessen, wer speist und wer verspeist wird, ist der "mund", das Organ, mit dem gegessen wird. Das Ende des Kochrezeptes bildet zugleich den Abschluß der Gewaltdarstellung.

Die Autorin verwebt hier zwei unterschiedliche Sinnbereiche engmaschig zu einem bewußt schockierenden neuen Sinnzusammenhang.

Ohne den 'Einbruch' der Koch-Metapher würde sich diese Textsequenz problemlos als klischeehafte soldatische Darstellung eines Überfalls auf 'den Feind' lesen lassen. Klaus Theweleits anhand von "Erlebnisberichten, Romanen und Biographien" aus dem Umfeld der Freikorps der Weimarer Republik entwickelte Analyse des (faschistischen) Selbstverständnisses soldatischer Männer, bezeichnenderweise betitelt *Männerphantasien*,[168] untersucht einige typische Merkmale solcher Darstellungen vom Kämpfen und setzt sie in Bezug zu der Psyche ihrer Verfasser. Seine Ergebnisse können zum Verständnis des vorliegenden Textausschnittes beitragen.

In unserem zitierten Textausschnitt werden die unterlegenen Gegner der "Männer" als 'schlitzäugige', 'gelbhäutige parasiten', und "gelbe masse" bezeichnet

---

168 Klaus Theweleit, "Männerphantasien", a.a.O.

und so mittels der herabwürdigenden, verachtenden Begrifflichkeit ihrer menschlichen Eigenschaften beraubt. Als eine der wichtigsten Charakteristika des "soldatischen Mannes" bezeichnet Theweleit die Notwendigkeit, sich gegen Verunsicherungen durch eine unkontrollierbare Objektwelt zu schützen. [169] Um sich selbst als besonderes "Ich" zu empfinden, müsse der "soldatische Mann" aus der "Masse" der Feinde herausragen, die mit ihrem "Gewusel und Gewimmel" Abwehrhaltungen hervorrufe. Durch das Anders-(d.i. Unorganisiert- oder Unkontrollierbar-)sein der "Masse" fühle sich "der soldatische Mann" veranlaßt, die sie ausmachenden, aber nicht als solche wahrgenommenen einzelnen Menschen dieser Masse seiner Kontrolle - deren eine Form Töten ist - zu unterwerfen. Erst in der Auslöschung des aus sich selbst lebenden Anderen, das als minderwertige "Masse" wahrgenommen wird, erfahre sich der Soldat als unabhängiges Selbst, als (Be-)Herrscher der Situation und seiner selbst. Während des Kampfes phantasiere er sich als "Stahlgestalt", als maschinisierte, empfindungslose Einheit, als deren Verlängerung er die Kriegsmaschinen empfinde.

Übertragen auf die oben zitierte Kampfdarstellung, die als Darstellung eines Kampfes aus "soldatischer" Sicht erkenntlich wird, erklärt diese Phantasie "soldatischer Männer", weshalb hier nicht von einzelnen Menschen mit sinnlichen Wahrnehmungen, entsprechenden Empfindungen und Verantwortungsbewußtsein gesprochen wird, sondern von Maschinen, "mg", und "uniformierten", die schießen und töten. Es sind die empfindungslosen Gerätschaften des Tötens, die als ganzheitliche Einheit gegen die "gelbe masse" kämpfen, als Teil der gesamten Kriegsmaschinerie, als Verlängerungen des Körpers der "Stahlgestalten."

Als Ziel der Aktion "Kampf" der "soldatischen Männer" stellt Theweleit drei Wahrnehmungsidentitäten dar: entleerter Platz, blutiger Brei und Black out.

---

169 ..., die, würden sie zugelassen, auf eigene unkontrollierbare Anteile seines Innern zurückverweisen würden. Wie noch erwähnt werden wird, hängen diese Verunsicherungen mit dem Ich-Empfinden soldatischer Männer als aus der Masse herausragender organisierter Teil einer klar geordneten Einheit, z.B. des Heeres, der Nation etc. zusammen. Die Masse, von der sich der "soldatische Mann" absetzen will, wird von ihm verächtlich mit Begriffen wie "Schlamm, Schleim, Sumpf, Brei" bezeichnet. Theweleit schreibt zur Verunsicherung, die sich hieraus ergibt: "Das ist das Problem: geht man gegen Schlamm, Schleim, Brei mit der Waffe vor, tötet man sich, weil sie auch am eigenen Leib sind, da wo die eigenen Dämme zu bröckeln beginnen."*) Vgl.: Klaus Theweleit, "Männerphantasien", a.a.O., S. 180/190; *) Klaus Theweleit, "Männerphantasien", Bd. 1, a.a.O., S. 514 180/190

Gemeint ist - stark verkürzt formuliert -: erst wenn alles zu einem eintönigen "Brei" unter dem kämpfenden Mann versinkt, beziehungsweise wenn seine Aktion die Masse kontrolliert oder vielmehr vertrieben hat oder wenn er seine Besinnung vollends verliert, nimmt er sich als "Selbst" wahr. Diese Wahrnehmung ist jedoch, entsprechend der Phantasie von der "Stahlgestalt", in Abwehr innerer unbewußter, unkontrollierbarer Triebe rein äußerlich. Nicht Gefühle - gegenüber sich selbst und anderen - werden zugelassen, sondern lediglich die Beobachtung des eigenen Körpers in Aktion.

Zwei dieser Wahrnehmungsidentitäten schildert auch die Kampfdarstellung der *Lockvögel*. Die soldatischen Männer schlagen offensichtlich etwas zu Brei - hier liegt der Ursprung der Pudding-Metapher -, erst dann "beherrschen" "die männer" "das feld"; und am Ende bleibt nur "der mund", das Schlachtfeld zeichnet sich nun aus durch die Abwesenheit jeglichen Lebendigen, es erweist sich als "entleerter Platz", dem selbst noch die Töne abhanden gekommen sind, denn "der mund" ist "still."[170]

Mit der dritten angestrebten Wahrnehmung, die dem Soldatischen Mann zur Identität verhelfen soll, mit dem "Black Out", verbindet Theweleit vorausgehende körperliche Aktionen wie "Rasen, höchste Geschwindigkeit, Überdrehen, ...(sich und den anderen zum Platzen bringen)." Am deutlichsten verkörpert sich der offenbar angestrebte Geschwindigkeitsrausch in der völligen Identifikation mit Maschinenteilen, die am Kampf beteiligt sind.[171]

Die im Textbeispiel der *Lockvögel* zunächst lediglich als Teile einer abgegriffenen Ästhetik soldatischer Kampfdarstellung wahrgenommenen "Bewegungen" offenbaren unter diesem Gesichtspunkt einen sehr speziellen neuen Sinn. Sie schildern das Geschehen aus der Perspektive eines männlich-soldatischen Bewußtseins. Daß die Bombe "in steilem bogen" fliegt und "platzt", daß die "geschosse prasseln" und die "giftgasschleier" "wallen", ist Teil einer "Ästhetik der Kriegsmaschinerie." Für die sich als Rädchen im Getriebe dieser Maschinerie empfindenden soldatischen "männer" dieser Textsequenz zielt, will man Theweleits Verständnis solcher Darstellungen folgen, die dargebotene hektische Aktion auf die Befriedigung der Identitätswahrnehmung "Verausgabung bis zum Zusammen-

---
170 Klaus Theweleit, "Männerphantasien", a.a.O., S. 310/314
171 Ders.: ebd., S. 316

bruch" (Black Out) des Kämpfenden oder seines Gegners. Wie Theweleit weiter ausführt, liegt der Sinn des Kämpfens für den "soldatischen Mann" in der durch diese Wahrnehmungsidentitäten herbeigeführten Selbstwahrnehmung: "Das Geschehen des Krieges hat zum Zentrum den Mann, der es beschreibt, alles geschieht nur für ihn [...]"[172]

Mit vehementer Energie aus der selbstbeobachtenden Beschreibung soldatischer Schreibender ausgeschlossen wird jegliche Lustempfindung, denn diese würde das triebhaft Unkontrollierbare verkörpern, das das angestrebte Ich-Bewußtsein des Beschreibenden verunsichern könnte. Theweleit schreibt:

> Sie [die soldatischen Männer, VV] erleben sich [...] auch in dieser Situation nicht, sie registrieren sich. der Durchbruch erfolgt nicht zu einem Zustand intensiver Lust, sondern zu einem Zustand intensiver Selbstbeobachtung [...] (Ich töte, also bin ich. Ich sterbe, also war ich.) [...] Bei den soldatischen Männern [...] ist die Wahrnehmung der Sensation von der Empfindung selbst vollkommen abgespalten.[173]

Wie in den von Theweleit analysierten soldatischen Kampfesdarstellungen fehlt auch in der von Jelinek angebotenen (zitierten?) Kampfbeschreibung die empfindende Seite der Geschehensdarbietung, eine Wahrnehmung der Brutalität des Geschehens etwa, die sich als intensiv erlebte Gefühlsregung der handelnden und erleidenden Gestalt(en) äußern könnte. Zwar ist schon aufgrund des späteren Erscheinungsdatums der Analyse Theweleits kein direkter Bezug zwischen seiner Analyse der "Männerphantasien" und Jelineks *Lockvögeln* möglich, es ist jedoch aufgrund der Parallellen, die sich zwischen seinen Ergebnissen bezüglich des von ihm untersuchten Textmaterials beziehungsweise des von ihm untersuchten soldatischen Mannes und dem Text Jelineks ergeben, davon auszugehen, daß Kampfschilderungen wie diese in den *Lockvögeln* als typische Kampfdarstellungen aus der Sicht "soldatischer Männer" gemeint sind und so angeboten werden sollen.

Im Gegensatz zu dieser Art von Kampfschilderung bringt die Autorin als übergeordnete Instanz ihres Textes die 'Unmenschlichkeit' des Geschehens *und* dieser Art seiner Darbietung zum Ausdruck. Sie tut dies nicht diskutierend, sondern indem sie die Koch-Metapher scheinbar völlig deplaziert in die Kampfesschilderung einfügt. Daß diese Metapher aus dem traditionellen weiblichen

---

172 Ders.: ebd., S. 219
173 Ders.: ebd., S. 223

Lebenszusammenhang stammt und die weibliche Beschäftigung des Kochens einer Süßspeise nicht nur auf die Befriedigung eines primären Bedürfnisses, sondern auf den Verzehr als Genuß, Lust, zielt, während die triebverleugnende Darstellung des Kampfes die "Männerphantasie" bietet, ist mit Sicherheit kein Zufall.

Daß es der soldatischen Darstellung an Menschlichkeit mangelt, wird hier erst vermittels der Konzentration auf den auf friedliche Interaktion angelegten weiblichen alltäglichen Lebenszusammenhang und die lustvolle Seite menschlicher Existenz durch die Autorin herausgestellt. Jelinek bringt hier von der soldatischen Phantasie ausgesparte Aspekte weiblicher Realität zur Sprache, sie tut dies als Autorin innerhalb und gegen einen 'männlichen Text', der, wie Theweleits Ausführungen belegen, zum Gegenstand den Mann, seine Selbst-Projektion als "stahlharten Kämpfer" hat.

Indem sie das Kochrezept in die Kampfschilderung einfügt, verstößt die Autorin/Erzählerin Jelinek gegen eine wichtige Norm der Männerphantasien, wie sie in den soldatischen Schilderungen belegt sind, denn "Weibliches" gehört für den sich als "Stahlgestalt" phantasierenden Mann zu den vermeidungsstrategisch betroffenen Wirklichkeitsbereichen. Mit Ausnahme der Phantasie der aufopferungswilligen und -fähigen, sexuell reinen, d.h. unberührten Frau (zumeist die eigene Mutter oder die Schwester, manchmal die Krankenschwester, äußerst selten die - zukünftige - Ehefrau), wird "das Weibliche" von den soldatischen Männern - übrigens durchaus nicht im Gegensatz zu literarischen und ideengeschichtlich traditionellen Frauenbildern - mit Schwäche und (nicht nur moralischem) Schmutz identifiziert, die unter allen Umständen und mit allen Mitteln bekämpft werden müssen.

Der Einbruch des Kochrezeptes in die Kampfschilderung der *Lockvögel* führt deshalb nicht nur zu einer anschaulichen Beschreibung, sondern er entlarvt das Kampfgeschehen zugleich in seiner Gefühls- und Lustfeindlichkeit, indem er den 'unzulässigen' sinnlichen Aspekt der weiblichen Vorstellung des "Breischlagens" aus dem tabuisierten weiblichen Realitätsbereich der männlichen Metapher entgegensetzt.

In der zitierten Textfrequenz trifft zum einen die 'männliche' Tätigkeitsvorstellung des Kämpfens auf die weiblich besetzte Tätigkeitsvorstellung des Kochens und Nährens, zugleich trifft jedoch der literarisch der Norm entsprechende Text des soldatischen Mannes, die Kampfesschilderung, auf den der Norm entsprechenden Text für die Frau, das Kochrezept.[174]

Weder der 'männliche' noch der 'weibliche' Text für sich genommen können in dieser Textsequenz als sinnstiftend gelten. Sinnstiftend ist vielmehr erst der gegenseitige Bezug beider Texte aufeinander. In der Terminologie Julia Kristevas wären die Schilderungen beider Textbereiche einzeln, der Kampfschilderung *und* des Kochrezeptes, als ausschließlich zunächst phenotextliche Bereiche zu bezeichnen. Die durch die assoziative Verbindung erzeugte Ambivalenz, die im Übergang des einen phenotextlichen Bereiches mit seiner Vorstellung des Kampfes in den anderen Bereich entsteht, kann dann als Ausdruck eines sich in die Deutlichkeit des ersten phenotextlichen Bereiches drängenden Genotextes verstanden werden, der die aus der Sprache des soldatischen Mannes verdrängten triebhaften Anteile aus dem Text hervortreibt. Allerdings verfestigt sich der hier vom Zusammentreffen der beiden inkongruenten Sinnbereiche hervorgerufene semiotische Prozeß nicht in einer Beschreibung von Emotionen, sondern in dem sachlichen Kochrezept mit seiner klaren Vorstellung der Nahrungszubereitung. Dieser neue Teil des Phenotextes ist nun jedoch nicht mehr Text eines soldatischen Mannes, sondern Text einer Hausfrau.

Auch die aus diesem Kochrezept resultierende Sinnsetzung - der antagonistischen Stellung der weiblichen Tätigkeit gegen die männliche Tätigkeit etwa - ist offensichtlich instabil und kann nicht aufrechterhalten werden. In der diese Textsequenz abschließenden 'Verspeisungsphantasie' erfolgt eine völlige Verschränkung von Speisen und männlicher Vernichtungsphantasie, die die Auflösung auch der an das Kochrezept gebundenen Vorstellungen bewirkt.

Indem die soldatische Vorstellung des "Breischlagens" mit der hausfräulichen Vorstellung des "Breischlagens" zunächst zögerlich, dann mit zunehmender Intensität ineins gesetzt wird, wird nicht nur die Verdrängung von Empfindungen und Wahrnehmungen in der Kampfesschilderung durch den soldatischen Mann entlarvt, sondern zugleich auch die Naivität der Beschränkung von Glücksansprüchen auf den innerhäuslichen weiblichen Funktionszusammenhang deutlich, auf

---

174 Mitgedacht ist hier sowohl die grammatische Normalität wie auch die inhaltliche normative Funktion der Texte, die auf die Funktion des kämpfenden Mannes und der kochenden Frau zielt.

den die tips aus Frauenzeitschriften und Werbetexten Bezug nehmen. Denn die Nützlichkeit des Inhalts des 'Koch-tips' beschränkt sich ausschließlich auf die Funktionalität für den Lebensbereich des Haushalts, für die dargestellten soldatischen Realitäten ist er völlig belanglos. Er hat keinen Einfluß auf das gewalttätige Geschehen. Angesichts der im Text immer wieder in verschiedenen Varianten dargestellten Brutalität sind die 'tips' sinnlos, sie zielen auf einen anderen Lebensbereich, der die vorgeführte Gewalt nicht berühren und damit nicht beeinflussen kann. Aber sie sind auch nicht Ausdruck triebhaft ungeordneten Aufbegehrens gegen die männliche Triebfeindlichkeit, die im Prozeß der Sinnsetzung in der Ambivalenz zwischen Kampfschilderung und Kochrezept an die Textoberfläche drängte, sondern klar geordnete Handlungsanleitung, die nun ihrerseits die sinnlichen Aspekte des Dargestellten ausspart. Entlarvt wird so auch der Zynismus der tips, die ebenso wie die Kampfverherrlichung der soldatischen Kampfschilderung ungeignet sind für den Umgang mit außerhäuslicher Gewalt wie für den Umgang mit triebhaften Phantasien.

Wie gezeigt wurde, stellt Jelinek mit dieser Textsequenz, die beispielhaft für die Bedeutung der auf den weiblichen Lebenszusammenhang gerichteten 'tips' im Gesamtzusammenhang der *Lockvögel* betrachtet wurde, nicht nur die Unvereinbarkeit der unterschiedlichen 'männlichen' und 'weiblichen' Realitätsbereiche und -bezüge dar, sondern sie schafft jenseits dieser Bezüge mittels des beide Phenotexte unterwandernden Genotextes an ihren Berührungspunkten einen neuen Sinn, der gerade auf der Inkompatibiliät des Sinngehaltes der isolierten einzelnen Textbereiche aufbaut. Die 'tips' initiieren in den *Lockvögeln* einen Genotext, der sich in den Gewaltdarstellungen immer wieder subversiv einbrechend Raum verschafft. Unterschwellig verschafft sich hier ein Gegensatz zwischen weiblichen und männlichen Lebensbereichen Aufmerksamkeit, dem verschiedene Texte und gedankliche Muster entsprechen, deren Berücksichtigung zwar in Bezug auf den der realen Welt entlehnten Problemkomplex 'Gewalt' im Text keinen Einfluß nehmen kann, aber als Störfaktor gegen starre Muster in Gewaltdarstellungen durchaus aktiv werden kann.

Letztlich ergibt sich angesichts der in der angeführten Textsequenz dargestellten Gewalt die Unfähigkeit beider gedanklicher Umgangsweisen, also der soldatischen Beschreibung ebenso wie des 'tips' für den weiblichen Wirkungsbereich Haushalt, Gewalt und deren oder andere triebhafte Empfindungen zu fassen. Hierin liegt der neu erzeugte Sinn. Die Autorin als Verfasserin dieses Textes ist, in der Terminologie Kristevas, als Subjekt im Prozeß erkennbar, das sich gegen eine Affirmation beider von den phenotextlichen Bereichen gesetzten Sinnbereiche und deren Regeln wendet. Durch die subversive Verbindung beider Textbereiche thematisiert dieses Subjekt, daß die gedankenlosen sprachlichen Muster aus 'Männerphantasie' und Werbetext, die die reale Trennung der Lebensbereiche spiegelt, gleichermaßen unzulänglich sind, und eröffnet so, indem beide Bereiche 'zusammengedacht ' werden, neue sinnvolle Perspektiven.

Gewalt gegen Frauen

Bisher galt die Aufmerksamkeit dieser Überlegungen den Autorkommentaren sowie der von der Autorin gewählten Art, unterschiedliche Texttypen und -sequenzen montierend gegeneinander abzusetzen und ihre jeweiligen verborgenen Inhalte aufzudecken. Der Eingriff der Autorin in einen in sich geschlossenen Text mit klarem Phenotext, der als Fremdtext aus anderen Medien erkennbar ist, beziehungsweise die ironische Verfremdung des Gesagten durch die Autorin ist sichtbar und nachvollziehbar, obwohl die Autorin nicht offen diskutierend in den Text eingreift. Bei beiden Verfahrensweisen findet eine deutliche Auseinandersetzung statt nicht nur mit der Gewaltproblematik, sondern auch mit der Geschlechterproblematik. *Wir sind lockvögel baby!* bietet jedoch nicht nur durch Verschränkungen unterschiedlicher, zuweilen 'männlicher' und 'weiblicher', Textpartien Gelegenheit, die im Text dargebotene Gewaltproblematik mit der in ihm ebenfalls dargebotenen Geschlechterproblematik zusammenzudenken.

Im Text finden sich unzählige Beispiele für "Männerphantasien", die der betrachteten 'Kampfszene' gleichen. Im Unterschied zu dieser richtet sich die dargestellte Gewalt oft nicht gegen andere Kämpfende, sondern gegen bestimmte Frauentypen, sodaß in diesen Gewaltdarstellungen Gewalt gegen Frauen als eine näher spezifizierte Form von Gewalt direkt zum Ausdruck kommt. Beim Vergleich der in den *lockvögeln* verwendeten Frauentypen mit den von Theweleit erarbeiteten Erkenntnissen zur Typisierung von Frauengestalten in dem soldatischen Textmaterial der Freikorpsliteratur lassen sich Parallelen feststellen, die eine gezielte kritische Verwendung 'männlicher Frauenbilder' durch die Autorin der *Lockvögel* nahelegen. Hier wie dort sind Prostituierte, untreue Geliebte, 'Eurasierinnen', 'Exilgräfinnen', um nur einige zu nennen, als typisierte Gestalten Gegenstand der Gewalt von Männern. Wie in den von Theweleit untersuchten Texten bildet auch in den entsprechenden Textabschnitten der *lockvögel* der Ausschluß des Weiblichem als des Schwachen, seine Verdrängung auch in Form der in der Fiktion dargebotenen Tötung der typisierten Frauengestalt nur einen Teilbereich der Gewaltphantsie an sich, aus der der gewaltausübende Mann sein Ich-Bewußtsein, die imaginierte Stärke ableitet.

Zumeist verfährt die Autorin in Gewaltdarstellungen dieser Art, in denen physische Gewalt von Männern gegen Frauen dargestellt wird, in ähnlicher Weise wie in der diskutierten 'Kampfszene', indem sie die "Männerphantasie" gegen die 'Frauenrolle' absetzt. Die Frauenrolle, die am häufigsten kontrastierend zur Entlarvung der männlichen Gewalt eingesetzt wird, ist die des schweigend duldenden Opfers, dessen passives Dulden und dessen völlige Wehrlosigkeit den Eindruck der Gewalttätigkeit der Aktion des Mannes verstärkt. Stilistisch erfolgt die Gegenüberstellung von männlicher Gewalt und weiblicher Wehrlosigkeit entweder in Form von - fingierten - Zitatverschränkungen, wie wir sie am Beispiel der Kampfszene mit dem eingefügten Kochrezept kennengelernt haben, oder auch, indem den Opfern der Gewalt erschreckend wenig und damit im Rahmen des Gesamttextes betont wenig Aufmerksamkeit zuteil wird, der Text die weiblichen Opfer also in demonstrativer Absicht ebenso ignoriert, wie ihre Peiniger dies tun.

Das folgende Textbeispiel, das die Gefühllosigkeit, mit der den Opfern durch die Erzählinstanz begegnet wird, exemplarisch demonstrieren mag, zeigt Dunja, "die alte russische exilgräfin", nach einem gewaltsamen Überfall. Die Grausamkeit des Dargestellten wird nicht vermittelt, sondern in der einem Comic-strip gleichenden Darstellung verschüttet; was bleibt ist die Ignoranz gegenüber der Gewalttätigkeit:

eben taucht rechts ganz rechts dunja wieder im bild auf die alte russische exilgrafin. der maskierte fledermaus/mensch sieht sie scheel an wie sie auf dem hotelbett kniet von wütenden messerhieben eines fanatikers eines politischen fanatikers aufgeschlitzt wie der kenner sofort feststellt. sie scheint selbst noch nichts gemerkt zu haben denn sie stopft wie wir sehen eilig sommergarderobe in den schrankkoffer.[175]

Die folgenden Überlegungen beschäftigen sich eingehender mit der Verschränkung von Geschlecht- und Gewaltdiskussion in Jelineks *lockvögeln*, wenden sich jedoch nicht den erwähnten "Männerphantasien" und dem Umgang der Autorin mit ihnen zu, deren Funktion und Wirkungsweise in ihrer Ähnlichkeit mit der 'Kampfszene' hinreichend erläutert sein dürften. Im Mittelpunkt soll nun vielmehr eine weitere Verfahrensweise der Autorin stehen, die sich weniger mit konventionellem Gedankengut und trivialen Textvorgaben auseinandersetzt und sich stattdessen aus der individuellen Perspektive der Autorin als Folge der Auseinandersetzung mit diesem Thema entwickelt.

Indem der Text neben der Auseinandersetzung mit männlichen Gewaltphantasien hier Gewalt gegen, aber auch Gewalt durch Frauen phasenweise ausgesprochen ausführlich darstellt, thematisiert die Autorin ausdrücklich den Zusammenhang von Gewalt- und Geschlechterproblematik als besonderen Themenkomplex, der nicht nur aus der Textstruktur und den stilistischen Besonderheiten des Textes ableitbar ist, sondern ausdrücklich als solcher zur Darstellung gelangt. Zugleich wird mit der durch die ausführliche Darstellung gewonnenen Konkretisierung der Zusammenhang 'Frau und Gewalt' im Gesamttext der *Lockvögel* aus der Bindung an 'Männerphantasien' gelöst, innerhalb derer Gewalt gegen Frauen immer nur *eine von vielen* gleichförmigen Möglichkeiten der handelnden männlichen Gestalten darstellt, sich kämpfend (tötend) unter Beweis zu stellen.

Die folgende 'Vergewaltigungsszene' zeigt ein Beispiel für eine solche konkretisierende Darstellung von Gewalt gegen Frauen, das die Gleichförmigkeit der Männerphantasien durchbricht und Gelegenheit bietet, sich dem Thema auf *andere* Weise zu nähern.[176] Indem die Thematik der Gewalt zwischen den Geschlech-

---

175 Elfriede Jelinek, lockvögel..., a.a.O., S. 29
176 Ich bezeichne die hier geschilderte Szene als "Vergewaltigung", um den "unzeitgemäßen" feministischen Aspekt der Schilderung der Gewalttätigkeit des dargestellten Geschlechtsverkehrs zwischen den Ehepartnern hervorzuheben. Von "Vergewaltigung" im juristischen Sinne zu sprechen, wäre anachronistisch, da zum Entstehungszeitraum des Textes Vergewaltigung in der Ehe nicht als strafbares Delikt galt. Der Tatbestand der Vergewaltigung setzt voraus, daß kein Einverständnis zwischen Täter und Opfer besteht, dieses wurde jedoch bis in die achtziger Jahre in den westlichen Industriegesellschaften als durch die Eheschließung garantiert betrachtet. Die resultierende Vorstellung der

tern sich hier nicht auf den Rahmen einer "Männerphantasie" beschränken läßt, sondern die Wiedergabe von Gewalt gegen Frauen eine spezifische, auf den weiblichen Alltag gerichtete Ausführung annimmt, erhält der Zusammenhang von Geschlechter- und Gewaltthematik einen gesonderten Stellenwert im Text, der für unsere Frag nach dem Weiblichen und der weiblichen Identität in Jelineks *lockvögeln* von besonderem Interesse ist.

Die Vergewaltigung der Hausfrau

Wieder geht es um den innerhäuslichen Lebensbereich, und wie in den 'tips' des Textes bieten Aufgaben der Hausfrau Einblick in den alltäglichen weiblichen Lebenszusammenhang, der hier in seinen Verantwortungsbereichen Ernährung, Kinderaufzucht, Gewährleistung von sozialer und sexueller Interaktion zur Darstellung gelangt. Mit der Darstellung einer Vergewaltigung schiebt sich ausdrücklich die *Verschränkung* von Gewaltausübung und Geschlechtsrollenverteilung in der modernen Familie in den Mittelpunkt der Aufmerksamkeit:

die hausfrau wird unerbittlich sosehr sie auch winselt vom mann und den kindern zuhause und vom büro und dem essen auf dem herd in den schraubstock von ottos beinen benommen geknackt und entmarkt. der stoss reisst sie von den füssen. wie vom blitz getroffen sinkt das bündel mensch lautlos in sich zusammen. aus ist es mit dem kindergebären. so schnell geht das manchmal.[177]

---

grundsätzlichen sexuellen Verfügbarkeit der Ehefrau vereitelte und vereitelt in einigen Jurisdiktionen bis in die heutige Zeit jegliche Ansätze, vergewaltigende Ehepartner strafrechtlich zu verfolgen.
Sicherlich verweist diese 'Vergewaltigungsszene' jedoch darauf, daß der Tatbestand der Vergewaltigung in der Ehe dennoch vor der Gesetzgebung gesellschaftlich als Tatbestand empfunden wurde. Einige frühe und grundsätzliche, sehr engagierte Überlegungen finden sich bei Susan Brownmiller, die in ihrer feministischen Studie "Against our Will" bereits 1975 die Einführung von Gesetzen zur Verfolgung ehelicher Vergewaltigung forderte. Vgl. Susan Brownmiller, "Against Our Will. Men, Women and Rape", New York 1975
Eine detaillierte und fundamentale soziologische Analyse von Vergewaltigungen in ehelichen Gemeinschaften findet sich in der amerikanischen Untersuchung von Davis Finkelhor und Kersti Yllo. Diese Untersuchung deckt mit den von ihr durchgeführten Interviews betroffener Frauen und Männer und ihrer klaren Trennung der einzelnen involvierten Aspekte dieses Gebiet überzeugend ab und eignet sich zur einführenden Information. Vgl. David Finkelhor und Kersti Yllo, "License To Rape. Sexual Abuse of Wives", New York 1985

177 Elfriede Jelinek, lockvögel, a.a.O., S. 34

Obwohl sich beim Lesen Blickfeldverschiebungen bezüglich des konkret geschilderten Inhalts dieser Textpassage einstellen, kommt dennoch kein Zweifel auf über die hier zugrundegelegte Ausgangshandlung, es geht um die Vergewaltigung einer "hausfrau" durch ihren Ehepartner, am deutlichsten formuliert in der Metapher vom "schraubstock von ottos beinen."

Während die Beschreibung des Angriffs auf die Frau die erste Hälfte der Textsequenz beansprucht, beschreibt die zweite Hälfte der Sequenz den Zusammenbruch der Frau, konstatiert die für die Familie relevanten Folgen und endet in der lakonischen Feststellung "so schnell geht das manchmal." Dieser formalen Darbietung der Szene entspricht die inhaltliche.

Erkennbar ist eine anfängliche Gedrängtheit des Geschehens, die sich zunehmend verflacht, sodaß die gesamte Darbietung als Antiklimax erfolgt. Im ersten Satz drängen sich die unterschiedlichen Eindrücke in sich überschlagender Geschwindigkeit. Das gesamte Vergewaltigungsgeschehen wird in diesem einen Satz geschildert. Während auch in der anschließenden Beschreibung der Folgen des Gewaltausbruches noch atemlose, wenngleich schon nicht mehr sprachlose, Spannung vorherrscht, denn die Frau wird von den Füßen "*gerissen*" und sinkt "*wie vom blitz getroffen*" in sich zusammen, ist der Abschluß der Szene ernüchternd sachlich gestaltet. Die Erzählerin beschränkt sich nun auf den sachgerechten Hinweis bezüglich des Verlustes der Funktion 'Gebärfähigkeit' der Hausfrau, um dann die Darstellung mit der knappen Floskel "so schnell geht das" ohne Umschweife zum Abschluß zu bringen.

Auch die formale Wahl der Passivkonstruktion zur Wiedergabe des Geschehens findet ihre inhaltliche Entsprechung im Text. Die Autorin greift hier die Bezeichnung 'Leideform' doppelsinnig auf, überträgt sie auf die inhaltliche Ebene ebenso wie auf die formale Ebene des Textes und erreicht mit diesem Vorgehen zweierlei Übereinstimmung: Erstens ist die Frau passiv Erleidende, der etwas widerfährt, der Mann, die Kinder, aber auch die Umstände, das Büro und das Essen auf dem Herd sind die Agenzien, dies entspricht der formalen Gestaltung der Darstellung; aber sie ist auch Leidende, die Bezeichnung für die Form findet sich hier auf den Inhalt übertragen wieder.

Obwohl der beschriebene inhaltliche und formale Aufbau der Textsequenz zeigt, daß diese Vergewaltigungsszene den Wahrnehmungen der Frau während des

Geschehens nachgebildet ist,[178] bietet die Autorin hier dennoch keinen direkten Einblick in die psychologische Verfassung des Opfers. Sie begnügt sich jedoch auch nicht mit der bloßen linearen Schilderung des äußeren Geschehensablaufes, sondern entblößt die Brutalität des Geschilderten mittels ihrer spezifischen Schreibweise, die wiederum Rückschlüsse auf ihre besondere Perspektive zuläßt.

Auffällig ist die grammatikalische Struktur des ersten Satzes: In den grammatikalisch logischen Text - "die hausfrau wird unerbittlich sosehr sie auch winselt vom mann ...zuhause ... geknackt und entmarkt" - schleichen sich genotextliche Alternativen und Denkanstöße ein, die den Text auseinanderbrechen. Die Mißhandlung wird zunächst als durch den "mann" ausgeführt dargestellt. In diesen Bezugsrahmen gehört die Metapher des "schraubstocks von Ottos beinen", die dem Präpositionalgefüge "vom mann" sofort seine menschliche Bedeutungsebene raubt und die Vorgangsbeschreibung auf den technischen Aspekt des Geschehens einengt. Das zu der Wendung vom "Schraubstock" grammatikalisch logische Perfektpartizip "genommen" wird durch die Veränderung des anlautenden Konsonants zu einem die Folge der Mißhandlung beschreibenden Adjektiv, das grammatikalisch unzusammenhängend ist, sich auf der Inhaltsebene jedoch als durchaus stimmig erweist, denn die "hausfrau" ist von der "unerbittlich"en Mißhandlung "benommen."

Die alternativ angebotenen Präpositionalgefüge "vom mann und den kindern", "vom büro" und "vom essen auf dem herd" beleuchten verschiedene Funktionsbereiche des alltäglichen weiblichen Lebenszusammenhanges. Daß die unterschiedlichen Teilbereiche dieses Alltags mittels der Reihung in grammatikalisch

---

178 Die beschriebene "Überrumpelung" durch die zusammengedrängten Eindrücke zu Beginn, der anschließende Zusammenbruch und die nüchterne Feststellung des Geschehenen sowie seiner Folgen und sicher auch die abschließende Gefühlsverweigerung sprechen für sich selbst. Susan Brownmiller zeichnet in ihrer Untersuchung Verläufe von und Reaktionen auf Vergewaltigungen nach; die Ähnlichkeit dieser realen Beispiele für Vergewaltigungen mit dem hier von Jelinek fiktiv erzeugten Ablauf des Geschehens ist unübersehbar. Besonders eindrucksvoll gestaltet sich eine Durchsicht von Brownmillers Interviews mit vergewaltigten Frauen. In diesem Zusammenhang aufschlußreich ist auch Davis Finkelhors und Kersti Yllos soziologische Studie, der fünfzig Interviews mit von ihren Ehemännern vergewaltigten Ehefrauen zugrundegelegt sind, die in detaillierten Schilderungen Eingang in die Studie finden.
Vgl.: Susan Brownmiller, "Against Our Will...", a.a.O., insbesondere Kapitel 11 ff, S. 347ff; vgl. weiter: David Finkelhor und Kersti Yllo, "License To Rape...", a.a.O.

logischer Anordnung formuliert werden, unterstreicht ihre Zusammengehörigkeit, ihre Gleichzeitigkeit und Gleichwertigkeit im weiblichen Lebenszusammenhang. Trotzdem unterbricht jede einzelne dieser Formulierungen den gerade begonnenen Gedankengang, indem er einen völlig neuen Sinnzusammenhang herstellt, dem sich anschließend sowohl der Hinweis auf das stille Dulden des Opfers als auch der Hinweis auf den Verlust der biologischen Funktion "kindergebären" einfügen.

In der ersten Hälfte dieser Textpassage gelangt durch das Aufbrechen der Satzstruktur und der Sinnformation nicht nur die physische Vergewaltigung der Hausfrau, sondern ebenso ihre psychische Überforderung durch innerhäusliche Pflichten zum Ausdruck. Handelnde sind der Mann, die Kinder und, in der Personalisierung dargeboten, das "Essen auf dem Herd", das "Büro", denen die Frau als wehrloses und passives Opfer ausgesetzt ist. Die hier angesprochenen verschiedenen Zuständigkeitsbereiche der Frau im Haushalt, die Aufzucht der Kinder, die Nahrungszubereitung, aber auch der zunächst unpassend erscheinende Sinn-Komplex "Büro" tragen hier gleichwertig zu der Vernichtung der "hausfrau" bei. Obwohl nicht deutlich formuliert ist, ob die Bezeichnung "Büro" die vom Mann in den innerhäuslichen Lebensbereich gebrachten und an die Frau herangetragenen Belastungen aus seinem Büroalltag meint oder ob es sich um einen Hinweis auf eine Doppelbelastung der "hausfrau" durch Haushalt und Erwerbsarbeit handelt, erweitert dieser Hinweis unabhängig von einer entsprechenden Festlegung die Reihe der Aufzählungen innerhäuslicher Belastungen um die Überschreitung der Privatheit, denn er bezieht das außerhäusliche Arbeitsgebiet als Störung familiärer Harmoniebestrebungen in die Darstellung ein. Es entsteht der Eindruck der 'allseitigen Vergewaltigung' der Frau durch die sie umgebenden Personen und durch die an ihre Person geknüpften Rollenerwartungen. Die so erfolgende Reduktion des gewählten Charakters "hausfrau" auf ihre bloßen innerfamiliären Funktionen führt in der anschließenden Textpassage dazu, daß die Darstellung der Folgen sich auf den Verlust ihrer Gebärfähigkeit als eines bloßen Funktionsverlustes beschränken kann, um die schlimmsten Folgen innerhalb dieser Welt 'innerfamiliärer Funktionalität' zu bezeichnen. Gleichzeitig mit dieser Begrenzung geht jedoch eine Blickfelderweiterung vor sich. Die Schuldzuweisung für das Leiden der Frau wird vom 'mann' auf ihr soziales Umfeld und auf die in sie gesetzten Erwartungen verschoben. Das Interesse ist hier offensichtlich nicht mehr, den individuellen 'Mann' als Täter zu entlarven, sondern es geht um die sozio-psychologischen Bedingungen des Hausfrauendaseins.

Der zitierte Textausschnitt enthält all diese Denkansätze, ohne sie jedoch direkt auszuführen. Stattdessen finden sie sich in der für die *lockvögel* typischen sperrigen Komprimierung unterschiedlicher Aussagen auf engstem Raum. Sie schwingen unterhalb der Textoberfläche mit und sind Ausdruck eines sich punktuell an die Oberfläche des Textes drängenden Genotextes, der sich in der Auflösung der grammatikalischen Textstruktur des Phenotextes manifestiert. Daß der Genotext in der zitierten Textstelle offenbar soviel Sprengkraft für den Phenotext enthält, daß er ihn fast völlig zerstört, läßt darauf schließen, gleichzeitig mit der Thematisierung innerfamiliärer physischer Gewalt gegen Frauen komme ein stark emotional besetzter Problemkomplex zum Ausdruck, der sich verbal nicht erfassen lasse. Was sich hier Geltung verschafft, sind mythisierte Vorstellungen vom innerhäuslichen Glück - wie sie im Text der *lockvögel* in den bereits betrachteten 'tips' sowie in in den Text willkürlich eingefügten formelhaften Aussagen zum "trauten Heim" wie beispielsweise der folgenden: "GLÜCK und GEBORGENHEIT: nur die familie kann es geben"[179] vertreten sind -- und *zugleich* auch ihr von der Autorin mitgedachter Widerspruch, das den in den Kommentaren und 'tips' angesprochenen weiblichen Lesern aus der realen Welt mit ihren "grausamkeiten [...] oder mit schweren problemen"[180] bekannte Problem der Überforderung der Frau durch Haushalt, Küche, Kinder, männliche Herrschaftsansprüche wie auch unkontrollierbare außerhäusliche Einflüsse.

Trotz seiner Nicht-Formulierbarkeit vermag es dieser Problemkomplex, der im Text nur einmal, in der nüchternen Formulierung "für die moderne frau gibt es keine 40 stunden woche und keinen ruhestand"[181], ansatzweise verbal ausformuliert Eingang in den Gesamttext findet, als Ursache der genotextlichen Verstümmelung des Phenotextes die Stärke des Gefühls der ohnmächtigen Sprachlosigkeit angesichts der vielfältigen 'Vergewaltigung' der "hausfrau" zu vermitteln. Es ist der Kunst der Autorin zugute zu halten, sich nicht vollends von der Sinnzerstückelung

---

179 Elfriede Jelinek, lockvögel, a.a.O., S. 107
180 Wie sie im 10. Kapitel der "Lockvögel" benannt wurden. Elfriede Jelinek, lockvögel, a.a.O., S. 30
181 Elfriede Jelinek, lockvögel, a.a.O., S. 115

mitreißen haben zu lassen, sondern einen dem Phenotext und dem Genotext angemessenen grammatisch logischen und semantisch stimmigen Abschluß der Textsequenz in der Formulierung der Verben "geknackt und entmarkt" gewählt zu haben, sodaß in dieser Textpassage trotz der vehementen 'Störungen' Sinn erzeugt wird.

Mit der Thematisierung ehelicher Sexualität, innerfamiliärer Gewalt und mit der Thematisierung der Überforderung von Hausfrauen setzt sich Jelinek in den *Lockvögeln* mit Themen auseinander, die seit dem Beginn der Zweiten Frauenbewegung sowohl die feministische Frauenliteratur als auch feministisch orientierte soziologische und/oder historische Studien beschäftigt haben.

Im Vergleich zur populären Frauenliteratur der 70er Jahre fällt zunächst auf, daß hier nicht Erfahrungen einer Ich-Erzählerin als personalisierter Report weiblicher Befindlichkeiten wiedergegeben werden, sondern generalisierte Kenntnisse des weiblichen Alltags. Es scheint deshalb auf den ersten Blick die persönliche Betroffenheit der weiblichen Perspektive zu fehlen, die diese feministischen Texte auszeichnete. Über das bloße Sprachspiel, das zeitgenössische Kritiker dem Text zugestanden, gehen die 'Lesestörungen' in den *Lockvögeln* jedoch weit hinaus. Sie sind feministisch motiviert und emotional involviert, denn owohl sich die Erzählerin des Textes nicht als personalisierte engagierte Erzählerin in den Text einbringt, ist ihre spezifische Perspektive allgegenwärtig. Diese Perspektive kommt im Genotext zum Tragen, der sich als ständiger Widerstand gegen normierte Erwartungen und Vorstellungen erweist und der vor allem aus der in der Konsequenz emanzipatorischen Auseinandersetzung mit Weiblichkeits- und Männlichkeitsvorstellungen und -rollenerwartungen gespeist wird.

Jelineks Roman *wir sind lockvögel baby!* ist weder ein auf Authentizität angelegter Erfahrungsbericht über den weiblichen Alltag, wie er in der populären Frauenliteratur seit 1975 vorkommt, noch ist er ein Text, der sich mit der Frage nach der weiblichen Identitätsfindung als einer zentralen psychologischen Fragestellung beschäftigt. Im Gegensatz zu der letzteren Möglichkeit, zu der etwa der im Verlaufe der Achtzigerjahre von der feministischen Forschung als früher feministischer Text gewertete Roman *Malina* von Ingeborg Bachmann gerechnet werden kann oder auch *A Room of Her Own* von Virginia Woolf, stehen Fragen nicht nach der weiblichen Psyche, sondern nach den sozio-politischen Aspekten des weiblichen Alltags im Vordergrund. Die Frauenfrage findet Eingang in den Text als individuelle Perspektive der Autorin - in ihrem Widerstand gegen die von ihr dargebotene Darstellung vielfältiger Gewalt im weiblichen Lebenszusammenhang -, die sie nicht diskutiert, sondern im und gegen den Text exerziert.

Eine Zwischenbetrachtung:

In Anbetracht des Umstandes, daß sowohl die populäre Frauenliteratur mit ihrem Zugriff auf weibliche Alltagserfahrungen als auch die meisten feministischen Studien zur Frau in Geschichte und Gesellschaft erst im Kontext späterer öffentlich geführter Debatten um die Frauenfrage entstanden, während Jelineks *lockvögel* noch vor dem massiven Einsetzen der Frauenbewegung wie vor der Entstehung der populären Frauenliteratur entstand, erscheint ein Vergleich zunächst unangebracht. Dennoch ist es für das Verständnis des Textes wichtig zu erkennen, daß dieser Text äußerst sensibel mit Weiblichkeitsdarstellungen verfährt und ein komplexes und widersprüchliches Verständnis dessen vermittelt, was als 'weiblich' angeboten wird. Und es ist ebenso wichtig, festzustellen, daß sich die Autorin der *lockvögel* trotz ihres Aufbegehrens gegen normierte Geschlechtsrollen und gegen normierte Texte 'nur für den mann' beziehungsweise 'nur für die Frau' und gegen strukturelle und körperliche Vergewaltigung von Frauen - alles durchaus Themen, die aus der zurückschauenden Perspektive getrost als feministisches Engagement gewertet werden können - offenbar weigert, Vorstellungen eines naturgemäß positiven Weiblichen gegen Vorstellungen eines naturgemäß negativen Männlichen unhinterfragt anzubieten. Ihre Schreibweise aus weiblicher Sicht bezieht sich auf die realen Gewaltverhältnisse, besonders auf die Geschlechtsrollenerwartungen, aber sie beschreibt nicht das Entweder-Oder, sondern das Weder-Noch.

Hauptgegenstand des Textes ist sicherlich nicht eine Diskussion weiblicher Lebenzusammenhänge und auch nicht die Entlarvung traditioneller Weiblichkeitsvorstellungen und Weiblichkeitsmythen allein. Auch wird keine Definition für 'Weiblichkeit' angeboten beziehungsweise versucht. Wie gezeigt wurde, spricht die Autorin der *lockvögel* punktuell dennoch durchaus emanzipationsrelevante Thematiken an und vertritt Positionen, die auch denen der Autorinnen späterer feministischer Untersuchungen sehr ähnlich sind. Ihre weitgehend unpersönlichen, de-personalisiert und de-psychologisiert gestalteten Einlassungen zu innerfamiliärer Gewalt, zur Geschlechtsrollenverteilung, zu Weiblichkeitsmustern in den Massenmedien und zur Überforderung der Hausfrau bieten Einblick in die zeitgenössische Lage der Frau in der realen Welt, auf die sich der Text ausdrücklich bezieht[182]. Da die hier angesprochenen Problematiken auch in den feministischen Diskussionen der frühen feministischen Sachliteratur erörtert werden, liegt es nahe, sie im Kontext der Tatsache zu betrachten, daß die Erörterung von Weiblichkeit in den *lockvögeln* und die besondere Sichtweise der Autorin bei der Auseinandersetzung mit den Begriffen 'männlich' und 'weiblich', sei es als Auseinandersetzung mit Normen sozialer oder mit Normen literarischer Art, Ausdruck ihres In-Der-Welt-Seins sein dürften in einer Zeit, in der das Klima, das heißt, die Möglichkeiten und das Bedürfnis für Frauen gegeben waren, diese Thematik neu zu überdenken und die traditionellen Vorgaben zu verwerfen.

Die *lockvögel* lassen sich so als Dokument der Zeitgenossenschaft Jelineks mit den beginnenden Widerständen von Frauen gegen Rollenfestlegungen, Fremdbestimmtheit und Unterdrückung gegen Ende der Sechzigerjahre lesen. Da die Autorin darauf besteht, daß die im Text dargestellten Problematiken ihrer und der Realität des Lesepublikums entstammen, muß davon ausgegangen werden, daß sie diese Bedingtheit weiblicher Existenz als real vorstellt und zugleich voraussetzt, sie sei für ihr Lesepublikum ebenso als real wiedererkennbar. Während die feministischen Studien der frühen Frauenbewegung jedoch bei allem Engagement um Faktizität bemüht sind, um Ursachen und Wirkungen zum Zwecke anschließender Entwicklung konkreter Einschätzungen beziehungsweise feministischerseits üblicher Handlungsvorgaben klar bezeichnen zu können, findet in der literarischen Fiktion der *lockvögel* eine Vermischung der unterschiedlichsten Fakten des weiblichen Lebenszusammenhangs statt, die komplexere Aussagen entsachlichen. Dies wirkt einer Trennung der einzelnen angesprochenen Problematiken voneinander entgegen, die für eine faktische Darbietung mit Ursachen und Wirkungen einzelner Problematiken notwendig wären. Die literarische Verfahrensweise Jelineks sorgt dafür, daß in der Tiefenstruktur des Textes eine solche Sachlichkeit zugunsten der Vermittlung des individuellen Betroffenseins einer außerhalb des Oberflächentextes

---

[182] s.o., Teil III, Kap. 3.2.1.

angesiedelten Autor*innen*instanz fehlt. In diesem Sinne kann der Text als Dokument weiblichen Protestes gelesen werden: als individuelles Aufbegehren gegen reale Unterdrückung und (Massen-)mediale Vereinnahmung von Frauen, die nur dann greifen kann, wenn eine Übereinstimmung mit dem Lesepublikum über den Bezug auf die Realität erzielt wird. Daß hier die Norm 'Weiblichkeit' nicht erörtert werden muß, sondern immer bereits verweigert ist und nur durch die Störung hindurch geschlossen werden kann, weist darauf hin, daß für das Lesepublikum und die Autorin ein grundsätzlicher, wenn auch erst rudimentärer Konsens darüber besteht, daß hier ein Umbruch im Verständnis dieser Normen im Gange ist, daß zudem dieser Umbruch sich auf die Realität bezieht, oder mit der Terminologie Kristevas formuliert, daß hier eine Korrellation von poetischem Text Jelineks und gesellschaftlicher Praxis und gesellschaftlichem Diskurs über sie festgestellt werden kann. Die gesellschaftlichen Normen und der Diskurs über das Weibliche und die Rolle der Frau in der Gesellschaft sind nicht starr festgefügt, unhinterfragbar, sondern sie befinden sich im Wandel, in den dieser Text sich einfügt. Nur unter dieser Voraussetzung nämlich wäre - um innerhalb der Schlußfolgerungen Kristevas zu bleiben - die implizite Kritik an traditionellen Weiblichkeitsvorgaben und die weibliche Identität der Verfasserin, die sich darin manifestiert, daß sie beständig neu formiert werden muß, wenn Gewalt-und Geschlechtsdarstellungen zusammentreffen, vermittelbar.

Den Text aufgrund seiner Auseinandersetzung mit dem Weiblichen 'feministisch' zu nennen, wäre im Anspruch des gesamten Textes jedoch überzogen. Allenfalls läßt sich eine kritische individuelle Haltung der Autorin gegenüber jeglichen Klischees traditioneller (z.B. männlicher Phantasien zur Natur der Frau, wie sie von Prokop als aus dem Kontext aufklärerischer Ideale des 18. Jahrhunderts entstammend hergeleitet wurden[183]) ebenso wie zeitgenössischer (z.B. Weiblichkeitsbildern und -vorstellungen aus Werbetexten, Frauenzeitschriften, trivialer Literatur und soldatischer Literatur) Art über 'das Weibliche' feststellen, die, gemeinsam mit dem offensichtlichen Aufbegehren gegen eine literarische Funktionalisierung des Weiblichen als bloßem Gegenpol des Männlichen, für eine beständige Störung sich verfestigender Aussagen über 'das Weibliche' im Text

---

183 Ulrike Prokop, "Weiblicher Lebenszusammenhang...", a.a.O.

sorgt und dazu anregt, die den einzelnen Textsequenzen zugrundegelegten Konzepte dessen, was 'weiblich' beziehungsweise 'männlich' ist, kritisch und wiederholt zu hinterfragen.

Der Vatermord

Ein weiteres Textbeispiel für die Verbindung von Gewaltthematik und Geschlechterthematik im Text bietet sich an in Form mehrerer Kapitel, die in leicht variierter Weise wiederholt die Ermordung eines Vaters durch seine Tochter und deren Geliebten darstellen.[184] Das besondere Gewicht der textlichen Darbietung wie auch der hier angestellten Überlegungen liegt auf der Tatsache, daß hier die physische Gewalt von der Frau ausgeht und das Opfer ein Mann ist. Die dritte am Geschehen beteiligte Gestalt, der Geliebte der Tochter, nimmt eine, je nach Variante leicht veränderte, untergeordnete Rolle im Gesamtgeschehen ein.

Die in den Kapiteln 15, 36 und 45 auf dreierlei Weise erzählte Episode ist von besonderem Interesse für die hier angestellten Überlegungen, da sie eine offenkundige Parteinahme der Autorin für die weibliche Figur, die Täterin, enthält, aus der sich weitere Konsequenzen für die Beurteilung der Verbindung von Gewalt- und Geschlechterthematik in den *lockvögeln* ergeben.

Die Grundzüge der dargebotenen Handlung dieser Episode bleiben in allen drei Versionen gleich: Ein vierzehnjähriges schwangeres Mädchen, "maria", überredet ihren zwanzigjährigen Freund, "o.", ihren alten Vater zu erschießen, einen ehemaligen Kriegsteilnehmer, der jahrelang in Kriegsgefangenschaft verbracht hat. Da der Vater nach dem auf ihn abgefeuerten Schuß zwar verwundet ist, aber noch lebt, wird er zunächst von dem jungen Mann und schließlich von der jungen Frau zu Tode geprügelt. Das Motiv für den Mord liefert stets der Wunsch des Mädchens, sich von den Verboten des Vaters, vor allem bezüglich der Fortsetzung

---

[184] Es handelt sich hierbei um die Kapitel 15, 36 und 45. Kapitel 15 ist betitelt "wenn wir den vater umbringen", Kapitel 45 "bereits morgens um 5 uhr (schluss)" und Kapitel 36 "8.folge erika erschlug den vater otto erschoss den freund." Die Wahl des Namens "erika" anstelle von "maria" für die Überschrift erscheint willkürlich, da sie im Text selbst keine Rolle spielt. Vgl.: Elfriede Jelinek, "wir sind lockvögel baby!", a.a.O., S. 41-43; 157-160; 119-123.

des Liebesverhältnisses mit o., und von der aufdringlichen physischen Allgegenwart des Vaters zu lösen, um dann mit dem Freund ungestört sein zu können.

Die Autorin beschränkt die erste Version dieser Episode (Kap. 15) auf die Schilderung von Plan und Ausführung des Verbrechens einerseits und auf die Darbietung[185] der Wohnung von Vater und Tochter andererseits. Das Kapitel beginnt mit dem Hinweis auf die aktive Rolle des Mädchens beim Planen des Mordes. Maria schlägt die Tat vor, *sie* beschafft Waffe und Munition. Anschließend wird auf einen erst in der zweiten Version - elf Kapitel weiter - erklärten Teilaspekt der Handlung eingegangen, die beiden Täter "hausen in selbstgegrabenen erdhöhlen immer auf der flucht" vor Eindringlingen in ihr Liebesleben.[186] Die Wohnung des Vaters wird gemieden, denn dort geben seine 'verfaulten', "verotteten unterhosen armeejacken stiefel[...] knobelbecher[...] lodenmäntel [...] lederhosen wadstutzen socken unterleibchen schnürriemen" in einem "bodenlosen haufen" mit "modernen anzügen hemden vorkriegsschlipsen arbeiterkappen" den Ton an.[187] Obwohl der Vater nicht als Person in der Wohnung anwesend ist, genügen diese Attribute seiner Existenz, die hier zum zweiten Mal innerhalb der ersten Seite des zweieinhalbseitigen Kapitels aufgelistet werden, die beiden jungen Menschen in die Flucht zu jagen:

schnürriemen anzüge hemden vorkriegsschlipse arbeiterkappen treiben sie schließlich unters klavier mit der perlfransendecke aus mutters zeit [...][188]

Während der Vater bereits durch die Anwesenheit seiner Ausstattung gegenwärtig und abstoßend erscheint, bietet der Einfluß der ebenfalls abwesenden Mutter auf das Wohnumfeld von Vater und Tochter eine Zuflucht für Maria und ihren Freund. Der Einflußbereich der Verbote und der ekelerregenden Nähe des Vaters endet zunächst in dem offensichtlich zeitlosen Angebot mütterlicher Geborgenheit, in den sichtbaren Zeichen ihrer Wirkung, den innerhäuslichen Dekorationen.

---

185 Ich verzichte hier ausdrücklich auf die Bezeichnung 'Darstellung', da diese als Begriff zur Diskussion der angebotenen Details die Darbietungsform der Beschreibung einschließen würde. Diese wird von Jelinek jedoch nicht geliefert. Vielmehr handelt es sich beinahe um eine Szenenanweisung, da lediglich die Gegenstände, die herumliegen, genannt werden.
186 Elfriede Jelinek, lockvögel, a.a.O., S. 41
187 Elfriede Jelinek, lockvögel, a.a.O., S. 41
188 Elfriede Jelinek, lockvögel, a.a.O., S. 41

Ein Aspekt früher Überlegungen zur weiblichen Ästhetik hatte darin bestanden, mehr Aufmerksamkeit für die kulturelle Präsenz des Weiblichen im "vorästhetischen Raum", zwischen auf den Alltag gerichteten Ausschmückungen und öffentlich sichtbarer Kommunikation in einer männlich dominierten Welt zu fordern. Erinnert sei an Bovenschens Essay zur Existenz einer gesonderten weiblichen Ästhetik, die sich auf die kulturelle Präsenz bei gleichzeitigem Fehlen an Präsenz in der Geschichtsschreibung richtete.[189]

Der in den *lockvögeln* geschilderte Einfluß der Mutter auf den Haushalt von Vater und Tochter über den Tod hinaus lenkt das Leseinteresse über den Text hinaus auf die kulturelle Präsenz des Weiblichen im innerhäuslichen Bereich, auf die Tatsache, daß in den Ergebnissen ästhetischer Betätigung Spuren hinterlassen werden, die über die materielle Existenz hinaus Bedeutung erlangen. Wenngleich dieser Denkanstoß nur sehr vage ist und nicht lange aufrechterhalten wird, so ist hier dennoch eine positive Wertung der Wirkung von Frauen im innerhäuslichen Lebensbereich enthalten, die, wie wir gesehen haben, in den 'tips' dieses Textes nurmehr idealisiert und trivialisiert enthalten ist. Den beiden 'Liebenden' dieser Episode bietet die Gegenwart des Weiblichen eine wirkliche Zuflucht vor der Dominanz des Männlichen mit seinen Attributen der Zerstörung.

Doch abgesehen von den besonderen ästhetischen 'Spuren' der Mutter in Jelineks Roman verdient die Entscheidung der Erzählerin Beachtung, die Bedeutung weiblicher ästhetischer Betätigung direkt und eindringlich mit den Insignien der Figur "Vater" zu kontrastieren. Während die Mutter außerhalb der Geschichte, im Privaten tätig wurde, verweist die väterliche Ausstattung einem Wahrzeichen vergleichbar auf die Weltgeschichte, sie ist Zeichen einer Vergangenheit in der Geschichte und ihres Fortbestandes in die Gegenwart des Individuums.

Jelinek widersteht der Versuchung, der die 'tips' in diesem Text immer nachgeben, den Einfluß der mütterlichen Betätigung auf die Lebensrealität ihrer Figuren in der Übertreibung zu trivialisieren. Der Einfluß der Mutter ist vorübergehend, und die 'Flucht' durch das Haus, das die Mutter einrichtete, geht weiter und trifft unweigerlich erneut auf die Präsenz des Vaters:

---

189 Vgl.: Silvia Bovenschen, "Über die Frage: Gibt es eine weibliche Ästhetik?...", a.a.O., insbesondere die Seiten 72/73. Zu diesem Essay vgl. meine Ausführungen in Teil 2

...hinter das gute Brokatsofa über 2 bauernsessel neben das massiveichene ehebett mit einlegearbeit in das nachtkastel wo das dazu duftet was vaterl unter sich läßt. seinen weg säumen nämlich zigaretten stummel spucke biergläser pantoffeln brillen gebisse hämorrhoiden zäpfchen herztropfen scheisse pisse auswurf.[190]

Zum dritten Mal werden die den Vater konstituierenden Zeichen aufgelistet, nun in Verbindung mit einer sichtbaren Folgeerscheinung sexueller Betätigung:

bald waren verfaulte unterhosen armeejacken stiefel knobelbecher lodenmäntel vorkriegs schlipse arbeiterkappen lederhosen wadstutzen socken unterleibchen schnürriemen anzüge hemden hirschgeweihe unter einer gestockten samenschicht wie konserviert.
der alte wich nicht machte nicht platz reiste nicht ab ...räumte sich nicht weg räumte nicht das feld verkroch sich nicht...[191]

Der anschließend dargestellte Mord ergibt sich direkt aus dieser Formulierung. Das in dieser Assoziationsreihe angebotene und häufig wörtlich wiederholte 'Bild' des Vaters entsteht als das Bild eines Menschen, der von Verfall gekennzeichnet ist und zugleich von seiner Ausstattung besonders aus der Kriegs- und Vorkriegszeit sowie seiner Jagdbekleidung zusammengehalten wird. Dieser Mann ist unvermeidlich, seine physische Gegenwart unerträglich, dem Ausleben der sexuellen Bedürfnisse der beiden jungen Menschen hinderlich.

Auch die zweite Version des Geschehens (Kap. 36) beschränkt sich nicht auf die Darstellung des Mordes. Zunächst werden im Stil reißerisch aufbereiteter Zeitungsmeldungen zusätzliche Informationen zu Alter und Beruf von Vater, Tochter und Freund angeboten, dann werden die Reaktionen des Vaters auf Liebesbeziehung und Schwangerschaft der Tochter im Schreibstil trivialer Literatur ausführlich wiedergegeben:

totenblässe bedeckte das gesicht ihres vaters feine schweissperlen erschienen auf seiner stirn eine fahle blässe stieg langsam über seinen greisenhals in das gesicht hinauf auf seiner oberlippe hingen einige feine schweisstropfen in dem übermässig blassen gesicht wirkten die augen noch dunkler & drohender er befeuchtete mühsam die zitternden lippen es gelang ihm gerade in letzter sekunde einen laut des schreckens zu unterdrücken er zog seine alte bergführerhose die alten knobelbecher die wadstutzen das unterleibchen das militärhemd die uniformjacke die gebirgsjägerkappe an setzte den rucksack auf und bestieg rüstig ein massiv.[192]

Hier werden die Attribute des Vaters zum ersten Mal in Verbindung mit seiner Person gezeigt. Die pathetische Darstellung seiner emotionalen Auflösung, die

---

190 Elfriede Jelinek, lockvögel, a.a.O., S. 41/42
191 Elfriede Jelinek, lockvögel, a.a.O., S. 42
192 Elfriede Jelinek, lockvögel, a.a.O., S. 119

direkt aus einem Trivialroman entnommen sein könnte, wird abgelöst von der unkonventionellen Darbietung des Wiederaufbaus seiner Identität durch das Anlegen der verschiedenen Uniformteile des Jägers und Kriegers. Der Verfall jeglichen Zusammenhalts beim Ablegen der Uniform und das Wiedererlangen der Stärke mit dem Anlegen der Uniform kennzeichnen den Vater als immer noch soldatischen Mann.

Theweleit verweist in seiner Untersuchung des Selbstverständnisses des soldatischen Ichs in der ersten Hälfte dieses Jahrhunderts auf die Schwierigkeiten mit dem Alltag in Friedenszeiten:

Mit dem Alleinsein hat das soldatische Ich schwer zu kämpfen. Sobald es nicht mehr von seiner Organisation gestützt wird, droht es zu zerfallen. [193]

Wie sehr Jelineks Schilderung den von Theweleit untersuchten Selbstdarstellungen gleicht, verdeutlicht ein von Theweleit angeführtes Beispiel für den Zusammenbruch des soldatischen Ichs in Friedenszeiten, das der autobiographischen Schilderung Kapitäns Erhardts entstammt, eines der Führer des Kapp-Putsches, der hier auf die an den Putsch anschließende Zeit eingeht, in der er keiner militärisch aktiven Gruppierung zugehörte:

[...] die Unordnung in den natürlichen Kleinigkeiten von Kleidung und Wäsche. Hier und da lagen Strümpfe und Hemden von mir, blieben Schuhe und Anzüge liegen [...] Jeder Tag drohte mit Demütigung [Verhaftung wegen der Teilnahme am Kapp Putsch, V.V.]. Aber ich straffte mich. [...] Ich gab mir selbst Kommandos, um nicht schlapp zu werden.[194]

Auch Jelineks Romangestalt ist Demütigungen ausgesetzt. Die Demütigung besteht einerseits in der Erinnerung an die entwürdigenden Verhältnisse der Kriegsgefangenschaft, aber auch im drohenden Verlust der Tochter, der seine Stärke untergräbt. Dagegen 'strafft' er sich, indem er seine Uniform anlegt. Diese Uniform grenzt sein 'Ich' von der Außenwelt ab, sie schafft Identität. Auch zu diesem Verhaltensmuster äußert sich Theweleit. Er schreibt, der soldatische Mann "schlepp[e] seine Begrenzung in der Uniform, insbesondere im Gürtel und im Schulterriemen mit sich herum [...], um sich seiner Begrenzung, seines Ich, zu vergewissern."[195]

---

193 Klaus Theweleit, "Männerphantasien", a.a.O., Bd. 2, S. 260
194 Ders.: ebd., S. 260
195 Ders.: ebd., S. 258

Die Uniformteile erweisen sich als Grundlage des Selbstbewußtseins und der Stärke des Vaters. Dieser Mensch, der soeben noch von völliger emotionaler Auflösung bedroht schien, geht aus dem Bekleidungsakt als kraftvolle und entschiedene, 'rüstige', Person hervor. Die Verwendung der Bezeichnung "rüstig" bedeutet hier das Wiedererlangen der (Selbst-) Kontrolle, bedeutet Rüstung gegen emotionale Einbrüche, aber sie bedeutet auch die Rüstung als Bewaffnung, die den Vater als jemanden zeigt, der entsprechend seiner jeweiligen Uniformen - der militärischen oder der jägerischen -mit einer Waffe gerüstet ist. Mittels der Verbindung der Zeichen seiner Widerwärtigkeit mit den Zeichen seiner Autorität weicht die idealisierende trivial-emotionale Darstellung des Vaters der Darbietung eines bedrohlichen Aspektes dieser Gestalt. Die trivial erzeugte anfängliche Sympathie des Lesers mit dieser Gestalt weicht zugunsten der Sympathie mit der Tochter.

In diesem Zusammenhang erscheint nur folgerichtig, daß die nachfolgende Handlung im wesentlichen zwar der ersten Lesart des Mordes folgt, daß Marias Motiv jedoch entschieden detaillierter herausgearbeitet wird:

otto saß vor dem fernseher und befahl seiner tochter die leibung etliches geschnäbel lärmschüsse dumpfheit durch dick und dünn gehen und das alles erst im knien dann im liegen. maria war jemand der gegen die autorität aufbegehrt aufmuckt. ... wo es ging muckte begehrte maria gegen die autorität des vaters auf und sagte nur scheisse zu vaters unterleibchen wadstutzen knobelbechern armeejacken langen unterhosen bergführerhosen gebirgsjägerkappen ein ganzes leben gefangenschaft in sibirien im weltkriege.[196]

Die immer und immer wieder wörtwörtlich wiederholte Beschreibung des Vaters sorgt dafür, daß die Unausweichlichkeit des Vaters, zusammen mit der ihn einholenden Vergangenheit als Kriegsgefangener in Sibirien, für die Leser/innen ebenso deutlich wird, wie sie der Tochter erscheint. Für die Leser/innen und die Tochter ergibt sich das Alltags-Bild des Vaters aus seiner wiederholten Erinnerung an "lärmschüsse dumpfheit durch dick und dünn gehen", die beständig gegenwärtig sind, gemeinsam mit seinen verstreuten Uniformteilen, die ohne die Einbindung in das vergangene Kriegsgeschehen keiner Ordnung mehr bedürfen. Marias Aufbegehren richtet sich gegen die beständige Allgegenwart der Vergangenheit des Kriegsheimkehrers in Form seiner Selbst-Darstellungen und seiner Uniformen ebenso wie gegen den physischen Verfall des Vaters, dessen äußerliche Zeichen,

---

196 Elfriede Jelinek, lockvögel, a.a.O., S.120

der Kontrollverlust bezüglich seiner Habe, seiner Unreinlichkeit und seiner Körperflüssigkeiten lediglich Anzeichen seiner mit angemaßter Autorität vertuschten Haltlosigkeit darstellen.

Den Anstoß zur Ermordung des Vaters gibt in dieser Fassung des Mordes die Entdeckung der Schwangerschaft Marias durch den Vater. Zunächst versucht der Vater seine offenbar geschwächte Autorität mit physischer Gewaltanwendung wiederherzustellen:

er trat seiner tochter in den Bauch ergoss sich wie ein giessbach öffnete seine schleusen verlor daheim die letzten hemmungen[197];

und fordert dann: "das kind muss weg und du darfst deinen freund niemals wiedersehen."[198] Der Text entblößt hier die Kehrseite der 'Rüstigkeit' des greisen Vaters, sie zeigt die Folgen der auf der Vergangenheit des Vaters aufgebauten autoritären Identität, die die Beziehung der Tochter zu ihrem Freund nun nicht mehr nur in der väterlichen Wohnumgebung bedroht und gegen die sich Maria zur Wehr setzen wird.

Nach einem nun folgenden knappen Hinweis auf die Tat vermeidet diese Version der Geschichte von Maria und ihrem Vater jegliche weitere Auseinandersetzung mit der Grausamkeit der Vorgänge. Stattdessen wendet sich der Text einem Aspekt des im Alltag spannungsgeladenen Verhältnisses von Vater und Tochter zu, der es gestattet, dieses Verhältnis zu einer Familienidylle der Nachkriegszeit zu verwässern. Geschildert wird die Wiedersehensfreude von Vater und Tochter bei der Heimkehr des Vaters aus der Kriegsgefangenschaft in Sibirien, "einem unerbittlich fremden Land." Im Gegensatz zu der vorhergehenden Schilderung des Einflusses der Kriegsteilnahme auf den Vater zelebriert diese idyllische Wiedersehensszene die positive Auflösung der Vergangenheit im trivialen Klischee. Hier wird von der Autorin vorexerziert, was im Alltag des Vater-Tochter-Verhältnisses mit seiner Nähe und seinen Wiederholungen keine Rolle spielt und es dennoch beherrscht. Der Mord stellt einen Versuch der Tochter dar, der ständigen Gegenwart der väterlichen Vergangenheit zu entkommen, nun gilt das Interesse einem außerordentlichen Augenblick im Leben der beiden, dessen idyllisches

---

197 Elfriede Jelinek, lockvögel, a.a.O., S. 121
198 Elfriede Jelinek, lockvögel, a.a.O., S. 121

Geschehen darüber hinwegtäuscht, daß die Kriegsteilnahme des Vaters, die dieses Geschehen auslöst, auch den Mord auslösen wird. Zum Zeitpunkt des Wiedersehens schätzen beide Menschen die Gegenwart des anderen. Die Erkenntnis der quälenden Folgen, die sich im alltäglichen Umgang mit der Heimkehr des Vaters ergeben werden, ist aus dieser Schilderung verbannt. Das Kapitel endet versöhnlich mit dem Hinweis: "eine erleichterung geht vor", der offenkundig auf die diesmalige Vermeidung des Mordes - Dank der Flucht in die Idylle - zielt.

Wenn in der dritten Version dieser Episode das Motiv des Kriegsteilnehmers wiederaufgenommen wird, weicht diese Illusion schon zu Beginn einer herben Ernüchterung, die in starkem Kontrast zum Klischee formuliert wird:

vater ist das eine überraschung. lebhaft errötend streckte maria ihm mit der ihr eigenen herzlichkeit beide hände entgegen. er erzählte ihr seine eigene story die geschichte eines kriechers und waschlappen die geschichte eines kriegsteilnehmers

Die Gleichsetzung des Begriffes 'kriegsteilnehmer' mit den Begriffen "kriecher" und "waschlappen" demaskiert die vom Vater angenommene Pose eines heroischen Soldaten. Sein Schwadronieren von vergangenen Heldentaten, von "durch dick und dünn gehen und das alles erst im knien dann im liegen" ebenso wie sein Festklammern an der Uniform entpuppt sich als Versuch eines "waschlappens" und "kriechers", eine illusionäre Identität der Stärke aufrechtzuerhalten. Die im Alltag alles beherrschende Vergangenheit als Kriegsteilnehmer stempelt den Vater zum ewigen Soldaten. Die desillusionierende Konfrontation mit der weniger als heroisch geschilderten Wirklichkeit des Alltags wird mittels der ständigen Vergegenwärtigung seiner scheinbar heroischen persönlichen Geschichte verdrängt, der allerdings jegliche geschichtliche Einschätzung fehlt. Von der Aufrechterhaltung dieser Identität ist die Autorität abhängig, die er gegenüber der Tochter geltend macht und die so als Anmaßung bloßgestellt wird, denn sie basiert auf den ausgedienten Attributen des Scheiterns in der Vergangenheit, die eine sichere neue identische Verankerung in der Gegenwart vereiteln.

Auch diese dritte Version des Mordes - nur zufällig dargeboten im fünfundvierzigsten Kapitel ? - vermeidet die mehr als knappe Erwähnung der Mordtat. Besondere Bedeutung erlangen hingegen die verschiedenen Fluchtversuche der

Liebenden. Das Kapitel beginnt mit der wörtlichen Wiederholung einer Fluchtbeschreibung aus der zweiten Version:

bereits morgens gegen 5 uhr trafen sich die beiden [...] täglich und zogen dann hinaus in den wald. und weil sie bei ihren schäferstündchen wiederholt von ausflüglern und kindern gestört wurden gruben sie sich im wald höhlen und verkrochen sich darin [...].[199]

In der ersten Fassung vermittelte die Flucht in die mütterlich-weibliche Präsenz in der Ausstattung des Hauses zumindest vorübergehend Geborgenheit, und in der zweiten Ausarbeitung dieser 'story' wurden die Flucht in die Natur und die Flucht in die Vergegenwärtigung des Wiedersehens von Vater und Tochter als Fluchtmöglichkeiten offengelassen. Der Mord konnte so jeweils umgangen werden. Nun, in der dritten Ausführung des Geschehens, wird von vornherein die Unangemessenheit dieser Scheinlösungen bloßgestellt, die wörtliche Wiederholung der Fluchtbeschreibung mündet jetzt in einen das Demütigende der Situation kennzeichnenden Zusatz: "[verkrochen sich darin] *wie wilde tiere.*"[200]

Wieder werden Informationen zum Mordgeschehen aus der ersten und zweiten Version wörtlich wiederholt. Deutlicher als zuvor wird hervorgehoben, daß die Flucht der beiden Liebenden eine Flucht vor dem Vater, genauer, der sinnlichen Wahrnehmung des Vaters, in die Natur darstellt. Maria und o. fliehen

durch den wald ... vor dem durchdringenden geruch nach alten wadstutzen unterleibchen knobelbechern uniformjacken unterhosen hubertusmänteln gebirgsjägerkappen der von ihrem vater ausging.[201]

Doch auch diese Flucht endet in der Konfrontation mit dem unausweichlichen Vater. In die knappe Schilderung des Mordes wird nun ein neuer Ort der Handlung montiert, der das Geschehen in den Bereich des Surrealen verlagert. Es handelt sich um eine fremdartige Naturlandschaft "am rand des niemandslandes."[202] Der Rückzug der beiden Mörder in diese unwegsame Landschaft, eine neutrale Zone, bietet eine dritte alternative zum Mord an, doch auch diese Flucht scheitert,

---

199 Elfriede Jelinek, lockvögel, a.a.O., S. 157 und S. 120
200 Elfriede Jelinek, lockvögel, a.a.O., S. 157
201 Elfriede Jelinek, lockvögel, a.a.O., S. 157
202 Hier ist sicherlich ein weiterer Verweis auf die kriegerische Vergangenheit des Vaters intendiert; das neutrale Niemandsland, ebenso wie die Gegenwart, bietet keinen schutz vor den zerstörerischen Folgen dieser Vergangenheit. Elfriede Jelinek, lockvögel, a.a.O., S. 157,

denn o., der Freund, geht hier eine unfreiwillige, unlösliche Vereinigung mit einem Pilz ein, der mit den Attributen des Vaters ausgestattet ist:

während sie wanderten spürte o. plötzlich wie irgendetwas sanft und leicht auf seinem kopf landete. ein bovist ein fellkoller wie spinnweben zart der einen unerträglichen geruch nach verrotteten wadstutzen unterleibchen knibelbechern uniformjacken unterhosen hubertusmänteln gebirgsjägerkappen ausströmte. [...] dieses gewächs war nichts anderes als der bovistvater der mutierte. im verlauf der jahrmillionen hatte er es verstanden eine neue lebensgrundlage zu finden. es war die sümbiose mit anderen jüngeren lebewesen mit fertilen tochterkulturen. [...] einmal hob [o.] die hand um das muffelige ding zu entfernen aber dann ließ er sie wieder sinken.[203]

Der Freund wird hier mit einem symbolischen Vater ausgestattet, der sich der sinnlichen Wahrnehmung der beiden aufdrängt und auf seiner Macht ebenso insistiert wie der inzwischen Getötete. Der schwache Versuch o.s, sich gegen diesen Vater "von oben", der nun seinen Kopf in Beschlag nimmt, zur Wehr zu setzen, scheitert.

Angedeutet wird hier die Unausweichlichkeit des Vaters in der Form des väterlichen Gesetzes, väterlicher Macht. Die Existenz des symbolischen Vaters ist von der althergebrachten Ausbeutung der Tochter in der symbiotischen Verbindung abhängig. Die Tatsache, daß die Autorität des Vaters sich in den unausweichlichen Erzählungen und den an die Kleidung gekoppelten Erinnerungen der Tochter aufdrängte, wird dem/der Leserin dieser Textpassage einsichtig als Abhängigkeit der angemaßten Macht des Vaters von der Gegenwart der Tochter. Da ihre Fertilität in die Zukunft weist, er aber davon abhängig ist, ihr seine Vergangenheit auch in der Zukunft aufdrängen zu können, verbietet er ihre Ablösung von ihm. Für sie bedeutet dies, daß sie nur durch die gewaltsame Trennung von ihm eigenständig existieren könnte. Dennoch findet der parasitäre Vater auch nach dieser Trennung, dem Mord, in Form des symbolischen Fortbestandes in der Verbindung mit dem Freund eine Möglichkeit, sich ihr aufzuzwingen.

Das sechsunddreißigste Kapitel, das die zweite Version dieser Episode darstellt, beginnt mit der Formulierung:

dass es auch weibliche mörder mit milchgesicht gibt, beweist der fall der 14 jährigen maria aus südlohe in niedersachsen (bundesrepublik deutschland).[204]

---

203 Elfriede Jelinek, lockvögel, a.a.O., S. 159
204 Elfriede Jelinek, lockvögel, a.a.O., S. 119

Die verschiedenen Fassungen dieser Episode gehen den Ursachen für diesen 'Sonderfall' von Gewalt auf den Grund. Während der Oberflächentext sich in trivial-moralischer Entrüstung über die Tochter ergeht und vor Formulierungen wie der soeben angeführten oder dieser: "[Sie] erschlug mit dem kolben den *eigenen vater*",[205] strotzt, verweist die Struktur dieser drei Kapitel auf eine tiefere Bedeutungsebene, die eine andere Bewertung des Geschehens nahelegt.

Zunächst fällt auf, daß der Figur des Mordopfers die besondere Aufmerksamkeit des Textes gilt. Der Vater wird in den drei Ausführungen wiederholt mit einer Assoziationskette identifiziert, deren Wortwahl und lose Bindung die Oberflächenstruktur des Textes durchbricht und so erhöhte Beachtung fordert. Die Assoziationskette greift die Perspektive der Täterin auf ohne jedoch deren Emotionen preiszugeben. Sie zeigt das Opfer aus der Sicht des alltäglichen Zusammenlebens mit ihm. Aus dieser Darstellung geht das Opfer als Täter und die Täterin als Opfer hervor.

Der Rollentausch wird verständlich vor dem Hintergrund der bereits erwähnten Vorstellung des Textes, daß Gewalt Gewalt erzeuge. Folgt man der Perspektive der Täterin und damit der Perspektive des Subtextes, so geht die Gewalt in dieser Episode vom Mordopfer, seiner soldatischen Identität und seiner angemaßten Autorität aus. Bedingt durch die Textstruktur liegt hier eine doppelte, aber nicht etwa verdoppelte Rollenzuweisung vor. An die Oberfläche des Textes dringt dieser Rollentausch jedoch nur einmal und völlig vom Kontext des übrigen Textumfeldes losgelöst in der Formulierung: "der vater verschuldet sein grausames schicksal selbst."[206]

Die verschiedenen Fluchtversuche der Tochter ergeben sich aus der impliziten Rollenzuweisung als Opfer, die den Oberflächentext unterminiert. Das Scheitern der Fluchtversuche lenkt das Interesse auf die Art der Bedrängnis. Während die persönliche Anwesenheit des Vaters hier eine untergeordnete Rolle spielt, gewinnt die Unausweichlichkeit seiner Verbote, seiner Macht, an Bedeutung. Da diese Macht über die physische Präsenz des Vaters hinausreicht, weisen die verschiedenen Fluchtversuche, in das Reich der Mutter, in die Idylle oder in die Natur, nicht auf eine Möglichkeit, sich von der Bedrängnis zu befreien. Aber auch der Tod

---

205 Elfriede Jelinek, lockvögel, a.a.O., S. 160
206 Elfriede Jelinek, lockvögel, a.a.O., S. 122

des physischen Vaters beendet nicht die Gegenwart väterlich parasitärer Macht. Deshalb überlebt der Vater symbolisch im Kopf des Freundes.

Aufgrund der von der Autorin gewählten Struktur des Textes, die das Zusammenleben von Vater und Tochter aus dem trivial-reißerischen Kontext in den Kontext des alltäglichen Zusammenlebens stößt, entpuppt sich die Tat der weiblichen Mörderin hier als Produkt der Gewalt, die vom Mann, genauer, von seiner Identität der Stärke, die seine Macht begründet, ausgeht. Die Frau ist das Opfer, der Mann der Täter. Die Gewalt, von der in der Tiefenstruktur der drei Textsequenzen die Rede ist, ist jedoch nicht vorrangig körperliche Gewaltanwendung, sondern ist die Gewalt der Autorität, der Kontrolle des Mannes, ist väterliche Gewalt. Dieser Gewalt wird in den *lockvögeln* mittels der Schreibweise die Legitimation abgesprochen.

Die Sympathien des subversiven Textes widersprechen denen des Oberflächentextes, der die in der Massenliteratur verbreiteten Vor-Urteile wiedergibt. Die Autorin bringt so mittels ihrer Schreibweise eine individuelle Bewertung in den Text ein, die dazu ermutigt, das in den Texten der Massenmedien verbreitete akzeptierte 'normale' Gewalt-Verhältnis privater Lebenszusammenhänge und damit die 'verordnete' Opferrolle für die Frau zu hinterfragen. Sie teilt die Perspektive ihrer weiblichen Figur, sie teilt sie mit, während die Figur in dieser Hinsicht selbst sprachlos bleibt.

Resümee und Konsequenz

Die ständige Präsenz von Gewalt und die außertextliche Perspektive der Verfasserin halten Jelineks erste Prosaveröffentlichung *wir sind lockvögel baby!* zusammen. Sie sind die einzigen konstanten Faktoren des Textes und bilden eine außertextliche erzählerische Dimension, die den Text trägt und ihn beständig durchdringt. Hieraus resultiert eine untrennbare Verbindung, die sich in der Schreibweise und der Aussage des Textes manifestiert. Die außertextliche Dimension wird Bestandteil des Textes.

Erinnert sei an Christa Wolfs Auseinandersetzung mit Büchners vierter - in der Wirklichkeit verorteter - Dimension des erzählerischen Raumes, die sie verankert in der "Koordinate der Tiefe, der Zeitgenossenschaft, des unvermeidlichen

Engagements, die nicht nur die Wahl des Stoffes, sondern auch seine Färbung bestimmt."[207]

Jelineks *lockvögel* weisen diese Koordinate nicht nur auf, sondern bei gleichzeitiger Auflösung der übrigen Koordinaten von Raum, Zeit und handelnden Charakteren beherrscht diese Koordinate den Text. Die einzelnen Episoden und Textsequenzen werden vereint allein durch die allen gemeinsame Auseinandersetzung mit 'Gewalt' als einem ausdrücklich[208] der Wirklichkeit der Leserschaft entlehnten Stoff und durch die an den unzähligen Frakturstellen des Textes durchscheinende Haltung der Autorin zu den angebotenen Gewaltfragmenten aus der 'Wirklichkeit.' Aber ist die Wirklichkeit der Leserschaft identisch mit der Wirklichkeit der Verfasserin?

Mitnichten. Der dem Leser/der Leserin verschaffte Einblick in die Realität ist ein spezifischer, konzentrierter und persönlicher Blick auf die Mechanismen von Gewalt als einem Ausschnitt der realen Welt, wie sie die Verfasserin wahrnimmt, dargeboten in vielen Bildern, Facetten des Immergleichen. Auf diese Weise entsteht ein Eindruck, der der Wirkung eines Kaleidoskops vergleichbar ist: die einzelnen Elemente des Textes fügen sich zu einem deutlichen Muster mit identischen Teilen zusammen, alle Veränderungen, die durch die mannigfaltigen Brechungen des Textes erzeugt werden, sind nur vorübergehend und führen wieder auf das gleiche Muster zurück.

Das Muster, das im Text erzeugt wird, ist das der immer wieder unerwartet und unverhohlen brutal über den Text und sein Geschehen hereinbrechenden Gewalt, gesehen durch die Linse des Bewußtseins eines weiblichen Autors.[209]

Dieses Muster wird nicht aus dem *fortlaufenden* Text ersichtlich, sondern in seinen Frakturen. Es läßt sich aufgrund der ironischen Brechung der Erzählerkommentare, der Willkürlichkeit der Gewaltdarstellungen im Text und der direkten, im Textgeschehen insgesamt allerdings nicht hergeleiteten, Auseinandersetzung mit zunächst völlig unterschiedlich erscheinenden Arten der Gewalttätig-

---

207 Vgl. meine Ausführungen in Kapitel 1; Christa Wolf, "Lesen und schreiben", a.a.O., S. 204
208 s.o., S. 259
209 Den Begriff Bewußtsein gebrauche ich hier nicht als Gegensatz zu dem Begriff des Unterbewußtseins, sondern inseiner allgemeineren, alltäglicheren Bedeutung für die Summe des Gedachten des Individuums.

keit als von außen, durch die Autorin gewollt, begreifen. Zugleich ist dieses Muster Bestandteil des Textes, da es aus ihm entschlüsselbar ist. Die Verbindung der jeweiligen Textsequenzen erfolgt durch den Willen der Verfasserin als eines Teiles der außertextlichen Dimension und sie ermöglicht andererseits, indem sie Spuren im Text hinterläßt, zugleich Rückschlüsse vom Text auf die zugrunde liegende "vierte Dimension."

Daß dieser Text in zeitgenössischen Kritiken wiederholt als unverständlich, unorganisiert, unzusammenhängend und unsinnig bewertet wurde, liegt an der Vielfältigkeit der gewählten Thematik und sicherlich nicht zuletzt an der ungewöhnlichen Perspektivik des Textes, die für eine beständige Brechung soeben erst formulierter Gedankengänge sorgt. Doch der Text läßt deutlich eine Intention der Autorin erkennen, die über die Erschaffung einer rein zitierenden Pop-Welt und das bloße Spiel mit trivialen oder mythischen Mustern sowie auch über die bloße Demontage jeglicher sinnkonstituierender Botschaften hinausgeht, die das zeitgenössische Feuilleton ihm zugestand. Obwohl sich die Autorin weigert, Sinn beschreibend zu setzen, erscheint dieser Text deshalb Sinn-voll.

Der Untertitel "Roman" ist so gesehen bei weitem nicht mehr so abwegig, wie es anfänglich erschien. Dieser Text stellt, wenn man so will, einen Roman über Gewalt dar, gesehen aus der Perspektive einer zeitgenössischen Beobachterin. Indem jedes erneute Auftreten von Gewalt das Geschehen beherrscht, ersetzt Gewalt die Rolle des Handlungsträgers. 'Gewalt' heißt der Protagonist dieses `Romans.`

Seine 'Auftritte' bilden eine 'Reise' durch unterschiedliche Benennungen und Situationen. Diese von der Erzählerin gewählte 'Landschaft' stellt die Kulisse für die Kollision mit der Perspektive der Erzählerin, die mit den unterschiedlichen Benennungen und Situationen vertraut, aber nicht mit ihnen identisch ist. Sie sind Teil einer Wirklichkeit, in der sich die Textproduzentin und die LeserInnen gleichermaßen bewegen und damit beiden an der Kommunikation beteiligten Parteien zugänglich.

So bringt der Text Gewaltphantasien, die sich in trivialen und/oder soldatischen Beschreibungen kriegerischer Handlungen finden, ebenso zur Darbietung wie die verherrlichte Gewalt männlicher Comic-Strip-Helden und die unterschiedlichen Erscheinungsformen von Gewalt in der scheinbar neutralen Sprache von Nachrichten ebenso wie die verdecktere Gewalt privater Lebenszusammenhänge und Liebesverhältnisse, wie sie sich in der trivialen Massenliteratur und sensationsheischenden Zeitungsmeldungen niederschlagen. Im Verlauf des Textes kollidieren die so verbreiteten Gewaltvorstellungen mit der individuellen Sichtweise der Verfasserin auf punktuelle Gewaltverhältnisse 'ihrer' Wirklichkeit, die sie ebenfalls in den Text einbringt.

Daß diese Beschäftigung mit Gewalt und ihren Benennungen immer wieder auf Konflikte mit Weiblichkeitsvorstellungen stößt und zwar besonders dann, wenn Bereiche weiblicher 'Lebensrealität' zur Sprache kommen, ermöglicht einen für unsere Fragestellung äußerst interessanten Blick auf die Perspektive der Autorin.

Es stellt sich heraus, daß auf der Oberflächenebene des Textes, konform mit den bekannten Botschaften der Massenliteratur und Massenmedien, der innerhäusliche Lebensbereich und zwischenmenschliche beziehungsweise familiäre Bindungen idealisiert als weiblicher Wirkungsbereich angeboten werden. Auf der Oberflächenebene des Textes ist dieser Bereich einem außerhäuslichen, auf Kampf, Gewalt und Kontrolle ausgerichteten Bereich heroischer Existenz und heroisierender Phantasie des Mannes entgegengesetzt.

'Der Mann' wird dargeboten zum einen in der Figur "otto", die jeden Mann, den Ehemann, den Freund, den Vater, den Vietnamkämpfer ebenso wie den Soldaten des zweiten Weltkrieges, meint, zum anderen in Gestalt 'berühmter' Männer des öffentlichen Lebens, Axel Springers etwa oder der Kennedy-Männer, Film- und Musikstars, aber auch in Gestalt populärer fiktionaler Helden; immer aber spielen in der 'Welt des Mannes' Kampf, Unterwerfung und Siege bedeutende Rollen. Die Männer sind entweder als aktive Kämpfer oder als Männer mit einer kämpferischen Identität der Stärke dargeboten. Die weibliche Welt hingegen wird als beschützende, Glück und Geborgenheit, Sorge um andere, insbesondere Männer und Kinder, anbietende Sphäre geschildert. Diese Welt ist von der Welt des Mannes verschieden, deren weibliche Bewohner stereotype Frauen, Mütter, Geliebte und Krankenschwestern sind. Während einige der Männergestalten aus dem realen zeitgenössischen öffentlichen Leben stammen, sind die Frauengestalten der *lockvögel* Frauentypen, ohne wiedererkennbare Zunamen, nicht mit dem öffentlichen Leben verbunden. Kurz gesagt ist die 'Welt der Frau' auf dieser Textebene völlig verschieden von der Welt des Mannes; und dennoch ist sie auf das Wohl des Mannes ausgerichtet und von der Welt des Mannes beeinflußt.

Der Text verwirft die ideologische Trennung beider Bereiche und erzeugt eine zusätzliche Sinnebene. Die Intervention geschieht durch eine Erzählinstanz, die einerseits aus männlichen Texten und Funktionsbereichen bekannte Gewalt beziehungsweise Gewaltphantasien in einen Oberflächentext einbrechen läßt, der sich über den weiblichen Lebensbereich äußert beziehungsweise hierauf ausgerichtete Phantasien widergibt und andererseits und umgekehrt auch die aus weiblichen Lebenszusammenhängen bekannten Vorstellungen und Funktionsbeschreibungen in die Darbietung männlicher Kampfesschilderungen und -phantasien einbrechen läßt.

Beide Arten der Intervention schlagen sich gleichermaßen in der Textstruktur und -aussage nieder. Der zuvor grammatikalisch stabile und inhaltlich rigide Text wird instabil und vermittelt nun ein starkes Unbehagen gegenüber den im fortlaufenden Oberflächentext angebotenen Normen und ihrer Anwendung in männlichen und weiblichen Lebenszusammenhängen.

Gleichzeitig jedoch mit der Konfrontation des traditionell Weiblichen und des traditionell Männlichen transportiert dieser Text einige weitere Frakturen, die weitere Ambivalenzen, besonders bezüglich der vermittelten Weiblichkeitsvorstellungen, bewirken. Die traditionellen Bilder des Weiblichen, wie sie in der Vorstellung von der sorgenden Natur der Frau seit der Aufklärung verbreitet sind[210], stoßen auf die modernen Bilder des Weiblichen, dargeboten in den 'tips' und in den pseudowissenschaftlichen Feststellungen zum weiblichen Alltag, die bereits die veränderten Lebensumstände der modernen Welt berücksichtigen und die indirekt bereits das zukünftige öffentliche Sprechen von Frauen über sie vorwegnehmen.

Der Einfluß der Moderne auf das Frauenbild der *lockvögel* zeigt sich besonders deutlich bei den Darstellungen von Hausfrauen. Diese erfüllen offenbar alle traditionellen Funktionen 'der Hausfrau', und sie werden als Hausfrauen angesprochen und imaginiert, aber diese Hausfrauen sind nicht die Hausfrauen früherer Zeiten, sondern die Hausfrauen einer modernen Welt, deren Lebensumfeld ausgestattet ist mit Maschinen und zu deren Wirklichkeit der "herd"(Lv, 34), die "trommelwaschmaschine" (Lv, 69) und der "infra grill" (Lv, 66) ebenso selbstver-

---

[210] Vergleiche hierzu die bereits erwähnten Untersuchungen von Ulrike Prokop, Lieselotte Steinbrügge, Silvia Bovenschen und Karin Hausen: Ulrike Prokop, "Weiblicher Lebenszusammenhang...", a.a.O.; Lieselotte Steinbrügge, "Das moralische Geschlecht...", a.a.O.; Silvia Bovenschen, "Die imaginierte Weiblichkeit...", a.a.O.; Karin Hausen, "Die Polarisierung der 'Geschlechtscharaktere'...", a.a.O.

ständlich gehören wie das Detailwissen zum Beispiel über richtige Ernährung: "gegrilltes ohne fett ist gesund" (Lv, 66) und "der organismus setzt ... provitamin a um das für die gesundheit von augen haut & schleimhaut unersetzlich ist" (Lv, 100). Selbst die Rede über den unbezahlten Arbeitsaufwand des Haushaltes im Vergleich zum öffentlichen Wirken des Mannes findet sich in ihrer trivialen Verwendung als Teil dieser modernen Welt der Hausfrau, allerdings hier ohne die später in der Frauenbewegung aus der Feststellung folgenden feministischen Forderung: "für die moderne frau gibt es keine 40 stunden woche und keinen ruhestand" (Lv, 115). Als trivialer Bestandteil der Welt der Frau gaukelt die Feststellung hier lediglich die emotionale Wertschätzung der hausfraulichen Funktionserfüllung vor. Diese Seite der Modernität des weiblichen Lebensumfeldes wird in den angebotenen Werbetexten gemeinsam mit den alten Mythen über die Natur der Frau gepflegt.

Die Autorin fügt jedoch eine weitere gedankliche Ebene hinzu. An den Bruchstellen traditioneller und moderner Frauenbilder drängen Aspekte des 'wirklichen Lebens' an die Oberfläche des Textes, wenn die Autorin ihre Sicht der Überforderung der Hausfrauen, ihrer potentiellen sozialen Isolation in einer Welt der Männer, ihrer Ohnmacht gegenüber realer außerhäuslicher und innerfamiliärer männlicher Gewalt und ihres Ausgeliefertsein an einen männlichen Herrschaftsanspruch in die positiven Botschaften einbrechen läßt. Erkennbar wird die Weigerung der Autorin, Mythen einer besseren modernen weiblichen Existenz als positives Gegenbild oder verbesserte Weiterentwicklung der alten Mythen bestehen zu lassen. Ihre Weigerung, ihr bekannte negative Aspekte realer weiblicher Lebensumstände zu ignorieren, sowie ihre Weigerung, hier die männliche und die weibliche Welt zu trennen, bringt die Kehrseite des modernen Hausfrauendaseins in westlichen Industriegesellschaften zum Vorschein und damit die Kehrseite eines überwiegenden Anteiles weiblicher Existenz gegen Ende der sechziger Jahre, was mitverantwortlich sein dürfte dafür, daß die einzige komplexer ausgearbeitete Frauenrolle in den *lockvögeln* die der Hausfrau ist.

Die treibende verwerfende Kraft ist im Unterbewußtsein des Textes ständig vorhanden, sie ist subversiv, immer aufbegehrend gegen den Schreibfluß, sporadisch, impulsiv, manchmal scheinbar unmotiviert und hervorgerufen durch den Prozeß des Zusammenfügens des Textes; sie äußert sich kurz gesagt, im Genotext, durch die Weigerung, sich mit dem in die Sprache eingeschriebenen gesellschaftlichen Status quo zu identifizieren und bietet so Einblick in die Identität beziehungsweise mangelnde Identifikation der Verfasserin mit den im Text dargestellten Weiblichkeitsnormen und weiblichen Praxen.

Obwohl sich der Text gerade durch seine mehrfachen Verwerfungen von Sinnsetzungen auszeichnet, erreicht er zunächst in den jeweiligen Schritten, letztlich jedoch in seinem Ergebnis als Gesamttext eine neue Sinnkonstitution. Mit dem Wirken des Genotextes wird hier also nicht etwa eine den Text übernehmende identische weibliche Stimme hörbar, die sich in der Negation erschöpfen würde, oder ein 'weibliches Schreiben' im Sinne eines 'das-Weibliche' oder 'den-Körper' Schreibens, wie es in der écriture féminine vorgestellt wurde. Vielmehr treffen hier die Negationen unterschiedlicher Praxen wiederholt aufeinander, *um kritisch Sinn in Bezug auf konkrete politische Verhältnisse und deren sprachliche Manifestationen zu stiften.* Mag die treibende Kraft triebhaft sein, die erzeugten Gehalte sind Inhalte, stiften Sinn und zwar in den *lockvögeln* im Hinblick auf politische Praxen.

Das Aufbegehren richtet sich gegen die gesellschaftsstabilisierende Botschaft sprachlicher Praxis ebenso wie gegen die noch nicht völlig verfestigten politischen Praxen des weiblichen modernen Lebenszusammenhanges zwischen alten Weiblichkeitsmustern und neuen Mythen. Und das Aufbegehren richtet sich gegen gewaltverherrlichende und -verharmlosende Sprache ebenso wie gegen die Ausübung von Gewalt. Vor allem jedoch richtet es sich gegen die einseitige rigide Trennung der ideologischen und funktionellen Bereiche 'männlicher' und 'weiblicher' Wirklichkeit, die diese Verhältnisse fundiert. Daß die Trennung der Funktionsbereiche zudem nur dem äußeren Anschein genügt, verdeutlichen die im Text wiederholt dargebotenen Beispiele des Einbruches der männlichen Welt, der Gewalt, in eine ausgelieferte, weibliche Welt.

Im Verlaufe des Textes werden zwar Mythen des Weiblichen als desolat und versteinert entlarvt, aber die Autorin zeigt kaum Interesse, diese Mythen mit neuem Sinn zu beleben. Viel wichtiger scheint es ihr zu sein, zu zeigen, wie die Wirklichkeit funktioniert, besonders die scheinbar bessere, gewaltfreie und friedliche weibliche Wirklichkeit, oder zumindest ein Teil davon - und warum.

Obwohl *wir sind lockvögel baby!* keine feministische Handlungsaufforderung formuliert, regt er zur Nachahmung nicht nur in der *Lese*haltung an, indem er punktuell und demonstrativ alle Beschränkungen weiblicher Sprachlosigkeit überwindet. In diesem Sinne ernstgemeint sind die auf die 'Wirklichkeit' von Leser/Innen und Autorin gerichteten einleitenden Worte der "gebrauchsanweisung" zu den *lockvögeln*: "sie brauchen das ganze nicht erst zu lesen wenn sie glauben zu keiner besseren gegengewalt fähig zu sein."[211]

Es mag der Eindruck entstanden sein, diesem Prosatext Jelineks komme im Rahmen dieser Untersuchung eine ungebührliche Beachtung zu. Schließlich wird dieser erste "Roman" Jelineks in der Jelinekkritik, besonders in der feministisch orientierten, kaum einer eingehenden Betrachtung würdig befunden. Die bestehenden Kritiken beschränken sich, wenn sie auf den Text überhaupt eingehen, auf knappe Hinweise zur Verbindung mit der Wiener Gruppe, zur Entwicklung aus der konkreten Poesie, auf recht unverbindliche Erörterungen der Zeitgenossenschaft bestimmter äußerer Merkmale der Veröffentlichung, wie Umschlagdesign etc. .Eine Ausnahme bildet Elisabeth Spanlangs Untersuchung *Elfriede Jelinek: Studien zum Frühwerk*, die jedoch auch zu folgendem vernichtenden Ergebnis kommt:

Intendierte Gesellschafts- und Ideologiekritik im Sinn von Aufzeigen der Schädlichkeit von trivialen Mythen und Stoffen, Nachweis ihres Verdummungseffektes für die Massen, Entlarvung ihrer Ideologie als einer Ideologie der Herrschenden, Vorbild und Auslöser von Gewalt etc. [...] werden wenig konkret.[212]

Besonders die stark verkürzenden Herangehensweisen tun der Besonderheit dieses Textes Unrecht. Jelineks *lockvögel* stellen eine Herausforderung an die zeitgenössischen und heutigen LeserInnen dar, sich mit der Tatsache auseinanderzusetzen, daß Gewalt an der Tagesordnung ist und war. Die Tatsache, daß der Text sich in seiner Gewaltdarstellung trotz seiner intensiven Auseinandersetzung mit den damals besonders gegenwärtigen Folgen der Gewalt des zweiten Weltkrieges und des Vietnamkrieges, der in vollem Gange war, nicht auf die brutale Gewalt dieser zeitgeschichtlichen Realitätsbereiche beschränkt, sondern zu einer viel umfassenderen Gewaltdarstellung gelangt, macht diese Gewaltthematisierung auch für heutige Leser interessant.

---

211 Elfriede Jelinek, lockvögel, "gebrauchsanweisung", a.a.O. .
212 Elisabeth Spanlang, "Elfriede Jelinek: Studien zum Frühwerk...", a.a.O., S. 150

Außerdem bieten die *lockvögel* einen Einblick in das persönliche Unbehagen der Autorin an Weiblichkeitsbildern und -vorstellungen und an weiblichen Lebenszusammenhängen, der deshalb von Interesse für feministische Fragestellungen ist, weil er einen Eindruck vermittelt von Sichtweise aus dem doppelten Ort der Frau vor dem Beginn der Frauenbewegung. Denn dieser Text enthält bereits eine Fülle feministischer Positionen, die Resultat sind der Weigerung, sich geltenden Klischees und Weiblichkeitsvorstellungen anzuschließen und zugleich auch Resultat sind der Unmöglichkeit, 'dem Weiblichen' innerhalb und außerhalb des Textes einen neuen, eigenen sicheren Standpunkt zuzuweisen.

Jelineks *lockvögel* entstanden aus diesem doppelten Ort der Frau, aus dem Nicht-mehr und Noch-nicht von sich verändernden Weiblichkeitsvorstellungen heraus, der auch die spätere Frauenliteratur bestimmen sollte. Der Text fordert unmißverständlich dazu auf, in die Überlegungen zum Ort des Weiblichen den weiblichen Alltag einzubeziehen - als eines Ortes politischer Praxis außerhalb der männlichen Welt, ihr ausgeliefert und dennoch zugleich mit der Möglichkeit ausgestattet, sie durch ihr Andersein bloßzustellen.

Auf seine Art bietet dieser Text mehr Aufschlüsse über das starke Interesse Jelineks an der Frage nach weiblicher Realität und literarischer Verarbeitung von Weiblichkeitsvorstellungen als ihre spätere, in einem Klima der Akzeptanz einer Diskussion der Frauenfrage entstandene Prosa, denn zum Entstehungszeitpunkt der *lockvögel* äußert sich die Autorin am deutlichsten als - weibliches - Individuum, noch unberührt von den späteren Diskursen der Frauenbewegung. Allein deswegen sollte die Bedeutung des Weiblichen in diesem Text mehr statt weniger Aufmerksamkeit erfahren als in den späteren Texten.

Viele der hier in Bruchstücken und Bildern zur Sprache kommenden Überlegungen zum Weiblichen werden in den späteren, eindeutiger feministischen, Texten erneut aufgenommen und zwar dieses Mal ausführlicher, ausdrücklicher und vor dem Hintergrund der Entwicklung komplexer öffentlicher feministischer Diskussionen, aber auch weniger erfrischend und unverschämt unvermittelt als dies in den *lockvögeln* geschieht.

Für die Jelinekforschung bieten die *lockvögel* aber noch einen zusätzlichen Anreiz. Sie stellen einen Steinbruch dar aus Vorstellungen, Motiven und Bildern, die sich in der gesamtem bisherigen späteren Prosa teilweise wörtlich, oft jedoch ausführlicher und geschliffener formuliert wiederfinden. So findet sich bereits in diesem frühesten Text das erst in ihrer bisher letzten Veröffentlichung ausführlich verarbeitete Motiv der schier unüberwindbaren Leichenberge aus Konzentrationslagern des zweiten Weltkrieges, die sich "Wanderern" entgegenstemmen; auch apokalyptische Bilder einer aus den Fugen geratenden Natur, wie sie in den *Kindern der Toten* Bedeutung erlangen werden, sind bereits in den *lockvögeln* angelegt; detaillierte Darstellungen freudlosen Sexualverkehrs, die in den *Liebhaberinnen* und *Lust* eine bedeutende Rolle spielen werden, finden sich bereits in den *lockvögeln* ebenso wie die Montage und Demontage von Fernsehstars und Serienhelden, die in *Michael* die *Wirklichkeit* übernehmen werden; vor allem aber und besonders die Weigerung oder die Unmöglichkeit, die besondere weibliche Sicht auf die Welt und weibliche Lebenzusammenhänge in ihrer Verschiedenheit von männlichen Lebenzusammenhängen aus dem Text herauszuhalten.

3.3. *Michael. Jugendbuch für die Infantilgesellschaft*

Die intendierte Bewußtseinskritik verbindet *lockvögel* und *Michael*
Die dargestellten weiblichen Existenzbereiche und
die Erzählstruktur unterscheiden sie.

Es spricht einiges dafür, die beiden ersten Prosaveröffentlichungen Jelineks, *wir sind lockvögel baby!* und *Michael. Jugendbuch für die Infantilgesellschaft* unter ihrem gemeinsamen Merkmal der beabsichtigten Bewußtseinskritik interpretatorisch zusammenzufassen, wie dies des öfteren in der Jelinekkritik geschieht. In beiden Werken werden massenmediale Texte so zitiert, daß ein künstlicher Text entsteht, der eine mimetische Abbildung der Wirklichkeit verweigert. Die fiktiven Gestalten beider Texte sind nicht mit psychologisch nachvollziehbaren, komplexen Persönlichkeiten ausgestattet, sondern sie sind künstliche Gestalten, deren Bewußtsein mythische Inhalte massenmedial verbreiteter Botschaften widerspiegelt. Eine zusammenfassende Betrachtung würde vor allem die Tatsache berücksichtigen, daß die Autorin in beiden Werken vermittels Zitationen aus den Massenmedien "das heilige Prinzip von der eigenen Sprache des Dichters" ignoriert[213], daß sie selbst dort, wo sie wie in *Michael* die Gedanken ihrer Charaktere wiedergibt, nicht etwa eigene Ausdrucksweisen verwendet, sondern Zitate, daß sie in beiden Texten "mit der Sprache der anderen, statt mit [...] anderen Worten"[214] spricht, daß sie, indem sie dies tut, sich weigert, neue Abbilder zu schaffen, um so auf die Wirkungsmechanismen der Massenmedien hinzuweisen und ihnen damit "ihren Anspruch streitig mach(t), Realität zu reflektieren."[215] Dem Angebot scheinbar objektiver und mimetischer Bilder aus den Massenmedien setzt sie dann mit ihren Texten eine Literatur entgegen, die eine selbst-kritische Position bezieht und sich weigert, der Bilderflut der Massenmedien ein neues mimetisches Abbild von Wirklichkeit hinzuzufügen.

Diese Überlegungen führen zu der richtigen Schlußfolgerung, daß Jelineks erste Prosaveröffentlichungen durch

[i]neinander verschränkte Sprachebenen und collagierte Versatzstücke der Medienindustrie, wodurch Authentizität von Personen und Wirklichkeitsbezug in der Kunst verzerrt sind, [...] bestehende ästhetische Kategorien fragwürdig erscheinen [lassen][216]

und daß auf diese Weise die frühen Texte der Autorin zu verstehen sind als Metaliteratur, die ideologiekritisch die Möglichkeit eines individuellen Bewußtseins eines mit einer individuellen Persönlichkeit ausgestatteten Individuums im Zeitalter der Massenmedien reflektiert.

Für das weibliche Personal in *Michael*, das als Modellpublikum[217] konzipiert ist, ergibt sich dann, wie in der bisherigen Jelinekkritik richtig herausgestellt wird, daß es dem "Über-Ich" massenmedialer Ideologien hilflos ausgeliefert ist,[218] daß es

---

213 Walter Klier, "'In der Liebe schon ist die Frau nicht voll auf ihre Kosten gekommen, jetzt will sie nicht auch noch ermordet werden.' Über die Schriftstellerin Elfriede Jelinek", in: Merkur 41 (1987) H. 5, S. 423-427, S. 424
214 Ders.: ebd.
215 Vgl. Allyson Fiddler, "Rewriting Reality...", a.a.O., S. 50
216 Yvonne Spielmann, "Ein unerhörtes Sprachlabor", in: Kurt Bartsch u. Günther Höfler (Hrsgg.), Elfriede Jelinek..., a.a.O., S. 21-40, S. 24
217 Allyson Fiddler, "Rewriting Reality...", a.a.O., S. 50
218 So schreibt beispielsweise Sigrid Schmidt-Bortenschlager über die lockvögel: "Jelinek spricht vom kollektiven Über-Ich", und auch Spanlang und Stangel äußern sich, beide unter Bezugnahme auf Jelineks Auseinandersetzung mit Gmelin in ihrem Essay ähnlich. Stangel zieht zudem die Freud'sche Theorie zur Subjektwerdung und Spanlang die

deshalb den "Vatermord" nicht begehen kann, der es aus seiner ödipalen Abhängigkeit von den elektronischen Medien befreien könnte,[219] und den Täuschungen erliegt, die die

> Mythen von Schönheit und Liebe aufrechterhalten und so phallokratische, patriarchale Strukturen des Familienlebens, der Superiorität des Männlichen und der Geschlechtsunterschiede, die die Menschen dazu ermutigen, diese Dinge als naturgegeben und ewig zu erfassen.[220]

In diesem Sinne geht es in *Michael* um die Ideologisierung väterlicher Macht"[221], wie Marlies Janz herausstellt, und *Michael* bietet, konform mit den Thesen des zu diesem Zeitpunkt bereits bestehenden Essays *die endlose unschuldigkeit*,

> das Fernsehen als Vaterinstanz dar, die die Gesellschaft im Zustand der Infantilität zu halten versucht und die Unterwerfung unter 'Väter' und 'Führer'einübt.[222]

Jelineks zweites, aber auch ihr erstes Prosawerk *wir sind lockvögel baby!* kann deshalb gelesen werden - wenn nicht ausschließlich als "konsequente literarische Umsetzung der theoretischen und politischen Selbstvergewisserung im *Essay Die endlose Unschuldigkeit*[223] durch die Autorin, so doch wenigstens als Umsetzung ihrer damaligen Auseinandersetzung mit dem Einfluß massenmedial verbreiteter Mythen auf das Individuum in der heutigen Gesellschaft und als Versuch, diese Problematik literarisch umzusetzen in einen 'anderen', das medial besänftigte Bewußtsein aufrüttelnden statt beruhigenden Text.

Im Vergleich beider Prosaveröffentlichungen miteinander ergeben sich jedoch bezüglich der Bereiche heutiger menschlicher Existenz, auf die die *lockvögel* und *Michael* jeweils rekurrieren, und bezüglich der Erzählerfunktionen Unterschiede, die eine differenziertere Betrachtung der jeweiligen Intention nahelegen.

Prägung des Begriffs der "Infantilität" durch Günter Anders hinzu. Sigrid Schmidt-Bortenschlager, "Gewalt zeugt Gewalt zeugt Literatur...", a.a.O., S. 30ff.; S. 32. Vgl.: Elisabeth Spanlang, "Elfriede Jelinek: Studien zum Frühwerk...", a.a.O., S. 181, und vgl. Johann Stangel, "Das annullierte Individuum...", a.a.O., S. 280.

219 Vgl.: Johann Stangel, "Das annullierte Individuum...", a.a.O., S. 280.
220 Allyson Fiddler,"Rewriting Reality...", a.a.O., S. 37(Übersetzung VV)
221 Marlies Janz, "Elfriede Jelinek", a.a.O., S. 16
222 Dies.: ebd., S. 16
223 Dies.: ebd., S. 15

Michael ist die Geschichte zweier weiblicher Auszubildender, der Protagonistinnen Gerda und Ingrid, deren Leben sich zwischen Arbeit und Freizeit abspielt. Beides, ihre Arbeit und ihre Freiteit, wird überschattet von Michael Rogalski. Er ist ihr Chef und zugleich der Protagonist in einer ihrer bevorzugten Fernsehserien. Da es sich bei den Protagonistinnen um weibliche Charaktere handelt und da sie, wie die Auswahl ihres TV-Programms schließen läßt, in der heutigen Zeit leben, führt die Frage nach ihren im Roman dargebotenen Existenzbereichen "Arbeit" und "Freizeit" auf die Existenzbereiche insbesondere arbeitender junger Frauen zur Zeit der Entstehung dieses Textes. Außerdem von Bedeutung für alle drei Charaktere ist ihr Wille zum und ihr Glaube an den sozialen Aufstieg. Die Beantwortung der Frage nach den dargebotenen Existenzbereichen läßt Aufschlüsse erwarten über die an diesen besonderen weiblichen Raum gebundenen Weiblichkeitsvorstellungen, die im Text zum Vorschein kommen wie auch darüber, ob und inwieweit der soziale Aufstieg für die unterschiedlichen Charaktere verwirklichbar ist.

Auch die Frage nach der Erzählerfunktion im Text lenkt das Leseinteresse wiederholt auf die Unterteilung der Existenzbereiche der beiden Protagonist*innen* in eine Arbeits- und eine Freizeitexistenz, sodaß es sinnvoll erscheint, der intensiven Konzentration des Textes auf die Arbeits- und Freizeitwelt junger Frauen nachzugehen, um Aufschlüsse über die hier angebotenen beziehungsweise abgelehnten Weiblichkeitsmuster zu erhalten.

Indem sich die folgenden Überlegungen zu dem Weiblichen und der weiblichen Identität in Jelineks *Michael* auf die Bereiche weiblicher Existenz und ihre besondere Darbietung im Text konzentrieren, orientieren sie sich entlang dieser Fragerichtung als ihrem vorrangigen Interesse. Im Unterschied zu der oben angeführten Interpretation ist zu erwarten, daß sich mehr konkrete Bezugspunkte zur Lebenssituation junger arbeitender Frauen in der heutigen Gesellschaft ergeben, die über ihre Zusammenfassung als "Medienpublikum" in der bisherigen Kritik hinausgehend ihren sozialen Ort in der Gesellschaft und zugleich den Standpunkt der Autorin gegenüber bestimmten Aspekten der Frauenfrage beleuchten können.

Beabsichtigt ist nicht, die oben angeführte Interpretationsmöglichkeit, die im Ganzen zutreffend ist, in Abrede zu stellen, vielmehr geht es darum, diese

Interpretation um spezifische Aspekte des Weiblichen in *Michael* zu erweitern beziehungsweise sie im Hinblick auf die besondere Aussage des Textes über das Weibliche zu konkretisieren und so Aufschluß zu erlangen über die Bedeutung des Bezuges der hier angebotenen Verbindung von *weiblicher* Arbeits- und Freizeitsweltsdarstellung und Medienkritik. Zugunsten dieser detaillierteren Ausführung der besonderen Aussagen des Textes über Weiblichkeit und die besondere Stellungnahme der weiblichen Autorin, die sich in der Schreibweise Ausdruck verschafft, wird auf eine erneute ausführliche Thematisierung der oben skizzierten Interpretation verzichtet, die in der angeführten Sekundärliteratur ausgiebig erörtert ist. Für die nachfolgenden Überlegungen bleibt sie als Rahmen-Interpretation des Gesamttextes gültig, innerhalb derer das Panorama des weiblichen Lebensalltags in *Michael* entfaltet werden soll.

In Jelineks erstem Roman *wir sind lockvögel baby!* fand eine Auseinandersetzung mit Gewalt als einem allgegenwärtigen Bestandteil der Wirklichkeit statt. Gewalt trat auf vor allem in - deshalb - unheimlichen Liebesbeziehungen und in kriegerischen Auseinandersetzungen. Sie wurde einsichtig als Folge einer auf Unterwerfung ausgerichteten Identität, die auch das Sprechen über die Wirklichkeit beherrschte. Zur Veranschaulichung außerhäuslicher Gewaltverhältnisse und des Sprechens über sie zog Jelinek in den *lockvögeln* weltpolitisch relevante Ereignisse heran - den Zweiten Weltkrieg, den Vietnamkrieg - und reale Persönlichkeiten des realen öffentlichen Lebens mit realer öffentlicher Machtausübung - Joseph, Robert und John F. Kennedy, Axel Springer, aber auch Popstars beispielsweise -, die Strukturen dieser öffentlich ausgeübten Gewalt und der Gewalttätigkeit reichten in die privaten Lebens-Verhältnisse der *lockvögel*, deren trivialer Anspruch darauf, ein harmonisch-friedliches Gegengewicht zur außerhäuslichen Welt zu stellen, in unvorhersehbarer und stets latent präsenter Gewalttätigkeit unterging.

Diese Art des Bezuges auf Manifestationen von Gewaltverhältnissen in einer globalen Weltöffentlichkeit fehlt in *Michael* in auffälliger Weise. Dieser Text setzt sich statt mit *der* Geschichte mit der Geschichte von Ingrid, Gerda und Michael. auseinander. *Michael* bietet Einblick weniger in historisch manifestierbare Gewaltverhältnisse als vielmehr in die Produktionsverhältnisse und die sie stützenden pseudoprivaten Strukturen der Welt von Ingrid und Gerda.

In beiden Texten gelangen fiktive Charaktere aus trivialkulturellen Zusammenhängen zur Darstellung, in den *lockvögeln* handelt es sich hierbei um Comic-Helden, in *Michael* um die Helden bekannter TV-Serien. Während die *lockvögel* von kurzen und sporadischen fiktiven Handlungssequenzen mit diesen Charakteren getragen werden, die formal unverbunden und fragmentiert auftreten, bietet *Michael* einige wenige fiktive Handlungsstränge an, in denen die Serienhelden ein Eigenleben entwickeln, das den gesamten Text durchzieht und das mit anderen Handlungssträngen verwoben wird. Die Herkunft der Serienhelden in *Michael* ist im Gegensatz zu den Comic-Gestalten in den *lockvögeln* deutlich benannt und Teil der fiktiven Welt. Sie entstammen dem innersten Kern der fiktiven Welt des Romans, der Traumproduktion des TV, der sich die beiden Protagonistinnen regelmäßig hingeben und die ihre eigenen privaten Wünsche und Träume beherrscht. Als Bestandteil der privaten Welt der Protagonistinnen Ingrid und Gerda bilden die TV-Gestalten innerhalb des Gesamttextes so eine Fiktion innerhalb der Fiktion des Textes.

Zugleich jedoch sind sie nicht nur den Romancharakteren vertraut, sondern auch dem Lesepublikum, denn die Autorin hat sie wirklichen zeitgenössischen TV-Serien entlehnt. Obwohl diese fiktiven Charaktere so weder einen Bestandteil der von den Romangestalten als real vorgestellten fiktiven Realität noch einen stofflich faßbaren Bestandteil der Wirklichkeit des Lesepublikums bilden, verbinden sie beide Realitätsbereiche, den innersten fiktiven Kern des Textes und die wiedererkennbare Wirklichkeit des Lesepublikums. Es ist deshalb nicht besonders überraschend, daß diese Trivialcharaktere für die im Text stattfindende Wirklichkeitsdiskussion von besonderer Bedeutung sind.

Obschon sie als Fiktion innerhalb der Fiktion des Textes am weitesten von der Wirklichkeit der LeserInnen entfernt zu sein scheinen, bilden sie die treibende Kraft hinter den verwirrenden Grenzüberschreitungen des Textes, die auch vor der 'Wirklichkeit' der LeserInnen nicht zurückschreckt. Die an die TV-Helden gebundenen Vorstellungen sind nicht nur den Romancharakteren vertraut, sondern auch den LeserInnen. Sie verwischen nicht nur zunehmend die Grenzen zwischen den 'wirklichen' und 'unwirklichen' Bereichen der fiktiven Welt von Gerda und Ingrid, sondern ihr Einfluß reicht aus dem privaten Bereich der Protagonistinnen über deren 'wirkliche' Welt der Arbeit in die Wirklichkeit der LeserInnen. Die TV-Gestalten setzen sich so über alle Textgrenzen hinweg und verbinden Text und Wirklichkeit. Gerda und Ingrid mögen erfunden sein, daß es *diese* Fernsehgestalten und -serien gibt, ist wahr.

Diese Art des Bezugs auf die Wirklichkeit bildet ein weiteres Unterscheidungsmerkmal zwischen den *lockvögeln* und *Michael*. Während die *lockvögel* Bezugspunkte zur Wirklichkeit in der Darbietung historischer Wirklichkeit und Gewaltverhältnisse schufen, bietet *Michael* eine Wirklichkeitsebene an, die sich gerade dadurch auszeichnet, daß sie scheinbar wenig mit der 'Wirklichkeit' zu tun hat und trotzdem nicht als bloß "erfunden" abgetan werden kann.

Michael zeigt seine beiden Protagonistinnen, die Auszubildenden Ingrid und Gerda, im Kontext einer zweigeteilten Welt, die sich aus einem Arbeitsbereich und einem Freizeitbereich zusammensetzt, die scheinbar nichts miteinander zu tun haben. Dennoch finden Vermischungen zwischen beiden Bereichen statt. Wenn die Mädchen Träume und Ideale aus dem einen Bereich auf den anderen übertragen, werden die Grenzen zwischen ihnen durchlässig. Der Text entwickelt an diesen Überschreitungen eine zerstörerische Eigendynamik. Immer wenn die Grenze zwischen beiden Weltbereichen überschritten wird und die beiden Lebensbereiche aufeinandertreffen, gerät das Geschehen zu Szenarien grenzenloser physischer und psychischer Gewalttätigkeit, die die "Wirklichkeit" der Charaktere aus der Bahn werfen und ihren aus den TV-Serien und aus mütterlicherseits angedienten Normen gespeisten Erwartungen über ihre Welt Hohn sprechen.

Da der Erzähler[224] im Gegensatz zu den *lockvögeln* in *Michael* über längere Textpassagen deutlich Einblick in die Perspektive der Protagonistinnen gewährt, wirken diese Szenarien besonders schockierend, denn sie demonstrieren schonungslos die Kollision des völlig unvorbereiteten naiv-unmündigen Bewußtseins der jeweils betroffenen Protagonistin mit der denkbar brutalsten Darbietung des äußeren Geschehens.

Dennoch entsteht keine wirklich emotional beteiligte Erzählhaltung für den Gesamttext. Die Autorin erschafft ein Nebeneinander zweier unverbundener

---

224 Bei dem fiktiven Erzähler ist nicht ersichtlich, ob er/sie als weibliche oder männliche Gestalt entworfen ist.

Erzählperspektiven, die innerhalb einer Textsequenz ebenso unvermittelt bleiben, wie die Träume und die Wirklichkeit der Protagonistinnen unverbunden sind. Die eine der Erzählperspektiven berücksichtigt die naiven Erwartungen der Protagonistinnen und bezieht ihr Leiden in die Darstellung ein, während die andere Perspektive sich gerade dadurch auszeichnet, daß sie von den Empfindungen der Charaktere nichts weiß, von ihnen nicht spricht, sondern objektiv nüchtern den äußeren Geschehensablauf registriert. Im Gegensatz zu den *lockvögeln*, in denen unerwartete gegenseitige Störungen der unterschiedlichsten Weltbereiche und Handlungsstränge die Regel waren und in denen der Erzähler nicht als personifizierter Erzähler in den Handlungsverlauf eingriff, zeigt der Erzähler in *Michael* ein deutliches Profil, das den Textverlauf bestimmt. Seine zweigeteilte Erzählhaltung weist Parallelen auf zur zweigeteilten Welt der Protagonistinnen. So wie die beiden Weltbereiche 'Arbeits-' und 'Freizeitswelt' sich gegenseitig ausschließen, aber erst gemeinsam die Welt der Protagonistinnen bilden, schließen sich die beiden unterschiedlichen Herangehensweisen des Erzählers an das Geschehen aus. Aber die Zweiteilung täuscht, so wie erst das Zusammentreffen von Freizeits- und Arbeitswelt die Lebensumstände der Protagonistinnen in ihrer Grausamkeit entlarven kann, ermöglicht erst das Zusammentreffen beider Sichtweisen der erzählenden Instanz die kritische Perspektive in *Michael*, die die Vermengung von Realität und Traum, über die der Text spricht, aus der Sicht der weiblichen Autorin entlarven kann.

Erzählstruktur und erzählte Struktur in *Michael*

Besonders die deutlichen Stellungnahmen des Erzählers, die die zweigeteilte Erzählhaltung schaffen, unterscheiden *Michael* von den *lockvögeln*. Trotz der unterschiedlichen Darbietung ihrer jeweiligen erzählenden Instanz ist beiden Texten gemeinsam, daß mit der Erzählinstanz eine kritische Kontrollfunktion in das Werk eingearbeitet ist, deren Einsichten den Text beherrschen. Während dies jedoch in den *lockvögeln* fast ausschließlich über die Textstruktur vonstatten geht und der Erzähler sich nur selten und dann fast ausschließlich mittels der subtilen ironischen Brechung zu erkennen gibt, wie sie zum Beispiel anhand der Gattungsdiskussion beobachtet werden konnte, bildet der Erzähler in *Michael* eine abgesonderte Instanz, die selbstbewußt und umfangreich diskutierend und reflektierend in den erzählten Text eingreift und der fiktiven Wirklichkeit der Chraraktere und dem, was sie für Wirklichkeit halten, eine weitere Einschätzung von Wirklichkeit zur Seite stellt.

Doch der Anschein einer verläßlichen Erzählinstanz täuscht. Wie selbstbewußt und neutral auch immer die Erzählinstanz sich in *Michael* darbietet, die von hier stammenden Einschätzungen erweisen sich im Verlaufe des Textes als unzuverlässig, alle Versuche, seitens der Erzählinstanz eine "wirkliche Wirklichkeit" anzubieten, die der Vermengung der Wirklichkeitsbereiche im Text Einhalt gebieten würde, scheitern an einem unüberschaubaren Labyrinth ineinandergreifender Text- beziehungsweise Realitätsbezüge, die die Erzählinstanz nicht schafft, sondern reflektiert, sodaß letztlich die Widersprüchlichkeit der Einschätzungen der Erzählinstanz der Vermengung von Traum und Wirklichkeit durch die Protagonistinnen des Romans an nichts nachsteht. Zusätzliche Verwirrung stiftet die Tatsache, daß innerhalb der Erzählerkommentare alle Ansätze zur Formulierung einer übergeordneten Wahrheit, einer übergeordneten Moral oder zuverlässiger Handlungsvorgaben sich in vielfältigen Facetten aus den anderen Textsequenzen spiegeln, sodaß letztlich die Gestalten des Romans in eine unüberschaubare Welt gesetzt sind, zu deren Klärung auch die von der Autorin gesetzte Erzählinstanz vordergründig weder Plan noch Ausweg bereit stellt.

Obwohl sich die Verfasserin deutlich weigert, mit der von ihr geschaffenen erzählenden Instanz zugleich auch Sinn zu *setzen*, leistet gerade diese Erzählinstanz dennoch einen entscheidenden Beitrag zur Verständlichkeit und zur Sinnproduktion des Textes. Die Erzählereinschübe im Text beziehen sich immer auf im Verlaufe der erzählenden Passagen thematisierte Problematiken. Die Absicht des Bezuges kann stützend, hinterfragend oder unterminierend sein; Kommentare und Einschübe können eine zusätzliche Perspektive schaffen, aber sie sind, mit zwei vorwärtsweisenden Ausnahmen, in der Regel reflexiv an den erzählenden Text angebunden. Indem sie sich diskutierend zu im Text aufscheinenden Themen äußert, hebt die Erzählinstanz inhaltliche Schwerpunkte hervor.

Außerdem verweisen ihre Diskussionen und Texteinschübe, indem sie sich an das Lesepublikum richten und indem sie Radiointerviews zitieren, auf einen Bereich statistisch faßbarer - objektiv existenter - Realität außerhalb der Fiktionalität des Textes. Die Verweise und Bezüge, die die Erzählinstanz zum Text beisteuert, wie auch die Ordnung der Erzählschemata der TV-Serien durch die Erzählinstanz organisieren so den Text grundlegend im Hinblick auf Aussage und Wirkung. Erst vermittelt über diese Organisation läßt Jelineks *Michael* eine Erzählstruktur erkennen, die über die bloße Vermengung unzusammenhängender Textbereiche hinausgehend den Roman deutlich von ihrem ersten "Roman" *wir sind lockvögel baby!* absetzt und die komplexen Vermengungen von "wirklichkeit", "nacherzählung", "erzählung" und Erzählerkommentar ihrer scheinbaren Willkürlichkeit entreißt. Im Gegensatz zu den Vorwürfen der Kritik ist deshalb festzustellen, daß die Autorin den Text durchaus einer deutlichen Strukturierung unterworfen hat, wenngleich sich die Struktur erst im Verlaufe des Textes entwickelt und sich zugleich fast bis zur Unkenntlichkeit verdichtet.

Die zunehmende Verflechtung von Fiktion und "Wirklichkeit" ist Teil dieser Strukturierung, im Text ergibt sie sich aus der Perspektive der beiden Medienkonsumentinnen Gerda und Ingrid, aber sie endet nicht hier, sondern sie wird intensiviert durch die tatsächliche teilweise Übereinstimmung zwischen den "Chefs" im TV, also der fiktiven Welt der Protagonistinnen, und den "Chefs" in ihrem wirklichen Leben, also der fiktiven Welt des Romans, die als TV-Gestalten und als 'wirkliche' Gestalten grenzüberschreitend in beiden Bereichen existieren.

Mit der zunehmenden Verdichtung von Überschneidungen der TV-Realität mit der Realitätsebene der Protagonistinnen vollzieht sich gleichzeitig eine gegenläufige Ernüchterung der Protagonistin Ingrid über ihre Arbeits- und Lebensrealität. Obwohl Ingrid ansatzweise die Gemeinsamkeiten zwischen Ihrem Chef und den TV-Chefs erkennt und sie sogar die Diskrepanzen und Gemeinsamkeiten zwischen der Realität der Freizeitindustrie und ihrer Arbeitswirklichkeit wahrnehmen kann, ändert sich an ihrer Situation nichts.

In das Spannungsfeld zunehmend verwirrender Realitätsanteile der fiktionalen Welt und zunehmend fiktionaler Anteile der realen Welt innerhalb der Fiktion flicht der Erzähler Radiointerviews zum Thema "Arbeit" ein, die nicht fiktional personalisiert werden und die deshalb vom Text auf einen statistisch faßbaren Realitätsbereich verweisen. Die Einschübe bilden ein Gegengewicht zum dargestellten Geschehen und dessen zunehmender Verflechtung mit der Medienwirklichkeit; sie setzen dem Fiktionalisierten Grenzen und konzentrieren die Aussage des Textes. Diese Erzählereinschübe beziehen sich auf die Thematik "Arbeit", während der erzählte fiktionale Textanteil bemüht ist, dieses Thema, das das Geschehen bestimmt, nicht explizit zu formulieren.

Deutlich wird vermittelst der Erzählerkommentare, daß die Beschäftigung des Textes mit dem Begriff 'Arbeit', genauer, die Diskussion des Arbeitsbegriffes der industrialisierten Gesellschaft, auf drei verschiedenen Textebenen in *Michael* erfolgt: Zur Darstellung gelangt die Idealisierung von Arbeit im Sprechen der Arbeitenden in den Interviews, diskutiert wird der "wirkliche" Arbeitsalltag der Unterschicht, das heißt, besonders der weiblichen Arbeitenden, anhand des Negativ-Beispiels der Protagonistinnen Gerda und Ingrid innerhalb des fiktiven Geschehens, und bloßgestellt wird die auf der fiktionalen ebenso wie auf der nichtfiktionalen Textebene verhandelte Brutalität der Unausweichlichkeit des Realitätsdrucks in Bezug auf die ungeliebte Arbeit bestimmter Berufsgruppen im Bezug der Aussagen beider Bereiche aufeinander sowie in ironischen Erzählerkommentaren, die sich auf das fiktionale Geschehen beziehen.

Der in den Erzählereinschüben in Form von Radiointerviews thematisierten Brutalität des Realitätsdrucks der Arbeitenden entsprechen auf der Ebene der fiktionalen Handlung des Textes die häufigen Manifestationen physischer Gewalt . Im Gegensatz zu den *lockvögeln*, in denen Gewalt unvermittelt und unerwartet in den Text einbricht, ist die Überwältigung des Oberflächentextes von Gewaltszenarien in *Michael* vorhersagbar. Gewalt tritt immer auf, wenn eine der Gestalten von der Norm abweichendes Verhalten oder Denken an den Tag legt, sie ist alltäglich und folgt der verbotenen Handlung oder dem geäußerten oder verschwiegenen Aufbegehren unmittelbar und ist innerhalb des Kontextes immer als Strafe nachvollziehbar.

Am schlimmsten werden die beiden Protagonistinnen bestraft, wenn sie die sozialen Barrieren zwischen sich und ihren Chefs überschreiten. Als es Ingrid beispielsweise wagt, ihrem Chef im Freibad von ihrem Essen anzubieten, in der

Hoffnung, beruflich davon zu profitieren, muß sie feststellen, daß dieser sie gar nicht erkennt; als sie dann noch eine Ungeschicklichkeit begeht und ihr "etwas salatessig auf patrizias (Michael Rogalskis Gattin) kleid" tropft, folgt die Strafe:

> sehen sie nicht dass meine frau besonders geschont werden muß brüllt michael. [...] der herr chef poliert ingrids gesicht mit der bierflasche der er vorher den hals abgeschlagen hat.[225]

Auch Gerdas Arbeitsverweigerung nach einer Mißhandlung durch ihren Chef wird als Überschreitung sozialer Barrieren bestraft:

> nein sagt gerda ich mach das nicht. ich habe auch meinen stolz. hätten sie mir vorhin nicht das lineal in den bauch gebohrt, hätte ich ihnen jetzt die rechnungen herausgesucht. aber so habe auch ich meinen stolz. so schnell kann gerda gar nicht schauen wie ihre hirnschale da kracht wie ein hühnerei.[226]

Das sich hier darstellende Muster von Arbeitsideal, Arbeitsmoral, Arbeitsverweigerung und Strafe wird verstärkt dadurch, daß der Erzähler zusätzlich zu den in den Interviews geäußerten Existenzängsten der Betroffenen die Zusammenhänge zwischen Arbeitsverweigerung und Strafandrohung in Form von 'guten Ratschlägen' und 'Allerweltsweisheiten' in normierender Absicht formuliert. Es ist nicht unbedingt eine Schwäche des Textes, daß die Voraussagbarkeit des Geschehens und der Kommentare über den Geschehensablauf dem Leser fad wird, denn die Gewöhnung an Gewalt als Strafe und an die 'guten Ratschläge' entspricht durchaus der Erfahrung der Protagonistinnen in ihrem voraussagbaren, faden Leben.

Die Charaktere fliehen in die Bilderwelt des TV, in die sie sich zunehmend verstricken. Eine nachempfindende Erleichterung wird den Leser/n/innen des Textes jedoch verwehrt. Die satirisch-zynische Verkehrung des TV-Geschehens durch die Autorin, in dem die falschen Dinge als gut, die Zustände als von den jeweilig gequälten Serien-Protagonisten selbstverschuldet und potentiell Ich-stabilisierende Handlungen - Gerdas Arbeitsverweigerung nach der Mißhandlung etwa oder Neumanns 'Protest' gegen die unterbliebene Beförderung - als schlecht vorgestellt werden, entlarvt die scheinbar heile Welt des TV als Täuschung. Hier kann nur Gerda und Ingrid vorgegaukelt werden, Gutes werde, wenn alles mit

---

225 Elfriede Jelinek, Michael..., a.a.O., S. 76
226 Elfriede Jelinek, Michael..., a.a.O., S. 88

rechten Dingen zugehe, belohnt und nur 'wirklich' böse Absicht bestraft. Den Leser/n/innen erscheint diese Welt im Gesamttext ebenso auswechselbar und grausam wie das fiktive Leben der Protagonistinnen.

Zusammenfassend ist festzuhalten, daß *Michael* eine konsequente und transparente Struktur aufweist. Vermittelt einerseits über wiederholte Eingriffe der Erzählinstanz in die erzählte Handlung, andererseits durch eine satirische Überzeichnung der Fiktion in der Fiktion, des TV-Geschehens, wird der inhaltlich transportierten, zuweilen unüberschaubaren Vermischung von medial erzeugter Illusion, Tagtraum und Wirklichkeit eine formal im Text verwirklichte Grenze gesetzt, die akzentschaffend und relativierend als Orientierungshilfe fungiert.

Zur Vor-Bild-Funktion von Goebbels Michael

Eine andere Art der Orientierungshilfe leistet der Titel, der auf einen intertextuellen Bezug verweist, denn *Michael. Ein deutsches Schicksal in Tagebuchblättern* heißt ein 1929 veröffentlichter Roman von Joseph Goebbels, dessen Handlung Teile der Biographie seines Verfassers wiedergibt, ohne sich jedoch darauf zu beschränken.[227] Eingedenk der bereits erörterten kritischen Ablehnung vorgefertigter und starrer Bilder durch die Autorin ist davon auszugehen, daß im Vordergrund des Interesses Jelineks an der Auseinandersetzung mit dem Text Goebbels' nicht etwa die Erschaffung eines Gegen-Bildes stand, sondern das Aufbrechen dieses Vor(-bestehenden-)Bildes. Angesichts der vielfältigen Sinnebenen der bisher betrachteten Texte der Autorin ist weiter anzunehmen, daß dies nicht in der Brechung eines Aspektes dieses Werkes geschieht, sondern mittels einer Reihe von unterschiedlichen Brechungen.

Die Mehrzahl der bisherigen kritischen Diskussionen über die Verbindung des Jelinekschen Textes zu Goebbels Roman kreist um die Erkenntnis, daß es sich im Gegensatz zu Goebbels' faschistischem "Blut- und Boden-Bildungsroman" bei Jelineks Text nicht um einen Bildungsroman handele. Ihr Roman verfüge lediglich über typisierte Charaktere und biete keine psychologische Einsicht an über eine eventuelle konflikthafte Entwicklung der Protagonistinnen beziehungsweise ihres

---

227 Joseph Goebbels, Michael. Ein Deutsches Schicksal in Tagebuchblättern, München 1929.

Bewußtseins in ihrer Welt, so der allgemeine Tenor der Kritik. "Einziges Überbleibsel des Bildungsromans" sei der Titel, so etwa Spanlang, "der zudem nicht [halte], was er [verspreche]."[228] Dieser Einschätzung muß relativierend hinzugefügt werden, daß den beiden Lehrlingen in diesem Text durchaus eine Entwicklung zugestanden wird. Jedoch wird diese Entwicklung nicht psychologisch generiert, sondern sie wird als unerhebliches Produkt gesellschaftlicher Zustände an den/die Leser/in herangetragen, ohne besondere Aufmerksamkeit einzufordern. Die psychologisch einsichtige Chrarakterdarstellung selbst bildet ebensowenig eine nennenswerte Größe dieses 'Romans' wie die Erschaffung einer stimmigen fiktiven Welt. Im Gegensatz zu einem späteren Prosawerk Jelineks, der *Klavierspielerin*, wird dem Fehlen einer wirklichen Persönlichkeitsentwicklung der Protagonistinnen im Text denkbar wenig Aufmerksamkeit zuteil, sodaß sich die Beschränkung der Suche nach dem intertextuellen Bezug zwischen Goebbels *Michael* und Jelineks *Michael* auf die Gattungsfrage verbietet.

Die Einbeziehung der jeweils im Titel bereits angedeuteten Intentionen Goebbels' und Jelineks in die Überlegungen zur Verbindung des Goebbels'schen Vor--bildes mit Jelineks *Michael* verdeutlicht über die Gattungsfrage hinausgehend einen weiteren wichtigen Unterschied zwischen beiden Texten, der für das Verständnis der Intention Jelineks relevant ist. Auf diesen Unterschied geht Allyson Fiddlers Feststellung ein, "als Marxistin [glaube] Jelinek natürlich nicht an Schicksal." Ihre Folgerung jedoch bezieht sich wieder auf die Gattungsfrage, wenn sie schreibt, deshalb sei Jelineks Roman zu verstehen als "Anti-Bildungsroman, der uns durch das Leben von Gerda und Ingrid führ[e]."[229] Diese Interpretation greift jedoch zu kurz, da sie der Diskussion um eine mögliche politische Intention der Autorin ausweicht und sich sofort auf die Darstellung der Geschichte der Individuen in *Michael* beschränkt. Vielmehr sollte die Tatsache, daß Goebbels den Begriff "Schicksal" im Untertitel verwendet, dazu führen, die Entsprechung bei Jelinek nicht in der intendierten Textgattung zu suchen, sondern in der inhaltlich formulierten konkreten politischen Intention.

---

228 Elisabeth Spanlang, "Elfriede Jelinek: Studien zum Frühwerk...", a.a.O., S. 177
229 Allyson Fiddler, "Rewriting Reality...", a.a.O., S. 50

Während Goebbels' Wahl des Begriffs "Schicksal" Unausweichliches, unveränderliches Ausgeliefertsein des Menschen an eine höhere Instanz und an einen dem Einzelnen übergeordneten unhinterfragbaren Plan impliziert, den Goebbels bekräftigt, impliziert Jelineks Wahl des Begriffes "Infantilgesellschaft" im Untertitel zu *Michael* die gesellschafts- und medienkritische Absicht ihres Textes. Zum einen ist davon auszugehen, daß hier der Begriff "Schicksal" vom Titel ausgeschlossen wurde, weil seine Verwendung im trivialen Frauenroman gebräuchlich ist, der so die Selbstbeschränkung des Aktionsrahmens von Frauen auf das Erleiden von Schicksal gutheißt. Jelineks Heldinnen erleben keine schicksalshaften Verwicklungen. Obwohl Gerdas und Ingrids massenmedial geprägten Tagträume mit Wunschvorstellungen über schicksalhafte Fügungen angefüllt sind, leben sie in klar umrissenen sozialen Bedingungen.

Ihre Aufstiegshoffnungen - im Unterschied zu der von Michael Rogalski in der Fernsehserie, die sie sich anschauen - werden enttäuscht. Ihre soziale Positionierung ist starr, festgefügt. Was dem Mann gestattet ist, beruflichen Aufstieg mit privatem Erfolg zu verbinden, ist den beiden Protagonistinnen verwehrt. Doch auch Michaels sozialer Aufstieg trifft auf Grenzen. Er wird selbst als erfolgreicher Juniorchef von Koester-Kaffee noch morgens vor dem Arbeitsantritt von seiner Mutter gewickelt. Er bleibt infantil, der Rollenerwartung seiner Mutter verhaftet, die als Garant des gesellschaftlichen Status quo fungiert. Dieser Status quo, in dem Gerda und Ingrid Angestellte bleiben werden und in dem Michael zwar Karriere machen kann, jedoch nicht aus eigener Kraft, sondern vermittelst der Heirat mit Patrizia, ist nicht Schicksal, aber ebenso unveränderlich wie es Schicksal sein würde.

Besonders Gerdas und Ingrids soziale Positionen haben recht wenig mit 'Schicksal' als etwas bedeutendem, übermenschlich Übermächtigen zu tun, wie es sowohl von der Trivialliteratur als auch von Goebbels vorgestellt wird. Statt des Begriffes "Schicksal" führt Jelinek den Begriff "Infantilgesellschaft" in ihren Titel ein, der zwar Parallelen zur Vorstellung des 'Schicksals' aufweist, aber etwas ganz anderes meint.

Die Verwendung des Begriffes "Schicksal" bei Goebbels und des Begriffes "Infantilgesellschaft" bei Jelinek läßt die These Johann Stangels,

[m]öglicherweise steck[e] im zweiten Teil des Titels eine Reminiszenz Jelineks an Günter Anders' Analyse des Fernsehens, der eine Gesellschaft, welche auf die einseitige Kommunikation des Zuhörens und Zuschauens beschränkt ist, zu welcher die Medien im allgemeinen verurteilen, eben eine 'infantile' nennt, [230]

zur Gewißheit über die implizierte Unterscheidung werden. Beide Titel, Goebbels' und Jelineks, sprechen von einer Macht, die die Individuen beherrscht. Diese Macht wird bei Goebbels durch das Schicksal, bei Jelinek durch die Medienindustrie mit ihren Mythen repräsentiert. Während Goebbels' Roman jedoch affirmativ von Unveränderlichkeit spricht, begehrt Jelinek auf, denn sie bietet *Michael* an als Buch **für** die Infantilgesellschaft. Ihr Text stellt ein Leseangebot dar, das die Mitglieder dieser Infantilgesellschaft, die sich zusammensetzt aus Individuen, die zu passiven Kommunikationsempfängern der Massenmedien degradiert sind, zu einer anderen, aktiven Form der Kommunikation bewegen soll, um die Perpetuierung des passiven Ausgeliefertseins an eine übergeordnete menschlich geschaffene Macht zu durchbrechen und kritische Reflexion an die Stelle des bloßen Konsums zu setzen, aus der die Lesenden - im Gegensatz zum Romanpersonal - hervorgehen könnten als aktiv um erkennende Veränderung bemühte Individuen.

Doch auch diese Interpretation der Verbindung des Textes Jelineks mit Goebbels' 'Vorlage' streift nur eine der heutigen Bedeutungen, die mit der Nennung des Namens Joseph Goebbels' verknüpft sind. Sicher, es geht um die massenhafte Verbreitung von Ideologie, wie sie der spätere Reichspropagandaminister mittels des innovativen Einsatzes von Massenmedien zum ersten Mal bewerkstelligte, und angesichts des heutigen Zugriffs der Medien auf die Individuen stellt Jelineks *Michael* "mit der Aufnahme des Titels" die Frage in den Raum, ob nicht "die 'Bildungsfunktion' des Fernsehens und besonders der Familienserien als Fortsetzung faschistoider und faschistischer Pädagogik" zu verstehen sei, wie Marlies Janz feststellt.[231] Und auch das Überleben jeglicher Individualität in der massenmedial versorgten Gesellschaft in *Michael* scheint sehr zweifelhaft. Insbesondere geht es jedoch in *Michael* um die faschistischen und faschistoiden Inhalte der massenmedialen Botschaften damals und heute. Der Vergleich eines

---

230 Vgl.: Johann Stangel, "Das annullierte Individuum...", a.a.O., S. 279 und S. 333
231 Marlies Janz, "Elfriede Jelinek", a.a.O., S. 16

Romans von Goebbels mit Jelineks Text ist interessant deshalb vor allem wegen der inhaltlichen Unterschiede beider Werke. Jelineks *Michael* läßt sich nicht nur als Auseinandersetzung mit der Funktion der Massenmedien und der Frage nach einer möglichen Literatur angesichts der massenmedialen Vereinnahmung des Einzelnen lesen, sondern auch als Auseinandersetzung mit einzelnen Grundzügen faschistischer Ideologie, für die Goebbels' Text steht.

Ein Aspekt dieser Ideologie, der in Goebbels' und Jelineks *Michael* gleichermaßen diskutiert wird, ist die Funktion von Arbeit für die einzelnen Individuen und für die Gesellschaft. Ein anderer wichtiger Gesichtspunkt ist die gesellschaftliche Rolle der Frau. In dem Begriff 'Frauenarbeit' vereinen sich beide Vorstellungen, und der Begriff der 'Arbeit' wird auf eine begrenzte, in der Realität feststellbare und soziologisch befragbare Bevölkerungsgruppe bezogen. Die ideologischen beziehungsweise anti-ideologischen Implikationen beider Texte bezüglich ihrer Darbietung von Arbeit, aber auch bezüglich ihrer an die Frauenrolle gebundenen besonderen Arbeitsvorstellungen dürften deutlich werden, wenn ihre Auseinandersetzungen mit Frauenarbeit dem vergleichenden Blick auf die reale Arbeits- und Lebenssituation von Frauen zum Entstehungszeitpunkt der Texte ausgesetzt werden.

Interessant sind Johann Stangels Überlegungen zu Jelineks und Goebbels' *Michael*. Er stellt heraus, daß in Goebbels *Michael* "die Frau auf den ideologisch propagierten Reproduktionsbereich der Familie und auf die Rolle der Mutter begrenzt wird" und schreibt weiter, daß "[d]iese Aufgabe [...]1929 [...] dem Faschismus offenbar am vordringlichsten [war], während in den späteren Kriegsjahren dieses Rollensterotyp unter dem Zwang der Kriegsproduktion annuliert wurde."[232] Seiner Folgerung, eine sich hieran orientierende Zuordnung des Jelinek'schen *Michael* zu Goebbels' *Michael* bringe die in Jelineks Text intendierte "deutlichere Zentrierung auf die ideologisierte Rolle der Frau zum Ausdruck", denn das "vorgeführte Medienpublikum [sei] ausschließlich weiblich", ist zuzustimmen, wenngleich er sich nicht weiter zu konkreten im Roman behandelten Rahmenbedingungen weiblicher Arbeit äußert.

---

232 Vgl.: Johann Stangel, "Das annullierte Individuum...", a.a.O., S. 279

Angesichts einer mittlerweile recht hohen Anzahl feministischer Untersuchungen zum weiblichen Lebenszusammenhang während der nationalsozialistischen Herrschaft gewinnt diese Beobachtung zusätzlich an Gewicht, wenn sie um einige konkrete Ergebnisse aus dieser Forschung erweitert wird. Denn besonders in neueren feministischen Betrachtungen gelangt eine Diskrepanz zwischen nationalsozialistischer Ideologie und dem konkreten zeitgenössischen weiblichen Arbeitsalltag zur Diskussion, die sich in Jelineks Text gebrochen niederschlägt, hier jedoch auf dessen zeitgenössischen gesellschaftlichen Rahmen bezogen wird.

Die geschlechtsspezifische Rollenverteilung, die die Beschränkung der Frau auf eine bloß hegende und pflegende Funktion voraussetzt, die völlig losgelöst von jeglichem Erwerbsdenken existiert, wie sie in Goebbels' Roman propagiert wurde, entsprach, so ist in der einschlägigen Literatur zu lesen, weder zum Zeitpunkt des Erscheinens seines *Michael* noch, wie eingangs der vorliegenden Arbeit dargestellt, vorher der Realität der Mehrzahl der Frauen. Zwar übten Frauen überwiegend die Rolle der Hausfrau und Mutter aus, doch dienten sie auch in dieser Funktion dem wirtschaftlichen Erfolg und damit dem außerhäuslichen Ansehen der Familie, zudem konnten sich nur wenige Haushalte eine solche Rollenverteilung konsequent finanziell leisten, sodaß besonders Frauen der Unterschichten oft Lohn- und Hausarbeit vereinen mußten. Goebbels Roman *Michael* leistete deshalb einen ideologischen Beitrag, der darauf abzielte, 'die Frau' in einer Hausfrauen- und Mutterrolle zu verankern, die nicht der Realität der Frauen entsprach.

In Bezug auf Stangels Feststellung muß festgehalten werden, daß die von Goebbels propagierte Vorstellung der Frauen-und Mutterrolle für die Frau auch zum Veröffentlichungszeitpunkt des Romanes nicht der zeitgenössischen weiblichen Realität entsprach, daß sie aber zusätzlich auch unter dem Druck der Kriegsproduktion nicht wirklich aufgegeben wurde, denn die Frauen wurden zwar nun zu Lohnarbeit in der Rüstungsindustrie angehalten, dies spiegelte sich jedoch nicht als Aufwertung außerhäuslicher Erwerbstätigkeit in der öffentlich propagierten Ideologie. Bei allem ökonomischen Druck wurde während des Krieges dennoch außerhäusliche Frauenarbeit gefordert ausschließlich zur Unterstützung des einzigen Staatszieles, die Kriegsmaschinerie, und das hieß die 'Arbeit' der Soldaten, aufrechtzuerhalten. Insbesondere weiterhin nicht erwünscht waren Frauen in Positionen, die sie mit wirklicher öffentlicher Macht hätten ausstatten können.[233]

Die mit dem Begriff der Frauenlohnarbeit verbundenen Vorstellungen nationalsozialistischer Propaganda unterschieden sich sehr von dem auch in Goebbels' Roman propagierten nationalsozialistischen Arbeitsideal für Männer. Obwohl viele Frauen während der Kriegsjahre die Ernährerfunktion an Mannes Statt vollständig übernahmen, wurde außerhäusliche Lohnarbeit von Frauen als solche nicht intergrativer Bestandteil nationalsozialistischer Ideologie. Erst vermittels des dienenden Bezuges der weiblichen Erwerbstätigkeit auf die soldatischen Männer, Väter, Söhne, Ehemänner und Brüder konnte diese Art der Arbeit faschistischen Arbeitsvorstellungen genügen. Das entscheidende aufwertende Merkmal von Arbeit war nicht ihre Ernährerfunktion; die wirtschaftliche Versorgung beziehungsweise die Unabhängigkeit des einzelnen oder der Kleinfamilie spielten eine untergeordnete Rolle, und Lohnarbeit als solche war verpönt. Die Werte, die der Arbeitsbegriff als Bestandteil nationalsozialistischer Ideologie umfaßte, erläutert Klaus Theweleit bezeichnenderweise und stellvertretend für andere faschistische Texte am Beispiel von Goebbels' *Michael*, wofür hier zwei besonders signifikante Textstellen zitiert sein mögen:

In Goebbels 'Michael' erscheint 'Arbeit' als Zentralbegriff überhaupt, bis sie sich gegen Ende als eine Unterform des Kampfes herausstellt und 'Kampf'und 'Krieg' das Eigentliche sind. 'Arbeit erlöst"[...] sagt Michael.[234]

Darauf zielt alle faschistische 'Arbeit' hin, "Arbeit, Krieg!" - die letzten geflüsterten Worte von Goebbels Michael [...][235]

Bei der Verrichtung von 'Arbeit' erfahre sich der faschistische Mann als sich aus sich selbst Schöpfender, so Theweleits Analyseergebnis, als jemand, der von seinem "inneren Schweinehund", seinem "Versucher" Schlendrian, erlöst ist, der sich in seiner Zuordnung zu der höheren Sache, den Zielen einer straffen

---

233 Vgl. hierzu : Christine Wittrock, "Weiblichkeitsmythen. Das Frauenbild im Faschismus und seine Vorläufer in der Frauenbewegung der 20er Jahre". Frankfurt am Main 1983; und außerdem: Gerda: Zorn Mein alltäglicher Faschismus. In: Der alltägliche Faschismus. Frauen im dritten Reich. Hg. v. Verlag J.H.W.Dietz Nachf. . Berlin: Bonn 1981
234 Klaus Theweleit, "Männerphantasien...", a.a.O., Bd. 2, S. 270
235 Klaus Theweleit, "Männerphantasien...", a.a.O., Bd. 2, S. 284

Organisation wie des nationalsozialistischen Staates etwa oder einer militärischen Organisation, dienend völlig aufgibt, um daraus als Sieger, Herrscher hervorzugehen. Theweleit zitiert den Protagonisten aus Goebbels' Roman, nachdem dieser eine Arbeit gefunden hat, die ihn physisch bis zur Erschöpfung fordert: "Ich bin kein Mensch mehr. Ich bin ein Titane. Ein Gott!"[236]

Unter der Voraussetzung, daß der kämpfende Mann sich aus sich selbst schafft und erst in der anstrengendsten körperlichen Aktion, im äußersten Falle in der Schlacht, seine Arbeit als lohnend, als wirkliche Arbeit, empfindet, kann die Arbeit der Frauen, *besonders* ihre Erwerbsarbeit, nur als minderwertige Beschäftigung gelten. Im Zentrum ideologischer Überlegungen zur Frauenerwerbsarbeit stand wie bei den Männern auch während der Kriegsjahre weiterhin die Vorstellung des Dienens, des Zutragens. Doch erlaubte die außerhäusliche Lohnarbeit von Frauen nicht das Anstreben der dienenden Gottähnlichkeit, das den Arbeitsbegriff für den Mann auszeichnete. Selbst wenn Frauen eine Erwerbsarbeit ausübten, die sie mit aller wirtschaftlichen Macht und Unabhängigkeit ausstattete, die in Friedenszeiten dem männlichen Familienoberhaupt zukamen, blieb ihre Arbeit minderwertig, nicht unähnlich der Rolle der Frau im Haushalt darauf ausgerichtet, die eigentliche(!) Arbeit des Mannes zu stützen, das heißt nun, während der Kriegsjahre, die des Soldaten. Ihre Arbeit diente der Arbeit des Mannes, seine, will man Theweleit folgen, der Steigerung seines Selbstwertgefühls.

Wie bei Goebbels ist auch in Jelineks *Michael* "Arbeit" ein zentraler Begriff. Wie bereits erwähnt erfolgt hier die Diskussion von Arbeit auf dreierlei Weise, die sich in unterschiedlichen Text- und Sinnebenen entfaltet: innerhalb der Fiktion des alltäglichen Lebenszusammenhanges der beiden Protagonistinnen wird dem Lesepublikum ein Beispiel für ein zeitgenössisches Arbeitsverhältnis von jungen Frauen vorexerziert, innerhalb einer Anzahl vom Erzähler beigesteuerter Interviews wird diese fiktionale Ebene mit der "Realität" konfrontiert, und in Form der Brechung von Formulierungen und Diskussionen verallgemeinerter Ansichten, die die Erzählinstanz entweder auf die Interviews oder auf das fiktionale Geschehen bezieht und die sich zuweilen im Text zu Szenarien hemmungsloser Gewalt entfalten, werden Normen der Gesellschaft formuliert und abgewogen.

---

236 Klaus Theweleit, "Männerphantasien...", a.a.O., Bd.2, S. 286

Alltäglicher Lebenszusammenhang

Die Arbeit, über die Jelineks "Jugendbuch für die Infantilgesellschaft" spricht, ist völlig verschieden von dem, was Goebbels' *Michael* als Arbeit schildert. Während es sich bei dem Arbeitsbegriff in Goebbels' *Michael* um einen starren, ideologischen Arbeitsbegriff handelt, demonstriert Jelineks *Michael* sehr unterschiedliche, einander teilweise widersprechende Aspekte eines eher weit gefaßten Arbeitsbegriffes. Diese differenzierte Betrachtung des Arbeitsbegriffes erstreckt sich auch auf die Arbeitsauffassung der Protagonistinnen, deren Leben sich zwischen Arbeitsalltag in der Woche und Freizeit am Wochenende abspielt. Im Verlaufe des Romans verschiebt sich ihre Beurteilung von Arbeit. Diese Tatsache ist bedeutsam, da sie die einzige 'Entwicklung' der Protagonistinnen dieses Textes kennzeichnet.

Trotz der Typisierung ihrer beiden Protagonistinnen bietet Elfriede Jelinek hier Einblick in die Veränderung der Ansichten und in die psychischen Reaktionen ihrer Heldinnen. Zwar handelt es sich bei der dargestellten Veränderung nicht um eine wirkliche und - zum Beispiel im Sinne feministischer Ideologie - vorbildhafte Weiterentwicklung etwa des Bewußtseins der Heldinnen, sondern vielmehr um eine Verlagerung von einer stereotypen Selbst-Täuschung auf eine andere, doch wird dem Leser durchaus gestattet, die Entwicklung seiner Protagonistinnen als Folge der Lebens- und Arbeitssituation wahrzunehmen. Dabei konzentriert sich der Text jedoch nicht auf die Darstellung der Protagonistinnen, sondern auf die Darstellung der Umstände, denen sie ausgesetzt sind.

Die Geschichte von Gerda und Ingrid setzt mit dem Beginn ihrer Ausbildungszeit als "kaufm. lehrlinge" ein. Zwar wird der Hinweis auf ihre Arbeit gleich zu Beginn unterbrochen, um ihre wochenendlichen Freizeitaktivitäten zu schildern, doch bereits in dieser Freizeitschilderung zu Beginn des Textes wird der stets präsente Einfluß der Arbeitswelt - ihrer Struktur und ihrer Ideologie - deutlich.

Der den Text eröffnende wochenendliche Boutiquebesuch gerät den beiden "kaufm. lehrlingen" Gerda und Ingrid unter der Feder Jelineks unversehens zum Spießrutenlauf durch Verhaltensmaßregeln, Schönheitsideale und soziale

Benachteiligungen, denen sie aufgrund ihres sozialen Status' in der Freizeit ebenso wie auf ihrem Arbeitsplatz ausgesetzt sind. Die in der Boutique und in der wochenendlich verfolgten TV-Sendung angediente Tagesmode kollidiert mit der "Kleiderordnung" des Betriebs, wo "keine offenen flatterhaare keine langen hosen" geduldet werden und in dem sich die "männlichen kollegen" einig sind: "muff ganz schön schlimm scheusslich dummer aufguss von anno dazumal unerotisch unproportioniert unzeitgemäss unpraktisch alberne verkleidung plump und zugehängt." Da der "schöne warme maximantel", der "mini", der 'echte fuchs kragen', die Kombination von "sonnenbrille und schlapphut"[237] nur einer bestimmten Bevölkerungsschicht als Statussymbol zur Verfügung stehen, enden die Versuche von Gerda und Ingrid, diese symbolische Grenze zu überschreiten, auch in ihrer Freizeit im Desaster:

kombiniert mit pullovern blusen oder den neuen chasubles sieht das immer gut aus auch an ihrem arbeitsplatz. wir müssen zur arbeit kittel tragen.
jäh wird ernst aus dem spiel. die fachfrau fürs kombinieren schnallt ihren wildledergürtel mit den metallnieten ab und schlägt ihn unserer gerda ins gesicht. kleinere Knochen wie das nasenbein brechen sofort ab. die haut platzt auf.[238]

Die Gewalt, mit der die "fachfrau fürs kombinieren" hier den beiden Auszubildenden begegnet, überzieht jedes realistische Maß. Gemeint ist die Aggression der in ihrer Arbeitswelt ebenfalls unterdrückten "fachfrau", die sich hier in der Phantasie bahnbricht, als Reaktion auf Gerdas und Ingrids Feststellung, die neue Mode nicht zur Arbeit tragen zu können. Aber gemeint ist unterschwellig auch die Bestrafung, die der Feststellung des niedrigen sozialen Status' folgt, der sich in der Kleiderordnung am Arbeitsplatz Geltung verschafft. Die ansonsten unterdrückten Aggressionen der Verkäuferin können in der fiktiven Welt des Romans sich Raum verschaffen gegenüber solchen Kunden, die sozial unter ihr stehen.

Auch wenn Ingrid und Gerda protestieren: "mein chef ist so streng zu uns und jetzt sind sie auch streng zu uns...ich bin der meinung dass sie uns nicht schlagen dürfen weil wir im büro genug zu tun haben"[239], hilft das gar nichts. Ihr beruflicher Status bestimmt auch ihren Wert als Mensch in ihrer Freizeit.

---

237 Elfriede Jelinek, Michael..., a.a.O., S. 7-9
238 Elfriede Jelinek, Michael..., a.a.O., S. 9
239 Elfriede Jelinek, Michael..., a.a.O., S. 9

Überhaupt verhallt das Sprechen der beiden Protagonistinnen ungehört, ein weiteres Indiz für ihre niedrige soziale Stellung. Im Gegensatz zu den sozial Höhergestellten und den fiktiven Gestalten der Medien haben sie hier wie dort weder etwas zu sagen, noch werden sie gehört, wenn sie reden. Wie sie selbst bald nach dem Beginn ihrer Lehrzeit feststellen müssen, scheint es zwei "verschiedene arten von sprache" zu geben, die derer, die etwas zu sagen haben, und die derer, die nichts zu melden haben:

> kein mensch käme auf den gedanken dass gerda und ingrid etwas zu sagen haben wenn sie den mund aufmachen. gerda und ingrid schweigen besser. das reden sollten sie jenen überlassen die es gelernt haben. und das sind eine ganze menge. [...] manchmal glauben gerda und ingrid dass es zwei verschiedene arten von sprache geben muss. diejenige die sie sprechen und diejenige die die andren sprechen. die andren vom fernsehen sind fast so anders wie der herr chef oder die junge frau patrizia.[240]

Zwar protestieren sie gegen die Bevormundung, die sie zum Schweigen verurteilt:

> es ist ein richtiger ernst in ingrid als sie sagt: ICH LEIDE GENUG UM ETWAS SAGEN ZU DÜRFEN,[241] [Hervorhebung im Original]

doch letztlich bleibt ihnen nur der ohnmächtige Neid auf "alle, die gegen den wind die kragen ihrer trench/coats aufstellen."[242]

Sie unterwerfen ihre Entscheidungen auch in ihrer Freizeit dem Diktat - wie zum Beispiel dem Kleidungsdiktat, das ihre soziale Stellung spiegelt - des Arbeitsplatzes und verbleiben so auch privat an ihrer angestammten sozialen Position innerhalb der hierarchischen Struktur der Arbeitswelt. Zugleich jedoch versuchen sie den Spagat zur Mode zu schaffen, die ihnen als weibliche Welt außerhalb der Arbeitswelt angeboten wird:

> gegen schicke samt oder stoffhosen kann ihr chef sicher nichts einzuwenden haben, vor allem, wenn sie bei ihren etwas breiten Hüften mit einem kasack kaschiert sind.[243]

Daß die Mode nicht für junge Frauen ihrer sozialen Schicht geschaffen ist, wird beiden Mädchen deutlich vor Augen geführt und eingeprügelt, dennoch wird

---

240 Elfriede Jelinek, Michael..., a.a.O., S. 81
241 Elfriede Jelinek, Michael..., a.a.O., S. 52
242 Elfriede Jelinek, Michael..., a.a.O., S. 10
243 Elfriede Jelinek, Michael..., a.a.O., S. 10

weder die Mode selbst hinterfragt noch die vom Betrieb formulierte Kleidervorschrift, die diese zusätzlich zum Statussymbol erhöht. Was bleibt ist, daß die Diskrepanz zwischen der realen weiblichen Person, als des "kaufm. lehrlings", und ihren Wünschen den beiden Auszubildenden zwar deutlich wird, daß diese Diskrepanz jedoch nicht auf ihre reale Lebens- und Arbeitssituation, besonders auch als Frauen, zurückgeführt wird. Begehrenswert bleibt das unerreichbare und verbotene statusbeladene Kleidungsstück, und was den beiden Mädchen bleibt, ist ein demütigender Mangel an Übereinstimmung mit ihrem Ideal und fassungsloses Leiden angesichts dieses Mangels:

beide: eher pummelig. sie tun nichts gegen ihre pickel ihr glanzloses haar ihr übergewicht. [...] wie ist das möglich fragen sie dass manche ihr gewicht so mühelos von einem fuss auf den andren verlagern.[244]

Und ihnen verbleibt die Flucht in die heile Welt der Familienserien, deren wildestes Durcheinander bei aller Verschiedenheit die Wochenenden in stets der gleichen falschen euphorischen Botschaft ausklingen läßt:

schön fleissig sein und folgen! dann wirst du es auch einmal so gut haben wie bud und sandy. [...] es gibt keine sieger und besiegte es gibt nur noch menschen.[245]

Nur in dieser heilen Welt der Familienserien, aus der Gerdas und Ingrids Ideale stammen, ist sozialer Aufstieg möglich. Die beiden Protagonistinnen versuchen mit ihrem Kleiderkauf, sich die Insignien der gehobeneren Schichten anzueignen, scheitern jedoch an ihrer Realität, an den sozialen Grenzen, die ihnen - unüberwindbar im Beruf und in der Freizeit, Fleiß spielt hier nämlich keine Rolle - gesteckt sind.

Die Flucht vor den Demütigungen der Realität in die Imagination endet für die beiden Lehrlinge jedoch nicht mit der wochenendlichen TV-Berieselung. Auch in der wenig später anschließenden Schilderung der Einführungsfeierlichkeiten zum Arbeitsbeginn der neuen Lehrlinge in der Kaffeerösterei Koester wird deutlich, daß beide Protagonistinnen ihre Ausbildung trotz fast gleichzeitig einsetzender Enttäuschung begeistert antreten. Zwar tun sie dies unter falschen Voraussetzungen, denn sie projizieren ihre aus den TV-Serien übernommenen

---

244 Elfriede Jelinek, Michael..., a.a.O., S. 10
245 Elfriede Jelinek, Michael..., a.a.O., S. 30

Wünsche auf ihren Arbeitgeber und überlagern ihre Arbeitsrealität mit Tagträumen, die angefüllt sind mit den Inhalten und Gestalten der TV-Serien, doch binden beide Mädchen zunächst ihre Zukunftserwartungen wie auch immer an ihre Lehrstelle. Dies wird sich jedoch flugs ändern. Wiederholte Demütigungen und Enttäuschungen lassen sie bereits gegen Ende ihres ersten Lehrjahres ihre Hoffnungen ausschließlich auf den privaten Lebensbereich richten:

ingrid die blöde kuh will noch immer von jemand geliebt werden. die lehrzeit scheint kein ende zu nehmen. vielleicht nimmt die lehrzeit schneller ein ende, wenn ingrid richtig geliebt wird.[246]

Zwischenbetrachtung

Im Unterschied zu dem ideologischen Vor-Bild der zwanziger Jahre wird das Dilemma der Frauen zwischen Privatheit und Beruf sowie zwischen Wunsch(produktion) und Enttäuschung als ernsthaftes Problem behandelt. Bereits indem der Text Protagonist*innen* aufweist, rückt er die Frauen in den Mittelpunkt des Interesses. Außerdem begnügt sich der Text im Unterschied zu Goebbels' Elaborat nicht mit der ideologischen Festlegung des Weiblichen, sondern er erzeugt ein komplexes Spannungsfeld, innerhalb dessen seine Protagonistinnen zwischen Erwartungen und Enttäuschungen gezeigt werden, die mit der zeitgenössischen Realität von Frauen im privaten und im beruflich-öffentlichen Lebensbereich zusammenhängen und die zugleich einen wichtigen Bestandteil gerade einsetzender zeitgenössischer feministischer Debatten bilden. Die Darstellung weiblicher Existenz zwischen Arbeits- und Privatleben dient als Denkanstoß zu weiteren Überlegungen, die im Gegensatz zu Goebbels' ideologischer Fixierung der Frauenrolle als diskutierbar und kritisierbar angeboten werden.

Der Roman zeigt die beiden Romancharaktere Ingrid und Gerda als Beteiligte am Arbeitsprozeß. Ihre Zeit ist, wie die ihrer männlichen Kollegen auch, in Arbeit als öffentlichem Bereich und Freizeit als privatem Bereich gespalten. Ihre Berufsausbildung ist eine Ausbildung, die nicht auf den häuslichen Bereich ausgerichtet ist, sondern auf den öffentlichen Bereich, diese Berufsausbildung umfaßt, wie in den Interviews deutlich wird, rein theoretisch gesehen, moderne

---

246 Elfriede Jelinek, Michael..., a.a.O., S. 96

Begriffe wie den sozialen Aufstieg, die Freizeit, das Betriebsfest, den Betriebsausflug, die Rente - In ihrer Freizeit wollen die beiden jungen Mädchen, wie das gesamte Freizeitvolk vor dem TV, nichts von Arbeit wissen. In TV-Serien sind sie scheinbar nur davon gelangweilt, sie wollen Liebesgeschichten, Geburten, Privates sehen.

Dennoch spielt Arbeit auf zweierlei Weise eine Rolle in ihrem Privatleben: Erstens wird sie in den Fernsehserien trotzdem erwähnt - allerdings wird sie hier mythisch dargestellt, als etwas Gutes, es kommen nur Traumberufe vor, wie Mannequins, Architekten, es kommen Mütter vor, Geliebte von Wirtschaftsbossen etc. Hier spielen die Begriffe der modernen Arbeitswelt tatsächlich eine Rolle, wird Fleiß belohnt. Schuld, wenn etwas auf dem Arbeitsplatz der TV-Gestalten schiefgeht., ist das Private - nie der Arbeitgeber, der immer nachsichtig und verständnisvoll ist.

Zweitens wird in der bereits dargestellten Weise auch das Privatleben der Protagonistinnen nach ihrer beruflichen Situation geordnet, nach ihrer Kaufkraft, ihrer Bildung. Freizeit, wie auch das Aussehen, wird zu Arbeit.

In den vom TV geprägten Phantasien und Träumen kommt Arbeit, wie sie die Mädchen empfinden, nicht vor, sondern nur Arbeit als Freude, die Journalistin wird zum Chef gerufen, bei einer Sekretärin wird sich entschuldigt, das Fotomodell wird geliebt, der Freund der Journalistin hört zu, etc.. Die 'wirkliche' Arbeitswelt der Mädchen untergräbt dieses Ideal. Hier haben diese Vorstellungen keinen Platz. Erlaubt sich ein Mädchen, diese 'privaten' Träume während ihrer Arbeitszeit zu träumen oder gar sie ansatzweise auszuleben, so wird es sogleich bestraft. Die Bestrafung dringt innerhalb des Gesamttextes als entlarvender Genotext in die phenotextlich geschilderte Illusion des Ideals ein, sie 'überwältigt' den Text.

Deutlich wird in *Michael*, daß die Vorstellungen der Mädchen, an den Segnungen der modernen Welt, an Mobilität, Berufsaufstiegschancen, teilhaben zu können, nicht eingelöst wird. Da haben Männer schon eher eine Chance - vorausgesetzt, sie heißen Michael. Denn den angestellten Männern und den männlichen kaufm. Lehrlingen bei Koester-Kaffee wird wie unseren Protagonistinnen auch keine Chance zum sozialen Aufstieg geboten.

Für die Mädchen bietet Arbeit nichts Positives. Arbeit erlöst sie nicht aus ihren Abhängigkeiten beziehungsweise aus ihrer sozial niedrigen Stellung. An ihrer Arbeitsstelle droht ihnen psychische und körperliche Mißhandlung, Vergewaltigung, Zwang zur Arbeit, Unterordnung. Alle Ansätze, eigene Ideen vorzubringen, werden gestoppt; Selbstverwirklichung ist nicht möglich. Außerdem richten sie im Privaten, angeleitet durch das Medium Fernsehen, ihre Träume auf die falschen Dinge. Das jedoch hat mit dem Liebesmythos aus den Medien zu tun, und über diese schreibt Jelinek in ihrem nächsten Roman. Gerda und Ingrid entkommen zwar der Festlegung der Frau auf den Haushalt in eine Berufsausbildung, doch verhilft ihnen dies nicht zur Emanzipation. Die Arbeitsteilung in öffentliche Berufsausübung für den Mann und Haushalt für die Frau scheint zwar aufgehoben, doch die Männer haben die Macht, die sie lieben, die Frauen arbeiten in untergeordneter Position und ihre Arbeit bleibt ungeliebt, sie stellt keine Ansprüche und sie erfüllt auch keine Ansprüche, die die Mädchen an das Leben stellen.

Die Interviews

Auch in den in den Text montierten 'Interviews' wird 'Arbeit' diskutiert. In den Interviews wird eine Frage wiederholt an Repräsentanten verschiedener Berufsgruppen gerichtet: "Was bedeutet Ihnen Ihre Arbeit?" Diese Frage wird emphatisch als "wahr" bezeichnet, als "nicht erdichtet."[247] Sie wird als Hörfunktext vorgestellt, und die Hervorhebung des Wahrheitscharakters gemeinsam mit der neutralen Form statistischer Erhebungsfragen soll hier offenbar auf die außertextliche Realität deuten. Insgesamt verstehen die Interviewten Arbeit entweder als Mittel zum Broterwerb oder als Möglichkeit zur Selbsterfüllung, als ihrem Leben Sinn stiftend. Welche dieser beiden Beurteilungen gewählt wird, wenn es um die eigene Arbeit geht, ist klassenspezifisch verteilt, hängt von der ausgeübten Beschäftigung ab.

Die Berufsgruppen der Unterschicht bezeichnen ihre Arbeit als Mittel zum Zweck des Überlebens, sie bereitet ihnen weder Vergnügen noch erscheint ihnen ihre Arbeit sinnstiftend. Bezeichnend ist folgende Textstelle:

---

247 Elfriede Jelienk: Michael..., a.a.O., S. 92

was bedeutet ihnen ihre arbeit? die frage geht an hilfs und bauarbeiter. was? (lärm) was soll ich
drauf sagen? jetzt habe ich keine zeit. dort ist der meister. bitte? was soll sie mir bedeuten? ich
muss ja arbeiten dass ich leben kann und mit 60 in die rente gehen kann
dabei verdiene ich das meiste ich habe wohl einen anderen beruf erlernt. zum broterwerb sonst
nichts. was soll einem DIESE arbeit schon bedeuten? aus gewohnheit (ich bin schon 25 jahre dabei).
das ist keine arbeit die hilfsarbeit das ist eine arbeit für primitive für idioten. ich mache sie
deshalb weil ich nichts gelernt habe. für den wochenlohn mehr gibts nicht. freude ist keine dabei
was soll einen dabei freuen? da wüsste ich mir was schöneres als arbeiten.
wir sind dazu geboren. was besseres gibts für uns nicht
seien wir doch froh dass wir die arbeit haben. wenn ich an die grosse arbeitslosigkeit denke
[...].[248]

Dennoch sind in den Vorstellungen dieser Bevölkerungsschicht Vorstellungen über Arbeit verankert, die auf ein Arbeitsideal verweisen. Diese Vorstellungen kommen jedoch nicht in Bezug auf die eigene Arbeit zum Ausdruck, sondern wenn die Befragten über ihre Ideale und Idole sprechen. Hier kommen bürgerliche Tugenden, Arbeit und Fleiß, zum Tragen, etwa wenn "gitte" zitiert wird:

mein ideal ist die arbeit. mich freut die arbeit. denn wenn einen die arbeit nicht freut dann braucht man ja gleich nicht zu arbeiten.[249]

Oder wenn "hilde" zitiert wird:

mein ideal ist es gut anständig und arbeitsam zu leben. dann wird man auch ein guter staatsbürger sein und es zu etwas bringen. die nichts leisten wollen: fort mit ihnen![250]

"gitte" und "hilde" bestehen als Romancharaktere lediglich aus ihren Vornamen, sie sind austauschbare Gestalten der Masse, die die von der Masse der fiktiven TV-Zuschauer in einstimmigem Chor anläßlich der Ausstrahlung einer Sendung geäußerten Werturteile spiegeln, für die folgende typische Textstelle stellvertretend zitiert sein mag:

die fernsehzuschauer sind der meinung dass wer arbeitet auch essen muß. wer nicht arbeitet soll auch nicht essen.[251]

Die mit der infantilen, unreflektierten und im Grunde harmlos logischen Annahme, "wer arbeitet [muß] auch essen" verbundene absurd umkehr-logische

---

248 Elfriede Jelinek: Michael..., a.a.O., S. 84
249 Elfriede Jelinek, Michael..., a.a.O., S. 36
250 Elfriede Jelinek, Michael..., a.a.O., S. 36
251 Elfriede Jelinek, Michael..., a.a.O., S. 56

und in der Konsequenz völlig uneinlösbare Bestrafungsvorstellung für etwaiges Fehlverhalten, "wer nicht arbeitet, soll auch nicht essen", entspricht in ihrer Unmenschlichkeit allerdings genau der Realität der Arbeitenden. Denn zwischen der Idealvorstellung, die Arbeiter und kleine Angestellte über den Arbeitsbegriff hegen, und ihrer eigenen Arbeitsrealität klafft ein Riß, der von der Tatsache herrührt, daß die eigene, unerfreuliche Arbeit zum Überleben notwendig ist.

Wie das Beispiel des Hilfsarbeiters zeigt, wird diese Arbeit als Schicksal gesehen, denn: "etwas anderes gibts für uns doch nicht" und hinter alllem steht die von den unterschiedlichen Gestalten in *Michael* wiederholt geäußerte beständig präsente Gefahr, die Arbeit zu verlieren: "wenn ich da an die große arbeitslosigkeit denke."

Die von den Interviewgestalten vorgetragene Vorstellung, es handele sich bei der Notwendigkeit unbefriedigender Arbeit und bei der Furcht vor Arbeitslosigkeit um Schicksal oder vielmehr um allgemeinmenschliches Schicksal, wie es auch die dargestellten TV-Serien den fiktionalen Gestalten ständig vor Augen halten, wird im Text jedoch subversiv hintertrieben. Diese Hintertreibung findet im fiktionalen Geschehen des Textes statt, exemplifiziert an den Gestalten Gerda und Ingrid. Ihre Geschichte subvertiert als beständig mitgedachter Text die Schicksalsvorstellung und führt ihr Scheitern auf die Tatsache der Unverrückbarkeit ihrer sozialen Stellung zurück.

Innerhalb eines Interviews wird die Herkunft der Hochschätzung auch unbeliebter Arbeit, auch und besonders im Vergleich zum Freizeitvergnügen, wie beispielsweise dem Aufenthalt im Beatclub im folgenden Textbeispiel , deutlich benannt:

ein lehrling hat einmal auf die frage ob es ihm in seinem beatklub gefalle geantwortet: es gefällt mir so gut dass ich am liebsten immer hier wäre. tag und nacht. ununterbrochen.
wie ich euch kenne könnt ihr das überhaupt nicht verstehen. das vergnügen ist ja ganz schön. aber die arbeit ist es doch die zählt.
das soll ich euch jedenfalls von eurem herrn chef ausrichten.[252]

Der normierte Einwand, Arbeit sei wichtiger als Vergnügen, wird hier dem einzigen wirklichen Nutznießer der Arbeit, dem Arbeitgeber, in den Mund gelegt,

---

252 Elfriede Jelinek, Michael..., a.a.O., S. 122

was die Zweckgerichtetheit der scheinbar neutralen Norm offenbart. Auf diese Weise wird die grundsätzliche Annahme hinter dem Arbeitsideal der Unterschicht als Mythos entlarvt, Arbeit an sich sei nun einmal Schicksal und unhinterfragbar dem Müßiggang in jedem Falle vorzuziehen, selbst wenn es sich um ungeliebte, unbefriedigende Arbeit handelt, die nicht freiwillig, sondern gezwungenermaßen ausgeführt wird. Denn Arbeit, wenn sie so wie in den Beispielen aus der Unterschicht als sinnloser bloßer Lebenserhalt betrieben wird, stellt sich nun dar als weder schicksalsgewollt noch selbstgewählt, sondern als vom "Chef" gewollt. Innerhalb des fiktionalen Geschehens in *Michael* bestätigt sich diese Sichtweise von Arbeit beispielhaft an den Arbeitenden Ingrid und Gerda, aber auch in der dargestellten TV-Serie an Neumann, dem geschaßten Vorarbeiter der Kaffeerösterei Koester. Die eigentlichen Nutznießer von deren alltäglicher Arbeit sind ihre Chefs "Michael" und "Schwiegervater Koester." Daß diese Chefs gleiche Namen tragen und daß sich die Realität der Fiktion um Gerda und Ingrid und die Realität der Fiktion in der Fiktion um Michael, Patrizia und Neumann überlappen, kommt nicht von ungefähr.

Vielmehr stellt Jelinek hier die fatale Verflechtung mythischer TV-Inhalte mit dem 'realen' Leben dar. Die Verflechtung zwischen "Michael" dem Chef von Gerda und Ingrid, mit "Michael" dem TV-Serienhelden, intensiviert sich im Roman parallel zum Verlauf der TV-Serie und der zunehmenden Ernüchterung der Protagonistinnen Gerda und Ingrid über ihre 'reale' Arbeitsstelle und ihr Leben. Daß die Chefs der Medien und die Chefs der Realität sich ähneln, läßt Jelinek Ingrid folgerichtig gegen Ende der Serie und zeitgleich mit dem Herannahen des Endes ihres ersten Lehrjahres feststellen:

in ingrids wirklichkeit würde der herr bürochef ihr den flaschenhals in den schlund stossen. tv ist nicht wirklichkeit. natürlich nicht. aber fernsehen ist der wirklichkeit sehr ähnlich. man erkennt so vieles wieder. allerdings gibt es im wirklichen leben sogar leute die beinahe oder ganz so leben wie die im fernsehn. der herr chef zum beispiel oder patrizia und michael. der herr chef lebt in wirklichkeit so wie die chefs im tv. es gibt fast nur chefs im tv zu sehen.[253]

Während ihr "herr chef" dem "chef" des TV ähnelt, sieht Ingrids Arbeitswirklichkeit dennoch anders aus. Der Zwang zum Broterwerb, der in den Inter-

---

253 Elfriede Jelinek, Michael..., a.a.O., S. 84

views zum Ausdruck kommt, gerät innerhalb der fiktionalen Handlung um Gerda und Ingrid zu Gewaltszenarien krassesten Ausmaßes. Diese brechen als ständig präsenter Genotext in die mystifizierende Darstellung der Arbeitswelt ein. Ingrids und Gerdas direkter Vorgesetzter, der "herr bürochef", bestraft sie für jeden Regelverstoß, besonders wenn die Handlung oder der Gedanke mit der Arbeitsethik in Konflikt gerät. Der "bürochef", nicht der "herr chef" beziehungsweise "michael", übt die Strafen aus; daß seine unverhältnismäßigen Strafen gebilligt werden, er nur ausführendes Organ ist, sein Verhalten vom Vorgesetzten durch den "herrn chef" nicht nur gebilligt, sondern gefordert wird, bleibt den beiden Protagonistinnen verborgen, obwohl es vor ihren Augen geschieht.[254]

Das Verbindungsglied zwischen der fiktionalen Welt und den Interviews sind einerseits die mythischen Inhalte der TV-Serien, die die Gedankenwelt der beiden kaufm. Auszubildenden beherrschen und die mit den in den Interviews geäußerten Idealvorstellungen über Arbeit übereinstimmen, und andererseits die Gewaltszenarien des fiktionalen Textbereiches, die die Kehrseite, den Zwang und das Ausgeliefertsein an die Notwendigkeit des Broterwerbs thematisieren.

Während die Männer der fiktionalen Welt der TV-Serien, besonders die 'Chefs', eine Entsprechung in der fiktionalen Welt der Protagonistinnen finden, sind die Frauen der TV-Welt völlig verschieden von den Frauen der 'realen' Welt der Protagonistinnen.

Das Besondere, das anders ist, ist ihr jeweiliges Verhältnis von Arbeit, Freizeit und Traumberuf. Wiederholt wird herausgestellt, daß die beiden Lehrlinge häßlich und unsicher sind. Im TV sind alle jungen Frauen schön, sie üben Traumberufe aus. Beruf und Hobby sind identisch und der Lebenspartner garantiert den sozialen Aufstieg oder wenn die Frau wie Patrizia aus der höheren Bevölkerungsschicht stammt, dann garantiert der Partner den Status quo.

Hierin gleicht die Welt des TV den Aussagen der höheren Berufsklassen in den Interviews und den Idealen der niedrigeren Berufsklassen, die sie von den sozial-Höhergestellten übernehmen. Hier gibt es Berufe, die Freizeit sind, und Hobbies, die Beruf sind. In der fiktionalen weiblichen Welt gibt es das nicht.

---

254 Vgl.: Elfriede Jelinek, Michael..., a.a.O., S. 46; 82; 102; 111; 119

Eine Ausnahme bilden die Mütter. Ida Rogalski stellt in der TV-Welt den durch Neumann gestörten Status quo wieder her. Sie ähnelt den Müttern von Gerda und Ingrid. Auch diese stützen indirekt den gesellschaftlichen Status quo, indem sie ihre Töchter zu überzogener Normerfüllung und dem falschen Glauben an den sozialen Aufstieg anhalten, der etwaiges Aufbegehren in Schach hält. Was jedoch bei der TV-Gestalt Ida Rogalski durch Taktgefühl allein erreicht wird, versuchen die Mütter Gerdas und Ingrids durch blanken Ehrgeiz, der ihren Töchtern eher schadet als nützt. Die Mütter vertreten im 'realen Leben' Ingrids und Gerdas genauso die Norm, wie Ida Rogalski im TV, doch entlarvt die Tatsache, daß die beiden Protagonistinnen gegen die ihnen auferlegte soziale Barriere stoßen, die Vorstellungen der Mütter der beiden Protagonistinnen als illusionär.

Interessanterweise richten sich die Interviewer nur an bestimmte Berufsgruppen der Oberschicht. Die Schauspieler, Tänzerinnen, Fotomodelle, Maler und Architekten üben künstlerische Berufe aus und zwar sogenannte 'Traumberufe.' Diese Gruppe bezeichnet ihre Arbeit als persönliche Selbsterfüllung, als das Gegenteil von Arbeit: "Das erinnert so an Schweiß. Arbeit darf es keine sein." Aus der mittleren Bevölkerungsschicht werden drei Berufsgruppen zitiert: die beiden Gruppen der Polizisten und Büroleiter, als Berufsgruppen mit autoritärem Charakter, und die dritte Gruppe der Tötenden, als derer, die Gewalt über Leben und Tod anderer Lebewesen ausüben. Diese drei Gruppen zeichnen sich durch ihre Macht über andere aus, sie sind als gewalttätig dargestellt. Nicht selbständig tätig, aber mit Macht ausgestattet, sie empfinden ihre grausame Beschäftigung als Erfüllung.

Zu diesen Berufsgruppen haben die beiden Protagonistinnen keinen Zugang, obwohl ihnen dies von der TV-Fiktion vorgespielt wird. Was ihnen wirklich blüht, wenn sie in das Berufsleben eintreten, wird in der Fiktion analysiert, die die auf Freizeit ausgerichteten Erwartungen der jungen Mädchen Gerda und Ingrid mit ihren Erfahrungen im Büro zusammendenkt. Der Beruf der Kanzleiangestellten oder der Arzthelferin oder Krankenschwester, die Mädchen im TV zugestanden werden, haben wenig mit der Realität des Arbeitsalltags von Gerda und Ingrid gemein. Daß der alltägliche Lebenszusammenhang im Berufsleben ganz anders als erwartet und zwar äußerst enttäuschend verlaufen wird, diskutiert die Fiktion im Text.

Zur Position der Erzählinstanz

Abgesehen von den Interviews und der Darstellung im fiktionalen Geschehen findet sich eine dritte Darbietungsweise der Arbeitsdiskussion im Text: die im gesamten Text angelegte subversive Diskussion von Arbeitsvorstellungen, die die Position der Autorin spiegelt. Diese Diskussion findet ihren Niederschlag in ironischen Formulierungen von Normen und Verallgemeinerungen über Arbeit und in der Unterwanderung des erzählten Textes im Genotext.

Gezeigt wird, exemplifiziert an Gerda und Ingrid, ein weiblicher Alltag im Spannungsfeld von Erwartung, Wünschen und Enttäuschungen. Die Position der Autorin läßt sich im Verhältnis zu Arbeitsvorstellungen der Frauenbewegung verorten.

Feministische Ideologie kreist seit ihrer Entstehung um den Begriff der 'Arbeit'. Das Lager der Feministinnen ist im wesentlichen zweigeteilt. Die verschiedenen feministischen Richtungen sind eine Konsequenz der Tatsache, daß sich ihre Zielvorstellungen an den mit dem Arbeitsbegriff verbundenen Strategien unterscheiden. Im großen und Ganzen bestehen zwei unterschiedliche Strategien, mit den Vorstellungen dieser Gesellschaft über Arbeit umzugehen.

Der einen Gruppe von Feministinnen geht es um die weibliche Beteiligung an öffentlich ausgeübter Arbeit zum Zweck wirtschaftlicher Autonomie des weiblichen Subjekts, der sich Selbstverwirklichungsmöglichkeiten quasi-automatisch anschließen. Diese Strategie zielt auf Individualität, auf individuelle Entscheidungsfreiheit und persönliche Autonomie der Frau. Versucht wird, den Frauen die gleiche wirtschaftliche Macht zu verschaffen wie sie die Männer innehaben, also den traditionell männlichen Lebensbereich auch den Frauen zu öffnen. Frauenlohnarbeit an sich gilt als Garant für eine Verbesserung der Situation von Frauen in der Gesellschaft.

Die andere Gruppe der Feministinnen zielt auf Arbeit als Möglichkeit nicht nur der Autonomie von Abhängigkeiten, sondern besonders als Mittel zur Veränderung der Gesellschaft. Es geht zwar um die Teilhabe an der männlichen Arbeitswelt und Macht, aber es geht darüber hinaus auch um die Erschaffung einer neuen, anderen Welt, die positive Qualitäten aus weiblichen privaten Lebensmustern für sich verwerten soll. In diesem Zusammenhang werden aus der besonderen Situation der Frau erwachsende Wünsche relevant, die eher auf eine andere Lebensform zielen als auf die Partizipation am männlichen Arbeitsalltag.

Da der besondere weibliche Lebenszusammenhang von Frauen durchaus einen Faktor zur Veränderung der heutigen modernen Industriegesellschaften darstellt, wird er nicht nur in feministischen Zusammenhängen diskutiert, sondern er stellt auch einen Gegenstand dar für Diskussionen über den Strukturwandel der Gesellschaft und die Position und das Selbstverständnis des Individuums in ihr.

Feministische Theorien und Utopien besetzen den Begriff der "Arbeit" ideologisch, indem sie ein positives Leitbild dessen anbieten, was "Selbstverwirklichung" bedeute.

Dieses birgt jedoch eine Gefahr in sich, wie der Mißbrauch der Arbeitsvorstellung durch die Nationalsozialisten zeigt. Sie wußten es für ihre Zwecke zu nutzen, daß eine Übereinstimmung darüber erzielt werden kann, was "Selbstverwirklichung" für die Individuen einer Gesellschaft beinhalten kann und okkupierten den Begriff der "Arbeit" mit ihren gesellschaftstragenden Idealen, sodaß letztlich "Arbeit" an sich positiv bewertet wurde, solange sie der Verwirklichung der faschistischen Ziele der Allgemeinheit diente.[255]

Während in der frühen Frauenbewegung die Teilnahme an der Arbeitswelt als Ziel dargestellt wurde und das Patriarchat als solches für die untergeordnete gesellschaftliche Stellung der Frau verantwortlich gemacht wurde, stellen sich neuere Untersuchungen einem wesentlich komplexeren Sachverhalt. Die Suche nach den Ursachen für die heutigen Konzepte von Frauenarbeit enden nicht wie in früheren feministischen Auseinandersetzungen überwiegend in der Feststellung patriarchalischer Herrschaftsstrukturen und Ideologie, sondern Überlegungen wie

---

[255] Eine Folge dieser Besetzung des Begriffes "Arbeit" im Dritten Reich ist die Vorstellung, für "den Führer" zu arbeiten, zu kämpfen oder die oben erwähnte Unterordnung der daheimbleibenden Frauen unter die Interessen der kämpfenden Männer, eine andere, die die ideologische Funktion, die mit dem Begriff der Arbeit verbunden wurde, am krassesten verdeutlicht, ist die Inschrift "Arbeit macht frei" auf Konzentrationslagertoren.

die von Ulrike Prokop, Barbara Sichtermann oder Ulrich Beck zeigen, daß heutige Konzepte Folgen sind von historischen Entwicklungen, daß sie sich aus realen Bedürfnissen ihrer Entstehungszeit heraus entwickelten und daß sie an den Nerv unseres Gesellschaftssystems rühren. Deshalb sind Veränderungen der gesellschaftlichen Rollenzuweisungen für Männer und Frauen immer auch Veränderungen der Gesellschaft.

Mit seiner Thematisierung der Arbeitsproblematik spricht Jelineks Text einen komplexen Aspekt der feministischen Diskussionen aus dem Umfeld der Frauenbewegung an.

Beabsichtigt oder nicht, Jelineks Roman *Michael* leistet einen Beitrag zu dieser Diskussion, wenn er der Frage nach den Lebensbedingungen und dem Selbstverständnis seiner arbeitenden Protagonistinnen auf den Grund geht. Er tut dies nicht in Form einer wissenschaftlichen Erörterung, sondern in der Form eines Kunstwerks. Diese Form bietet der Autorin zwei Vorteile. Als Kunstwerk ist das Werk weder der Objektivität noch der Vollständigkeit der Darstellung dieser komplexen Problematik verpflichtet, die Autorin kann also ihre subjektive Sicht und ihre subjektive Auswahl in die Diskussion einbringen, zum anderen kann sich die Darstellung der Problematik zugleich auf imaginäre Bilder stützen, die Autorin insofern von ihrer eigenen Person trotz aller Subjektivität absehen. Dennoch wird dem/der LeserIn des Textes, vermittelt über die Schreibweise und die Auswahl der Bilder, Einblick gestattet in die gedankliche Welt der Autorin und ihren besonderen Bezug auf die realen öffentlichen Diskussionen um den realen weiblichen Lebenszusammenhang.

Der von Jelinek in *Michael* adressierte Stoff des weiblichen Lebenszusammenhanges zweier weiblicher Auszubildender in heutiger Zeit bietet so der/dem LeserIn die Möglichkeit, die in den unterschiedlichen Diskursen formulierten Aspekte weiblicher Arbeit, weiblicher Freizeit und weiblicher Wünsche im Rahmen einer subjektiven Darstellung nachzugehen.

Die Entlarvung des Arbeitsethos' unserer modernen Welt geschieht in *Michael* vor allem in Form der subversiven Unterwanderung eines Phenotextes, der sich aus TV-Serienausschnitten und Arbeitsidealen zusammensetzt. Die Unterwanderung äußert sich in der beständigen Negierung der geäußerten normierten Vorstellungen, als Genotext. Immer wenn die Autorin die unterschiedlichen Lebensbereiche und sich widersprechende Ideale aufeinandertreffen läßt, setzt sich der subversive Genotext durch; die Identität mit dem Arbeitsethos wird verweigert. Hier wird Einblick geboten in die Positionierung der Autorin gegenüber den im Text dargestellten Arbeitsvorstellungen.

Im Text wird deutlich, daß Lohnarbeit per se keine Selbstverwirklichung für Frauen bedeutet. Die beiden Protagonistinnen lösen sich zwar vom traditionell weiblichen Lebenszusammenhang, ihr zunächst an den Arbeitsplatz gebundener Wunsch nach sozialem Aufstieg jedoch bleibt Illusion. Die Enttäuschung der beiden Mädchen wird als Folge festgefügter sozialer Barrieren einsichtig, die sie nicht überschreiten können. Daß sich schließlich ihre Wunschproduktion nicht mehr auf die Arbeit, sondern auf das Privatleben richtet, wird aus dieser Enttäuschung erklärbar.

Doch ihr Privatleben ist vollständig vom TV geprägt. Während in einem Teil der Frauenbewegung sich die Hoffnungen zur Gesellschaftsveränderung aus dem privaten Lebenszusammenhang von Frauen nähren, erklärt Jelineks Text auch dies zur Illusion. Auch hier greifen die sozialen Barrieren, und der Einfluß des TV überwuchert die gesamte private Wunschproduktion. Den beiden Protagonistinnen verschwimmt die Grenze zwischen Realität und Traum. Aus *dieser* privaten Späre heraus sind Änderungen der Gesellschaft nicht zu erwarten.

Für die beiden Protagonistinnen bietet weder ihr Arbeitsplatz noch ihr Privatleben Raum zur Emanzipation. Beide Lebensbereiche werden von anderen und deren Normen beherrscht.

Die aus dem TV gespeisten Träume sind unrealistisch, sie sind falsch, denn sie haben nichts mit dem 'wirklichen' Leben der Protagonistinnen gemein. Sie schüren Wünsche nach sozialem Aufstieg, der scheinbar durch Wohlverhalten und Unterordnung erreicht werden könne. Wann immer eine der beiden Protagonistinnen sich besonders durch Wohlverhalten oder Unterordnung hervortun will, 'schlägt der Text zu'; er gerät unter den Händen der Autorin zur Orgie der Gewalt. Offensichtlich wird hier das vom TV angediente Ideal kritisiert. Durch Wohlverhalten, Unterordnung, Fleiß kann der soziale Aufstieg nicht erreicht werden, im Gegenteil, ein solches Verhalten bekräftigt die sozialen Schranken.

Auch die auf das Private gerichtete Hoffnung, über Heirat eine sozial höhere Stellung zu ergattern, scheitert im Roman. Im Unterschied zum trivialen TV-Schema, mit dem die Mädchen vertraut sind, gehen sie am Ende mit zwei anderen kaufmännischen Lehrlingen aus. Michael Rogalski oder Porter Ricks, dem Helden der Vorabendserie *Flipper*, auf die sich ihre Wünsche richten, bleiben unerreichbar.

Insgesamt gesehen erteilt Jelineks Text den Strategien der Frauenbewegung eine Absage. Die Autorin sieht in der Beteiligung der Frauen am Arbeitsprozeß keine Möglichkeit zur Unabhängigkeit, hier werden lediglich die Abhängigkeiten verschoben - vom Mann auf den Chef. Gesellschaftliche Veränderungen werden nicht erreicht, weil die arbeitenden Frauen sich den Gegebenheiten des Arbeitsplatzes einpassen. Auch der private Lebensbereich bietet keine Chance, von hier aus gesellschaftliche Veränderungen zu bewirken. Die beiden Protagonistinnen begehren nicht auf, sondern sie übernehmen unhinterfragt die Mythen des TV.

Erst eine Veränderung der Arbeitsbedingungen, des Arbeitsethos oder eine Veränderung der Botschaften des TV beziehungsweise des Umgangs mit ihnen könnte gesellschaftliche Veränderungen - einschließlich der Rolle der Frau - bewirken. Geschieht dies nicht, so leisten die femnistischen Forderungen sowohl nach der bloßen Beteiligung an der Arbeitswelt als auch die Forderung nach der Veränderung der Gesellschaft aus dem Privaten heraus lediglich den gesellschaftlichen Status quo Vorschub. Obwohl der Text am meisten von den Frauen spricht, obwohl die Hauptcharaktere weiblich sind und obwohl die beiden Protagonistinnen am meisten unterdrückt und ausgenutzt sind, die Befreiung der Frau ist in diesem Text von der Veränderung der Gesellschaft abhängig, nicht vorrangiges Ziel, sondern erst möglich, wenn sich erst die gesellschaftlichen Bedingungen ändern.

Der Text *Michael* jedoch entlarvt die Mythen des TV und das Arbeitsethos der modernen Gesellschaft, denen die Protagonistinnen zum Opfer fallen. Der Text zielt auf eine Änderung des Bewußtseins, er versucht, den Mythen und dem Arbeitsethos eine andere Weltsicht entgegenzustellen, indem er die Gewalttätigkeit der Lebensumstände der Protagonistinnen ins Surreale überzieht. Indem der Text sich wiederholt an "Jungen und Mädels" wendet, fordert er ein von der Autorin als 'konkret' vorgestelltes, reales, Publikum dazu auf, diesen Mythen und dem falschen Arbeitsethos nicht zu verfallen, sondern sie zu erkennen und aufzubegehren.

In den ersten beiden Analysen zu *wir sind lockvögel, baby!* und zu *Michael. Jugendbuch für die Infantilgesellschaft* wurde ausführlich beobachtet, wie sich in Jelineks Prosa Subtext und Oberflächentext beziehungsweise Pheno- und Genotext übereinanderschieben. In den nun folgenden übrigen Kapiteln wird zur Vermeidung überflüssiger und den Leser ermüdender Wiederholungen zur Schreibweise auf eine solche detaillierte erneute Herleitung dieser Technik verzichtet. Es wird davon ausgegangen, daß, wenn von Text und Subtext beziehungsweise von Geno- und Phenotext die Rede ist, die in den ersten beiden Analysen detailliert erarbeitete besondere Schreibweise der Autorin, die sie bereits in ihrer frühen Prosa etabliert hat, vorausgesetzt wird.

3.4. *Die Liebhaberinnen*

Elfriede Jelineks Roman *Die Liebhaberinnen* greift in gewisser Weise die Thematik der Frauenarbeit dort wieder auf, wo Michael endete. Die Protagonistin Ingrid hatte in Michael von der Liebe als einer Erlösung aus der Arbeit geträumt:

die lehrzeit scheint kein ende zu nehmen. vielleicht nimmt die lehrzeit schneller ein ende wenn ingrid richtig geliebt wird.[256]

Bereits gegen Ende des Textes stellten sich Zweifel ob der Möglichkeit einer Glücksfindung auf diesem Wege ein. Der Mann, der realistischerweise für diese Liebe in Frage kommt, stellte sich als alles andere als der vermittelst des Vorbildes der Fernsehgestalten erträumte Partner heraus. Die LeserInnen erfuhren anläßlich eines Discoabends Gerdas und Ingrids, daß sie sich mit "2 ähnlichen lehrlingen" trafen, von deren Unterdrücktsein im Beruf der Text bereits sprach und mit denen sich Gerdas und Ingrids Zukunft entscheiden könnte, wie der folgende Erzählereinschub zu einem Interview nahelegt:

ein lehrling: mir macht die arbeit freude weil die arbeit ist es ja die das ganze leben ausmacht. ausserdem will man doch einmal eine familie gründen. gerda und ingrid sind solche mit denen mal eine familie gegründet werden wird.[257]

---

256 Elfriede Jelinek, Michael ..., a.a.O., S. 96
257 Elfriede Jelinek, Michael ..., a.a.O., S. 130

Der Roman *Die Liebhaberinnen* nun handelt von zwei jungen Arbeiterinnen, "paula" und "brigitte", die jeweils einen jungen Mann kennenlernen, schwanger werden, ihre Arbeitsstelle aufgeben und heiraten. Michael Fischer vergleicht in seiner Untersuchung *Trivialmythen in Elfriede Jelineks Romanen 'Die Liebhaberinnen' und 'Die Klavierspielerin'* diesen Erzählablauf mit dem Erzählablauf des trivialen Frauenromans und kommt zu dem Ergebnis, daß es sich hier um eine entlarvende Umkehrung des Verlaufes trivialer Erzählmuster handele:

Das Ursache- Wirkungs-Verhältnis trivialer Romane wird umgekehrt, wenn erst infolge von Schwangerschaften Ehen geschlossen werden.[258]

Wichtig erscheint darüber hinausgehend jedoch vor allem die Einbeziehung der Aufgabe der Arbeitsstelle in das Erzählmuster. Daß die Arbeit als Alternative zur Familiengründung aufgegeben wird, bewirkt, daß Jelineks Roman eine Beziehung zwischen Liebe von jungen Frauen und Arbeit von jungen Frauen herstellt. Dem trivialen Muster wird hier ein neues Element hinzugefügt. Die Motivation für das Handeln der Protagonistinnen Paula und Brigitte ist ihr Wunsch, aus ihrer jeweiligen gegenwärtigen Situation zu entkommen. Indem der Text danach fragt, inwieweit die ersehnte Zuwendung eines Mannes und die ebenso ersehnte Familiengründung junger Frauen einen Ausweg aus ihren Enttäuschungen mit ihrer Arbeitswelt bieten, nimmt er eine von feministischer Seite lebhaft diskutierte Thematik in Angriff; die feministische Forderung von Arbeit zur Befreiung der Frau wird hier umgekehrt. Die Frage lautet: Was erwarten junge Frauen und was erwartet sie, wenn sie eine Arbeitstelle zugunsten der Eheschließung und Familiengründung aufgeben?

Um etwaigen Mißverständnissen ob der konkreten Charakterdarbietung der beiden Protagonistinnen vorzubeugen, erfahren die LeserInnen gleich zu Beginn des Textes, daß es sich hier um exemplarische Gestalten handele. Bei Brigitte handele es sich um ein gutes Beispiel, bei Paula um ein schlechtes Beispiel.[259] Ob diese Einschätzung zutreffend ist oder nicht viel eher ironisch gemeint und inwieweit die Gestalten als positive oder negative Beispiele besonders auch für eine Diskussion feministischer Ansätze im Text werden herhalten können, wird sich aus der folgen-

---

258 Michael Fischer, "Trivialmythen...", a.a.O., S. 41
259 Elfriede Jelinek, Die Liehhaberinnen, a.a.O., S. 27

den Interpretation ergeben, die dem privaten 'Arbeiten' der beiden Protagonistinnen auf den Grund geht; denn von 'Arbeit' spricht die Autorin gleichermaßen in Bezug auf beide Tätigkeitsbereiche Brigittes und Paulas, der öffentlich ausgeübten Arbeit und der privaten "anstrengung" zwecks Eheschließung.

Der Text stellt eingangs die beiden Protagonistinnen als unverheiratete junge Frauen vor. Immer abwechselnd wird ein Kapitel Brigitte und ein Kapitel Paula gewidmet. Diese Struktur löst sich jedoch mit der erstrebten und schließlich gelungenen Schwangerschaft Brigittes und der unüberlegten Schwangerschaft Paulas auf. Bis zur Hochzeit verläuft das an die beiden Protagonistinnen gebundene Geschehen gegenläufig. Brigitte setzt alles daran, schwanger zu werden, um Heinz heiraten zu können. Heinz jedoch möchte Brigitte nicht heiraten, sondern Susi, die sozial über ihm stehende Studentin. Brigitte gelingt es noch soeben, schwanger zu werden. Paula hingegen plant ihre Schwangerschaft und Ehe nicht; sie wird von der Schwangerschaft überrascht, was jedoch ebenfalls zur Hochzeit führt. Mit der Hochzeit der beiden Protagonistinnen löst sich die Gegenläufigkeit des Geschehens auf. Nun wird parallel, teilweise in wörtlichen Wiederholungen, teilweise in direkten Gegenüberstellungen der Unterschiede, von Paulas und Brigittes Werdegang berichtet. Das Geschehen gipfelt zwar in der an Wiederholungen besonders reichen Hochzeitsdarbietung, doch es endet nicht hier.[260] Ausdrücklich setzt die Autorin ihren Text vom trivialen Fortsetzungsroman ab[261], der mit der Hochzeit enden würde. Stattdessen erfahren die LeserInnen die weitere Entwicklung der beiden Protagonistinnen über mehrere Jahre hinweg.

Doch was sind zunächst die Unterschiede und Gemeinsamkeiten der Mädchen Paula und Brigitte, die sie zum "guten" beziehungsweise "schlechten" Beispiel machen?

Brigitte, "die harte unweibliche" [262], "das stadtkind"[263], ist die uneheliche Tochter einer Näherin aus der Fabrik. Sie lebt in der Stadt, schafft im Akkord in der gleichen Fabrik wie ihre Mutter und kennt "heinz", den angehenden Elekroinstallateur. Ihre Liebe zu Heinz stellt sich als Haß heraus, und sie heiratet Heinz

---

260 Zu den "architektonischen Prinzipien" des Romans vgl.: Marlies Janz, "Elfriede Jelinek", a.a.O., S. 27
261 Elfriede Jelinek, Die Liebhaberinnen, a.a.O., S. 148, 130
262 Elfriede Jelinek, Die Liebhaberinnen, a.a.O., S. 86
263 Elfriede Jelinek, Die Liebhaberinnen, a.a.O., S. 118

berechnenderweise ausschließlich zwecks Entrinnen aus der Fabrik und zwecks Erreichen sozialer Vorteile:

brigitte will nur besitzen und möglichst viel. brigitte will einfach HABEN und FESTHALTEN.[264]

Was Brigitte haben und festhalten will, ist zunächst einmal Autonomie. Sie möchte die Abhängigkeit von ihrem ungeliebten Arbeitsplatz abschütteln und sie gegen die wirtschaftliche Autonomie an Heinz' Seite eintauschen. Eine Heirat mit Heinz macht sie zur zukünftigen Geschäftsfrau und zur Ehefrau eines zukünftig Selbstversorgenden. Sie möchte versorgt werden und unabhängig von Lohnarbeit sein. Die 'Liebe' zu Heinz verheißt all dieses. Sie ist nicht Selbstzweck, sondern Mittel zum Zweck.

Paula, "das landkind"[265], ist die eheliche Tochter eines Fernfahrers und einer Hausfrau, die in einem Dorf leben und die außer Paula noch zwei bereits verheiratete Töchter und einen Sohn haben. Paula hat noch keinen Freund und tritt eine unkonventionelle Lehre als Schneiderin in der Stadt an. Doch dann verliebt sie sich leidenschaftlich in Erich, einen Holzarbeiter. Sie "ist unbescheiden", denn "sie will dasselbe wie brigitte, aber sie will eine schöne strahlende aura rundherum haben."[266] Sie "will haben und liebhaben"[267], was ihr Schicksal - Heirat, Enttäuschung, Prostitution und Scheidung - entscheiden wird. Paula glaubt an Liebe als Emotion. Sie 'liebt' Erich wirklich. Was bei Brigitte nur Mittel zum Zweck ist, ist ihr Ziel, sie will "liebhaben." Doch auch für sie schließt 'Lieben' 'Haben' ein, auch sie verbindet Liebe mit Besitz, z.B. eines eigenen Heimes, eines Autos und der Mittel, Urlaubsreisen durchführen zu können. Das unterschiedliche Verhältnis der Hauptcharaktere zur 'Liebe' differenziert sowohl die Mann-Frau-Verhältnisse als auch die soziale Positionierung der Charaktere. Liebe ist funktionalisiert im Kampf der Geschlechter um den sozialen Aufstieg.

---

264 Elfriede Jelinek, Die Liebhaberinnen, a.a.O., S. 115
265 Elfriede Jelinek, Die Liebhaberinnen, a.a.O., S. 118
266 Elfriede Jelinek, Die Liebhaberinnen, a.a.O., S. 115
267 Elfriede Jelinek, Die Liebhaberinnen, a.a.O., S. 116

Die Unterschiede in beider Frauen Lebensläufe, Erfolg für Brigitte und Mißerfolg bei Paula, schreibt die Autorin dem Zufall zu[268] - ironisch - denn im Text scheinen kausale Zusammenhänge durch.

Bei Paula, so erfährt der/die LeserIn, gibt es zu Anfang einen Ansatz zur Emanzipation. Sie durchbricht mutig das im Dorf vorherrschende weibliche Lebensmuster, um einen Beruf, Schneiderin, zu erlernen. Dieser Beruf könnte den sozialen Aufstieg und wirtschaftliche Autonomie für sie bedeuten. Mit dem Antritt der Lehre entfernt sich Paula von der Tradition des Dorfes, aus dem sie stammt. Frauen stehen hier zwei Arten der Entwicklung offen, sie lernen Verkäuferin oder sie bleiben im elterlichen Haushalt und bereiten sich auf die Rolle als Hausfrau vor. In der Schilderung der Rolle der Frau in der Dorfgemeinschaft Paulas schwingt mit, was Ulrich Beck über die hinsichtlich der geschlechtsabhängigen Entfaltungschancen zweigeteilte moderne Gesellschaft schrieb. Für die Frauen gilt Heirat als eigentliche Bestimmung. Arbeit wird nur als Übergang zwischen Mädchen-Sein und Ehefrau-Sein akzeptiert. Die Gesellschaft ist quasi-ständisch geteilt und den Frauen ist ihr Weg vorgezeichnet. Paulas Lehrantritt, so unkonventionell er sein mag, macht aus Paula keine Ausnahme. Auch sie glaubt an die Heirat als eigentliche Bestimmung der Frau. Sobald ihr "die liebe" begegnet, setzt sie alles daran, zu heiraten. Die angestrebte Heirat bildet den Wendepunkt ihres Lebens, sie wird die Chance zur Autonomie vermittelst des eigenen Berufes gegen die vermeintlich bessere soziale Stellung als Ehefrau aufgeben. Daß sie 'Liebe' als lebensbestimmend überbewertet, ihr ihre Lebensplanung völlig unterordnet, ist kein Zufall; sie verfällt dabei den bewußtseinsprägenden Trivialmythen ihres dörflichen Umfeldes. Daß das Hausfrauendasein eine unangenehme Rolle ist, die die Frauen nur als bereits im Leben Verstorbene ausfüllen, daran läßt der Text entgegen allen Träumen dieser Protagonistin dennoch keine Zweifel.

Im Dorf wie in der Stadt gilt die Hausfrauenrolle als erstrebenswert, besonders die der Mutter und Hausfrau, während Ledige eher bemitleidet werden, zumal Ledige mit unehelichem Kind, wie Paula es einmal sein wird. Die Ausbildung Paulas zur Schneiderin bessert deshalb ihren Status in der Dorfgemeinschaft nicht, denn die durch Ehe "geschützten frauen verachten die ungeschützten. [...] Es ist

---

268 Elfriede Jelinek, Die Liebhaberinnen, a.a.O., S.138/139

ein allgemeines hassen im ort" und Solidarität wird nicht geübt: "die frauen entdecken keine gemeinsamkeit zwischen sich, nur gegensätze."[269]

Besonders jedoch schadet es Paula, daß sie sich leidenschaftlich der Liebe als einem unberechenbaren Gefühl hingibt, wie sie es aus TV und Frauenromanen kennt. Für sie ist "erich", der debile Holzfäller, ein "panther", ihre "liebe" und ihr Schicksal. Bei Jelinek liest sich das auf den Punkt gebracht so: "aber paula, die dumme kuh, muß jemand lieben!"[270] In Paulas Tagträumen aus "illustrierten mit millionärsvillen"[271] ist alles möglich, finanzielle Abgesichertheit angesichts des Alkoholismus Erichs scheint ihr keineswegs unmöglich - - ganz im Gegensatz zur allwissenden Erzählinstanz, die auf Erichs geistige Beschränkungen ebenso eingeht wie auf seinen alles zerstörenden Alkoholismus. Paulas Fehlurteil wird jedoch verständlich dadurch, daß auf dem Dorf, in dem sie lebt, alle Männer Alkoholiker sind und alle Männer gewalttätig sind. "erich ist etwas wie paulas vater oder paulas bruder oder paulas schwager, etwas, das prügel austeilt und sich besäuft." Zufall ist, wo Paula geboren ist; daß sie konform mit den Vorstellungen ihres Dorfes entscheidet, ist jedoch keineswegs Zufall, sie unterliegt mit ihrem Ehewunsch einem übermächtigen Liebesmythos. Die Schneiderei, ihr Berufswunsch, verblaßt hinter der im Dorf üblichen Vorstellung des Hausfrauen- und Mutterdaseins:

in paulas kopf erscheint eine kleine knospe, ob die schneiderei nicht doch besser gewesen wäre als erich. die knospe wird sofort ausgerissen und zertrampelt. S. 101

Die Vorstellungen des Dorfes sind nicht irgendwelche Vorstellungen, sondern

die dorfgemeinschaft ist mit der öffentlichkeit identisch. die öffentlichkeit billigt ausdrücklich paulas absurde und demütigende anstrengungen, ein kostbares wild zu erjagen. das kostbare wild heißt erich.[272]

Indem Paula versucht, Erich zu heiraten, folgt sie also der Dorfideologie, den Vorstellungen der Dorföffentlichkeit, die jeden ihrer Schritte aufmerksam höhnisch begutachtet. In dieser Dorfideologie ist festgelegt, was 'Liebe' in der 'Realität' bedeutet. Dieser Aspekt des Mythos 'Liebe' ist gleichbedeutend mit dem Versprechen

---

269 Elfriede Jelinek, Die Liebhaberinnen, a.a.O., S. 29
270 Elfriede Jelinek, Die Liebhaberinnen, a.a.O., S. 71
271 Elfriede Jelinek, Die Liebhaberinnen, a.a.O., S. 117
272 Elfriede Jelinek, Die Liebhaberinnen, a.a.O., S. 118

sozialer Sicherheit. 'Liebe' wird gleichgesetzt mit sozialem Prestige, mit Besitztümern, die erwerbbar werden; daß Paula innerhalb ihres begrenzten Rahmens all dies erreichen wird und dennoch geschieden werden wird, entlarvt diese Aspekte des Mythos als irreführend. Zwar erreicht Paula schließlich ihr Ziel; mit ihren ursprünglichen Vorstellungen ihrer Zukunft, mit ihren Träumen von der Liebe und dem Glücklichsein hat die Ehe mit Erich jedoch nichts gemein. Die Liebesideologie hat erfolgreich gewirkt, die "liebe" jedoch, von der Paula träumte, ist ein trivialer Mythos, der Teil der Dorfideologie geworden ist und nicht halten kann, was er verspricht.

Paulas Werdegang ist also keineswegs zufällig. Bestimmt von dem Wunsch, ihre soziale Position zu verbessern, der Chancenlosigkeit des Dorfes zu entfliehen, strebt sie zunächst eine Berufsausbildung an. Sie kann sich jedoch, als sie sich in Erich verliebt, nicht von den trivialen Liebesvorstellungen ihres Umfeldes lösen und bewirkt damit ihren 'Untergang.' Erich, der Mann ihrer trivialen Träume, erweist sich als ungeeignet für den gemeinsamen Lebensweg und als ebenso ungeeignet für einen dauerhaften sozialen Aufstieg.

Brigittes Vorgehensweise ist im Gegensatz zu derjenigen Paulas von dem Versuch bestimmt, alles bis ins Detail vorauszuberechnen. Diese Berechnung ist zunächst verantwortlich für ihren scheinbaren Erfolg. Brigitte lebt in der Stadt, wo es mehr Auswahl an Männern gibt als in dem Dorf, aus dem Paula stammt. Brigitte liebt Heinz nicht, sondern sie haßt ihn, aber seine potentielle Ernährerfunktion macht diesen Mangel wett. Er ist 'heiratbares Material vom feinsten' für Brigitte.

Verbissen verfolgt sie von Anbeginn an nur ein Ziel, Heinz als Ehemann für sich zu ergattern. Daß sie sich dazu ihres Körpers bedient, liegt daran, daß er ihr einziges einsetzbares Kapital darstellt. Am Beispiel Brigittes wird von der Autorin entlarvt, wie sehr die Vorstellungen von Heirat und Ehe den Vorstellungen von Angebot und Nachfrage folgen. Liebe als empathisches Gefühl spielt hier gar keine Rolle, sondern die ökonomischen und sozialen Vorteile, die angestrebt werden. 'Liebe' wird eingesetzt als Mittel zum Zweck. Es geht Brigitte nicht darum, zu lieben, sie will geliebt werden, doch auch dies nur, um sozial aufsteigen zu können.

In ihrem Kampf um die Liebe von Heinz verliert Brigitte gegen Susi, die sozial höhergestellte Gymnasiastin, die eine Mitgift, Schönheit und Bildung vorweisen kann. Heinz und vor allem seine Eltern erhoffen sich Susi als Ehepartnerin für Heinz. Susi wiederum kann es sich leisten, ihrerseits nach einem sozial höhergestellten Ehepartner Ausschau zu halten und Heinz abzuwehren, den zu heiraten ihren sozialen Abstieg bedeuten würde. Die Gefühle der Charaktere richten sich nach den sozialen Verhältnissen zwischen ihnen. Auch Brigittes Haß wird als Folge des Konkurrenzkampfes einsichtig. Die ökonomischen und sozialen Verhältnisse besetzen "die Räume größtmöglich denkbarer Privation", also jene privaten Räume der erhofften Liebe zum Partner, "und funktionieren sie um zu einem Umschlagplatz von Waren", wie Hanno Beth ganz richtig feststellt.[273] Oder, wie es Elisabeth Spanlang formuliert hat, "[d]ie herrschende kapitalistische Gesellschaftsordnung ... überwölbt ... den zwischenmenschlichen Bereich."[274]

Für Brigitte ist sozialer Aufstieg gleichbedeutend mit Heinz. Die eheliche Verbindung mit ihm bietet ihr die einzige Chance, dem Fließband in der Näherei zu entkommen. Ihm gilt ihr ganzes Interesse, und nur dafür 'arbeitet' sie. Die Erzählerin betont ausdrücklich, daß Heinz Arbeit bedeutet: "die fabrik ist das wartezimmer. die arbeitsstätte ist heinz."[275] Wie bei der Arbeit in der Fabrik, geht jedoch auch dieser Arbeit jegliches Vergnügen ab. Während Heinz sein Vergnügen beim Geschlechtsverkehr sucht, hofft Brigitte nur, schwanger zu werden, um einen Heiratsgrund zu bekommen. Sie muß Heinz übertölpeln, um ihn, den sozial Höhergestellten, heiraten zu können. Ihr Werdegang ist erfolgreich, weil sie bekommt, was sie erwartet: sie wird Geschäftsfrau, Hausfrau und Mutter der Kinder von Heinz. Ihr Besitzstreben zahlt sich aus. Dennoch kann sie nicht als positives Beispiel betrachtet werden, denn sie steht am Ende nicht als strahlende Siegerin da, weil sie sich in die von der Erzählerin entlarvte Rolle der vom Mann statt von der Arbeit abhängigen Hausfrau begeben hat. Dies ist jedoch nur der Erzählerin - und dem/der LeserIn offenkundig; es ist offensichtlich, weil diese Rolle der Frau im Roman offen, direkt und ausgiebig reflektiert wird. Daß diese Reflektion zumeist mittels ironischer Brechungen stattfindet, tut dem hier deutlich werdenden feministischen Impetus der Autorin keinen Abbruch.[276]

---

273 Hanno Beth, "Elfriede Jelinek", a.a.O., S. 135
274 Elisabeth Spanlang, "Elfriede Jelinek, Studien zum Frühwerk...", a.a.O., S. 243
275 Elfriede Jelinek, Die Liebhaberinnen, a.a.O., S. 114
276 Vgl. hierzu auch: Marlies Janz, "Elfriede Jelinek", a.a.O., S. 26

Die Hausfrau wird, zum Beispiel anhand der Mutter Paulas, als auf ihre Kinder oder den Mann bezogen uneigennützig, aber haßerfüllt und unsolidarisch gegenüber anderen Frauen dargestellt. Auch die Familienhierarchie mit dem Ehemann als Beherrscher seiner Frau, der Ehefrau und Mutter wiederum als Beherrscherin ihrer Kinder wird ausführlich und nachdrücklich herausgestellt.[277] Der Roman schildert reflektierend und resümierend die Frauenrolle in der Gesellschaft der 70er Jahre. Daß sich inzwischen einiges an dieser Rolle als Folge der Frauenbewegung geändert hat, zeigt besonders deutlich, wie sehr es der Autorin um eine zeitgemäße Darstellung der Frau in der zeitgenössischen Gesellschaft ging.[278]

Diese Diskussion, die Anlage der Hauptcharaktere als Beispiele, die direkte Erzählweise des Textes und sein schlichter Erzählstil unterscheiden diesen Roman von den vorhergehenden Texten Jelineks. *Die Liebhaberinnen* ist der feministischste Roman der drei bisher diskutierten Romane insofern, als er die Rolle der Frau in der Gesellschaft direkt thematisiert und über Weiblichkeit resümiert. Zur Sprache kommt, was als weiblich gilt, nämlich Kindergebären, lieb sein, Unterordnung, "weibl. Waffen", und zur Sprache kommt auch der "geschlechterkampf" und darauf bezogen, welche Arbeit in das Erreichen des so angedienten falschen Weiblichkeitsideals von den Protagonistinnen investiert wird, um ein undankbares Ziel, die Familiengründung, zu erreichen.[279]

Nichts bleibt dem Zufall oder der Phantasie der LeserInnen überlassen. Die Aussage ist klar. Was der Titel verheißt, findet sich im Text verkehrt: Liebhaberinnen als Liebende sind weder Brigitte noch Paula. Mit 'Liebe' hat ihre Geschichte wenig zu tun. Ihr Dasein für die 'Liebe' als Liebhaberinnen ist Arbeit und Qual. 'Liebe' bleibt ein Mythos, der, wenn er mit alltäglichem Leben kollidiert, schnell seinen Glanz verliert. Frauen in der hier dagestellten modernen Welt haben die Möglichkeit eines ungeliebten Berufs nur als theoretische Möglichkeit. Der Autorin geht es um die Darstellung moderner Frauen in der modernen Welt, um die Darstellung von Frauen zwischen ungeliebter Arbeit und unbefriedigendem Privatleben, wie auch Jaqueline Vansant herausstellt.[280] Die Arbeitsstelle ist beiden

---

277 Vgl.: Elfriede Jelinek, Die Liebhaberinnen, a.a.O., S. 87-89
278 Interessant ist unter diesem Aspekt zum Beispiel die Schuldzuweisung bei der Scheidung Paulas, die die damalige Rechtssprechung reflektiert.
279 Elfriede Jelinek, Die Liebhaberinnen, a.a.O., S. 152, 134, 126, 122, 108, 102, 87, 85
280 Vgl.: Jaqueline Vansant, "Against The Horizon...", a.a.O., S. 94

Frauen nur Mittel zum Zweck, das schnell und gerne gegen die höherbewertete Rolle als Haufrau und Mutter eingetauscht wird. Bei ihrer Planung dieser "zukunft" übersehen Frauen jedoch die Alltagsrealität und unterliegen einer ideologisierten Vorstellung vom Glück. Sie unterliegen, wie Michael Fischer ganz richtig aufzeigt, dem Trivialmythos 'Liebe.'[281]

Darum geht es der Autorin: zwei alltägliche Pole dieses mythischen Gefühls darzustellen, Brigitte, die berechnende, und Paula, die träumende. Beide Gestalten sind Negativ-Beispiele. Für beide Gestalten gibt es nur den trivialen Mythos. Während Paula sich diesem Mythos überläßt, ignoriert Brigitte 'Liebe' als wahrnehmbares Gefühl. Beide Gestalten glauben, mittels der "liebe" dem Alltag ihres beruflichen Daseins eine bessere Alternative entgegenzusetzen. Paula will lieben, Brigitte will geliebt werden. Beide Gestalten scheitern gemessen an dem, was der Mythos 'Liebe' verheißt. Mit ihrem Scheitern bringt der Text jedoch den starren Mythos in Bewegung. Er stattet den Begriff mit alltäglicher weiblicher Geschichte aus, die den Mythos Lügen straft. Entgegen der vom Titel suggerierten Liebhaberei von Frauen ist hier Liebe lieblose Arbeit für Frauen, unerfreuliche Arbeit und sonst nichts. Die Familiengründung bietet zwar eine zeitgenössische Alternative zur ebenso zeitgenössischen Berufsausübung moderner Frauen an, jedoch keine erfreuliche. Was Marlies Janz in Bezug auf *Michael* feststellte, gilt besonders für *Die Liebhaberinnen*: Jelinek zerstört hier den Mythos von der Familiengründung als Lebenserfüllung.[282] Nach der Liebes-Arbeit bis zur Hochzeit, bei der Frauen alles investieren, was sie vorzuweisen haben (Paula ihre Reinlichkeit; Brigitte ihre Arbeitskraft), folgt eine Ehe ohne Liebe, die die Frauen zwar ebenfalls mit Arbeit ausfüllt, aber ihre Erwartungen an 'Liebe' nicht erfüllt.

Von Liebe ist ausdrücklich in dem Roman nur in Bezug auf Paula die Rede. Aber auch sie lernt, ebenso wie die haßzerfressene Brigitte, zu hassen. Dies, der Haß, bleibt ihr einziges Gefühl.[283] Ohne auf den Mythos als solchen einzugehen, steht hier doch deutlich der Mythos 'Liebe' zur Debatte, verbunden mit der Frage, inwieweit 'Liebe' die in der Öffentlichkeit ausgeübte Arbeit von Frauen sinnvoll ablösen kann. Gerade der Mangel an Liebe im alltäglichen Leben verweist auf den

---

281 Vgl.: Michael Fischer, "Trivialmythen...", a.a.O., S. 40-43
282 Vgl.: Marlies Janz, "Elfriede Jelinek", a.a.O., S. 18
283 Elfriede Jelinek, Die Liebhaberinnen, a.a.O., S. 105

ursprünglichen Mythos[284], der in dieser modernen Welt keinen Platz hat; was geblieben ist, ist ein erstarrter Trivialmythos, doch selbst dieser führt - wie im Falle Paulas - zur Enttäuschung.

Obwohl die Autorin der Tatsache große Beachtung schenkt, daß im Konkurrenzkampf, in dem sich Frauen 'an den Mann' bringen, "liebe" gleich Arbeit ist, beschränkt sie sich nicht darauf, festzustellen, daß Liebe das Mittel zum sozialen Aufstieg ist. Aufmerksamkeit kommt besonders auch der mangelnden Solidarität unter Frauen zu. Der Bericht von der versuchten Abtreibung Paulas, der mangelnden Solidarität ihrer Mutter, der Schwiegermutter und der Hausfrauen, Berichte über prügelnde Alkoholiker im Dorf und über Heinz' Gefühllosigkeit gegenüber Brigitte, sowie die Schilderungen brutaler und 'konservativer' Sexualpraktiken zwischen Heinz und Brigitte und Paula und Erich verbieten es, die Hauptintention des Textes als Vergleich Liebe/Ware zu lesen, als bloße Übertragung der Marktgesetze auf die Liebe.

Vielmehr scheint hier ein konkretes feministisches Interesse der Autorin durch und werden in ihrer Kritik Forderungen deutlich. Es geht darum, zu zeigen, daß die Welt des Privaten geprägt ist von einem Mythos 'Liebe', der nicht hält, was er verspricht. Nicht umsonst spricht die Autorin von 'Natur' im Sinne von 'Natürlichkeit', wenn sie die Ansichten der Dorfgemeinschaft Paulas zu ihrem Lebenswandel wiedergibt, naturgewordene Ansichten zur richtigen 'Liebe', die der Text aufbricht, indem er zeigt, wie Paula unter ihnen leidet. Die Institution Ehe, so sagt dieser Text laut und deutlich, ist dieses Leiden um die 'Liebe' Erichs nicht wert.

Brigitte läßt sich im Gegensatz zu Paula nicht von der romantischen Liebesvorstellung verleiten. Doch übersieht sie, daß 'Liebe' - nicht als Trivialmythos, sondern als das, was im gesamten Text auffällig fehlt, als empathisches Gefühl zwischen den Gestalten - eventuell erstrebenswert wäre. Obwohl sie alles erreicht, was sie erreichen möchte, wird sie, weil die Liebe fehlt, zu den enttäuschten, des Gefühls, des Mitgefühls und der Solidarität ermangelnden Geschöpfen zählen, als

---

284 ..., der eine Liebesbeziehung vorstellt, die zweckfrei und freiwillig von zwei autonomen Liebenden eingegangen wird, wie dies etwa von Habermas in Bezug auf das Ideal der bürgerlichen Ehe dargestellt wird. Vgl.: Jürgen Habermas, "Strukturwandel der Öffentlichkeit, Untersuchungen zu einer Kategorie der bürgerlichen Gesellschaft." Neuwied/Berlin 1976 (Erstveröffentlichung 1962), siehe besonders § 6, dort insbesondere die Seiten 64/65

die Jelinek die Hausfrauen des Textes ausnahmslos darbietet. Deshalb kann auch Brigitte nicht als positives Beispiel gelten.

Die Autorin selbst hat in einem Interview klargestellt, daß beide Gestalten als Negativbeispiele gedacht waren. Entscheidend ist auch hier wieder die Ablehnung selbständig machender Erwerbsarbeit:

> Sie sind Identifikationsfiguren eben für alle Frauen. Das Entscheidende ist, daß beide furchtbar scheitern, die eine mit Mann, die andere ohne Mann. Meine Methode zielt darauf ab, zu zeigen, daß es gar nicht anders kommen kann, wenn diese Frauen ihr Leben nicht selber bestimmen, sondern es von einem Mann machen lassen.[285]

Insgesamt legt der Text nahe, dem so angesichts der Alternative 'Arbeit' aufgebrochenen Mythos 'Liebe' noch einmal auf den Grund zu gehen und ihn gegen die Realität abzuwägen, die durch die beiden gegensätzlichen Beispiele Paula und Brigitte verkörpert worden ist. Liebe wäre dann weder, was Paula, noch was Brigitte widerfährt, es gäbe sie nicht als angenehmen Ausweg aus der Arbeitswelt.

In ihrem Roman *Die Liebhaberinnen* konfrontiert Jelinek den Trivialmythos Liebe mit der alltäglichen Welt genauso wie mit dem ursprünglichen Mythos, der zum Trivialmythos verkommen ist. Durch den Mangel, der so auf den Mythos 'Liebe' bezogen würde, kommt, ganz wie es Sigrid Weigel in *Die Stimme der Medusa* forderte, das Eigentliche des Mythos 'Liebe' wieder zum Vorschein, als das, was erstrebenswert wäre, was den Mythos stiftete, was aber in unserer zweigeteilten Welt unter Trivialität, Ideologie und Realitätsdruck verloren gegangen ist.

Insofern ist der Roman ein feministischer Roman, er fordert neben der Erwerbsarbeit von Frauen zwischenmenschliche Empathie ein, zu der die Heldinnen des Romans nicht in der Lage sind. Daß Paula dort endet, wo Brigitte begann, bedeutet nicht nur, daß sie jetzt ebenso wie Brigitte zuvor am Fließband arbeitet, sondern auch, daß sie desillusioniert und haßerfüllt geworden ist, wie Brigitte es zuvor von vornherein war.

Der Ringschluß, den das erste und das letzte Kapitel des Textes herstellt, ist deshalb stimmig. Für Paula und Brigitte gibt es keine Erlösung aus ihrer Realität.

---

285 Donna Hoffmeister, "Access Routes into Postmodernism: Interviews with Innerhofer, jelinek, Rosei, and Wolfgruber", in: Modern Austrian Literature 20 (1987)2, S. 97-117, hier S. 112

Der Roman als solcher jedoch zeigt, daß es durchaus möglich ist, diese Aspekte weiblicher Realität zu reflektieren. Er stellt damit einen Anspruch an die Kritikfähigkeit seiner LeserInnen und er zeigt einen feministischen Anspruch der Autorin. Was bleibt ist die Frage nach dem Verbleib dessen, was den ursprünglichen Mythos Liebe vor seiner Trivialisierung und Ideologisierung, vor seiner Ausnutzbarkeit für die zeitgenössische Gesellschaftsstruktur, in Gang gebracht hat.[286]

3.5. *Die Ausgesperrten*

Anders als in den *Liebhaberinnen*, wo die Hauptcharaktere typenhaft ausgestanzt sind, bietet der nächste Roman der Autorin Einblick in die Psyche seines Romanpersonals. Zwar sind Anna und Rainer Witkowski, Hans Sepp und Sophie Pachhofen Vertreter ihrer jeweiligen sozialen Schicht und Kinder ihrer Zeit, der fünfziger Jahre,[287] und auch Vater und Mutter Witkowski sowie Frau Sepp sind Produkte ihrer Klasse und der Geschichte, besonders der Nazi-Herrschaft in Österreich; doch erfahren die LeserInnen vor allem, was sie als Einzelpersonen fühlen und denken. Sie sind Sozialcharaktere[288] mit Seele. Indem der Roman seine LeserInnen an der psychischen Verfassung und Entwicklung seiner Charaktere teilhaben läßt, bietet er sich an als einer von zwei realistischen Romanen Elfriede Jelineks.[289]

---

286 Diese Frage könnte zum Beispiel mit einer wissenschaftlichen Analyse, die die Zusammenhänge von Ideen und Gesellschaftsstrukturen untersucht, weiterverfolgt werden. Hier könnte Gesellschaftstheorie ansetzen.
287 Allyson Fiddler bezeichnet den Text mit 'Kleinbürger'-or 'Spießbürgersaga' über die fünfziger Jahre; Auch Georg Schmid liest den Text als Auseinandersetzung mit den fünfziger Jahren, wenngleich er den Schwerpunkt seiner Untersuchung auf die Tatsache legt, daß es sich hierbei um eine Rückschau aus der Perspektive der achtziger Jahre handelt.
Vgl.: Allyson Fiddler, "Rewriting Reality...", a.a.O., S. 93 und vgl.: Georg Schmid, "Das Schwerverbrechen der Fünfzigerjahre", a.a.O.,
288 Vgl.: Marlies Janz, "Elfriede Jelinek", a.a.O., S. 52
289 Sowohl Allyson Fiddler als auch Ulrike Rainer nennen zwei realistische Romane Jelineks; sowohl Die Ausgesperrten als auch Die Klavierspielerin motivierten ihre Gestalten psychologisch, so die Überlegung.
Vgl.: Allyson Fiddler, "Rewriting Reality...", a.a.O., S. 97 und vgl.: Ulrike Rainer, "The Grand Fraud 'Made in Austria': The Economic Miracle, Existentialism, and Private Fascism in Elfriede Jelinek's Die Ausgesperrten", in: Christa Gürtler u.a. (Hrsgg.), Gegen den Schönen Schein..., a.a.O., S. 176-193, S. 188

Der Roman schildert die Entstehung eines Kapitalverbrechens. Er berichtet von Rainer und Anna Witkowski, einem Gymnasiasten-Zwillingspaar aus der Mittelschicht, das sich mit Hans Sepp, dem Arbeiter, und einer weiteren Freundin, der Oberschülerin Sophie Pachhofen aus einer großbürgerlichen Familie zusammmentut, um Raubüberfälle zu verüben. Am Ende der Entwicklung zum Verbrecher ermordet Rainer seine Schwester und seine Eltern auf grausame Weise. Der Roman setzt sich mit den Gründen für diese Tat auseinander.

Den Hintergrund für Rainer Witkowskis Bluttat bildet einerseits die Kleinfamilie der Witkowskis und andererseits seine Auseinandersetzung mit dem Existentialismus Sartres und Camus'.

Die Familie der Witkowskis wird beherrscht von Otto Witkowski, dem Vater. Er malträtiert seine Frau und seine Kinder, um seine unumschränkte Macht unter Beweis zu stellen. Dieser private Terror erklärt sich im Text aus der SS-Vergangenheit des Vaters. Dieser hatte während der SS-Zeit Gelegenheit, seine Aggressionen an Lagerinsassen auszuleben, die er quälte und ermordete. Er schöpfte sein Selbstbewußtsein aus seinen grausamen Handlungen. Diese Möglichkeit zur öffentlichen Machtdemonstration wurde ihm mit dem Ende des zweiten Weltkrieges genommen. Plötzlich seiner Macht beraubt und zudem körperlich versehrt, fristet er seitdem ein Dasein als Hotelportier. Seit dem Tag seiner Entlassung in die Privatheit begann er, seine Aggressionen in der Familie auszuleben,[290] in der Familie machte sich ein alltäglicher Faschismus breit, als dessen Folge die Ehefrau mißbraucht, die Kinder verprügelt werden und in dem Widerstand gewaltsam zum Schweigen gebracht wird.

In ihrer Untersuchung *Body Language as Expression of Repression* diskutiert Sylvia Schmitz-Burgard das Motiv[291] für die private Fortsetzung des Faschismus in der Witkowski'schen Kleinfamilie. Hinter seinen Aggressionen verberge sich Witkowskis Furcht vor dem Anderen, so ihre These, dieses Andere sei

---

290 Der Übergang von der öffentlichen Machtausübung Vater Witkowskis zur privaten Tyrannei des Familienoberhauptes wird überzeugend von Heidi Strobel geschildert. Vgl.: "Gewalt von Jugendlichen als Symptom gesellschaftlicher Krisen. Literarische Gewaltdarstellungen in Elfriede Jelineks 'Die Ausgesperrten' und in ausgewählten Jugendromanen der neunziger Jahre." Unveröff. Inauguraldissertation, Freie Universität Berlin, 1997

291 Ich benutze den Begriff 'Motiv' hier in seiner umgangssprachlichen Bedeutung als Begründung für die Handlung Witkowskis.

für Witkowski repräsentiert in der Weiblichkeit Margarete Witkowskis, seiner Ehefrau. Er überwältige nunmehr sein Opfer mit dem Kameraauslöser, der die Waffe ersetze und schieße so gewissermaßen ersatzweise auf seine Frau. Sein Ziel sei es, sie absolut zu kontrollieren, sie unbeweglich und ihre Geschlechtsteile verbergend - die Symbol der weiblichen Differenz sind - auf Papier zu bannen. Er gehe damit an gegen die weibliche Differenz, die das Andere schlechthin verkörpere und die er aus der Welt schaffen wolle.[292]

Im Schutze seiner Familie unterdrückt Otto Witkowski nicht nur die Weiblichkeit seiner Frau, sondern auch die Weiblichkeit seiner Tochter. Symbole des Anderen, das Witkowski verbietet, sind beispielsweise die Monatsbinden von Frau und Tochter, die er aus seinem Gesichtsfeld verbannt wissen will; aber auch die Maiglöckchen, ein Geschenk seiner Tochter, das er zurückweist, indem er es die Toilette hinunterspült, sind Symbol der Zurückweisung weiblicher Zuneigung.[293] Die Kleinfamilie Witkowski wird so von Jelinek konzipiert als Ort der Fortsetzung faschistischer Unterdrückungsmechanismen. Sie bietet, wie Heidi Strobel in ihrer Untersuchung *Gewalt von Jugendlichen als Symptom gesellschaftlicher Krisen* richtig herausstellt, keinen Schutz vor den Mechanismen der Macht.[294] Die faschistische Haltung des Vaters überdauert die Zeit des Nationalsozialismus, sie überlebt in der Privatsphäre der Familie.

Während Margarete Witkowski die Mißhandlungen zumeist schweigend erträgt und sie, wie Heidi Strobel zeigt[295], sogar indirekt durch ihre Positionierung in der Rolle der vortrefflichen Ehefrau stützt, begehren die Zwillinge auf.

Doch ihre Verhaltensweisen zeigen, daß sie sich dem Druck ihres Elternhauses nicht entziehen können. Die Zwillinge lehnen zwar die Identifikation mit dem brutalen Vater und der unterwürfigen Mutter ab, sie können der Ablehnung der Identifikation mit ihren Eltern jedoch keine anderweitige sinnvolle Orientierung entgegensetzen und bleiben in einer pubertären ödipalen Situation verfangen.

---

292 Vgl.: Sylvia Schmitz-Burgard, "Body Language as Expression of Repression: Lethal Reverberations of Fascism in Die Ausgesperrten", in: Jorun B. Johns and Katherine Arens (Eds.), Elfriede Jelinek: Framed by Language. a.a.O., S. 194-228, hier S. 202-206
293 Zu der Abweisung der weiblichen Versuche von Mutter und Tochter Witkowski äußert sich Heidi Strobel ausführlich. Vgl.: Heidi Strobel, Gewalt von Jugendlichen..., a.a.O.
294 Heidi Strobel, "Gewalt von Jugendlichen...", a.a.O., S. 80
295 Dies.: ebd., S. 75-83

Anna weigert sich - in vorauseilendem Gehorsam der Unterdrückung des Weiblichen als des Anderen durch den Vater folgend[296] -, sich weiblichen Verhaltens- und Kleidungsmustern anzupassen; sie weigert sich, eine Frau zu werden. Zugleich weigert sich Rainer, ein Mann zu werden wie sein Vater einer ist. Da sein Vater sich vor allem durch seine Körperlichkeit, seine Stärke und seine Potenz hervortut, bemüht sich Rainer, das Gegenteil zu werden; in mißverstandener existentialistischer Attitüde bemüht er sich, nur Geistmensch zu werden, ein intellektueller Dichterfürst, der über allem Körperlichen steht.

Auch Anna bemüht sich um geistige Verfeinerung und lehnt zunächst Körperlichkeit ab. Hinter ihrem Klavierspiel und hinter ihrer Ablehnung der weiblichen Rolle scheint die unverarbeitete Auseinandersetzung mit ihrer Mutter durch. Sie kann sich letztlich bei allem Aufbegehren nicht aus der Rollenvorgabe ihrer Mutter lösen. Auch hinter Rainers existentialistischem Traum, sich zu einem freien vereinzelten Individuum zu entwickeln, der in eine eher vage Vorstellung von der exklusiven Vereinzelung des Dichters und das alles überschattende Verlangen nach sozialem Aufstieg mündet, scheint die Verstrickung in die Vorstellungen seiner Mutter durch, die - als ehemalige Lehrerin, die die Körperlichkeit ihres Mannes und dessen niedrigen sozialen Status verachtet - den sozialen Aufstieg und die kulturelle Verfeinerung ihrer Kinder durchgesetzt sehen will.

Die Identitätssuche der Zwillinge scheitert, weil sie weder fähig sind, sich in die von den Eltern vorgelebte Geschlechtsrolle einzufügen, noch sich von ihr zu lösen und diesen Rollen eine sinnvolle eigene Orientierung entgegenzusetzen.

Gerade in der Abhängigkeit der Gestalten von ihrem sozialen Hintergrund, in der Unmöglichkeit, sich wirklich aus ihrer Schicht zu befreien, scheint die Kritik der Autorin nicht nur an Rainers falscher Auffassung, sondern am Existenzialismus schlechthin durch. Das Ideal des intellektuellen Geistmenschen berücksichtigt die sozialen Zwänge nicht, in denen sich die Individuen befinden. Ulrike Rainer bringt die Kritik, die Jelinek mit diesem Text am Existentialismus übt, auf den Punkt:

> Moving into the realm of pure intellect as a direct response to fascism, existentialism retreats into the illusion of individual freedom, overlooking the contemporary social conditions once more marked by fascistic tendencies.[297]

---

296 Vgl.: dies., ebd., S. 119
297 Ulrike Rainer, "The Grand Fraud...", a.a.O., S. 182

Gerade die sozialen Zwänge, in denen sich die Zwillinge verfangen, obwohl das Ideal des freien, selbstbestimmten Menschen nicht nur im Existentialismus sondern auch im Ideal des möglichen sozialen Aufstiegs für jedermann in der modernen Marktwirtschaft die Gedankenwelt der Zwillinge beherrscht, führen, gemeinsam mit der fehlschlagenden Auseinandersetzung mit den elterlichen Geschlechtsrollenvorgaben, zu der Bluttat Rainers.

Eine zentrale Rolle im Text spielen Ekelgefühle und Körperlichkeit. Sie treten auf in Verbindung mit der Nahrungsaufnahme und -zubereitung. Anna, Rainer und Hans verweigern die Nahrung, die ihre Eltern bereitstellen. An dem Eßverhalten der Jugendlichen läßt sich sowohl die Problematisierung ihrer sozialen Lage als auch die Auseinandersetzung mit der Geschlechtsrolle durch die Jugendlichen verorten. Die folgenden Überlegungen beschäftigen sich mit dieser eng gefaßten Thematik, die den Blick auf das Gesamtwerk freilegt.

Die Autorin beschreibt detailliert, was in den jeweiligen Haushalten gegessen wird. In dem Arbeiterhaushalt der Witkowskis wird Marillenkuchen gebacken[298], brennt Milchreis an[299], gibt es Pürree mit Kompott[300], Jausenbrote mit Käse[301], bei Sepps gibt es Suppe[302], extra dick gestrichene Margarinebrote[303], Fruchtjoghurt[304], Brot, "dick wie ein Ziegelstein und nicht zart und fein"[305] und "etwas Übelriechendes und Billiges"[306]; nur bei den großbürgerlichen Pachhofens spielt Nahrung keine Rolle, sie wird nicht erwähnt, ist nicht zu sehen, nicht zu riechen und nicht zu schmecken.

Jelineks Auseinandersetzung mit dem Existentialismus Sartres und Camus' wird ausführlich auch von Marlies Janz untersucht. Auch sie weist auf die Tatsache hin, das Jelineks Text die idealisierte Idee des Existentialismus der sozialen Determiniertheit der Chrakatere entgegensetzt. Vgl.: Marlies Janz, "Elfriede Jelinek", a.a.O., besonders die Seiten 49 ff
298 Elfriede Jelinek, Die Ausgesperrten, a.a.O., S. 36
299 Elfriede Jelinek, Die Ausgesperrten, a.a.O., S. 99
300 Elfriede Jelinek, Die Ausgesperrten, a.a.O., S. 185
301 Elfriede Jelinek, Die Ausgesperrten, a.a.O., S. 46
302 Elfriede Jelinek, Die Ausgesperrten, a.a.O., S. 140
303 Elfriede Jelinek, Die Ausgesperrten, a.a.O., S. 172
304 Elfriede Jelinek, Die Ausgesperrten, a.a.O., S. 230
305 Elfriede Jelinek, Die Ausgesperrten, a.a.O., S. 229
306 Elfriede Jelinek, Die Ausgesperrten, a.a.O., S. 228

Bei folgender Beschreibung der Zwillinge Anna und Rainer wird ein aufschlußreicher Zusammenhang von Nahrungsverweigerung und Körperlichkeit hergestellt:

> Rainer glaubt, daß es einer Degradierung der Frau gleichkommt, wenn sie Körperliches über sich ergehen lassen muß. [..] Manchmal ißt Rainer nur Suppe und verweigert feste Kost, obwohl Männer sonst herzhafte Kost lieben. Anna ißt manchmal gar nichts, das kann Tage anhalten. [307]

Hier fließt die Vorstellung von Körperlichkeit übergangslos in die Vorstellung der Nahrungsverweigerung über. Die Nahrungsverweigerung steht in direkter Verbindung mit Sexualität. Besonders für Rainer ist beides gleichermaßen mit Ekel verbunden. Die Verweigerung der Nahrungsaufnahme steht in direkter Verbindung mit der Weigerung, Sexualität zuzulassen. Besonders Rainer, der als Mann "herzhafte Kost lieben" müßte, verweigert hier eine Identifikation mit dem männlichen Prinzip. Körperlichkeit der Frau, wie später festzustellen sein wird, besonders seiner Mutter, ruft bei ihm Abwehrreaktionen hervor, die in der Nahrungsverweigerung - besonders der der 'männlichen' Nahrung - gipfeln.

Auch in dem folgenden Textbeispiel geht es um Körperlichkeit und Ekel, hier ist es jedoch deutlicher noch die Sexualität der Szene, mit der Rainer nicht fertig wird, die er gewisssermaßen nicht verdaut:

> Am Sonntag ruht das städtische Leben, und Gemütlichkeit macht sich breit. Der Vater und der Sohn essen ein gutes Schnitzerl mit Gurkensalat und trinken je ein Bier. Sie werden von einer urigen, echt ländlichen Wirtsstube umhüllt. Der Vater speanzelt bereits mit einer schwarzhaarigen drallen Höchstensmittzwanzigerin am Nebentisch, die so allein schönes Fräulein ist, und spendiert ihr eine Sachertorte mit extra viel Schlag und dazu einen Wein. Später ein Kaffeetscherl. Das Mädchen kichert hochauf. [...] Sie kommt an den Tisch vom Papa, der noch zwei Liköre zahlt, Kuß mit Liebe, Eierlikör mit Himbeer und Schlag. Sie sind teuer und schmecken entsetzlich. So viel hat der Papa schon für sie gezahlt. Gleich muß der Sohn kotzen. [308]

Besonders abwehrend reagiert Rainer hier auf die Demonstration von Körperlichkeit durch seinen Vater, weil er diese Szene mit der Sexualität seiner Mutter verbindet:

---

307 Elfriede Jelinek, Die Ausgesperrten, a.a.O., S. 38
308 Elfriede Jelinek, Die Ausgesperrten, a.a.O., S. 146

Der Rainer schluckt an seiner eigenen Kotze, die nicht so gut schmeckt wie vorhin, als das Schnitzerl noch unversehrt und noch nicht vorverdaut war. Dieser Mensch tut das alles mit meiner Mutter, denkt er. Und sie muß es sich als Ehepflicht gefallen lassen.[309]

Auffällig ist, daß die Frauen in beiden Szenen als passive Dulderinnen phantasiert werden. Sie "lassen Körperliches über sich ergehen", und die Mutter "muß es sich [...] gefallen lassen." Daß eine Frau selbst sexuelle Aktivität entwickeln könnte, kann Rainer nicht zulassen:

Eine Frau will immer etwas in sich hineinhaben, oder sie gebiert ein Kind, das aus ihr herauskommt. Das ist das Bild von der Frau für Rainer.[310]

Er verweigert beides, Sexualität/Körperlichkeit und Nahrungsaufnahme. Die Verbindung, die für ihn zwischen Sexualität und oraler Phantasie besteht, wird besonders deutlich in seiner sexuellen Phantasie über Sophie:

Sophie ist etwas, in das man hineinmuß, man weiß aber nicht wie, weil kein Haltegriff da ist. Soll man sie oben in den Mund pudern und ihr die Zunge zu Brei stoßen, damit sie keine achtlosen verletzenden Dinge mehr von sich geben kann, oder soll man es von unten machen, was schwierig ist, weil sie einen ja überhaupt nicht in die Nähe des Eingangs läßt.[311]

Die Zwillinge sind in der hellhörigen und zu kleinen Wohnung der Witkowskis öfters mit der Sexualität der Eltern konfrontiert. Für Rainer hat das katastrophale Folgen. Noch schlimmer wird dies jedoch, als er auch mit der Sexualität der Schwester konfrontiert wird. Dieses Mal verbindet er die Vorstellung organischer Verwertung mit der Sexualität der gebildeten Schwester und empfindet Ekel. Er reagiert in der folgenden Szene, die er als unfreiwilliger Zuhörer wahrnimmt, wieder mit Brechreiz:

Nebenan heult die Anna los, es klingt ekelhaft, man ist zwar geistig mit ihr einer Meinung, aber körperlich stimmt man nicht überein, ihr unartikulierter Lustschrei klebt wie Baumharz an einem fest, er lautet jaaa! Jetzt! Wahrscheinlich spritzt er in diesem Augenblick in sie hinein, dieser Muskelprotz. Und sie nimmt diesen Scheißdreck, den er in sie hineinkippt, auch noch an und verwertet organisch, was andere unter der Hand verschleudern und dann wegwerfen [...][312] Obwohl vielleicht Anna schwanger geworden ist, ist es Rainer, der erbrechen muß, eine biologische Merkwürdigkeit ersten Ranges.[313]

---

309 Elfriede Jelinek, Die Ausgesperrten, a.a.O., S. 148
310 Elfriede Jelinek, Die Ausgesperrten, a.a.O., S. 31
311 Elfriede Jelinek, Die Ausgesperrten, a.a.O., S. 45
312 Elfriede Jelinek, Die Ausgesperrten, a.a.O., S. 162
313 Elfriede Jelinek, Die Ausgesperrten, a.a.O., S. 167

Die beinahe scherzhaft eingestreute Bemerkung "eine biologische Merkwürdigkeit ersten Ranges" trifft bewußt an der Aussage der Textstelle vorbei und zielt auf die eigentliche Aussage: Bei dieser körperlichen Reaktion handelt es sich um eine psychische Besonderheit Rainers; absolut keine Merkwürdigkeit, sondern seine 'normale' Reaktion wird hier geschildert, die eintritt, sobald er mit Körperlichkeit konfrontiert wird. Rainer kann sich zwar nicht mit der männlichen Rolle identifizieren, aber er lehnt - wie sein Vater auch - weibliche Sexualität ab, die Schwester ist hier die Erleidende, die Verwertende, die, der etwas angetan wird, die in seiner Phantasie jedoch nicht selbst handelt. Mit dieser Sichtweise jedoch nähert sich Rainer der Sichtweise seines Vaters an. Er kann sich von der männlichen Vorstellung nicht lösen, die eine eigene weibliche Sexualität nicht zulassen kann.

Indem die Autorin die Situationen, die Rainers Ekel auslösen, peinlich genau und aus seiner Perspektive schildert, führt sie die LeserInnen direkt an die Quelle für Rainers Tat. Er setzt letztlich in seiner Phantasie die faschistischen Ideen seines Vaters fort, die kein Anderes, besonders kein weibliches Verlangen, zulassen können.

Rainer hat keine sexuellen Erfahrungen, prahlt aber gerne mit ihnen, in diesem Sinne kommt seine "Sexualität immer nur beim Mund heraus", wie die Erzählerin mitteilt. Sexualität ist bei Rainer Witkowski stets mit der körperlichen Aktion des Verwertens und Verdauens und entsprechenden körperlichen Abwehrreaktionen verbunden. Sie kommt ihm, wie sein ständiger Redefluß, zum Halse heraus. Sexuelles wird nicht verarbeitet, sondern ausgesondert, ausgeschlossen, verbal erbrochen. Später, bei der Mordtat, wird Rainer besonders auch die Köpfe der Opfer verunstalten, während die Geschlechtsteile intakt gelassen werden, ein weiteres Indiz für die Tatsache, daß beides für Rainer austauschbar ist. Er zerstört besonders die Gesichter, die Münder, und meint die Sexualität, die Körperlichkeit.[314]

---

314 "Das jeweilge Geschlecht erkennt man gerade noch, sonst aber nichts." ... "Insgesamt weisen diese drei Personen weit über 80 Hiebverletzungen auf, die Stiche nicht dazugezählt, besonders die Köpfe sind zertrümmert worden."Elfriede Jelinek, Die Ausgesperrten, a.a.O., S. 263, S. 265

Auch Annas Sexualität kam früher in "Form von schweinischen Witzen aus ihrem Mund heraus."[315] Davon hat sie sich inzwischen jedoch weit entfernt. Der Roman geht auf die Entwicklung ein. Im Gegensatz zu Rainer läßt Anna Körperlichkeit in sich zu, indem sie Hans, der die reine Körperlichkeit für sie bedeutet, jetzt an sich herankommen läßt.

Der Unterschied zwischen ihrer kindlichen Reaktion und ihrer jetzigen Situation wird von der Erzählerin deutlich herausgestellt. Wieder geht es um Nahrungsverwertung. Hatte sie noch als Kind mit körperlicher Abwehr reagiert, denn wir erfahren:

Einmal hat sich die Anni echt angemacht unter so einer Hand im Fäustling, derweilen ein fauliger Knoblauchatem über sie dahinstrich und man mit ihr redete [...][316],

so kann sie nun zulassen, daß Hans vor dem Geschlechtsverkehr ein Käsebrot ißt:

Man muß jemand sehr lieben, wenn der Betreffende vorher ein Käsbrot essen darf. Anna liebt Hans so, daß sie das erste Käsbrot gar nicht gemerkt hat, genau wie eine Mutter die Scheiße ihres Kleinkinds gar nicht mehr merkt.[317]

Hans ist für sie die personifizierte Körperlichkeit:

Es gefällt ihr, daß Hans, ist er einmal ausgezogen, nur Körper sein wird und sonst nichts. Das ist ein neues Gefühl, nicht wie sonst, wo auch der Geist noch dabei ist und stets unpassend dazwischenfunkt.[318]

Für Hans, der "nur Körper" ist, möchte Anna auch selbst "nur Körper" sein:

Er ist wie ein Tier der Wildnis, mit Reden über Literatur ist ihm nicht beizukommen, das reizt sie. So gebildet sie auch ist, im Augenblick ist sie nichts als Körper und muß sich auf die Ebene der anderen Körper hinunterbegeben, wo sie eine unter vielen ist und nicht die Beste, überall sonst ist sie besser, weil sie einen Verstand hat. Der zählt jetzt nicht [...] Man ist sehr nackt ohne seinen Kopf, den eine Frau in dieser Situation verlieren muß. [...]
Das Hirn hat sie selber, sie will es aber jetzt ganz beiseite lassen und nur Körper sein für Hans, der immer nichts als Körper sein durfte.[319]

Dies macht den Hauptunterschied zwischen Rainer und Anna aus: Anna will sich auf die Ebene der Körperlichkeit einlassen. Zwar betrachtet sie dies als ein

---

315 Elfriede Jelinek, Die Ausgesperrten, a.a.O., S. 24
316 Elfriede Jelinek, Die Ausgesperrten, a.a.O., S. 47
317 Elfriede Jelinek, Die Ausgesperrten, a.a.O., S. 119/120
318 Elfriede Jelinek, Die Ausgesperrten, a.a.O., S. 86
319 Elfriede Jelinek, Die Ausgesperrten, a.a.O., S. 86/87

Herablassen, aber sie tut damit etwas, das ihr Bruder nicht fertigbringt. Zwar erbricht sie wie ihr Bruder und verweigert zudem die Sprache, doch ist sie, wenn es um ihre Liebe zu Hans geht, gesprächig und körperbewußt.

Ihre Sprachverweigerung ist gezielt, so wie auch das Erbrechen ihrer Nahrung gezielt und bewußt vonstatten geht, denn sie ist bulimisch. Ihre Eß- und ihre Sprachstörung sind beide deutlich eine Reaktion auf soziale Benachteiligungen; sie treffen ein zum Beispiel, wenn sie erfährt, daß Sophie das Stipendium in die Vereinigten Staaten angeboten bekam, für das sie sich selbst beworben hatte, nicht jedoch, wenn sie mit Hans zusammen ist. Wieder sind Eßverhalten und Sexualität miteinander verbunden, aus Anna brechen Nahrung, Sprache und Sexualität hervor, aber sie brechen gleichermaßen kontrolliert hervor.

Wenn sie hingegen mit Hans zusammen ist, redet Anna:

Sie streichelt ihn ferner und flüstert Liebesworte, ziemlich banale übrigens, da hat sie schon Besseres hervorgebracht, ganz verändert ist sie, es kommt daher, weil sie im Moment nichts als Frau ist und deswegen eher unoriginell.[320]

Körperliches erscheint auch ihr minderwertig, doch läßt sie es im Gegensatz zu ihrem Bruder zu. Sie reduziert sich bewußt auf eine wenig intellektuelle Ebene. Die Empfindungen während des sexuellen Aktes werden beschrieben:

Was muß ich jetzt machen, fragt sich Hans innerlich, es muß immer was passieren, kein Leerlauf, immer muß es weitergehen, [...] Dafür habe ich jetzt den ganzen Sartre in meiner Freizeit gelesen, das ganze Sein und das ganze Nichts, schießt es ihr durch den Kopf, während sie aus der Unterhose steigt. Und jetzt kann ich gar nichts damit anfangen. Ich könnte genausogut eine sein, die niemals irgendetwas gelesen hat außer 'Bravo'. Mehr ist hier nicht vönnöten. Daß sie das durchschaut, unterscheidet sie schon wieder von den Millionen anderer Mädchen, äußerlich sieht Hans aber leider nur eine wie eine Million andere auch. Und er behandelt sie auch dementsprechend. Wie Haut, Fleisch, Sehnen, Muskeln und Knochen, die alle andern auch haben, es ist eine grauenhafte Erkenntnis für Anna, daß hier auch eine ganz andere liegen könnte (ein hübscheres Girl als sie) und keineswegs einzig nur sie, sie, Anna. Innen in ihr sieht es so aus, daß sie leider durchschaut, was anderen eingeht wie Sirup, und es quält sie.[321]

Das Bild, das Anna von der Sexualität hegt, ist Klischee: Hans ist das wilde Tier, animalisch, sie muß sich animalisch geben, sich herablassen, um mitmachen zu können. Doch ihre Bildung schadet hier, denn ihr Verstand stellt sich zwischen sie und ihren Sexualtrieb. Ihr Anspruch, etwas Außerordentliches zu sein, verblaßt vor

---

320 Elfriede Jelinek, Die Ausgesperrten, a.a.O., S. 90
321 Elfriede Jelinek, Die Ausgesperrten, a.a.O., S. 89

diesem Klischee, läßt sich jedoch nicht ganz verdrängen, sodaß er auch während des Geschlechtsverkehrs präsent bleibt. Sie würde gerne einzigartig sein, ist es jedoch nicht im sexuellen Akt. Hier ist sie "eine wie eine Million andere auch." Als Frau muß sie ihren Anspruch aufgeben, ein besonderes Individuum zu sein. Konfrontiert mit ihrer Körperlichkeit, muß sie sich unterordnen, Objekt sein, ihren Intellekt ausklammern. Anna ordnet sich in ihrer Liebe zu Hans den Normen ihrer Umwelt unter.

Jelinek entwirft hier kein neues Bild von Sexualität, sondern schickt ihre Romangestalt auf die Reise von der Verweigerung in die Akzeptanz des Körperlichen. Anna erlebt nichts Ungewöhnliches, Neues, sie empfindet nichts Ungewöhnliches oder Neues. Anna ist, wenngleich sie dies vergegenwärtigen kann, im sexuellen Akt nichts Besonderes, sondern alltäglich, austauschbar.

Mit dieser Beschreibung bricht der Text das Gebot des Schweigens über Sexualität, das die Welt der Witkowskis überschattet. Sexuelle Akte werden besprochen, nicht übergangen. Die innere Verfassung der Charaktere wird thematisiert, und es wird deutlich, daß die Vorstellung Annas von der Sexualität einem übermächtigen Bild entstammt, dem sie sich unterordnet, das jedoch ihrer wirklichen Verfassung nicht entspricht. Sexualität wird hier nicht als überwältigend Schönes oder Nicht-Erwähnbares abgehandelt. Sie wird nicht mystifiziert, sondern gerade dadurch, daß sie - wenngleich klischeehaft - geschildert wird, entmystifiziert.

Hier ist der Hauptunterschied des von der Autorin geschaffenen Textes zu Rainers Denken, das, gerade wenn es um Sexualität geht, vollends in Klischees aufgeht. Für ihn soll Sexualität, wenn es um ihn selbst geht, etwas Unsagbares, etwas Erhabenes sein. Bei Anna und im Text ist dies umgekehrt, Sexualität ist erlebbar, sie mag enttäuschen, aber sie macht letztlich nicht sprachlos.

Daß Anna nichts Besonderes ist, gilt vor allem auch für Hans. Auch er verweigert Nahrung, wenn er zuhause ist, doch er besorgt sich eine bessere Nahrung, oder was er dafür hält. Im Café ißt er Eiscreme und Schokoladentorte. Für ihn ist das Essen zuhause, seit er die Witkowskis und Sophie kennt, nicht mehr gut genug. Wieder ist eine Parallele zwischen Sexualität und Eßverhalten erkennbar. "[S]eine

Augen [verschlingen] Sophies Figur."[322] Anna ist Hans im Vergleich zu Sophie nicht gut genug. Er träumt vom sozialen Aufstieg vermittelst einer Heirat mit Sophie und vernachlässigt Anna, so wie er zuhause die Nahrung verweigert, um an etwas Besserem zu naschen. Für Sophie ist er jedoch nur ein Objekt ihrer Begierde[323], sie selbst bleibt unerreichbar, unnahbar. Eine Liebesbeziehung mit Hans kommt für sie nicht in Frage.

Die einzige Gestalt, die nicht von Ekelgefühlen berührt wird, ist Sophie. Sie wird als körperloses Wesen dargestellt, das fast unberührt und ungerührt durch den Text geistert. "Bei Sophie findet Schweiß keine Oberfläche vor, sie ist ein Engel. Ein körperloses Wesen."[324] Während der Text die Eßgewohnheiten aller anderen Gestalten ausführlich ausweidet, wird über Sophie gesagt:

> Sophie hat noch nie einer essen gesehen, und doch tut sie es, weil sie sich immer aufrecht erhält und herumgeht und Kalorien verbraucht.[325]

Wieder korreliert Eßverhalten und Sexualität, denn so wie Essen kein Thema für Sophie ist, ist ihr "[d]er Gedanke an einen geschlechtlichen Akt [...] noch nie gekommen."[326] Wenn Sophie einen Körper hat, der nur Körper ist, so ist es ein Freizeitkörper, ein Sportkörper, sie "genießt nichts als das Gefühl, das einem der Körper bietet, wenn er sich privat in seiner Eigenschaft als Körper betätigt und sonst nichts."[327] Sophie bleibt ungerührt, sie empfindet Ekel allenfalls angesichts des Ekels anderer, und sie läßt sich nicht auf ihn und die ihn hervorrufenden Gefühle anderer ein: "Anna erbricht leider doch, und Sophie reicht ihr abgewandten Antlitzes ein Papiertaschentuch."[328] Sophie, die nicht nur keinen Ekel über die Nahrungsaufnahme erkennen läßt, sondern von der Nahrungsaufnahme völlig befreit scheint, kennt auch keinen Kampf um den sozialen Aufstieg. Als Großbürgerliche gleitet der Kampf der anderen um den sozialen Aufstieg an ihr ebenso ab, wie Essen für sie 'kein Thema' ist.

---

322 Elfriede Jelinek, Die Ausgesperrten, a.a.O., S. 217
323 Elfriede Jelinek, Die Ausgesperrten, a.a.O., S. 199
324 Elfriede Jelinek, Die Ausgesperrten, a.a.O., S. 216
325 Elfriede Jelinek, Die Ausgesperrten, a.a.O., S. 190
326 Elfriede Jelinek, Die Ausgesperrten, a.a.O., S. 156
327 Elfriede Jelinek, Die Ausgesperrten, a.a.O., S. 155
328 Elfriede Jelinek, Die Ausgesperrten, a.a.O., S. 240

Das Verhältnis, das die vier Jugendlichen zur Nahrungsaufnahme haben, entspricht im Text ihrem jeweiligen Verhältnis zu Sexualität, Körperlichkeit und ihren Phantasien vom sozialen Aufstieg. Das Eß-Brechmotiv bildet im Rahmen des Gesamttextes einen subversiven Subtext, der sich wiederholt an die Oberfläche des Berichtes über das Geschehen drängt und direkt auf Rainer Witkowskis Motiv für die Tat führt, auf seinen 'unverdauten' Ekel an der Körperlichkeit seiner Umwelt und seine ebenso 'unverdauten' Träume von der Einzelpersönlichkeit und dem sozialen Aufstieg.

Angesichts dieser Bedeutung des Essens im Text soll nun der letzten Mahlzeit Rainers und Annas vor der Tat besondere Beachtung zukommen: "Anna ißt vor dem Schlafen noch einen Apfel. Rainer ißt vor dem Schlafengehen im Bett ebenfalls einen Apfel und liest dazu Sinnlosigkeit und Besessenheit von Camus."[329]

Frau Sepp hatte einige Zeit zuvor ihrem Sohn die Geschichte "von dem apfelessenden Kind [erzählt], das an die Wand geschleudert wurde, bis es starb, und dessen Apfel anschließend sein Mörder weiteraß."[330] Der Apfel steht symbolisch für die Grausamkeit des Mordes. Das Apfelessen der Witkowski-Zwillinge kündigt, wenn man es mit dieser Geschichte Frau Sepps verbindet, eine Mordtat an. Es ist bezeichnend, daß wieder beide, der Täter ebenso wie das Opfer, einen Apfel essen. Mit dieser innertextlichen Bedeutung schwingt jedoch auch das intertextuelle biblische Motiv der Vertreibung aus dem Paradies nach dem Sündenfall mit. Auf dieser Bedeutungsebene verweist das Apfelessen auf Körperlichkeit, auf den Tod, auf den Subtext; die Verbindung von Körperlichkeit und Tod verdrängt die Verbindung von Körperlichkeit und Sexualität für einen kurzen Augenblick, bevor mit der anschließenden Schilderung der Tat alles, Körperlichkeit, Sexualität und Tod, ineinanderfließen wird.

Vermittelt über einen Subtext, der das Motiv der Nahrungsverwertung mit dem Thema Sexualität verknüpft, schildert der Text die unterschiedlichen Beziehungen seiner vier Hauptcharaktere Rainer, Anna, Hans und Sophie zu Körperlichkeit und Sexualität. Indem der Subtext wiederholt zum Ausdruck gelangt, bricht er in die Darstellung des Geschehens ein. An den Bruchstellen wird das Motiv Rainers sichtbar.

---

329 Elfriede Jelinek, Die Ausgesperrten, a.a.O., S. 260
330 Elfriede Jelinek, Die Ausgesperrten, a.a.O., S. 172

Sexualität stellt sich so aus der Sichtweise Rainers dar. Die weiblichen Charaktere werden von Rainer als passive Dulder phantasiert. Auch Anna teilt seine Sicht. Wenn der Text ihre Sexualität schildert, gehen die männlichen Phantasien Rainers in die Schilderung ein. Als sie Lust empfindet, empfindet er Ekel. Deshalb klebt der Lustschrei der Schwester an ihm "wie Baumharz." Der Subtext verschafft sich Raum, er verweist auf Rainer. Die Autorin Jelinek diskutiert so Körperlichkeit im Text aus der Sicht des Täters. Insgesamt bietet der Text Einblick in die Vorstellungen über Sexualität in einer Zeit, in der Sexualität eher heimlich vonstatten ging, sie brach sich so wie der Subtext dennoch Bahn. Damit imitiert die Schreibweise dieses Textes die Umgangsweise der geschilderten fünfziger Jahre mit Sexualität. So wie Rainer Körperlichkeit nicht zulassen kann, weder bei sich, noch bei anderen weiblichen Gestalten und vor allem nicht bei seiner Zwillingsschwester, so läßt der Text die eigentliche Diskussion von Sexualität zunächst nur zu über den Umweg der Vermittlung über das Eß-Brechmotiv, das sich als Subtext mit der Schilderung von Körperlichkeit verbindet.

Damit schafft die Autorin jedoch zugleich eine komplexe Auseinandersetzung mit der Sexualität. Sie läßt diese nicht unberührt, sondern setzt sich schreibend mit ihr auseinander; damit setzt sie die Perspektive des jungen Mannes Rainer, die den gesamten Text überlagert, ihrer eigenen Sichtweise aus. Diese eigene Perspektive schlägt sich in der Verbindung des Gedankens an organische Verwertung und der Vorstellungen über Verdauung ebenso wie über Verwesung mit sexuellen Akten nieder. Rainers Vorstellungen werden so erst durch das Zutun der Autorin verständlich. Während Rainer Sexualität als etwas körperlich Abstoßendes und für die Frau Erniedrigendes erfährt, erfährt der Text parallel dazu Sexualität als Triebhaftes, als etwas, das geschieht, gleichgültig, ob Rainer dies zulassen kann oder nicht.

Der Text setzt die Vorstellungen, die Rainer von Sexualität und sozialem Aufstieg hegt, etwas Unkontrollierbarem aus, dem wiederholten Einbrechen des Eß-Brech-Motivs in die Schilderung des Geschehens; dabei entsteht das Bild eines in seinem Verständnis von Sexualität und Körperlichkeit begrenzten jungen Mannes, der aus Ekel an der Körperlichkeit seiner Umwelt zum Mörder wird. Der Ekel wird im Text als nachvollziehbar abgehandelt, aber auch als unangemessen. Die Einschreibung des Körperlichen in den Text durch die Autorin, die dadurch entstehenden Brüche im Text können als typisch weibliche Sichtweise interpretiert werden, wie dies bei Sylvia Schmitz-Burgard geschieht, die nahelegt, Jelineks *Die Ausgesperrten* als écriture féminine zu lesen[331]; doch der Text geht über das bloße Schreiben des Weiblichen hinaus, er kritisiert konkrete gesellschaftliche Gegebenheiten, den Glauben der fünfziger Jahre an die sozialen Aufstiegsmöglichkeiten des Einzelnen - ebenso wie das Ideal des Existenzialismus als Antwort auf den Faschismus.

Festzustellen ist, daß hier die männliche Sicht auf die Dinge kritisiert wird, daß sie mit der Sicht der Autorin kollidiert, die den Blick auf das Triebhafte des Geschehens ebenso wie auf die Verankerung des einzelnen Menschen im starren sozialen Gefüge weitet, daß hier eine andere Perspektive deutlich wird. Ob die andere Sicht der Autorin jedoch unbedingt eine besondere weibliche Sicht ist, mag dahingestellt bleiben.

3.6. *Die Klavierspielerin*

Noch intensiver, als es bereits in den *Ausgesperrten* ansatzweise zu beobachten war, setzt sich Elfriede Jelinek in ihrem Roman *Die Klavierspielerin* mit der Identität ihres Hauptcharakters auseinander. Das fast ausschließliche Interesse des Textes gilt der Entwicklung und der Identität der Protagonistin Erika Kohut.[332]

---

331 Vgl.: Sylvia Schmitz-Burgard, "Body Language as Expression of Repression...", a.a.O., S. 218

332 Interpretationen, die ausführlich auf die Identitätsproblematik in "Die Klavierspielerin" eingehen liegen bereits von Marlies Janz, Annegret Mahler-Bungers und Elizabeth Wright vor. Annegret Mahler-Bungers fragt vor dem Hintergrund psychoanalytischer Erkenntnisse nach dem Verbleib der Trauer im Text, als eines fehlenden Stadiums der Subjektkonstitution der Protagonistin. Marlies Janz hingegen liest den Text als metasprachlich über die psychoanalytische Entwicklung der Protagonistin redend, was dazu führe, daß psychoanalytische Interpretationen den Text lediglich verdoppeln würden. Elizabeth Wright beschäftigt sich mit den 'Grenz-Phänomenen' des Körperlichen im Text, die sowohl auf der Ebene der textlichen Auseinandersetzung mit der Protagonistin als auch auf der Ebene der Auseinandersetzung mit dem Textkörper die Differenz zum Symbolischen repräsentierten. Diese Interpretationen haben ihre Berechtigung, zumal sie die offenbar von der Autorin als Hauptintention beabsichtigte Textaussage betreffen. Obwohl ich kurz auf die weibliche Identität der Protagonistin zu sprechen komme, gehe ich nicht näher auf die hier angeführten Interpretationsansätze ein. Mein Hauptinteresse gilt der Auseinandersetzung des Textes mit dem sozialen - weiblichen - Hintergrund.

Erika agiert und reagiert allerdings in einer Welt, die zwischen männlich und weiblich strenge Unterschiede macht. Diese Welt, in die Erika gesetzt ist, hat in der Jelinek-Kritik bisher wenig Beachtung erfahren. Ohne sie ist jedoch der Charakter Erika Kohut nicht völlig zu verstehen. Ergänzend zu den eingangs erörterten Überlegungen zu dem Roman *Die Klavierspielerin* sollen deshalb nun einige Denkansätze zu der Welt folgen, in der Erika lebt.

Beherrscht wird Erikas Welt von ihrer Mutter, bei der sie wohnt und der sie sich widerwillig unterordnet. Die Mutter hat sich die Tochter von Geburt an zurechtgestutzt:

> Als sie [...] den aus ihrem Leib hervorschießenden Lehmklumpen betrachtete, ging sie sofort daran, ohne Rücksicht ihn zurechtzuhauen.[333]

Hierin duldet die Mutter keine Einmischung Dritter, besonders nicht die des Vaters oder anderer Männer. Sie verhindert jegliche Ansätze einer eigenen Willensbildung bei der Tochter. Erika nimmt für ihre Mutter symbolisch die Stelle des Phallus' ein, der ihrer Mutter als Frau fehlt.[334] Erika schläft im Bett der Mutter, immer kontrollierbar und die Stelle des Vaters einnehmend, der gleich nach der Geburt der Tochter "abtrat." Bei den Auseinandersetzungen zwischen Mutter und Tochter verliert die Tochter stets, weil die Mutter stets die Rolle der sich für ihre Tochter Aufopfernden einnimmt, gegen die die Tochter nicht gewappnet ist. Der Preis, den die Mutter für ihre angebliche Aufopferung verlangt, ist hoch, wie folgende ironisch-zynische Textstelle klarstellt:

Das Kind ist der Abgott seiner Mutter, welche dem Kind dafür nur geringe Gebühr abverlangt: sein Leben. Die Mutter will das Kinderleben selbst auswerten dürfen.[335]

Vgl.: Marlies Janz, "Elfriede Jelinek", a.a.O., S. 86; Annegret Mahler-Bungers, "Der Trauer auf der Spur. Zu Elfriede Jelineks 'Die Klavierspielerin'", in: Freiburger literaturpsychologische Gespräche 7(1988), S. 80-95 und vgl.: Elizabeth Wright, "Eine Ästhetik des Ekels. Elfriede Jelineks Roman 'Die Klavierspielerin'",in: Heinz Ludwig Arnold (Hg.), Text + Kritik (Zeitschrift für Literatur), Heft 117, Elfriede Jelinek, Redaktion Frauke Meyer Gosau, Januar 1993, S. 51-59

333   Elfriede Jelinek, Die Klavierspielerin, a.a.O., S. 25
334   Vgl. hierzu: Marlies Janz, "Elfriede Jelinek", a.a.O., S. 71 u. S. 72
335   Elfriede Jelinek, Die Klavierspielerin, a.a.O., S. 28

Erika sieht sich außerstande, den Forderungen der Mutter erfolgreich eigene Erwartungen und Wünsche entgegenzusetzen. In der Begrifflichkeit der Psychoanalyse bedeutet das: Erika hat die Ablösung von ihrer Mutter nicht vollziehen können und konnte deswegen keine eigene weibliche Identität, kein Ich-Ideal, entwickeln. Annegret Mahler-Bungers schreibt hierzu:

> Die Bildung des Ich-Ideals setzt [...] zunächst eine Trennung voraus, d.h., durch die Einführung des Dritten in die Dual-Union von Mutter und Kind, dem das Begehren der Mutter gilt, und der dem Kind die Illusion nimmt, vollkommen zu sein.[336]

Der Text offenbart diese Folge der Mutter-Kind-Union, aber er setzt der mangelnden weiblichen Identität der Tochter kein eigenes Konzept einer möglichen weiblichen Identität entgegen, das die Grenzen des Geschilderten überschreiten würde.

Auffällig ist dies besonders an der ablehnenden Haltung der Tochter gegenüber den Männern. Durch die Mutter oral verwöhnt, bleibt der Tochter die Welt der Lust verschlossen.[337] Nach einigen negativen Erfahrungen mit Männern, die ihre Besonderheit als 'feinspitzige' Pianistin ignorierten, will Erika keinen "Herrn über sich haben." Sie will selbst HERRin sein. Ihre Sexualität beschränkt sich aufs Schauen. Was sie erschaut, im Porno-Kino und in der Peep-Show, ist, was auch der Mann erschaut, ganz in Freud'schen und Lacan'schen Begriffen, "das Nichts" und der "reine(n) Mangel". Auch ihre masochistischen, brieflich gegenüber Klemmer geäußerten Wünsche kennen nur ein Ziel, die Kontrolle zu bewahren, die HERRin zu sein. Marlies Janz hat in ihrer Untersuchung ganz richtig festgestellt, daß für diese Romangestalt die weibliche Identitätsfindung nicht stattgefunden hat und daß ihre Vorstellungen im Rahmen männlicher Vorstellungen über die Frau verharren:

> Denn was diese Figur letztlich ausmacht, ist ihre vollkommene Unfähigkeit, sich selbst als Frau zu definieren und über die misogyne Männerprojektion, daß die Frau "das Nichts" und den "reinen Mangel" [...] repräsentiere, hinauszugelangen.[338]

Die Hauptgestalt bewege sich beständig zwischen der Vorstellung vom Phallus und vom Nichts und gelange so nicht zu einer eigenen weiblichen Identität.

---

336 Annegret Mahler-Bungers, "Der Trauer auf der Spur ...", a.a.O., S. 84/85
337 Vgl. hierzu: Annegret Mahler-Bungers, "Der Trauer auf der Spur ...", a.a.O., S. 80
338 Marlies Janz, "Elfriede Jelinek", a.a.O., S. 83

Im Vergleich zu anderen - seltenen - weiblichen Nebenfiguren ergibt sich diese mangelnde Identität Erikas jedoch nicht nur als Folge von psychischer Unterentwicklung, sondern als Besonderheit der masochistischen Herrin Erika Kohut in einer Welt, die streng nach Männerwelt und Frauenwelt getrennt ist. Die Ablehnung der weiblichen Rolle durch die Protagonistin spiegelt auch die Geschlechterhierarchie der Gesellschaft, in der sie sich, als Musiklehrerin bereits außerhalb der traditionellen Frauenrolle[339], bewegt und die sie abwehrt.

Bezeichnend sind Erikas Wahrnehmungen auf dem die Grenzen vom Weiblichen zum Männlichen überschreitenden Weg zur Peep-Show:

> Erika steigt aus. Sie geht von jetzt an zu Fuß weiter. Sie schaut nicht links und nicht rechts. Angestellte verriegeln die Tore eines Supermarkts, davor die letzten sanft pulsierenden Motore von Hausfrauengesprächen. Ein Diskant setzt sich gegen einen Bariton durch, daß die Weintrauben recht verschimmelt waren. Die untersten im Plastikkorb hat es am meisten betroffen. Deswegen hat man sie heute auch nicht mehr gekauft, was man lautstark scheppernd vor den anderen ausbreitet, ein Haufen Abfall aus Klagen und Zorn. Eine Kassiererin ringt hinter den versperrten Glastüren mit ihrem Gerät, sie kann den Fehler nicht und nicht finden. Ein Kind auf einem Tretroller und eines, das nebenher läuft, weinerlich posaunend, daß es jetzt auch, wie zugesagt, einmal fahren möchte.[340]

Erika geht scheinbar unbeteiligt durch das abendliche Stadtviertel, vorbei an den letzten Zeichen weiblicher Existenz, bevor die Frauen zwecks Zubereitung der Abendmahlzeiten für ihre Familien in ihren Wohnungen verschwunden sein werden. Doch kann Erika sich dem Geschehen nur scheinbar durch Nicht-Hinschauen verschließen. Die Laute, die sie wahrnimmt, verraten ihr, auch ohne daß sie hinschaut, was geschieht. Hier erklingt ein "Diskant" einer Hausfrau, die sich über die schlechte Ware beschwert, dort "posaunt" ein Kind. Zeichen einer weiblichen Welt, die auf sich aufmerksam macht. Erikas Wahrnehmung verengt sich in Abwehr des Geschehens auf die Wahrnehmung von Tönen, eine Wahrnehmung, auf die sie geschult ist. Das weinende Kind, die keifende Frau entringen ihr scheinbar nicht mehr Beteiligung als die nüchterne Feststellung der Qualität ihrer Geräusche. Die Szene aus dem weiblichen Alltag anderer Frauen, die sich in ihrer Reichweite abspielt, bleibt ihr völlig fremd.

Doch auch wenn sie hinschaut - und sie schaut sehr genau - bleibt ihr nur der nüchterne Blick des Beobachters, der registriert, aber nicht emotional beteiligt ist:

---

339 Vgl. hierzu: Marlies Janz, "Elfriede Jelinek", a.a.O., S. 81
340 Elfriede Jelinek, Die Klavierspielerin, a.a.O., S. 47

Der Kopf einer etwa Vierjährigen wird von einer mütterlichen Orkanwatsche in das Genick zurückgeworfen und rotiert einen Augenblick hilflos wie ein Stehaufmännchen, das sein Gleichgewicht verloren und daher größte Mühe hat, wieder in den Stand zu kommen.endlich steht der Kinderkopf wieder senkrecht wo er hingehört und gibt schauerliche Laute von sich, worauf er von der ungeduldigen Frau sogleich wieder aus der Lotrechten befördert wird. [...] Sie, die Frau, hat schwere Taschen zu tragen, [...] Das Kind lernt die Sprache der Gewalt. [...] Doch bald fallen die Frau und das Kind hinter Erika zurück.[341]

Diese kleine, vielzitierte Orkanwatschen-Szene zwischen Mutter und Kind gibt ebenso wie der vorher zitierte Streit um den Tretroller Einblick in hierarchische Zustände der Gesellschaft. Die Hausfrau hat schwere Taschen zu tragen und gibt ihrem Unmut gewalttätig Ausdruck. Das schwache Glied der Familie, die Frau, die schwer zu tragen hat, wehrt sich gegen das noch schwächere Kind, das so die Sprache der Gewalt des Schwachen gegen den Schwächeren lernt. Erika beobachtet auch diese Szene ohne beteiligt zu sein. Wieder nimmt sie Geräusche wahr. Die Ohrfeige gerät zur "Orkanwatsche", das Kind gibt "schauerliche Laute" von sich; aber Laute, Töne ist Erika gewohnt. Mehr emotionale Beteiligung - außer dem Registrieren des Tons und der nüchternen Feststellung der Gewaltverhältnisse - gesteht sie sich nicht zu.

Die Karawane Erika schreitet fort. Es ist eine reine Wohngegegend, aber keine gute. Nachzüglernde Familienväter schlagen sich seitlich in die Haustore, wo sie wie gräßliche Hammerschläge auf ihre Familien niederschlagen.[342]

Die bloße klangliche Assoziation an "gräßliche Hammerschläge" verhindert auch hier eine weitere Identifikation mit den Frauen und Kindern, die in dieser Familienwelt der Vorstadt gequält werden. Erika nimmt wahr, aber sie identifiziert sich nicht mit dem Weiblichen, das sie umgibt. Sie "schreitet fort" in die Welt der Männer, zur Peep-show:

Immer mehr Männer kreuzen jetzt Erikas Pfad. Die Frauen sind wie auf ein geheimes Zauberwort in den Löchern verschwunden, die man hier Wohnungen nennt. Um diese Zeit gehen sie nicht allein auf die Straße. Nur in Familienbegleitung ein Bier trinken oder Verwandte besuchen.

---

341 Elfriede Jelinek, Die Klavierspielerin, a.a.O., S. 48.
  Ich wiederhole die eingangs (Kap. 1.1.) zitierte Textstelle im Hinblck darauf, daß sie auf zweierlei Weise interpretiert werden kann, einmal, wie eingangs ausgeführt, kann die Weiblichkeit oder die mangelnde weibliche Identität der Autorin belegt werden, andererseits gibt diese Stelle aber auch objektiv Auskunft über die - andere - weibliche Welt, die der Protagonistin als Frau alternativ zur Verfügung stände.
342 Elfriede Jelinek, Die Klavierspielerin, a.a.O., S. 48

Nur wenn ein Erwachsener dabei ist. Allerorten ihr unauffälliges, aber so dringend benötigtes Wirken und Weben. Küchendünste. Manchmal leises Töpfeklirren und Gabelkratzen.[343]

Obwohl die Frauen hier nicht zu sehen sind, ist die Welt des Weiblichen anwesend. Die Anwesenheit der Frauen ist zu hören und zu riechen. Erika überschreitet hier die Schwelle von der weiblichen Welt zur männlichen Welt. Sie ist nun die einzige Frau auf der Straße. Ihre Anwesenheit auf der Straße unterscheidet sie von den anderen Frauen, die im Verborgenen wirken, auf ihre Familien konzentriert, unmündig, denn sie gehen nur in Begleitung "Erwachsener", sprich der Männer, in die Öffentlichkeit.

Erika verlegt sich nun vollends aufs Schauen. Das Weibliche, das in der Peep-Show öffentlich beobachtbar ist, ist das Weibliche, wie es sich dem schauenden Mann darstellt. Indem sich Erika in der Peep-Show auf das Schauen verlegt, erschaut sie auch nur noch, was auch der Mann erschaut. Sie läßt die Welt des Weiblichen, die ihre Sinnesorgane eben noch wahrnahmen, unberührt hinter sich. Das Weibliche, das sie jetzt erschaut, bleibt ihr jedoch ebenfalls völlig fremd, nicht zuletzt, weil sie die Wahrnehmung des weiblichen 'Wirkens und Webens' zuvor ignoriert hat.

Die weibliche Welt, durch die die Autorin Jelinek ihre Protagonistin gehen läßt, bevor sie in die männliche Welt eintritt, bietet nichts Angenehmes. Die Protagonistin registriert diese Welt, sie seziert sie wie in der Szene vor dem Supermarkt oder auch wie in der Orkanwatschen-Szene, aber sie wird von ihr nicht angezogen. Gleichzeitig bietet aber auch die Peep-Show, wie eingangs aufgezeigt, keine weiteren Erkenntnisse über das Weibliche an.

Jelinek versetzt ihre Protagonistin wiederholt in die Gegenwart anderer Frauen und läßt sie aus der Distanz beobachten. Da sind zum Beispiel die "modernen Mütter":

> In kleinen Geschäften beugen sich die farbenfroh gekleideten modernen Mütter, die ihre Aufgabe ernst nehmen, über eine Ware, zuckend hinter der Mauer des Föhns. Den Kindern wird eine lange Leine gelassen, während die jungen Frauen ihre Kenntnisse aus den Luxuskochkunst-Journalen an unschuldigen Auberginen und anderen Exoten erproben. Vor schlechter Qualität zucken diese Frauen zurück wie vor einer Kreuzotter, [...] Kein gesunder erwachsener Mann geht zu dieser Zeit auf der Gasse herum, wo er nichts zu suchen hat. Die Gemüsehändler haben aufgestapelte Kisten mit farbigen Vitaminträgern in allen Stadien der Fäulnis und Verwesung um ihre Eingänge herumgelagert. Mit Sachkenntnis wühlt die Frau darin herum. [...] Sie tappt alles

---

343   Elfriede Jelinek, Die Klavierspielerin, a.a.O., S. 49

widerlich ab, um Frische und Härtegrad zu überprüfen. Oder einen Konservierungs- und Kampfstoff gegen Schädlinge auf der Außenschale, was die gebildete junge Mutter bis zum Entsetzen stört. [...] Erika ist schon an [dieser Frau] vorbeigeschritten, ohne ihr Beachtung zu schenken, und am Abend beachtet der Mann diese Frau dann ebenfalls nicht, [...] Auch die Kinder werden das liebevoll gekochte Mittagessen nicht würdigen. [...] Das denkt sich Erika aus.[344]

Hier begegnet Erika einer Hausfrau unserer modernen Welt. Die Trennung in weibliche und männliche Welt ist offenkundig, und sie wird ausführlich entwickelt. Zu dieser Zeit sind keine gesunden erwachsenen Männer auf der Gasse, in der der Gemüseladen steht. Dies ist die Zeit der Frauen und die Welt der Frauen. Die unterschiedlichen Funktionen der modernen Hausfrau und Mutter werden erwähnt, Kinderaufzucht, Kochen, Einkaufen. Auch, daß es gebildete Frauen gibt, die sich über die Umweltschädigungen für das Obst Gedanken machen, daß es eigens Luxus-Kochjournale gibt, wird angesprochen, ebenso wie die Tatsache, daß diese Mühe nicht mit Aufmerksamkeit belohnt wird. Erika nimmt alles dies wahr, sie kennt die weibliche Welt, was ihre Funktionen betrifft. Doch solidarisch mit diesen Frauen fühlt sie sich nicht. Sie ignoriert ihre Geschlechtsgenossinnen geflissentlich.

Die Autorin läßt ihre Gestalt an dieser weiblichen Welt abgleiten. Indem sie jedoch Erikas spezifische Wahrnehmung mit dieser weiblichen Alltagswelt kollidieren läßt, tut sich den LeserInnen ein Abgrund des Textes auf. Sie erhalten Einblick in eine unerfreuliche weibliche Welt, die keine annehmbare Alternative zu Erikas sozialer Existenz bereitstellt. Bei den LeserInnen, wenn schon nicht bei der Protagonistin, sollen diese Eindrücke wirken, die an der Bruchstelle des Textes entstehen.

Es scheint nun weniger absonderlich, daß Erika Kohut, wann immer sie auf die Welt des Weiblichen als sozialen Ort stößt, von ihm abgestoßen wird. Doch die anderen Frauen, von denen Erika sich abgestoßen fühlt, tragen gleichzeitig eine sexuelle Identität und Selbstverständlichkeit zur Schau, mit der Erika auf Kriegsfuß steht. Ihre Sexualität beschränkt sich darauf, voyeuristisch zu schauen, mit männlichem Blick, als Herrin. Wenn die Mitschülerin ein weibliches Kostüm trägt, wenn Studentinnen unbeschwert lachen, wenn Frauen in der Eisdiele ihre Freundschaft zur Schau tragen, Erika registriert es abschätzig, weibliche sexuelle Ausstrahlung ist ihr zuwider. Sie sieht sich selbst als Außenseiter und ist nicht bereit, sich mit

---

344 Elfriede Jelinek, Die Klavierspielerin, a.a.O., S. 90/91/92

ihren anderen Wahrnehmungen auf die weibliche Welt um sie herum einzulassen.Oft reagiert sie mit Zerstörungswut.[345] Beschränkt auf ihr voyeuristisches Schauen, nähert sie sich der weiblichen Sexualität aus der Sicht des Mannes und scheitert kläglich.

Jelineks Heldin Erika Kohut ist eine weibliche Anti-Heldin. Unberührt vom Schicksal anderer Frauen, sich selber fremd, lebt sie außerhalb eines weiblichen Alltags-Ortes, gebunden an ihre alternde und Gehorsam fordernde Mutter, unfähig, sich zu lösen und eine eigene Identität zu entwickeln. Der Roman bietet keine Alternative an, im Gegenteil, er weist ausdrücklich auf die negativen Seiten des weiblichen sozialen Ortes in der modernen Welt hin und hinterläßt seine Heldin im Weder-Noch weiblicher und männlicher Identifikationsvorgaben. Der Ort Erika Kohuts ist kein Ort, Nirgends; ist ein doppelter Ort im Nicht des sozialen weiblichen Ortes und im Auch-Nicht männlicher sexueller Vorgaben, ist die vom Roman unbeantwortete Frage weiblicher Existenz in einer heutigen Welt. Dieser Ort wird von der Protagonostin jedoch nicht als positiv zu nutzender Ort verstanden, er ist auch von der Autorin nicht als Chance für ihre Heldin konzipiert.

Gerade dies jedoch ist der Sinn des Textes, er stellt Fragen nach dem weiblichen sozialen Ort, den er nur in seinen Nachteilen nachzeichnet und mit dem er die misogyne Protagonistin stellvertretend kollidieren läßt und nach der weiblichen Sexualität und Identität fragt, die die Protagonistin nicht kennt. Wenngleich diese Fragen nicht beantwortet werden, weil die Heldin in ihnen verharrt, so provoziert diese Fragestellung doch das Nachdenken der LeserInnen über Möglichkeiten weiblicher Identität in der heutigen Welt.

3.7. *Oh Wildnis, oh Schutz vor ihr*

Elfriede Jelineks nächstes Prosawerk, *Oh Wildnis, oh Schutz vor ihr*, wurde 1985 veröffentlicht. Es schließt erzähltechnisch an die frühe Prosa an, indem es

---

345 Marlies Janz schreibt dazu: "Ihr ganzer Haß richtet sich nicht nur gegen das männliche, sondern auch gegen das weibliche Geschlecht. Wo immer sie vermutet, daß andere eine Geschlechtsidentität haben [...] agiert sie destruktiv." Marlies Janz, "Elfriede Jelinek", a.a.O., S. 84

drei Abschnitte experimenteller Prosa bietet, von denen der erste und der zweite Abschnitt absatzlos sind. Wieder werden keine Ansätze realistischer Erzählweise sichtbar, wie sie in den *Ausgesperrten* und in der *Klavierspielerin* erkenntlich waren, und wieder wird mit der Sprache experimentiert. Der Prosatext schließt auch inhaltlich an einen ihrer früheren 'Romane' an, indem er eine der Gestalten aus den Liebhaberinnen wiederaufgreift. Erich, der Holzfäller, in den Paula sich verliebte, ist die Hauptfigur dieses als "Prosa" bezeichneten Textes.[346]

Wildnis schildert in drei Episoden, bezeichnet mit "1. AUSSENTAG. Gedicht", "2. INNEN. TAG. Keine Geschichte zum Erzählen", "3. AUSSEN.NACHT. Herrliche Prosa! Wertvolle Preise!" die letzten beiden Lebenstage Erichs. Die Handlung ist geradlinig. Erich begibt sich in den Hohlweg zur Aichholzerin, der dichtenden alten Witwe eines berühmten Philosophen, die ihn begehrt. Auf dem Weg dorthin trifft er die Managerin eines großen Konzerns, die als Jagdgast im Forsthaus einquartiert ist. Am folgenden Tag schließt sich Erich der Jagdgesellschaft an, er hofft auf eine längerfristige Stellung und glaubt, in der Managerin eventuell seiner zukünftigen Frau begegnet zu sein. Von der Managerin zum Geschlechtsverkehr aufgefordert, gerät er jedoch in Panik. Er flieht kopflos und wird von den Leibwächtern des Kaufhauskönigs, der zur Jagd geladen hatte, erschossen.

Den Hintergrund für das gesamte Geschehen bildet eine österreichische Berglandschaft. In dieser Natur arbeitete Erich früher als Holzknecht; die Dichterin bedient sich ihrer für ihre Naturgedichte und die Jagdgesellschaft für ihr Hobby. Die Naturlandschaft ist keine Wildnis, sondern sie ist gezähmt, wird bezwungen und verwaltet. Sie bietet einen Abglanz des Bildes, das sich Menschen von ihr machen und kommt nur dort, im Sprechen über sie, im TV, in der Dichtung oder in den Forderungen des industriellen Wald- und Jagdbesitzers, als unversehrte Natur vor. Besonders darin, daß sie im Sprechen über sie und in den Bildern ihrer selbst echter zu sein scheint als das Original, gleicht sie den weiblichen Gestalten des Textes.

Die bislang einzige ausführliche literaturwissenschaftliche Auseinandersetzung mit diesem Text, die auf die in ihm vorliegende spezifische Verbindung

---

[346] Vgl. hierzu auch: Marlies Janz, "Elfriede Jelinek", a.a.O., S. 99

von Naturdiskussion und Weiblichkeitsdiskussion eingeht, stammt von Marlies Janz.[347] Sie schreibt:

Die endgültige Verwandlung der Natur in Unnatur bei Menschen, Tieren und Landschaft ist das eigentliche Thema des Buchs [...][348]

Unter Verweis auf Adornos *Ästhetische Theorie* stellt sie fest, Jelinek bringe "das Naturschöne in Zusammenhang mit den kulturellen Weiblichkeitszuschreibungen und exemplifizier(e) die naturbeherrschende Gewalt am Schicksal des weiblichen Körpers."[349] Jelinek habe sich vom Begriff des Naturschönen endgültig verabschiedet, sie schreibe vielmehr über die Deformationen, sie schreibe ein Gegenbild, eines über "eine kranke, todverfallene Natur" und, parallel dazu, über "die deformierte Sexualität der alten Dichterin und der magersüchtigen Managerin, die [anzeige], wohin es historisch mit der 'weiblichen Natur' gekommen [sei]."[350]

Die Einschätzung, daß es sich bei der Managerin und bei der Aichholzerin um Deformationen einer "weiblichen Natur" handele, bedarf eines Maßstabes, einer Vorstellung eines eigentlichen Weiblichen. Der Text bietet diesen Maßstab in Gestalt der Vorstellungen Erichs an, der an der Unverläßlichkeit dieses Maßstabs scheitert. Hinter dem Maßstab Erichs scheint die besondere entlarvende Perspektive der Autorin durch. Die folgenden Überlegungen beschäftigen sich deshalb mit dem Maßstab des Weiblichen im Text, und es wird danach gefragt, welche Ursachen für die Deformierung erkennbar werden.

In seinen drei Episoden bietet der Text drei unterschiedliche Bilder weiblicher Gestalten an. Dargeboten als innerer Monolog im Wechsel mit auktorialer Erzählsituation spricht die erste Episode überwiegend von Frauen aus der Sicht Erichs. Es ist die weibliche Welt, die Erich umgibt, die zur Darstellung gelangt. In

---

347 Christa Gürtlers Untersuchung "Die Entschleierung der Mythen von Natur und Sexualität" scheint auf den ersten Blick auch auf diese spezifische Verbindung einzugehen, zumal auch sie sich auf Adornos Ästhetische Theorie bezieht. Doch ist festzustellen, daß hier vor allem einerseits, hinsichtlich Oh Wildnis, von der Verbindung Gesellschaft - Natur gesprochen wird und andererseits, vor allem hinsichtlich Lust von der Verbindung Gesellschaft - Sexualität.
Vgl.: Christa Gürtler, "Die Entschleierung der Mythen von Natur und Sexualität", in: Christa Gürtler u.a. (Hrsgg.), Gegen den schönen Schein..., a.a.O., S. 120-134, insbesondere S. 122
348 Marlies Janz, "Elfriede Jelinek", a.a.O., S. 100
349 Dies.: ebd., S. 109
350 Dies.: ebd., S. 110

dieses Bild schiebt sich jedoch bereits hier das von Erich völlig mißverstandene Bild der Managerin. Die zweite Episode schildert die Wünsche und Gedanken der alten Dichterin Aichholz; ihre frühere Liaison mit dem Philosophen wird ebenso aufgerollt, wie ihre Versuche, erotische, historische und Natur- Gedichte zu veröffentlichen und ihre gegenwärtige Begierde, die sich auf den tumben Erich richtet. Die dritte Episode beschäftigt sich mit den Frauen der Jagdgesellschaft, der Förstersgattin, der Filmschauspielerin, die mit dem Wirtschaftsmagnaten verheiratet ist und vor allem auch mit der Managerin, die zu lieben er sich versteigt.

Der Text bindet drei unterschiedliche Diskurse in seine drei Episoden ein. Sie bilden die Grundlage, auf der die drei unterschiedlichen Weiblichkeitsdiskussionen bewertbar werden. In der ersten Episode erfahren die LeserInnen von Erichs wirklichen Frauen und von der Beherrschung der Dorf-Wirklichkeit durch das TV; in der zweiten Episode erfahren die LeserInnen von der dichtenden Frau und von der Dichtung, im dritten Teil lesen sie über die Macht und über Frauen, die sich der Macht verschrieben haben.

Bereits in der ersten Episode wird die Managerin von den anderen Frauen um Erich abgesetzt, besonders gleicht sie nicht der früheren Gattin:

Die Frau des jungen Mannes (jetzt wohnhaft: nicht Rio, sondern Tirol) hat ihr schwächlich quietschendes Gestänge jahrelang vor einem Wühltisch voller Pullover abgeknickt. Sie hat einen "Servus" vor den Kunden gerissen. Kreißende Giftgasfarben auf diesen Pullis, und doch soll man so etwas genießen. Senfgasgelb. Zyanblau. So lernte sie schließlich den Förster kennen, frierend in der Kreisstadt. Verhungernden Speichel am Kinn. Schwächliche Klauen wie vom Tod erstarrt um Synthetikpullover geschlungen. Ich bin und war Verkäuferin in einem Kaufhaus. Bei fünfzehn Grad minus an einem Wühltisch eine Pulloveraktion abzuhalten, dazu gehört schon was. Kein Feuer, das wärmt. Diese Frau ist aber eine andere Frau. Sie lehnt an einem geländegängigen Fahrzeug, blank wie Münzen. Sie redet von etwas, wovon ein anderer nie zuvor gehört hat. Jedes ihrer Worte wird ein Stück Aas, gärend in der Herbsthöhle.[351]

Was Erich kennt, ist eine abgearbeitete, servile Frau, seine Frau, gezeichnet von den Spuren ihrer Arbeit bis zur Todesähnlichkeit. Wie seine Schwester, die die Zeichen des Todes in sich trägt, die an Krebs unheilbar erkrankt ist, zeigt auch seine Frau Anzeichen von Vergänglichkeit, Tod. Sie ist "schwächlich", ihre Verkaufstätigkeit zeichnet sich durch Todesnähe aus, sie steht in Verbindung mit "Giftgasfarben", "Senfgasgelb", "Zyanblau", die Frau wirkt "verhungernd", ihre "Klauen" sind "wie vom Tod erstarrt." Die Rede über den Tod bildet hier einen

---

351 Elfriede Jelinek, Oh Wildnis ..., a.a.O., S. 33

Subtext zur Rede über die Gattin. Die äußerlichen Zeichen des Verfalls bei Frau und Schwester kann Erich erkennen, nicht jedoch die Morbidität der Gedankenwelt der Managerin. Sie erscheint ihm deshalb als etwas völlig anderes als die Frauen, die er kennt. Daß auch sie Zeichen des Todes in sich trägt, versteht er nicht. Ihre Worte bleiben ihm fremd. Sie "sterben" unverstanden, werden zu "Aas."

Seine Welt trifft mit der Welt der Managerin im Normalfall nur in der Scheinwelt des Fernsehens zusammen, dem sie keine Beachtung schenkt, denn "sie ist ja selbst das Fernsehen." [352]

In dieser Welt des Fernsehens gibt es Sängerinnen, Eisfeen, schöne, geschmeidige Frauen, die, wie im Beispiel Anneliese Rothenbergers angesprochen, selbst im Alter noch bezaubernd schön wirken. Die Welt des Verfalls der Frau bleibt vom Fernsehen ausgeschlossen, sie ist aber die mit häßlichen und überarbeiteten Frauen angefüllte Welt, in der Erich sich bewegt.

Die erste Episode bietet so zwei verschiedene Bilder von Frauen an, das eine ist das der Wirklichkeit Erichs entlehnte des körperlichen Verfalls der schwer arbeitenden, von Familie und beruflicher Arbeit erschöpften Frau, das andere ist das des TV, in dem Frauen schön, geschmeidig, liebens- und bewundernswert dargestellt werden. In der Managerin glaubt Erich der Frau aus dieser TV-Welt zu begegnen, die er für bare Münze nimmt.

So wie die Frau nur als schöne Gestalt im Medium Fernsehen auftaucht, so taucht auch Natur im Medium Fernsehen als schöner Vierfarbendruck auf. In beiden Fällen wird ein Bild geliefert, das der Welt Erichs nicht gleicht. Seine Welt ist die Welt der zerstörerischen Arbeit in einer für ihn feindlichen Natur und eine Welt, in der der allmähliche Verfall von Frauen beobachtet werden kann.

Aus eigener Anschauung bieten sich ihm sowohl die Natur als auch die Frauen anders dar, als sie die Scheinwelt des Fernsehens vorstellt. Erich verfällt jedoch der Illusion aus dem Fernsehen, während er mit der Managerin redet. Sie scheint ihm eine völlig andere Frau zu sein, als die Frauen, die er kennt. Die Diskussion über die Weiblichkeitsdarbietung im TV schiebt sich über Erichs Frauenbild. In der zweiten Episode lesen wir von einer alten Frau, die sich gegen Tod und Verfall stemmt. Sie schreibt Gedichte über die Natur, über ihre Liebes-

---

352 Elfriede Jelinek, Oh Wildnis ..., a.a.O., S 39

beziehung mit einem weltberühmten Philosophen und Gedichte, die sie erotisch nennt. Besonders ihre Naturgedichte sollen Unsterblichkeit garantieren angesichts eines Todes, der nahe bevorsteht:

> Bald wird sie tot sein und sich auflösen. Aber heute noch ist es ihr möglich, Vorbild Natur und Ergebnis Gedicht miteinander zu vergleichen.[353]

Sie betrachtet sich als eine in der Vergangenheit von ihrem Geliebten als Dichterin verhinderte Frau. Er "ha(be) sie immer nur zurechtgeschliffen, bis sie zu klein geworden war, als daß man noch hätte etwas Größeres als eine Spanschachtel aus ihr basteln können."[354] "Sie sollte ihm nicht über den Kopf wachsen, sondern seine Kopfgewächse alles inkl. verehren. Er hat nicht gewünscht, daß sie über ihn hinaustrete als etwas, das vielleicht auch was werden könnte. Der Falott. Der, es muß ausgesprochen werden, der Nazi."[355]

Sie läßt es sich nun angelegen sein, über ihren ehemaligen Geliebten herzuziehen, der sie auf das Maß als "nur Frau" zurechtstutzte:

> Sie war gebückt worden in die Nische einer sehr kleinen Erfahrung: Frau sein und es bleiben müssen![356]

Doch stellt sich heraus, daß sie die Vorstellung einer vom Mann verhinderten Künstlerin als Vorwand für die Erfolglosigkeit ihrer Gedichte benutzt, sie "hofft" vergeblich,

> es sei seine Schuld gewesen, daß sie heute nicht berühmt ist wie ER. Und auch das ist fraulich: weniger sein![357]

Ihre Gedichte scheitern nicht an ihrem längst verstorbenen Liebhaber, sondern an ihrer Naturauffassung und an ihrem Verständnis von Wahrheit und Wirklichkeit in der Kunst.

Über ihre Gedichte äußert sich der Text ausgiebig. Sie ergeben, zusammengenommen, ein wenig schmeichelhaftes Bild ihrer Verfasserin und deren Umgebung. Besonders ihre Naturgedichte werden aufs Schärfste verurteilt. Sie schreibt, ohne in direktem Kontakt mit der Natur zu sein, von ihrem Haus aus mit

---

353 Elfriede Jelinek, Oh Wildnis ..., a.a.O., S. 95
354 Elfriede Jelinek, Oh Wildnis ..., a.a.O., S. 135
355 Elfriede Jelinek, Oh Wildnis ..., a.a.O., S. 135
356 Elfriede Jelinek, Oh Wildnis ..., a.a.O., S. 120
357 Elfriede Jelinek, Oh Wildnis ..., a.a.O., S. 130

stets dem gleichen Blick auf die Berglandschaft. Mit ihren Gedichten will sie "Wirklichkeit" wiedergeben[358], "Natur naturgetreu" abbilden.[359] Ihr mimetisches Kunstverständnis stempelt sie zur "Zuckerwattespinnerin"[360] an der Natur. Mit dem, wie Natur tatsächlich ist, haben ihre Elaborate, so der Text, der beständig "die Natur", wie sie in der Kunst vorkommt, mit der Wirklichkeit der in ihr Arbeitenden, der Holzknechte, Bergsteiger und Förster beispielsweise, vergleicht, nichts gemein.

Ein ähnliches Verhältnis zur Wirklichkeit, nämlich zur Wahrheit, haben ihre Gedichte über ihr Leben mit dem Philosophen und ihre Gedichte über die Geschichte. Zu ihren historischen Gedichten lesen wir:

Sie liefert, alles gereimt, eine eigenwillige Interpretation vom ersten Weltkrieg und eine falsche vom zweiten.[361]

Obwohl sie nichts zu verlieren hat, nimmt sie es mit der Wahrheit nicht sehr genau, "Geschichte ist Verhandlungssache"[362], und "[s]ie schildert [...] nicht wahrheitsgetreu, was in Küb passiert ist."[363] Von Interesse für Verleger sind ihre Gedichte allenfalls, wenn sie in der Rubrik weibliches Schreiben, als Lebensbeichte einer Frau eines berühmten Mannes, veröffentlicht werden könnten:

das ist rein weibliche kunst und hat ihren Erlöser schon gefunden: einen buchverlag bitte. Der weiß noch nicht, ob er überhaupt einen Freiplatz übrig hat. Er macht heute noch eine nutzlose Gebärde und wartet lieber ab, wie er vortäuscht. Was interessant ist: Die Lebensbeichte einer alten Frau, eine verworrene Geschichte, die eine zeitlang neben der eines weltberühmten Philosophen einherlief, könnte einmal für würdig befunden werden, gemäß der Vernunft, die in ihr wohnt, aneinandergereiht eine Art Roman zu ergeben. Einen Schlüssel zu einem Roman.[364]

Bislang weigern sich die Kritiker jedoch, ihre autobiographischen Gedichte zu veröffentlichen, aus Furcht vor der Verletzung des Persönlichkeitsrechts des Toten und etwaig drohender Prozesse der Erben.

Ihre erotischen Gedichte, sie nennt sie "ein erotisches Großereignis", werden von den Kritikern als unziemlich abgewiesen. Sie kursieren nur privat unter der

---

358 Elfriede Jelinek, Oh Wildnis ..., a.a.O., S. 96
359 Elfriede Jelinek, Oh Wildnis ..., a.a.O., S. 95
360 Elfriede Jelinek, Oh Wildnis ..., a.a.O., S. 136
361 Elfriede Jelinek, Oh Wildnis ..., a.a.O., S. 104
362 Elfriede Jelinek, Oh Wildnis ..., a.a.O., S. 151
363 Elfriede Jelinek, Oh Wildnis ..., a.a.O., S. 140
364 Elfriede Jelinek, Oh Wildnis ..., a.a.O., S. 108

Hand der Redakteure, die "sagen, das sei von einem Schwein in Agonie hingeferkelt worden."[365]

Der wichtigste Vorwurf, der im Text ausgesprochen wird, ist jedoch, daß ihre Gedichte bemüht sind, alles zu überhöhen, sodaß alles komplizierter erscheint, als es ist:

> Sie schreibt alles viel zu groß hin, als wäre es exakt so geschehen und macht sich selbst groß damit. Was für ein Bruchteil an Zeit ist ihr in die falsche Richtung gelaufen, daß sie nicht EINFACH sein kann in ihrem Schreiben? In der Kunst überhaupt? Es liegt, glaube ich, an folgendem: daß die Ereignisse zu einfach sind. Die Kunst dient dazu, den Schwierigkeitsgrad des Lebens künstlich zu erhöhen und zu verhöhnen.[366] [Hervorhebung im Original]

Der Text führt in dieser zweiten Episode die alte Dichterin exemplarisch für Dichtungsschaffende, besonders aber auch für weibliche Dichterinnen vor. Gewünscht von der Kritik werden weibliche Lebensbeichten. Der 'künstlerische Anspruch' der Frau stellt sich zwischen sie und ihre Texte, er verhindert einen wahrheitsgemäßen Text. Erotische Gedichte werden peinlich, nicht veröffentlicht.

So stimmt beides: Die Frau wird vom Mann an der Kunstausübung gehindert; dies ist zugleich jedoch eine bequeme Entschuldigung für die Erfolglosigkeit der schreibenden Frau. Die Kritik an der Aichholzerin liest sich so als Plädoyer für weniger Naturnachempfindung, mehr Wahrhaftigkeit und Einfachheit in weiblicher Literatur, wie auch als Plädoyer für die Veröffentlichung anderer, z.B. erotischen Gedichte von Frauen.

Die Aichholzerin trägt mit ihrer falschen Kunst, besonders mit ihren Naturgedichten zum verfälschenden Bild von Natur und Geschichte bei. Auch in ihrem Liebesleben hält sie es nicht genau mit der Wahrheit. Ihre Gedichte über ihre frühere Liebesaffaire schwächen ab, lassen aus und werden so zur Lüge. Auch ihre gegenwärtige unkonventionelle Leidenschaft für Erich, den Holzknecht, wird nicht Wahrheit sein, wird verheimlicht, in ihren Gedichten bereits falsch phantasiert.

Was die LeserInnen über ihre Naturgedichte lesen: "[d]ie Natur läßt sich nicht planen, das Naturgedicht schon,"[367] und was bereits hier falsch ist, denn gerade die Natur ist in *Wildnis* planbar und ausnutzbar, soll auch für ihre Affaire mit Erich gelten. Die Aichholzerin plant ins Detail, wie sie den jungen Mann ihrem

---
365   Elfriede Jelinek, Oh Wildnis ..., a.a.O., S. 128
366   Elfriede Jelinek, Oh Wildnis ..., a.a.O., S. 140
367   Elfriede Jelinek, Oh Wildnis ..., a.a.O., S. 95

Willen unterwerfen kann, scheitert jedoch kläglich an ihren unkontrollierbaren Gefühlen.

Von dem Aufruhr, den er in der Aichholzerin hervorruft, ahnt Erich bis zuletzt gar nichts. Er hat ein rein finanzielles Interesse an der Alten. Daß diese sexuelle Wünsche hege, kommt ihm nicht in den Sinn, dieses ist außerhalb seines Erfahrungshorizontes. Die Auseinandersetzung in der zweiten Episode des Textes mit dem Liebesbegehren der Aichholzerin fordert dazu heraus, sich über den Vorstellungshorizont Erichs hinausgehend mit der Tatsache des Begehrens einer alten Frau auseinanderzusetzen.

Das Urteil der Unnatürlichkeit ihrer Begierde ist eine Frage des Maßstabes, der als "Natur" angesetzt wird. Die alte Aichholzerin spekuliert nicht auf eine Liebe, sondern auf eine sexuelle Affäre mit einem jungen Mann. Der Text antwortet hier auf alle konventionellen Leseerwartungen mit Enttäuschung, die Vorstellung der Aichholzerin,

[n]iemand soll glauben, mit ihr geschähe nichts mehr [...], [s]ie denkt an den jungen Holzfäller wie an eine Brandung vom Ozean[368],

ist durchaus als Feststellung eines möglichen weiblichen Begehrens ernstzunehmen.

Wer in diesem Text einen Mythos Liebe mit gegenseitiger Zuneigung, mit Sexualität und Jugendlichkeit entsprechend den aus der Dichtung bekannten Mythen oder entsprechend der trivialen Mythen des Fernsehens erwartet, wird von diesem Text enttäuscht.

Was die Naturdichtung der Aichholzerin zur Zuckerwattespinnerei werden läßt, die Beschönigung und Überhöhung in der Rede über die Natur, wäre die gleiche Art der Betrachtung eines Seienden, die eine alte Frau als widernatürlich abstempelte, die sich eine sexuelle Affäre mit einem jungen Mann erträumt.

Die Rede über die Unwahrhaftigkeit und Zuckerwattespinnerei der alten Dichterin bildet den kontrastierenden Hintergrund für die einfach gehaltene und sich auf Faktizität beschränkende Darbietung ihrer Begierde im Text.

Was Natur dem Sprechen über sie voraus hat, nämlich das weniger an Schönem und das mehr an Realität, hat die geschilderte Phantasie der Aichholzerin

---

368 Elfriede Jelinek, Oh Wildnis ..., a.a.O., S. 96

einem naiv-beschönigenden Leseimpetus der LeserInnen dieses Textes voraus. Hier wird kein überhöhter, künstlerisch verbrämter, Anspruch an Schönheit, Jugendlichkeit und Liebe gestellt, sondern beschrieben, was ist, beziehungsweise, was sein könnte. Gemessen am Maßstab Erichs, gemessen am Trivialmythos und gemessen an seiner Realitätserfahrung, ist die Aichholzerin eine Ausnahmefrau, eine, die nicht in sein Frauenbild paßt. Für den Text jedoch stellt sie eine von vier "anderen" Frauen dar, die beschrieben werden.

In der dritten Episode, "Aussen.Nacht.", begegnen die LeserInnen Ausnahmefrauen in der Managerin und in der Filmschaupielerin, begrenzt auch in der Oberförsterin. Sie sind andere Frauen, als die, die Erich kennt. Besonders hinsichtlich der Managerin ist dies der Fall. Während die Aichholzerin, die Oberförsterin und die Schauspielerin ihren besonderen Status vornehmlich von der gesellschaftlichen Stellung ihrer Männer ableiten, bildet die Managerin zusätzlich eine Ausnahme von dieser Regel. Sie ist unabhängig, aus eigener Kraft mächtig. Damit ist sie am weitesten von den Frauen im Dorf entfernt, die Erich kennt.

Über die Frauen im Dorf, deren Aufmerksamkeit sich dem Forsthaus und seinen hohen Gästen zuwendet, lesen wir:

Vor dem Forsthaus und seinen liebevoll geschmückten Blumenfenstern (sogar Kakteen) huschen, die Seitenblicke gebändigt wie das Essen in ihren Einkaufstaschen und Körben, die Frauen des Dorfes Stück für Stück vorüber. Die Schnittstellen ihrer Büstenhalter und Miederwaren laufen müd über ihre breiten Rücken, diese Kainsmale von Menschen, die niemals in Illustrierte passen werden. Sie passen auch nicht in ihre eigenartigen Körper, und ihre Körper passen ihnen nicht recht. Leiden unter Krankheiten, von denen sie ständig reden, die sie aber nicht in ihrer ganzen Tragweite durchschauen. Sie tragen nur die Einkäufe.[369]

Diese Frauen tauchen als Masse der gewöhnlichen Frauen des Dorfes als Hintergrund zum Geschehen im Forsthaus auf. Sie mühen sich anonym ab, tragen Einkäufe, "huschen" vorüber, werden nicht besonders und einzeln bemerkt, Krankheiten, Schwäche sind Teil ihres Lebens. In ihrer Unauffälligkeit, in ihren von Arbeit ausgemergelten Körpern, die sie mit Büstenhaltern und Miederwaren in Form zwingen, in ihrem Leiden, ihrer Fremdheit im eigenen Körper sind sie alltäglich, die weibliche Norm.

Ganz anders werden die drei Frauen im Förstershaus beschrieben. Jeder von ihr wird Raum gegeben, einzeln dargestellt zu werden, sie bieten einen Kontrast zu

---

369 Elfriede Jelinek, Oh Wildnis ..., a.a.O., S. 199/200

der Masse der 'normalen' Frauen, stehen im Rampenlicht. Am meisten Aufmerksamkeit kommt der aus sich selbst mächtigsten der drei Frauen zu, der Managerin. Seit Erich ihr begegnet ist, ist er von ihr eingenommen. In einem Wortspiel wird das Ausmaß ihres Anderssein deutlich, das Erich nur bedingt fassen kann:

er verliert beinahe die Besinnung vor dieser Frau und vergißt seine Bestimmung im Getriebe des Waldes.[370]

Während Erich nur ihre äußere Erscheinung erfassen kann, wird für die LeserInnen eindeutig klargestellt, was diese Frau so besonders mache, sei ihre Macht über die "Wirklichkeit":

Sie verwaltet die Wirklichkeit und deren Erträge, aber, wie soll man sagen, es fehlt ihr eine Rohrverbindung zu sich selbst: also sie ist am ganzen Körper abwaschbar, doch sie erträgt Wasser nur selten auf ihrer Haut (Angst verlorenzugehen?).[371]

Die "Wirklichkeit" wird eindeutig als in Zahlen faßbare Realität von Erträgen festgelegt, dies ist das einzige, was 'wirklich zählt', die Zahlen der Wirklichkeit. Doch als Frau ist die Managerin mit ihrer Macht überfordert. Sie befindet sich auf Kriegsfuß mit ihrem Körper, der von Erich so bewundert wird. Ihr wird er zum Gegenstand ihres Abscheus:

Machtvoll und doch linkisch gleichermaßen. Strauchelnd vor Ekel, steigt sie über die Treppe. Wie ihr widerwärtiges kaltes Fleisch einmal abstreifen? Dieses Netz mit einem Bratenschädel vollgeladen. Sie möchte sich am liebsten die Organe herausrufen. Glück braucht der Mensch wenigstens ein wenig. Nach so manchem Essen steckt sie sich den Finger in den Schlund.[372]

Die mächtige Frau ist anorektisch, sie verweigert die Nahrung und möchte von ihrem Körper absehen können. Der mächtige Mann in dieser Episode, der Kaufhauskönig, hat solcherlei Probleme nicht:

Er wird wie er ist akzeptiert. Für gewöhnlich ist er einfach, für Menschenversuche würde er sich nicht recht eignen, was gäbe es schon an ihm zu sehen? In erster Linie setzt er sich für die Natur und deren Fortbestand ein, seit er seine Kaufhäuser abgestoßen hat. Am heftigsten setzt er sich für seinen Forstbestand ein. Er ist ja nur ein einfacher Bauer. Möchte aber selbst fortbestehen, und zwar in aller Bequemlichkeit, daher muß alles rings um ihn herum ebenfalls bleiben, wie es jetzt ist. So gefällt es ihm. Die Natur wandelt sich ständig, zielt aber im gesamten auf ihre

---

370 Elfriede Jelinek, Oh Wildnis ..., a.a.O., S. 203
371 Elfriede Jelinek, Oh Wildnis ..., a.a.O., S. 217
372 Elfriede Jelinek, Oh Wildnis ..., a.a.O., S. 217

Verewigung hin. Das gleiche gilt ihm für die Verhältnisse als angemessen. Das heißt, die Verhältnisse sind vor allem für ihn da.[373]

Er fühlt sich in seiner selbstgeschaffenen Wirklichkeit und in seinem Körper - er verschlingt riesige Mengen des von der Oberförsterin bereitgestellten Schweinebratens - heimisch. Er hat die Selbstverständlichkeit von 'Natur', unveränderlich, ewig. Ihm gehört die Welt wirklich, obwohl er seine Macht nach außen herunterspielt. Am wichtigsten für ihn ist, daß es keine Veränderungen geben soll, denn diese könnten seine Bequemlichkeit stören. Der Fortbestand des Forstbestandes ist für ihn als Besitzer des Waldes wichtig, damit er hier seinem Privatvergnügen nachgehen kann. Wiederholt wird betont, daß er "privat" sei, für ihn gibt es die Notwendigkeit, die Erich antreibt, nämlich, vermittelst Arbeit Geld zu verdienen, nicht. Die Unterscheidung in Arbeit und Freizeit existiert für ihn nicht. Er ist immer privat. Was für Erich eine Katastrophe bedeutet, die Arbeitslosigkeit, ist ihm Erholung, Wohlbehagen.

Die Macht des ehemaligen Kaufhausbesitzers schlägt sich auch in seinem Verhältnis zur Politik nieder:

Der Kaufhauskönig ist vom Staat und seiner Steuergesetzgebung enttäuscht worden. Er hat aus Politikern Menschenknechte geformt, die er mit Peitsche und Porsche antreibt, damit sie die heimische Industrie antreiben. Jetzt ist er von ihnen auch enttäuscht. Eine gute Ehe spult sich hier ab.[374]

Politik und Finanzmacht gehen in *Wildnis* in den Gestalten des Kaufhauskönigs und der die Jagdgesellschaft komplettierenden Lokalpolitiker eine harmonische Verbindung ein, eine "Ehe." Der Kaufhauskönig ruht zufrieden in sich, ihm ist daran gelegen, daß sich nichts verändert. Seine Frau, die Filmschauspielerin, ist ihm untergeordnet. Er ist die Macht an sich.

Ganz anders die mächtige Frau, die Managerin, sie ist mit sich allein nicht zufrieden, ist rastlos in ihrem Körper:

Am liebsten griffe sie sich in den Schlund und risse Speiseröhre, Magen, Gedärme oben heraus. Jawohl, es ist schwer für eine Frau, Verantwortung zu tragen. So will sie an sich nicht viel zu tragen haben.[375]

---

373 Elfriede Jelinek, Oh Wildnis ..., a.a.O., S. 218/219
374 Elfriede Jelinek, Oh Wildnis ..., a.a.O., S. 227
375 Elfriede Jelinek, Oh Wildnis ..., a.a.O., S. 228

Sie kann mit der Macht, die sie hat, nicht selbstverständlich umgehen. Sie ist linkisch, anorektisch. Ihr kläglicher Versuch, außerhalb ihres beruflichen Erfolges Macht auszuüben, wie dies der Wirtschaftsmagnat tut, besteht darin, Erich zu einer einmaligen sexuellen Handlung bewegen zu wollen. Dieser Versuch scheitert am Selbstverständnis und am Frauenbild Erichs, der sich als zukünftiger Ehemann der Managerin wähnt. Die im Wirtschaftsleben mächtige Managerin scheitert im Privaten an dem Mann, der in der sozialen Hackordnung der Jagdgesellschaft am machtlosesten ist. Hier ist sie ohnmächtig. Zugleich scheitert Erich auch an ihr, denn sie ist zwar eine Frau und ganz anders, als die Frauen, die er kennt, doch sie ist auch anders als die Frauen aus den Sex-Magazinen, die er liest, und anders als das Bild der Frau in Illustrierten und im TV, das er ebenfalls kennt; sie ist eine Frau, die bestimmen möchte, die sich nicht binden möchte, die Sex begehrt, nicht Liebe - genauso wie die Aichholzerin zuvor; eine Überforderung für Erich.

Eine Hierarchie der Macht wird deutlich, die die Frau nicht durchbrechen kann.

Der Kaufhauskönig ist mittels seines Besitzes die mächtigste Figur des Textes. Für ihn sind Privatheit und Öffentlichkeit gleichermaßen Spielwiesen seiner Macht. Die Frau, die aus eigener Kraft berufliche Macht erlangt hat, ist im Privaten nicht mächtig. Selbst der schwächste und machtloseste Mann, Erich, glaubt, mächtiger zu sein, bevor er entsetzt vor der weiblichen Begierde flieht.

Die Managerin bleibt Erich völlig unverständlich. Während sie lachend zurückbleibt, plant er eine Fortsetzung seiner Eroberung für den kommenden Tag. Er hat nicht begriffen, daß sich die Managerin seiner nur einmalig bedienen wollte.

Als der Herumirrende von den Leibwächtern erschossen wird, bezeichnet der Text ihn als "eine[n] von uns allen." Doch Mitleid wird nicht erzeugt. Er hat zuviel gehört, vielleicht hat er das Machtspiel der Politiker und des Kaufhauskönigs, 'der Beherrscher der Wildnis' mitbekommen, aber sicher hat er etwas erlebt, das ihm genauso gefährlich werden konnte. Er hat sich zu weit aus seiner Position hinausgelehnt und ist auf die weibliche Beteiligung an der Macht gestoßen. Er hat die soziale Grenze zwischen sich und der Managerin übersehen und ist in seiner Phantasie im Begriff sie zu überschreiten. Er stirbt auf alle Fälle an seiner Ignoranz über die Machtverhältnisse, die Fehleinschätzung über die Macht der Managerin einbegriffen.

In dieser Welt, von der der Kaufhauskönig wünscht, sie möge wie die Natur ewig die Gleiche bleiben, hat Erich eine Entdeckung gemacht, die ihn in diesem Text das Leben kostet, er ist einer mächtigen Frau begegnet. Als Gestalt entledigt der Text sich seiner durch seine Erschießung, damit bleibt die Auseinandersetzung mit der Wirkung der mächtigen Frau auf den Mann aus. Doch der Text hat subversiv wirkend seinen Maßstab, den er an die Frau anlegte, entlarvt.

Wie die Natur im Fernsehen nicht der wirklichen Natur gleicht, so gleicht die wirkliche Frau, die Managerin, nicht mehr dem Bild, das sich dieser Mann mit Hilfe des Fernsehens und einschlägiger Herrenmagazine von ihr macht. Die mit Menschen bevölkerte Welt ist, wie die Natur, nicht ewig dieselbe, sondern sie ist in Bewegung geraten. Erich, stellvertretend für "uns", hat dies feststellen müssen. Doch die Frau, die in dieser Welt - wie die Politiker auch - sich mit der Macht verbündet hat, ist im Privaten unglücklich, unbefriedigt, selbstzerstörerisch. Gemessen am Maßstab Erichs, der als Maßstab der Allgemeinheit gesetzt wird, wenn die Erzählerin ihn als "eine[n] von uns" bezeichnet, bieten sowohl die Aichholzerin als auch die Managerin Bilder einer anderen Weiblichkeit an, einer, die begehrt und sich diametral zu den konventionellen Bildern verhält. Ihr Leben gestaltet sich anders als das der 'normalen' Frauen. Beide Frauen haben Bezüge zur Öffentlichkeit, zur Macht; sie beziehen ihr Selbst-Bewußtsein aus diesen Bezügen; doch scheitern sie dennoch an ihrem Frausein im Privaten. Was jedem Mann, dem Kaufhauskönig wie dem Philosophen und sogar Erich, selbstverständlich ist, nämlich, daß ihre Macht sich ins Private erstreckt, für die Frauen gilt dies nicht. Sie sind im Privaten männlicher Laune und Willkür ausgesetzt, gleichgültig, wieviel Macht sie öffentlich aufweisen können, gleichgültig, mit welcher Macht sie sich verbünden.

Ingesamt gesehen bietet *Wildnis* so eine Welt dar, in der die Frau stets am falschen Platz ist. Als geschundene Masse der Dorfbewohnerinnen, als erfolglose Dichterinnen, als bloße Gattinnen erfolgreicher Männer und als neurotische Erfolgsfrauen versuchen sie sich in einer Welt zu behaupten, deren Bilder von sich selbst falsch sind und unzuverlässig werden. Besonders problematisch ist die weibliche Existenz im privaten Bereich, in denen alle Männer über die Frauen zu herrschen meinen. Die weibliche Begierde und weibliches Begehren bleibt erfolglos in dieser Welt, die vom Mann regiert wird. In der Schreibweise der Autorin

durchdringen sich die unterschiedlichen Diskurse über die unterschiedlichen Frauen in den drei Episoden mit den Diskursen über die Natur, die Dichtung, die Macht der Besitzenden und die Macht der Männer im Privaten. Die Autorin verweist mit dieser Schreibweise auf das Ineinandergreifen der unterschiedlichen Bereiche dieser Welt, die als 'ewig' betrachtet wird. Mit dem Tod Erichs stirbt das Objekt der Begierde für die Frauen, die Welt jedoch wird sich deshalb nicht ändern:
Der Schuß fällt hin, und einer von uns allen fällt um, fällt, von seiner eigenen Last gezogen auf die Knie, dann auf alle Viere, dann ganz auf die Seite. Schon wieder ist ein Vertreter der Mehrheit umgefallen, und keiner merkt es, denn an den Mehrheitsverhältnissen ändert das überhaupt nichts.[376]

3.8. *Lust*

"Der Mann: Er ist ein ziemlich großer Raum, in dem Sprechen noch möglich ist."[377]

Der bisher vorletzte Roman der Autorin schildert wenige Tage im Leben von Gerti, der trinkenden Gattin eines Papierfabrikanten, die, beständig von ihrem Mann sexuell mißbraucht, einen Ausbruchsversuch wagt und, als dieser scheitert, ihren gemeinsamen Sohn tötet.

Thematisch bewegt sich der Text oszillierend hin und her zwischen der Schilderung des Privatlebens der Direktorenfamilie und der Niederschrift der sozialen Zustände ihres Heimatortes, der von der Papierfabrik überschattet wird. Beide, die Familie und den Heimatort, beherrscht der Direktor. Er hat das Sagen - und die Sprache - auf seiner Seite, alle anderen, privat und öffentlich, müssen sich ihm unterordnen, haben nichts zu sagen. Was er sagt - und was er sagen könnte, unterwirft die Autorin ihrem sezierenden Blick und ihrer besonderen Schreibweise.

---

376 Elfriede Jelinek, Oh Wildnis ..., a.a.O., S. 282
Der Hinweis auf die 'Mehrheitsverhältnisse' konkretisiert die hier angelegte Rede von der Welt, aus der Erich stammt, politisch. Er ist Teil der Mehrheit, die zum Schweigen gebracht ist, die zum Tode verurteilt ist, ohne Chance, die Gewaltverhältnisse, geschweige denn die Geschlechtsverhältnisse, zu durchschauen, denen Erich zum Opfer fällt.
377 Elfriede Jelinek, Lust, a.a.O., S. 8

Das Ergebnis ist ein Roman, der sich mit dem, wie Männer über Sexualität "reden" und mit dem, wie sie herrschen, gleichermaßen auseinandersetzt.[378]

"... der Vater ist angefüllt wie eine Schweinsblase, er singt, spielt, schreit, fickt."[379] Dieser Satz des Textes charakterisiert das Familienoberhaupt in seinen im gesamten Text aufrechterhaltenen Grundzügen. Die alles und alle überragenden Merkmale dieses Mannes sind seine Lautstärke und seine Ungezügeltheit. Er unterwirft sich seine Frau sexuell und verbal. Die Frau läßt beides, seine sexuellen Übergriffe wie seine fordernde zotige Sprache, widerstandslos über sich ergehen. Sie "öffnet" zwar zuweilen "den Mund, um ihm abzusagen", doch ist sie sich ihrer schwächeren Position durchaus bewußt: "Sie denkt an seine Kraft und schließt den Mund wieder."[380] Ihren einzigen vorübergehenden Schutz gegen den Ehemann bietet ihr Sohn, das "einzige() Schutzhäuschen gegen die Untergriffe des Mannes,...."[381] Dieses Kind jedoch eifert dem Vater nach: der Sohn "läuft hinter dem Vater her, damit aus ihm auch ein Mann werden kann."[382] Er "spricht außerhalb der Fütterungszeiten wenig mit seiner Mutter"[383], die ihn "beschwörend mit einer Decke aus Essen überzieht."[384] Als Mitwisser der sexuellen Praktiken der Eltern nutzt er ihre Verlegenheit schamlos aus, indem er wieder und wieder mit Sportartikeln beschenkt zu werden fordert, die er dann gegen Geld an die Dorfjugend verleiht. In seinem lauten, geschäftsträchtigen Gebaren erweist er sich als Kind des Vaters, dem er zunehmend ähnlicher wird. Während er kaum mit seiner Mutter spricht, verhält er sich im Kreis der durch die Position seines Vaters eingeschüchterten Dorfjugend laut wie sein Vater, dem er auch darin von Tag zu Tag ähnlicher wird. Mit diesem Verhalten wird er für seine Mutter zunehmend uner-

---

378 Marlies Janz' Analyse von "Lust" demonstriert eine Möglichkeit, sich mit dieser Thematik auseinanderzusetzen. Jelinek entmystifiziere die "Selbstheiligung männlicher Sexualität" im "Zeitalter der Videokultur" im Sprechen des Mannes über Sexualität, so eine ihrer Hauptthesen. Die vorliegende Untersuchung konzentriert sich weniger auf die Widergabe männlicher Selbstdarstellung als vielmehr auf die Situation der Frau im Geflecht männlichen Sprechens und geht deshalb nicht ausführlich auf entsprechende mythendestruierende Funktionen des Textes ein.
Vgl.: Marlies Janz, "Elfriede Jelinek", a.a.O., S. 119
379 Elfriede Jelinek, Lust, a.a.O., S. 10
380 Elfriede Jelinek, Lust, a.a.O., S. 16
381 Elfriede Jelinek, Lust, a.a.O., S. 28
382 Elfriede Jelinek, Lust, a.a.O., S. 9/10
383 Elfriede Jelinek, Lust, a.a.O., S. 12
384 Elfriede Jelinek, Lust, a.a.O., S. 12

träglicher. Sie ist das schwächste Glied in dieser Familie, ausgebeutet und mißachtet von Ehemann und Sohn.

Die familiäre Rangordnung Vater-Sohn-Mutter findet ihre Entsprechung in der Sprachgewalt ihrer Mitglieder. Wer die Sprache beherrscht, beherrscht auch die Mitmenschen. Der Direktor spricht zu seiner Frau während des Sexualverkehrs über seine sexuellen Phantasien:

> Diese Frau hat nicht das Herz, sich abzuschlagen, sie wandelt wehrlos. Der Mann ist immer bereit und freut sich auf sich. [...] Die Frau lacht nervös, als sich der Mann, noch im Mantel, gezielt vor ihr entblößt. [...] Der Direktor spricht ruhig von der Fut und wie er sie gleich auseinanderreißen wird. [...] Er werde die Frau ab sofort mindestens zweimal zur Gänze auskosten, kündigt er an.[385]

Die Frau kann sich der sexuellen und der verbalen Überwältigung durch den Mann nicht entziehen, sie ist wehrlos, äußert sich nicht verbal, lacht allenfalls nervös. Während sie nervös und sprachlos bleibt, handelt er "gezielt" und spricht "ruhig." Er beherrscht die Situation in jeder Hinsicht:

> Man hört die Stille, die in der Rute des Mannes die ganze Nacht gedauert hat. Dann spricht er, und durch nichts ist er abzuwenden. Auf dem ebenen Boden steht die Frau, müd vom langen Zug durch die Nacht, und ihre Öse soll jetzt geweitet werden. So intim wie ein Walzwerk ist sie schon lang geworden, denn sogar vor den Geschäftspartnern wird mit ihr der Länge und der Breite nach geprahlt, in kurzen kräftigen Klimmzügen eilen die schmutzigen Sprachsalven aus dem Direktor in die Höh. Und die Untergebenen schweigen verlegen. Der Mann ringt sich was ab, wir hören noch voneinander. Der Direktor greift in die Tasche dieses Körpers, der ihm gehört, beisammen sind die Geliebten, nichts fehlt. Dieser Mann ist ein Freund von lockerem Gerede, und immer lockt das Weib.[386]

Dieser Mann wird von der "Stille" nicht beeindruckt. Weder sein Sprechen noch sein körperlicher Übergriff, auf den das Sprechen gerichtet ist, ist abzuwenden. Sein Sprechen über den Geschlechtsakt macht auch vor der Öffentlichkeit nicht halt, er ist ein "Freund von lockerem Gerede", und er hat die Macht, zu sprechen, wie und was er möchte. Doch seine Sprache ist nicht unabhängig, sein Sprechen imitiert die pornographischen Videos, die er mit seiner Frau betrachtet:

> Worte wie Blätter fallen aus dem Video am Bildschirm und gehen vor dieser Einmann-Menschheit zu Boden. Verlegen beschützerisch schaut die Frau auf einen sterbenden Blumenstock am Fensterbrett. Auch der Mann spricht jetzt, grob wie der gute Kern im Obst. Er nimmt kein Blatt vor den Mund. Und während seine Lüfte und Säfte ziehen, spricht er pausenlos

---

385 Elfriede Jelinek, Lust, a.a.O., S. 16/17
386 Elfriede Jelinek, Lust, a.a.O., S. 37

von seinem Tun und nicht lassenkönnen und schafft sich mit wilden Klauen und zahmen Zähnen Zutritt in den Verkehrsort [...] [387]

Sein Sprechen wird so nicht etwa als kreatives Sprechen eines Mannes, sondern als Sprache des Mannes schlechthin einsichtig. Er ist die Einmann-Menschheit. Seine Sprache ist die Sprache der Macht der Männer über die Frauen, die schweigend bleiben, fortsehen, verlegen reagieren, aber nicht sprechen. Der Mann spricht "grob", "pausenlos", von seinem "Tun", er nimmt "kein Blatt vor den Mund." Seine Sprache besteht aus Versatzstücken der pornographischen Filmliteratur. Die Frau jedoch spricht allenfalls mit ihrem Kind, und ihr Sprechen ist vergebliche Mühe:

> Die Frau spricht zu ihrem Sohn, durchzieht ihn (Speck, in dem die Maden der Liebe weiden) mit ihrem leisen, zärtlichen Geschrei. Sie ist besorgt um ihn, schützt ihn mit ihren weichen Waffen. Jeden Tag scheint er ein wenig mehr zu sterben, je älter er wird. [...] Lieb wirft sie sich über den Sohn, aber auch als rauschender Bach fließt sie dahin, verhallt in der Tiefe. Sie hat nur dieses eine Kind.[388]

Im Unterschied zur Sprache des Mannes ist ihre Sprache 'leise', 'zärtlich', sie ist "lieb", beschützend, sie hat nur 'weiche Waffen' zur Verfügung. Ihre Sprache "verhallt" ungehört, sie bleibt folgenlos, ein weiteres Zeichen ihrer Machtlosigkeit. Der Sohn jedoch imitiert den Vater und entfernt sich zunehmend von ihr, seinem Ursprung... -

> Mit zurückgestauter Liebe sucht sie den Sohn aus dem Kinderhaufen heraus. Er brüllt, ohne sich abzuschwächen. Ist er schon so aus ihrem Erdgeschoß herausgekrochen?[389]

- ... zum Entsetzen der Mutter:

> Ihr Sohn ist mitten darunter, er beweist mit jedem Schrei, daß er über den anderen hängt als ein schmutziger Finger. Von jedem Wurstbrot muß er zuerst abbeißen, denn jedes Kind hat einen Vater, und jeder Vater muß Geld verdienen. Er terrorisiert auf seinen Kleinspur-Schiern die Kleinkinder auf ihren Rodeln. [...] Keiner muckt gegen ihn auf [...] Er sieht sich schon als eine Formulierung seines Vaters. Die Frau täuscht sich nicht, sie hebt vage die Hand gegen den fernen Sohn, den sie an der Stimme erkannt hat. Er brüllt sich die übrigen Kinder zu seinem Maße zurecht. Schneidet sie, wie die Landschaft, mit Worten zu dreckigen Hügeln. [...] Mit der Hand schreibt die Frau Zeichen in die Luft. Dieses Kind ist kein Zufall! Der Sohn gehört ihm [dem Vater, V.V.]! Jetzt sieht er den Tod nicht mehr.[390]

---

387 Elfriede Jelinek, Lust, a.a.O., S. 56
388 Elfriede Jelinek, Lust, a.a.O., S. 11/12
389 Elfriede Jelinek, Lust, a.a.O., S. 64
390 Elfriede Jelinek, Lust, a.a.O., S. 64

Während er brüllt, schreit, terrorisiert und darin seinem Vater völlig gleicht, bleibt ihr nur die - vom Sohn nicht wahrgenommene - stumme Geste des Zorns. Der Sohn wird eine "Formulierung seines Vaters", Sprache der Macht. Die Frau jedoch "hüllt sich in das Dunkel ihres Schweigens."[391] Auch der Sohn spricht schon die Sprache der "Blätter." Er fordert an, was Kataloge in Vierfarbendruck anbieten und er spricht, wie die Frau erschreckt feststellt, "wie aus dem Fernsehen, von dem e[r] sich ernährt."[392]

Während Gerti jedoch im Kreis ihrer Familie als schweigend und stumm dargestellt wird, kennzeichnet ihren Ausbruchsversuch aus dieser Situation gerade, daß sie ununterbrochen spricht und sprechen möchte. Zwar bleibt sie zu Beginn noch sprachlos gegen die Macht des Mannes über ihren Sohn:

Der Wind erpreßt Stimme von ihr. Einen unwillkürlichen, nicht sehr wilden Schrei preßt es ihr aus den Lungen, einen tauben Ton. So hilflos wie der Acker des Kindes, aus dem die Töne geschlägert werden, das sich aber gut daran gewöhnt hat. Sie kann ihrem geliebten Kind gegen dessen Vater nicht beistehen, denn der Vater hat schließlich den Bestellschein für die Extras wie Musik und Touristik ausgefüllt.[393]

Der Jurastudent Michael aber, der sie im Gebirge in Pantoffeln und Morgenrock und in betrunkenem Zustand findet, wird mit Worten überhäuft:

Auf seinem hohen und teuren Roß hört der Student zu, wie die Frau sich ihm überantwortet. Es ist ein einmaliger Augenblick, der sie in die Halle ihrer Empfindungen geführt hat, wo die Stille wie ein Pflanzen Betriebshaus von fiebrigen Gesprächen dunstet. Zu Sprache gebündelt, schießen schaudernd die Tage ihrer Kindheit und die Lügen ihres Alters aus ihr hervor. Herabgeführt wird der Student den Abhang ihrer Gedanken. Die Frau redet weiter, damit sie wichtiger wird, und ihre Sprache trennt sich schon von der Wahrheit in dem Moment, da diese ihr aufgegangen ist und ein bißchen schön geschienen hat. Wer hört denn sonst zu, wenn die Hausfrau eine Bewegung landeinwärts macht, weil das Kind schreit oder das Essen anbrennt. Je mehr diese Frau redet und redet, umso mehr wünscht sie sich und dem Mann, daß sie ein Rätsel füreinander bleiben, also interessant genug, daß sie ein wenig ineinander ruhen und nicht gleich wieder aufspringen und davonstürzen mögen.[394]

Doch die Sprache erweist sich hier noch während des Sprechens als unzuverlässig, als Lüge und Verschleierung. Sie wird der Situation der Frau nicht gerecht. Der Versuch, sich verbal mitzuteilen, scheitert kläglich. Die Frau benützt die Sprache zwar, sie ist ihrer mächtig, aber sie ist nicht das Mittel, der Wahrheit

---

391 Elfriede Jelinek, Lust, a.a.O., S. 77
392 Elfriede Jelinek, Lust, a.a.O., S. 12
393 Elfriede Jelinek, Lust, a.a.O., S. 84/85
394 Elfriede Jelinek, Lust, a.a.O., S. 98

über sich näherzukommen, sie ist nicht ihre Sprache. Im Grunde ist es ihr jedoch willkommen, daß Sprache verschleiern kann, nicht an das Rätsel rührt, das die beiden Fremden füreinander darstellen. Der Student ist dann auch nicht an dem interessiert, was sie zu sagen hat, denn "[k]aum ist die Gerti dem Sicherheitskurti ihres Hauses entronnen, will ihr schon ein junger Rechtsverdreher ins Handschuhfach langen."[395] Er sieht, wenn er die Frau sieht, "[d]en Mund der Frau, aus dem Ströme quellen, und den Fußboden, von wo ihr Bildnis ihm entgegenlacht."[396] Er hört nicht, sondern er sieht, ohne zuzuhören. Seine Wahrnehmung der Frau verläuft nicht über das Gehör, sondern über den Gesichtssinn. Während sie weiterspricht, von Liebe zu ihm spricht, schließt er ihr den Mund, in der Weise, in der auch ihr Mann dies zu tun pflegt:

Gerti spricht von ihren Gefühlen und bis wohin sie ihnen folgen möchte. [...] Gleich will die Frau, aus der Geschlechtsnarkose erwacht, wieder zügellos den Mund zum Sprechen benutzen. Sie muß sich stattdessen aufsperren und den Schwanz Michaels in das Kabinett ihres Mundes einlassen.[397]

Sie verkennt die Situation gründlich und glaubt, hier aus ihrer Bindung an den Ehemann ausbrechen zu können, für sie ist Michael "zum Podium geworden, von dem herab sie von ihrem Sehnen und seinem sehnigen Oberkörper sprechen wird."[398] Er jedoch liefert sie nach Gebrauch zuhause ab, wo sie schreiend, streitend und grölend eintrifft, um von ihrem Mann wieder in Besitz genommen zu werden. Doch Gerti zehrt noch von dem Erlebnis und hat zunächst die Sprache für sich gerettet:

Die Sprache richtet sich in ihr auf wie der Penis ihres Mannes dort vorn, wo man an der Kette zerrt und es rauschend bergab geht. [...] Ob der junge Mann, der sie in einer halben Stunde durchquert hat, überhaupt noch an sie denkt?"[399]

Der junge Mann benutzt seine Sprache jedoch, um seinen Freunden "lachend von dem Erlebnis mit dieser Frau, die er gestern ans Ufer gezogen und wieder ins Wasser zurück geschmissen hat"[400] zu berichten. Er benutzt die Sprache zum

---

395 Elfriede Jelinek, Lust, a.a.O., S. 101
396 Elfriede Jelinek, Lust, a.a.O., S. 114
397 Elfriede Jelinek, Lust, a.a.O., S. 120
398 Elfriede Jelinek, Lust, a.a.O., S. 124
399 Elfriede Jelinek, Lust, a.a.O., S. 160
400 Elfriede Jelinek, Lust, a.a.O., S. 179

prahlerischen Verrat an der Frau, die in absoluter "Selbstüberschätzung ihrer Attraktivität"[401] von Liebe und Entkommen träumt.

Ihre Lage kann Gerti auch nicht dadurch verbessern, daß sie zwei Tage später auf der Skipiste auftaucht, um Michael für sich zu gewinnen. Sie wird von Michael und seiner Clique, die aus jungen Frauen und Männern zusammengesetzt ist, abseits der Piste sexuell mißbraucht und kehrt nach Hause zurück, wo ihr Mann sie in gewohnter Weise wieder in Besitz nimmt.

Auch ein letzter Ausbruchsversuch bei Nacht scheitert. Gerti hämmert vergeblich gegen die Tür von Michaels Haus, um Einlaß zu erlangen. Während Michael als stiller Zuschauer am erleuchteten Fenster des Hauses masturbiert, wird Gerti vom Gatten in sein Auto geschleift und dort vergewaltigt. Diese Wiederinbesitznahme durch den Gatten wird von der verbalen Wiederinbesitznahme begleitet:

Der Direktor spricht davon, wie abwechslungsreich er seine Frau später und die folgenden Tage vögeln wird. Er braucht oben, im Büro, den Aufruhr, damit unten sein Schwanz sich befriedigen und von der Frau gefangennehmen lassen kann.[402]

Deutlich wird, daß die verbale und die sexuelle Inbesitznahme ein und dasselbe bedeuten. Sie bedingen einander, denn der Mann braucht den Aufruhr "oben", im Kopf, dem "Büro" seines Körpers, um den Geschlechtsakt durchzuführen. Die Gefangennahme durch die Frau jedoch, von der dieser Textabschnitt spricht, ist lediglich eine Phantasie des Mannes; von der Alltagswelt, in der er sich als allmächtiger Besitzer der Frau aufführt, denkbar weit entfernt.

Die abschließende Ermordung des Kindes liest sich insgesamt gesehen als Folge der Erkenntnis über seine Sprach-Gewalt, die der des Vaters immer ähnlicher wird, indem sie Gewalt über andere, die Dorfjugend und die Eltern, exerziert und indem sie die öffentliche Sprache der Medien, der Kataloge, des Fernsehens, imitiert. Erst das tote Kind schließlich, so der Text, "schweigt" wie "die ganze Welt der Mutter."[403]

---

401 So bezeichnet Yvonne Spielmann treffend das Motiv hinter Gertis Preisgabe zur Lächerlichkeit. Vgl. Yvonne Spielmann, "Ein unerhörtes Sprachlabor...", a.a.O., S. 29
402 Elfriede Jelinek, Lust, a.a.O., S. 250
403 Elfriede Jelinek, Lust, a.a.O., S. 254

In der Familie des Direktors beherrscht, wer die Sprache beherrscht, auch die Menschen. Der Direktor benutzt die gesamte Klaviatur der pornographischen Sprache, um seine Frau unter seine Macht zu zwingen. Die Frau ist das schwächste Glied in der Familie und nur der Sprache der Schwachen mächtig; ihre eigene Sprache, das "zärtliche Geschrei", die stummen Gesten bleiben ungehört, sie haben keinen Raum in der vom Roman geschilderten Welt. Ihr Ausbruchsversuch scheitert ebenso wie ihr Versuch, sich in diesem Ausbruch verständlich zu machen. Michael, der Jurastudent, mit dem sie den Ausbruch wagen möchte, verschließt sich vor ihren Worten. Er hat Interesse nur einmal und dann an ihrem Körper, nicht an dem, was sie zu sagen haben könnte. Die Ermordung des Kindes zwingt die Stille herbei, in der die Frau sich bewegt. Auf der symbolischen Ebene des Textes tötet die Frau mit dem Kind die "Formulierung" ihres Mannes, des Mannes schlechthin.

Die Sprache über den Geschlechtsverkehr, die der Direktor als Abklatsch der pornographischen Videos gegen seine Frau einsetzt, und die Sprache der Medien, die das Kind gegen seine Spielkameraden einsetzt, werden von der Autorin als Machtinstrumente entlarvt. Sie dienen dazu, andere Menschen zu unterdrücken. Die Autorin läßt diese Sprache wiederholt an der dargestellten Gewalt aufbrechen. Die sexuelle Überwältigung und die verbale Überwältigung finden simultan statt. Der Mann ist der Sprache und der Gewalt mächtig. Die Welt der Frau ist das Schweigen, sie hat "nur das stumme Reich ihres Körpers."[404]

In die Rede über die sexuelle Gewalt des Mannes läßt die Autorin wiederholt die Darstellung der Herrschaftsstruktur des Ortes einfließen, in dem die Papierfabrik liegt. In folgendem, für *Lust* typischem Textbeispiel wird der Übergang durch die doppelte Bedeutung des Begriffes "Produkt" hervorgerufen:

Man hört ihn überall unter seinem Dach, wie er mit seinem schweren Penis in die Rastplätze seiner Frau kracht, wo er sich endlich ausleeren kann. Erleichtert um sein Produkt, geht er wieder hin zu den Kleinsten der Wesen, die unter seiner Leitung ihr eigenes Produkt erschaffen. Das Papier, das sie gemacht haben, ist ihnen fremd und wird auch nicht lang bestehen können, während ihr Direktor sich schreiend wälzt unter den Stößen seines Geschlechts, mit dem er verwandt ist. Die Konkurrenz drückt gegen die Wände, es gilt, ihre Schliche schon vorher

---

404 Elfriede Jelinek, Lust, a.a.O., S. 45

gekannt zu haben, sonst müssen wieder ein paar selige Menschen entlassen werden und von ihrer Existenz befreit.[405]

Der Text öffnet hier den Blick auf die Potenz des Mannes als sexuelle Mächtigkeit und als Macht des Fabrikdirektors. Beide finden ihre Manifestation im "Produkt." Vor das Bild des sexuell potenten Mannes schiebt sich die Vorstellung der sozialen Abhängigkeit der von ihrem Produkt entfremdeten Arbeitnehmer. Die Autorin schreibt hier mit dem 'schielenden Blick', den Weigel gefordert hatte: ein Auge schaut auf die durch die sexuelle Potenz hergestellte Macht des Mannes in seiner Familie, ein Auge schaut auf die gesamtgesellschaftliche Situation. Aber der Text trennt nicht zwischen beiden Sichtweisen, sondern schiebt das eine Bild in das andere. An der Bruchstelle beider Bilder wird die Gemeinsamkeit der beiden Bilder entlarvt. Hier wie dort herrscht der Mann vermittelst seines Produktes.

Durch mehrmalige ähnlich gestaltete Brechungen des Textes über die Geschichte Gertis entsteht ein den Text zeitweise übernehmender Subtext über die Herrschaftsstruktur des Ortes. Beherrscht wird dieser Ort von der Fabrik. Sie ist, abgesehen von der nahegelegenen Touristikindustrie und der Möglichkeit, täglich in die Kreisstadt zu pendeln, die einzige Arbeitsmöglichkeit für die Dörfler. Unter dem Druck der Konkurrenz werden Arbeitnehmer entlassen. Der Direktor kommt, gemeinsam mit anderen Honoratioren den Ortes, überein, zuerst die Frauen zu entlassen. Das Einstellungskriterium für Fabrikarbeiter ist an ein persönliches Hobby des Direktors gebunden, den Werkschor. Wer singen kann, behält seine Arbeit beziehungsweise wird eingestellt. Während der Direktor so Macht über die Menschen des Ortes ausübt, wird seine Frau um ihrer Kleidung willen beneidet, sein Sohn von den Kindern der Arbeiter und der Arbeitslosen gleichermaßen gefürchtet. Aber nur die beiden männlichen Mitglieder der Familie nutzen diese Macht aktiv aus, indem sie die Ärmeren unterdrücken.

Wie in dem oben zitierten Textbeispiel verlegt Jelinek wiederholt die Verbindung von sozialer Machtausübung durch den Mann und sexueller Machtausübung durch den Mann in die Sprache ihres Textes.

Allyson Fiddler hat als Hauptthema von *Lust* die Verbindung von Sprache und Sexualität herausgestellt. Es gehe, so die Autorin, um die Demystifikation des erotischen Schreibens, um eine Auseinandersetzung mit intellektuellen Mythen von

---

405 Elfriede Jelinek, Lust, a.a.O., S. 43

Pornographie wie sie beispielsweise in dem dem Text *Lust* zugrundegelegten Text Batailles, der *Geschichte des Auges*, vorliege.[406] Eine andere Kritikerin, Anja Meyer, kommt zu der Schlußfolgerung, das eigentliche Thema von *Lust* sei die Machtanalyse, der Text biete eine Dekonstruktion des 'Weiblichen' und 'Männlichen' am Beispiel von Sexualität.[407]

Beiden Kritiken ist nur bedingt zuzustimmen. In ihrem Text *Lust* verbindet Jelinek beides miteinander und mit der Sprache. Der Text entlarvt die pornographische Sprache der Männer als Machtmittel und die Wirtschaftsmacht der Männer gleichermaßen. Vermittelst assoziativer Verknüpfungen, semantischer Isotopiebrüche[408] und indem sie so das Ineinanderwirken von Genotext und Phenotext zuläßt, erschafft Jelinek ein sehr souveränes subjektives Bild männlicher Macht- und Sprachgewalt. Dabei übernimmt einmal das pornographische Sprechen über Sexualität die Funktion des Phenotextes, ein anderes Mal das Sprechen über die gesellschaftliche Macht des Mannes. Beide Phenotexte können zum Genotext werden und massiv zerstörend in den jeweils aktuellen Phenotext drängen.

Das Weltbild, das Jelinek so in *Lust* entwirft, ist ein aktuelles Bild zeitgenössischer Machtverhältnisse. Der von Lamb-Faffelberger zitierten Kritik weiblicher Kritiker an *Lust*, dieser Text wecke unser Bewußtsein für die Mißtöne zwischen der Sprachgewalt des Mannes und der gequälten Frau, und dies sei passé,[409] ist entgegenzusetzen, daß dieser Text darüberhinausgehend eine Analyse realer sozialer und sexueller Gewalt liefert, die auf der aktuellen gesellschaftlichen Situation von Frauen fußt. Der schielende Blick der Autorin, der durch die subjektive Linse des Textes in der Vermischung beider Machtbereiche mündet, ist Ausdruck der gesellschaftlichen Verflechtung privater und öffentlicher Herrschaftsstrukturen, denen Frauen ausgesetzt sind.

Die Autorin läßt es nicht zu, eine subjektive weibliche Erzählinstanz imText auszumachen. Ihr/e Erzähler/in spricht, wenn er/sie sich zu Wort meldet, von "uns

---

406 Allyson Fiddler, "Rewriting Reality...", a.a.O., S. 153
407 Anja Meyer, "Elfriede Jelinek in der Geschlechterpresse...", a.a.O., S. 120
408 Zur Verwendung des semantischen Isotopiebruchs bei Jelinek vgl.: Annette Doll, "Mythos, Natur und Geschichte bei Elfriede Jelinek. Eine Untersuchung ihrer literarischen Intentionen. Stuttgart 1994, S. 152ff.
409 Vgl. Margarete Lamb-Faffelberger, "In The Eyes of the Press:...", a.a.O., S. 296

Frauen" ebenso wie von "uns Männern. " Erst der Blick auf die Autorin des Textes und auf die Schreibweise des Textes erlaubt es, der weiblichen Subjektivität und Identität hinter dem Text auf den Grund zu gehen. Indem Jelinek die Problematik des Textes in die Sprache selbst verlagert, erweist sie sich ganz im Gegenteil zu ihrer weiblichen Protagonistin als Herrin der Sprache, die sie virtuos handhabt. Wo es keinen sozialen Ort für ihre Protagonistin gibt, schafft sich die weibliche Autorin einen Ort im künstlichen Ort der Sprache.[410]

Aus der Feststellung des Textes jedoch, daß Sprache Macht bedeutet, folgt damit zunächst einmal, daß diese Macht, die im Text nur von Männern ausgeübt wird, durch die weibliche Autorin ausgeübt wird. Allerdings benutzt diese ihre Sprachgewalt nicht zur Unterdrückung, sondern zur Entlarvung, und indem sie ihre Sprache genotextlichen Einbrüchen aussetzt, die sie unterminieren, bemüht sie sich selbst darum, der Falle 'Sprache gleich Macht' zu entgehen.

Ganz im Gegensatz zu ihren Gestalten, die Sprachhülsen formulieren, schafft sie so eine neue Sprache, die die Machtstruktur unterbricht. Diese Sprache mündet im Gegensatz zu Gertis Ausdrucksversuchen nicht im stummen Reich ihres Körpers, sondern die Autorin bewältigt und überwältigt die Sprache und damit die Macht der Sprache der Männer über die Frau. Damit bietet sie dem Schweigen der Welt Gertis Paroli, läßt ganz im Sinne Cixous' ihr Unbewußtes in den Text einfließen. Aber sie endet nicht hier, sie läßt das Unbewußte nicht den Text überwältigen, schafft nicht den Sinn ab, sondern erzeugt an den Bruchstellen des Textes neuen Sinn in der Entlarvung der männlichen Sprach-Gewalt. Sie erschafft einen Sprach-Raum, in dem für die Frau als Autorin Sprechen - über die Herrschaftsstrukturen einer Gesellschaft, in der der Mann öffentlich und privat das Sagen hat - auch möglich ist.

---

[410] Daß sich beim Lesen des Textes Leseschwierigkeiten einstellen, da der Sprachfluß wiederholt unterbrochen wird und da sich Sinnüberlagerungen einstellen, ist beabsichtigt.Dies entspricht den heftigen Widerständen, die sich bei dem Versuch weiblichen Sprechens einstellen. Es bedarf offenbar der Überwindung so vielen Widerstandes, um sprechen/schreiben zu können.

3.9. *Die Kinder der Toten*

Das letztlich zugrundeliegende Handlungsgerüst dieses Romans[411], das sich hinter all den kleinen Handlungssträngen und Begebenheiten erkennen läßt, ist wiederum sehr einfach. Bei einer Naturkatastrophe, einem Murenabgang, wird die Pension Alpenrose verschüttet. Der Roman *Die Kinder der Toten* beschäftigt sich mit dem um die Pension und in ihr stattfindenden unheimlichen Treiben vor dieser Katastrophe. Erzählt wird vor allem von Gudrun Bichler, Karin Frenzel und Edgar Gstranz, Untoten, die sich in der näheren und weiteren Umgebung der Pension und in der Pension aufhalten, bevor der Berg alles verschlingt.

Dem Text, der hinsichtlich seines Handlungsgerüstes einfach angelegt zu sein scheint, ist gleichwohl eingangs eine Warnung vorangestellt. Diese Warnung ist durchaus ernstzunehmen:

> Achtung, ducken Sie sich, es beginnt der vorliegende Text. Er rutscht unter Ihren Händen weg, aber das macht nichts, muß mich halt ein andrer zur Vollendung tragen, ein Bergführer, nicht Sie![412]

Der Text verdichtet sich in fulminanter Geschwindigkeit zu einer Orgie der Entgrenzungen, in der Ort-, Zeit- und Handlungsgefüge durcheinander geraten. Der Text vollzieht damit auf der formalen Erzählebene nach, was er schildert, nämlich das simultane Auftauchen der drei Hauptcharaktere an unterschiedlichen Orten sowie das Auseinanderbrechen jeglicher Zeitvorgaben. Vergangenheit und Gegenwart bilden ebensowenig verläßliche Faktoren des erzählten Textes wie Ortsangaben. Sie werden austauschbar und bilden gerade darin eines der Hauptthemen des Textes. In der Gestalt Gudruns holt die Vergangenheit die Gegenwart ein. Wie der Erdrutsch, der das Gebäude der Pension Alpenrose am Ende des

---

411 Elfriede Jelineks bislang letzter Roman, Die Kinder der Toten entbietet im Voraus "dem Satanismusforscher Josef Dvorak" Dank. Der Text ist so von vornherein mit einem Motto ausgestattet, dem nachzugehen lohnendes Thema einer Einzelstudie darstellen dürfte; die dafür notwendige Auseinandersetzung mit der hier angesprochenen Thematik würde jedoch den Rahmen der vorliegenden Studie überschreiten. Im Rahmen der vorliegenden Untersuchung müßte nach den besonderen Vorstellungen von 'Weiblichkeit' im Satanismus gefragt werden. Diese Untersuchung kann dies nicht leisten. Sie geht deshalb, konzentriert auf die Darbietung des weiblichen Lebenszusammenhanges und der Manifestation von Weiblichkeit im Text, nicht auf die sich anbietende Analyse der Beziehung des Textes zum Satanismus ein.

412 Elfriede Jelinek, Die Kinder der Toten, a.a.O., S. 15

Textes verschlingt, so begräbt dieser Text immer und immer wieder alles, was er soeben ausgegraben hat. Der Text stellt die aberwitzigsten Verbindungen zwischen unterschiedlichen Themenkomplexen her und verzichtet vordergründig auf den Anspruch auf Abbildung einer Realität.

Zu den vielschichtigen Themen des Textes, die sich gegenseitig stören und zur beabsichtigten Verunsicherung der Lesenden beitragen, gehören 'Zeit', 'Natur', 'Touristik', 'christliche Religion' 'Nazi-Vergangenheit Österreichs', 'Sport' und 'Leben'. Während in *Lust* das Sprechen über die unterschiedlichen Bereiche in der Sprache selbst verbunden und gestört wurde, brechen in den *Kindern der Toten* die unterschiedlichen Diskurse über die verschiedenen Themen an den drei Hauptgestalten, Edgar Gstranz, Gudrun Bichler und Karin Frenzel und an ihrem Untotsein auseinander. Die Gestalten bilden hier Knotenpunkte für die Diskussion unterschiedlicher Themen; dies verursacht einen Wirbel im Text, aus dessen Sog der Untergang der Welt des Romans hervorgeht.

Um die Figur Edgar Gstranz herum bildet sich exemplarisch die kritische Rede über Sport und Touristik, als eine männliche Welt des Wettbewerbs, heraus. Er wird als prototypischer Sportsmann dargeboten. Immer auf der Jagd nach höherem, schnellerem und windschnittigerem Fortkommen, ausgestattet mit den unterschiedlichsten Sportgerätschaften und den passenden Outfits geistert er durch den Text. Im Ort Tyrol, nahe der Pension Alpenrose, wird gemunkelt, vor Jahren sei sein Tod in der Presse berichtet worden. Der Text bestätigt einen Autounfall vor mehreren Jahren als Todesursache des Untoten, der nun im Text in der Funktion der Türe zum Reich der Toten seinen unterschiedlichen Ausformungen des Geschwindigkeitsrausches nacheifert. Bezeichnend für Gstranz ist es, daß er bei hoher Geschwindigkeit starb. Er fuhr bei 120/kmh gegen eine Hauswand und treibt seitdem sein Unwesen in Tyrol. Als Zeitläufer versucht er immer der erste zu sein. Im Text finden diese Rennen gegen die Zeit ihren Niederschlag als Rennen gegen die Toten, die ihn in ihren Bereich ziehen möchten. Im Rahmen des Textes bildet sich um die Gestalt Edgars herum die kritische Rede über Sport und Touristik heraus.

Zur Veranschaulichung, wie der Text die Gestalt Edgars mit dem Sprechen über Sport, Touristik, Leben und Tod verknüpft, sei folgende längere Textpassage zitiert:

Dort oben, der Unglückliche im Gestell, das ist er. Hoffentlich kann er sich mäßigen, bevor er gegen die Hochspannungsleitung bimmelt! Wie der sich lachend jeden Tag in die Luft schmeißt, als hätte er sich wegzuschmeißen ans Erstbeste! Was für eine Gier, sich göttlich zu sehen, schon der Weltcup-Schiläuferin Ulli Maier ist sie zum Verhängnis geworden. Wir anderen leiden manierlicher, vielleicht unter einem verspäteten Mittagessen, das für uns warmgestellt worden ist, weil wir uns am Bankerl beim Wildbach verplaudert hatten. Der junge Drachenflieger ist gestern woanders gelandet als von ihm berechnet, er ist unter dem dumpfen Getrommel einer Tennisübertragung erwacht, nichts als ein Papierl in den Lüften, an dem noch ein Mensch dranhängt und bremst, während die wirklich wichtigen Dinge unbehindert durch den Äther düsen können, Boris! Steffi! Im Sportkanal! Gegen unser häusliches Schmutzwasser anpaddelnd. Auch sie sind Zeitläufer, aber mehr noch sind das Anita Wachter und Roman Ortner und/oder Patrick Ortlieb oder wie er heißt, in ihrem ewigen Kampf gegen die Uhr, bei dem sie das Gefahrvolle leicht vergessen, doch schuldlos sind diese Helden in ihrer Entschiedenheit, den Lauf für sich zu entscheiden und den nächsten auch. Dann wird ihr letzter Anblick vom Leben endlos ausgewunden werden können, aber es wird dann immer noch tropfen, das Leben, das man nicht verwinden kann. Das kommt in die Tüte. Die Ulli hat sich an einem Zeitnehmungsstab (einem Szepter der Ewigkeit), welcher der Endlichkeit zu spotten wagte, das Genick gebrochen und die Arterien zum Hirn zerrissen, oh, das tut mir jetzt leid für die Ulli, sagt die Fernseh-Sprecherin zu uns, die wir selber in den Zweigen strampeln und unsere Leiden nicht loswerden können. Das Leben ist eine der vielen Natur-Kletterschulen, in der unser Schöpfer möglichst viele von uns möglichst rasch loswerden kann.[413]

Edgars waghalsiger Drachenflug gibt Anlaß, im Plauderton, der dem Tonfall der Touristen entspricht, einen Rundumschlag gegen das Riskieren des eigenen Lebens im Leistungssport zu führen. Edgars Unterfangen, immer höher hinauszuwollen, bietet lediglich die Kulisse für die eigentliche Diskussion. Der Plauderton der Touristen entspricht dem Plauderton des TV, der dem eigentlichen Geschehen denkbar krass gegenübersteht. Diskutiert wird die Waghalsigkeit der "Zeitläufer", ohne wirkliche Betroffenheit entstehen zu lassen. Der Text jedoch erzwingt diese Betroffenheit, indem er die Lebensgefahr thematisiert, in die sich die Sportler begeben. Zugleich jedoch relativiert er dies mit seinem ebenfalls unverbindlich scheinendem Plauderton und mit dem Hinweis auf die Tennisspieler, die zwar Sportler sind, aber bei ihrem Sport nicht das Leben riskieren. Die Beschreibung der Unfallfolgen für Ulli Maier sticht besonders aus diesem unverbindlichen Plauderton heraus und wird mit der Wirklichkeitsdarbietung des TV kontrastiert, dessen Tonfall so als verharmlosend entlarvt wird. Erst der vorletzte Satz der zitierten Textpassage greift wieder auf Edgar zurück, der am Tag zuvor hilflos "in den Zweigen strampel(te)." Der Text führt in rasantem Tempo durch die unterschiedlichen Diskurse, die sich immer wieder neu formieren. Von dem ge-

---

413 Elfriede Jelinek, Die Kinder der Toten, a.a.O., S. 24/25

schilderten Geschehen bleibt nur der Rumpf übrig, es dient lediglich als Diskussionsanstoß. Der Text bricht wieder und wieder auf und konfrontiert den Leser mit der oberflächlichen Sensationsgier der Touristen, mit der Art und Weise, wie die Wirklichkeit des Sports und seiner "Helden" über "den Äther" zu den Zuschauern gelangt und mit den Folgen des als blasphemisch entlarvten Geschindigkeitsrausches einiger Sportarten. Der Text gerät wie die Zeitläufer außer Kontrolle, er stolpert unvorbereitet in die unterschiedlichen Diskurse, er bricht, wie eingangs von der Erzählerin angekündigt, während des Lesens ein, baut sich erneut auf, nur um wieder einzubrechen. Doch gerade darin gleicht er dem dargestellten Geschehen. Er stellt sozusagen eine Herausforderung dar, sich auf den Abhang des Textes zu begeben und ihm in rasanter Fahrt zu folgen.

Im Rahmen des Dreiergestirns Edgar, Gudrun und Karin, die "zum Unterhalt für eine Macht [werden], die sie vorher nicht kannten"[414], übernimmt Edgar die Funktion des "Bräutigams"[415] für Gudrun Bichler.

Während in allen früheren Romanen der Autorin die weiblichen Hauptgestalten in ihrem Alltag gezeigt werden, verzichtet die Autorin in den *Kindern der Toten* auffälligerweise darauf, einen Alltag der Protagonistinnen oder anderer Frauengestalten zu konstruieren. Gudrun Bichler und Karin Frenzel sind Gäste in der Pension Alpenrose, über die gesagt wird, sie sei "wie eine Seele [...] im Körper des Gebirges",[416] "verwunschen, aber nicht verschlossen"[417]; in dieser "Seele" befinden sie sich nicht nur im Urlaub, sondern im Ausnahmezustand überhaupt. Sie sind Untote, ohne Seele, gegenwärtig zuhause im Nichts und Nirgends, zwischen den Grenzen von Raum und Zeit. Für die Frage nach der 'Weiblichkeit' dieser Gestalten außerhalb weiblicher 'normaler' Lebenszusammenhänge ergibt sich damit, daß diese Gestalten die Chance anbieten, Frauen im doppelten Ort der Frau, als ihrem besonderen eigentlichen Ort zugleich innerhalb und außerhalb 'normaler' weiblicher Lebenszusammenhänge zu betrachten..

Die Kinder der Toten wählt so zum Hauptgegenstand eines der in Jelineks früheren Texten wiederholt als Motiv gebrauchten Bilder, den Vampirismus

---

414 Elfriede Jelinek, Die Kinder der Toten, a.a.O., S. 28
415 Vgl.: Elfriede Jelinek, Die Kinder der Toten, a.a.O., S. 178
416 Elfriede Jelinek, Die Kinder der Toten, a.a.O., S. 18
417 Elfriede Jelinek, Die Kinder der Toten, a.a.O., S. 18

beziehungsweise Kannibalismus. Die drei Hauptcharaktere des Textes sind untote Anthropophagen, die sich über die Lebenden wie die Toten hermachen und ihnen das Blut aussaugen. Während das Motiv des Vampirs und der Untoten in den Romanen *Die Ausgesperrten, Wir sind lockvögel, baby!, Oh Wildnis, Oh Schutz vor ihr* und *die Klavierspielerin* vernachlässigbar nebensächlich benutzt wurde, spielte es in einem Drama Jelineks, *Krankheit oder moderne Frauen*, eine zentrale Rolle.[418] Was Oliver Claes in seiner umfassenden Untersuchung *Fremde, Vampire* in Bezug auf die Vampirinnen in Jelineks Werken, insbesondere in Bezug auf Carmilla und Emily in *Krankheit oder moderne Frauen* feststellt, gilt auch für die Gestalten Gudrun Bichler und Karin Frenzel in *Die Kinder der Toten:*

> Ihre Vampirfiguren sind Metaphern der in einer männlich bestimmten Kultur verhinderten und verweigerten weiblichen Menschwerdung.[419]

Gudrun wird als "Studentin bezeichnet, die nicht zu leben und offenkundig auch nicht zu sterben verstand"[420], "es wollte [ihr] zu Lebzeiten nicht und nicht gelingen, eine festumrissene Person zu werden."[421] Als Unfertige 'lebt' sie nun nach einem Selbstmord - sie hat sich die Pulsadern aufgeschnitten - als Untote weiter und gleicht in ihrem Unfertigsein der dritten Person des Trios der Untoten:

> Was ist mit Karin geschehen? Sie erfahren in der nächsten Folge, daß es das Entsetzen darüber gewesen ist, mit allem vermengt, mit allem vermischt zu sein, reine unreinliche Natur, von der sie sich nicht mehr abzugrenzen vermag: DIE STEHENDE, kurz: DIE UNGEWORDENE. Karin F. ist eine Unfertige und ist es ihr Leben lang gewesen. Ich sage, um ihr ein Zeichen zum Auftritt zu geben: Sie ist der zweite Mensch, der, als ob er nie gewesen wäre, zugrunde ging und genau deshalb noch-immer-da-ist.[422] [Hervorhebung im Original]

Beide Frauen sind in dieser Ausnahmesituation mit Macht über Werden und Vergehen ausgestattet. Im Noch-Nicht-Totsein verfügen sie über eine Macht, die ihnen im Leben nicht zur Verfügung stand:

---

418 Eine ausführliche Auseinandersetzung mit dem Motiv des Vampirs bei Jelinek bietet Oliver Claes' Untersuchung "Fremde, Vampire... ." Vgl.: Oliver Claes, "Fremde. Vampire. Sexualität, Tod und Kunst bei Elfriede Jelinek und Adolph Muschg", Bielefeld 1994
419 Oliver Claes, "Fremde. Vampire. ...", a.a.O., S. 65
420 Elfriede Jelinek, Die Kinder der Toten, a.a.O., S. 161
421 Elfriede Jelinek, Die Kinder der Toten, a.a.O., S. 142
422 Elfriede Jelinek, Die Kinder der Toten, a.a.O., S. 350

Jede der beiden Frauen kann Tote in ihrem Körper aufleben lassen, das wäre nicht schlimm, denn all unsere Träume handeln von Toten, aber die Frauen können diese Toten jederzeit wieder umbringen, zum wiederholten Mal, um sie, als Tote, dann erneut wiederzuerwecken.[423]

Eine Variante der Macht der beiden vampirischen Frauen stellt die Figur Gudrun Bichler dar. Ihr früheres Leben zeichnete sich durch Kopflastigkeit aus, die sie zur Unfertigen und nun, im Tod, zur Vampirin werden ließ. Sexualität gab es für sie nicht, sie konnte nicht in der Gegenwart leben. Die LeserInnen erfahren:

> Wer den Kopf zu voll hat, der ist leider meistens leer, wenn er etwas von sich hergeben soll. Das versinnbildlicht den weiblichen Orgasmus recht gut, glaub ich, dem dauernd Auszehrung und Sinneverlust drohen, ein Orkan, in dessen Auge man verlorengeht, falls man nicht rechtzeitig für genügend Unbeschwertheit [...] gesorgt hat. [...] Der Kopf darf nicht zu schwer sein, wenn er fortgeschleudert werden soll, sonst fällt er einfach nur runter. Und im Verlieren gewinnt keine Frau etwas.[424]

Der Text beklagt Gudruns Unfähigkeit, das Leben, insbesondere ihre Sexualität, zu genießen. Dabei dient ihre frühere Unfähigkeit, sich dem Augenblick zu überlassen, als Anlaß, dies verallgemeinert zu diskutieren. Jetzt, als Untote, als Vampirin, lebt sie nur für den Augenblick. Sie lebt Sexualität genußvoll aus, "genießt" sie[425], selbst, wenn sie mit Toten vollzogen wird:

> Gudrun wundert sich, daß sie keinen Ekel empfindet, sie ist wie sie ist, und ihre unverwandte Betrachtung dieses weißen Geschlechtsteils mit seinem kleinen engen Lebensloch, seinem Saftloch, durch welches das Leben ichweißnichtwieoft schon ein- und ausgegangen ist. [...] löst kein Grauen, keine Widerwärtigkeit in ihr aus [...], da Gudrun ihn nun an der Hand nimmt. [...] Gudrun saugt und schmatzt, etwas tropft ihr vom Kinn, sie hat so etwas noch nie gemacht"[426].

Gudrun ist in der Dreiergruppe Edgar, Gudrun, Karin angelegt als diejenige, die in eine Zeitschleife gerät[427] und von Ort zu Ort wechselt, ohne sich jeweils erinnern zu können, was zuvor geschah. Ihre 'Ausflüge' enden jedoch stets mit einer für Jelineks Prosa ungewöhnlichen Situation, in lustvoller Kopulation mit gegenseitiger Verschlingung der Akteure. Auf diese Weise wird Gudrun die Mächtigste der drei Untoten[428], sie beherrscht den Ort[429] an sich, ohne sich zunächst jedoch dessen bewußt zu sein.

---

423 Elfriede Jelinek, Die Kinder der Toten, a.a.O., S. 359
424 Elfriede Jelinek, Die Kinder der Toten, a.a.O., S. 143
425 Elfriede Jelinek, Die Kinder der Toten, a.a.O., S. 390
426 Elfriede Jelinek, Die Kinder der Toten, a.a.O., S. 387
427 Elfriede Jelinek, Die Kinder der Toten, a.a.O., S. 160
428 Elfriede Jelinek, Die Kinder der Toten, a.a.O., S. 389
429 Elfriede Jelinek, Die Kinder der Toten, a.a.O., S. 164

Gudrun pendelt an beständig neuen Orten zwischen der Vergangenheit und Gegenwart. 'Vergangenheit' wird in dem 1995 erschienenen Text wieder und wieder in 50 Jahre zuvor übersetzt und bildet so einen Rückgriff auf das Jahr 1945. Für den Text bildet Gudrun einen Ansatzpunkt für eine Diskussion über die Nazi-Vergangenheit Österreichs, dieser Diskurs durchzieht den gesamten Text und verdichtet sich zunehmend. Zitiert werden Briefe an Gauleiter und Reichskommissare, die Einblick in die österreichische Verstrickung in die Nazi-Verbrechen gewähren. Die an Gudrun gebundene Diskussion handelt von Vergessen und Wiederkehr der Nazi-Vergangenheit Österreichs. So sieht diese Protagonistin beispielsweise auf einem ihrer 'Ausflüge' die Spuren vieler Menschen im Schnee, die vor 50 Jahren entstanden sind, und sie kann sich keinen Reim darauf machen. Dem Leser jedoch wird im Verlauf des Textes klar, daß es sich hierbei um die Spuren verschwundener Juden aus einem Judentransport von Wien in ein Arbeitslager in der Nähe handelt.

Ein Symbol des Textes, mit dem Gudrun wiederholt in Verbindung gebracht wird, sind Haare. Abgesehen von dem ersten Ehepaar, das Gudrun, zusammen mit Karin, als Tote wiederauferweckt, das 50 Jahre früher bei der SS war[430] und das vom Text als "Verbrecher, die unser Geschichtskonto belasten"[431], bezeichnet wird, tauchen in Verbindung mit Gudruns Tätigsein stets Haare bei den Opfern auf. Es stellt sich im Verlauf des Textes heraus, daß es sich hierbei um die von den Tätern gesammelten Haare der Nazi-Opfer handelt. Folgende zwei Textstellen bezeugen den Ursprung dieser Haare aus Konzentrationslagern:

Da lagern die Haarteile, gerissen aus dem Boden des Schädels, nicht erweckt aus ihrem Grab, sondern frühzeitig aus der lebendigen Knochenmasse gerupft, geschnitten, rasiert, so etwas raubt keinem den Schlaf, oder doch? Haar erinnert immer ans Jugend, die vorbei ist! Auch Herrn Eichmann, diesem Beamten, der dem Menschen ans Eingeweckte gegangen ist, um es nie mehr erwachen zu lassen, ist wahrscheinlich das Haar ausgefallen, ohne daß er mit dem Riesenlager, das er mitsamt seinen Bürokollegen angelegt hatte, dann irgendetwas hätte anfangen können. So leben wir in einer Lagergemeinschaft mit Körpern, Brillen, Zähnen, Koffern, Puppen, Plüschteddys von Fremden, ohne daß uns das etwas nützen oder schaden würde. Der Mangelhafte wie der grauenhaft Mengelehafte kann sich diese Sachen nicht einpflanzen[432].

---

430 Elfriede Jelinek, Die Kinder der Toten, a.a.O., S. 356; 435
431 Elfriede Jelinek, Die Kinder der Toten, a.a.O., S. 358
432 Elfriede Jelinek, Die Kinder der Toten, a.a.O., S. 394/395

Das ganze Volk Abrahams wirft sein Haardach herab, ein rotes Meer, das sich ein zweites Mal nicht wieder teilen wird, da so viele versucht haben, es aus beinernen Humpen zu saufen, eine alte Sitte hierzulande, bei der man sich mit dem Nachbarn im Gasthaus verfingerhakelt und nachher DU sagen darf.[433]

Im Hinweis des zweiten Zitats auf den Holocaust wird auf etwas angespielt, mit dem Gudrun in Verbindung gebracht wird, die Nähe von Bierhausgemütlichkeit und Verbrechen, gegen die der Text wiederholt aufbegehrt. In der folgenden Textpassage ist wieder Gudrun der Anlaß für die Überlegungen:

Seht, diese Landschaft lebt, da sie doch mehr als 50 Jahre tot war oder sich zumindest totgestellt hat. Jetzt schlägt sie die Augen auf und empfängt ihren Blutzoll an Individuen, die dem Verkehr geopfert wurden.Das hat sich Gudrun aus den Fingern des Grases gesaugt. In feuchter Nüchternheit bläht sie sich, eine Pfortader, eine Pforte in eine andere Dimension. Was hat uns dieses Wesen [...] zu sagen? Es sagt, in einem idealen Staat müßte es erst mal gemütlicher sein als in unsrem [...] Unter Gemütlichkeit stelle ich mir etwas andres vor, doch die Österreicher und Österreicherinnen haben sie sich schwer erkämpfen müssen, im Anfang hat ihnen keiner vertraut, als ihnen ihr Staat geschenkt wurde. [...] wie zäh das Fleisch ist (kein Wunder, es ist doch schon vor einem halben Jahrhundert geschlachtet worden!)[434]

Gudrun tritt als Rächerin an 50 Jahre vergangener Ungerechtigkeit in Aktion. Sie waidet nun als Kannibalin die Gegenwart aus und läßt die Vergangenheit, die Geschichte Österreichs, in der Gegenwart wiederaufleben. Ihre Position als außerhalb und zugleich innerhalb einer - männlichen - Geschichte stehende ermöglich diese kritische - anklagend weibliche - Perspektive.

Wieder eine andere Version eines doppelten Ortes als Ausgangspunkt für einen kritischen Ausblick auf gesellschaftliche Zustände bietet die Gestalt Karin Frenzel. Sie ist eine 53jährige Witwe, lebt schon lange ohne Mann und ist mit ihrer Mutter zusammen verreist. Sie stirbt als Folge eines Autounfalls. Der Zusammenstoß zwischen einem Kleinbus der Pension und einem Bus voller Holländer wird zu Anfang und am Ende des Textes geschildert. Er findet so im Geschehensrahmen wiederholt statt, schließt also den Kreis des Geschehens. Karin Frenzel wird an den Folgen des Autounfalls sterben - jedoch erst, wenn zeitgleich die Mure die Pension überrollt, in der Karin in der Zwischenzeit ihr Unwesen treiben wird. Rückblickend schwebt Karin Frenzel während der gesamten erzählten Zeit des Textes zwischen Leben und Tod; dies erklärt ihr sporadisches Erscheinen unter den Lebenden, bei ihrer Mutter.

---

433 Elfriede Jelinek, Die Kinder der Toten, a.a.O., S. 405/406
434 Elfriede Jelinek, Die Kinder der Toten, a.a.O., S. 449/450

Die anläßlich der Gestalt Karin diskutierten Themen des Textes sind ihr Mutterbezug, der Marienkult, ihre und Marias, der Gottesmutter, Leiblichkeit, das Altern von Frauen, christliche Dogmen.

Über Karins Bezug zu ihrer Mutter wird gesagt:

für Karin ist das Mutterwort Gesetz, da mag sie noch so oft weiche wohltuende Laute zur Besänftigung der Mutter hervorholen, in der Hoffnung, wie eine Puppe gewiegt zu werden. Die Mutter ist immer gleich aufgewiegelt, sie weiß ja, daß ihre Tochter steif wie Holz ist; [...] Beide Frauen führen einen nie ermattenden Kampf gegeneinander.[435]

Karin Frenzel wird so als alternde Frau unter der Fuchtel ihrer energischen Mutter dargestellt. Als Lebende ist ihr bezeichnendes Merkmal, daß sie sich unterordnet:

Karin Frenzel ist eine weibl. graue Eminenz, eine seit längerem verwitwete Frau, die vom Papst, vom Erzbischof und ihrer Mutter Befehle entgegennimmt, aber von andren auch, wenn die nur entschlossen genug auftreten.[436]

Wir lesen:

Diese Frau Frenzel steht jenseits ihrer monatlichen Geschichten und damit jenseits der Geschichte. Die Welt ist glatt und leer. Mutterschaft leider nicht mehr möglich. Was für eine Abwechslung, wenn Geschichte einmal, anstatt uns auf ihrem Raffting-Floß, das man mieten kann, in ihren Fluß hineinzuziehen, plötzlich das Ufer durchstößt, die Wand der Zeit [...][437]

Karin wird die Wand der Zeit durchstoßen, die die Wand zur Geschichte darstellt, doch zunächst einmal ist sie noch völlig die Tochter ihrer Mutter. Selbst ihre Sprache zeugt von der völligen Unterordnung, sie bewegt sich, so der Text weiter, "unruhig in dem tragbaren Käfig, in den die Mutter sie gesperrt hat."[438]

Die Unterdrückung der Tochter durch die Mutter in den *Kindern der Toten* gleicht der Unterdrückung Erikas durch ihre Mutter in der *Klavierspielerin*. Während jedoch diese keinen Ausweg aus der beobachtenden Kontrolle durch die Mutter fand, ist Karin in ihrer "Auferstehung" von ihrer Mutter erlöst. Das Untotsein der Tochter bricht in die festgefügte Mutter-Tochter Beziehung ein. Sie verkehrt das Machtverhältnis. Karin wird zum Schrecken der Mutter, die ihre Erscheinungen als einzige sehen wird; sie löst sich somit aus der seelischen

---

435 Elfriede Jelinek, Die Kinder der Toten, a.a.O., S. 214
436 Elfriede Jelinek, Die Kinder der Toten, a.a.O., S. 211
437 Elfriede Jelinek, Die Kinder der Toten, a.a.O., S. 213
438 Elfriede Jelinek, Die Kinder der Toten, a.a.O., S. 214

Gefangenschaft durch die Mutter. Aus der vorher geduldigen und gehorsamen, machtlosen Frau wird ein unkontrollierbares Monstrum an reiner Fleischlichkeit, das Orgien des Leiblichen feiert.

Während Gudruns neues Sexualleben bei aller Widerwärtigkeit der beschriebenen halbverwesten untoten Leichname, mit denen sie kopuliert, als genußvoll dargestellt wird, gestaltet sich Karins Sexualität als Untote monströs. Sie zerfetzt ihre Kopulationspartner und setzt sie anschließend wieder zusammen. So wie Zeit zum Wesen Edgar Gstranz' wird und Ort zum unkontrollierbaren Tummelplatz der Geschichte für Gudrun Bichler, so wird Leiblichkeit, Körperlichkeit zum Metier Karin Frenzels.[439] Ihre Weiblichkeit ist entgrenzte Weiblichkeit ohne den Genuß, den die Sexualität Gudrun Bichlers kennzeichnet. Folgende - allgemein formulierte - Textpassage ist auf die alte Karin Frenzel gemünzt, die noch nichts von ihrer neuen Wesensart weiß:

Wie verfehlt, wie monströs ist Weiblichkeit, wenn sie in einem Monster wohnt, dessen Blut eishart geworden oder gar zu einem Klumpen Pleroma geronnen ist, nur damit die Frauen wieder Bräute werden können.[440]

Karins neue Weiblichkeit, die dann eigentlich monströs wird, aber am richtigen Ort, ist anders, sie wird minutiös geschildert:

Die Frauenmaterie, die das Wageninnere ausfüllt, hat sich zu einem recht haarigen Element entwickelt, das den Wagen mittlerweile schon ganz zugesponnen hat. [...] Jawohl, jetzt sehe ich es deutlich, da erhebt sich etwas, ein Erzeugnis, logisch, des Logos: der Urgrund [...] Der ungeformte Körperpfropfen, der sich den Namen Frau noch gar nicht richtig verdient hat, ja, DIE DA [...] dieser Köder, der sich selbst ausgelegt hat, verschluckt jetzt das duldungsstarre Tier, das eigentlich ihn, den Wonnepfropfen hätte auffressen und danach verächtlich wieder ausspucken sollen.[441] [Hervorhebung im Original]

Die Kopulation mit einem toten Autofahrer, die die einzige Kopulation Karins darstellt, läuft rituell ab. Sie ist Frauenmaterie, er ist Logos. Der Penis des Mannes wird, als Symbol seiner Ganzheit gesehen, als Symbol für den männlichen Logos geschildert, der überwunden und vom männlichen Körper, der völlig zerfetzt wird, losgetrennt wird. Nicht der Mann vereinnahmt die Frau, sondern die Frau verschlingt den Mann. Die Untote rächt sich am Mann, der zum Objekt wird:

---

439 Vgl. Elfriede Jelinek, Die Kinder der Toten, a.a.O., S. 333
440 Elfriede Jelinek, Die Kinder der Toten, a.a.O., S. 223
441 Elfriede Jelinek, Die Kinder der Toten, a.a.O., S. 276/277

Der Mann ist die Todesstreife der Frau, aber die Frau ist die Todesstrafe des Mannes. Im Augenblick des Todes entzieht die Frau dem Mann ihren Körper, mit seinem kann er dann aber auch nicht mehr allzuviel anfangen. Mama! Endlich darf sie ihr jüngstes und bestes Gericht daraus machen. Sie hat ja auch das Leben gemacht, während der Mann einfach nur weiter herumgestreift ist. Nun rächt sie sich [...] Man lebt also wirklich nur einmal, das hätte ich nicht von uns gedacht. SEIN Geschlecht muß entfernt werden. Aber wenn es mich empfängt, dann darf es gern auch bleiben.[442] [Hervorhebung im Original]

Während der Lebensverlust des Mannes als irrelevant herabgespielt wird, der Tote im Auto ist "einer, den die Schöpfung auch gut hätte unterlassen können, ein Tennisspieler und Schifahrer"[443], wird Karin zum Symbol unkontrollierbarer, nun schöpferischer, Weiblichkeit, die Leben schafft.

Sie lebt wieder auf, nachdem sie den Toten erneut und vor aller Augen wiederzusammengesetzt hat, wird verjüngt und besiegt ihr Altern. Ihre neue Fleischlichkeit wird anschaulich und genüßlich geschildert:

Der Dirndlkoloß, der Dirndlkloß retiriert aus dem impertinenten Autoklo, in das einer sich offenkundig ganz hineingeschmissen hat, ohne sich vorher mit dem Häksler zu zerkleinern, und auch eine Weiß- und Weichspülung haben wir nicht gesehen. Er ist wieder hervorgezaubert, der Koloß - die Geblümte, die so fleischlich für den Verkauf gewandete kommt hervor, und sie sieht schon fast wieder jung aus, die Wangen sind rot, die Augen blitzen, ja, in ihrem Alter ist die Mädelfrau fast schon bereit, jemandem stolz den Rücken zuzudrehen, wenn er sie anschaut, jaja, sie ist so oft wieder Ursache von Blicken wie Rohmilch die Ursache von Vergiftungen. Und wirft auch selber welche, gutgezielt, wie Schneebälle: der Blick erschafft die Frau, selbst ist der Mann. Karins Haar hat die grauen Fäden verloren, es wölbt sich frisch auf zur Schaumrolle [...][444]

Karin wirft selbst Blicke, sie ordnet sich nicht mehr unter. Sie wird nicht vom Blick erschaffen, sondern blickt selbst. Sie unterliegt ihrem eigenen Gesetz. Karin Frenzels fleischliche Jugendhaftigkeit, die als anziehend geschildert wird, täuscht über ihre monströse Existenz als Tote hinweg, ihre Leiblichkeit dient ihr zur notdürftigen Verdeckung der Zeichen ihrer neuen Macht:

Karin, ich meine ihre Doppelgängerin, ist erschienen, eine Dompteuse, die auf das Fleisch verweist, das im Freizeitpark dieser Sommerfrische auftritt. Eine verjüngte Gestalt. Aus ihren Tritten rinnt Flüssigkeit auf den Boden, man sieht nicht, kommt die aus Karins Fleisch oder steigt sie direkt aus dem Boden hoch. Jedenfalls ist es Blutflüssigkeit, Kammerwasser, gestocktes und wieder verflüssigtes Sekret.[445]

---

442 Elfriede Jelinek, Die Kinder der Toten, a.a.O., S. 277
443 Elfriede Jelinek, Die Kinder der Toten, a.a.O., S. 332
444 Elfriede Jelinek, Die Kinder der Toten, a.a.O., S. 335
445 Elfriede Jelinek, Die Kinder der Toten, a.a.O., S. 338

Aber an Karin Frenzels feiste Gestalt haftet sich noch ein anderer Diskurs über das Leibliche. Der Besuch Karin Frenzels und ihrer Mutter in Mariazell gibt Anlaß dazu, die Fleischlichkeit Marias als Gottesmutter zu diskutieren sowie dazu, im Namen der katholischen Kirche begangene Verbrechen gegen die Menschheit anzusprechen. Da ist zunächst die Verfolgung des Alten Glaubens:

> Der bischöfliche Segen wird den Kunden in den Rachen geworfen, damit sie sich weiterhin verschweigen und nicht verplappern, was sie in der Rüstung ihrer Ecclesia, die der fliehenden Synagoge auf ewig nachsetzt, alles gedreht, genagelt, zerschnitten, geklebt und dann wieder weggeschmissen haben. [446]

Da ist die Verfolgung von Zigeunern durch die Anhänger der Kirche,

> Diejenigen, welche hier zu Gott und seiner Mutter singen und sich beherzigen und bekreuzigen, die gehen bald wieder nach Hause, und dort spielen sie dann eine hervorragende Rolle, wenn ein Zigeuner verbrannt werden soll: einer von den Menschen, die nicht eigentlich glänzen, und wenn man ihnen noch so oft eine schmiert. [447]

...die Abschiebung Fremder...

> Man muß Druck machen, schwarz auf weiß können die Leute dann lesen, wer auch bei uns unerwünscht ist und abgestempelt werden muß, damit er sofort wieder nach Hause zurückkehre. [448]

... die einhellige Ablehnung alles dessen, was anders ist, die Ablehnung schließlich aller Andersdenkender:

> Dieser Wallfahrtsort, diese Kampfstätte der Meinungen und Kulturen, die sich alle einig sind, nämlich daß die prangende Katholikenstrahlkirche alle abstößt, die einfach nicht zu ihrem ewigen Licht aufblicken mögen. [449]

Die Kirche vertritt ein dichotomisches Weltbild, sie ist körperfeindlich und damit frauenfeindlich, so stellt der Text fest, gegründet auf die Vertreibung aus dem Paradies:

> schon schreien die Toten einander wieder gegenseitig an, bis sie Früchte in den Mund gesteckt bekommen müssen, um endlich zum Schweigen gebracht zu werden: z.B. Äpfel (libera nos a malo - MALUM: das Böse, bzw der Apfel!), dieses Sonderangebot von der Schlange, welche das naturhaft kecke Wesen, die Frau (der schlaue Sündentopf, in den der bärenstarke Mann immer wieder hineingreifen muß!) mit knackfrischem Obst in Versuchung geführt haben soll. Äpfel.

---

446 Elfriede Jelinek, Die Kinder der Toten, a.a.O., S. 366
447 Elfriede Jelinek, Die Kinder der Toten, a.a.O., S. 372
448 Elfriede Jelinek, Die Kinder der Toten, a.a.O., S. 372
449 Elfriede Jelinek, Die Kinder der Toten, a.a.O., S. 373

Süß Saftig Steirisch. Die Frau sieht an sich herab und erkennt ihren Körper. Der Mann tut im Prinzip dasselbe, doch er erkennt in sich seinen Geist: eine wahre Gespenstergeschichte![450]

Als Folge der Unterscheidung in Körper und Geist, wobei der Geist als das dem Mann zugehörige Gute betrachtet werde, habe die "Menschheit [...] ihre Körper vergessen." Nur die toten Körper allein zeugten von der Existent einer Körperlichkeit. Daß es trotz der Zurückweisung der Frau wegen ihrer Körperlichkeit einen Wallfahrtsort für eine Frau, Maria, gebe, läge an ihrer körperlichen Reinheit:

Der Name Maria genügt, daß er zu Licht werde. Sie ist die verkörperte Unschuldigkeit, deswegen verehren wir sie ja so.[451]

Maria wird durch ihre körperliche Unschuldigkeit schließlich als Ausnahme unter den Frauen betrachtet, sie ist nicht Körper, sondern Licht, nur so kann sie verehrt werden. Der Hauptbestandteil der Gläubigen in Mariazell seien Frauen, so der Text weiter. Er kontrastiert die von der Religion geschaffene Verachtung von Körperlichkeit mit der Gebärfähigkeit der Frauen, auch Marias.

Während die Unterscheidung in Körper und Geist den Frauen Macht abspricht, sind Frauen zugleich, so legt der Text nahe, dadurch, daß sie gebären, gottähnlich:

Nach einem heiligen Beschluß ist der Selbstentstandene persönlich geschickt worden, und all diese Kraft ist aus keiner Geringeren als seiner eigenen Mutter gekommen.[452]

Auch Karins Mutter denkt so:

Da bringt man als Frau die Kraft heraus, eine weibliche Gestalt zu formen [...], aber wenn man ein für allemal klargestellt hat, daß man selbst Gott ist, eine für die Mutter fruchtbare Erfahrung, dann gibt es kein Halten mehr[453],

Das Kind Karin jedoch entzieht sich auf diesem Ausflug dem Einfluß ihrer gottähnlichen Mutter, die für sie vorher das Gesetz schlechthin vertrat, sie 'pocht auf sich selbst', auf ihre Körperlichkeit. Die Kirche reagiert nicht auf ihr Aufbegehren:

Der Berg aber bleibt stumm auf das Pochen Karins, die im Grunde zum ersten Mal auf sich selbst pocht.[454]

---

450 Elfriede Jelinek, Die Kinder der Toten, a.a.O., S. 370
451 Elfriede Jelinek, Die Kinder der Toten, a.a.O., S. 367
452 Elfriede Jelinek, Die Kinder der Toten, a.a.O., S. 368
453 Elfriede Jelinek, Die Kinder der Toten, a.a.O., S. 377

Karin spaltet sich auf in Körper und Geist, der Geist entzieht sich dem Körper, doch Karin bleibt da:

> Der Geist des Lebens ist aus Karin emporgerissen worden, doch sie ist, ohne Kraft dem Nichts verbunden, hier geblieben und ist doch wieder nicht hier.[455]

Die Autorin führt hier die Rede gegen eine körper-, fremden- und frauenfeindliche römisch katholische Kirche. Die Handlung begleitet diese Rede. Karin begehrt, in ein Spiel mit dem Licht, das in die Kirche einfällt, versunken, das Geschlechtsteil einer Christusstatue zu sehen und stellt fest, daß dort, wo es sein sollte, nichts ist. Sie verläßt die Kirche und ihre Mutter, die sich noch gottähnlich wähnt, um erst als Lichtgestalt wieder in Erscheinung zu treten.

Weder Karin Frenzel noch Gudrun Bichler begehren auf gegen die Unterdrückung von Frauen. Doch ihre Existenz als Untote verschafft ihnen Macht - besonders eine Macht der Kritik - die ihnen als 'normale' Frauengestalten - lebend im weiblichen privaten Lebenszusammenhang - im Werk Jelineks wohl kaum zukäme. Ihre Macht als Untote ist selbstverständlich, genauso, wie ihre Ohnmacht als Lebende selbstverständlich war. In ihrer Funktion als Untote - die Tatsache, daß sie erst nach dem Tod mächtig sind - verweisen sie auf eine Welt der Lebenden, die Vergangenheit, vergangene Verbrechen verdrängt und in der Frauen als Unfertige genußlos und machtlos leben. Der Text zelebriert einen anti-religiösen Totentanz, in dem der Schauplatz, die Pension Alpenrose, als Pars pro toto für Österreich fungiert. Das touristische Treiben, der Sport, die Gemütlichkeit der Gäste, ihre scheinheilige Religiosität, dies alles verdrängt die Wahrheit über den Ort. Die so erlangte Ruhe wird durch die drei Untoten erheblich gestört.

> Unser Denken vermag gar nichts gegen seinen Ursprung, das Wilde. Es springt aus dem Käfig, ob man die Tür jetzt offenläßt oder nicht, es hupft heraus, wie aus dem offenen Hosentürl, ein Fleischwolf, eine wütend spinnende Raupe, die den Stoff, den sie gemacht hat, gleich wieder zerreißt.[456]

Die Selbstverständlichkeit der Sprache löst sich im Text in eine einzige große Verunsicherung auf, die Platz schafft für ein anderes Sprechen, eines, das dem

---

454 Elfriede Jelinek, Die Kinder der Toten, a.a.O., S. 376
455 Elfriede Jelinek, Die Kinder der Toten, a.a.O., S. 377
456 Elfriede Jelinek, Die Kinder der Toten, a.a.O., S. 650

Unbewußten und Verdrängten gestattet, sich zu äußern und das das durch das lustige Treiben Verdrängte thematisiert, die Nazi-Verbrechen, die sinnleere Waghalsigkeit des Sports und die Oberflächlichkeit touristischen Treibens wie auch die allmähliche zerstörerische Vereinnahmung der Natur durch den Menschen.

Jelineks Schreibweise und der Inhalt ihres Textes zielen auf das Zulassen von Körperlichkeit in der Sprache. Stellvertretend für den gesamten Text löst sich Karin, die Gestalt, die selbst noch ihre Sprache ihrer Mutter unterordnete, aus der Unterordnung, sie wird ganz Körper. Dies erinnert an die écriture féminine, das Schreiben des weiblichen Körpers. Doch der Roman *Die Kinder der Toten* geht darüber hinaus, denn der Text stellt ganz konkrete Diskurse in Frage und schafft neuen Sinn in der erneuten Zusammenstellung mit dem Geschehen.

Karin und Gudrun stellen mächtige Frauen dar. Sie bringen die Kritik der Autorin an Österreich auf den Punkt. Sie sind zwar an keinem Ort und zu keiner Zeit zuverlässig verwurzelt, aber sie bieten als Frauen die Ansatzpunkte für die Diskussion der Vergangenheit und die Diskussion der Religiosität. Um sie herum entstehen neue Diskurse im Text, die den an den Mann gebundenen Diskurs, Sport, Touristik, unterlaufen. Der Mann, in diesem Fall Edgar Gstranz, kann seinen Wettlauf mit der Zeit nicht gewinnen, die beiden Frauen subvertieren dies mit ihrer körperlichen Anwesenheit, die die Zeit- und Raumbindung des Geschehens auflöst.

Der Mythos vom schönen, gemütlichen, sportlichen und religiösen Land Österreich wird durch die an die beiden Frauengestalten gebundenen Diskurse gestört. Was entsteht, ist der Eindruck eines Landes, das sich seiner Verantwortung für die Vergangenheit durch Verdrängung vergeblich zu entziehen versucht. Die Hauptarbeit der Verarbeitung kommt den Frauen zu, den beiden Gestalten Karin und Gudrun, die das unterdrückte Unbewußte, die Körperlichkeit zulassen - und der schreibenden Frau, Elfriede Jelinek, die dies alles souverän in ihre Sprache einfließen läßt.

Schluß

Elfriede Jelineks bisheriges Prosawerk entstand zwischen 1970 und 1995, also zu einer Zeit, in der Fragen nach dem Wesen der Frau, nach ihrer gesellschaftlichen Situation und nach 'Frauenliteratur' ausgiebig und intensiv diskutiert wurden. Um etwas über Elfriede Jelineks Auseinandersetzung mit 'Weiblichkeit' in ihrer Prosa zu erfahren, wählte ich eine Blickrichtung, die sowohl die Darstellung von Frauengestalten als auch die besondere Schreibweise der Autorin berücksichtigte. Beide zusammengenommen öffnen den Blick auf den vielgestaltigen Umgang Elfriede Jelineks mit zeitgenössischen Aspekten des 'Weiblichen.'

(1) Zur Darstellung von 'Weiblichkeit':

Besonders Jelineks frühe Texte zeigen Frauen im Alltag als schwächste Glieder der Gesellschaft, ausgeliefert Herrschaftsstrukturen eines Patriarchats mit faschistoiden Zügen. Ihre Gestalten sind Hausfrauen ebenso wie berufstätige Frauen. Sie sind zeitgenössische Gestalten. Und sie sind Gestalten, die an den herrschenden Verhältnissen leiden. Alle sind sie hilflos ausgeliefert einer sprachfreudigen männlichen Unterdrückung, besonders aber der männlichen Sexualität und der Rede über sie.

Die Unterdrückung findet ihren Höhepunkt im Privaten, in dem Raum, der den traditionellen Lebenszusammenhang der Frauen darstellt. In diesen Raum hinein verlängern sich die Unterdrückungsstrukturen, die Jelineks Texte der heutigen Gesellschaft, besonders der Arbeitswelt, attestieren; hier, im Privaten, sind ihre Frauengestalten ganz besonders männlicher Gewalt ausgesetzt.

Die Frage nach der Darstellung von 'Weiblichkeit' in Jelineks Prosa führt unweigerlich auf die Gewalt, die ihren Frauengestalten angetan wird. Diese wiederum ist ein Merkmal der gesamten, in ihren Texten wiederholt geschilderten Gesellschaft. Der Blick auf die Unterdrückung der Frau erfaßt so das gesamte Bedeutungsfeld der Texte.

Die Gewalt gegen Frauen nimmt im betrachteten Prosawerk Jelineks zwei grundsätzliche Ausdrucksformen an: Zum einen werden in ihren Texten Frauengestalten sehr oft brutaler physischer Gewalt ausgesetzt, die das 'normale', 'realistische' Maß bei weitem überschreitet; zum anderen sind die Frauengestalten in ihren Texten von einer Ideologie über 'Weiblichkeit' beherrscht, in deren Darstellung Jelinek die traditionellen Geschlechtsfestlegungen aufgreift und karikaturhaft überzeichnet. Zum Ausdruck gelangt in der Überzeichnung der physischen Gewalt wie auch in der Überzeichnung der Festlegung auf 'das Weibliche' die kritische Distanz der Autorin Jelinek zum Dargebotenen, ihre Auseinandersetzung mit 'Weiblichkeit'; und hier bereits, in der Kritik, kommt ihre eigene, weibliche, Identität zum Vorschein - dazu sogleich mehr. Die Texte jedenfalls realisieren 'Weiblichkeit', indem sie jeweils unterschiedliche Aspekte des Problemkomplexes des weiblichen Lebenszusammenhanges thematisieren. Sie bieten so nicht *eine* Vorstellung von 'Weiblichkeit', sondern viele verschiedene Aspekte an, in diesem Angebot aber ist 'Weiblichkeit' als Vielfältiges beobachtbar.

Die Texte setzen sich, indem sie sich in unterschiedlichen Situationen damit beschäftigen, insgesamt sowohl mit wiedererkennbaren sozialen Problematiken auseinander, denen Frauen im zwanzigsten Jahrhundert ausgesetzt sind, als auch mit wiedererkennbaren Vorstellungsmustern über das 'Weibliche'.

Besonders bei den in den Arbeitsmarkt eingebundenen Frauengestalten der Autorin, aber auch anhand der Hausfrauengestalten ist diese doppelte Auseinandersetzung deutlich.

Die in die Arbeitswelt eingebundenen, 'modernen' Frauengestalten unterliegen einer doppelten Unterdrückung. Sie sind den (Herrschafts-)Strukturen des Arbeitsmarktes ebenso unterworfen wie einer übermächtigen, weitgehend traditionellen Vorstellung dessen, was 'Weiblichkeit' im Privaten bedeutet.

Indem sie ihre Frauengestalten überwiegend in privaten Lebenszusammenhängen darbietet, folgt Jelinek zwar scheinbar eher der traditionellen - als Ideal vorgestellten - Festlegungsrichtung des 'Weiblichen', sucht der/die LeserIn in Jelineks Prosa jedoch nach einer alle Texte umfassenden - traditionellen oder modernen - Utopie positiv verstandener 'Weiblichkeit' im Privaten, so wird er/sie enttäuscht. Ihre Prosa läßt besonders keine Hinweise darauf erkennen, daß der weibliche private Lebenszusammenhang, der den besonderen sozialen Ort der meisten ihrer Frauengestalten ausmacht, eine Möglichkeit bietet, von hier ausgehend ihre Situation oder gar die Gesellschaft zu revolutionieren. Im Gegenteil, gerade hier wird ihren Frauengestalten keine Chance zur Entfaltung emotionaler und gedanklicher Freiräume gelassen.

Wenn in ihrer Prosa von der Masse der Frauen die Rede ist, so ist immer die Rede vom privaten Lebenszusammenhang, vom Haushalt, von den Müttern; beides wird mit der Rede über Gewalt gekoppelt. Frauen, so legen die Texte nahe, werden immer gewaltsam unterdrückt und sie unterdrücken ihrerseits ihre Kinder. Besonders Letzteres sorgt dafür, daß Frauen zwar als das unterdrückte Geschlecht aus den Texten hervorgehen, nicht aber als das 'moralischere Geschlecht'.[456] Die Chance, aus dem Privatraum heraus die Gesellschaft zu ändern, kann von den Jelinekschen weiblichen Gestalten nicht wahrgenommen werden, weil sie weder zum Erkennen und Aufbegehren gegen ihre Unterdrückung noch zu aufmüpfigen Handlungen willens oder in der Lage sind.

Daß keine Änderungen zu erwarten sind, wird besonders deutlich an den Muttergestalten. Wann immer von Müttern die Rede ist, beherrschen sie ihr privates Reich, sie haben damit Teil an der Herrschaft. Doch aus dieser Teilhabe der Frauen erwächst keine Änderung der gesellschaftlichen Zustände. Sie ist auch nicht zu erwarten, denn die Mütter verstehen sich selbst stets als Märtyrerinnen, werden aber vom Text - in seiner Gewaltdarstellung kontrasierend eingesetzt - Lügen gestraft. Vielmehr verweist der Text auf die weibliche Beteiligung an den gesellschaftlichen Zuständen. Mütter sind in Jelineks Prosa immer ausführendes Organ, Unterdrückungsorgan einer männlichen Gesellschaftsordnung, übermächtigen Normen verpflichtet, die den Status quo der Gesellschaft stützen.

Eine Ausnahme bilden die Vampirinnen im Werk der Autorin. Sie sind Frauen im grenzfreien Raum zwischen Leben und Tod, an einem Ort, der keiner ist und deshalb von der Unterdrückung durch die Männer befreit ist - nicht denkbar in der Realität.

(2.) Zur Manifestation des 'Weiblichen:

Zuweilen kommt dem Weiblichen in Jelineks Texten Macht zu. Wenn Frauengestalten sich - wie etwa die Vampirinnen - außerhalb des ihnen zugeordneten Ortes begeben, erreichen sie eine Position, von der aus die Gesellschaft und ihre Spielregeln radikal hinterfragt werden können. Diese Position kommt vor allem jedoch der Autorin selbst zu, die mit ihrem Schreiben die Sprachregelungen unserer Zeit und unserer Gesellschaft von außen aufbricht. Indem sie eine Welt

---

456 So der Titel der bereits erwähnten Arbeit von Lieselotte Steinbrügge über die Hoffnungen der Aufklärer.

zeichnet, die für die Frauen nichts Positives bereithält, kommen letztlich, wenn auch unformuliert, also indirekt, kritische Forderungen zum Ausdruck, die durchaus als feministisch bezeichnet werden können.

In ihren Texten liefert Elfriede Jelinek die Sprache selbst immer wieder den Einbrüchen des Unbewußten und anderer, im Kontext fremdartiger, Diskurse aus, sodaß eine beständige Störung der Selbstgewißheit der Texte entsteht, die den Blick für die Brüchigkeit der Selbstsicherheit der unterschiedlichen Diskurse öffnet. In dieser Störung manifestiert sich die 'weibliche' Identität der Autorin. Sie ist Ursprung und Aufbrechen von Weiblichkeitsbildern und -vorstellungen zugleich und sie spiegelt so die Veränderungen, die sich hinsichtlich der Rede über 'Weiblichkeit' einstellen. Die entstehenden Brüche verweisen auf die Tatsache, daß sich in der heutigen Rede über 'Weiblichkeit' Diskrepanzen auftun, die auf die Ungesichertheit des Begriffes 'Weiblichkeit' schließen lassen.

Keine Redewendung, keine gängige Formulierung, keine konventionelle Lebenssituation , kein Diskurs über die Normalität menschlicher Existenz in der modernen Industriegesellschaft ist gefeit vor der Kritiklust der Autorin. Ihre Sprachmächtigkeit, ihre Fähigkeit, dem Unbewußten als Negation des Gesetzes des Immergleichen Raum zu verschaffen, bringen ihre Texte in Bewegung. Ihre weibliche Auseinandersetzung mit einer modernen Welt, wie sie sich ihr darstellt, zeigt auf, wo in weiblichen Lebenszusammenhängen die Gerüste und Strukturen männlicher Macht- und Denkansprüche aufbrechen.

Alltägliche Weiblichkeitsmythen - die sich an der traditionellen Festlegung dessen, was 'Weiblichkeit' bedeutet, orientieren - erfahren so permanente und durchdringende Verletzungen, sie werden gewaltsam auf ihre Ursprünge verwiesen und legen den Blick auf eine Welt frei, in der die Rede über das, was weiblich ist, neu definiert werden kann - und zwar durch die Frauen selbst -, auf eine Welt vor allem des Privaten, die einer beständigen Sinnüberprüfung bedarf.

Immer beschreibt Jelinek eine gegenwärtige Welt, deren Selbstverständlichkeit im Prozeß des Beschreibens aufbricht und Fragen nach dem Sinn offenläßt. Daß dieses Aufbrechen besonders häufig an den Schnittpunkten des Weiblichen, insbesondere der weiblichen Sexualität, vonstatten geht, liegt daran, daß sich hier die unterschiedlichen Diskurse überschneiden. Jelineks Verfahrensweise entspricht der Tatsache, daß sich im Kontext des privaten weiblichen Lebenszusammenhanges die Schwachpunkte unserer modernen Welt häufen, daß hier das Subjekt unter dem Einfluß gegenwärtiger Veränderungen am ungesichertsten ist. Indem sie sowohl in der Darbietung ihrer Frauengestalten als auch in ihrer Schreibweise dominante, traditionelle Festlegungen des 'Weiblichen' aufbricht, geht dieser Widerstand als Identität der Autorin, als ihre Positionierung innerhalb und außerhalb dieser Festlegungen, in ihren Text ein. Ihre Ablehnung, 'Weiblichkeit' positiv zu definieren, vermittelt sich dem/der LeserIn als zeitgenössische 'weibliche Identität', als ein fortwährender Prozeß des Sinn-Setzens und Sinn-Verwerfens eines sich der Ungesichertheit des Begriffes 'Weiblichkeit' stets erneut aussetzenden Subjekts, das sich weder mit traditionellen Festlegungen noch mit neueren Antworten - ideologisch gefärbten wie etwa der von Kristeva kritisierten "zweiten Generation von Feministinnen" - zufrieden gibt.

Es ist, so gesehen, kein Zufall, daß die Schilderungen einer in sich brüchigen Welt, deren Sicherheiten unversehens in Unsicherheiten umschlagen, von einer Frau durchgeführt werden. Wie Kristeva und Weigel deutlich dargestellt haben, ist das Zulassen der unbewußten Störung des Textes durchaus als Versuch zu werten, einer weiblich verstandenenen Polyvalenz Raum im Text zu verschaffen, die sich mit einer im Wandel begriffenen Welt kritisch auseinandersetzt. Da dieser Wandel besonders in weiblichen Lebenszusammenhängen spürbar ist, kommt es der weiblichen Autorin zu, den Finger auf die 'weiblichen' Wunden der modernen Welt zu legen und sich dem Problem zu nähern, indem sie mit ihrem Schreibstil alle Grenzen zwischen den Denksystemen wie auch zwischen den bewußten und unbewußten Textanteilen überschreitet.

Besonders Jelineks spätere Prosatexte werden vor allem von den an die Gestalten geknüpften Diskursen getragen. Die Gestalten - dies gilt mit Einschränkung auch für die Figuren in den *Ausgesperrten* und die Protagonistin in der *Klavierspielerin* - sind überwiegend Schablonen, an denen sich die Sprache entzündet. Die Texte thematisieren jeweils mehrere Themen, die sich gegenseitig stören. Die Störung erfolgt zumeist über die Sprache selbst, die sich als unzuverlässig erweist, beständig Brechungen aufweist und dem unbewußten Einbrechen eines mitzulesenden Subtextes Raum gibt. Daß der jeweilige Subtext an die Oberfläche des Textes drängen kann, bringt den Text in Bewegung. Weibliches Selbstverständnis der Autorin wird an den Schnittstellen erkennbar. Während in den früheren Texten noch oft der Subtext auf ein Weiblichkeitsverständnis Bezug nahm, verlagern sich die späteren Texte zunehmend auf den Bruch an sich, auf die Mehrdeutigkeit des Gesagten. Unterschiedliche Diskussionen in den Texten treffen permanent aufeinander, lösen sich in diesem Prozeß des Sprechens auf und entlarven einander gegenseitig. In der Störung wird zugleich neuer Sinn gestiftet. An den (Soll-)Bruchstellen des Oberflächentextes manifestieren sich Polyvalenzen, die auf die mangelnde Identität der Autorin mit der von ihr dargestellten, männlich dominierten Welt und mit dem - männlichen - Sprechen über sie verweisen.

Was die Themen der Werke anbelangt, so ist auffällig, daß Weibliches stets im Hinblick auf eine ganz konkrete zeitgenössische Realität geschildert wird. Diese Schilderung schließt ein, daß die Realität den Bildern widerspricht, die von ihr existieren und auf die der Text eingeht. Was geliefert wird, sind Bilder einer modernen Welt, in der Frauen die Machtlosen und Ausgebeuteten stellen, Männer die Herrschenden. Die Texte lassen keinen Zweifel daran aufkommen, daß dies gesellschaftspolitisch bedingt ist. Wenn Frauen, wie im Falle der Managerin in *Wildnis* oder wie im Falle Gudrun Bichlers und Karin Frenzels in den *Kindern der Toten*, Macht innehaben, dann sind sie extreme Außenseiter. Hier, außerhalb der alltäglichen gesellschaftlichen Einbindung, gesteht die Autorin Frauen Macht zu, entwirft sie ein anderes Weiblichkeitsbild, allerdings eines, das monströs ist. So bleibt den weiblichen Gestalten der Texte nur die Machtlosigkeit in der gesellschaftlichen Einbindung, oder die Monstrosität außerhalb der ihnen per Rollenzuschreibung gesetzten Grenzen.

Jelinek schreibt an gegen die gedankenlose Rede über Frauen, gegen die Sprachlosigkeit der Mehrheit der Frauen ebenso wie gegen ihre reale Unterdrückung und weibliche Rollenzuweisungen. Die Autorin selbst jedoch übt über ihre weiblichen Gestalten Macht aus, verweist mit ihrer schriftstellerischen Tätigkeit, mit ihrer Sprache auf eine Möglichkeit für Frauen, sich zu äußern, sich mit den Machtverhältnissen kritisch auseinanderzusetzen. In ihren Texten zielt sie auf ganz konkrete Aspekte der Unterdrückung von Frauen, und sie kritisiert deutlich festgelegte Aspekte der modernen Welt, mit dem Ziel, die LeserInnen aufzurütteln, sie zur Änderung ihres Bewußtseins von den Zuständen zu bewegen. Ihre Fraubewegten Texte bieten so Frauenliteratur an, wie sie von Karin Richter-Schröder verlangt worden ist, eine Frauenliteratur, die, wie Weigel forderte, den Blick auf die Welt und ihre Mythen miteinbezieht, einen Blick auf die politischen Zustände, eine Literatur, die Diskurse durchschreitet, sie subvertiert und dennoch neuen Sinn schafft. Die Bezeichnung der Texte Jelineks als Frauenliteratur ist angemessen. Sie sind es unter der Voraussetzung, daß Frauenliteratur Texte einschließen kann, die sich gestatten, die kritischen Aspekte in die Sprache selbst zu verlegen, mit der Sprache zu spielen und konventionellen Sinn gesellschaftskritisch aufzubrechen.

Literaturliste

Alms, Barbara (Hrsg.): Blauer Streusand. Ein Sammelband von Friederike Mayröcker, Elfriede Gerstl, Marie-Therese Kerschbaumer, Liesl Ujvary, Heidi Pataki, Elfriede Jelinek, Katharine Riese, Neda Bei, Magdalena Sadlon. Frankfurt/M. 1987

Alms, Barbara: Triviale Muster - "hohe" Literatur. Elfriede Jelineks frühe Schriften. In: Umbruch 1 (1987), S. 31-35

Anders, Günther: Die Antiquiertheit des Menschen; Band 1. Über die Seele im Zeitalter der zweiten industriellen Revolution. München 19757

Appelt, Hedwig: Die Leibhaftige Literatur. Das Phantasma und die Präsenz der Frau in der Schrift. Weinheim, Berlin: Quadriga, 1989

Arnold, Heinz Ludwig (Hrsg.): Elfriede Jelinek. (Text und Kritik. Zeitschrift für Literatur 117) München: edition Text und Kritik, 1993

Arteel, Inge: "Ich schlage sozusagen mit der Axt drein". Stilistische, Wirkungsästhetische und thematische Betrachtungen zu Elfriede Jelineks Roman DIE KLAVIERSPIELERIN.(Studia Germanica Gandensia 27) Gent: Seminarie voor Duitse Taalkunde, 1991 (C:1990)

Aspetsberger, Friedbert / Hubert Lengauer (Hrsg.): Zeit ohne Manifeste? Zur Literatur der siebziger Jahre in Österreich. (Schriften des Institutes für Österreichkunde: 49/50) Wien: Österreichischer Bundesverlag, 1987

Baier, Lothar: Angerichtet, sich selbst zu zerstören. In: Süddeutsche Zeitung, 16.7.1983

Barrett, Michèle: Das unterstellte Geschlecht. Umrisse eines materialistischen Feminismus. Berlin: Argument-Verlag, 1983 (Aus dem Englischen: Barrett, Michèle: Women's Oppression today. Problems in Marxist feminist analysis. London: NLB 1980)

Barth, Ariane: Schau mir in die Augen, Kleiner. SPIEGEL-Redakteurin Ariane Barth über die Emanzipation der weiblichen Lust. In: Der Spiegel 2 (1991), S. 144-153

Barth, Hans: Masse und Mythos. Die ideologische Krise an der Wende zum 20. Jahrhundert und die Theorie der Gewalt: Georges Sotrel. Hamburg 1959

Barthes, Roland: Mythen des Alltags. Frankfurt/M. 1964

Bartsch, Kurt und Günther Höfler (Hrsg.): Elfriede Jelinek. (Franz Nabl Institut für Literaturforschung der Universität Graz (Hg.) Dossier; 2) Graz: Droschl. 1991

Beck, Ulrich u. Elisabeth Beck-Gernsheim: Das ganz normale Chaos der Liebe. Frankfurt/M.: Suhrkamp, 1990

Beck, Ulrich: Risikogesellschaft: auf dem Weg in eine andere Moderne.(edition suhrkamp; NF Bd. 365) Frankfurt am Main: Suhrkamp, 1986

Becker-Cantarino, Barbara (Hrsg.): Die Frau von der Reformation zur Romantik. Die Situation der Frau vor dem Hintergrund der Literatur- und Sozialgeschichte (Modern German Studies. ed. by Peter Heller et al., v.7) Bonn: Bouvier, 1980

Becker-Cantarino, Barbara: Der lange Weg zur Mündigkeit. Frau und Literatur (1500-1800). Stuttgart: Metzler, 1987

Benhabib,Seyla/Judith Butler/Drucilla Cornell/Nancy Fraser: Der Streit um Differenz. Feminismus und Postmoderne in der Gegenwart. Frankfurt/M.: Fischer, 1993
Benjamin, Jessica: Die Fesseln der Liebe. Psychoanalyse, Feminismus und das Problem der Macht. Ins Deutsche Übertragen von Nils Thomas Lindquist und Diana Müller, Basel, Frankfurt/M.: Stroemfeld/Roter Stern, 1990
Beyme, Klaus v.: Feministische Theorie der Politik zwischen Moderne und Postmoderne. In: Bernhard Blanke, Bodo von Greiff, Hartmut Häussermann, Rudof Hickel, Helmut König, Wolf-Dieter Narr, Barbara Riemüller, Katharina Rutschky, Dieter Senghaas, Helmut Wollmann (Hrsg.): Leviathan. Zeitschrift für Sozialwissenschaft. 2 (Juni 1991), S. 209-228
Biron, Georg: Wahrscheinlich wäre ich ein Lustmörder. Ein Gespräch mit der Schriftstellerin Elfriede Jelinek. In: Die Zeit, Nr. 40 vom 28.09.1984, S. 47/48
Bossinade, Johanna: Rez. zu "Oh Wildnis, oh Schutz vor ihr". In: Deutsche Bücher 16 (1986), S. 261-263
Bovenschen, Silvia: Die imaginierte Weiblichkeit. Exemplarische Untersuchungen zu kulturgeschichtlichen u. literarischen Präsentationsformen des Weiblichen. Frankfurt/M.: Suhrkamp, 1979
Bovenschen, Silvia: Über die Frage: Gibt es eine weibliche Ästhetik? - welche seit kurzem im Umlauf die feministischen Gemüter bewegt - gelegentlich auch umgewandelt in die Frage nach den Ursprüngen und Möglichkeiten weiblicher Kreativität. In: Frauen/ Kunst/Kulturgeschichte. (Ästhetik und Kommunikation; Jg. 7) (September 1976) H.25, S. 60-75
Brinker-Gabler, Gisela (Hrsg.): Deutsche Literatur von Frauen. 1. Band. München 1988
Brinker-Gabler, Gisela: Deutsche Dichterinnen vom 16. Jahrhundert bis zur Gegenwart. Gedichte und Lebensläufe. Frankfurt 1978
Brownmiller, Susan: Against our Will. Men, Women and Rape. New York: Simon and Schuster, 1975; deutsche Ausgabe: Susan Brownmiller: Gegen unseren Willen. Vergewaltigung und Männerherrschaft. Frankfurt 1978
Brownmiller, Susan: Weiblichkeit. Aus dem Amerikanischen von Manfred Ohl und Hans Sartorius. Frankfurt am Main 1987
Brückner, Margrit: Die Liebe der Frauen. Über Weiblichkeit und Mißhandlung. Frankfurt/M.: Neue Kritik, 1983
Brügmann, Margret: Amazonen der Literatur. Studien zur deutschsprachigen Frauenliteratur der 70er Jahre. (Hrsg.: Cola Minis und Arend Quak: Amsterdamer Publikationen zur Sprache und Literatur; Bd. 65) Amsterdam: Rodophi, 1986
Bullough, Vern Leroy: The subordinated Sex. A history of attitudes towards women. Vern Leroy Bullough, Brenda Shelton, and Sarah Slavin. Rev. ed. Athens (usw.) 1988
Burger, Hermann: Giftmutterliebe. In: FAZ, 9.4.1983
Burgfeld, Carmen: Versuch über die Wut als Begründung einer feministischen Ästhetik. In: Notizbuch 2. VerRückte Rede. - Gibt es eine weibliche Ästhetik? Berlin: Medusaverlag 1980, S. 82-89
Busch, Frank: Lippen schweigen, blutige Geigen. Elfriede Jelineks "Krankheit" wurde in Bonn uraufgeführt. In: Süddeutsche Zeitung, 17.02.1987

Butler, Judith: Das Unbehagen der Geschlechter, Gender Studies: Vom Unterschied der Geschlechter, Aus dem Amerikanischen von Kathrina Menke, Frankfurt am Main: Suhrkamp 1991

Caduff, Corina: Ich gedeihe inmitten von Seuchen. Elfriede Jelinek - Theatertexte. (Zürcher Germanistische Studien, Bd. 25, herausgegeben von Michael Böhler, Harald Burger und Peter von Matt) zugl. Phil. Diss Universität Zürich 1991, Bern, Berlin, Frankfurt a.M., New York, Paris, Wien: Lang, 1991

Chodorow, Nancy: Das Erbe der Mütter. Psychoanalyse und Soziologie der Geschlechter. Aus dem Amerikanischen von Gitta Mühlen-Achs; München: Frauenoffensive, 1985 (Aus dem Englischen: Chodorow. Nancy J.: The Reproduction of Mothering: Psychoanalysis and the Sociology of Gender. Berkeley: University of California Press, 1978)

Chodorow, Nancy: Feminism and Psychoanalytic Theory. Cambridge: Policy Press, 1989

Cixous, Helene: Die unendliche Zirkulation des Begehrens. Berlin 1977

Cixous, Helene: Die Weiblichkeit in der Schrift. Berlin 1980

Cixous, Helene: Schreiben und Begehren. In: alternative 108/109 (1976), S. 155-159

Cixous, Helene: Schreiben, Feminität, Veränderung. In: alternative 108/109 (1976), S. 134-147

Claes, Oliver: Fremde. Vampire. Sexualität, Tod und Kunst bei Elfriede Jelinek und Adolph Muschg. Bielefeld: Aisthesis, 1994; zugl. Diss. der Universität Paderborn, 1994

Classen, Brigitte: Das Liebesleben in der zweiten Natur. In: Anschläge 7/8 (1989), S. 33-35

Cramer, Sybille: "Die Natur ist schmutzig". In: Frankfurter Rundschau Nr. 27, 01.02.1985, Zeit und Bild

Czarnecka, Miroslawa: Frauenliteratur der 70er und 80er Jahre in der Bundesrepublik Deutschland. 1986

Dietze, Gabriele (Hrsg.): Die Überwindung der Sprachlosigkeit. Texte aus der neuen Frauenbewegung. Darmstadt 1979

Dietzen, Agnes: Soziales Geschlecht. Soziale, kulturelle und symbolische Dimensionen des Gender-Konzepts. Opladen: Westdeutscher Verlag 1993

Döbert, Rainer / Gertrud Nunner-Winkler: Adoleszenzkrise und Identitätsbildung. Psychische und soziale Aspekte des Jugendalters in der modernen Gesellschaft. Frankfurt/M. 1975

Döbert, Rainer, Jürgen Habermas und Gertrud Nunner-Winkler (Hrsg.): Entwicklung des Ichs. (Neue Wissenschaftliche Bibliothek 90 Soziologie) Köln: Kiepenheuer & Witsch, 1977

Doll, Annette: Mythos, Natur und Geschichte bei Elfriede Jelinek. Eine Untersuchung ihrer literarischen Intentionen. Zugl.: Phil. Diss. Univ. Köln 1992; Stuttgart: Metzler, M & P, 1994

Dorpat, Draginja: Annäherungsversuche zu einer Antwort auf die Frage: 'Gibt es eine weibliche ästhetik?'In: Notizbuch 2 (1980), S. 73-81

Drews, Jörg: Staunenswerter Haßgesang - aber auf wen? Elfriede Jelinek und die Gewalt der Lust. In: Süddeutsche Zeitung, 15./16.04.1989

Duelli-Klein, Renate and Deborah L. Steinberg (Eds.): Radical Voices. A Decade of Femnist Resistance from Women's Studies International Forum. (gen. Ed.: Gloria Bowles, Renate Klein, Janice Raymond: The Athene series) Oxford: Pergamon, 1989

Duelli-Klein, Renate and Gloria Bowles (Hrsg.): Theories of Women's Studies. London 1983

Egghardt, Hanne: Texte wie im Fernsehen. In: Trend-Profil-Extra 1 (1987) 3, S. 26/27

Endres, Ria: Ein musikalisches Opfer. In: Der Spiegel 37 (1983) H.21

Engerth, Rüdiger: Modelle und Mechanismen der Trivialliteratur. In: Die Furche 25.7.1970, Nr. 30, S. 11

Farnham, Christie (Ed.): The Impact of Feminist Research in the Academy. Indiana: Univ. Press, 1987

Fiddler, Allyson: Jelinek's Ibsen: 'Noras' (sic) Past and Present. In: Rbertson, Ritchie and Edward Timms (Eds.): Theatre and Performance an Austria. Form Mozart to Jelinek. (Austrian Studies IV) Edingburgh: Edingburgh Univ. Press, 1993, S. 126-138

Fiddler, Allyson: Rewriting Reality. An Introduction to Elfriede Jelinek. Oxford, Providence: Berg, 1994

Finkelhor, David und Kersti Yllo: License to Rape. Sexual Abuse of Wives. New York: Holt, Rinehart and Winston, 1985

Firestone, Shulamith, The Dialectic of Sex. London: Paladin, 1972

Fischer, Michael: Trivialmythen in Elfride Jelineks Romanen "Die Liebhaberinnen" und "Die Klavierspielerin." (Karl Richter et al. (Hrsg.): Saarbrücker Beiträge zur Literaturwissenschaft; Bd 27) St. Ingbert: Röhrig, 1991

Flax, Jane: Thinking Fragments: Psychoanalysis, Feminism, and Postmodernism in the Contemporary West. Berkeley, Los Angeles, Oxford: University of California Press, 1990

Fleischhanderl, Karin: Schreiben und/oder Übersetzen. Ein Interview mit Elfriede Jelinek. In: Wespennest 73 (1988), S. 24-26

Flynn, Elizabeth A. and Patrocinio P. Schweickart (Ed.): Gender and Reading: Essays on Readers, Text, and Contexts. Baltimore and London: Johns Hopkins Univ. Press, 1986

Fox-Genorese, Elizabeth: Feminism without Illusion. A Critique of Individualism. Princeton 1991

Frank, Manfred / Anselm Haverkamp (Hrsg.): Individualität. (Poetik und Hermeneutik; Bd. 13) München: Fink, 1988

Freud, Sigmund: Über die weibliche Sexualität (1931). In: Sigmund Freud, Gesammelte Werke, Frankfurt 1946, Bd. 14, S. 523ff.

Friedl, Harald (Hrsg.): Die Tiefe der Tinte. Wolfgang Bauer, Elfriede Jelinek, Friederike Mayröcker, H.C. Artmann, Milo Dor, Gert Jonke, Barbara Frischmuth, Ernst Jandl, Peter Turrini, Christine Nöstlinger im Gespräch. Salzburg: Grauwerte, 1990

Frischmuth, Barbara: Denken Sie bitte nach, meine Damen! In: Die Presse, 8./9. März 1975, S. 22

Fuchs, Christian (Hrsg.): Theater von Frauen - Österreich. Elfriede Jelinek ... et al. Frankfurt am Main: Eichborn 1991

Gerstl, Elfriede (Hrsg.): eine frau ist eine frau ist eine frau.... Autorinnen über Autorinnen. Sammlung der Beiträge des Symposions "eine frau ist eine frau ist eine frau..." vom 3. bis 5. März 1985 in Wien, Veranstalter: Kulturreferat der Österreichischen Hochschülerschaft. Wien: Promedia, 1985

Gerstl, Elfriede: grüßen, gehen, stehen. In: Hackl, Erich (Hrsg.): Wien, Wien allein. Literarische Nahaufnahmen. (Sammlung Luchterhand; 705) Darmstadt; Neuwied: Luchterhand, 1987, S. 150-152

Gilbert, Sandra M.: Life Studies, or, Speech After Long Silence: Feminist Critics Today. College English 40 (1979), p. 850

Gilbert, Sandra M. und Susan Gubar: The Madwoman in the Attic. New Haven & London 1979

Gmelin, Otto F.: Rädelsführer I oder Emanzipation und Orgasmus. Flugschrift, Berlin 1968

Gnüg, Hiltrud und Renate Möhrmann (Hrsg.): Frauen Literatur Geschichte. Schreibende Frauen vom Mittelalter bis zur Gegenwart. Stuttgart: Metzler, 1985

Gnüg, Hiltrud: Gibt es eine weibliche Ästhetik? In: Kürbiskern 1 (1978), S. 131-140

Grandell, Ulla: Mein Vater, Mein Vater, warum hast Du mich verlassen? Männergestalten in deutschsprachiger Frauenliteratur 1973 - 1982. Stockholm 1987 (zugl. Univ. Diss. Stockholm)

Grenz, Dagmar: Mädchenliteratur. Von den moralisch-belehrenden Schriften im 18. Jahrhundert bis zur Herausbildung der Backfischliteratur im 19. Jahrhundert. (Germanistische Abhandlungen 52) (Gedruckt als Habilitationsschrift auf Empfehlung der erziehungswissenschaftlichen Fukultät zu Köln) Stuttgart: Metzler, 1981

Gross, Roland: Nichts ist möglich zwischen den Geschlechtern. Ein Gespräch mit Elfriede Jelinek. In: Süddeutsche Zeitung, 20.01. 1987

Gruber, Bettina: "...Auf Gebluüh und Gedeih". Anmerkungen zur neuesten Prosa Elfriede Jelineks. In: Mitteilungen des Instituts für Wissenschaft und Kunst 4 (Wien 1985), S. 110-112

Günther, Hans: Funktionsanalyse der Literatur. In: Neue Ansichten einer künftigen Germanistik. (Jürgen Kolbe (Hg.): Reihe Hanser 122) München: Carl Hanser 1973, S. 174-184

Gürtler, Christa (Hrsg.): Gegen den schönen Schein. Texte zu ELfriede Jelinek. Frankfurt/M.: Neue Kritik, 1990

Gürtler, Christa u.a. (Hrsg.): Frauenbilder - Frauenrollen - Frauenforschung. Dokumentation der Ringvorlesung an der Universität Salzburg im WS 1986/87. (Veröffentlichungen des Historischen Instituts der Universität Salzburg. Bd. 17, hrsg. von Brigitte Mazohl-Wallnig) Wien-Salzburg: Geyer 1987

Habermas, Jürgen: Strukturwandel der Öffentlichkeit. Untersuchungen zu einer Kategorie der bürgerlichen Gesellschaft. 8. Auflage, Neuwied/ Berlin: Luchterhand 1976 (Erstveröffentlichung 1962) 84 Habermas, Jürgen: Der philosophische Diskurs der Moderne. 12 Vorlesungen 1978

Hage, Volker: Unlust. In: Die Zeit 15 (1989)

Hahn, Ulla: Gibt es eine Frauenliteratur? In: Doormann, Lottemi (Hrsg.): Keiner schiebt uns weg. Zwischenbilanz der Frauenbewegung in der Bundesrepublik. Weinheim und Basel: Beltz 1979, S. 252-259

Harari, Josué V. (Ed.): Textual Strategies. Perspectives in Post-Structuralist Criticism. Ithaca, New York: Cornell Univ. Press, 1979
Harpprecht, Klaus: So ein großer Haß und so ein kleines Land. In: Titel 2 (München 1985), S. 64-67
Hassauer, Friederike und Peter Roos (Hrsg): Die Frauen mit Flügeln, die Männer mit Blei? Notizen zu weiblicher Ästhetik, Alltag, und männlichem Befinden. Siegen: Affholderbach, 1986
Hassauer, Friederike: Der ver-rückte Diskurs der Sprachlosen. In: Notizbuch 2 (1980)
Hassauer, Friederike: Gibt es eine weibliche Ästhetik? In: Theater heute. Sonderheft 1978, S. 116-123;
Hassauer, Friederike: Konzepte "weiblicher Ästhetik" als Gegenstand der Literaturwissenschaft. In: Universitas. Zeitschrift für Wissenschaft, Kunst und Literatur. Jg.38 (1983) No.448/H.9, S.925-932
Hausen, Karin (Hrsg): Frauen suchen ihre Geschichte. Historische Studien zum 19. und 20. Jahrhundert. (Beck'sche schwarze Reihe; Bd. 276) München: Beck, 1983
Hausen, Karin: Die Polarisierung der 'Geschlechtscharaktere' - Eine Spiegelung der Dissoziation von Erwerbs- und Familienleben. In: Werner Conze (Hrsg.): Neuzeit Europas (Industrielle Welt; Schriftenreihe des Arbeitskreises für moderne Sozialgeschichte, Bd. 21) Stuttgart 1976, S. 363-393
Henrichs, Benjamin/Hetz A.: Elfriede Jelineks "Burgtheater" in Bonn. In: Die Zeit 47 (1985)
Henrichs, Benjamin: Mütterdämmerung. In: Die Zeit 29 (1983)
Hensel, Georg: Gehemmte weibliche Kunstproduktion. "Clara S." - eine musikalische Tragödie von Elfriede Jelinek - Uraufführung in Bonn. In: FAZ vom 29.09.1982
Hermand, Jost (Hrsg.): Literatur nach 1945 II. Themen und Genres. Wiesbaden 1975
Hermand, Jost: Pop-Literatur. In: ders. et al.: Literatur nach 1945 II. Themen und Genres (Neues Handbuch der Literaturwissenschaft; Bd. 22) Wiesbaden: Athenaion, 1979, S. 279-309
Hofer, Wolfgang: Gegenentwurf zu einer neuen Naturmystik. In der Wildnis poetischen Ingrimms. In: Die Presse, 11./12.01.1986
Hoffmann, Yasmin: Fragmente einer Sprache des Konsums. Zu Elfriede Jelineks Roman 'Die Klavierspielerin.' In: Cahiers d'etudes germaniques (1988) 15, S. 167-178
Hoffmeister, Donna: "Access routes into postmodernism". Interviews with Innerhofer, Jelinek, Rosei, and Wolfgruber. In: Modern Austrian Literature 20 (1987) No.2, pp. 97-130
Holland-Cunz, Barbara: Feministische Utopien - Aufbruch in die postpatriarchale Gesellschaft. Meitingen 1988
Huyssen, Andreas u. Klaus R. Scherpe: Postmoderne. Zeichen eines kulturellen Wandels. Reinbek: Rowohlt 1986
Irigaray, Luce: Die Frau, ihr Geschlecht und die Sprache. Ein Gespräch zwischen Cathérine Clément und Luce Irigaray. In: Unbewußtes, Frauen Psychoanalyse. (Internationale Marxistische Diskussionen 66) Berlin: Merve, 1977, S. 104-111
Irigaray, Luce: Eine bewegt sich nicht ohne die andere. In:Freibeuter 2, Herbst 1979, Frankfurt: Wagenbach, 1979, S. 72-78

Irigaray, Luce: Neuer Körper, neue Imagination. Interview von Martine Storti. Aus dem Französischen von Gerburg Treusch-Dieter. In: alternative 110/111 (1976), S. 123-126

Irigaray, Luce: Speculum. Spiegel des anderen Geschlechts. Frankfurt 1980

Irigaray, Luce: Unbewußtes, Frauen, Psychoanalyse. Fragen an Luce Irigaray, gestellt vom Fachbereich Philosophie und Politik der Universität Toulouse. In: Unbewußtes, Frauen Psychoanalyse. (Internationale Marxistische Diskussionen 66) Berlin: Merve, 1977, S. 5-35

Janz, Marlies: Elfriede Jelinek. (Realien zur Literatur)(Sammlung Metzler; Bd. 286) Stuttgart: Metzler, 1995

Jelinek, Elfriede und Franz Nowotny: Die Ausgesperrten. Filmdrehbuch. Österreich 1982

Jelinek, Elfriede und Hans Scheugl: Was die Nacht spricht. Filmdrehbuch. Österreich 1987

Jelinek, Elfriede und Wilhelm Zobl: Offener Brief an Alfred Kolleritsch und Peter Handke. In: manuskripte 27 (1969), S. 3f.

Jelinek, Elfriede: Begierde. (Begleitperson für ein schwarzes Botin hinüber) In: Die schwarze Botin 32/33 (1986/1987)

Jelinek, Elfriede: bukolit. hörroman. Wien 1979

Jelinek, Elfriede: Burgtheater. Posse mit Gesang. In: Manuskripte 22 (1987) H. 67, S. 49-69

Jelinek, Elfriede: Dankesworte der Preisträgerin und die Ballade von den drei wichtigsten Männern und dem Personenkreis um sie herum. In: Die schwarze Botin 9 (1978), S. 6-11

Jelinek, Elfriede: Das im Prinzip sinnlose Beschreiben von Landschaften. In: 20 Jahre manuskripte 69/70 (1980), S. 6-8

Jelinek, Elfriede: Der brave Franz ist brav. In: Loschütz und Gertraud Middelhauve. Das Einhorn sagt zum Zweihorn. Schriftsteller schreiben für Kinder. München 1977, S. 114-122

Jelinek, Elfriede: Der einzige und wir, sein Eigentum. In: Profil 8 (1989), S. 72-73

Jelinek, Elfriede: Der ewige Krampf. Elfriede Jelinek über zwei Arsenleichen (weiblich) in der Literatur. In: Extrablatt 9 (1980), S. 82-85

Jelinek, Elfriede: Der freie Fall der Körper. In: Zeit-Magazin 15 (1989), S.6-8

Jelinek, Elfriede: Der fremde! störenfried der ruhe eines sommerabends der ruhe eines friedhofs. In: Handke, Peter (Hrsg.): Der gewöhnliche Schrecken. Horrorgeschichten. Salzburg 1969, S. 146-160

Jelinek, Elfriede: Der Krieg mit anderen Mitteln. Über Ingeborg Bachmann. In: Die schwarze Botin. 21 (1983), S. 149-153

Jelinek, Elfriede: Der Sinn des Obszönen. In: Gehrke, Claudia (Hrsg.): Frauen und Pornographie. konkursbuch extra. Tübingen: konkursbuch Claudia Gehrke, o.J., S. 101-103

Jelinek, Elfriede: Der Turrini Peter. In: Theater heute 12 (1981), S. 40

Jelinek, Elfriede: Der Überfluß ist kein Genuß. (1. Folge) In: Wespennest 21 (1975), S. 62-70

Jelinek, Elfriede: Die Ausgesperrten. Roman. Reinbek bei Hamburg: rowohlt 1990 (23.-28. Tausend); Erstveröffentlichung 1985

Jelinek, Elfriede: Die Bienenkönige. In: Ritter, Roman / Hermann Peter Piwitt (Hrsg.): Die Siebente Reise. 14 utopische Erzählungen. München 1978

Jelinek, Elfriede: Die endlose unschuldigkeit. In: Matthaei, Renate (Hrsg.): Trivialmythen. Frankfurt 1970, S. 40-66

Jelinek, Elfriede: Die Jubilarin. Hörspiel. Bayerischer Rundfunk 1978.
Jelinek, Elfriede: Die Kinder der Toten. Roman. Reinbek bei Hamburg, 1995
Jelinek, Elfriede: Die Klavierspielerin. Roman. Reinbek bei Hamburg: rowohlt, 1989 (107.-131. Tausend); Erstveröffentlichung 1983
Jelinek, Elfriede: Die Liebhaberinnen. Roman. Reinbek bei Hamburg: Rowohlt, 1995 (95.-98. Tausend); Erstveröffentlichung 1975
Jelinek, Elfriede: Die Österreicher als Herren der Toten. In: Martin Lüdke und Delf Schmidt (Hrsg.): Verkehrte Welten. Barock, Moral und schlechte Sitten. (Literaturmagazin 29) Reinbek bei Hamburg: Rowohlt, 1992, S. 23-26
Jelinek, Elfriede: Die Ramsau im Dachstein. Fernsehfilm. ORF 1976
Jelinek, Elfriede: Die süße Sprache. In: Irnberger, Harald (Hrsg.): Betroffensein. Texte zu Kärnten im Herbst. Klagenfurt/ Celovec 1980, S. 57-64
Jelinek, Elfriede: Ein Brief. In: Seuter, Harald (Hrsg.): Die Feder, ein Schwert? Literatur und Politik in Österreich. Graz: Leykam, 1981, S. 86-90
Jelinek, Elfriede: Eine Versammlung. In: Die schwarze Botin 2 (1977), S. 30-31
Jelinek, Elfriede: Emma. In: Die schwarze Botin 13 (1979), S. 29-30
Jelinek, Elfriede: ende. gedichte 1966-1968. Ill. Hrsg. von Martha Jungwirth, Schwifting 1980
Jelinek, Elfriede: Erschwerende Umstände oder kindlicher Bericht über einen Verwandten. In: Weyrauch, Wolfgang (Hrsg.): Das Lächeln meines Großvaters und andere Familiengeschichten erzählt von 47 deutschen Autoren. Düsseldorf 1978, S. 106-111
Jelinek, Elfriede: Erziehung eines Vampirs. Hörspiel. Süddt., Norddt. u. Bayerischer Rundfunk 1986
Jelinek, Elfriede: fragen zu flipper. In: manuskripte 29/30 (1970), S. 18-20
Jelinek, Elfriede: Frauenliebe-Männerleben. Hörspiel. Südwestfunk und Hessischer Rundfunk 1982
Jelinek, Elfriede: Für den Funk dramatisierte Ballade von drei wichtigen Männern sowie dem Personenkreis um sie herum. Norddt. Rundfunk 1974
Jelinek, Elfriede: hörprosa um bukolit VIII. In: Literatur und Kritik 33 (1969), S. 145-149
Jelinek, Elfriede: Ich fordere Sie ernstlich auf: Luft und Lust für alle. In: Classen, Brigitte (Hrsg.): Pornost. Triebkultur und Gewinn. München 1988, S. 115-119
Jelinek, Elfriede: Ich möchte seicht sein. In: Schreiben 9 (1986), S. 74 (Auch erschienen in: Theater Heute. Jahrbuch 1983, S. 102)
Jelinek, Elfriede: Ich schlage sozusagen mit der Axt drein'. In: Theater-ZeitSchrift 7 (1984), S. 14-16.
Jelinek, Elfriede: Im Grünen. In: manuskripte 100 (1988), S. 85/86
Jelinek, Elfriede: Im Namen des Vaters. In: Profil 50 (1983), S.52-53
Jelinek, Elfriede: In den Waldheimen und auf den Haidern. Rede zur Verleihung des Heinrich-Böll-Preises in Köln am 2.Dezember 1986. In: Die Zeit, Nr. 50 vom 5.12.1986, S. 50
Jelinek, Elfriede: Irmgard Keun und die Sprache des Kindes. In: Die schwarze Botin 26 (1985), S. 9-12
Jelinek, Elfriede: Isabelle Huppert in Malina. Ein Filmbuch. Von Elfriede Jelinek; nach dem Roman von Ingeborg Bachmann.. Frankfurt am Main: Rowohlt 1991
Jelinek, Elfriede: Jelka. Familienserie. Südwestfunk 1977.

Jelinek, Elfriede: Kasperl und die dicke Prinzessin oder Kasperl und die dünnen Bauern. Süddt. Rundfunk 1984
Jelinek, Elfriede: Keine Geschichte zum Erzählen. In: Lüdke, M. und Detlef Schmidt (Hrsg.): Die Aufwertung der Peripherie. (Literaturmagazin 15.) Reinbek bei Hamburg 1985, Seite 183-189
Jelinek, Elfriede: Krankheit oder Moderne Frauen. Wie ein Stück für Eva Meyer. Mit einem Nachwort von Regine Friedrich. Köln 1987
Jelinek, Elfriede: Lisas Schatten. München u.a. 1967 (Der Viergroschenbogen; Folge 76)
Jelinek, Elfriede: Lust. Reinbek bei Hamburg: Rowohlt Mai 1989^2; Erstveröffentlicht: April 1989
Jelinek, Elfriede: Malina. Nach dem Roman von Ingeborg Bachmann. Frankfurt/M. 1991
Jelinek, Elfriede: Materialien zur Musiksoziologie. Wien, München 1972
Jelinek, Elfriede: Michael. Ein Jugendbuch für die Infantilgesellschaft. Reinbek bei Hamburg: rowohlt 1989 (21-24. Tausend); Erstveröffentlichung 1972
Jelinek, Elfriede: Oh Wildnis, oh Schutz vor ihr. Prosa. Reinbeck bei Hamburg 1985
Jelinek, Elfriede: paula, bei der rezeption eines buches, das am land spielt, und in dem sie die hauptrolle spielt. In: Manuskripte 50 (1975), S. 49-51
Jelinek, Elfriede: Paula. In: Konjetzky, Klaus / Dagmar Ploetz (Hrsg.): Keine Zeit für Tränen. 13 Liebesgeschichten. München 1976
Jelinek, Elfriede: Porträt einer verfilmten Landschaft. Hörspiel. Norddt. Rundfunk 1977
Jelinek, Elfriede: Präsident Abendwind. In: Anthropophagen im Abendwind. Berlin 1988, S. 19-35
Jelinek, Elfriede: rosie die weisse hölle. In: 707. Jahresschrift für Literatur, Kunst, Kritik I (1970)
Jelinek, Elfriede: Schamgrenzen? Die gewöhnliche Gewalt der weiblichen Hygiene. In: taz, 26.11.1983; auch in: Frauen Macht, Konkursbuch 12 (11984), S. 137-139
Jelinek, Elfriede: Statement. In: Grenzverschiebung. Neue Tendenzen in der deutschen Literatur der 60er Jahre. Herausgegeben und mit einem Vorwort von Renate Matthaei. Köln, Berlin: Kiepenheuer & Witsch, 1970, S. 215-216
Jelinek, Elfriede: Theaterstücke. Clara S. Was geschah, nachdem Nora ihren Mann verlassen hatte? Burgtheater. Mit einem Nachwort von Ute Nyssen. Köln: Prometh, 1984
Jelinek, Elfriede: Totenauberg: Ein Stück. Reinbek bei Hamburg: Rowohlt. 1991
Jelinek, Elfriede: Udo. untersuchungen zu udo jürgens liedtexten. In: Die schwarze Botin 8 (1978), S. 27-31
Jelinek, Elfriede: Umfrage "Was lesen Sie gerade, Elfriede Jelinek?" In: Stern 8 (1984)
Jelinek, Elfriede: Untergang eines Tauchers. Süddt. Rundfunk 1973.
Jelinek, Elfriede: Was geschah, nachdem Nora ihren Mann verlassen hatte?: 8 Hörspiele von Elfriede Jelinek. Herausgegeben von Helga Geyer-Ryan. Mit einem Almanach der seit 1970 gesendeten Hörspiele von Frauen über Frauen von Mechthild Zschau. München 1982
Jelinek, Elfriede: Weil sie heimlich weinen muß, lacht sie über Zeitgenossen. Über Irmgard Keun. In: Die horen 25 (1980) H. 4

Jelinek, Elfriede: wenn die Sonne sinkt, ist für manche schon Büroschluß. Hörspiel. Süddt. und bayerischer Rundfunk 1972. Publiziert in: Klöckner, Klaus (Hrsg.): Und wenn du dann noch schreist... . Deutsche Hörspiele der 70er Jahre. München 1980, S. 161-176

Jelinek, Elfriede: Wien West. Norddt. und Westdt. Rundfunk 1972

Jelinek, Elfriede: wir sind lockvögel, baby! roman. Reinbek bei Hamburg: rowohlt 1989(2. Auflage); Erstveröffentlichung: 1970

Jelinek, Elfriede: wir stecken einander unter der haut. konzept einer television des innen raums. In: protokolle 1 (1979), S. 129-134

Jelinek, Elfriede: Wolken. Heim. Göttingen: Steidl, 1990

Jelinek, Elfriede: Zu: Sylvia Plath "Briefe nach Hause". In: Aufschreiben. Texte österreichischer Frauen. Wien: Wiener Frauenverlag, 1981, S. 43-46

Johns, Jorun B. and Katherine Arens (Eds.): Elfriede Jelinek: Framed by Language. (Studies in Austrian Literature, Culture, and Thought.) New York: Ariadne Press 1994

Jung, Jochen (Hrsg.): Reden an Österreich. Schriftsteller ergreifen das Wort. Salzburg, Wien 1988

Jürgensen, Manfred (Hrsg.): Frauenliteratur. Autorinnen-Perspektiven -Konzepte. Bern, Frankfurt/M.: Lang, 1983

Kaiser, Joachim: Meine lieben jungen Freunde. In: Süddeutsche Zeitung, 16.11.1972

Karasek, Hellmuth: Auf dem Altar des männlichen Genies. In: Der Spiegel 40 (1982)

Karpenstein, Christa: "Bald führt der Blick das Wort ein, bald leitet das Wort den Blick." In: Kursbuch 49, 1977, S. 59-79,

Kathrein, Karin: Mit Feder und Axt. Die österreichische Schriftstellerin Elfriede Jelinek im Gespräch. In: Die Presse, 3./4.03.1984

Keine Lust für niemand? - Auszüge aus dem Streit über Jelineks "Lust" im "literarischen Quartett"/ZDF (Marcel Reich-Ranicki, Sigrid Löffler, Helmut Karasek, Jürgen Busche) sowie "Lust" aus der Perspektive der Käthe Trettin und des Jürgen Busche. In: Pflasterstrand 311 (1989), S. 37-44

Kempf, Marcelle: Elfriede Jelinek ou le magie du verbe contre l betissement et le conformisme. In: `Etudes allemandes et atrichiennes', reunies par Richard Thieberger, Annales de la faculte des lettres et sciences humaines de Nice, No. 33 (1977), pp. 133-142

Kerschbaumer, Marie Therese: Bemerkungen zu Elfriede Jelineks Burgtheater. Posse mit Gesang. In: Frischfleisch & Löwenmaul 39 (1983), S. 42-47; auch in: Weg und Ziel 2 (1986), S. 68-71

Kerschbaumer, Marie Therese: Lehrgedicht und Strafrede über die kapitalistische Jagdgesellschaft in drei Teilen. In: Weg und Ziel 4 (1986), S. 151

Kerschbaumer, Marie-Thérèse: Der weibliche Name des Widerstands. Sieben Berichte. Walter: Olten und Freiburg i.B., 1980

Kleiber, Carine und Erika Tunner (Hrsg.): Frauenliteratur in Österreich von 1945 bis heute: Beiträge des internationalen Kolloquiums 1985 in Mulhouse, 21.-23. Februar 1985. Bern; Frankfurt am Main; New York: Lang, 1986

Klier, Walter: "In der Liebe schon ist die Frau nicht voll auf ihre Kosten gekommen, jetzt will sie nicht auch noch ermordet werden." Über die Schriftstellerin Elfriede Jelinek. In: Merkur 41 (1987) H.5, S. 423-427

Kolodny, Annette: Not-So-Gentle Persuasion: A Theoretical Imperative of Feminist Literary Criticism. Conference on Feminist Literary Criticism, National Humanities Center, Research Triangle Park, N.C. 27 March 1981, S. 7 ff.
Könnecker, Barbara: Jahrbuch für internationale Germanistik. Hrsg. v. Hans-Gerd Roloff. Reihe A: VI. Germanisten- Kongreß. Basel 1980
Kosler, Hans Christian: bukolit in der bakalitwelt. Elfriede Jelineks Hörroman. In: Die Süddeutsche Zeitung, 7.11.1979
Kosler, Hans Christian: Elfriede Jelinek (fortgesetzt von Annette Doll). In: Arnold, H.L. (Hrsg.): Kritisches Lexikon zur Gegenwartsliteratur (7. Nlg.). München: Edition "text + kritik", 1993
Köster, Cornelia: Und wo war Nestroy? In: Der Tagesspiegel, 17.07.1987
Kraft, Helga: Der Riß im Familienportrait. Sechs Autorinnen dekonstruieren das Bild ihrer Mutter. In: Anna-Maria Eder, Edda Kiesel, Beate Rattay (Hrsg.): "... das Weib wie es seyn sollte" Aspekte zur Frauenliteraturgeschichte (Fussnoten zur neueren deutschen Literatur, Heft 6) Bamberg: 1986, S. 73-78
Krechel, Ursula: Leben in Anführungszeichen. Das Authentische in der gegenwärtigen Literatur. In: Literaturmagazin 11: Schreiben oder Literatur. (Das neue Buch, hg. von Jürgen Manthey) Reinbek bei Hamburg: Rowohlt 1979, S. 80-107
Kristeva, Julia: Desire in Language. A Semiotic Approach to Literature and Art. London 1980
Kristeva, Julia: Kein weibliches Schreiben? Fragen an Julia Kristeva. In: Freibeuter 2 (Herbst 1979), S. 79-84
Kristeva, Julia: La révolution du langage poétique. Éditions du Seuil, 1974; Deutsche Ausgabe: Die Revolution der poetischen Sprache. Frankfurt 1978 ; Englische Ausgabe: Revolution in Poetic Language. Translated by Margaret Waller with an Introduction by Leon S. Roudiez. New York: Columbia University Press 1984)
Kristeva, Julia: Language. The Unknown. An Initiation into Linguistics. Translated by Anne M. Menke. (European Perspectives) New York: Columbia University Press 1989)
Kristeva, Julia: Produktivität der Frau. Interview von Eliane Boucquey, aus dem französischen von Lily Leder. In: alternative 108/109 (1976), S. 166-173
Kübler, Gunhild: "Spitze Schreie". Elfriede Jelineks "Oh Wildnis, oh Schutz vor ihr". In: Neue Zürcher Zeitung, Nr. 295, 20.12.1985, S. 43
Kuhn, Annette/Jörn RÜSEN (Hrsg.): Frauen in der Geschichte II. Fachwissenschaftliche und fachdidaktische Beiträge zur Sozialgeschichte der Frauen vom frühen Mittelalter bis zur Gegenwart. (Geschichtsdidaktik; (Bandreihe);; Bd. 8, hg.von Klaus Bergmann, Werner Boldt, Annette Kuhn, Jörn Rüsen, Gerhard Schneider) Düsseldorf: Schwann 1982
Kummer, Elke: Du, unglückliches Österreich, heirate. In: Die Zeit vom 14.11.75 (Nr. 47) S. 2 der Literaturbeilage
Lacan, Jaques: La femme n'éxiste pas. Aus dem Französischen von Horst Brühmann. In. alternative 108/109 (1976), S. 160-163
Lahann, Brigitte: "Männer sehen in mir die große Domina." In: Stern 37,1988
Lahann, Brigitte: Frauen sind leicht verderbliche Ware. In: Stern 6, 1987
Landes, Brigitte: Kunst aus Kakanien. Über Elfriede Jelkinek. In: Theater Heute 1 (1986), S. 7-8

Landes, Brigitte: Zu Elfriede Jelineks Stück 'Krankheit oder moderne Frauen. Wie ein Stück'. In: Schreiben 9 (1986) H.29/30, S.89-95

Landweer, Hilge: Das Märtyrerinnenmodell. Zur diskursiven Erzeugung weiblicher Identität. (Feministische Studientexte; 1), Pfaffenweiler: Centaurus, 1990; zugl.: Bielefeld, Univ., Diss., 1989

Lehmann, Brigitte: Oh Kälte, oh Schutz vor ihr. Ein Gespräch mit Elfriede Jelinek. - "Es geht nur um Sprache, es geht nicht um Erlebnisse." In: Lesezirkel 15 (Wien 1985), S. 3

Leitenberger, Ilse: Abrechnung mit einer Scheinwelt. In: Die Presse vom 19.7.72

Lenk, Elisabeth: Die sich selbst verdoppelnde Frau. In: Frauen/ Kunst/Kulturgeschichte. (Ästhetik und Kommunikation; Jg.7) (September 1976) H.25, S. 84-87

Lennox, Sara: Auf der Suche nach den Gärten unserer Mütter. Femi-nistische Kulturkritik in Amerika 1970-1980. Darmstadt-Neuwied 1982

Lethen, Helmut: Neue Sachlichkeit. In: von Bormann, Alexander / Horst Albert Glaser (Hrsg.): Deutsche Literatur. Eine Sozialgeschichte; Bd. 9: Weimarer Republik-Drittes reich: Avantgardismus, Parteilichkeit, Exil; 1918-1945. Reinbek 1983, S. 168-179

Levin, T.J.: Political Ideology and Aesthetics in Neo-Feminist German Fiction: Verena Stefan, Elfriede Jelinek, Margot Schröder. Ithaca 1979

Lindner, Christian: In Waldheimen und auf Haidern. Elfriede Jelinek erhielt den Kölner Heinrich-Böll-Preis. In: Süddeutsche Zeitung, 4.12.1986

Lingens, Peter Michael: Wieweit verdient Paula Wessely Elfriede Jelinek? In: Profil 48 (1985), S. 12-16

Löffler, Sigrid und Elfriede Jelinek: Ich mag Männer nicht, aber ich bin sexuell auf sie angewiesen. In: Profil 13 (1989), S. 83-85

Löffler, Sigrid: "Was habe ich gewußt? Nichts." Künstler im dritten Reich. Fragen nach der verdrängten Vergangenheit. In: Theater Heute 1 (1986), S. 2-11 (auch veröffentlicht in: Profil 48 (1985), S. 88-95)

Löffler, Sigrid: Der sensible Vampir. In: Emma 10 (1985), S. 32-37

Löffler, Sigrid: Elegant und gnadenlos. Porträt Elfriede Jelinek. In: Brigitte 14 (1989), S. 95-97

Löffler, Sigrid: Elfriede Jelinek. Spezialistin für den Haß. Eine Autorin, die keine Annäherung gestattet. In: Die Zeit, Nr. 45 (1985)

Löffler, Sigrid: Erhalte Gott dir deinen Ludersinn. In: Profil 47 (1985), S. 72-73

Mahler-Bungers, Annegret: Der Trauer auf der Spur. Zu Elfriede Jelineks 'Die Klavierspielerin.' In: Freiburger literaturpsychologische Gespräche 7 (1988), S. 80-95.

Marcuse, Herbert: Zeit-Messungen. Drei Vorträge und ein Interview. Frankfurt/M.: Suhrkamp 1975

Marquardt, Odo / Karlheinz Stierle (Hrsg.): Identität. (Poetik und Hermeneutik 8) München: Fink, 1979

Mattis, Anita Maria: Sprechen als theatralisches Handeln? Studien zur Dramaturgie der Theaterstücke Elfriede Jelineks. Wien Phil. Diss. 1987

Maturana, Humberto R. / Francisco J. Varela: The Tree of Knowledge. Boston, 1987

Mayer, Hans: Aussenseiter. Frankfurt: Suhrkamp 1975

McVeigh, Joseph: Kontinuität und Vergangenheitsbewältigung in der österreichischen Literatur nach 1945. (Karl Koweindl (Hrsg.): Untersuchungen zur Literatur des 20. Jahrhunderts, Bd. 10) Wien: Braumüller, 1988

Merian, Svende: Der Tod des Märchenprinzen. Hamburg 1980
Meyer, Anja: Elfriede Jelinek in der Geschlechterpresse. Die Klavierspielerin und Lust im printmedialen Diskurs. (Germanistische Texte und Studien. Bd. 44) Hildesheim, Zürich New-York: Olms-Weidmann, 1994
Meyhöfer, Annette: Nein, sie kennt auch diesmal keine Gnade. In: Der Spiegel 43 (1989), S. 243-250
Millett, Kate: Sexus und Herrschaft. Die Tyrannei des Mannes in unserer Gesellschaft. Dt. München/Wien/Basel 1971
Mitchell, Juliet: Psychoanalyse und Feminismus, Frankfurt 1976
Moers, Ellen: Literary Women. The Great Writers. London: Women's Press, 1978
Möhrmann, Renate: Die andere Frau. Emanzipationsansätze deutscher Schriftstellerinnen im Vorfeld der Achtundvierziger-Revolution (Metzler Studienausgabe), Stuttgart: Metztler, 1977
Moi, Toril (Hrsg.): The Kristeva Reader. Julia Kristeva. Organisation, editorial matter and introduction by Toril Moi. New York: Columbia University Press, 1986
Moi, Toril: Textual Politics: Feminist Literary Theory. London/New York 1985; Übers.: Sexus - Text - Herrschaft: Feministische Literaturtheorie. Bremen 1989
Molden, Hanna: Elfriede Jelinek. Die kultivierte Neurose. In: Cosmopolitan 5 (1985), S. 30-35
münchner literaturarbeitskreis. Gespräch mit Elfriede Jelinek. In: mamas pfirsiche. frauen und literatur 9/10 (1978), S. 171-181
Nagl-Docekal, Herta/ Herlinde Pauer-Studer (Hrsg.): Denken der Geschlechterdifferenz. Neue Fragen und Perspektiven der feministischen Philosophie. (Reihe Frauenforschung, Bd. 14) Wien: Wiener Frauenverlag, 1990
Neda Bei/Wehowsli, Branka: Die Klavierspielerin. Ein Gespräch mit Elfriede Jelinek. In: Die schwarze Botin 24 (19859, S. 3-9, 40-46
Neves, John: Country Girls. In: Times Literary Supplement vom 11.06.76
Newton, Judith and Deborah Rosenfelt (Ed.): Feminist Criticism and Social Change. Sex, Class and Race in Literature and Culture. London: Methuen, 1985
(N.N.) Buch mit Gebrauchsanweisung. In: Neue Osnabrücker Zeitung vom 26.11.70
(N.N.) The Pop Parade. In: Times Literary Supplement vom 2.7.70
Nyssen, Ute: Zu den Theaterstücken Elfriede Jelineks. In: Schreiben 9 (1986) H. 29/30, S. 75-89
Paulsen, Wolfgang (Hrsg.): Die Frau als Heldin und Autorin. Neue kritische Ansätze zur deutschen Literatur. - Beiträge des 10. Amherster Kolloquium zur Deutschen Literatur vom April 1977 - Bern: Francke, 1979
Popp, Wolfgang/Astrid Greve (Hrsg): Die Neutralisierung des Ich - oder: Wer spricht? : "Weibliches Schreiben" und "subjektive Authentizität" im Werk Christa Wolfs (Literatur: Männlichkeit/Weiblichkeit.; Bd 1; Hrsg. von Wolfgang Popp) Wolfgang Popp). Essen: Die Blaue Eule, 1987
Presber, Gabriele: Elfriede Jelinek: "... das Schlimme ist dieses männliche Wert- und Normensystem, dem die Frau unterliegt ... ." In: Presber, Gabriele (Hrsg.): Die Kunst ist weiblich. München 1988
Presber, Gabriele: Frauenleben, Frauenpolitik. Rückschläge & Utopien. Gespräche mit Elfriede Jelinek, Eva Poluda-Korte, Johanna Stumpf, Branka Wehowski, Regine Hildebrandt, Petra Kelly. Tübingen: konkursbuchverlag Gehrke, 1992

Prokop, Ulrike: Weiblicher Lebenszusammenhang. Von der Beschränktheit der Strategien und der Unangemessenheit der Wünsche. Frankfurt/M: Suhrkamp, 1980⁵,

Puchner, Ingrid: Frauenspezifische Ästhetik. In: Schreiben. Frauenliteraturzeitung 14 (1981), S. 4-7

Puknus, Heinz (Hrsg.): Neue Literatur für Frauen. Deutschsprachige Autorinnen der Gegenwart. Mit einem einleitenden Essay von Elisabeth Endres. (Beck'sche schwarze Reihe 227) München: Beck, 1980

Pusch, Luise F.: Das Deutsche als Männersprache: Aufsätze und Glossen zur feministischen Linguistik. (edition suhrkamp; NF Bd. 217) Frankfurt/M.: Suhrkamp, 1984

Pynchon, Thomas: Die Enden der Parabeln (Gravity's Rainbow). Roman. Dt. von Elfriede Jelinek. Reinbek 1981

Reinig, Christa: Entmannung. Die Geschichte Ottos und seiner vier Frauen erzählt von Christa reinig. Roman. Darmstadt 1977

Reininghaus, Alexandra: Die ganze Klaviatur der Sprache. Eine Porträtskizze der österreichischen Schriftstellerin Elfriede Jelinek. In: Tagesanzeiger, 2.5.1987

Reininghaus, Alexandra: Die Lust der Frauen und die kurze Gewalt der Männer. In: Der Standard, 17.11.1988

Richter, Hans Jürgen: Emanzipiertes für Voyeure. In: Das DA (1975) H. 11, S. 48

Richter-Schröder, Karin: Frauenliteratur und weibliche Identität. Theoretische Ansätze zu einer weiblichen Ästhetik und zur Entwicklung der neuen deutschen Frauenliteratur. (Hochschulschriften: Literaturwissenschaft; 80) Frankfurt/M: Hain 1986

Riedle, Gabriele: They call her Elfie. In: Literatur-Konkret 12 (1987/88), S. 6-9

Roeder, Anke: Elfriede Jelinek: "Ich will kein Theater - ich will ein anderes Theater." In: Theater Heute 8 (1988), S. 30-32

Roessler, Peter: Vom Bau der Schweigemauer. Überlegungen zu den "Reaktionen" auf Elfriede Jelineks Stück "Burgtheater". In: TheaterZeitSchrift 2 (1987), S. 85-90

Rohde, Hedwig: Sozialreport vom Liebeshaß. In: Tagesspiegel, 11.1.1976

Rollett, Edwin: Österreichische Gegenwartsliteratur, Aufgabe, Lage, Forderung. (Schriftenreihe Neues Österreich; H. 3) Wien 1946

Rossmann, Andreas: Die Vampire beißen nicht. Elfriede Jelineks "Krankheit" wurde in Bonn uraufgeführt. In: FAZ, 20.02.1987

Rühm, Gerhardt (Hrsg.): Die Wiener Gruppe. Achleitner; Artmann; Bayer; Rühm. Texte, Gemeinschaftsarbeiten, Aktionen. Herausgegeben und mit einem Vorwort versehen von Gerhardt Rühm, Reinbek bei Hamburg: Rowohlt, 1967

Sauter, Josef-Hermann: Interviews mit Barbara Frischmuth, Elfriede Jelinek, Michael Scharang. In: Weimarer Beiträge. Zeitschrift für Literaturwissenschaft, Ästhetik und Kulturtheorie. 27 (1981) 6, S. 99-128

Schachtsiek-Freitag Norbert: Perversionen der Liebe. In: Frankfurter Rundschau, 02.07.1983

Schanda, Susanne: Sprachkritik als Gesellschaftskritik in der österreichischen Frauenliteratur. Barbara Frischmuth: Die Klosterschule. Elfriede Jelinek: Wir sind lockvögel, baby. Lizentiatsarbeit an der Universität Bern 1989

Scharang, Michael: Lebenselexier auf dem Misthaufen. In: Literatur-Konkret 14 (1989/90), S. 6-10

Schenk, Herrad: Die feministische Herausforderung. 150 Jahre Frauenbewegung in Deutschland. (Beck'sche Schwarze Reihe 213) München: Beck, 1980
Schirrmacher, Frank: Musik gehört einfach dazu. Über das Wüten der Männer - Elfriede Jelineks "Lust". In: FAZ, 22.04.1989
Schlich, Jutta: Phänomenologie der Wahrnehmung von Literatur. Am Beispiel von Elfriede Jelineks "Lust (1989) (Untersuchungen zur deutschen Literaturgeschichte ; Bd. 71) Tübingen: Niemeyer, 1994
Schmerl, Christiane: Das Frauen- und Mädchenbild in den Medien. (Alltag und Biographie von Mädchen 5) Opladen: Leske & Budrich, 1984.
Schmid, Georg: Die 'Falschen' Fuffziger. Kulturpolitische Tendenzen der fünfziger Jahre. In: Friedbert Aspetsberger u.a. (Hrsg.), Literatur der Nachkriegszeit und der fünfziger Jahre in Österreich. (Schriften des Institutes für Österreichkunde: 44/45) Wien: Österreichischer Bundesverlag, 1984, S. 7-23
Schmid-Bortenschlager, Sigrid: Konstruktive Literatur. Gesellschaftliche Relevanz und literarische Tradition experimenteller Prosa-Großformen im deutschen, englischen und französischen Sprachraum nach 1945. Bonn: Bouvier 1985 (Abhandlungen zur Kunst-, Musik- und Literaturwissnschaft; Band 351)
Schmidt, Ricarda: Westdeutsche Frauenliteratur in den 70er Jahren. Frankfurt/M. 1982
Schmiedt, Helmut: Liebe, Ehe Ehebruch. Ein Spannungsfeld in deutscher Prosa von Christian Fürchtegott Gellert bis Elfriede Jelinek. Opladen: Westdeutscher Verlag, 1993
Schmitz, Dorothee: Weibliche Selbstentwürfe und männliche Bilder. (Europäische Hochschulschriften Reihe 1; Bd. 676) Frankfurt, Bern, New York 1983
Schmölzer, Hilde: Frau sein und schreiben. Österreichische Schriftstellerinnen definieren sich selbst. Wien: Österreichischer Bundesverlag, 1982
Schnell, Rüdiger: Literatur als Korrektiv sozialer Realität. Zur Eheschließung in mittelalterlichen Dichtungen. In: Non nova, sed nove (1984), S. 255-238
Scholz, Hannelore: Frauenbild und Weiblichkeit in der Literatur. Berlin: Humboldt-Universität, Diss. B. 1988
Schreiber, Ulrich: Holzhacken gegen Kakanien. Elfriede Jelineks "Burgtheater" uraufgeführt. In: Frankfurter Rundschau, 18.11.1985
Schröder, Margot: Ich stehe meine Frau. Roman. Frankfurt/M. 1975
Schumacher: Frauenbilder in Kurzgeschichten der Massenpresse. Eine inhaltsanalytische Untersuchung der Zeitschriften Brigitte, Freundin, Für Sie, Petraund Playboy. (Europäische Hochschulschriften. R1, 742) Frankfurt/Main, Bern (usw.): P. Lang (1984). Zugl. Diss Hamburg, Phil. Fak. 1983, unter dem Titel: Schumacher: Das Frauenbild in den Kurzgeschichten ausgewählter Massenmedien.
Schwaiger, Brigitte: Wie kommt das Salz ins Meer? Wien 1976
Schwarzer, Alice: Ich bitte um Gnade. A. Schwarzer interviewt Elfriede Jelinek. In: Emma 7 (1989), S. 50-55
Seibert, Ingrid und Sepp Dreissinger: Elfriede Jelinek: Die Frau im Sumpf. In: Seibert, Ingrid und Sepp Dreissinger: Die Schwierigen. Porträt zur österreichischen Gegenwartskunst. Wien 1986, S. 120-136
Serke, Jürgen: Frauen schreiben. Ein neues Kapitel deutschsprachiger Literatur. Hamburg: Sternverlag,1979
Showalter, Elaine (Ed.): The New Feminist Criticism. Essays on Women, Literature, and Theory. New York: Pantheon, 1985 (Reprint: London: Virago 1989)

Showalter, Elaine: A Literature of Their Own. British Women Novelists from Bronte to Lessing. Princeton 1977

Showalter, Elaine: The female Malady. Women, Madness, and English Culture 1830-1980. New York 1985

Showalter, Elaine: Women Writers and the Double Standard. In: Gornick, Vivian/Barbara Moran (Ed.): Women in Sexist Society. New York 1971, S. 323-343

Sichtermann, Barbara: Weiblichkeit. Zur Politik des Privaten. Berlin: Wagenbach, 1985² (Erstauflage 1983)

Skogemann, Pia: Weiblichkeit und Selbstverwirklichung: die Individuation der Frau heute/ Pia Skogemann übers. aus dem Dänischen: Ursula Schmalbruch. - München, Kassel 1988

Spanlang, Elisabeth: Elfriede Jelinek: Studien zum Frühwerk. (Dissertationen der Universität Wien 233) Wien: VWGÖ 1992; zugl. Univ. Diss. Wien 1991

Spiel, Hilde: Noras Glück und Ende. Uraufführung eines Stücks von Elfriede Jelinek in Graz. In: FAZ vom 10.10.1979

Sprachspiel-Denkspiel. Uraufführungen von Jandl und Jelinek beim 'Steirischen Herbst'Graz. In: Neue Zürcher Zeitung No. 237, 13.10.1979

Stadler, Franz: Mit sozialem Blick auf scharfer Zunge. In: Volksstimme, 24.08.1986

Stangel, Johann: Das annullierte Individuum. Sozialisationskritik als Gesellschaftsanalyse in der aktuellen Frauenliteratur. Zu Texten von Frischmuth, Jelinek, Mitgutsch, Schutting, Schwaiger und anderen. (Europäische Hochschulschriften; Reihe 1: Deutsche Sprache und Literatur; Bd. 1091) Frankfurt/M., Bern usw.: Lang, 1988 (Graz, Univ., Diss. 1988

Stauffer, Robert: Oh Jelinek, oh Schutz vor ihr. Zur Bonner Uraufführung der Farce "Krankheit" der österreichischen Autorin. In: Die Presse, 20.02.1987

Stefan, Verena: Häutungen. Autobiographische Aufzeichnungen - Gedichte - Träume - Analysen. München 1975

Steinbrügge, Lieselotte: Das moralische Geschlecht. Theorien und literarische Entwürfe über die Natur der Frau in der französischen Aufklärung. (Ergebnisse der Frauenforschung; Bd. 11) Stuttgart: Metzler 1992², Zugl. Diss. Siegen, FB Sprach- und Literaturwissenschaft 1985/86 (Erstveröffentlichung: Basel: Beltz 1987)

Stephan Inge und Sigrid Weigel (Hrsg.): Feministische Literaturwissenschaft. Dokumentation der Tagung in Hamburg vom Mai 1983. (Argument-Sonderband AS 120) (Literatur im historischen Prozeß; N.F. 11) Berlin: Argument 1984

Stephan, Inge und Sigrid Weigel: Die verborgene Frau. Sechs Beiträge zu einer feministischen Literaturwissenschaft. (Argument Sonderband; 96) (Literatur im historischen Prozess; N.F. 6) Hamburg/Berlin: Argument-Verlag 1988³

Stephan, Inge, Sigrid Weigel und Regula Venske: Frauenliteratur ohne Tradition? Neun Autorinnenportraits. (Fischer Taschenbuch 3783; Die Frau in der Gesellschaft) Frankfurt: Fischer Taschenbuch Verlag 1987

Stoffels, Harald: Trio infernale. Eine Sex-Autorin, ein Erotik-Star und ein Skandal-Regisseur. In: Quick 4 (17.01.1991), S. 48

Strobel, Heidi: Gewalt von Jugendlichen als Symptom gesellschaftlicher Krisen. Literarische Gewaltdarstellungen in Elfriede Jelineks 'Die Ausgesperrten' und in ausgewählten Jugendromanen der neunziger Jahre. Unveröffentl. Dissertation, Freie Universität Berlin, 1997

Sucher, C. Bernd: Ich bin eine Buhfrau. Gespräch mit Elfriede Jelinek. In: Süddeutsche Zeitung, 23.09.1987
Theens, Ria: Im Stakkato-Rhythmus der Akkordarbeit. Elfriede Jelineks Emanzipations-Parabel. In: Rheinische post vom 30.8.75
Theweleit, Klaus: Männerphantasien. 2 Bände. Frankfurt/M: Roter Stern, 1977
Valentin, Ursula: Von den Frohen-Herzens-Kindern. Elfriede Jelinek: "Michael" - Ein Jugendbuch für die Infantilgesellschaft. In: Frankfurter Allgemeine Zeitung vom 2.09.1972
van Ingen, Ferdinand: Rezension zu Elfriede Jelinek 'Die Klavierspielerin', in: Deutsche Bücher 13 (1983), S. 109-110
Vansant, Jaqueline: Against The Horizon. Feminism and Postwar Austrian Women Writers (Contributions in Women's Studies, No. 92) New-York, Westport, London: Grennwood Press, 1988
Vansant, Jaqueline: Gespräch mit Elfriede Jelinek. In: Deutsche Bücher 15 (1985) 1, S. 1-9
Vom Hove, Oliver: Oh Mann-Bild! Oh Schutz vor dir! Elfriede Jelineks böser Blick auf Lust und Gewalt. In: Die Presse, 17./18.07.1989
Vormweg, Heinrich: Liebe inbegriffen. Elfriede Jelineks Roman "Die Liebhaberinnen". In: Süddeutsche Zeitung, 25/26.5.1976
Vorspel, Luzia: Was ist neu an der neuen Frau? Gattungen, Formen, Themen von Frauenliteratur der 70er und 80er Jahre am Beispiel der Rowohlt-Taschenbuchreihe "neue Frau" (Europ. Hochschulschriften; Reihe I: Deutsche Sprache und Literatur; Bd. 1201) Frankfurt/M., Bern, New York, Paris: Lang, 1990
Wagner, Renate: Rezension zu Oh Wildnis, oh Schutz vor ihr. In: Literatur und Kritik 205/206 (Juli/August 1986), S. 282-283.
Wahl, Klaus: Die Modernisierungsfalle. Gesellschaft, Selbstbewußtsein und Gewalt. Frankfurt/M.: Suhrkamp, 1989 Zugl.: Teildruck Univ. Diss. Bamberg 1988
Wallinger, Sylvia / Monika Jonas (Hrsg.): Der Widerspenstigen Zähmung: Studien zur bezwungenen Weiblichkeit in der Literatur vom Mittelalter bis zur Gegenwart. (Innsbrucker Beiträge zur Kulturwissenschaft: Germanistische Reihe; Bd 31; hg. von Johann Holzner, Monika Jonas-Kühlmayer, Hans Moser, Hanspeter Ortner und Sigurd Paul Schleichl) Innsbruck, 1986
Wallmann, Jürgen P.: Aufstieg per Heirat. In: Deutsche Zeitung Christ und Welt vom 17.10.75
Weber, Anna: Sandmann und Olimpia. Annäherungen an "Lust". In: TAZ, 08.04.1989
Weedon, Chris: Feminist Practice & Poststructuralist Theory. Oxford/New York: Blackwell 1987
Wehowski, Branka: Claras musikalische Tragödie. In: Die schwarze Botin 19 (1983), S. 64-67
Weigel, Sigrid / Inge Stephan (Hrsg.): Weiblichkeit und Avantgarde. (Literatur im historischen Prozeß; N.F. 16) (Das Argument: Argument-Sonderband; AS 144) Hamburg 1987
Weigel, Sigrid: Die Stimme der Medusa. Schreibweisen in der Gegenwartsliteratur von Frauen. Dülmen-Hiddingsel: tende 1987
Weigel, Sigrid: Topographien der Geschlechter. Kulturgeschichtliche Studien zur Literatur. Reinbek bei Hamburg: Rowohlt, 1990

Weigel, Sigrid: Zum Verhältnis von politischer, literarischer und theoretischer Entwicklung. In: Hansers Sozialgeschichte der deutschen Literatur, Bd. 12, München: Hanser, 1992, S. 245-252

Weinzierl, Ulrich: Die alte fesche Niedertracht. Der Prosaband "Oh Wildnis, oh Schutz vor ihr" der Österreicherin Elfriede Jelinek. In: FR (Bilder und Zeiten) vom 2.11.1985

Weinzierl, Ulrich: Sauberes Theater. In: FAZ, 27.11.1985

Weiss, Walter und Sigrid Schmid: Zwischenbilanz. Eine Anthologie österreichischer Gegenwartsliteratur. Salzburg: Residenz, 1976

Wend Kässens: Elfriede Jelinek. In: Dietz-Rüdiger Moser (Hrsg.): Neues Handbuch der deutschen Gegenwartsliteratur seit 1945. München: Nymphenburger, 1990, S. 326-327

Wichenbart, Rüdiger: Das zerstörerische Ritual der Männerphantasien als Theater. In: Neue Zeit, 1.3.1984

Winkels, Hubert: Panoptikum der Schreckensfrau. Elfriede Jelineks Roman 'Die Klavierspielerin'. In: Hubert Winkels: Einschnitte (1988), S. 60-77

Wisselinck, Erika: Frauen denken anders. Zur feministischen Diskussion als Einführung und zum Weiterdenken. Strasslach 1984

Wittrock, Christine: Weiblichkeitsmythen. Das Frauenbild im Faschismus und seine Vorläufer in der Frauenbewegung der 20er Jahre. Zugl. Phil. Diss. Universität Frankfurt am Main (Februar 1882), Frankfurt am Main: Sendler 1983

Wolf, Christa: Lesen und Schreiben. Aufsätze und Prosastücke, (Sammlung Luchterhand 90.) Darmstadt u. Neuwied: Luchterhand, 1972

Wölke, Doris: Der männliche Blick in der Literaturwissenschaft: Rolle und Bedeutung der männlichen Perspektive für literaturwissenschaftliche Arbeiten. (Literatur: Männlichkeit, Weiblichkeit; Bd 2) Essen: Die Blaue Eule, 1990

Zeller, Michael: Haß auf den Nazi-Vater. Der Roman "Die Ausgesperrten" der Österreicherin Elfriede Jelinek. In: FAZ, 4.6.1980

Zenke, Thomas: Ein Langstreckenlauf in die Heirat. Elfriede Jelineks Roman "Die Liebhaberinnen". In: FAZ, 11.10.1975

Zorn, Gerda: Mein alltäglicher Faschismus. In: Der alltägliche Faschismus. Frauen im dritten Reich. (ohne Hrsg.) Berlin; Bonn: Dietz, 1981